DIREITO Administrativo
EM PROVAS DISCURSIVAS

Antônio Augusto Jr.
André Martins

Coleção
PROVAS DISCURSIVAS
respondidas e comentadas
Organizadores: Antônio Augusto Jr. e Paulo Lépore

DIREITO Administrativo
EM PROVAS DISCURSIVAS

4ª edição
revista, atualizada e ampliada

2018

EDITORA JusPODIVM
www.editorajuspodivm.com.br

EDITORA *Jus*PODIVM
www.editorajuspodivm.com.br

Rua Mato Grosso, 164, Ed. Marfina, 1º Andar – Pituba, CEP: 41830-151 – Salvador – Bahia
Tel: (71) 3045.9051
• Contato: https://www.editorajuspodivm.com.br/sac

Diagramação: Caetê Coelho *(caete1984@gmail.com)*

Capa: Ana Caquetti

ISBN: 978-85-442-2124-2

DEDICATÓRIA

À toda minha família, em especial à minha mãe.

Ao grande amigo Bruno Félix (in memorian)

AGRADECIMENTOS

Agradeço aos amigos José Cairo Júnior, Ricardo Didier e Paulo Lépore, pela confiança e pela oportunidade.

Aos amigos da Procuradoria da Fazenda Nacional, pela acolhida.

A Gustavo, Carol e Aryelle pelas dicas e esclarecimentos.

APRESENTAÇÃO

Embora existam muitos livros de questões comentadas de provas objetivas, é nítida a escassez no mercado de obras que se destinem a auxiliar o candidato a obter um desempenho satisfatório numa prova discursiva.

O propósito deste livro é justamente identificar as bases sobre as quais deve se firmar a preparação do candidato para provas discursivas.

As provas selecionadas são de concursos de todas as carreiras jurídicas: PFN, AGU, Magistratura, Ministério Público, Defensoria Pública, Procuradorias, Tribunais de Contas.

Buscou-se abordar o máximo de assuntos da matéria por meio das provas. Além de questões, também há a resolução de peças processuais e pareceres, o que dá um panorama completo das provas discursivas.

Trata-se de um projeto inovador, diferente do que existe no mercado sobre provas discursivas.

A obra se distingue por fornecer, após a resposta dos autores para cada questão, um farto panorama doutrinário e jurisprudencial sobre o tema abordado no enunciado, o que acaba tornando o livro um poderoso instrumento de revisão. Como se não bastasse, ao final de algumas respostas são trazidas questões de primeira etapa, de forma a demonstrar ao leitor a predileção das bancas pelo assunto.

No intuito de ser um material de estudos completo, os livros da coleção possuem um espaço, logo após o enunciado das questões, destinado para o leitor tentar responder a questão discursiva. Desse modo, o concurseiro pode, antes de ir direto para a resposta da questão, ter a oportunidade de simular a resolução das provas discursivas, e logo em seguida conferir sua resposta com a dos autores e com a doutrina e a jurisprudência temática.

Esta coleção é indispensável para todos aqueles que desejam preparar-se para concursos públicos de forma dinâmica e otimizada, estudando a matéria ao mesmo tempo em que constata a aplicação do conteúdo nas provas. Assim, além do aprendizado dos temas mais exigidos nos concursos, o leitor também se torna um conhecedor das provas de segunda fase.

Os Organizadores

SUMÁRIO

CAPÍTULO 1
PRINCÍPIOS E PODERES ADMINISTRATIVOS **15**
✦ QUESTÕES **15**
1. (MPE GO – Promotor de Justiça – 2016) 15
2. (PGE MS – Procurador do Estado – 2015) 17
3. (FCC – Procurador do Estado – RO – 2011) 18
4. (CESPE – Procurador de Contas – BA – 2010) 20
5. (CESPE – Juiz de Direito – AL – 2008) 22
6. (Cespe – Juiz de Direito – AL – 2008) 24
7. (Cespe – Promotor de Justiça – TO – 2004) 26
8. (MPF – Procurador da República – 2001) 28
✦ QUESTÕES COMENTADAS **30**
1. (MPE GO – Promotor de Justiça – 2016) 30
2. (PGE MS – Procurador do Estado – 2015) 33
3. (FCC – Procurador do Estado – RO – 2011) 38
4. (CESPE – Procurador de Contas – BA – 2010) 40
5. (CESPE – Juiz de Direito – AL – 2008) 44
6. (Cespe – Juiz de Direito – AL – 2008) 48
7. (Cespe – Promotor de Justiça – TO – 2004) 51
8. (MPF – Procurador da República – 2001) 55

CAPÍTULO 2
ADMINISTRAÇÃO PÚBLICA **59**
✦ QUESTÕES **59**
1. (PGM Recife – Procurador do Município – 2014 – FCC) 59
2. (MPF – Procurador da República – 2013) 61
3. (Cespe – Juiz de Direito – AL – 2008) 62
4. (PGE PR – Procurador do Estado – 2007) 65
5. (Vunesp – Procurador do Estado – SP – 2005) 67
6. (MPF – Procurador da República – 2002) 69
7. (Questão elaborada pelos autores) 71
8. (Questão elaborada pelos autores – inédita) 73
9. (Questão elaborada pelos autores – inédita) 74

✦ QUESTÕES COMENTADAS **76**
1. (PGM Recife – Procurador do Município – 2014 – FCC) 76
2. (MPF – Procurador da República – 2013) 79
3. (Cespe – Juiz de Direito – AL – 2008) 87
4. (PGE PR – Procurador do Estado – 2007) 95
5. (Vunesp – Procurador do Estado – SP – 2005) 98
6. (MPF – Procurador da República – 2002) 103
7. (Questão elaborada pelos autores) 107
8. (Questão elaborada pelos autores – inédita) 108
9. (Questão elaborada pelos autores – inédita) 111

CAPÍTULO 3
ATOS ADMINISTRATIVOS **117**
✦ QUESTÕES **117**
1. (VUNESP – Juiz de Direito – 2016) 117
2. (CESPE – TCE PR – Analista de Controle – 2016) 119
3. (Esaf – Procurador da Fazenda Nacional – 2012) 120
4. (FCC – Procurador do Estado – AM – 2010) 122
5. (Cespe – Juiz de Direiro – AL – 2008) 124
6. (MPF Procurador da República – 2005) 126
7. (MPF Procurador da República – 2003) 128
8. (MPF – Procurador da Republica – 2002) 130
✦ QUESTÕES COMENTADAS **132**
1. (VUNESP – Juiz de Direito – 2016) 132
2. (CESPE – TCE PR – Analista de Controle – 2016) 136
3. (Esaf – Procurador da Fazenda Nacional – 2012) 140
4. (FCC – Procurador do Estado – AM – 2010) 142
5. (Cespe – Juiz de Direiro – AL – 2008) 145
6. (MPF Procurador da República – 2005) 148
7. (MPF Procurador da República – 2003) 153
8. (MPF – Procurador da Republica – 2002) 160

CAPÍTULO 4
LICITAÇÃO E CONTRATOS ADMINISTRATIVOS **169**
✦ QUESTÕES **169**
1. (VUNESP – Juiz de Direito – PA – 2014) 169
2. (CESPE – Procurador do Estado – BA – 2014) 171
3. (Cespe – Juiz de Direito – PA – 2012) 177
4. (Esaf – Procurador da Fazenda Nacional – 2012) 179
5. (DPE RS – Defensor Público – RS – 2011) 185
6. (FCC – Procurador do Estado – RO – 2011) 187

7. (PGR/PR Procurador do Estado – PR – 2011) 189
8. (Cespe – Juiz de Direito – AL – 2008) 191
9. (ESAF – Procurador da Fazenda Nacional – 2007/2008). 193
10. (FCC – Procurador de Contas – AM – 2006) 195
11. (Questão elaborada pelos autores) 200
12. (Questão elaborada pelos autores) 202
13. (Questão elaborada pelos autores – inédita) 204
✦ QUESTÕES COMENTADAS 205
1. (VUNESP – Juiz de Direito – PA – 2014) 205
2. (CESPE – Procurador do Estado – BA – 2014) 208
3. (Cespe – Juiz de Direito – PA – 2012) 219
4. (Esaf – Procurador da Fazenda Nacional – 2012) 221
5. (DPE RS – Defensor Público – RS – 2011) 227
6. (FCC – Procurador do Estado – RO – 2011) 229
7. (PGR/PR Procurador do Estado – PR – 2011) 231
8. (Cespe – Juiz de Direito – AL – 2008) 237
9. (ESAF – Procurador da Fazenda Nacional – 2007/2008) 240
10. (FCC – Procurador de Contas – AM – 2006) 244
11. (Questão elaborada pelos autores) 253
12. (Questão elaborada pelos autores) 254
13. (Questão elaborada pelos autores – inédita) 256

CAPÍTULO 5
SERVIÇOS PÚBLICOS 259
✦ QUESTÕES 259
1. (CESPE – TCE PR – 2016) 259
2. (PGE RS – Procurador do Estado – RS – 2012) 261
3. (PGE PR – Procurador do Estado – PR – 2011) 263
4. (Cespe – Promotor de Justiça – ES – 2010) 266
5. (Cespe – Promotor de Justiça – RN – 2009) 268
6. (FCC – Procurador de Contas – AM – 2006) 270
7. (MPF – Procurador da República – 2006) 272
8. (Questão elaborada pelos autores – inédita) 274
✦ QUESTÕES COMENTADAS 276
1. (CESPE – TCE PR – 2016) 276
2. (PGE RS – Procurador do Estado – RS – 2012) 278
3. (PGE PR – Procurador do Estado – PR – 2011) 283
4. (Cespe – Promotor de Justiça – ES – 2010) 289
5. (Cespe – Promotor de Justiça – RN – 2009) 293
6. (FCC – Procurador de Contas – AM – 2006) 297

7. (MPF – Procurador da República – 2006) ... 301
8. (Questão elaborada pelos autores – inédita) ... 303

CAPÍTULO 6
IMPROBIDADE ADMINISTRATIVA ... **307**
✦ QUESTÕES ... **307**
1. (FMP Concursos – MP/Rondônia – Promotor de Justiça – 2017) ... 307
2. (MPDFT – Promotor de Justiça – 2016) ... 309
3. (FMP – Promotor de Justiça – 2015) ... 311
4. (Cespe – Defensor Público – AC – 2012) ... 312
5. (Cespe – Juiz de Direito – PB – 2010) ... 314
6. (Cespe – Juiz de Direito – TO – 2007) ... 319
7. (FCC – Procurador de Contas – MG – 2007) ... 321
8. (Questão elaborada pelos autores) ... 323
✦ QUESTÕES COMENTADAS ... **328**
1. (FMP Concursos – MP/Rondônia – Promotor de Justiça – 2017) ... 328
2. (MPDFT – Promotor de Justiça – 2016) ... 332
3. (FMP – Promotor de Justiça – 2015) ... 336
4. (Cespe – Defensor Público – AC – 2012) ... 341
5. (Cespe – Juiz de Direito – PB – 2010) ... 348
6. (Cespe – Juiz de Direito – TO – 2007) ... 354
7. (FCC – Procurador de Contas – MG – 2007) ... 356
8. (Questão elaborada pelos autores) ... 362

CAPÍTULO 7
RESPONSABILIDADE CIVIL DO ESTADO ... **373**
✦ QUESTÕES ... **373**
1. (PGM BH – Procurador do Município – 2017) ... 373
2. (MP/SP – Promotor de Justiça do Estado de São Paulo – 2015) ... 375
3. (CETRO – Procurador do Município de Campinas – 2012) ... 376
4. (Cespe – Advogado da União – 2012) ... 381
5. (FCC – Procurador do Estado – MT – 2011) ... 383
6. (Cespe– Defensor Público Federal – 2010) ... 385
7. (Cespe – Procurador do Estado – PB – 2008) ... 387
8. (MPF Procurador da República – XVIII Concurso – 2001) ... 389
9. (Questão elaborada pelos autores) ... 391
10. (Questão elaborada pelos autores – inédita) ... 393
✦ QUESTÕES COMENTADAS ... **394**
1. (PGM BH – Procurador do Município – 2017) ... 394
2. (MP/SP – Promotor de Justiça do Estado de São Paulo – 2015) ... 406
3. (CETRO – Procurador do Município de Campinas – 2012) ... 407

4. (Cespe – Advogado da União – 2012) ... 411
5. (FCC – Procurador do Estado – MT – 2011) ... 415
6. (Cespe– Defensor Público Federal – 2010) ... 418
7. (Cespe – Procurador do Estado – PB – 2008) ... 421
8. (MPF Procurador da República – XVIII Concurso – 2001) ... 424
9. (Questão elaborada pelos autores) ... 429
10. (Questão elaborada pelos autores – inédita) ... 431

CAPÍTULO 8
BENS PÚBLICOS ... 435
✦ QUESTÕES ... 435
1. (PGE RS – 2015 – Procurador do Estado – FUNDATEC) ... 435
2. (Cespe – Advogado da União – 2012) ... 437
3. (PGE RS – Procurador do Estado – RS – 2012) ... 439
4. (FCC – Procurador do Estado – RO – 2011) ... 441
5. (FCC – Procurador do Estado – MT – 2011) ... 443
6. (Cespe – Procurador do Estado – PB – 2008) ... 445
✦ QUESTÕES COMENTADAS ... 447
1. (PGE RS – 2015 – Procurador do Estado – FUNDATEC) ... 447
2. (Cespe – Advogado da União – 2012) ... 451
3. (PGE RS – Procurador do Estado – RS – 2012) ... 458
4. (FCC – Procurador do Estado – RO – 2011) ... 464
5. (FCC – Procurador do Estado – MT – 2011) ... 468
6. (Cespe – Procurador do Estado – PB – 2008) ... 472

CAPÍTULO 9
AGENTES PÚBLICOS ... 477
✦ QUESTÕES ... 477
1. (TJDFT – Juiz de Direito – 2015) ... 477
2. (Cespe – Juiz de Direito – PA – 2012) ... 479
3. (FCC – Procurador do Estado – SP – 2012) ... 481
4. (FCC – Procurador do Estado – MT – 2011) ... 483
5. (Cespe – Juiz de Direito – ES – 2011) ... 488
6. (FCC – Procurador do Estado-AM – 2010) ... 490
7. (FCC – Procurador do Estado – AM – 2010) ... 492
8. (FEPESE – Procurador do Município de Florianópolis – 2010) ... 494
9. (Cespe – Procurador do Banco Central – 2009) ... 496
10. (Cespe – Juiz de Direito – TO – 2008) ... 498
11. (Cespe – Procurador do Estado – CE – 2004) ... 500
12. (Questão elaborada pelos autores) ... 502
13. (Questão elaborada pelos autores – inédita) ... 504

14. (Questão elaborada pelos autores – inédita).. 505
✦ QUESTÕES COMENTADAS 506
1. (TJDFT – Juiz de Direito – 2015).. 506
2. (Cespe – Juiz de Direito – PA – 2012).. 508
3. (FCC – Procurador do Estado – SP – 2012).. 511
4. (FCC – Procurador do Estado – MT – 2011)... 516
5. (Cespe – Juiz de Direito – ES – 2011).. 522
6. (FCC – Procurador do Estado-AM – 2010) 529
7. (FCC – Procurador do Estado – AM – 2010) 536
8. (FEPESE – Procurador do Município de Florianópolis – 2010) 539
9. (Cespe – Procurador do Banco Central – 2009) 544
10. (Cespe – Juiz de Direito – TO – 2008) 548
11. (Cespe – Procurador do Estado – CE – 2004) 552
12. (Questão elaborada pelos autores)... 556
13. (Questão elaborada pelos autores – inédita)...................................... 562
14. (Questão elaborada pelos autores – inédita)...................................... 567

CAPÍTULO 10

CONTROLE DA ADMINISTRAÇÃO PÚBLICA 571
✦ QUESTÕES 571
1. (Cespe – Procurador do Estado – PB – 2008)....................................... 571
2. (Cespe – Juiz de Direito – TO – 2007)... 573
3. (Questão elaborada pelos autores)... 575
✦ QUESTÕES COMENTADAS 577
1. (Cespe – Procurador do Estado – PB – 2008)....................................... 577
2. (Cespe – Juiz de Direito – TO – 2007)... 585
3. (Questão elaborada pelos autores)... 588

CAPÍTULO 11

INTERVENÇÃO DO ESTADO NA PROPRIEDADE 599
✦ QUESTÕES 599
1. (PGE RS – Procurador do Estado – RS – 2012)..................................... 599
2. (FCC – Procurador do Estado – MT – 2011)... 601
3. (Cespe – Procurador do Estado – AL – 2008)....................................... 603
4. (Questão elaborada pelos autores – inédita).. 605
✦ QUESTÕES COMENTADAS 607
1. (PGE RS – Procurador do Estado – RS – 2012)..................................... 607
2. (FCC – Procurador do Estado – MT – 2011)... 614
3. (Cespe – Procurador do Estado – AL – 2008)....................................... 615
4. (Questão elaborada pelos autores – inédita).. 619

REFERÊNCIAS BIBLIOGRÁFICAS 624

CAPÍTULO 1
PRINCÍPIOS E PODERES ADMINISTRATIVOS

QUESTÕES

1. (MPE GO – PROMOTOR DE JUSTIÇA – 2016)

É possível a delegação do Poder de Polícia a pessoa jurídica de direito privado? Fundamente a resposta.

ESPAÇO EM BRANCO PARA RESPOSTA (20 LINHAS)

1

2

3

4

5

6

7

8

9

10

2. (PGE MS – PROCURADOR DO ESTADO – 2015)

O Estado do Mato Grosso do Sul, em razão da conformação de nossa República, é autônomo no plano federativo, assim, não se submete ao "poder de polícia" da União, nem, pelo mesmo fundamento, ao do Município; sob pena de transgressão direta ao pacto federativo. Quanto à abrangência subjetiva do "poder de polícia", a afirmação acima, em sua ótica, está correta? Fundamente sua resposta. (2.0 pontos)

ESPAÇO EM BRANCO PARA RESPOSTA (20 LINHAS)

3. (FCC – PROCURADOR DO ESTADO – RO – 2011)

O Direito Brasileiro admite a figura do decreto autônomo estadual? Justifique a sua resposta sob a perspectiva dos Princípios da Legalidade e da Separação dos Poderes.

◉ ESPAÇO EM BRANCO PARA RESPOSTA (30 LINHAS)

4. (CESPE – PROCURADOR DE CONTAS – BA – 2010)

No decurso do ano de 2009, após regular fiscalização na sede da Empresa Esperança Ltda., auditores fiscais da Receita Federal do Brasil, cumprindo todas as formalidades previstas em lei, lavraram auto de infração em que, pontualmente, indicaram irregularidades contábeis e fiscais supostamente cometidas pela mencionada pessoa jurídica. Notificada tempestivamente, a aludida empresa apresentou impugnação ao referido auto de infração, elencando também pontualmente as razões pelas quais, a seu juízo, não havia cometido as irregularidades apontadas pela fiscalização. Examinada a impugnação pela autoridade administrativa fiscal competente, no ano de 2010, deu-se ciência à Empresa Esperança Ltda., na forma da lei de regência, de que o referido auto de infração havia sido mantido em sua integridade. Inconformada com a manutenção do auto de infração, a empresa manejou tempestivamente o competente recurso administrativo, oportunidade em que retificou as razões outrora deduzidas na impugnação. Posteriormente, a empresa foi regularmente cientificada de que o recurso apresentado não havia sequer encaminhado ao colegiado recursal administrativo, uma vez que não havia sido providenciado pela recorrente o prévio depósito da quantia correspondente a 30% do valor reclamado pela Receita Federal (conforme exigência constante da Lei n.º 8.213/1991), valor este totalizado no bojo do aludido auto de infração. Inviabilizando o recurso, a empresa impetrou tempestivamente mandado de segurança perante a autoridade judicial competente, ocasião em que sustentou inconstitucionalidade e ilegalidade do ato administrativo que obstruiu a marcha procedimental da irresignação por ela dirigida ao competente colegiado administrativo recursal.

Considerando a situação hipotética exposta, redija, de modo fundamentado, um texto dissertativo que responda aos seguintes questionamentos.

O ato administrativo que obstrui a marcha procedimental do recurso administrativo apresentado pela empresa encontra respaldo na Constituição da República Federativa do Brasil?

Quais os dispositivos constitucionais aplicáveis para nortear a questão da obstrução do recurso administrativo nos termos em que foi exposta?

Qual é atualmente o comportamento da jurisprudência no Supremo Tribunal Federal e no Superior Tribunal de Justiça no que se refere à questão da viabilidade da marcha procedimental do recurso administrativo nos termos aqui expostos?

◉ ESPAÇO EM BRANCO PARA RESPOSTA (30 LINHAS)

1 ___

2 ___

3 ___

4 ___

5. (CESPE – JUIZ DE DIREITO – AL – 2008)

Discorra acerca da relação entre discricionariedade administrativa e princípio da impessoalidade.

◉ ESPAÇO EM BRANCO PARA RESPOSTA (30 LINHAS)

6. (CESPE – JUIZ DE DIREITO – AL – 2008)

Redija um texto dissertativo que responda, com fundamento na doutrina majoritária, se o poder de polícia do Estado pode ser delegado a pessoa física ou jurídica de direito privado.

◉ ESPAÇO EM BRANCO PARA RESPOSTA (30 LINHAS)

7. (CESPE – PROMOTOR DE JUSTIÇA – TO – 2004)

Explique, de forma objetiva, em que consiste o poder de polícia sanitária e analise, em tese, a validade de contrato administrativo em que tal atividade tenha sido objeto de delegação a empresa particular.

ESPAÇO EM BRANCO PARA RESPOSTA (30 LINHAS)

8. (MPF – PROCURADOR DA REPÚBLICA – 2001)

O princípio da supremacia do interesse público sobre o interesse privado e suas consequências.

ESPAÇO EM BRANCO PARA RESPOSTA (30 LINHAS)

QUESTÕES COMENTADAS

1. (MPE GO – PROMOTOR DE JUSTIÇA – 2016)

É possível a delegação do Poder de Polícia a pessoa jurídica de direito privado? Fundamente a resposta.

RESPOSTA:

O tema é divergente na doutrina e na jurisprudência. Entretanto, a despeito de orientações jurisprudenciais a negar delegação do Poder de Polícia a pessoa jurídica de direito privado, a exemplo de alguns julgados do Supremo Tribunal Federal, fundamentando-se no poder de império do Estado, a jurisprudência mais recente do Superior Tribunal de Justiça, consentânea com boa parcela da doutrina, afirma que é possível a delegação de alguns ciclos do poder de polícia.

Segundo o STJ, as atividades que envolvem a consecução do Poder de Polícia se dividem em quatro ciclos: a) legislação; b) consentimento; c) fiscalização e d) sanção.

Com efeito, a delegação do poder de polícia cabe apenas às atividades de consentimento e fiscalização, uma vez que o ato de legislar e sancionar decorrem do poder de coerção único e exclusivo da Administração Pública. Ademais, o poder de sanção estaria comprometido diante da busca pelo lucro pelos particulares, situação intolerável no direito administrativo.

Em conclusão, admite-se a participação de pessoas jurídicas de direito privado no Poder de Polícia apenas no que se refere às atividades de fiscalização e consentimento, como atos materiais, instrumentais e preparatórios, a exemplo da instalação de radares, sem possibilidade de aplicação de multas.

Espelho de correção da banca

Resposta: O STF posicionou-se no sentido da impossibilidade, por se tratar de atividade típica do Estado, conforme ADI 1717/DF (Min. Sydney Sanches). Também o art. 4º, III, da Lei 11079/04, que trata das Parcerias Público-Privadas, estabelece a Indelegabilidade do poder de polícia, especialmente no que respeita às funções de regulação e jurisdicional. No entanto, estabelecendo limites à matéria, Celso Antônio Bandeira de Mello (...) ressalta ser possível a delegação ou transferência, por contrato de prestação de serviços, de meros atos materiais, preparatórios ou sucessivos aos atos de polícia. Cita como exemplo o registro fotogrático em sensores de trânsito, vez que este apenas registra uma ocorrência ou fato, que serve de pressuposto para a autuação e consequente imposição da sanção pelo agente público competente no exercício do poder de polícia; ou, no caso de providências posteriores, contratação de empresa privada para demolição de imóvel irregularmente edificado. (...) O STJ decidiu que as atividades de consentimento e fiscalização podem ser delegadas às sociedades de economia mista, pois compatíveis com a personalidade privada destas. No entanto, vedou a imposição de sanções pelo fato de exercerem atividade econômicas. Para José dos Santos Carvalho Filho, é possível a delegação, mas apenas a entidades integrantes da Administração Pública (...). Ps. por óbvio, espera-se do candidato que não tergiverse em relação ao assunto cobrado, e que consiga aprofundar-se na análise jurídica do mesmo. Outrossim, a utilização inadequada de pontuação ou acentuação no texto; falta de concordância gramatical e nominal e erros ortográficos, serão avaliados negativamente.

DOUTRINA TEMÁTICA

"4.4.4.1. Ciclos de Polícia e delegação

Dentro deste contexto, considerando que o poder de polícia é parcialmente delegável, alguns autores nacionais divide a atividade em quatro ciclos: 1º - ordem de polícia, 2º consentimento de polícia, 3º fiscalização de polícia e 4º - sanção de polícia.

Desta forma, a ordem de polícia decorre do atributo da imperatividade, impondo restrições aos particulares, dentro dos limites da lei, independentemente de sua concordância, como ocorre, por exemplo, nos casos em que se veda a aquisição de armas de fogo, se proíbe o estacionamento de veículos em determinada avenida, entre outros.

O consentimento de polícia está presente nas hipóteses em que a lei autoriza o exercício de determinada atividade condicionada à aceitabilidade estatal. Pode se manifestar por meio de autorizações e licenças, v.g.

O terceiro ciclo decorre da possibilidade conferida ao ente estatal de controlar as atividades submetidas ao poder de polícia, com o intuito de verificar seu cumprimento, podendo, para tanto, se valer de inspeções, análise de documentos, entre outras formas.

Por fim a atividade de polícia administrativa pode ensejar a aplicação de penalidades, notadamente, nas situações em que se verifica o descumprimento das normas impostas pelo poder público, justificando a culminação de sanções, como multas e embargos de obras, por exemplo.

Considerando a divisão da atividade de polícia administrativa em 4 momentos diversos, portanto, os 2º e 3º ciclos seriam delegáveis, pois estariam ligados ao poder de gestão do Estado, enquanto que os 1º e 4º ciclos seriam indelegáveis por retratarem atividade de império, típicas das pessoas jurídicas de direito público." (CARVALHO, 2017, p. 137-138)

"Quanto à delegação do poder de polícia a pessoas privadas, instituídas pela iniciativa privada – portanto, não integrantes da administração pública em acepção formal -, é francamente minoritária a corrente que a considera válida, ainda que efetuada por meio de lei. A grande maioria da doutrina, baseada no entendimento de que o poder de império (jus imperii) é próprio e privativo do Estado, não admite a delegação do poder de polícia a pessoas da iniciativa privada, ainda que se trate de uma delegatária de serviço público.

Perfilhando essa orientação, o Supremo Tribunal Federal, em pelo menos uma oportunidade, já decidiu que o exercício do poder de polícia não pode ser delegado a entidades privadas." (ALEXANDRINO, 2017, p. 302)

◉ JURISPRUDÊNCIA TEMÁTICA

ADMINISTRATIVO. PODER DE POLÍCIA. TRÂNSITO. SANÇÃO PECUNIÁRIA APLICADA POR SOCIEDADE DE ECONOMIA MISTA. IMPOSSIBILIDADE. 1. Antes de adentrar o mérito da controvérsia, convém afastar a preliminar de conhecimento levantada pela parte recorrida. Embora o fundamento da origem tenha sido a lei local, não há dúvidas que a tese sustentada pelo recorrente em sede de especial (delegação de poder de polícia) é retirada, quando o assunto é trânsito, dos dispositivos do Código de Trânsito Brasileiro arrolados pelo recorrente (arts. 21 e 24), na medida em que estes artigos tratam da competência dos órgãos de trânsito. O enfrentamento da tese pela instância ordinária também tem por conseqüência o cumprimento do requisito do prequestionamento. 2. No que tange ao mérito, convém assinalar que, em sentido amplo, poder de polícia pode ser conceituado como o dever estatal de limitar-se o exercício da propriedade e da liberdade em favor do interesse público. A controvérsia em debate é a possibilidade de exercício do poder de polícia por particulares (no caso, aplicação de multas de trânsito por sociedade de economia mista). 3. As atividades que envolvem a consecução do poder de polícia podem ser sumariamente divididas em quatro grupos, a saber: (i) legislação, (ii) consentimento, (iii) fiscalização e (iv) sanção. 4. No âmbito da limitação do exercício da propriedade e da liberdade no trânsito, esses grupos ficam bem definidos: o CTB estabelece normas genéricas e abstratas para a obtenção da Carteira Nacional de Habilitação (legislação); a emissão da carteira corporifica a vontade o Poder Público (consentimento); a Administração instala equipamentos eletrônicos para verificar se há respeito à velocidade estabelecida em lei (fiscalização); e também a Administração sanciona aquele que não guarda observância ao CTB (sanção). 5. Somente os atos relativos ao consentimento e à fiscalização são delegáveis, pois aqueles referentes à legislação e à sanção derivam do poder de coerção do Poder Público. 6. No que tange aos atos de sanção, o bom desenvolvimento por particulares estaria, inclusive, comprometido pela busca do lucro - aplicação de multas para aumentar a arrecadação. 7. Recurso especial provido. (STJ, REsp 817.534/MG, Segunda Turma, Rel. Ministro Mauro Campbell Marques, julgado em 10/11/2009, DJe 10/12/2009) (sem grifos no original)

DIREITO DO CONSUMIDOR. Responsabilidade de sociedade mantenedora de cadastros restritivos de crédito por anotações indevidas de dados. Poder de polícia do Banco Central sobre a atividade relativa a cadastro de devedores. O Banco

Central não possui atribuição para fiscalizar as atividades desenvolvidas pelo Serasa S.A., entidade que não se qualifica como instituição financeira.A discussão trazida no recurso especial tratou da existência de atribuição, por parte do Banco Central do Brasil, para o exercício de fiscalização sobre a atividade da Serasa. Inicialmente destacou-se que a Serasa S.A. é sociedade que mantém cadastro de consumidores cujos dados interessam a seus associados como elementos necessários ao estudo de risco para as operações relativas a concessão de crédito. Os associados, sim, podem ser instituições financeiras, mas a Serasa só organiza o cadastro, sem interferir direta ou indiretamente no deferimento do financiamento. Não se trata, portanto, de instituição financeira, cujo conceito é dado pelo art. 17 da Lei 4.595/64. Não exerce coleta, intermediação nem aplicação de recursos financeiros próprios ou terceiros, nem a custódia de valor de propriedade de terceiros, seja como atividade principal ou acessória. Nem mesmo o fato de que a Serasa tem atividade ligada a interesses dos bancos torna aceitável a interpretação de que equivale a instituição financeira. Afastada a natureza financeira do órgão mantenedor do cadastro de inadimplentes, descarta-se a incidência dos incisos VI e IX do art. 10 da Lei 4.595/64, que tratam da competência do Banco Central para exercer o controle sobre o crédito e a fiscalização das instituições financeiras. A interpretação de que a Serasa seria instituição financeira (inciso IX), bem como a de que o controle do crédito sob todas as suas formas (inciso VI) cobre a atividade dessa sociedade, é muito extensiva e prejudica a garantia do administrado de que os órgãos da Administração Pública só agem nos estritos limites da legalidade. Assim, essa fiscalização, que nada mais seria do que o exercício do poder de polícia, não pode ser exercida pelo Banco Central - nem pela Administração Pública, diga-se - sem o respectivo respaldo legal, sob pena de ofensa ao princípio da legalidade (Constituição da República, art. 37, caput). (REsp 1.178.768-SP, Rel. Min. Maria Isabel Gallotti, por unanimidade, julgado em 1/12/2016, DJe 7/12/2016.)

2. (PGE MS – PROCURADOR DO ESTADO – 2015)

O Estado do Mato Grosso do Sul, em razão da conformação de nossa República, é autônomo no plano federativo, assim, não se submete ao "poder de polícia" da União, nem, pelo mesmo fundamento ao do Município; sob pena de transgressão direta ao pacto federativo. Quanto à abrangência subjetiva do "poder de polícia", a afirmação acima, em sua ótica, está correta? Fundamente sua resposta. (2.0 pontos)

RESPOSTA:

A afirmação acima é falsa.

O poder de polícia, em síntese, consiste na intervenção pública sobre determinadas atividades suscetíveis de pôr em risco interesses sociais ou individuais, restringindo-se o uso e o gozo da liberdade e da propriedade em favor da propriedade, conforme aponta o professor José dos Santos Carvalho Filho.

Ademais, no âmbito dos entes políticos, a Constituição, respeitando-se o pacto federativo, faz uma partilha de competência e, nestas áreas livres de atuação, é natural que normas editadas a envolver o poder de polícia possam emergir de uma esfera e adentrar em outra. Assim, é possível afirmar que os Estados se submeterão ao "poder de polícia" da União, desde que a norma que o alberga seja constitucional e que não haja excesso de atuação. A exemplo, podemos citar as normas expedidas pelas agências reguladoras federais, que deverão ser observadas pelos entes estaduais.

Por fim, o inverso também é recíproco. Assim, se os Estados ou Municípios exercerem o poder de polícia dentro de suas esferas constitucionais de atribuição, estas normas são cogentes, e a União se submeterá ao referido poder de polícia.

Espelho de correção da banca

Resposta: " A existência, no Estado Federal, de um poder central e de poderes periféricos, que devem funcionar autônoma, mas concomitantemente, conduz necessariamente a que haja arranjo federativo em esquema de repartição de competências entre o todo e as partes." 1. É essa a ratio do pacto federativo. Dessa forma, dentro do âmbito da competência estabelecida, constitucionalmente delimitada, o ente federado possui plena atribuição de instituir e exercer instrumentos de efetivação dessa competência. Por sua vez, a abrangência subjetiva do poder de polícia consiste na sujeição de ser o agente sobre o qual o exercício desse poder-dever poder ser realizado, não havendo óbice, portanto, de que seja frente à administração pública direta, à administração indireta e a particulares, desde que constitucionalmente respaldado. Dentro dessa análise, quanto ao poder de polícia, (...) " a lei municipal que fixe condições para que uma construção seja licenciada vincula tanto o particular quanto a União Federal. As normas de vigilância sanitária da ANVISA obrigam tanto um restaurante particular quanto um "bandejão" de uma universidade estadual (...) A fiscalização do corpo de bombeiros estadual pode ser realizada em um condomínio privado ou no prédio da Receita Federal (...) 2, Esse exercício do poder de polícia, portanto, é conforme a Constituição Federal e, em última análise, prestigiam o pacto federativo. Nesta ótica, a afirmação feita no enunciado é falsa.

DOUTRINA TEMÁTICA

"Em um sentido restrito – que adotamos nesta obra -, o poder de polícia não inclui a atividade legislativa, mas, tão somente, as atividades administrativas de regulamentação e de execução das leis que estabelecem normas primárias de polícia. Assim sendo, baseados na lição de Hely Lopes Meirelles, conceituamos poder de polícia, simplesmente, como o poder de que dispõe a administração pública para, na forma da lei, condicionar ou restringir o uso de bens, o exercício de direitos e a prática de atividades privadas, visando a proteger os interesses gerais da coletividade.

O poder de polícia é inerente à atividade administrativa. A administração pública exerce poder de polícia sobre todas as condutas ou situações particulares que possam, direta ou indiretamente, afetar os interesses da coletividade.

O poder de polícia é desempenhado por variados órgãos e entidades administrativos - e não por alguma unidade administrativa específica - , em todos os níveis da federação.

É competente para exercer poder de polícia administrativa sobre uma dada atividade o ente federado ao qual a Constituição da República atribui competência para legislar sobre essa mesma atividade, para regular a prática dessa atividade." (ALEXANDRINO, 2017, p. 291)

"Conceito de Polícia Administrativa: Para Celso Antonio é "o poder expressável através da atividade de Polícia Administrativa e o que resulta de sua qualidade de executora das leis administrativas, é a contraface de seu dever de dar execução a estas leis." Portanto, é o poder que a administração tem de restringir o exercício de liberdades individuais e de restringir o uso, gozo e disposição da propriedade privada, sempre na busca do interesse público. Tradicionalmente, tem disso exercido para impedir ações antissociais, pois se trata da aplicação ao caso concreto do Princípio da Supremacia do Interesse Público sobe o Privado." (CARVALHO, 2017, p. 133)

JURISPRUDÊNCIA TEMÁTICA

DIREITO ADMINISTRATIVO, DIREITO CIVIL. Atividade fiscalizatória dos Conselhos Regionais de Contabilidade. Fiscalização de livros e documentos contábeis de empresário ou sociedade empresária em poder de contadores. Possibilidade legal. Autorização que decorre do Decreto-Lei n. 9.295/46. Compatibilidade com a restrição prevista no art. 1.190 do Código Civil. Inocorrência de violação à privacidade e ao sigilo profissional. O ato do Conselho de Contabilidade que requisita dos contadores e dos técnicos os livros e fichas contábeis de seus clientes, a fim de promover a fiscalização da atividade contábil dos profissionais nele inscritos, não importa em ofensa aos princípios da privacidade e do sigilo profissional. A controvérsia jurídica está em definir se os Conselhos Regionais de Contabilidade, no exercício de seu poder de polícia, detêm ou não a prerrogativa de fiscalizar a atuação de seus associados, sobretudo mediante o exame dos livros e documentos contábeis de sua clientela, bem assim, se tal agir configuraria violação à garantia da privacidade e do sigilo profissional. Conforme se depreende do art. 1.190 do Código Civil, apenas nos casos previstos em lei poderá a autoridade, juiz ou tribunal requisitar livros e fichas contábeis do empresário ou sociedade empresária para verificar a observância das formalidades legais. Na hipótese, o Presidente do Conselho Regional de Contabilidade, autoridade administrativa que é, possui ostensivo respaldo em lei para o exercício da atividade fiscalizatória sob crítica. De fato, tal licença fiscalizatória advém do Decreto-Lei n. 9.295/46, que criou o Conselho Federal de Contabilidade e os Conselhos Regionais de Contabilidade. Já no art. 2º desse diploma vem assinalado que "A fiscalização do exercício da profissão contábil, assim entendendo-se os profissionais habilitados como contadores e técnicos em contabilidade, será exercida pelo Conselho Federal de Contabilidade e pelos Conselhos Regionais de Contabilidade a que se refere o art. 1º". No mesmo diapasão, seu art. 10, letra "c", preconiza ser atribuição dos Conselhos Regionais "fiscalizar o exercício das profissões de contador e guarda-livros, impedindo e punindo as infrações, e bem assim, enviando às autoridades competentes minuciosos e documentados relatórios sobre fatos que apurem, e cuja solução ou repressão não seja de sua alçada". Dessa forma, como de fato existe previsão legal específica para o exercício fiscalizatório pelos Conselhos de Contabilidade, pode-se concluir que a salvaguarda empresarial prevista no reportado art. 1.190 do Código Civil está sendo respeitada. Por fim, assevera-se que a fiscalização exercida tem por foco central verificar, não o mérito em si, mas os aspectos relacionados à forma, ou seja, atestar se o profissional da contabilidade, na sua rotina de trabalho, observa as normas técnicas concernentes à atividade contábil. Sendo esse o propósito primeiro da fiscalização desenvolvida pela entidade classista, não se antevê afronta à privacidade e ao sigilo profissional dos escritórios fiscalizados e da escrituração contábil de seus clientes. (REsp 1.420.396-PR, Rel. Min. Sérgio Kukina, por unanimidade, julgado em 19/09/2017, DJe 29/09/2017.)

DIREITO DO CONSUMIDOR. Responsabilidade de sociedade mantenedora de cadastros restritivos de crédito por anotações indevidas de dados. Poder de polícia do Banco Central sobre a atividade relativa a cadastro de devedores. O Banco Central não possui atribuição para fiscalizar as atividades desenvolvidas pelo Serasa S.A., entidade que não se qualifica como instituição financeira. A discussão trazida no recurso especial tratou da existência de atribuição, por parte do Banco Central do Brasil, para o exercício de fiscalização sobre a atividade da Serasa. Inicialmente destacou-se que a Serasa S.A. é sociedade que mantém cadastro de consumidores cujos dados interessam a seus associados como elementos necessários ao estudo de risco para as operações relativas a concessão de crédito. Os associados, sim, podem ser instituições financeiras, mas a Serasa só organiza o cadastro, sem interferir direta ou indiretamente no deferimento do financiamento. Não se trata, portanto, de instituição financeira, cujo conceito é dado pelo art. 17 da Lei 4.595/64. Não exerce coleta, intermediação nem aplicação de recursos financeiros próprios ou terceiros, nem a custódia de valor de propriedade de terceiros, seja como atividade principal ou acessória. Nem mesmo o fato de que a Serasa tem atividade ligada a interesses dos bancos torna aceitável a interpretação de que equivale a instituição financeira. Afastada a natureza financeira do órgão mantenedor do cadastro de inadimplentes, descarta-se a incidência dos incisos VI e IX do art. 10 da Lei 4.595/64, que tratam da competência do Banco Central para exercer o controle sobre o crédito e a fiscalização das instituições financeiras. A interpretação de que a Serasa seria instituição financeira (inciso IX), bem como a de que o controle do crédito sob todas as suas formas (inciso VI) cobre a atividade dessa sociedade, é muito extensiva e prejudica a garantia do administrado de que os órgãos da Administração Pública só agem nos estritos limites da legalidade. Assim, essa fiscalização, que nada mais seria do que o exercício do poder de polícia, não pode ser exercida pelo Banco Central - nem pela Administração Pública, diga-se - sem o respectivo respaldo legal, sob pena de ofensa ao princípio da legalidade (Constituição da República, art. 37, caput). REsp 1.178.768-SP, Rel. Min. Maria Isabel Gallotti, por unanimidade, julgado em 1/12/2016, DJe 7/12/2016.

Ação civil pública. Vinho. Rótulo. Informações essenciais. Lei n. 8.918/1994. CDC. Inaplicabilidade. Inexiste a obrigação legal de se inserir nos rótulos dos vinhos informações acerca da quantidade de sódio ou de calorias (valor energético) presente no produto. Tratou-se de recurso especial em que se apontou, entre outras questões, violação ao art. 2º da Lei n. 8.918/1994 e Decreto n. 6.871/2009, que dispõem sobre a padronização, classificação, registro, inspeção, produção e a fiscalização das bebidas produzidas e comercializadas por produtores, importadores e distribuidores de vinhos. Na oportunidade, o recorrente ressaltou que "não há na legislação pátria nenhuma norma que determine a indicação de calorias do vinho" e que "a obrigatoriedade das informações exigidas pela recorrida somente pode ser aferida pelo Estado no exercício regular do Poder de Polícia Sanitária". Afirmou, inclusive, que "as bebidas alcóolicas são excluídas, pela ANVISA do Regulamento RDC 360/2003 que trata de rotulagem de alimentos". Primeiramente, saliente-se que ao Estado incumbe o dever de fiscalizar a comercialização ou a publicidade de bebidas alcoólicas. Indubitavelmente o governo deve agir de modo a proteger a saúde dos consumidores e a promover a venda de produtos de qualidade no mercado. Todavia, a regulação encontra limites na livre concorrência e nos possíveis impactos que novas exigências refletem tanto nas empresas como na livre economia de mercado. Com efeito, não se nega a importância de se conhecer os ingredientes nutricionais dos produtos alimentícios. Todavia, no caso do vinho, a legislação retira tal obrigatoriedade, como se afere da legislação específica, que afasta a aplicação do Código de Defesa do Consumidor, haja vista o princípio da especialidade (lex specialis derrogat lex generalis). Incide no caso o art. 2º da Lei n. 8.918/1994, que prevê o registro necessário para comercialização de bebidas, bem como seu decreto regulamentador (Decreto n. 6.871/2009), que não se aplica às bebidas alcoólicas derivadas da uva. A legislação aplicável à espécie, portanto, não obriga o vinicultor a inserir nos rótulos das bebidas que comercializa – no caso, vinhos – informações acerca da quantidade de sódio ou de calorias (valor energético) contida no produto. Saliente-se, ainda, que a Resolução-RDC n. 360, de 23 de dezembro de 2003, de autoria da Diretoria Colegiada da Agência Nacional de Vigilância Sanitária (ANVISA), regulamentadora da Lei n. 6.437/1977, tornou obrigatória a rotulagem nutricional de alimentos embalados e comercializados nos países integrantes do Mercosul, visando proteger a saúde da população em geral. Contudo, excluiu do seu âmbito de aplicação, dentre outros produtos, as bebidas alcoólicas. Destaque-se, por oportuno, que a produção de vinho difere de outros alimentos por não possuir uma fórmula certa e ter características próprias que dificultam a informação nutricional, pois são elaborados com ingredientes únicos, exclusivos e variáveis, dependendo do tempo de armazenagem e de condições da natureza, tendo em vista o processamento das substâncias usadas, a qualidade e safra da uva e a inclusão de ácidos ou açúcar para obtenção de uma bebida mais ou menos ácida ou doce. Ademais, a análise nutricional é conduzida diferentemente por região, não havendo falar em receita padrão da bebida, sob pena de reduzir a qualidade em determinadas hipóteses e quebrar a exclusividade do produto. É considerado, em princípio, a single ingredient food (um produto singular) em muitas regulações internacionais. Finalmente, vale acrescentar que a exigência de informações adicionais impostas de maneira pontual viola frontalmente o livre exercício de determinada atividade econômica (art. 170, inciso IV, da Constituição Federal), não cabendo ao Poder Judiciário, que não tem função legislativa, substituir-se à lei especial e suas normas técnicas regulamentadoras, criando, indiretamente, obrigação restrita às partes, sob pena de violação do princípio da separação dos poderes. (REsp 1.605.489-SP, Rel. Min. Ricardo Villas Bôas Cueva, por unanimidade, julgado em 4/10/2016 DJe 18/10/2016.)

3. (FCC – PROCURADOR DO ESTADO – RO – 2011)

O Direito Brasileiro admite a figura do decreto autônomo estadual? Justifique a sua resposta sob a perspectiva dos Princípios da Legalidade e da Separação dos Poderes.

RESPOSTA:

Sim. O direito brasileiro admite o decreto autônomo estadual, apesar de não haver disposição expressa na Constituição Federal autorizando seu uso. A jurisprudência do Supremo Tribunal Federal aplica o princípio da simetria ao caso.

O artigo 84, inciso VI, alíneas "a" e "b" da Carta da República autoriza o Presidente da República a dispor, mediante decreto, acerca da administração e funcionamento da administração federal, quando não importar criação de órgão nem aumento de despesas, bem como a extinção de funções ou cargos públicos quando vagos.

Dentro dessas hipóteses, independentemente de a Constituição Estadual prever a figura do decreto autônomo nos moldes da Constituição Federal, o Governador do Estado estará autorizado para editá-lo, desde que se limite rigorosamente às matérias previstas nas alíneas "a" e "b" do inciso VI do artigo 84 da Constituição Federal.

No mesmo sentido é o pensamento de Alexandre de Moraes, para quem o dispositivo que prevê o decreto autônomo na órbita federal é um princípio federal extensível, aplicando-se automaticamente aos Estados e Municípios independentemente de expressa previsão na Constituição Estadual ou na Lei Orgânica, respectivamente. Advirta-se, contudo, que o tema não é pacífico na doutrina.

Cumpre observar, ademais, que o uso do decreto autônomo estadual não fere o princípio da separação dos poderes, haja vista que seu uso está restrito a situações limitadas, não invadindo a competência do poder legislativo, pois o que o decreto regula é de interesse da Administração Pública, não restringindo direitos dos administrados, caso este que só poderia estar regulado mediante lei propriamente dita, observado o processo legislativo (e por isso tampouco há violação ao princípio da legalidade).

▸ Critério de correção da banca

O Decreto autônomo é um ato normativo introduzido no ordenamento jurídico pela Emenda Constitucional nº 32, de 11/09/01 e versa sobre atribuições e estruturação dos Ministérios e órgãos da Administração, desde que, não implique aumento de despesas, criação ou extinção de órgãos públicos (art. 48, inciso XI; artigo 61, § 1º, inciso II; alínea "e"; art. 84, inciso VI, art.

88; CF). O limite material visa instituir o respeito aos ditames da Separação dos Poderes, de modo que em todas essas situações a atuação do Poder Executivo não tem força criadora autônoma, uma vez que se cuida de atividades que, em geral, estão amplamente reguladas na ordem jurídica. Precedentes jurisprudenciais: ADIn n. 2.806-5/RS, STF. Existe doutrina que sustenta a ilegalidade do instituto, em especial ao Princípio de Separação dos Poderes.

DOUTRINA TEMÁTICA

"Com a Emenda Constitucional nº 32, altera-se o artigo 84, VI, para outorgar ao Presidente da República competência para 'dispor, mediante decreto, sobre: (a) organização e funcionamento da administração federal, quando não implicar aumento de despesa nem criação ou extinção de órgãos públicos; (b) extinção de funções ou cargos públicos, quando vagos'. A competência quanto à alínea a, limita-se à organização e funcionamento, pois a criação e extinção de Ministérios e órgãos da Administração Pública continua a depender de lei, conforme artigo 88, alterado pela Emenda Constitucional nº 32. Quanto à alínea b, não se trata de função regulamentar, mas de típico ato de efeitos concretos, porque a competência do Presidente da República se limitará a extinguir cargos ou funções, quando vagos, e não a estabelecer normas sobre a matéria.

Com a alteração do dispositivo constitucional, fica restabelecido, de forma muito limitada, o regulamento autônomo no direito brasileiro, para a hipótese específica inserida na alínea ª a norma estabelece certo paralelismo com atribuições semelhantes da Câmara dos Deputados (art. 51, IV), do Senado (art. 52, XIII) e dos Tribunais (art. 96, I, b)" (DI PIETRO, 2014, p. 93-94).

JURISPRUDÊNCIA TEMÁTICA

AÇÃO DIRETA DE INCONSTITUCIONALIDADE. LEI 6.835/2001 DO ESTADO DO ESPÍRITO SANTO. INCLUSÃO DOS NOMES DE PESSOAS FÍSICAS E JURÍDICAS INADIMPLENTES NO SERASA, CADIN E SPC. ATRIBUIÇÕES DA SECRETARIA DE ESTADO DA FAZENDA. INICIATIVA DA MESA DA ASSEMBLÉIA LEGISLATIVA. INCONSTITUCIONALIDADE FORMAL.

A lei 6.835/2001, de iniciativa da Mesa da Assembléia Legislativa do Estado do Espírito Santo, cria nova atribuição à Secretaria de Fazenda Estadual, órgão integrante do Poder Executivo daquele Estado. À luz do princípio da simetria, são de iniciativa do Chefe do Poder Executivo estadual as leis que versem sobre a organização administrativa do Estado, **podendo a questão referente à organização e funcionamento da Administração Estadual, quando não importar aumento de despesa, ser regulamentada por meio de Decreto do Chefe do Poder Executivo (art. 61, § 1º, II, e e art. 84, VI, a da Constituição federal).** Inconstitucionalidade formal, por vício de iniciativa da lei ora atacada. (ADI 2.857, Rel. Min. Joaquim Barbosa, Tribunal Pleno, j. 30.08.2007). (grifado pelo autor).

QUESTÕES DE CONCURSO RELACIONADAS

01. (TJAM – Juiz de Direito – 2016) "Poder regulamentar é a prerrogativa concedida à administração pública de editar atos gerais para complementar as leis e permitir a sua efetiva aplicação" – assertiva **correta**.

02. (MPMG – Promotor de Justiça - 2018) "O particular, no exercício de sua atividade privada, não está sujeito ao poder disciplinar nem ao poder hierárquico da Administração Pública. O controle que a Administração exerce sobre a atividade do particular é uma decorrência do poder de polícia"- assertiva **correta**.

4. (CESPE – PROCURADOR DE CONTAS – BA – 2010)

No decurso do ano de 2009, após regular fiscalização na sede da Empresa Esperança Ltda., auditores fiscais da Receita Federal do Brasil, cumprindo todas as formalidades previstas em lei, lavraram auto de infração em que, pontualmente, indicaram irregularidades contábeis e fiscais supostamente cometidas pela mencionada pessoa jurídica. Notificada tempestivamente, a aludida empresa apresentou impugnação ao referido auto de infração, elencando também pontualmente as razões pelas quais, a seu juízo, não havia cometido as irregularidades apontadas pela fiscalização. Examinada a impugnação pela autoridade administrativa fiscal competente, no ano de 2010, deu-se ciência à Empresa Esperança Ltda., na forma da lei de regência, de que o referido auto de infração havia sido mantido em sua integridade. Inconformada com a manutenção do auto de infração, a empresa manejou tempestivamente o competente recurso administrativo, oportunidade em que retificou as razões outrora deduzidas na impugnação. Posteriormente, a empresa foi regularmente cientificada de que o recurso apresentado não havia sequer encaminhado ao colegiado recursal administrativo, uma vez que não havia sido providenciado pela recorrente o prévio depósito da quantia correspondente a 30% do valor reclamado pela Receita Federal (conforme exigência constante da Lei n.º 8.213/1991), valor este totalizado no bojo do aludido auto de infração. Inviabilizando o recurso, a empresa impetrou tempestivamente mandado de segurança perante a autoridade judicial competente, ocasião em que sustentou inconstitucionalidade e ilegalidade do ato administrativo que obstruiu a marcha procedimental da irresignação por ela dirigida ao competente colegiado administrativo recursal.

Considerando a situação hipotética exposta, redija, de modo fundamentado, um texto dissertativo que responda aos seguintes questionamentos.

O ato administrativo que obstrui a marcha procedimental do recurso administrativo apresentado pela empresa encontra respaldo na Constituição da República Federativa do Brasil?

Quais os dispositivos constitucionais aplicáveis para nortear a questão da obstrução do recurso administrativo nos termos em que foi exposta?

Qual é atualmente o comportamento da jurisprudência no Supremo Tribunal Federal e no Superior Tribunal de Justiça no que se refere à questão da viabilidade da marcha procedimental do recurso administrativo nos termos aqui expostos?

RESPOSTA:

De acordo com o atual posicionamento do Supremo Tribunal Federal e do Superior Tribunal de Justiça, o ato administrativo que obstrui a marcha procedimental do recurso administrativo apresentado pela empresa não encontra respaldo na Constituição da República.

Tal ato viola os princípios constitucionais do devido processo legal, do contraditório e da ampla defesa, expressamente previstos no art. 5º, LIV e LV da Constituição da República, também no âmbito administrativo. Ao se inadmitir o recurso administrativo que não esteja acompanhado do depósito, a Administração estaria criando embaraços inconstitucionais ao direito de recorrer. Também o próprio direito de petição (artigo 5º, XXXIV. da Constituição Federal) resta vulnerado, pois o particular fica impedido de levar sua pretensão e de obter uma resposta no âmbito administrativo.

Assim, o direito de recorrer na esfera administrativa não pode ficar condicionado ao prévio depósito ou arrolamento de bens feitos pelo particular. Nesse sentido é a jurisprudência pacífica dos Tribunais Superiores, sedimentada inclusive por súmula do Superior Tribunal de Justiça e súmula vinculante do Supremo Tribunal Federal. Por esse motivo, é cabível reclamação, dirigida ao Supremo, em face do ato administrativo que obstrui a marcha procedimental, uma vez que ao contrariar a súmula vinculante a respeito do tema, deve ser anulado (artigo 103-A, § 3º da Constituição Federal).

DOUTRINA TEMÁTICA

"Depois de alguma hesitação, **o STF adotou o entendimento no sentido de que é inconstitucional a exigência de depósito prévio como condição de admissibilidade de recurso na esfera administrativa. Fundou-se a decisão no fato de que tal exigência vulnera o art. 5º, LV, da CF, que assegura o contraditório e a ampla defesa** com os meios e recursos a ela inerentes, e o art. 5º, XXXIV, "a", que garante o direito de petição independentemente do pagamento de taxas. A decisão não foi unânime, tendo sido proferido voto no sentido de que no sistema vigente inexiste a garantia do duplo grau obrigatório na via administrativa. O STJ, no entanto, embora reconhecendo a mudança de orientação, decidiu no mesmo sentido da inconstitucionalidade da exigência. O STF, a seu turno, consolidou essa mesma posição, com caráter vinculante." (CARVALHO FILHO 2011, P. 883). (grifado pelo autor).

JURISPRUDÊNCIA TEMÁTICA

SÚMULA VINCULANTE 28 DO STF: É inconstitucional a exigência de depósito prévio como requisito de admissibilidade de ação judicial na qual se pretenda discutir a exigibilidade de crédito tributário.

Atenção!!!! Apesar de a questão se referir à esfera administrativa, essa súmula vinculante guarda relação com o mesmo fundamento utilizado pela jurisprudência aqui esposada, qual seja, o princípio do contraditório e da ampla defesa.

SÚMULA VINCULANTE 21 DO STF: É inconstitucional a exigência de depósito ou arrolamento prévios de dinheiro ou bens para admissibilidade de recurso administrativo.

SÚMULA 373 DO STJ: É ilegítima a exigência de depósito prévio para admissibilidade de recurso administrativo.

STF:

AÇÃO DIRETA DE INCONSTITUCIONALIDADE. ART. 32, QUE DEU NOVA REDAÇÃO AO ART. 33, § 2º, DO DECRETO 70.235/72 E ART. 33, AMBOS DA MP 1.699-41/1998. DISPOSITIVO NÃO REEDITADO NAS EDIÇÕES SUBSEQUENTES DA MEDIDA PROVISÓRIA TAMPOUCO NA LEI DE CONVERSÃO. ADITAMENTO E CONVERSÃO DA MEDIDA PROVISÓRIA NA LEI 10.522/2002. ALTERAÇÃO SUBSTANCIAL DO CONTEÚDO DA NORMA IMPUGNADA. INOCORRÊNCIA. PRESSUPOSTOS DE RELEVÂNCIA E URGÊNCIA. DEPÓSITO DE TRINTA PORCENTO DO DÉBITO EM DISCUSSÃO OU ARROLAMENTO PRÉVIO DE BENS E DIREITOS COMO CONDIÇÃO PARA A INTERPOSIÇÃO DE RECURSO ADMINISTRATIVO. PEDIDO DEFERIDO. Perda de objeto da ação direta em relação ao art. 33, parágrafos, da MP 1.699-41/1998, em razão de o dispositivo ter sido suprimido das versões ulteriores da medida provisória e da lei de conversão. A requerente promoveu o devido aditamento após a conversão da medida provisória impugnada em lei. Rejeitada a preliminar que sustentava a prejudicialidade da ação direta em razão de, na lei de conversão, haver o depósito prévio sido substituído pelo arrolamento de bens e direitos como condição de admissibilidade do recurso administrativo. Decidiu-se que não houve, no caso, alteração substancial do conteúdo da norma, pois a nova exigência contida na lei de conversão, a exemplo do depósito, resulta em imobilização de bens. Superada a análise dos pressupostos de relevância e urgência da medida provisória com o advento da conversão desta em lei. **A exigência de depósito ou arrolamento prévio de bens e direitos como condição de admissibilidade de recurso administrativo constitui obstáculo sério (e intransponível, para consideráveis parcelas da população) ao exercício do direito de petição (CF, art. 5º, XXXIV), além de caracterizar ofensa ao princípio do contraditório (CF, art. 5º, LV). A exigência de depósito ou arrolamento prévio de bens e direitos pode converter-se, na prática, em determinadas situações, em supressão do direito de recorrer, constituindo-se, assim, em nítida violação ao princípio da proporcionalidade**. Ação direta julgada procedente para declarar a inconstitucionalidade do art. 32 da MP 1699-41 - posteriormente convertida na lei 10.522/2002 -, que deu nova redação ao art. 33, § 2º, do Decreto 70.235/72. (ADI 1.976, Rel. Min. Joaquim Barbosa, Pleno, j. 28.03.2007, DJ 18-05-2007). (grifado pelo autor).

"(...) o ato reclamado, sob o fundamento de que a decisão que exigiu o depósito prévio para efeito de interposição de recurso extrajudicial é anterior à mudança da orientação jurisprudencial desta Corte sobre a matéria, não reconheceu a inconstitucionalidade da exigência em questão, em nítido confronto ao entendimento deste Tribunal, senão vejamos: 'Os excipientes sustentam que o procedimento administrativo, no âmago do qual ocorreu o nascedouro dos créditos exequendos, estaria eivado de nulidade, uma vez que o Fisco exigiu depósito prévio para efeito de interposição de recurso extrajudicial. Contudo, verifico que a decisão de fl. 212/213 - que deixou de conhecer do recurso administrativo do devedor, por deserto - foi proferida em 2002, época em que a exigência de depósito prévio ainda era admitida. Com efeito, dada a estreiteza da via de Exceção de Pré-Executividade, não é razoáve invocar uma mudança do posicionamento jurisprudencial para suscitar a nulidade de uma decisão administrativa que, à época de sua prolação, era adequada. Em sendo assim, modificando o posicionamento anteriormente firmado sobre a matéria, entendo que a alegação não merece acolhimento'. Verifica-se, pois, que, diversamente do alegado pela agravante, o juízo reclamado não se limitou a analisar o cabimento da exceção de pré-executividade, mas deixou de aplicar orientação deste Tribunal que possui caráter vinculante. **De se anotar, ainda, que já decidiu esta Corte que a 'circunstância de o recurso ser interposto antes da edição do enunciado com força vinculante por este Tribunal não tem o condão de afastar a inconstitucionalidade da exigência de depósito prévio para interposição de apelos administrativos**' (Rcl 10.938/PE, Rel. Min. Gilmar Mendes). (Rcl 22546 AgR, Relator Ministro Luiz Fux, Primeira Turma, julgamento em 23.2.2016, DJe de 14.3.2016).

▸ STJ:

PROCESSUAL CIVIL E TRIBUTÁRIO. RECURSO ESPECIAL. VIOLAÇÃO AO ART. 535 DO CPC. NÃO CONFIGURADA. DEPÓSITO PRÉVIO DE 30% DO VALOR DA EXAÇÃO. CONDIÇÃO DE PROCEDIBILIDADE DO RECURSO ADMINISTRATIVO. EXIGÊNCIA CONSIDERADA INCONSTITUCIONAL PELO STF.

1. O Supremo Tribunal Federal considera inconstitucional a exigência de depósito prévio como condição de procedibilidade de recurso na esfera administrativa. Orientação seguida pelo STJ.

2. Recurso especial a que se nega provimento. (REsp 972.075, Rel. Min, Teori Albino Zavascki, 1ª Turma, j. 19.05.2008, DJ 02.06.2008)

RECURSO ESPECIAL Nº 1.144.688 - BA (2009/0113626-0) RELATOR : MINISTRO SÉRGIO KUKINA RECORRENTE : FAZENDA NACIONAL PROCURADOR : PROCURADORIA-GERAL DA FAZENDA NACIONAL RECORRIDO : CARAÍBA METAIS S/A ADVOGADO : MÔNICA MACHADO BITTENCOURT E OUTRO (S) DECISÃO Trata-se de recurso especial manejado pela FAZENDA NACIONAL, com fundamento no art. 105, III, a, da CF, contra acórdão proferido pelo Tribunal Regional Federal da 1ª Região, assim ementado (fl. 348): ADMINISTRATIVO. RECURSO ADMINISTRATIVO. DEPÓSITO PRÉVIO. ARROLAMENTO DE BENS. INEXIGIBILIDADE À LUZ DA CONSTITUIÇÃO FEDERAL. INCONSTITUCIONALIDADE DECLARADA PELO STF. 1. **A exigência de depósito prévio para ingresso recursal nas vias administrativas do poder público configura ofensa aos princípios constitucionais do contraditório e da ampla defesa, e ainda ao princípio da inafastabilidade da jurisdição, sendo desta sorte, inexigível. 2. O Supremo Tribunal Federal afastou a exigibilidade do depósito prévio para interposição de recurso administrativo, em face da sua inconstitucionalidade, no julgamento dos REs 389.383, 388.598 e 390.513, concluído em 28/03/2007. 3. Igualmente, o STF julgou inconstitucional a necessidade de arrolamento de bens para interposição de recurso administrativo, porque a medida cria a mesma dificuldade**

que o depósito em dinheiro. 4. Apelação da autora a que se dá provimento. (...) (AgRg no AREsp 322.510/BA, Rel. Ministro Herman Benjamin, Segunda Turma, julgado em 11/06/2013, DJe 25/06/2013). Ante o exposto, nego seguimento ao recurso especial. Publique-se. Brasília, 13 de novembro de 2014. MINISTRO SÉRGIO KUKINA Relator (STJ - REsp: 1144688 BA 2009/0113626-0, Relator: Ministro SÉRGIO KUKINA, Data de Publicação: DJ 17/11/2014).

QUESTÕES DE CONCURSO RELACIONADAS

01. (CESPE – Procurador do Município de Fortaleza - 2017) "Nos termos da jurisprudência do STF, caso um particular interponha recurso administrativo contra uma multa de trânsito, por se tratar do exercício do poder de polícia pela administração, a admissibilidade do recurso administrativo dependerá de depósito prévio a ser efetuado pelo administrado – assertiva **incorreta**.

02. (FCC – DPE-PR – Defensor Público – 2017) "É ilegítima a exigência de depósito prévio para admissibilidade de recurso administrativo; salvo quando se tratar de recurso hierárquico impróprio - assertiva **incorreta**.

5. (CESPE – JUIZ DE DIREITO – AL – 2008)

Discorra acerca da relação entre discricionariedade administrativa e princípio da impessoalidade.

RESPOSTA:

A discricionariedade administrativa significa a liberdade que tem o administrador, quando na prática de certos atos, de escolher, de acordo com seu juízo valorativo, um certo motivo ou objeto para o ato. Nesses elementos do ato administrativo (motivo e objeto) por não serem rigidamente definidos pela lei nos atos discricionários, identifica-se o chamado mérito administrativo, que nada mais é do que a liberdade que tem o administrador quanto ao juízo de conveniência e oportunidade do ato.

O princípio da impessoalidade pauta a atuação administrativa impessoal, direcionada à coletividade como um todo, e não a esta ou aquela pessoa em especial. Ou seja, o princípio da impessoalidade obriga que a Administração Pública se direcione ao interesse público, e não ao interesse particular de uma pessoa em detrimento de todos.

Mesmo quando existente a liberdade quanto ao mérito administrativo, o princípio da impessoalidade representa um limite da discricionariedade administrativa, pois não se admite que o administrador, a pretexto de exercer competência discricionária, e, portanto com certa dose de liberdade, beneficie seus apaniguados ou prejudique seus inimigos. A maior liberdade que existe no exercício da competência discricionária não deve ser utilizada com desvio de finalidade, com o objetivo de criar benesses indevidas.

Dessa maneira, tem-se como inválido o ato discricionário de nomeação para cargo comissionado de chefia, direção ou assessoramento, quando o nomeado é o melhor amigo da autoridade nomeante e não tem a mínima capacidade técnica ou profissional para o cargo. Tal ato administrativo (nomeação), apesar de revestir-se de liberdade quanto à conveniência e oportunidade de sua edição, não autoriza que se utilize a máquina administrativa como um instrumento de favorecimento ou perseguição à disposição do administrador.

De modo a coibir esse desvirtuamento da discricionariedade administrativa na nomeação de pessoas para cargos em comissão, o Conselho Nacional de Justiça editou resolução proibindo a nomeação de parentes da autoridade nomeante no âmbito do Poder Judiciário. Instado a se manifestar sobre a constitucionalidade de tal resolução, o Supremo Tribunal Federal, em sede de controle concentrado, decidiu que inexiste empecilho quanto a essa proibição por resolução, uma vez que este diploma normativo apenas explicita uma vedação que já é extraível diretamente do texto constitucional, que consagra os princípios administrativos da impessoalidade, da eficiência, da igualdade e da moralidade. Nesse mesmo sentido foi editada a súmula vinculante número 13 do Supremo Tribunal Federal.

◉ DOUTRINA TEMÁTICA

"O princípio (da impessoalidade) objetiva a igualdade de tratamento que a Administração deve dispensar aos administrados que se encontrem em idêntica situação jurídica. Nesse ponto, representa uma faceta do princípio da isonomia. Por outro lado, **para que haja verdadeira impessoalidade, deve a Administração voltar-se exclusivamente para o interesse público, e não para o privado, vedando-se, em consequência, sejam favorecidos alguns indivíduos em detrimento de outros e prejudicando alguns para favorecimento de outros. Aqui reflete a aplicação do conhecido princípio da finalidade**, sempre estampado na obra de tratadistas da matéria, **segundo o qual o alvo a ser alcançado pela Administração é somente o interesse público**, e não se alcança o interesse público se for perseguido o interesse particular, porquanto haverá nesse campo sempre uma atuação discriminatória." (CARVALHO FILHO, 2011, p. 19). (grifado pelo autor).

"**A discricionariedade é identificada quando a norma confere, em seu próprio mandamento, uma liberdade decisória que envolve o exame da conveniência e oportunidade**, ao invés de estipular um dever de praticar um ato específico. (...) **Também há discricionariedade quando a lei é omissa, porque não foi possível prever todas as situações supervenientes ou, ainda, quando a lei prevê a competência, mas não estabelece a conduta a ser desenvolvida.** (...) **O ato do administrador é, também, discricionário quando a situação é descrita na norma por palavras que recobrem conceitos vagos, dotados de certa imprecisão** e, por isso mesmo, essas são irredutíveis à objetividade, não tendo uma significação unívoca inquestionável como, por exemplo, 'comportamento indecoroso'." (MARINELA, 2013, p. 269). (grifado pelo autor).

"Assim, **a discricionariedade existe, por definição, única e tão-somente para proporcionar em cada caso a escolha da providência ótima, isto é, daquela que realize superiormente o interesse público almejado pela lei aplicanda. Não se trata, portanto, de uma liberdade para a Administração decidir a seu talante**, mas para decidir-se do modo que torne possível o alcance perfeito do desiderato normativo. Logo, para verificar-se se o ato administrativo se conteve dentro do campo em que realmente havia discrição, isto é, no interior da esfera de opções legitimas, é preciso atentar para o caso concreto. Esta esfera de decisão legítima compreende apenas e tão-somente o campo dentro do qual ninguém poderá dizer com indisputável objetividade qual é a providência ótima, por mais de uma seria igualmente indispensável. Fora daí não há discrição." (MELLO, 2011, p. 436). (grifado pelo autor).

JURISPRUDÊNCIA TEMÁTICA

Súmula vinculante nº 13 do STF: "A nomeação de cônjuge, companheiro ou parente em linha reta, colateral ou por afinidade, até o terceiro grau, inclusive, da autoridade nomeante ou de servidor da mesma pessoa jurídica investido em cargo de direção, chefia ou assessoramento, para o exercício de cargo em comissão ou de confiança ou, ainda, de função gratificada na administração pública direta e indireta em qualquer dos Poderes da União, dos Estados, do Distrito Federal e dos Municípios, compreendido o ajuste mediante designações recíprocas, viola a Constituição Federal."

STF:

EMENTA Constitucional e Administrativo. Súmula Vinculante nº 13. Ausência de configuração objetiva de nepotismo. Reclamação julgada improcedente. Liminar anteriormente deferida cassada. 1. Com a edição da Súmula Vinculante nº 13, embora não se tenha pretendido esgotar todas as possibilidades de configuração de nepotismo na Administração Pública, foram erigidos critérios objetivos de conformação, a saber: i) ajuste mediante designações recíprocas, quando inexistente a relação de parentesco entre a autoridade nomeante e o ocupante do cargo de provimento em comissão ou função comissionada; ii) relação de parentesco entre a pessoa nomeada e a autoridade nomeante; iii) relação de parentesco entre a pessoa nomeada e o ocupante de cargo de direção, chefia ou assessoramento a quem estiver subordinada e iv) relação de parentesco entre a pessoa nomeada e a autoridade que exerce ascendência hierárquica ou funcional sobre a autoridade nomeante. 2. Em sede reclamatória, com fundamento na SV nº 13, é imprescindível a perquirição de projeção funcional ou hierárquica do agente político ou do servidor público de referência no processo de seleção para fins de configuração objetiva de nepotismo na contratação de pessoa com relação de parentesco com ocupante de cargo de direção, chefia ou assessoramento no mesmo órgão, salvo ajuste mediante designações recíprocas. 3. Reclamação julgada improcedente. Cassada a liminar anteriormente deferida. (Rcl 18564, Relator(a): Min. GILMAR MENDES, Relator(a) p/ Acórdão: Min. DIAS TOFFOLI, Segunda Turma, julgado em 23/02/2016, PROCESSO ELETRÔNICO DJe-161 DIVULG 02-08-2016 PUBLIC 03-08-2016).

EMENTA: AÇÃO DIRETA DE INCONSTITUCIONALIDADE. INCISO VI DO ART. 32 DA CONSTITUIÇÃO DO ESTADO DO ESPÍRITO SANTO. SERVIDOR PÚBLICO. NEPOTISMO. VEDAÇÃO AO EXERCÍCIO DE FUNÇÕES SOB A DIREÇÃO IMEDIATA DE CÔNJUGE OU PARENTE ATÉ O SEGUNDO GRAU CIVIL. VIOLAÇÃO AO INCISO II DO ART. 37 DA CONSTITUIÇÃO FEDERAL E AO PRINCÍPIO DA ISONOMIA. INEXISTÊNCIA. PROIBIÇÃO QUE DECORRE DO CAPUT DO ART. 37 DA CF. PROCEDÊNCIA PARCIAL PARA EMPRESTAR INTERPRETAÇÃO CONFORME A CONSTITUIÇÃO. INCIDÊNCIA EXCLUSIVA SOBRE CARGOS DE PROVIMENTO EM COMISSÃO, FUNÇÃO GRATIFICADA E CARGOS E DIREÇÃO E ASSESSORAMENTO. (ADI 524, Relator(a): Min. SEPÚLVEDA PERTENCE, Relator(a) p/ Acórdão: Min. RICARDO LEWANDOWSKI, Tribunal Pleno, julgado em 20/05/2015, DJe-151 DIVULG 31-07-2015 PUBLIC 03-08-2015 EMENT VOL-03992-01 PP-00001).

STJ:

ADMINISTRATIVO. AÇÃO CIVIL PÚBLICA. CONTRATAÇÃO DE ADVOGADO COM FUNÇÕES DE PROCURADOR GERAL DO MUNICÍPIO. LICITAÇÃO. DESOBEDIÊNCIA AO PRINCÍPIO DA IMPESSOALIDADE.

1. Contratação do ex-Procurador Geral, vencedor do certame. Transmudação do cargo de Procurador Geral em advogado de confiança no afã de permitir ao profissional o exercício simultâneo da função pública e do munus privado da advocacia.

2. **O princípio da impessoalidade obsta que critérios subjetivos ou anti-isonômico influam na escolha dos exercentes dos cargos públicos; máxime porque dispõem os órgãos da Administração, via de regra, dos denominados cargos de confiança, de preenchimento insindicável**.

3. A impessoalidade opera-se pro populo, impedindo discriminações, e contra o administrador, ao vedar-lhe a contratação dirigida intuito personae.

4. Distinção salarial entre o recebido pelo assessor jurídico da municipalidade e o novel advogado contratado. Condenação na restituição da diferença, considerando o efetivo trabalho prestado pelo requerente. Justiça da decisão que aferiu com exatidão a ilegalidade e a lesividade do ato.

5. Coisa Julgada. Os motivos encartados na decisão do julgamento do prefeito são inextensíveis ao beneficiário do ato por força das regras que regulam os limites objetivos e subjetivos da coisa julgada. (artigos 469 e 472 do CPC).

6. Recurso conhecido quanto à violação dos artigos 61, parágrafo único, e 54, § 1º, da Lei 8.666/93; 10 e 11 da Lei nº 8.429/92, 458, II e III, do CPC; e 1.525 do Código Civil, inadmitido quanto à pretensão de revolvimento dos elementos probatórios e integralmente desprovido. (REsp 403.981, Rel. Min. Luiz Fux, 1ª Turma, j. 30.09.2002, DJ 28.10.2002). (grifado pelo autor).

ADMINISTRATIVO. IMPROBIDADE ADMINISTRATIVA. PROPAGANDA GOVERNAMENTAL. PROMOÇÃO PESSOAL DO ADMINISTRADOR. VIOLAÇÃO DO PRINCÍPIO DA IMPESSOALIDADE. ATO DE IMPROBIDADE ADMINISTRATIVA CONFIGURADO. IMPOSSIBILIDADE DO CONHECIMENTO DA DIVERGÊNCIA. 1. Nos moldes do que dispõe o art. 37, § 1º, da Constituição Federal, a publicidade dos atos governamentais deve sempre guardar um carater exclusivamente educativo, informativo ou de orientação social, sendo absolutamente vedada a publicação de informativos que visem ao proveito individual do administrador. 2. Diante das premissas fáticas estabelecidas pelo Tribunal de origem, não há como se afastar a prática de improbidade administrativa prevista no art. 11 da Lei nº 8.429/1992. Ademais, a alteração das conclusões adotadas demandaria, necessariamente, novo exame do acervo fático-probatório constante dos autos, providência vedada em recurso especial, conforme o óbice previsto na Súmula 7/STJ. 3. Por fim, "quanto à interposição pela alínea 'c', este Tribunal tem entendimento no sentido de que a incidência da Súmula 7/STJ impede o exame de dissídio jurisprudencial, uma vez que falta identidade entre os paradigmas apresentados e os fundamentos do acórdão, tendo em vista a situação fática do caso concreto, com base na qual o Tribunal de origem deu solução à causa" (AgRg no AREsp 597.359/MG, Rel. Ministro HUMBERTO MARTINS, SEGUNDA TURMA, DJe 22/04/2015). 4. Agravo interno a que se nega provimento. (STJ - AgInt no AREsp: 731011 MG 2015/0146989-5, Relator: Ministro SÉRGIO KUKINA, Data de Julgamento: 15/03/2018, T1 - PRIMEIRA TURMA, Data de Publicação: DJe 08/05/2018).

QUESTÕES DE CONCURSO RELACIONADAS

01. (MPR-PR – Promotor de Justiça - 2017) "Segundo a jurisprudência do Supremo Tribunal Federal, o rigor do dispositivo constitucional que assegura o princípio da impessoalidade vincula a publicidade ao caráter educativo, informativo ou de orientação social, sendo incompatível com a menção de nomes, símbolos ou imagens, aí não incluídos slogans, que caracterizem promoção pessoal ou de servidores públicos." – assertiva **incorreta**.

02. (MPSP – Promotor de Justiça – 2015) "Ressalvada situação de fraude à lei, a nomeação de parentes para cargos públicos de natureza política não configura nepotismo na Administração Pública. " – assertiva **correta**.

6. (CESPE – JUIZ DE DIREITO – AL – 2008)

Redija um texto dissertativo que responda, com fundamento na doutrina majoritária, se o poder de polícia do Estado pode ser delegado a pessoa física ou jurídica de direito privado.

RESPOSTA:

O poder de polícia representa uma expressão da supremacia do interesse público, que permite ao Poder Público restringir, limitar ou reprimir os direitos e interesses individuais, caracterizando-se como a supremacia geral que se estabelece entre a Administração Pública e o particular. Sua definição legal consta do artigo 78 do Código Tributário Nacional, já que o exercício do poder de polícia é fato gerador da taxa de polícia.

Pelo fato de configurar uma manifestação da supremacia do interesse público, a doutrina majoritária, acompanhada da jurisprudência do Supremo Tribunal Federal e do Superior Tribunal de Justiça, entende que o poder de polícia não pode ser objeto de delegação aos particulares, sejam pessoas físicas, sejam pessoas jurídicas de direito privado.

Em julgado emblemático, o Supremo tribunal Federal decidiu que os conselhos de fiscalização profissional não poderiam ter natureza de pessoa jurídica de direito privado, uma vez que são titulares do poder de polícia, poder este indelegável a pessoas de direito privado. A Suprema Corte afirmou que a titularidade de prerrogativas intrínsecas à supremacia do interesse público sobre o particular não poderia ser conferida a pessoas regidas pelo direito comum.

Apesar disso, deve-se considerar que as pessoas de direito privado não estão totalmente afastadas das atividades relacionadas com o poder de polícia.

Em relação às pessoas físicas, a doutrina ressalva a hipótese de poderes reconhecidos aos capitães de navio. Já no que tange às pessoas jurídicas de direito privado, a doutrina e a jurisprudência reconhecem a delegação de atos materiais, preparatórios ou sucessivos ao ato jurídico de polícia. Nesse caso, o ato limitador do interesse individual ainda continua sob o poder da Administração, cabendo ao particular tão-somente um ato executório, desprovido de conteúdo decisório. Para José dos Santos Carvalho Filho, as pessoas de direito privado podem exercer o poder de polícia em sua modalidade fiscalizatória, sendo-lhes vedado o poder de polícia em sua modalidade normativa (não podem criar normas restritivas de polícia).

Em síntese, pode-se afirmar que, ainda que as pessoas de direito privado possam desempenhar atribuições concretas relativas ao poder de polícia, como o consentimento e a fiscalização, a disciplina de tais atividades, bem como a aplicação de sanções, é tarefa reservada às pessoas jurídicas de direito público, sendo portanto indelegáveis a particulares. Não é outra a orientação do Superior Tribunal de Justiça, segundo o qual apenas os atos relativos ao consentimento e à fiscalização podem ser delegados a particulares, enquanto os relativos à legislação e à sanção são privativos das pessoas jurídicas de direito público.

◉ DOUTRINA TEMÁTICA

"**Segundo entendimento majoritário da doutrina e da jurisprudência, os atos expressivos de Poder Público, dentre eles a polícia administrativa, não podem ser delegados aos particulares**, sob pena de colocar em risco o equilíbrio social. (...) Contudo, **parte da doutrina admite a delegação, em circunstâncias excepcionais ou hipóteses muito específicas, como é o caso dos poderes reconhecidos aos capitães de navios, ou, ainda, a habilitação do particular à prática de ato material, preparatório ou sucessivo a ato jurídico de polícia**, hipótese que deve ser analisada com inúmeras limitações e ressalvas." (MARINELA, 2013, p. 233). (grifado pelo autor).

"**Inexiste qualquer vedação constitucional para que pessoas administrativas de direito privado possam exercer o poder de polícia em sua modalidade fiscalizatória**. Não lhes cabe - é lógico – o poder de criação das normas restritivas de polícia, mas, uma vez já criadas, como é o caso das normas de trânsito, nada impede que fiscalizem o cumprimento das restrições." (CARVALHO FILHO, 2011, p. 74). (grifado pelo autor).

"**Os atos jurídicos expressivos de poder público, de autoridade pública, e, portanto, os de polícia administrativa, certamente não poderiam, ao menos em princípio e salvo circunstâncias excepcionais ou hipóteses muito específicas (caso, *exempli gratia,* dos poderes reconhecidos aos capitães de navio), ser delegados a particulares**, ou ser por eles praticados.

A restrição à atribuição de atos de polícia funda-se no corretíssimo entendimento de que não se lhes pode, ao menos em princípio, cometer o encargo de praticar atos que envolvem o exercício de misteres tipicamente públicos quando em causa liberdade e propriedade, porque ofenderiam o equilíbrio entre os particulares em geral, ensejando que uns oficialmente exercessem supremacia sobre outros." (MELLO, 2011, p. 846). (grifado pelo autor).

JURISPRUDÊNCIA TEMÁTICA

STF:

RECURSO EXTRAORDINÁRIO COM AGRAVO. ADMINISTRATIVO. REVISÃO DE CONTRATO ADMINISTRATIVO. IMPOSSIBILIDADE DE REEXAME DO CONJUNTO FÁTICO-PROBATÓRIO E DO CONTRATO: SÚMULAS NS. 279 E 454 DO SUPREMO TRIBUNAL FEDERAL. ALEGAÇÃO DE CONTRARIEDADE AO ART. 5º, INC. XXXVI, DA CONSTITUIÇÃO DA REPÚBLICA: AUSÊNCIA DE REPERCUSSÃO GERAL. AGRAVO AO QUAL SE NEGA PROVIMENTO. Relatório 1. Agravo nos autos principais contra inadmissão de recurso extraordinário interposto com base no art. 102, inc. III, al. a, da Constituição da República contra o seguinte julgado do Tribunal de Justiça do Rio Grande do Sul: "CONSTITUCIONAL E ADMINISTRATIVO. CONTRATO DE CONCESSÃO. MONITORAMENTO FOTOELETRÔNICO. PARTICULAR E PARTICIPAÇÃO NO PRODUTO DAS MULTAS. ILEGALIDADE. ART. 320, CTB. Não se afigura constitucional, nem legal, cláusula contratual que permite à concessionária participar, diretamente, do produto das multas, flagradas por equipamentos de monitoramente fotoeletrônico, por ser inconcebível delegação de poder de polícia a particular, como se caracteriza a fiscalização de trânsito (art. 320, CTB). (STF - ARE: 963839 RS - RIO GRANDE DO SUL, Relator: Min. CÁRMEN LÚCIA, Data de Julgamento: 15/05/2016, Data de Publicação: DJe-102 19/05/2016)

STJ:

AGRAVO EM RECURSO ESPECIAL Nº 660.715 - RJ (2015/0027160-0) RELATOR : MINISTRO HUMBERTO MARTINS AGRAVANTE : FUNDAÇÃO INSTITUTO BRASILEIRO DE GEOGRAFIA E ESTATISTICA - IBGE AGRAVADO : COMPANHIA MUNICIPAL DE LIMPEZA URBANA - COMLURB/RJ ADVOGADO : AGRA MARIA MENEZES DE OLIVEIRA E OUTRO (S) TRIBUTÁRIO. PROCESSUAL CIVIL. AUSÊNCIA DE IMPUGNAÇÃO ESPECÍFICA DOS FUNDAMENTOS DA DECISÃO DENEGATÓRIA DE PROCESSAMENTO DO RECURSO ESPECIAL. SÚMULA 182 DO STJ. MATÉRIA CONSTITUCIONAL. IMPOSSIBILIDADE DE APRECIAÇÃO. NÃO INDICAÇÃO DOS DISPOSITIVOS VIOLADOS. FUNDAMENTAÇÃO DEFICIENTE. SÚMULA 284/STF. AGRAVO NÃO CONHECIDO. DECISÃO Vistos. Cuida-se de agravo interposto por FUNDAÇÃO INSTITUTO BRASILEIRO DE GEOGRAFIA E ESTATÍSTICA IBGE contra decisão que obstou a subida de seu recurso especial fundamentado no art. 105,

III, a, da Constituição Federal, o qual busca reformar acórdão do Tribunal Regional Federal da 2ª Região assim ementado (fl. 153, e-STJ) "APELAÇÃO CÍVEL. DIREITO ADMINISTRATIVO. AUTUAÇÃO ADMINISTRATIVA. COMLURB. PODER DE POLÍCIA ADMINISTRATIVA. DELEGAÇÃO À SOCIEDADE DE ECONOMIA MISTA POR LEI MUNICIPAL. VALIDADE. IMPROVIMENTO. 1. A questão tratada no presente feito diz respeito à suposta ilegalidade da autuação do IBGE pela COMLURB, sociedade de economia mista municipal, em razão da coleta de lixo em volume muito superior ao previsto na normativa aplicável. 2. Não ofende a Constituição da República a delegação do poder de polícia, em sua modalidade fiscalizatória, a sociedade de economia mista municipal, criada com a finalidade única de gestão da limpeza urbana, quando o ato de delegação tem origem e limites legais. 3. A Lei Municipal nº 3.273/01 atribui poder de polícia à COMLURB em razão de delegação feita pelo Município do Rio de Janeiro na esfera do recolhimento do lixo público, realizando atividade de gestão da limpeza urbana. 4. Compete à Companhia Municipal de Limpeza Urbana - COMLURB, na qualidade de órgão municipal competente, a responsabilidade pela gestão do Sistema de Limpeza Urbana do Município do Rio de Janeiro, procedendo às atividades de fiscalização e aplicação de multas, nos termos do art. 5.º da Lei n.º 3.273, 2001, conforme Decreto regulamentar n.º 21.305, de 19 de abril de 2002 (art. 4.º). 5. Por exercer a sociedade de economia mista uma atividade delegada pelo Poder Público, integrando, portanto, a Administração Indireta, seus atos gozam de presunção de legitimidade, atributo do ato administrativo, incumbindo-lhe o exercício do poder de polícia que lhe foi conferido pela norma legal 6. Apelação conhecida e improvida. Sentença mantida." Sem embargos de declaração. (...) (STJ - AREsp: 660715 RJ 2015/0027160-0, Relator: Ministro HUMBERTO MARTINS, Data de Publicação: DJ 18/03/2015).

QUESTÕES DE CONCURSO RELACIONADAS

01. (MPSP – Promotor de Justiça - 2015) "Assinale a alternativa correta sobre o poder de polícia: Inexiste vedação constitucional para que pessoas administrativas de direito privado possam exercê-lo na sua modalidade fiscalizatória." – assertiva correta.

02. (Cespe- Procurador do Estado- PB- 2008) "Segundo entendimento majoritário na doutrina e na jurisprudência, admite-se a delegação do poder de polícia a pessoa da iniciativa privada prestadora de serviços de titularidade do estado." – assertiva **errada**.

7. (CESPE – PROMOTOR DE JUSTIÇA – TO – 2004)

Explique, de forma objetiva, em que consiste o poder de polícia sanitária e analise, em tese, a validade de contrato administrativo em que tal atividade tenha sido objeto de delegação a empresa particular.

RESPOSTA:

O poder de polícia sanitária consiste na atividade administrativa limitadora do direito individual com o escopo de preservar a saúde pública. A polícia sanitária é uma expressão do poder de polícia no âmbito específico da vigilância sanitária.

A definição legal de vigilância sanitária encontra-se no artigo 6º, § 1º, da Lei 8.080/90, segundo o qual entende-se por vigilância sanitária um conjunto de ações capaz de eliminar, diminuir ou prevenir riscos à saúde e de intervir nos problemas sanitários decorrentes do meio ambiente, da produção e circulação de bens e da prestação de serviços de interesse da saúde.

Esse conjunto de ações abrange o controle de bens de consumo que, direta ou indiretamente, se relacionem com a saúde, compreendidas todas as etapas e processos, da produção ao consumo, e o controle da prestação de serviços que se relacionam direta ou indiretamente com a saúde.

O poder de polícia sanitária, sendo uma forma de manifestação do poder de polícia, obedece às regras concernentes a este. Dessa maneira, não é válido o contrato administrativo que delegue essa atividade a empresa particular. Isso porque a jurisprudência e a doutrina majoritária têm entendido que não se pode delegar a particulares as atividades que se afiguram como expressões da supremacia do interesse público, limitando a liberdade individual. A polícia administrativa constitui atividade típica do Estado, o que impossibilita sua titularidade por particulares.

◉ DOUTRINA TEMÁTICA

"Em determinadas situações em que se faz necessário o exercício do poder de polícia fiscalizatório (normalmente de caráter preventivo), o Poder Público atribui a pessoas privadas, por meio de contrato, a operacionalização material da fiscalização através de máquinas especiais, como ocorre, por exemplo, na triagem em aeroportos para detectar eventual porte de objetos ilícitos ou proibidos. **Aqui o Estado não se despe do poder de polícia nem procede a qualquer delegação, mas apenas atribui ao executor a tarefa de operacionalizar máquinas e equipamentos**, sendo-lhe incabível, por conseguinte, instituir qualquer tipo de restrição; sua atividade limita-se, com efeito, à constatação dos fatos." (CARVALHO FILHO, 2011, p. 75). (grifado pelo autor).

◉ JURISPRUDÊNCIA TEMÁTICA

▸ STF

DIREITO CONSTITUCIONAL E ADMINISTRATIVO. AÇÃO DIRETA DE INCONSTITUCIONALIDADE DO ART. 58 E SEUS PARÁGRAFOS DA LEI FEDERAL Nº 9.649, DE 27.05.1998, QUE TRATAM DOS SERVIÇOS DE FISCALIZAÇÃO DE PROFISSÕES REGULAMENTADAS.

1. Estando prejudicada a Ação, quanto ao § 3º do art. 58 da Lei nº 9.649, de 27.05.1998, como já decidiu o Plenário, quando apreciou o pedido de medida cautelar, a Ação Direta é julgada procedente, quanto ao mais, declarando-se a inconstitucionalidade do "caput" e dos § 1º, 2º, 4º, 5º, 6º, 7º e 8º do mesmo art. 58. 2. Isso porque **a interpretação conjugada dos artigos 5º, XIII, 22, XVI, 21,**

XXIV, 70, parágrafo único, 149 e 175 da Constituição Federal, leva à conclusão, no sentido da indelegabilidade, a uma entidade privada, de atividade típica de Estado, que abrange até poder de polícia, de tributar e de punir, no que concerne ao exercício de atividades profissionais regulamentadas, como ocorre com os dispositivos impugnados. 3. Decisão unânime. (ADI 1.717, Rel. Min. Sydney Sanches, Pleno, j. 06.11.2002, DJ 28-03-2003). (grifado pelo autor).

STJ

RECURSO ESPECIAL Nº 1.324.228 - SC (2012/0103935-5) RELATORA : MINISTRA ASSUSETE MAGALHÃES RECORRENTE : GENÉSIO ANTÔNIO MENDES E COMPANHIA LTDA ADVOGADO : RICARDO BERNARDES MACHADO E OUTRO (S) - RS044811 RECORRIDO : ANVISA AGÊNCIA NACIONAL DE VIGILÂNCIA SANITÁRIA PROCURADOR : MARCELO CARVALHO DOS SANTOS E OUTRO (S) - RS055523 DECISÃO Trata-se de Recurso Especial, interposto por GENÉSIO ANTÔNIO MENDES E COMPANHIA LTDA, em 14/07/2011, com base na alínea a do permissivo constitucional, contra acórdão do Tribunal Regional Federal da 4ª Região, assim ementado: ADMINISTRATIVO. EMPRESAS DISTRIBUIDORAS DE PRODUTOS FARMACÊUTICOS. CONTROLE DA REGULARIDADE DAS FARMÁCIAS. PORTARIAS SVS/MS 802/98 E RDC ANVISA 320/02. LEGALIDADE. Cabendo à ANVISA a proteção e a promoção da saúde pública por intermédio do controle sanitário da produção e da comercialização de produtos e serviços submetidos à vigilância sanitária, não há ilegalidade tampouco desproporcionalidade nas exigências feitas às distribuidoras de medicamentos, no que toca à realização de transações comerciais apenas com empresas regulares (fl. 212e). Alega-se, nas razões do Recurso Especial, ofensa aos artigos 78 do CTN, 44, 45 da Lei 5.991/73 e 8º da Lei 9.782/99, sob os seguintes fundamentos: a) "a irresignação da recorrente volta-se contra o disposto nos arts. 12, inc. VI, 'g' e 'h'; 13, inc. III e 5º, do Anexo II, todos da Portaria SVS/MS n. 802, de 08.10.1998" (fl. 225e) diante da impossibilidade jurídica de delegação do poder de polícia conferido pela legislação aos órgãos de vigilância sanitária aos particulares; b) incumbe à ANVISA e aos demais órgãos de vigilância sanitária (Estadual e Municipal) a fiscalização dos estabelecimentos que operam com produtos sujeitos a controle sanitário, tendo em vista que a atividade de fiscalização insere-se no contexto do poder de polícia conferido a determinados órgãos do Poder Público, constituindo, por esse motivo, função típica de Estado, não podendo, em hipótese alguma, ser delegada aos particulares (fl. 227e). Requer, ao final, seja admitido o presente recurso especial, com base no permissivo legal insculpido no art. 105, inc. III, alínea do a, da Constituição Federal de 1988, e, ao final, integralmente provido, para reconhecer a ilegalidade das disposições normativas constantes da Portaria SVS/MS n. 802/98 (arts. 12, incs. VI e VIII, 13, inc. III, Anexo II, art. 5º) e da RDC ANVISA n. 320/02 (art. 1º, inc. I, alínea a), eis que configuram manifesta e inconcebível hipótese de delegação do poder de polícia, restabelecendo-se, assim, a higidez das normas contidas no art. 78, do CTN, o qual estabelece que o exercício, do poder de polícia compete privativamente à Administração Pública; nos arts. 44 e 45, ambos da Lei 5.991/73 e no art. 8º, da Lei n. 9.782/99, que atribuem competência fiscalizatória aos órgãos de vigilância sanitária, dispositivos estes que, consoante restou amplamente demonstrado, restaram claramente violados pela r. decisão recorrida (fl. 233e).

(...) (STJ - REsp: 1324228 SC 2012/0103935-5, Relator: Ministra ASSUSETE MAGALHÃES, Data de Publicação: DJ 20/06/2017).

ADMINISTRATIVO. PODER DE POLÍCIA. TRÂNSITO. SANÇÃO PECUNIÁRIA APLICADA POR SOCIEDADE DE ECONOMIA MISTA. IMPOSSIBILIDADE.

1. Antes de adentrar o mérito da controvérsia, convém afastar a preliminar de conhecimento levantada pela parte recorrida. Embora o fundamento da origem tenha sido a lei local, não há dúvidas que a tese sustentada pelo recorrente em sede de especial (delegação de poder de polícia) é retirada, quando o assunto é trânsito, dos dispositivos do Código de Trânsito Brasileiro arrolados pelo recorrente (arts. 21 e 24), na medida em que estes artigos tratam da competência dos órgãos de trânsito. O enfrentamento da tese pela instância ordinária também tem por conseqüência o cumprimento do requisito do prequestionamento.

2. No que tange ao mérito, convém assinalar que, em sentido amplo, poder de polícia pode ser conceituado como o dever estatal de limitar-se o exercício da propriedade e da liberdade em favor do interesse público. A controvérsia em debate é a possibilidade de exercício do poder de polícia por particulares (no caso, aplicação de multas de trânsito por sociedade de economia mista).

3. **As atividades que envolvem a consecução do poder de polícia podem ser sumariamente divididas em quatro grupo, a saber: (i) legislação, (ii) consentimento, (iii) fiscalização e (iv) sanção.**

4. No âmbito da limitação do exercício da propriedade e da liberdade no trânsito, esses grupos ficam bem definidos: o CTB estabelece normas genéricas e abstratas para a obtenção da Carteira Nacional de Habilitação (legislação); a emissão da carteira corporifica a vontade o Poder Público (consentimento); a Administração instala equipamentos eletrônicos para verificar se há respeito à velocidade estabelecida em lei (fiscalização); e também a Administração sanciona aquele que não guarda observância ao CTB (sanção).

5. **Somente os atos relativos ao consentimento e à fiscalização são delegáveis, pois aqueles referentes à legislação e à sanção derivam do poder de coerção do Poder Público.**

6. **No que tange aos atos de sanção, o bom desenvolvimento por particulares estaria, inclusive, comprometido pela busca do lucro - aplicação de multas para aumentar a arrecadação.**

7. Recurso especial provido. (REsp 817.534, Rel. Min. Mauro Campbell Marques, 2ª Turma, j. 10.11.2009, DJe 10/12/2009). (grifado pelo autor).

◉ QUESTÕES DE CONCURSO RELACIONADAS

01. (FMP – MPRP – Promotor de Justiça - 2015) "O poder de polícia se manifesta exclusivamente por intermédio de deveres de abstenção ou obrigações de não fazer acometidas aos particulares." – assertiva **incorreta**.

02. (MPSP – Promotor de Justiça – 2017) "O poder de polícia é indelegável a pessoas jurídicas de direito privado por envolver prerrogativas próprias do poder público, insuscetíveis de serem exigidas por particular sobre o outro." – assertiva **correta**.

8. (MPF – PROCURADOR DA REPÚBLICA – 2001)

O princípio da supremacia do interesse público sobre o interesse privado e suas consequências.

RESPOSTA:

A responsabilidade de cuidar da coletividade requer instrumentos especiais para uma atuação eficaz. O princípio da supremacia do interesse público justifica a série de prerrogativas que o Poder Público possui para desempenhar suas atribuições. Como exemplo da manifestação desse princípio no ordenamento jurídico pode-se citar a intervenção do Estado na propriedade privada, as prerrogativas processuais das pessoas jurídicas de direito público, o poder de polícia e o atributo da presunção de legitimidade dos atos administrativos.

Apesar de o interesse público ser um conceito indeterminado, pode-se identificá-lo como a satisfação das necessidades da sociedade como um todo. Esse interesse coletivo impõe-se como superior e predominante ao interesse particular deste ou daquele indivíduo, quando contrários.

Essa superioridade deve estar em consonância com o real atingimento da finalidade do Estado, qual seja, beneficiar os cidadãos que compõem seu elemento humano. Eventual desvio de finalidade cometido pelo administrador descaracteriza a legítima supremacia do interesse público. Na tentativa de identificar a correta utilização desse princípio, a doutrina criou a distinção entre interesse público primário e interesse público secundário. O primeiro seria aquele que corretamente se identifica com a finalidade pública, enquanto o segundo seria o interesse do Estado enquanto pessoa jurídica apartada. Desse modo, quando um Município busca evitar uma condenação numa ação de indenização em que a vítima de fato foi lesada por uma conduta municipal, há uma proteção do interesse público secundário, mas um distanciamento do interesse público primário.

Por fim, registre-se a existência do pensamento doutrinário que propõe uma desconstrução do princípio da supremacia do interesse público. Autores como Daniel Sarmento defendem que em alguns casos, os direitos fundamentais dos particulares devem prevalecer sobre o interesse público. Celso Antônio Bandeira de Mello, por outro lado, não enxerga um real antagonismo entre o interesse público e o particular, uma vez que aquele visa, em última análise, a proteção dos particulares considerados em conjunto.

DOUTRINA TEMÁTICA

"Com efeito, já em fins do século XIX começaram a surgir reações contra o individualismo jurídico, como decorrência das profundas transformações ocorridas nas ordens econômica, social e política, provocadas pelos próprios resultados funestos daquele individualismo exacerbado. O Estado teve que abandonar a sua posição passiva e começar a atuar no âmbito da atividade exclusivamente privada.

O Direito deixou de ser apenas instrumento de garantia dos direitos do indivíduo e passou a ser visto como meio para consecução da justiça social, do bem comum, do bem-estar coletivo.

Em nome do primado do interesse público, inúmeras transformações ocorreram: houve uma ampliação das atividades assumidas pelo Estado para atender às necessidades coletivas, com a consequente ampliação do próprio conceito de serviço público. O mesmo ocorreu com o poder de polícia do Estado, que deixou de impor obrigações negativas (não fazer) visando resguardar a ordem pública, e passou a impor obrigações positivas, além de ampliar o seu campo de atuação, que passou a abranger, além da ordem pública, também a ordem econômica e social. Surgem, no plano constitucional, novos preceitos que revelam a interferência crescente do Estado na vida econômica e no direito de propriedade; assim são as normas que permitem a intervenção do Poder Público no funcionamento e na propriedade das empresas, as que condicionam o uso da propriedade ao bem-estar social, as que reservam para o Estado a propriedade e a exploração de determinados bens, como as minas e demais riquezas do subsolo, as que permitem a desapropriação para a justa distribuição da propriedade; cresce a preocupação com os interesses difusos, como o meio ambiente e o patrimônio histórico e artístico nacional." (DI PIETRO, 2014, p. 66-67)

"Quem exerce 'função administrativa' está adscrito a satisfazer interesses públicos, ou seja, interesses de outrem: a coletividade. Por isso, **o uso das prerrogativas da Administração é legítimo se, quando e na medida indispensável ao atendimento dos interesses públicos; vale dizer, do povo, porquanto nos Estados Democráticos o poder emana do povo e em seu proveito terá de ser exercido**." (MELLO, 2011, p. 72). (grifado pelo autor).

"**A supremacia é considerada um princípio geral do direito, inerente a qualquer sociedade, como condição de sua existência e como pressuposto lógico do convívio social. Esse princípio não está escrito, de forma expressa, no texto da Constituição, embora se encontrem inúmeras regras constitucionais que a ele aludem ou impliquem manifestações concretas dessa superioridade do interesse público**. (...) A superioridade do interesse público em face do interesse privado encontra-se ainda nos demais institutos de intervenção na propriedade, além da desapropriação e da requisição, como é o caso da servidão administrativa, da limitação administrativa e do tombamento.

Esse princípio também pode ser identificado em quase todos os institutos do Direito Administrativo, iniciando com as prerrogativas do regime público de algumas pessoas jurídicas, como é o caso das autarquias que apresentam privilégios tributários e processuais, proteção especial quanto aos seus bens e o regime de precatório para pagamento de seus débitos judiciais, além de outros." (MARINELA, 2013, p. 27). (grifado pelo autor).

"Algumas vozes se têm levantado atualmente contra a existência do princípio em foco, argumentando-se no sentido da primazia de interesses privados com suporte em direitos fundamentais quando ocorrem determinadas situações específicas. Não lhes assiste razão, no entanto, nessa visão pretensamente modernista. Se é evidente que o sistema jurídico assegura aos particulares garantias contra o Estado em certos tipos de relação jurídica, é mais evidente ainda que, **como regra, deva respeitar-se o interesse coletivo quando em confronto com o interesse particular. A existência de direitos fundamentais não exclui a densidade do princípio. Este é, na verdade, o corolário natural do regime democrático, calcado, como por todos sabido, na preponderância das maiorias.**" (CARVALHO FILHO, 2011, p. 29-30). (grifado pelo autor).

QUESTÕES DE CONCURSO RELACIONADAS

01. (CESPE – DPE-AC – Defensor Público) "A respeito do princípio da supremacia do interesse público no que tange a contratos administrativos, constitui prerrogativa da administração pública: rescindir, unilateralmente, o contrato, por razões de interesse público de alta relevância e amplo conhecimento, hipótese na qual será o contratado reparado de prejuízos regularmente comprovados." – assertiva **correta**.

02. (VUNESP – Prefeitura de Caieiras – SP – Assessor Jurídico - 2015) "Considerando que, no âmbito dos contratos firmados com a Administração, deve prevalecer a supremacia do interesse público, admite(m)-se, como cláusula exorbitante, a modificação dos contratos pela Administração Pública, unilateralmente, para melhor adequação às finalidades de interesse público, respeitados os direitos do contratado.." – assertiva **correta**.

03. (ESAF- Procurador da Fazenda Nacional- 2007) "Considerando o princípio da Supremacia do Interesse Público, verifica-se que o ordenamento jurídico brasileiro ao expressamente prever o interesse público dispões que ao observar o atendimento a fins de interesse geral, a autoridade administrativa está autorizada a renunciar total ou parcialmente os poderes ou competências, não necessitando de autorização legal para fazê-lo." – assertiva **errada**.

04. (ESAF- Procurador do Distrito Federal- 2007) "O denominado interesse secundário do Estado, na lição de Celso Antônio Bandeira de Mello, não se insere na categoria dos interesses públicos propriamente ditos." – assertiva **correta**.

CAPÍTULO 2
ADMINISTRAÇÃO PÚBLICA

QUESTÕES

1. (PGM RECIFE – PROCURADOR DO MUNICÍPIO – 2014 – FCC)

Sobre as duas espécies de empresas estatais reconhecidas pelo ordenamento jurídico vigente, esclareça: a) a natureza jurídica e o enquadramento das mesmas no âmbito da administração pública; b) as características comumente presentes nessas espécies e em razão das quais elas se assemelham e se diferenciam entre si e em relação a outras espécies da Administração centralizada; c) na condição de procurador judicial do município, como se posicionaria quanto à aplicação ou não da regra de imunidade tributária recíproca (art. 150, VI, a, da CF) em um caso envolvendo a cobrança de imposto municipal de sociedade de economia mista estadual que tem suas ações negociadas em bolsa de valores; d) o(s) regime(s) de responsabilidade extracontratual aplicável (is) a essas empresas estatais.

ESPAÇO EM BRANCO PARA RESPOSTA (20 LINHAS)

2. (MPF – PROCURADOR DA REPÚBLICA – 2013)

Discorra sobre as seguintes características das agências reguladoras: a) independência orgânica e administrativa (3 pontos); b) regime de pessoal dos dirigentes, do corpo técnico e da procuradoria (3 pontos); c) poder normativo (4 pontos).

ESPAÇO EM BRANCO PARA RESPOSTA (20 LINHAS)

3. (CESPE – JUIZ DE DIREITO – AL – 2008)

Redija um texto dissertativo acerca de contrato de gestão, abordando, necessariamente, os seguintes aspectos:

- conceito;
- objetivos almejados com a sua utilização;
- princípio constitucional que esse instrumento visa a atender.

◉ ESPAÇO EM BRANCO PARA RESPOSTA (60 LINHAS)

4. (PGE PR – PROCURADOR DO ESTADO – 2007)

Com lastro no art. 241 da Constituição da República, a Lei 11.107/2005 disciplina a criação de consórcios públicos entre as pessoas políticas para a realização de objetivos de interesse comum. Segundo a lei, os consórcios públicos têm personalidade jurídica própria, pois deverão ser instituídos sob a forma de associação pública ou pessoa jurídica de direito privado (Lei 11.107/2005, artigo 1º, § 1º). Há alguma diversidade entre os consórcios públicos e os convênios de cooperação? Caso positivo, especifique ao menos uma diferença, de forma fundamentada. Caso negativo, motive a resposta. Por outro lado, a instituição de uma associação pública com personalidade jurídica própria composta por pessoas políticas diversas viola o princípio da federação (Constituição da República, artigos 1º, 18 e 60, § 4º, inc. I)? Fundamente.

ESPAÇO EM BRANCO PARA RESPOSTA (30 LINHAS)

5. (VUNESP – PROCURADOR DO ESTADO – SP – 2005)

Para reger a relação entre a agência reguladora e os concessionários do serviço público regulado, é editado ato normativo que descreve as condutas correspondentes aos tipos infracionais genericamente indicados na lei. Assim sendo:

I. Há fundamento de validade para edição de atos normativos pelas agências reguladoras?

II. Há fundamento de validade para edição de ato normativo com as características descritas no enunciado? Explique.

◉ ESPAÇO EM BRANCO PARA RESPOSTA (30 LINHAS)

6. (MPF – PROCURADOR DA REPÚBLICA – 2002)

Atividades econômicas privatizadas: agências reguladoras. Finalidade. Poderes. Forma de investidura de seus membros.

ESPAÇO EM BRANCO PARA RESPOSTA (30 LINHAS)

7. (QUESTÃO ELABORADA PELOS AUTORES)

O que significa o princípio da especialidade da Administração Indireta? Ele também se aplica às empresas públicas e às sociedades de economia mista?

ESPAÇO EM BRANCO PARA RESPOSTA (30 LINHAS)

8. (QUESTÃO ELABORADA PELOS AUTORES – INÉDITA)

Considerando as entidades do terceiro setor, responda aos itens abaixo:

a) Conceitue Organização da Sociedade Civil, apontando o fundamento legal, e diferencie termo de colaboração de termo de fomento.

b) É constitucional a dispensa de licitação nas contratações das organizações sociais? Fundamente com base no recente entendimento do STF referente à matéria.

ESPAÇO EM BRANCO PARA RESPOSTA (20 LINHAS)

9. (QUESTÃO ELABORADA PELOS AUTORES – INÉDITA)

Em relação a Organização Administrativa do Estado, responda fundamentadamente:

a) Com base no Novo Estatuto das Estatais, aponte as diferenças básicas entre as empresas públicas e sociedades de economia mista?

b) É possível que uma sociedade de economia mista goze do regime de precatórios para o pagamento de seus débitos?

c) As empresas estatais estão sujeitas à falência?

◉ ESPAÇO EM BRANCO PARA RESPOSTA (30 LINHAS)

QUESTÕES COMENTADAS

1. (PGM RECIFE – PROCURADOR DO MUNICÍPIO – 2014 – FCC)

Sobre as duas espécies de empresas estatais reconhecidas pelo ordenamento jurídico vigente, esclareça: a) a natureza jurídica e o enquadramento das mesmas no âmbito da administração pública; b) as características comumente presentes nessas espécies e em razão das quais elas se assemelham e se diferenciam entre si e em relação a outras espécies da Administração centralizada; c) na condição de procurador judicial do município, como se posicionaria quanto à aplicação ou não da regra de imunidade tributária recíproca (art. 150, VI, a, da CF) em um caso envolvendo a cobrança de imposto municipal de sociedade de economia mista estadual que tem suas ações negociadas em bolsa de valores; d) o(s) regime(s) de responsabilidade extracontratual aplicável (is) a essas empresas estatais.

RESPOSTA:

a) As empresas públicas e as sociedades de economia mista, ambas empresas estatais, são pessoas jurídicas de direito privado, com previsão expressa no art. 37, inc. XIX, da Constituição Federal de 1998, na Lei nº 13.303/2016, Decreto-Lei nº 200/67 e leis específicas de constituição e criação, e são voltadas para o exercício de atividades econômicas em sentido estrito.

b) Conforme prevê o art. 3º da Lei das Estatais, a Empresa Pública é entidade dotada de personalidade jurídica de direito privado, com criação autorizada por lei e com patrimônio próprio, cujo capital social é integral dos entes que a criou.

Ademais, o art. 4º da referida lei menciona que a sociedade de economia mista, é entidade de direito privado, com criação autorizada por lei, sob a forma de sociedade anônima, cujas ações com direito a voto pertençam, em sua maioria, ao ente público que a criou. Como semelhança, ambas dependem de autorização específica em lei para a criação e, regra geral, ambas exploram atividade econômica em sentido estrito, com intuito de lucro e estão sujeitas ao regime jurídico de direito privado. Assim, seus empregados estão vinculados à CLT. A principal diferença está na constituição do capital social, em que na empresa pública é integralmente público, o que não ocorre com as sociedades de economia mista.

c) Quanto à imunidade tributária recíproca, não se aplica a regra contida no art. 150, VI, a, da CF/88, pois ambas prestam atividade econômica, com intuito de lucro. Tais imunidade, conforme previsão expressa, são estendidas às autarquias e fundações públicas, que são pessoas jurídicas de direito público, e não às empresas estatais, sob pena de se desrespeitar a livre concorrência, atribuindo-se vantagem injusta ao Poder Público. Frise-se o entendimento do STF no sentido de que, se a empresa pública ou sociedade de economia mista presta serviço público propriamente dito, neste caso estaria abrangido pela imunidade tributária recíproca (ex: correios).

d) Por fim, com relação à responsabilidade civil extracontratual das empresas estatais, a norma prevista no art. 37, §6º, da CRFB/88, ao impor a responsabilidade objetiva, não se aplica às empresas públicas e sociedades de economia mista exploradoras de atividade econômicas em sentido estrito. Ao contrário, se for prestadora de serviço público, aplica-se a responsabilidade objetiva, sob a teoria do risco administrativo.

Espelho de correção:

Resposta: a) Indicação das espécies de empresas estatais (empresas públicas e sociedades de economia mista), da natureza jurídica de direito privado assumida por ambas e do enquadramento delas como entidades dotadas de personalidade jurídica própria, integrantes da Administração Pública indireta dos entes que as instituem. b. Análise comparativa das características das empresas públicas e sociedades de economia mista, apontando as semelhanças e diferenças entre estas duas espécies e também em relação às autarquias e fundações. c. Exige-se o posicionamento de um procurador judicial do município. Este, portanto, deverá defender a não aplicação de regra contida no art. 150, VI, a, da CF/88, posto que mais benéfico ao município arrecadar o tributo. Deve-se sustentar que, ainda que se trate de uma entidade de administração pública do Estado, é empresa que prevê distribuição de lucros aos seus investidores, sendo-lhe aplicável o art. 173, p.1, II, da CF/88. A referência ao caso que aguarda julgamento no STF, em regime de repercussão geral (RE 600.867) complementa a nota desse item. d. Deve-se mencionar a distinção feita entre as situações em que há prestação de serviço público e as de mero exercício de atividade econômica. A partir daí, identificar a aplicação da regra da responsabilidade objetiva da entidade no primeiro caso (art. 37, p. 6, da CF/88) e da responsabilidade subjetiva no caso de exercício de atividade econômica.

DOUTRINA TEMÁTICA

"A empresa estatal é uma pessoa jurídica criada por força de autorização legal para ser instrumento de ação pelo Estado. A sua personalidade é de direito privado, todavia, submete-se, em diversas situações, a regras e princípios de direito público, derrogadores deste regime privado.

Não obstante as duas empresas do Estado se submetam a regime similar, cada uma delas possuem peculiaridades que a distingue da outra.

Nesse sentido, o Decreto Lei 200/67 define que a empresa pública é "a entidade dotada de personalidade jurídica de direito privado, com patrimônio próprio e capital exclusivo da União, criado por lei para a exploração de atividade econômica que o Governo seja levado a exercer por força de contingência ou de conveniência administrativa podendo revestir-se de qualquer das formas admitidas em direito". Por óbvio, o texto do decreto trata de capital da União, contudo, é possível a criação de empresas públicas no âmbito estadual e municipal, sendo que nesse caso, o capital será formado por patrimônio dessas entidades.

Por sua vez, a Sociedade de Economia Mista é pessoa jurídica cuja criação é autorizada por lei, constituída sob forma de sociedade anônima, cujas ações em sua maioria pertencem ao ente político ou entidade da Administração Indireta. Assim, como ocorre com as empresas públicas, em sua finalidade, podem, além de prestar serviços públicos, explorar atividades econômicas de interesse da Administração Pública." (CARVALHO, 2017, p. 2015)

"Não obstante, se essas entidades executam serviços públicos em regime de competição com empresas privadas, tais serviços, mesmo caracterizando-se como serviços públicos, guardam bastante aproximação com as atividades econômicas em sentido estrito, de modo que nenhuma justificativa razoável se poderia invocar para que lhes sejam outorgadas situações de privilégio, não extensivas às demais empresas privadas, visto terem estas, tanto quanto as empresas governamentais, o direito a um tratamento econômico igualitário. Admitir-se referida situação diferenciada, com a devida vênia dos que pensam em contrário, implica inegável vulneração aos postulados constitucionais pertinentes à ordem econômica (art. 170, CF). Por tal motivo, não podemos concordar com a atribuição de imunidade tributária recíproca a sociedade de economia mista, pessoa de direito privado, destinada à prestação de serviços de saúde, como já se decidiu, contrariando, em nosso entender, aquele princípio constitucional." (CARVALHO FILHO, 2016, p. 535-536)

"Assim, pensamos poder concluir que, atualmente, segundo o entendimento do Supremo Tribunal, a imunidade tributária recíproca, prevista no art. 150, VI, "a", e §2º, da Constituição da República, alcança as empresas públicas e as sociedades de economia mista prestadoras de serviços públicos.

Não é ocioso averbar que em nenhuma hipótese essa orientação se aplica às empresas públicas e sociedades de economia mista exploradoras de atividades econômicas em sentido estrito." (ALEXANDRINO, 2017, p. 102)

◉ JURISPRUDÊNCIA TEMÁTICA

Tese de Repercussão Geral: "A imunidade tributária recíproca, prevista no art. 150, VI, a, da Constituição não se estende a empresa privada arrendatária de imóvel público, quando seja ela exploradora de atividade econômica com fins lucrativos. Nessa hipótese é constitucional a cobrança do IPTU pelo Município". (RE 594015, Relator Ministro Marco Aurélio, Tribunal Pleno, julgamento em 6.4.2017, DJe de 25.8.2017 - Tema 385)

Hipótese de extensão da imunidade recíproca a sociedades de economia mista"(...). 1. A imunidade tributária recíproca pode ser estendida a empresas públicas ou sociedades de economia mista prestadoras de serviço público de cunho essencial e exclusivo. Precedente: RE 253.472, Rel. Min. Marco Aurélio, Redator para o acórdão Min. Joaquim Babosa, Pleno, DJe 1º.02.2011. 2. Acerca da natureza do serviço público de saneamento básico, trata-se de compreensão iterativa do Supremo Tribunal Federal ser interesse comum dos entes federativos, vocacionado à formação de monopólio natural, com altos custos operacionais. Precedente: ADI 1.842, de relatoria do ministro Luiz Fux e com acórdão redigido pelo Ministro Gilmar Mendes, Tribunal Pleno, DJe 16.09.2013. 3. A empresa estatal presta serviço público de abastecimento de água e tratamento de esgoto, de forma exclusiva, por meio de convênios municipais. Constata-se que a participação privada no quadro societário é irrisória e não há intuito lucrativo. Não há risco ao equilíbrio concorrencial ou à livre iniciativa, pois o tratamento de água e esgoto consiste em regime de monopólio natural e não se comprovou concorrência com outras sociedades empresárias no mercado relevante. Precedentes: ARE-AgR 763.000, de relatoria do Ministro Luís Roberto Barroso, Primeira Turma, DJe 30.09.2014 (CESAN); (...). 4. A cobrança de tarifa, isoladamente considerada, não possui aptidão para descaracterizar a regra imunizante prevista no art. 150, VI, "a", da Constituição da República. Precedente: RE-AgR 482.814, de relatoria do Ministro Ricardo Lewandowski, Segunda Turma, DJe 14.12.2011." (ACO 2730 AgR, Relator Ministro Edson Fachin, Tribunal Pleno, julgamento em 24.3.2017, DJe de 3.4.2017)

"Ementa: (...). 1. A saúde é direito fundamental de todos e dever do Estado (arts. 6º e 196 da Constituição Federal). Dever que é cumprido por meio de ações e serviços que, em face de sua prestação pelo Estado mesmo, se definem como de natureza pública (art. 197 da Lei das leis). 2. A prestação de ações e serviços de saúde por sociedades de economia mista corresponde à própria atuação do Estado, desde que a empresa estatal não tenha por finalidade a obtenção de lucro. 3. As sociedades de economia mista prestadoras de ações e serviços de saúde, cujo capital social seja majoritariamente estatal, gozam da imunidade tributária prevista na alínea "a" do inciso VI do art. 150 da Constituição Federal. 3. Recurso extraordinário a que se dá provimento, com repercussão geral." (RE 580264, Relator Ministro Joaquim Barbosa, Relator para o acórdão Ministro Ayres Britto, Tribunal Pleno, julgamento em 16.12.2010, DJe de 6.10.2011, com repercussão geral - tema 115)

2. (MPF – PROCURADOR DA REPÚBLICA – 2013)

Discorra sobre as seguintes características das agências reguladoras: a) independência orgânica e administrativa (3 pontos); b) regime de pessoal dos dirigentes, do corpo técnico e da procuradoria (3 pontos); c) poder normativo (4 pontos).

RESPOSTA:

As agências reguladoras são autarquias de regime especial que possuem uma maior independência, com o que podem resolver as matérias que lhes são submetidas em última instância, não cabendo ao Ministério da respectiva área rever as decisões das agências. Das decisões definitivas das agências reguladoras não cabe recurso para o respectivo Ministério, salvo previsão legal expressa (recurso hierárquico impróprio).

Um outro desdobramento dessa independência é a estabilidade conferida aos dirigentes das agências reguladoras, os quais possuem mandato fixo, que só será perdido em caso de renúncia, de condenação judicial transitada em julgado ou de processo administrativo disciplinar, conforme o artigo 9º da Lei 9.986/2000.

O regime de pessoal do corpo técnico, atualmente, é o estatutário, conforme a previsão do artigo 6º da Lei 10.871/2004. Antes dessa lei, havia o artigo 1º da Lei 9.986/2000, que adotou o regime de emprego público (celetista) para as relações de trabalho das agências. Esse último dispositivo, hoje já revogado, foi considerado inconstitucional pelo STF, que entendeu ser necessária a adoção do regime estatutário para o pessoal das agências. Quanto às procuradorias das agências, no âmbito federal essa função é exercida pelos Procuradores Federais (artigo 5º da Lei 10.871/2004), não havendo concurso de ingresso específico para as procuradorias das agências reguladoras.

O poder normativo das agências reguladoras consiste na atribuição de traçar normas sobre o setor regulado, bem como de explicitar os conceitos indeterminados previstos na lei. Tal poder é mais amplo que o poder regulamentar exercido normalmente no âmbito da administração, já que as agências reguladoras possuem maior liberdade para normatizar as matérias técnicas de sua esfera de atuação. Não podem, contudo, contrariar ou derrogar os ditames legais.

Atenção!!!! O tema "agências reguladoras" é frequentemente cobrado em provas discursivas do MPF. Fica a dica...

◉ DOUTRINA TEMÁTICA

"Não existe lei específica disciplinando essas agências reguladoras; elas estão sendo criadas por leis esparsas (...)

Elas estão sendo criadas como autarquias de regime especial. Sendo autarquias, sujeitam-se às normas constitucionais que disciplinam esse tipo de entidade; o regime especial vem definido nas respectivas leis instituidoras, dizendo respeito, em regra, à maior autonomia em relação à Administração Direta; à estabilidade de seus dirigentes, garantida pelo exercício de mandato fixo, que eles somente perder nas hipóteses expressamente previstas, afastada a possibilidade de exoneração *ad nutum*; ao caráter final das suas decisões, que não são passíveis de apreciação por outros órgãos ou entidades da Administração Pública." (DI PIETRO, 2014, p. 542)

"(...) o sistema verdadeiro das agências reguladoras implica lhes seja outorgada certa independência em relação ao governo no que tange a vários aspectos de sua atuação. Se há interferência política do governo, o sistema perde a sua pureza e vocação. (...)

No que concerne ao regime jurídico dos servidores dessas autarquias, a Lei nº 9.986, de 18.7.2000, previa inicialmente o regime de emprego público, de caráter trabalhista, regulado pela CLT (Decr.-lei 5.454/43), sendo previstos alguns cargos em comissão regidos pelo regime estatutário. Esse diploma, no entanto, foi derrogado pela Lei nº 10.871, de 20.5.2004, que, alterando todas as normas relativas ao regime trabalhista dos servidores, instituiu o regime estatutário e dispôs sobre a criação de carreiras e organização de cargos efetivos. Atualmente, pois, os servidores das agências reguladoras devem sujeitar-se ao regime estatutário respectivo (na esfera federal é a Lei nº 8.112/90)." (CARVALHO FILHO, 2011, p. 448 e 449)

"Ressalte-se que a obrigação já se encontra genericamente prevista em lei, competindo à agência reguladora fixar os parâmetros necessários para sua aplicação específica no mercado, não havendo, portanto, que se falar em inovação no mundo jurídico por ato administrativo, uma vez que ele retira seu fundamento de validade da própria lei, dentro dos limites por ela fixados.

Cumpre frisar que, **embora a obrigação já esteja prevista em lei, sua eficácia encontra-se, total ou parcialmente, condicionada à edição de ato normativo regulador, que irá dotar a obrigação legal de aplicabilidade prática**, tornando-a apta a produzir seus regulares efeitos jurídicos de forma positiva." (FIGUEIREDO, 2011, p. 265). (grifado pelo autor).

"A problemática, quanto à função dessas agências, decorre do limite do poder de regular e normatizar as diversas atividades. Não há dúvida de que a esse poder está vedada a invasão de competência legislativa, devendo ater-se a aspectos técnicos, providências subalternas à lei, disciplinadas por meio de regulamentos, não podendo contrariar ou distorcer a previsão legal." (MARINELA, 2013, p. 139)

"Tal regime (estatutário), atributivo de proteções peculiares aos providos em cargo público, almeja, para benefício de uma ação impessoal do Estado – o que é uma garantia para todos os administrados –, ensejar aos servidores condições propícias a um desempenho técnico isento, imparcial e obediente tão-só a diretrizes político-administrativas inspiradas no interesse público, embargando, destarte, o perigo de que, por falta de segurança, os agentes administrativos possam ser manejados pelos transitórios governantes em proveito de objetivos pessoais, sectários ou político-partidários – que é, notoriamente, a inclinação habitual dos que ocupam a direção superior do País. A estabilidade para os concursados, após três anos de exercício, a reintegração (quando a demissão haja sido ilegal), a disponibilidade remunerada (no caso de extinção do cargo) e a peculiar aposentadoria que se lhes defere consistem em benefícios outorgados aos titulares dos cargos, mas não para regalo destes e sim para propiciar, em favor do interesse público e dos administrados, uma atuação impessoal do Poder Público." (MELLO, 2011)

"**O poder normativo técnico indica que essas autarquias recebem das respectivas leis delegação para editar normas técnicas (não as normas básicas de política legislativa) complementares de caráter geral, retratando poder regulamentar mais amplo, porquanto tais normas se introduzem no ordenamento jurídico como direito novo** (*ius novum*). Semelhante poder tem suscitado alguns questionamentos, inclusive quanto à sua constitucionalidade. Não vemos, porém, qualquer óbice quanto à sua instituição, de resto já ocorrida em outros sistemas jurídicos. O que nos parece inafastável é a verificação, em cada caso, se foi regular o exercício do poder, ou, ao contrário, se foi abusivo, com desrespeito aos parâmetros que a lei determinou. Consequentemente, o poder normativo técnico não pode deixar de submeter-se a controle administrativo e institucional.

Esse fenômeno, de resto já conhecido em outros sistemas jurídicos, tem sido denominado de deslegalização (ou deslegificação, como preferem alguns), considerando que a edição de normas gerais de caráter técnico se formaliza por atos administrativos regulamentares em virtude de delegação prevista na respectiva lei. Na verdade, **não há, como supões alguns estudiosos (equivocadamente, a nosso ver), transferência do poder legiferante a órgãos ou pessoas da Administração, mas tão somente o poder de estabelecer regulamentação sobre matéria de ordem técnica, que, por ser extremamente particularizada, não poderia mesmo estar disciplinada na lei**." (CARVALHO FILHO, 2014, p. 436 e 437, grifado pelo autor).

"Das características que vêm sendo atribuídas às agências reguladoras, a que mais suscita controvérsias é a função reguladora, exatamente a que justifica o nome da agência. Nos dois tipos de agências reguladoras, a função reguladora está sendo outorgada de forma muito semelhante à delegada às agências reguladoras do direito norte-americano; por outras palavras, a elas está sendo dado o poder de ditar normas com a mesma força de lei e com base em parâmetros, conceitos indeterminados, *standards* nela contidos.

A primeira indagação diz respeito aos fundamentos jurídico-constitucionais para a delegação de função normativa às agências. As duas únicas agências que estão previstas na Constituição são a ANATEL e a ANP, com a referência à expressão órgão regulador contida nos artigos 21, XI, e 177, § 2º, III.

As demais não têm previsão constitucional, o que significa que a delegação está sendo feita pela lei instituidora da agência. Por isso mesmo, a função normativa que exercem não pode, sob pena de inconstitucionalidade, ser maior do que a exercida por qualquer outro órgão administrativo ou entidade da Administração Indireta. (...)

As normas que podem baixar resumem-se ao seguinte: (a) regular a própria atividade da agência por meio de normas de efeitos internos; (b) conceituar, interpretar, explicitar conceitos jurídicos indeterminados contidos em lei, sem inovar na ordem jurídica. Essa segunda função explica-se pela natureza técnica e especializada das agências. **A lei utiliza, muitas vezes, conceitos jurídicos indeterminados, cujo sentido tem que ser definido por órgãos técnicos especializados**. (...) **Trata-se de conceitos indeterminados que a agência vai tornar determinados. Ela não estará inovando na ordem jurídica, mas explicitando o sentido dos vocábulos contidos na lei. Se, ao exercer essa função, for além do previsto em lei, estará infringindo o princípio da legalidade**.

Com relação à ANATEL e à ANP, pode-se reconhecer a sua função normativa mais ampla, porque se trata de entidades previstas na Constituição como órgãos reguladores. No entanto, não se pode entender que esses órgãos exerçam função legislativa propriamente dita, com possibilidade de inovar na ordem jurídica, pois isto contraria o princípio da separação dos poderes e a norma inserida entre os direitos fundamentais, no artigo 5º, II, da Constituição, segundo o qual ninguém é obrigado a fazer ou deixar de fazer alguma coisa senão em virtude de lei. Ao falar em órgão regulador, está a Constituição reconhecendo ao mesmo a possibilidade de regulamentar a lei a partir de conceitos genéricos, princípios, *standards*, tal como as agências reguladoras norte-americanas. Além disso, **as matérias que podem ser objeto de regulamentação são única e exclusivamente as que dizem respeito aos respectivos contratos de concessão, observados os parâmetros e princípios estabelecidos em lei**. Não podem invadir matéria de competência do legislador." (DI PIETRO, 2014, p. 545 e 546, grifado pelo autor).

JURISPRUDÊNCIA TEMÁTICA

STF

EMENTA. Ação direta de inconstitucionalidade. Agência Estadual de Regulação dos Serviços Públicos Delegados do Rio Grande do Sul (AGERGS). Necessidade de prévia aprovação pela Assembleia Legislativa da indicação dos conselheiros. Constitucionalidade. Demissão por atuação exclusiva do Poder Legislativo. Ofensa à separação dos poderes. Vácuo normativo. Necessidade de fixação das hipóteses de perda de mandato. Ação julgada parcialmente procedente.

1. **O art. 7º da Lei estadual nº 10.931/97, quer em sua redação originária, quer naquela decorrente de alteração promovida pela Lei estadual nº 11.292/98, determina que a nomeação e a posse dos dirigentes da autarquia reguladora somente ocorra após a aprovação da indicação pela Assembleia Legislativa do Estado do Rio Grande do Sul. A Constituição Federal permite que a legislação condicione a nomeação de determinados titulares de cargos públicos à prévia aprovação do Senado Federal, a teor do art. 52, III. A lei gaúcha, nessa parte, é, portanto, constitucional, uma vez que observa a simetria constitucional**. Precedentes.

2. **São inconstitucionais as disposições que amarram a destituição dos dirigentes da agência reguladora estadual somente à decisão da Assembleia Legislativa**. O voluntarismo do legislador infraconstitucional não está apto a criar ou ampliar os campos de intersecção entres os poderes estatais constituídos sem autorização constitucional, como no caso em que se extirpa a possibilidade de qualquer participação do governador do estado na destituição do dirigente da agência reguladora, transferindo-se, de maneira ilegítima, a totalidade da atribuição ao Poder Legislativo local. Violação do princípio da separação dos poderes.

3. Ressalte-se, ademais, que conquanto seja necessária a participação do chefe do Executivo, a exoneração dos conselheiros das agências reguladoras também não pode ficar a critério discricionário desse Poder. Tal fato poderia subverter a própria natureza da autarquia especial, destinada à regulação e à fiscalização

dos serviços públicos prestados no âmbito do ente político, tendo a lei lhe conferido certo grau de autonomia.

4. A natureza da investidura a termo no cargo de dirigente de agência reguladora, bem como a incompatibilidade da demissão ad nutum com esse regime, haja vista que o art. 7º da legislação gaúcha prevê o mandato de quatro anos para o conselheiro da agência, exigem a fixação de balizas precisas quanto às hipóteses de demissibilidade dos dirigentes dessas entidades. Em razão do vácuo normativo resultante da inconstitucionalidade do art. 8º da Lei estadual nº 10.931/97 e tendo em vista que o diploma legal não prevê qualquer outro procedimento ou garantia contra a exoneração imotivada dos conselheiros da Agência Estadual de Regulação dos Serviços Públicos Delegados do Rio Grande do Sul (AGERGS), deve a Corte estabelecer, enquanto perdurar a omissão normativa, as hipóteses específicas de demissibilidade dos dirigentes dessa entidade.

5. A teor da norma geral, aplicável às agências federais, prevista no art. 9º da Lei Federal nº 9.986/2000, **uma vez que os dirigentes das agências reguladoras exercem mandato fixo, podem-se destacar como hipóteses gerais de perda do mandato: (i) a renúncia; (ii) a condenação judicial transitada em julgado e (iii) o procedimento administrativo disciplinar, sem prejuízo de outras hipóteses legais, as quais devem sempre observar a necessidade de motivação e de processo formal, não havendo espaço para discricionariedade pelo chefe do Executivo**.

6. Ação julgada parcialmente procedente para declarar a inconstitucionalidade do art. 8º da Lei estadual nº 10.931/97, em sua redação originária e naquela decorrente de alteração promovida pela Lei estadual nº 11.292/98, fixando-se ainda, em razão da lacuna normativa na legislação estadual, que os membros do Conselho Superior da Agência Estadual de Regulação dos Serviços Públicos Delegados do Rio Grande do Sul (AGERGS) somente poderão ser destituídos, no curso de seus mandatos, em virtude de renúncia, de condenação judicial transitada em julgado, ou de processo administrativo disciplinar, sem prejuízo da superveniência de outras hipóteses legais, desde que observada a necessidade de motivação e de processo formal, não havendo espaço para discricionariedade pelo chefe do Executivo.

(ADI 1.949, Rel. Min. Dias Toffoli, Pleno, j. 17.09.2014, DJe 14.11.2014, grifado pelo autor).

PROCESSUAL CIVIL. ADMINISTRATIVO. MULTA ADMINISTRATIVA APLICADA PELA ANAC. PRINCÍPIO DA LEGALIDADE. LEGITIMIDADE PASSIVA DO ESTADO DE SANTA CATARINA. CONVÊNIO ADMINISTRATIVO ENTRE MUNICÍPIO DE CHAPECÓ E AERÓDROMO. 1. A análise que enseja a responsabilidade do Estado de Santa Catarina sobre a administração do aeródromo localizado em Chapecó/SC enseja observância das cláusulas contratuais, algo que ultrapassa a competência desta Corte Superior, conforme enunciado da Súmula 5/STJ. 2. Não há violação do princípio da legalidade na aplicação de multa previstas em resoluções criadas por agências reguladoras, haja vista que elas foram criadas no intuito de regular, em sentido amplo, os serviços públicos, havendo previsão na legislação ordinária delegando à agência reguladora competência para a edição de normas e regulamentos no seu âmbito de atuação. Precedentes.

3. O pleito de se ter a redução do valor da multa aplicada ao recorrente, por afronta à Resolução da ANAC e à garantia constitucional do art. 5º, XL, da CF/88 e arts. 4º. e 6º da LICC, bem como art. 106, III, alínea "c", c/c art. 112 do CTN, não merece trânsito, haja vista que a respectiva matéria não foi devidamente prequestionada no acórdão em debate. Agravo regimental improvido. (AgRg no AREsp 825.776/SC, Rel. Ministro HUMBERTO MARTINS, SEGUNDA TURMA, julgado em 05/04/2016, DJe 13/04/2016).

LIMINAR AGÊNCIAS REGULADORAS - PESSOAL -ARREGIMENTAÇÃO - CLT - PESSOAL DA TELEBRÁS - APROVEITAMENTO -IMPROPRIEDADE - LIMINAR DEFERIDA- AD REFERENDUM DO PLENÁRIO.

1. (...) Em síntese, argúi o Requerente a impossibilidade de haver empregos públicos nas agências reguladoras, fazendo-o, primordialmente, com base no entendimento de que o exercício de função de fiscalização, inerente à atividade precípua do Estado, pressupõe prerrogativas não agasalhadas pelo contrato de trabalho, tal como previsto na Consolidação das Leis do Trabalho. (...). Aponta vulnerados, pelo diploma legal em exame, os artigos 5º, 37, II e X,39, § 1º, I, II e III, bem como o § 2º, 68, §§ 2º e 3º, 174, 175, parágrafo único e incisos I, II, III e IV, 247, parágrafo único, todos da Constituição Federal. São apresentadas várias teses com fundamento nas seguintes premissas: a - da inconstitucionalidade da adoção do regime da Consolidação das Leis do Trabalho em autarquias executoras de serviços públicos típicos. Consoante o sustentado, as autarquias especiais - Agência Nacional de Telecomunicações - ANATEL, Agência Nacional de Vigilância Sanitária - ANVS, Agência Nacional de Energia Elétrica - ANEEL, Agência Nacional de Petróleo - ANP e Agência Nacional de Saúde Suplr - ANS - desenvolvem atividade a envolver o poder de polícia, exercendo, ainda, função de agente normativo e regulador da atividade econômica, conforme depreende-se das Leis nºs 9.427/96-ANEEL; 9.472/97-ANATEL; 9.478/97-ANP;9.782/99-ANVS; 9.961/2000-ANS (Agência Nacional de Saúde Suplementar). Ter-se-ia a contrariedade ao princípio da legalidade e da reserva legal, levando em conta direitos e deveres dos servidores públicos. Mencionam-se os votos proferidos pelos Ministros Carlos Velloso e Celso de Mello na Ação Direta de Inconstitucionalidade nº 492/DF, trazendo-se à balha lição de Celso Antônio Bandeira de Mello, em "Regime dos Servidores da Administração Direta e Indireta" e de Adilson Abreu Dallari, em "Regime Constitucional dos Servidores Públicos", sobre a supremacia da Administração Pública na relação mantida com os servidores. **A óptica externada é no sentido de que as atividades exclusivas de Estado não podem ser atribuídas a prestadores de serviços submetidos à Consolidação das Leis do Trabalho, devendo haver a subordinação a estatuto próprio**. Remete-se ao voto do Ministro Ilmar Galvão, na Ação Direta de Inconstitucionalidade nº 492, sobre o alcance do artigo 114 da Constituição Federal. É que **funções de fiscalização e outras relativas ao serviço diplomático, desenvolvidas por delegados de polícia, por membros do Ministério Público e pela magistratura estariam a pressupor o regime estatutário, objetivando conferir, na dicção de Adilson Abreu Dallari, a autonomia funcional indispensável ao respectivo exercício**; (...).

2. (...) Inegavelmente, as agências reguladoras atuam com poder de polícia, fiscalizando, cada qual em sua área, atividades reveladoras de serviço público, a serem desenvolvidas pela iniciativa privada. Confira-se com os diplomas legais que as criaram, em que pese a própria razão de ser dessa espécie de autarquia. A

problemática não se resolve pelo abandono, mediante alteração constitucional - Emenda 19/98 -, do sistema de regime jurídico único. Cumpre indagar a harmonia, ou não, da espécie de contratação, ante a importância da atividade e, portanto, o caráter indispensável de certas garantias que, em prol de uma atuação eqüidistante, devem se fazer presentes, considerados os prestadores de serviços. (...) Conforme ressaltado pela melhor doutrina - Celso Antônio Bandeira de Mello, em "Curso de Direito Administrativo", 12ª edição, página 260 -, "(...) o regime normal dos servidores públicos teria mesmo de ser o estatutário, pois este (ao contrário do regime trabalhista) é o concebido para atender a peculiaridades de um vínculo no qual não estão em causa tão-só interesses empregatícios, mas onde avultam interesses públicos básicos, visto que os servidores públicos são os próprios instrumentos da atuação do Estado". Realmente, o cargo público, como ressaltado pelo consagrado mestre, propicia "desempenho técnico isento, imparcial e obediente tão-só a diretrizes político-administrativas inspiradas no interesse público...", sobressaindo a estabilidade para os concursados. (...) Os servidores das agências reguladoras hão de estar, necessariamente, submetidos ao regime de cargo público, ou podem, como previsto na lei em exame, ser contratados para empregos públicos? Ninguém coloca em dúvida o objetivo maior das agências reguladoras, no que ligado à proteção do consumidor, sob os mais diversos aspectos negativos - ineficiência, domínio do mercado, concentração econômica, concorrência desleal e aumento arbitrário dos lucros. Hão de estar as decisões desses órgãos imunes a aspectos políticos, devendo fazer-se presente, sempre, o contorno técnico. É isso o exigível não só dos respectivos dirigentes - detentores de mandato -, mas também dos servidores - reguladores, analistas de suporte à regulação, procuradores, técnicos em regulação e técnicos em suporte à regulação - Anexo I da Lei nº 9.986/2000 – que, juntamente com os primeiros, hão de corporificar o próprio Estado nesse mister da mais alta importância, para a efetiva regulação dos serviços. **Prescindir, no caso, da ocupação de cargos públicos, com os direitos e garantias a eles inerentes, é adotar flexibilidade incompatível com a natureza dos serviços a serem prestados, igualizando os servidores das agências a prestadores de serviços subalternos, dos quais não se exige, até mesmo, escolaridade maior, como são serventes, artífices, mecanógrafos, entre outros**. Atente-se para a espécie. Está-se diante de atividade na qual o poder de fiscalização, o poder de polícia fazem-se com envergadura ímpar, exigindo, por isso mesmo, que aquele que a desempenhe sinta-se seguro, atue sem receios outros, e isso pressupõe a ocupação de cargo público, a estabilidade prevista no artigo 41 da Constituição Federal. Aliás, o artigo 247 da Lei Maior sinaliza a conclusão sobre a necessária adoção do regime de cargo público relativamente aos servidores das agências reguladoras. Refere-se o preceito àqueles que desenvolvam atividades exclusivas de Estado, e a de fiscalização o é. Em suma, **não se coaduna com os objetivos precípuos das agências reguladoras, verdadeiras autarquias, embora de caráter especial, a flexibilidade inerente aos empregos públicos, impondo-se a adoção da regra que é a revelada pelo regime de cargo público, tal como ocorre em relação a outras atividades fiscalizadoras - fiscais do trabalho, de renda, servidores do Banco Central, dos Tribunais de Conta, etc**. (...).Por tais razões, ou seja, considerada a impropriedade da adoção do sistema de empregos públicos, defiro a liminar na extensão pretendida, suspendendo a eficácia dos artigos 1º, 2º e parágrafo único, 12 e § 1º, 13 e parágrafo único, 15, 24 e inciso I, 27 e 30 da Lei nº 9.986/2000. (...) (ADI 2.310/MC, Rel. Min. Marco Aurélio, j. 19.12.2000, DJ: 01.02.2001, grifado pelo autor)

Voto do Min. Marco Aurélio na **ADI 1.668/MC-DF**:

"Assim, a citada independência não afasta, em si, o controle por parte da própria Administração Pública Federal, exercido, de forma direta, pelo Ministro de Estado da área e, de maneira indireta, pelo Chefe do Poder Executivo o Presidente da República. Na verdade, o que encerra a alusão à citada independência é a autonomia, em si, do serviço, valendo notar que, de acordo com o artigo 8º, a Agência Nacional de Telecomunicações está vinculada ao Ministério da Comunicações. Destarte, o enquadramento ocorrido, considerado o que se apontou como regime autárquico especial, longe está de revelar a existência de uma entidade soberana, afastada do controle pertinente."

QUESTÕES DE CONCURSO RELACIONADAS

01. (Esaf/DNIT/Técnico/2013) A respeito das agências reguladoras e das agências executivas, analise as assertivas abaixo, classificando-as como Verdadeiras (V) ou Falsas (F). Ao final, assinale a opção que contenha a sequência correta.

I. A agência executiva é uma nova espécie de entidade integrante da Administração Pública Indireta.

II. O grau de autonomia da agência reguladora depende dos instrumentos específicos que a respectiva lei instituidora estabeleça.

III. Ao contrário das agências reguladoras, as agências executivas não têm área específica de atuação.

IV. As agências executivas podem ser autarquias ou fundações públicas.

a) V, F, V, V.

b) F, V, V, V.

c) F, F, V, V.

d) V, V, V, F.

e) F, F, F, V.

Gabarito: B

3. (CESPE – JUIZ DE DIREITO – AL – 2008)

Redija um texto dissertativo acerca de contrato de gestão, abordando, necessariamente, os seguintes aspectos:

- conceito;
- objetivos almejados com a sua utilização;
- princípio constitucional que esse instrumento visa a atender.

RESPOSTA:

O contrato de gestão, ou acordo-programa, é um contrato administrativo claramente vocacionado a reforçar o princípio da eficiência no seio da Administração Pública. Como o próprio nome indica ("de gestão"), esse contrato busca trazer para o setor público níveis de eficiência e produtividade comuns à iniciativa privada. Em relação ao termo "contrato", contudo, não houve muita felicidade, pois o ajuste em comento assemelha-se muito mais a um convênio, dada a identidade de objetivos entre os pactuantes.

O contrato de gestão, em qualquer uma de suas possibilidades, centra-se na fixação de patamares de desempenho e resultado a serem atingidos. Por esse motivo, o contrato de gestão é uma forma de se introduzir a chamada administração gerencial no Brasil. Diante do atual cenário do ordenamento jurídico brasileiro, ele pode se apresentar com três desenhos.

Primeiro, entre a Administração Direta e as autarquias ou fundações, que passam a ser qualificadas como Agências Executivas. Ao celebrar o contrato de gestão, a entidade da Administração Indireta passa a gozar de uma maior autonomia gerencial, orçamentária e financeira, enquanto assume o dever de implementar níveis maiores de eficiência na prestação do serviço público que lhe é cometido. Nesse diapasão, o artigo 51 da Lei nº 9.649/98 prevê como requisitos da qualificação da autarquia ou fundação como Agência Executiva a existência de um plano estratégico de reestruturação e de desenvolvimento institucional em andamento e a celebração do Contrato de Gestão com o respectivo Ministério supervisor.

Tem-se também o contrato de gestão entre a Administração Pública e as organizações sociais, que, regidas pela Lei 9.637/98, prestam serviços públicos em parceria com a Administração, vinculando-se a esta com a celebração do contrato de gestão. Nesse caso, pessoas jurídicas de direito privado, que não tenham finalidade lucrativa, passam a atuar ao lado do Estado na prestação de serviços públicos, sem contudo integrar a Administração Pública. A organização social, para a consecução da finalidade pública, passa a receber recursos orçamentários, bem como a utilizar bens públicos e servidores públicos cedidos. Com a celebração do contrato de gestão e a qualificação da pessoa jurídica de direito privado como organização social, também atende-se ao objetivo do Programa Nacional de Publicização, qual seja, transferir atividades de caráter social sob a égide do Poder Público para a iniciativa privada. Registre-se oportunamente a existência de críticas doutrinárias quanto ao termo "publicização", pois o que há é justamente o contrário: a retirada do Estado de atividades antes por ele desempenhadas.

Uma terceira forma de contrato de gestão é o realizado entre os "administradores dos órgãos e entidades da administração direta e indireta e o Poder Público", também com o objetivo de fixar metas de desempenho para o órgão, com uma respectiva ampliação da autonomia gerencial, orçamentária e financeira. Essa última hipótese é assaz criticada pela doutrina, não só do ponto de vista ideológico, como também ocorre nas hipóteses anteriores, mas também do ponto de vista técnico-jurídico. Nesse aspecto formal, critica-se a esdrúxula celebração de um contrato entre órgãos, que não têm personalidade jurídica, não podendo ser partes de um negócio jurídico. Além disso, é difícil admitir uma transação a respeito do cumprimento do princípio da eficiência, que decorre de forma imperativa e direta do texto constitucional.

Desse modo, o contrato de gestão tem sido utilizado em hipóteses distintas, mas sempre objetivando ampliar a autonomia de órgãos e entidades da Administração Pública. Quando se celebra o contrato de gestão com pessoas jurídicas de direito privado, também se cumpre o objetivo do Programa Nacional de Publicização, instituído pela Lei nº 9.637/98. Esse instrumento busca atender ao princípio da eficiência, representando assim um reforço da ideia de administração gerencial perseguida pela Emenda Constitucional nº 19/98.

DOUTRINA TEMÁTICA

"(...) os contratos de gestão seriam algo inútil e até mesmo rebarbativo, pois não faz sentido contratar o que se pode impor." (MELLO, 2011, p. 229)

"**O contrato de gestão é mais uma espécie de contrato administrativo**, entretanto não há uma definição legal genérica para identificar o que se pretende abranger por tal título. Esse rótulo foi normativamente utilizado para várias realidades distintas. Nesse contexto da Reforma e de modernização do Estado, surgem os contratos de gestão celebrados entre os entes da Administração Direta e as autarquias ou fundações públicas, dando origem às agências executivas, conforme previsão dos arts. 51 e 52 da Lei nº 9.649/98 (de 27 de maio de 1998). (...) Também se passou a utilizar a denominação 'contrato de gestão' para definir o vínculo jurídico entre a Administração Pública e as organizações sociais, que são pessoas jurídicas de direito privado e não integram a Administração, com a finalidade de prestação de determinados serviços públicos. " (MARINELA, 2013, p. 494-495). (grifado pelo autor).

"Segundo o texto contido no § 8º do art. 37, introduzido pela referida Emenda (19/98), a autonomia gerencial, orçamentária e financeira dos órgãos e entidades da administração direta e indireta poderá ser ampliada mediante contrato a ser firmado entre seus administradores e o Poder Público, tendo por objeto a fixação de metas de desempenho para o órgão ou entidade. **Trata-se de verdadeiro contrato de gerenciamento, constituindo objeto do ajuste o exercício de funções diretivas por técnicos especializados, fato que poderá ensejar uma administração mais eficiente e menos dispendiosa dos órgãos e pessoas da Administração**. " (CARVALHO FILHO, 2011, p. 417) (grifado pelo autor).

JURISPRUDÊNCIA TEMÁTICA

STF

Atenção!!! O julgamento da ADI 1923 representa um marco nesse tema, e por sua importância merece ser transcrita integralmente:

Ementa: AÇÃO DIRETA DE INCONSTITUCIONALIDADE. CONSTITUCIONAL. ADMINISTRATIVO. TERCEIRO SETOR. MARCO LEGAL DAS ORGANIZAÇÕES SOCIAIS. LEI

Nº 9.637/98 E NOVA REDAÇÃO, CONFERIDA PELA LEI Nº 9.648/98, AO ART. 24, XXIV, DA LEI Nº 8.666/93. MOLDURA CONSTITUCIONAL DA INTERVENÇÃO DO ESTADO NO DOMÍNIO ECONÔMICO E SOCIAL. SERVIÇOS PÚBLICOS SOCIAIS. SAÚDE (ART. 199, CAPUT), EDUCAÇÃO (ART. 209, CAPUT), CULTURA (ART. 215), DESPORTO E LAZER (ART. 217), CIÊNCIA E TECNOLOGIA (ART. 218) E MEIO AMBIENTE (ART. 225). ATIVIDADES CUJA TITULARIDADE É COMPARTILHADA ENTRE O PODER PÚBLICO E A SOCIEDADE. DISCIPLINA DE INSTRUMENTO DE COLABORAÇÃO PÚBLICO-PRIVADA. INTERVENÇÃO INDIRETA. ATIVIDADE DE FOMENTO PÚBLICO. INEXISTÊNCIA DE RENÚNCIA AOS DEVERES ESTATAIS DE AGIR. MARGEM DE CONFORMAÇÃO CONSTITUCIONALMENTE ATRIBUÍDA AOS AGENTES POLÍTICOS DEMOCRATICAMENTE ELEITOS. PRINCÍPIOS DA CONSENSUALIDADE E DA PARTICIPAÇÃO. INEXISTÊNCIA DE VIOLAÇÃO AO ART. 175, CAPUT, DA CONSTITUIÇÃO. EXTINÇÃO PONTUAL DE ENTIDADES PÚBLICAS QUE APENAS CONCRETIZA O NOVO MODELO. INDIFERENÇA DO FATOR TEMPORAL. INEXISTÊNCIA DE VIOLAÇÃO AO DEVER CONSTITUCIONAL DE LICITAÇÃO (CF, ART. 37, XXI). PROCEDIMENTO DE QUALIFICAÇÃO QUE CONFIGURA HIPÓTESE DE CREDENCIAMENTO. COMPETÊNCIA DISCRICIONÁRIA QUE DEVE SER SUBMETIDA AOS PRINCÍPIOS CONSTITUCIONAIS DA PUBLICIDADE, MORALIDADE, EFICIÊNCIA E IMPESSOALIDADE, À LUZ DE CRITÉRIOS OBJETIVOS (CF, ART. 37, CAPUT). INEXISTÊNCIA DE PERMISSIVO À ARBITRARIEDADE. CONTRATO DE GESTÃO. NATUREZA DE CONVÊNIO. CELEBRAÇÃO NECESSARIAMENTE SUBMETIDA A PROCEDIMENTO OBJETIVO E IMPESSOAL. CONSTITUCIONALIDADE DA DISPENSA DE LICITAÇÃO INSTITUÍDA PELA NOVA REDAÇÃO DO ART. 24, XXIV, DA LEI DE LICITAÇÕES E PELO ART. 12, §3º, DA LEI Nº 9.637/98. FUNÇÃO REGULATÓRIA DA LICITAÇÃO. OBSERVÂNCIA DOS PRINCÍPIOS DA IMPESSOALIDADE, DA PUBLICIDADE, DA EFICIÊNCIA E DA MOTIVAÇÃO. IMPOSSIBILIDADE DE EXIGÊNCIA DE LICITAÇÃO PARA OS CONTRATOS CELEBRADOS PELAS ORGANIZAÇÕES SOCIAIS COM TERCEIROS. OBSERVÂNCIA DO NÚCLEO ESSENCIAL DOS PRINCÍPIOS DA ADMINISTRAÇÃO PÚBLICA (CF, ART. 37, CAPUT). REGULAMENTO PRÓPRIO PARA CONTRATAÇÕES. INEXISTÊNCIA DE DEVER DE REALIZAÇÃO DE CONCURSO PÚBLICO PARA CONTRATAÇÃO DE EMPREGADOS. INCIDÊNCIA DO PRINCÍPIO CONSTITUCIONAL DA IMPESSOALIDADE, ATRAVÉS DE PROCEDIMENTO OBJETIVO. AUSÊNCIA DE VIOLAÇÃO AOS DIREITOS CONSTITUCIONAIS DOS SERVIDORES PÚBLICOS CEDIDOS. PRESERVAÇÃO DO REGIME REMUNERATÓRIO DA ORIGEM. AUSÊNCIA DE SUBMISSÃO AO PRINCÍPIO DA LEGALIDADE PARA O PAGAMENTO DE VERBAS, POR ENTIDADE PRIVADA, A SERVIDORES. INTERPRETAÇÃO DOS ARTS. 37, X, E 169, §1º, DA CONSTITUIÇÃO. CONTROLES PELO TRIBUNAL DE CONTAS DA UNIÃO E PELO MINISTÉRIO PÚBLICO. PRESERVAÇÃO DO ÂMBITO CONSTITUCIONALMENTE DEFINIDO PARA O EXERCÍCIO DO CONTROLE EXTERNO (CF, ARTS. 70, 71, 74 E 127 E SEGUINTES). INTERFERÊNCIA ESTATAL EM ASSOCIAÇÕES E FUNDAÇÕES PRIVADAS (CF, ART. 5º, XVII E XVIII). CONDICIONAMENTO À ADESÃO VOLUNTÁRIA DA ENTIDADE PRIVADA. INEXISTÊNCIA DE OFENSA À CONSTITUIÇÃO. AÇÃO DIRETA JULGADA PARCIALMENTE PROCEDENTE PARA CONFERIR INTERPRETAÇÃO CONFORME AOS DIPLOMAS IMPUGNADOS.

1. A atuação da Corte Constitucional não pode traduzir forma de engessamento e de cristalização de um determinado modelo pré-concebido de Estado, impedindo que, nos limites constitucionalmente assegurados, as maiorias políticas prevalecentes no jogo democrático pluralista possam pôr em prática seus projetos de governo, moldando o perfil e o instrumental do poder público conforme a vontade coletiva.

2. Os setores de saúde (CF, art. 199, caput), educação (CF, art. 209, caput), cultura (CF, art. 215), desporto e lazer (CF, art. 217), ciência e tecnologia (CF, art. 218) e meio ambiente (CF, art. 225) configuram serviços públicos sociais, em relação aos quais a Constituição, ao mencionar que "são deveres do Estado e da Sociedade" e que são "livres à iniciativa privada", permite a atuação, por direito próprio, dos particulares, sem que para tanto seja necessária a delegação pelo poder público, de forma que não incide, in casu, o art. 175, caput, da Constituição.

3. A atuação do poder público no domínio econômico e social pode ser viabilizada por intervenção direta ou indireta, disponibilizando utilidades materiais aos beneficiários, no primeiro caso, ou fazendo uso, no segundo caso, de seu instrumental jurídico para induzir que os particulares executem atividades de interesses públicos através da regulação, com coercitividade, ou através do fomento, pelo uso de incentivos e estímulos a comportamentos voluntários.

4. Em qualquer caso, o cumprimento efetivo dos deveres constitucionais de atuação estará, invariavelmente, submetido ao que a doutrina contemporânea denomina de controle da Administração Pública sob o ângulo do resultado (Diogo de Figueiredo Moreira Neto).

5. O marco legal das Organizações Sociais inclina-se para a atividade de fomento público no domínio dos serviços sociais, entendida tal atividade como a disciplina não coercitiva da conduta dos particulares, cujo desempenho em atividades de interesse público é estimulado por sanções premiais, em observância aos princípios da consensualidade e da participação na Administração Pública.

6. **A finalidade de fomento, in casu, é posta em prática pela cessão de recursos, bens e pessoal da Administração Pública para as entidades privadas, após a celebração de contrato de gestão, o que viabilizará o direcionamento, pelo Poder Público, da atuação do particular em consonância com o interesse público, através da inserção de metas e de resultados a serem alcançados, sem que isso configure qualquer forma de renúncia aos deveres constitucionais de atuação**.

7. Na essência, preside a execução deste programa de ação institucional a lógica que prevaleceu no jogo democrático, de que a atuação privada pode ser mais eficiente do que a pública em determinados domínios, dada a agilidade e a flexibilidade que marcam o regime de direito privado.

8. Os arts. 18 a 22 da Lei nº 9.637/98 apenas concentram a decisão política, que poderia ser validamente feita no futuro, de afastar a atuação de entidades públicas através da intervenção direta para privilegiar a escolha pela busca dos mesmos fins através da indução e do fomento de atores privados, razão pela qual a extinção das entidades mencionadas nos dispositivos não afronta a Constituição, dada a irrelevância do fator tempo na opção pelo modelo de fomento – se simultaneamente ou após a edição da Lei.

9. O procedimento de qualificação de entidades, na sistemática da Lei, consiste em etapa inicial e embrionária, pelo deferimento do título jurídico de "organização social", para que Poder Público e particular colaborem na realização de um interesse comum, não se fazendo presente a contraposição de interesses, com feição comutativa e com intuito lucrativo, que consiste no núcleo conceitual da

figura do contrato administrativo, o que torna inaplicável o dever constitucional de licitar (CF, art. 37, XXI).

10. **A atribuição de título jurídico de legitimação da entidade através da qualificação configura hipótese de credenciamento, no qual não incide a licitação pela própria natureza jurídica do ato, que não é contrato, e pela inexistência de qualquer competição, já que todos os interessados podem alcançar o mesmo objetivo**, de modo includente, e não excludente.

11. **A previsão de competência discricionária no art. 2°, II, da Lei nº 9.637/98 no que pertine à qualificação tem de ser interpretada sob o influxo da principiologia constitucional, em especial dos princípios da impessoalidade, moralidade, publicidade e eficiência** (CF, art. 37, caput). É de se ter por vedada, assim, qualquer forma de arbitrariedade, de modo que o indeferimento do requerimento de qualificação, além de pautado pela publicidade, transparência e motivação, deve observar critérios objetivos fixados em ato regulamentar expedido em obediência ao art. 20 da Lei nº 9.637/98, concretizando de forma homogênea as diretrizes contidas nos inc. I a III do dispositivo.

12. **A figura do contrato de gestão configura hipótese de convênio, por consubstanciar a conjugação de esforços com plena harmonia entre as posições subjetivas, que buscam um negócio verdadeiramente associativo**, e não comutativo, para o atingimento de um objetivo comum aos interessados: a realização de serviços de saúde, educação, cultura, desporto e lazer, meio ambiente e ciência e tecnologia, razão pela qual se encontram fora do âmbito de incidência do art. 37, XXI, da CF.

13. Diante, porém, de um cenário de escassez de bens, recursos e servidores públicos, no qual o contrato de gestão firmado com uma entidade privada termina por excluir, por consequência, a mesma pretensão veiculada pelos demais particulares em idêntica situação, todos almejando a posição subjetiva de parceiro privado, **impõe-se que o Poder Público conduza a celebração do contrato de gestão por um procedimento público impessoal e pautado por critérios objetivos, por força da incidência direta dos princípios constitucionais da impessoalidade, da publicidade e da eficiência na Administração Pública** (CF, art. 37, caput).

14. As dispensas de licitação instituídas no art. 24, XXIV, da Lei nº 8.666/93 e no art. 12, §3°, da Lei nº 9.637/98 têm a finalidade que a doutrina contemporânea denomina de função regulatória da licitação, através da qual a licitação passa a ser também vista como mecanismo de indução de determinadas práticas sociais benéficas, fomentando a atuação de organizações sociais que já ostentem, à época da contratação, o título de qualificação, e que por isso sejam reconhecidamente colaboradoras do Poder Público no desempenho dos deveres constitucionais no campo dos serviços sociais. O afastamento do certame licitatório não exime, porém, o administrador público da observância dos princípios constitucionais, de modo que a contratação direta deve observar critérios objetivos e impessoais, com publicidade de forma a permitir o acesso a todos os interessados.

15. **As organizações sociais, por integrarem o Terceiro Setor, não fazem parte do conceito constitucional de Administração Pública, razão pela qual não se submetem, em suas contratações com terceiros, ao dever de licitar, o que consistiria em quebra da lógica de flexibilidade do setor privado,**

finalidade por detrás de todo o marco regulatório instituído pela Lei. Por receberem recursos públicos, bens públicos e servidores públicos, porém, seu regime jurídico tem de ser minimamente informado pela incidência do núcleo essencial dos princípios da Administração Pública (CF, art. 37, caput), dentre os quais se destaca o princípio da impessoalidade, de modo que suas contratações devem observar o disposto em regulamento próprio (Lei nº 9.637/98, art. 4º, VIII), fixando regras objetivas e impessoais para o dispêndio de recursos públicos. 16. Os empregados das Organizações Sociais não são servidores públicos, mas sim empregados privados, por isso que sua remuneração não deve ter base em lei (CF, art. 37, X), mas nos contratos de trabalho firmados consensualmente. Por identidade de razões, **também não se aplica às Organizações Sociais a exigência de concurso público (CF, art. 37, II), mas a seleção de pessoal, da mesma forma como a contratação de obras e serviços, deve ser posta em prática através de um procedimento objetivo e impessoal**. 17. Inexiste violação aos direitos dos servidores públicos cedidos às organizações sociais, na medida em que preservado o paradigma com o cargo de origem, sendo desnecessária a previsão em lei para que verbas de natureza privada sejam pagas pelas organizações sociais, sob pena de afronta à própria lógica de eficiência e de flexibilidade que inspiraram a criação do novo modelo.

18. O âmbito constitucionalmente definido para o controle a ser exercido pelo Tribunal de Contas da União (CF, arts. 70, 71 e 74) e pelo Ministério Público (CF, arts. 127 e seguintes) não é de qualquer forma restringido pelo art. 4º, caput, da Lei nº 9.637/98, porquanto dirigido à estruturação interna da organização social, e pelo art. 10 do mesmo diploma, na medida em que trata apenas do dever de representação dos responsáveis pela fiscalização, sem mitigar a atuação de ofício dos órgãos constitucionais.

19. A previsão de percentual de representantes do poder público no Conselho de Administração das organizações sociais não encerra violação ao art. 5º, XVII e XVIII, da Constituição Federal, uma vez que dependente, para concretizar-se, de adesão voluntária das entidades privadas às regras do marco legal do Terceiro Setor.

20. Ação direta de inconstitucionalidade cujo pedido é julgado parcialmente procedente, para conferir interpretação conforme à Constituição à Lei nº 9.637/98 e ao art. 24, XXIV, da Lei nº 8666/93, incluído pela Lei nº 9.648/98, para que: (i) o procedimento de qualificação seja conduzido de forma pública, objetiva e impessoal, com observância dos princípios do caput do art. 37 da CF, e de acordo com parâmetros fixados em abstrato segundo o que prega o art. 20 da Lei nº 9.637/98; (ii) a celebração do contrato de gestão seja conduzida de forma pública, objetiva e impessoal, com observância dos princípios do caput do art. 37 da CF; (iii) as hipóteses de dispensa de licitação para contratações (Lei nº 8.666/93, art. 24, XXIV) e outorga de permissão de uso de bem público (Lei nº 9.637/98, art. 12, §3º) sejam conduzidas de forma pública, objetiva e impessoal, com observância dos princípios do caput do art. 37 da CF; (iv) os contratos a serem celebrados pela Organização Social com terceiros, com recursos públicos, sejam conduzidos de forma pública, objetiva e impessoal, com observância dos princípios do caput do art. 37 da CF, e nos termos do regulamento próprio a ser editado por cada entidade; (v) a seleção de pessoal pelas Organizações Sociais seja conduzida de forma pública, objetiva e impessoal, com observância

dos princípios do caput do art. 37 da CF, e nos termos do regulamento próprio a ser editado por cada entidade; e (vi) para afastar qualquer interpretação que restrinja o controle, pelo Ministério Público e pelo TCU, da aplicação de verbas públicas. (ADI 1923, PLENO, Red. p/ AC. Luiz Fux, j. 16.04.2015)

▸ STJ

ADMINISTRATIVO. CONTRATO DE GESTÃO. LICITAÇÃO. DISPENSA.

O contrato de gestão administrativo constitui negócio jurídico criado pela Reforma Administrativa Pública de 1990. 2. A Lei n. 8.666, em seu art. 24, inciso XXIV, dispensa licitação para a celebração de contratos de prestação de serviços com as organizações sociais, qualificadas no âmbito das respectivas esferas de governo, para atividades contempladas no contrato de gestão. 3. Instituto Candango de Solidariedade (organização social) versus Distrito Federal. Legalidade de contrato de gestão celebrado entre partes. 4. Ausência de comprovação de prejuízo para a Administração em razão do contrato de gestão firmado. 5. A Ação Popular exige, para sua procedência, o binômio ilicitude e lesividade. 6. Recurso especial improvido. (REsp 952.899, Rel. Min. José Delgado, 1ª Turma, j. 03.06.2008, Dje 23/06/2008). (grifado pelo autor).

◉ QUESTÕES DE CONCURSO RELACIONADAS

01. (FCC – PGE-MT – Procurador do Estado – 2016) "É denominado contrato de gestão o ajuste celebrado com as organizações da sociedade civil de interesse público, visando à formação de vínculo de cooperação entre as partes, para o fomento e a execução das atividades de interesse público". – assertiva **incorreta**.

02. (FCC – TJ-GO – Juiz Substituto – 2015) "A denominada Administração pública indireta compreende, entre outras entidades, organizações sociais que celebrem contratos de gestão com a Administração direta". – assertiva **incorreta**.

03. (FCC- Procurador do Município de Salvador- 2006) "Os contratos de gestão celebrados entre a Administração e as denominadas Organizações Sociais são passíveis de fiscalização e controle pelo Tribunal de Contas no que diz respeito aos recursos públicos geridos pela entidade privada, ainda que esta não possua finalidade lucrativa." – assertiva **correta**.

04. (FCC- Procurador do Estado- RR- 2006) "As organizações sociais que venham a celebrar contrato de gestão com o poder público passam a integrar a estrutura da Administração Indireta, com ampliação da sua autonomia gerencial e financeira." – assertiva **errada**.

05. (PGE PA- Procurador do Estado- 2008) "Existem normas infraconstitucionais prevendo a possibilidade de autarquias e fundações receberem a qualificação de agências executivas desde que celebrem contrato de gestão com o respectivo Ministério Superior e tenham plano estratégico de reestruturação e desenvolvimento institucional, voltado para a melhoria da qualidade de gestão e para a redução de custos." – assertiva **correta**.

4. (PGE PR – PROCURADOR DO ESTADO – 2007)

Com lastro no art. 241 da Constituição da República, a Lei 11.107/2005 disciplina a criação de consórcios públicos entre as pessoas políticas para a realização de objetivos de interesse comum. Segundo a lei, os consórcios públicos têm personalidade jurídica própria, pois deverão ser instituídos sob a forma de associação pública ou pessoa jurídica de direito privado (Lei 11.107/2005, artigo 1º, § 1º). Há alguma diversidade entre os consórcios públicos e os convênios de cooperação? Caso positivo, especifique ao menos uma diferença, de forma fundamentada. Caso negativo, motive a resposta. Por outro lado, a instituição de uma associação pública com personalidade jurídica própria composta por pessoas políticas diversas viola o princípio da federação (Constituição da República, artigos 1º, 18 e 60, § 4º, inc. I)? Fundamente.

RESPOSTA:

O artigo 241 da Constituição da República e a Lei 11.107/2005 tratam do chamado federalismo cooperativo, que é aquele em que os entes da federação devem unir esforços para a prestação conjunta e eficiente dos serviços públicos. Tanto o convênio de cooperação quanto o consórcio público são exemplos dessa gestão associada de serviços públicos.

Estes dois institutos distinguem-se, contudo no que tange ao aspecto inovador do consórcio público criado pela Lei 11.107/2005, qual seja: a gestão associada de serviços públicos se dá com a criação de uma nova pessoa jurídica, que pode ser de direito público (caso em que será uma espécie de autarquia, chamada associação pública) ou de direito privado (art. 1º, §1º da Lei 11.107/2005 e art. 41, IV do Código Civil).

Dessa maneira, enquanto nos convênios de cooperação celebra-se um acordo entre os entes federativos com o objetivo da prestação conjunta de serviços públicos, sem a criação de uma nova pessoa jurídica para tanto, no consórcio público é criada uma nova pessoa jurídica. Constata-se também que o convênio de cooperação não exige autorização legislativa para sua formalização (o que é inclusive entendimento do Supremo Tribunal Federal), sendo suficiente o termo de cooperação. Já o contrato de consórcio público será celebrado com a ratificação, mediante lei, do protocolo de intenções (art. 5º da Lei 11.107/2005).

No que pertine ao último questionamento, alguns doutrinadores entendem que a instituição da associação pública viola sim o princípio federativo, pois haveria uma ingerência indevida da União sobre os Estados e Municípios participantes do consórcio. Assim, ao prever a participação da União na assembleia geral do consórcio, o artigo 4º, VII da Lei 11.107/2005 possibilitaria uma interferência do ente mais poderoso, a União, sobre os Estados e Municípios, restringindo a autonomia destes e, portanto vulnerando o pacto federativo. Além disso, os consórcios públicos acabam se tornando um "ente federativo anômalo", que pode prestar uma série de serviços públicos sem participar da repartição constitucional de competências.

DOUTRINA TEMÁTICA

"Doutrinariamente, consórcio administrativo é o acordo de vontades entre duas ou mais pessoas jurídicas públicas da mesma natureza e mesmo nível de governo ou entre entidades da administração indireta para a consecução de objetivos comuns.

Desvirtuando inteiramente um instituto que já estava consagrado no direito brasileiro, principalmente como forma de ajuste entre Municípios para desempenho de atividades de interesse comum, a Lei nº 11.107, de 6-4-05, veio estabelecer normas sobre consórcio, tratando-o como pessoa jurídica, com personalidade de direito público ou de direito privado. No primeiro caso, integra a administração indireta de todos os entes da Federação consorciados (art. 6º).

(...) Os consórcios administrativos (ainda celebrados como acordos de vontade, sem adquirir personalidade jurídica) têm pontos comuns com os convênios, porque em ambos o objetivo é o de reunir esforços para a consecução de fins comuns às entidades consorciadas ou conveniadas. Em ambos, existe um acordo de vontades que não chega a ser um contrato, precisamente pelo fato de os interesses serem comuns, ao passo que, no contrato, os interesses são contrapostos. As entidades têm competências iguais, exercem a mesma atividade, objetivam o mesmo resultado, estabelecem mútua cooperação. Portanto, a semelhança entre convênio e consórcio é muito grande; só que o convênio se celebra entre uma entidade pública e outra entidade pública, de natureza diversa, ou outra entidade privada. E o consórcio é sempre entre entidades da mesma natureza: dois ou mais Municípios, dois ou mais Estados, duas ou mais entidades autárquicas etc." (DI PIETRO, 2014, p. 359)

"O convênio representa um acordo firmado por entidades políticas, de qualquer espécie, ou entre essas entidades e os particulares para a realização de objetivos de caráter comum, buscando sempre interesses recíprocos, convergentes. Difere do contrato administrativo, tendo em vista que, neste, os interesses perseguidos são divergentes. **O consórcio consiste em um acordo de vontades firmado entre entidades estatais da mesma espécie**, para a realização de objetivos de interesses comuns, por exemplo, consórcio entre dois Municípios." (MARINELA, 2013, p. 497) (grifado pelo autor).

Atenção!!!! o termo "consórcio" utilizado na passagem não se refere ao consórcio público da Lei 11.107/2005, mas sim ao consórcio como um instituto similar ao convênio, na acepção de Hely Lopes Meirelles.

"Para os críticos, os consórcios públicos acabam dando um novo sentido à organização federativa do país. Nesse cenário, há um alerta dos analisadores do novo diploma que chamam a atenção para os riscos desses consórcios em face da autonomia dos entes públicos. **A pretexto de uma prestação de serviços públicos, por meio de gestão associada, a União, como parceira do consórcio,**

pode interferir em questões locais dos Estados e Municípios. O fato de poder participar e atuar como consorciada (art. 1º, §2º, da Lei nº 11.107/05), compondo o órgão supremo do consórcio público que é a Assembléia Geral (art. 4º, VIII, da citada lei), instância máxima do consórcio, composta exclusivamente pelos Chefes do Poder Executivo dos entes consorciados (art. 4º, VIII, da mesma lei), ela poderá reduzir a autonomia dos demais entes, em virtude do seu poder político e financeiro. **Essa intervenção oblíqua na vida administrativa dos Estados e Municípios conflita com todo o texto constitucional**, inclusive com matéria de intervenção (arts. 34 e 35 da CF). (...) **A constituição do consórcio público também o distingue dos consórcios anteriores, porque podem ser formados por entes de todas as espécies, afastando a exigência de que os entes tinham de ser da mesma espécie**. (...) os críticos alertam, o que é bem razoável, para o fato de que, **com todos esses poderes, o consórcio público seja inconstitucionalmente equiparado, em diversos aspectos, às unidades que compõem a Federação** brasileira." (MARINELA, 2013, p. 500-501) (grifado pelo autor).

JURISPRUDÊNCIA TEMÁTICA

STF

PROCESSUAL CIVIL E ADMINISTRATIVO. CONSÓRCIO PÚBLICO. CONTRATO DE REPASSE FIRMADO COM A UNIÃO. ART. 25 DA LC. N. 101/2000. INTERESSE DE AGIR. CAIXA ECONÔMICA FEDERAL E UNIÃO. LEGITIMIDADE PASSIVA AD CAUSAM. MUNICÍPIOS CONSORCIADOS. PRINCÍPIO DA INTRANSCENDÊNCIA DAS SANÇÕES. 1. Recurso especial em que se discute: a) interesse de agir da parte recorrida; b) legitimidade passiva ad causam da União e da Caixa Econômica Federal em processos que discutam transferências voluntárias e inscrição no CAUC; e c) possibilidade de um Consórcio Público (Consórcio Intermunicipal para o Desenvolvimento do Território do Vale do Rio das Cinzas - CIVARC) formalizar contrato de repasse com União, mesmo que alguns de seus municípios estejam inadimplentes no CAUC. 2. Caso em que a Caixa Econômica Federal foi excluída do processo e determinado que eventuais pendências de municípios integrantes do referido consórcio não sejam consideradas na análise da viabilidade de formalização de convênio. Ressalvou-se que o efetivo repasse de verbas mediante a celebração de convênios constitui modalidade de transferência voluntária, devendo haver manifestação favorável da Administração Pública Federal. 3. Inviável a análise de ausência de interesse de agir trazida no especial quando esta exige a interpretação de cláusulas contratuais ou a incursão no universo fático-probatório, ante ao óbice trazido pelas Súmulas 5 e 7 deste Superior Tribunal de Justiça. 4. É vitável qualquer interpretação que afaste do ente transferidor, a União no caso, a legitimidade para responder a ações que discutam a transferência voluntária do art. 25 da Lei de Responsabilidade Fiscal. Apesar de a Caixa, na qualidade de mandatária da União, proceder o exame da documentação referente à regularidade do ente federado, as verbas orçamentárias saem do patrimônio da União, sendo este diretamente vinculado ao objeto do litígio. Em um caso ou outro, poder-se-ia dizer que a Caixa Econômica Federal poderia integrar o polo passivo da ação juntamente com a União, mas, de forma alguma, poderia dizer-se que a Empresa Pública seria exclusivamente legitimada em tal tipo de ação. Não se observa, inclusive, litisconsórcio passivo necessário, ante a ausência de qualquer disposição legal ou natureza da relação jurídica que justifique sua obrigatória intervenção no processo (art. 47 do Código de Processo Civil). 5. Segundo princípio da intranscendência das sanções, penalidades e restrições de ordem jurídica não podem superar a dimensão estritamente pessoal do infrator. O §1° do art. 1° da Lei n. 11.107/2005 atribui personalidade jurídica própria aos consórcios públicos. Tais entes possuem autonomia administrativa, financeira e orçamentária, não havendo falar em exceção ao princípio da intranscendência no caso. 6. A sentença de primeiro grau ressalvou que o efetivo repasse de verbas ao consórcio, mediante a celebração de convênios na modalidade de transferência voluntária, depende de manifestação favorável da Administração Pública Federal, não havendo falar em violação da independência dos poderes no caso em questão. Recurso especial improvido. (REsp 1463921/PR, Rel. Ministro HUMBERTO MARTINS, SEGUNDA TURMA, julgado em 10/11/2015, DJe 15/02/2016)

QUESTÕES DE CONCURSO RELACIONADAS

01. (VUNESP – TJRS – Juiz de Direito – 2018) "Pelas obrigações assumidas por consórcio público: respondem subsidiariamente os entes públicos consorciados". – assertiva **correta**.

02. (MPRS – Promotor de Justiça – 2017) "O consórcio público adquirirá personalidade jurídica de direito público ou de direito privado, integrando, em qualquer caso, a administração indireta de todos os entes da Federação consorciados." – assertiva **incorreta**.

03. (Cespe- Procurador do Estado- CE- 2008) "Segundo jurisprudência do Supremo Tribunal Federal, é inconstitucional a exigência de autorização legislativa para a celebração de convênio ou consórcio." - assertiva **correta**.

Atençao!!!! o termo "consórcio" utilizado na assertiva não se refere ao consórcio público da Lei 11.107/2005, mas sim ao consórcio como um instituto similar ao convênio, na acepção de Hely Lopes Meirelles (ver citação de Marinela em doutrina temática).

5. (VUNESP – PROCURADOR DO ESTADO – SP – 2005)

Para reger a relação entre a agência reguladora e os concessionários do serviço público regulado, é editado ato normativo que descreve as condutas correspondentes aos tipos infracionais genericamente indicados na lei. Assim sendo:

I. Há fundamento de validade para edição de atos normativos pelas agências reguladoras?

II. Há fundamento de validade para edição de ato normativo com as características descritas no enunciado? Explique.

RESPOSTA:

I. Sim, há fundamento de validade para edição de atos normativos pelas agências reguladoras. Esses entes públicos possuem a incumbência de regular setores que passaram das mãos do Estado para os particulares, e por isso devem ter instrumentos para essa regulação. Um desses instrumentos é o poder normativo, que vai além da regulamentação tradicional exercida pelo Poder Executivo, pois as agências reguladoras possuem maior liberdade para a disciplina do setor regulado, dada sua proximidade com o objeto dos atos normativos. Ou seja, não se concebe que o Poder Legislativo tenha o conhecimento técnico específico a respeito de telecomunicações, petróleo e outros setores, e por isso as agências reguladoras têm mais legitimidade para a edição de atos normativos que disponham sobre o setor regulado, desde que obedeça o esquema geral traçado pelo legislador.

II. O ato normativo da agência reguladora não pode criar infração funcional, porque nesse ponto estaria invadindo o campo da reserva legal e ferindo o princípio da separação dos poderes. Contudo é possível, como no caso da questão, uma complementação da lei, que já prevê as infrações. Nesse caso, seria possível que o ato da agência reguladora, obedecendo aos limites traçados pela lei, descreva condutas que podem se amoldar à infração prevista na lei. Mesmo porque o legislador não tem o mesmo dinamismo e a mesma proximidade que a agência reguladora possui em relação ao setor regulado, o que gera a necessidade de um poder normativo diferenciado que é conferido às agências reguladoras.

◉ DOUTRINA TEMÁTICA

> "Ressalte-se que a obrigação já se encontra genericamente prevista em lei, competindo à agência reguladora fixar os parâmetros necessários para sua aplicação específica no mercado, não havendo portanto, que se falar em inovação no mundo jurídico por ato administrativo, uma vez que ele retira seu fundamento de validade da própria lei, dentro dos limites por ela fixados.
>
> Cumpre frisar que, **embora a obrigação já esteja prevista em lei, sua eficácia encontra-se, total ou parcialmente, condicionada à edição de ato normativo regulador, que irá dotar a obrigação legal de aplicabilidade prática**, tornando-a apta a produzir seus regulares efeitos jurídicos de forma positiva." (FIGUEIREDO, 2011, p. 265). (grifado pelo autor).
>
> "(...) o legislador reserva para si a competência para o regramento básico, calcado nos critérios políticos e administrativos, transferindo tão-somente a competência para a regulamentação técnica mediante parâmetros previamente enunciados na lei. (...) Trata-se de modelo atual do exercício do poder regulamentar, cuja característica básica não é simplesmente a de complementar a lei através de normas de conteúdo organizacional, mas sim de criar normas técnicas não contidas na lei, proporcionando, em consequência, inovação no ordenamento jurídico. (...) **ao poder regulamentar não cabe contrariar a lei** (...) É legítima, porém, a fixação de obrigações subsidiárias (ou derivadas) – diversas das obrigações primárias (ou originárias) contidas na lei" (CARVALHO FILHO 2011, p. 54). (grifado pelo autor).

"**A lei, em inúmeras circunstâncias, estabelece expressões imprecisas, deixando para a Administração a possibilidade de enquadrar os casos concretos em uma ou outra infração**, como é o caso das expressões: 'procedimento irregular', 'ineficiência no serviço', que são puníveis com demissão, e da 'falta grave', punível com suspensão" (MARINELA, 2013, p. 227). (grifado pelo autor).

JURISPRUDÊNCIA TEMÁTICA

STF:

(...)

Outrossim, a ANVISA implementa a política nacional de vigilância sanitária, cuja formulação, no entanto, não lhe compete. A competência normativa conferida à agência pelo art. 7º, III, da Lei 9.782/1999, não contempla a definição da pauta política relativamente às medidas para o controle do tabaco, condicionada a atuação do ente regulador, na matéria, à observância da agenda estabelecida pelo legislador, inclusive por expressa disposição do art. 8º, caput, § 1º, X, Lei 9.782/1999 (3). O Plenário registrou que o advento das agências reguladoras setoriais representa inegável aperfeiçoamento da arquitetura institucional do Estado de Direito contemporâneo no sentido do oferecimento de uma resposta da Administração Pública para fazer frente à complexidade das relações sociais verificadas na modernidade. A exigência de agilidade e flexibilidade cada vez maiores do Estado diante das ininterruptas demandas econômicas e sociais que lhe são direcionadas levou à emergência de estruturas administrativas relativamente autônomas e independentes — as chamadas agências — dotadas de mecanismos aptos e eficazes para a regulação de setores específicos, o que inclui a competência para editar atos qualificados como normativos. Nesse contexto, o escopo do modelo regulatório adotado no Brasil não se reduz à regulação concorrencial, não se limitando à correção das chamadas "falhas de mercado". Pelo contrário, incorpora também instrumentos necessários para o atingimento de objetivos gerais de interesse público: regulação social, e não apenas econômica. Especificamente em relação à ANVISA, é certo aduzir que suas funções regulatórias se destinam, em grande medida, à disciplina de atividades exercidas em caráter eminentemente privado. Não adstrita à regulação concorrencial, tampouco à regulação de serviços públicos, sobressaem, na vocação dessa agência os contornos de típico exercício do poder de polícia da Administração, no caso, a sanitária. O poder de polícia da administração, no entanto, manifesta-se tanto pela prática de atos específicos, de efeitos concretos, quanto pela edição de atos normativos abstratos, de alcance generalizado. Não se mostra estranha ao poder geral de polícia da Administração, portanto, a competência das agências reguladoras para editar atos normativos visando à organização e à fiscalização das atividades por elas reguladas. A função normativa das agências reguladoras, no entanto, notadamente quando atinge direitos e deveres dos administrados ligados ao Estado tão somente por vínculo de sujeição geral, subordina-se necessariamente ao que disposto em lei. Assim, embora dotadas de considerável autonomia, a medida da competência normativa em que são investidas as agências reguladoras será aquela perfeitamente especificada nas leis pelas quais são criadas. Entretanto, tais assertivas não implicam em reduzir a regulação setorial ao preenchimento de lacunas e muito menos à execução mecânica da lei. Dotada de inquestionável relevância e responsabilidade, a função regulatória só é dignificada pelo reconhecimento de que não é inferior nem exterior à legislação. Exerce-se, isto sim, em um espaço que se revela qualitativamente diferente, pelo seu viés técnico, ainda que conformada pela ordem constitucional e legal vigentes. Ficou vencido, no ponto, o Ministro Marco Aurélio, que acolhia o pedido formulado na inicial quanto ao art. 7º, III e XV, da Lei 9.782/1999. Asseverou que o Princípio da Legalidade constitui lastro de um Estado Democrático de Direito, não obrigando ninguém a fazer ou a deixar de fazer qualquer coisa, senão em virtude de lei. Nessa medida, a atuação das agências se daria apenas no campo executivo e específico, uma função eminentemente fiscalizadora. Outrossim, o art. 25 do ADCT afastaria a possibilidade de delegação da função normativa atribuída ao Congresso Nacional. Em relação ao pedido sucessivo veiculado pelo autor da ação direta em comento — declaração de inconstitucionalidade da Resolução da Diretoria Colegiada 14/2012 da ANVISA, em caráter autônomo, "por violação direta à Constituição da República" —, verificou-se empate na votação. A Ministra Rosa Weber (relatora) julgou improcedente o pedido sucessivo, declarando a constitucionalidade da resolução em comento, no que foi acompanhada pelos Ministros Edson Fachin, Ricardo Lewandowski, Celso de Mello e Cármen Lúcia (Presidente). A relatora afirmou que, ao editar a RDC 14/2012, definindo normas e padrões técnicos sobre limites máximos de alcatrão, nicotina e monóxido de carbono no cigarro e restringindo o uso dos denominados aditivos nos produtos fumígenos derivados do tabaco, a ANVISA teria atuado em conformidade com os lindes constitucionais e legais das suas prerrogativas, expresso na observância do marco legal vigente, em estrita atenção à competência normativa que lhes outorgam os artigos 7º, III e 8º, § 1º, X, da Lei 9.782/1999, agindo de modo a incrementar a proteção da saúde e o acesso ao direito à informação. Em divergência, o Ministro Alexandre de Moraes julgou parcialmente procedente o pedido para declarar a inconstitucionalidade parcial, com redução de texto, dos artigos 1º, 3º, 6º, 7º, 9º e 10 da Resolução 14/2012 da ANVISA, no que foi acompanhado pelos Ministros Luiz Fux, Dias Toffoli, Gilmar Mendes e Marco Aurélio. Isso porque, ao editar a Resolução da Diretoria Colegiada 14/2012, a ANVISA teria extrapolado suas prerrogativas, atuando em afronta ao princípio da legalidade, bem como à centralização política governamental do Congresso Nacional. Ademais, a agência teria desrespeitado o modelo das agências reguladoras no Brasil. Por outro lado, a legislação de criação da agência em comento (art. 8º da Lei 9.782/1999) não permitiu que ela proibisse qualquer espécie de produto derivado do tabaco, seja quanto à fabricação, à comercialização, à importação ou ao uso. À ANVISA é autorizado controlar e fiscalizar, porquanto, considerada a regra principal, o Congresso Nacional teria autorizado a fabricação, a comercialização, a importação e o uso do referido produto. Ademais, a própria Lei 9.294/1996 permitiria o uso de produtos fumígenos, observado o regramento nela estabelecido. (STF. Plenário. ADI 4874/DF, Rel. Min. Rosa Weber, julgado em 1º/2/2018 (Informativo 889)).

STJ

PROCESSUAL CIVIL. ADMINISTRATIVO. MULTA ADMINISTRATIVA APLICADA PELA ANAC. PRINCÍPIO DA LEGALIDADE. LEGITIMIDADE PASSIVA DO ESTADO DE SANTA CATARINA. CONVÊNIO ADMINISTRATIVO ENTRE MUNICÍPIO DE CHAPECÓ E AERÓDROMO. 1. A análise que enseja a responsabilidade do

Estado de Santa Catarina sobre a administração do aeródromo localizado em Chapecó/SC enseja observância das cláusulas contratuais, algo que ultrapassa a competência desta Corte Superior, conforme enunciado da Súmula 5/STJ. 2. Não há violação do princípio da legalidade na aplicação de multa previstas em resoluções criadas por agências reguladoras, haja vista que elas foram criadas no intuito de regular, em sentido amplo, os serviços públicos, havendo previsão na legislação ordinária delegando à agência reguladora competência para a edição de normas e regulamentos no seu âmbito de atuação. Precedentes. 3. O pleito de se ter a redução do valor da multa aplicada ao recorrente, por afronta à Resolução da ANAC e à garantia constitucional do art. 5º, XL, da CF/88 e arts. 4º. e 6º da LICC, bem como art. 106, III, alínea "c", c/c art. 112 do CTN, não merece trânsito, haja vista que a respectiva matéria não foi devidamente prequestionada no acórdão em debate. Agravo regimental improvido. (AgRg no AREsp 825.776/SC, Rel. Ministro HUMBERTO MARTINS, SEGUNDA TURMA, julgado em 05/04/2016, DJe 13/04/2016).

ADMINISTRATIVO. RECURSO ESPECIAL. INTERDIÇÃO DE DIREITO APLICADA PELA AGÊNCIA NACIONAL DE SAÚDE - ANS. AUSÊNCIA DE PREVISÃO LEGAL DA PENALIDADE. NÃO INSTAURAÇÃO DE PROCESSO ADMINISTRATIVO REGULAR CONTRA A PESSOA SANCIONADA E DE PRAZO DE DURAÇÃO DA SANÇÃO. OFENSA AO ART. 2o. DA LEI 9.784/99. RECURSO PROVIDO, SEM PREJUÍZO DE ULTERIOR PROCESSO ADMINISTRATIVO, OBSERVADA A GARANTIA DO DUE PROCESS OF LAW, DE HIERARQUIA CONSTITUCIONAL.

1. O excepcional poder sancionador da Administração Pública, por representar uma exceção ao monopólio jurisdicional do Judiciário, somente pode ser exercido em situações peculiares e dentro dos estritos limites da legalidade formal, não havendo, nessa seara específica do Direito Administrativo (Direito Sancionador), a possibilidade de atuação administrativa discricionária, na qual vigora a avaliação de oportunidade, conveniência e motivação, pelo próprio agente público, quanto à emissão e ao conteúdo do ato.

2. **Somente a Lei, em razão do princípio da estrita adstrição da Administração à legalidade, pode instituir sanção restritiva de direitos subjetivos; neste caso, a reprimenda imposta ao recorrente pela Agência Nacional de Saúde-ANS não se acha prevista em Lei, mas apenas em ato administrativo de hierarquia inferior (Resolução Normativa 11/2002-ANS), desprovido daquela potestade que o sistema atribui somente à norma legal**.

3. É condição de validade jurídica da sanção administrativa que a pessoa sancionada tenha sido convocada para integrar o processo do qual resultou o seu apenamento, em atenção à garantia do due process of Law, porquanto os atos administrativos que independem da sua observância são somente os que se referem ao exercício do poder-dever executório da Administração, não os que veiculam sanção de qualquer espécie ou natureza.

4. Recurso provido, mas sem prejuízo da instauração ulterior de processo administrativo regular, com o estrito atendimento das exigências próprias da atividade sancionadora do Poder Público. (AgRg no REsp 1287739/PE, Rel. Ministro FRANCISCO FALCÃO, Rel. p/ Acórdão Ministro NAPOLEÃO NUNES MAIA FILHO, PRIMEIRA TURMA, julgado em 08/05/2012, DJe 31/05/2012). (grifado pelo autor).

QUESTÕES DE CONCURSO RELACIONADAS

01. (VUNESP – TJSP – 2017 – Juiz de Direito) Sobre as agências reguladoras, é correto afirmar: embora possuam natureza jurídica de autarquia, são dotadas de regime especial, consistente em alto grau de autonomia, mandado fixo e estabilidade de seus dirigentes e poder de regulação mediante a edição de normas gerais e abstratas de natureza infralegal, em matérias de suas competências, e subordinada ao princípio da legalidade. – assertiva correta. Parte superior do formulário

02. (Cespe- Juiz Federal- 5ª R- 2006) "O poder normativo das agências reguladoras encontra-se fundado em normas jurídicas lineares, as quais não revelam muito espaço interpretativo para a administração pública." – assertiva **errada.**

Atenção!!!! as normas jurídicas das agências reguladoras não são lineares, tampouco suprimem o espaço interpretativo da administração pública.

03. (FGV Juiz de Direito- PA- 2007) "As agências reguladoras, autarquia sob regime especial, possuem poder normativo técnico e maior autonomia de seus dirigentes em relação ao Poder Executivo, quando comparadas às autarquias clássicas." – assertiva correta.

6. (MPF – PROCURADOR DA REPÚBLICA – 2002)

Atividades econômicas privatizadas: agências reguladoras. Finalidade. Poderes. Forma de investidura de seus membros.

RESPOSTA:

O Estado Liberal foi marcado pela interferência mínima na economia, e a ele se opôs o Estado Intervencionista, que preconizava uma atuação efetiva do Estado na economia, inclusive explorando diversas atividades econômicas. Hoje no Brasil, contudo, o Estado só atua diretamente na economia de forma excepcional.

Com isso, houve uma atração de atividades econômicas anteriormente prestadas pelo Estado para a iniciativa privada. Essa desestatização, que contou com um plano estratégico na Lei 9.491/97, gerou a necessidade de se criar pessoas com a finalidade de regular esses mercados. Assim surgiram as agências reguladoras, autarquias que fiscalizam e controlam as atividades econômicas privatizadas.

Para exercer de forma isenta essa função especialíssima, as agências reguladoras são dotadas dos seguintes poderes: a) poder normativo – prerrogativa de disciplinar as questões técnicas sobre as quais o legislador não pode tratar de forma satisfatória, configurando assim um poder regulamentar amplo; b) independência financeira – para garantir a imparcialidade da agência, é necessário que ela tenha recursos próprios, com orçamento destacado do ente criador, podendo ainda ser beneficiada pelas taxas de regulação; c) independência administrativa – seus dirigentes possuem estabilidade e mandato fixo, só podendo ser destituídos diante de hipóteses excepcionais, como a condenação criminal, e não pela mera vontade do Chefe do Executivo.

Quanto à forma investidura, esses dirigentes são nomeados pelo Presidente da República, contudo essa escolha deve ser aprovada pelo Senado, o que se baseia no artigo 52, III, "f" da Constituição Federal e no artigo 5º da Lei 9.986/2000. Essa "livre nomeação mitigada" representa um controle maior sobre a escolha feita pelo Chefe do Executivo, o que dificulta uma indevida ingerência deste sobre a direção das agências reguladoras.

Atenção!!!! Apesar de não tratado na resposta, é importante o candidato conhecer a existência do parecer AC-051 da Advocacia Geral da União, que entende como possível a revisão, de ofício ou por provocação, pelo Ministério da respectiva área, de atos das agências reguladoras que contrariem a orientação do governo. Esse entendimento adotado no parecer é criticado por grande parte dos doutrinadores, por reduzir a necessária autonomia das agências.

◉ DOUTRINA TEMÁTICA

"(...) Com o fim de se diminuir os gastos da máquina estatal, o Estado passou a adotar uma postura de agente regulador de mercado, não mais explorando diretamente atividades econômicas, salvo nas exceções constitucionais (art. 173, CRFB), qual se pauta no princípio da subsidiariedade. Isto é, a atual regulação estatal na economia atua, tão-somente, onde o mercado, por si, não consegue auto-regular-se. Nos nichos de nossa economia capazes de atender e observar as políticas de planejamento econômico estatal, o Estado não irá interferir. (...) Pela posição ocupada pela agência reguladora, fica fácil perceber que, em que pese ser entidade integrante da Administração Pública Indireta, deve permanecer impermeável às pressões políticas que possam vir a ser exercidas pela corrente ideológico-partidária que, temporariamente, esteja ocupando o Poder Público." (FIGUEIREDO, 2011, p. 247)

"Estabilidade dos dirigentes – segundo os arts. 4º, 7º e 8º, da Lei nº 9.986/00, as agências reguladoras serão dirigidas por um colegiado, com mandatos não-coincidentes, sujeitos ao período de quarentena após o término (a quarentena é o impedimento que o ex-dirigente tem para o exercício de atividades ou para prestar qualquer serviço no setor regulado pela respectiva agência, por um período de quatro meses, contados da exoneração ou do término do mandato). (...) Não há, portanto, uma livre exoneração por parte do Poder Executivo, à exceção dos casos legalmente previstos, como crimes de improbidade administrativa, violação grave dos deveres funcionais ou descumprimento do contrato de gestão. Também, os cargos diretivos das agências reguladoras não são de livre nomeação pelo Chefe do Executivo, pois é necessária a prévia aprovação pelo Senado Federal do dirigente escolhido pelo Presidente da República, conforme o art. 52, III, 'f', da CF/88 (ver ainda art. 5º, da Lei nº 9.986/00)" (LIMA, 2010, p. 39)

"A essas autarquias reguladoras foi atribuída a função principal de controlar, em toda a sua extensão, a prestação dos serviços públicos e o exercício de atividades econômicas, bem como a própria atuação das pessoas privadas que passaram a executá-los, inclusive impondo sua adequação aos fins colimados pelo Governo e às estratégias econômicas e administrativas que inspiraram o processo de desestatização." (CARVALHO FILHO, 2011, p. 447)

JURISPRUDÊNCIA TEMÁTICA

STF

EMENTA. Ação direta de inconstitucionalidade. Agência Estadual de Regulação dos Serviços Públicos Delegados do Rio Grande do Sul (AGERGS). Necessidade de prévia aprovação pela Assembleia Legislativa da indicação dos conselheiros. Constitucionalidade. Demissão por atuação exclusiva do Poder Legislativo. Ofensa à separação dos poderes. Vácuo normativo. Necessidade de fixação das hipóteses de perda de mandato. Ação julgada parcialmente procedente. 1. O art. 7º da Lei estadual nº 10.931/97, quer em sua redação originária, quer naquela decorrente de alteração promovida pela Lei estadual nº 11.292/98, determina que a nomeação e a posse dos dirigentes da autarquia reguladora somente ocorra após a aprovação da indicação pela Assembleia Legislativa do Estado do Rio Grande do Sul. A Constituição Federal permite que a legislação condicione a nomeação de determinados titulares de cargos públicos à prévia aprovação do Senado Federal, a teor do art. 52, III. A lei gaúcha, nessa parte, é, portanto, constitucional, uma vez que observa a simetria constitucional. Precedentes. 2. **São inconstitucionais as disposições que amarram a destituição dos dirigentes da agência reguladora estadual somente à decisão da Assembleia Legislativa. O voluntarismo do legislador infraconstitucional não está apto a criar ou ampliar os campos de intersecção entres os poderes estatais constituídos sem autorização constitucional, como no caso em que se extirpa a possibilidade de qualquer participação do governador do estado na destituição do dirigente da agência reguladora, transferindo-se, de maneira ilegítima, a totalidade da atribuição ao Poder Legislativo local. Violação do princípio da separação dos poderes.** 3. **Ressalte-se, ademais, que conquanto seja necessária a participação do chefe do Executivo, a exoneração dos conselheiros das agências reguladoras também não pode ficar a critério discricionário desse Poder. Tal fato poderia subverter a própria natureza da autarquia especial, destinada à regulação e à fiscalização dos serviços públicos prestados no âmbito do ente político, tendo a lei lhe conferido certo grau de autonomia.** 4. A natureza da investidura a termo no cargo de dirigente de agência reguladora, bem como a incompatibilidade da demissão ad nutum com esse regime, haja vista que o art. 7º da legislação gaúcha prevê o mandato de quatro anos para o conselheiro da agência, exigem a fixação de balizas precisas quanto às hipóteses de demissibilidade dos dirigentes dessas entidades. Em razão do vácuo normativo resultante da inconstitucionalidade do art. 8º da Lei estadual nº 10.931/97 e tendo em vista que o diploma legal não prevê qualquer outro procedimento ou garantia contra a exoneração imotivada dos conselheiros da Agência Estadual de Regulação dos Serviços Públicos Delegados do Rio Grande do Sul (AGERGS), deve a Corte estabelecer, enquanto perdurar a omissão normativa, as hipóteses específicas de demissibilidade dos dirigentes dessa entidade. 5. A teor da norma geral, aplicável às agências federais, prevista no art. 9º da Lei Federal nº 9.986/2000, uma vez que os dirigentes das agências reguladoras exercem mandato fixo, podem-se destacar como hipóteses gerais de perda do mandato: (i) a renúncia; (ii) a condenação judicial transitada em julgado e (iii) o procedimento administrativo disciplinar, sem prejuízo de outras hipóteses legais, as quais devem sempre observar a necessidade de motivação e de processo formal, não havendo espaço para discricionariedade pelo chefe do Executivo. 6. Ação julgada parcialmente procedente para declarar a inconstitucionalidade do art. 8º da Lei estadual nº 10.931/97, em sua redação originária e naquela decorrente de alteração promovida pela Lei estadual nº 11.292/98, fixando-se ainda, em razão da lacuna normativa na legislação estadual, que os membros do Conselho Superior da Agência Estadual de Regulação dos Serviços Públicos Delegados do Rio Grande do Sul (AGERGS) somente poderão ser destituídos, no curso de seus mandatos, em virtude de renúncia, de condenação judicial transitada em julgado, ou de processo administrativo disciplinar, sem prejuízo da superveniência de outras hipóteses legais, desde que observada a necessidade de motivação e de processo formal, não havendo espaço para discricionariedade pelo chefe do Executivo. (ADI 1949, Relator(a): Min. DIAS TOFFOLI, Tribunal Pleno, julgado em 17/09/2014, ACÓRDÃO ELETRÔNICO DJe-224 DIVULG 13-11-2014 PUBLIC 14-11-2014)

Taxa e Critérios de Incidência

Indeferida medida liminar em ação direta ajuizada pela Confederação Nacional do Transporte - CNT, contra a Taxa de Fiscalização e Controle dos Serviços Públicos Delegados, instituída pelo Estado do Rio Grande do Sul (Lei estadual 11.073/97, regulamentada pelo Decreto 39.228/98), cujo valor, a ser pago pelos Delegatários dos Serviços Públicos prestados no referido Estado, é definido de acordo com o faturamento do contribuinte, conforme tabela de incidência progressiva. À primeira vista, o Tribunal, por maioria de votos, afastou a alegação de ofensa ao art. 145, § 2º, da CF ("As taxas não poderão ter base de cálculo própria de impostos."), uma vez que o referido tributo não incide sobre o faturamento das empresas contribuintes, mas apenas utiliza-o como critério para a incidência de taxas fixas. Vencido o Min. Néri da Silveira, relator, que, considerando relevante a tese de inconstitucionalidade sustentada pela autora da ação - no sentido de que a variação do valor da taxa em função do faturamento do contribuinte equivaleria à adoção desse faturamento como base de cálculo do tributo, descaracterizando sua natureza jurídica, transformando-a em imposto -, deferia o pedido de medida liminar. ADInMC 1.948-RS, rel. Min. Néri da Silveira, 4.2.99. Noticiado no informativo 137/1999 do STF.

▶ STJ

Súmula 506-STJ: A Anatel não é parte legítima nas demandas entre a concessionária e o usuário de telefonia decorrentes de relação contratual.

◉ QUESTÕES DE CONCURSO RELACIONADAS

01. **(Câmara de Vereadores de Guaíba – RS – Procurador – 2017)** As decisões estabelecidas pelas agências reguladoras não podem ser alteradas pelo Poder Judiciário, devido ao poder de dirimirem conflitos em última instância administrativa. – assertiva **incorreta**.

02. **(Cespe- Juiz do Trabalho- 1ª Região- 2010)** "Mandato fixo e estabilidade para os dirigentes, que só perderão o mandato em caso de renúncia, de condenação transitada em julgado ou de processo disciplinar, são traços específicos das agências reguladoras." – assertiva **correta**.

03. **(Cespe- Procurador do Município de Natal- 2008)** "Segundo jurisprudência do Supremo Tribunal Federal, a subordinação da nomeação dos dirigentes das agências reguladoras à prévia aprovação do Poder Legislativo não implica violação à separação e à independência dos Poderes." – assertiva **correta.**

04. **(MPF- Procurador da República- 2008)** "É característica das agências reguladoras no Brasil: escolha dos diretores pelo Presidente da República, sob aprovação do Senado Federal." – assertiva **correta**.

7. (QUESTÃO ELABORADA PELOS AUTORES)

O que significa o princípio da especialidade da Administração Indireta? Ele também se aplica às empresas públicas e às sociedades de economia mista?

RESPOSTA:

O princípio da especialidade da Administração Indireta significa a vinculação da atuação das entidades da Administração Indireta à finalidade específica para a qual foi criada. Enquanto os entes políticos, representando a Administração Direta podem exercer as mais diversas atividades na persecução do interesse público, desde que respeitada a repartição constitucional de competências, o mesmo não ocorre com os entes da Administração Indireta. Esses só podem desempenhar as funções específicas previstas nas respectivas leis de criação.

É partindo dessa premissa que a especialização se dá inclusive em relação à lei que cria ou autoriza a criação desses entes. De acordo com o artigo 37, XIX, da Constituição Federal, somente por lei específica pode ser criada autarquia e autorizada a instituição de empresa pública, sociedade de economia mista ou fundação pública.

Para assegurar a vinculação da entidade à finalidade para a qual foi criada, os Ministérios (ou Secretarias, nos âmbitos estadual e municipal) das respectivas áreas de atuação exercem o controle finalístico, também chamado de supervisão ministerial, que não tem natureza hierárquica.

Tal princípio não se aplica apenas às pessoas jurídicas de direito público da Administração Descentralizada, mas também às pessoas jurídicas de direito privado, as empresas públicas e as sociedades de economia mista. É esse o sentido do artigo 237 da Lei das Sociedades Anônimas (Lei nº 6.404/76): "A companhia de economia mista só poderá explorar as atividades previstas na lei que autorizou a sua constituição."

DOUTRINA TEMÁTICA

"**Definida por lei a finalidade específica de cada pessoa jurídica, não cabe a seus administradores afastar-se desses objetivos**. Sendo assim, essas pessoas jurídicas ficam vinculadas às finalidades para as quais foram criadas. Esse princípio, pensado inicialmente para as autarquias, também deve ser aplicado às demais pessoas jurídicas que dependem, igualmente, de lei para sua criação (art. 37, XIX e XX, da CF). Essa mesma ideia também pode ser aplicada para as estruturas internas da Administração, como é o caso dos órgãos públicos que, da mesma forma, estão ligados à finalidade do ato de sua criação." (MARINELA, 2013, p. 65). (grifado pelo autor).

QUESTÕES DE CONCURSO RELACIONADAS

01. (Cespe- Procurador do Estado PE- 2009) "A autarquia configura pessoa jurídica de direito público, criada por lei, com capacidade de autoadministração, sujeita ao princípio da especialização, o qual a impede de exercer atividades diversas daquelas para as quais foi constituída." - assertiva correta.

02. (ESAF- ANA- 2009) "As entidades da administração pública indireta do Poder Executivo, apesar de não submetidas hierarquicamente ao Ministério a que se vinculam, sujeitam-se à sua supervisão ministerial." – assertiva correta.

8. (QUESTÃO ELABORADA PELOS AUTORES – INÉDITA)

Considerando as entidades do terceiro setor, responda aos itens abaixo:

a) Conceitue Organização da Sociedade Civil, apontando o fundamento legal, e diferencie termo de colaboração de termo de fomento.

b) É constitucional a dispensa de licitação nas contratações das organizações sociais? Fundamente com base no recente entendimento do STF referente à matéria.

RESPOSTA:

As Organizações da Sociedade Civil - OSC são entidades integrantes do terceiro setor, previstas na Lei 13.019/14 e, conforme seu art. 2º, I, compreendem entidades privadas sem fins lucrativos que não distribuam quaisquer espécies de excedentes, entre os seus sócios ou associados, além de os aplicar integralmente na consecução do respectivo objeto social, além das sociedades cooperativas previstas na Lei 9.867/99 e das organizações religiosas que se dediquem a atividades ou a projetos de interesse público e de cunho social distintas das destinadas a fins exclusivamente religiosos.

O referido diploma legal regulamenta novas espécies de parcerias que podem ser firmadas entre o poder público e as entidades privadas sem fins lucrativos em questão, quais sejam, o termo de colaboração, o termo de fomento ou o acordo de cooperação, cada qual com regras específicas.

De acordo com o art. 2°, VII, da Lei 13.019/14, constitui termo de colaboração instrumento por meio do qual são formalizadas as parcerias estabelecidas pela administração pública com organizações da sociedade civil para a consecução de finalidades de interesse público e recíproco propostas pela administração pública que envolvam a transferência de recursos financeiros. .

Já o art. 2º, VIII, dispõe que termo de fomento é instrumento por meio do qual são formalizadas as parcerias estabelecidas pela administração pública com organizações da sociedade civil para a consecução de finalidades de interesse público e recíproco propostas pelas organizações da sociedade civil, que envolvam a transferência de recursos financeiros.

Por fim, o acordo de cooperação, segundo o art. 2°, VIII-A da mesma lei é instrumento por meio do qual são formalizadas as parcerias estabelecidas pela administração pública com organizações da sociedade civil para a consecução de finalidades de interesse público e recíproco que não envolvam a transferência de recursos financeiros às entidades privadas em questão.

Nota-se pela disposição legal que a peculiaridade entre o termo de colaboração e o termo de fomento verifica-se a partir da análise de qual das partes provoca a parceria. Enquanto no primeiro a Administração propõe a formalização do acordo entre as partes, no segundo a celebração da parceria é proposto pela própria organização da sociedade civil; ambos, contudo, preveem o repasse de recursos financeiros pela Administração Pública. No que toca ao acordo de cooperação, observa-se que ele se diferencia dos demais por não envolver a transferência de recursos para as referidas entidades.

O Supremo Tribunal Federal, no julgamento da ADI 1923/DF, firmou entendimento pela constitucionalidade da Lei 9.637/98, que dispõe sobre as organizações sociais, bem como do art. 24, XXIV da Lei 8.666/93, decidindo, portanto, ser constitucional a dispensa de licitação nas contratações das referidas entidades.

Segundo a Corte, as dispensas de licitação instituídas pela Lei n 9.637/98 e pelo art. 24, XXIV, da Lei 8.666/1993 tem a finalidade de fomentar práticas sociais benéficas, ou seja, incentivar a atuação de organizações sociais no desempenho dos deveres constitucionais no campo dos serviços públicos de grande relevância social.

Cumpre destacar, conforme decidiu o STF, que o afastamento do procedimento licitatório não exime o administrador público da observância dos princípios constitucionais administrativos, de modo que a contratação direta deve obedecer critérios objetivos e impessoais, bem como a publicidade dos atos, de forma a permitir o acesso a todos os interessados.

Destaca-se que as chamadas "OS", são pessoas jurídicas de direito privado, sem fins lucrativos, integrantes do terceiro setor da economia, que, embora não façam parte da Administração Direta ou Indireta, prestam serviços públicos não exclusivos de Estado, mas de grande interesse social, efetivando vínculo com o Poder Público mediante a celebração de contrato de gestão, por meio do qual recebem incentivos públicos para realizar suas atividades, como dotação orçamentária, cessão de bens públicos e cessão de servidores públicos.

Não obstante todos os privilégios mencionados, de acordo com o texto legal, quando a Administração contratar serviços a serem prestados pelas organizações sociais, ainda estará dispensada de realizar licitação, desde que aquela atividade esteja prevista no contrato de gestão, disposição que sempre ensejou severas críticas doutrinárias.

Em que pese, todavia, as posições divergentes na doutrina, na decisão proferida em sede de ADI, o Excelso Pretório, restou assente que, por não fazerem parte da Administração pública, as organizações sociais não se submetem ao dever de licitar, pois, entendimento contrário, resultaria em quebra da lógica de flexibilidade do setor privado. Entretanto, por receberem uma série de incentivos públicos, o regime jurídico das organizações sociais deve ser minimamente influenciado pelos princípios norteadores da atividade pública, dispostos no art. 37, caput da CRFB/88, quando da elaboração de seu regulamento interno, apenas não se sujeitando às rigorosas regras de contratação previstas na Lei 8.666/93.

◉ DOUTRINA TEMÁTICA

"Em 1° de agosto de 2014, foi publicada a lei 13.019/14, alterada em dezembro de 2015 pela lei 13.204/15, que regulamenta duas novas espécies de parcerias que poder ser firmadas entre o poder público e entidades privadas sem fins lucrativos, quais sejam, o termo de colaboração, o termo de fomento ou o acordo de cooperação, definindo regras específicas para as entidades que pretendam assumir este vínculo com o Estado. Tais entidades receberam a designação de Organizações da Sociedade Civil, devendo ser, necessariamente, uma pessoa jurídica de direito privado sem fins lucrativos que não distribui, entre os seus sócios ou associados, conselheiros, diretores, empregados ou doadores, eventuais resultados, sobras, excedentes operacionais, brutos ou líquidos, dividendos, bonificações, participações ou parcelas do seu patrimônio, auferidos mediante o exercício de suas atividades, e que os aplica integralmente na consecução do respectivo objeto social, de forma imediata ou por meio da constituição de fundo patrimonial ou fundo de reserva." (CARVALHO, 2017, p. 736)

"Para finalizarmos o estudo das organizações sociais, é de interesse registrar que a Lei 9.637/1998 foi integralmente impugnada em ação direta de inconstitucionalidade, sob a alegação de que quase todos os seus dispositivos violariam irremediavelmente inúmeros dispositivos da Carta Política vigente. Na mesma ação, foi pleiteada, também, a declaração da inconstitucionalidade do inciso XXIV do art. 24 da Lei 8.666/1993, que torna dispensável a licitação "para a celebração de contratos de prestação de serviços com as organizações sociais, qualificadas no âmbito das respectivas esferas de governo, para atividades contempladas no contrato de gestão."

A demanda em foco originou a ADI 1.923/DF, que foi definitivamente decidida em abril de 2015, ocasião na qual o Supremo Tribunal Federal deixou assente que a Lei 9.637/1998 e o inciso XXIV do art. 24 da Lei 8.666/1993 são válidos. A ação, contudo, foi julgada parcialmente procedente para o fim de conferir às normas questionadas intepretação conforme a Constituição." (ALEXANDRINO, 2017, p. 159)

JURISPRUDÊNCIA TEMÁTICA

Organizações sociais e contrato de gestão – 7 Em conclusão de julgamento, o Plenário, por maioria, acolheu, em parte, pedido formulado em ação direta de inconstitucionalidade para conferir interpretação conforme a Constituição à Lei 9.637/1998 — que dispõe sobre a qualificação como organizações sociais de pessoas jurídicas de direito privado, a criação do Programa Nacional de Publicização, a extinção dos órgãos e entidades que menciona, a absorção de suas atividades por organizações sociais, e dá outras providências — e ao inciso XXIV do art. 24 da Lei 8.666/1993 — com a redação dada pelo art. 1º da Lei 9.648/1998, que autoriza a celebração de contratos de prestação de serviços com organizações sociais, sem licitação —, para explicitar que: a) o procedimento de qualificação das organizações sociais deveria ser conduzido de forma pública, objetiva e impessoal, com observância dos princípios do "caput" do art. 37 da CF, e de acordo com parâmetros fixados em abstrato segundo o disposto no art. 20 da Lei 9.637/1998; b) a celebração do contrato de gestão fosse conduzida de forma pública, objetiva e impessoal, com observância dos princípios do "caput" do art. 37 da CF; c) as hipóteses de dispensa de licitação para contratações (Lei 8.666/1993, art. 24, XXIV) e outorga de permissão de uso de bem público (Lei 9.637/1998, art. 12, § 3º) deveriam ser conduzidas de forma pública, objetiva e impessoal, com observância dos princípios do "caput" do art. 37 da CF; d) a seleção de pessoal pelas organizações sociais seria conduzida de forma pública, objetiva e impessoal, com observância dos princípios do "caput" do art. 37 da CF, e nos termos do regulamento próprio a ser editado por cada entidade; e e) qualquer interpretação que restringisse o controle, pelo Ministério Público e pelo Tribunal de Contas da União, da aplicação de verbas públicas deveria ser afastada — v. Informativos 621 e 627 (medida cautelar noticiada nos Informativos 421, 454 e 474). ADI 1923/DF, rel. orig. Min. Ayres Britto, red. p/ o acórdão Min. Luiz Fux, 15 e 16.4.2015. (ADI-1923)

9. (QUESTÃO ELABORADA PELOS AUTORES – INÉDITA)

Em relação a Organização Administrativa do Estado, responda fundamentadamente:

a) Com base no Novo Estatuto das Estatais, aponte as diferenças básicas entre as empresas públicas e sociedades de economia mista?

b) É possível que uma sociedade de economia mista goze do regime de precatórios para o pagamento de seus débitos?

c) As empresas estatais estão sujeitas à falência?

◉ RESPOSTA:

a) As empresas estatais, classificadas em empresas públicas e sociedades de economia mista, são entidades integrantes da administração indireta. Com efeito, ambas possuem personalidade jurídica de direito privado e podem ser criadas para a prestação de serviços públicos ou exploração de atividade econômica. Existem, contudo, peculiaridades que as distinguem, que passarão a ser analisadas.

Os artigos 3º e 4º da Lei 13.303/16 tratam da definição de empresas públicas e sociedades de economia mista. Conforme os dispositivos legais, verifica-se que as empresas públicas devem ser compostas com capital 100% público, ainda que pertencente a entes diferentes da administração direta ou indireta. Já as sociedades de economia mista são compostas por capital público e privado, devendo a maioria do capital votante estar nas mãos do Poder Público.

Ademais, quanto à forma societária, nota-se que as empresas públicas podem organizar-se sob qualquer forma admitida em direito, ao passo que as sociedades de economia mista, por expressa previsão legal, devem ser organizadas na forma de sociedades anônimas.

Vale ressaltar, ainda, que, por um critério de escolha do legislador constituinte, apenas as empresas públicas federais deslocam a competência das lides em que participam para a justiça federal, nos termos do art. 109, I da CRFB/88, enquanto que as sociedades de economia mista, ainda que federais, se sujeitam a competência da justiça estadual.

b) De acordo com o art. 173, §2º da CRFB/88, as sociedades de economia mista não podem gozar de privilégios inextensíveis às empresas do setor privado. Desse modo, em regra, essas empresas estatais não podem utilizar o regime de precatórios previsto no art. 100 da CRFB/88.

Embora estejam sujeitas a restrições impostas pela indisponibilidade do interesse público, as empresas estatais não podem gozar dos benefícios estipulados para a Fazenda Pública decorrentes da supremacia do interesse público sobre o privado.

Ocorre que, as sociedades de economia mista podem qualificar-se em prestadoras de serviço público ou exploradoras de atividade econômica.

Assim, o Supremo Tribunal Federal decidiu (RE 852302 AgR/AL), que às sociedades de economia mista que prestem serviços públicos pode ser aplicado o regime constitucional de precatórios, desde que tenham atuação própria de Estado e não atuem em regime de concorrência com outras empresas.

O caso concreto no qual o Supremo exarou esse entendimento envolvia uma sociedade de economia mista prestadora de serviços de abastecimento de água e saneamento que prestava serviço público primário e em regime de exclusividade. Desse modo, o Pretório Excelso entendeu que a atuação desta empresa estatal correspondia à própria atuação do Estado, uma vez que ela não tinha finalidade de obtenção de lucros e possuía seu capital composto majoritariamente por recursos estatais.

c) Não. Em que pese a doutrina administrativista ter defendido a possibilidade, desde que prestassem atividade econômica em sentido estrito, a teor do que dispõe o art. 173, §1.º, II da CRFB/88, a lei 13.303/2016 não regulamenta. Ademais, a Lei de Falências estabelece que as duas disposições não são extensíveis às empresas públicas e às sociedades de economia mista.

DOUTRINA TEMÁTICA

"Com efeito, esse entendimento é o adotado nesta obra de que os bens das empresas estatais não ostentam a qualidade de bens públicos, no entanto, em relação aos bens que estejam atrelados à prestação de serviços públicos, se aplicam algumas prerrogativas inerentes aos bens públicos como a imprescritibilidade e impenhorabilidade.

No que tange às empresas estatais que atuam na exploração de atividades econômicas, não se pode entender da mesma forma, ou seja, seus bens não gozam de quaisquer garantias públicas e são bens privados para todos os efeitos, sendo, inclusive, possível a penhora e a oneração destes bens com direitos reais de garantia. Nesse sentido, o art. 173, §1º, da Constituição Federal dispõe acerca da "sujeição ao regime jurídico próprio das empresas privadas, inclusive quanto aos direitos e obrigações civis." (CARVALHO, 2017, p. 211)

"A lei 11.101/2005 ("Lei de Falências"), sem fazer qualquer distinção quanto ao objeto da entidade, estabelece, de forma categórica, que as suas disposições não se aplicam a empresas públicas e sociedades de economia mista (art. 2.º, I). Assim, independentemente das considerações aqui expostas, certo é que, atualmente, empresas públicas e sociedades de economia mista, seja qual for o seu objeto, não estão sujeitas à falência." (ALEXANDRINO, 2017, p. 105)

JURISPRUDÊNCIA TEMÁTICA

Sociedade de economia mista e regime de precatório. As sociedades de economia mista prestadoras de serviço público de atuação própria do Estado e de natureza não concorrencial submetem-se ao regime de precatório. Com base nessa orientação, a Segunda Turma negou provimento a agravo regimental em que se pleiteava a aplicação do regime jurídico de execução das empresas privadas às sociedades de economia mista. A Turma afirmou que sociedade de economia mista prestadora de serviços de abastecimento de água e saneamento que prestasse serviço público primário e em regime de exclusividade - o qual corresponderia à própria atuação do Estado, sem obtenção de lucro e de capital social majoritariamente estatal - teria direito ao processamento da execução por meio de precatório. RE 852302 AgR/AL, rel. Min. Dias Toffoli, 15.12.2015. (RE-852302)

AGRAVO DE INSTRUMENTO. CONSTITUCIONAL. SERVIÇO POSTAL. MONOPÓLIO DA UNIÃO. EMPRESA BRASILEIRA DE CORREIOS E TELÉGRAFOS – ECT. ARGUIÇÃO DE DESCUMPRIMENTO DE PRECEITO FUNDAMENTAL Nº 46. CONTROVÉRSIA SOBRE A NATUREZA DA ATIVIDADE EXERCIDA PELA RECORRENTE. REEXAME DO CONTEXTO FÁTICO-PROBATÓRIO. INCIDÊNCIA DA SÚMULA 279 DESTA CORTE. ALEGAÇÃO DE OFENSA AO ARTIGO 93, IX, DA CONSTITUIÇÃO FEDERAL. INOCORRÊNCIA. 1. A Empresa Brasileira de Correios e Telégrafos – ECT possui exclusividade para a prestação do serviço postal (inclusive para a distribuição de boletos), porquanto seja serviço público, prestado em regime de monopólio. Consignou-se, outrossim, que o artigo 47 da Lei 6.538/78 foi recepcionado pela Constituição Federal de 1988, excepcionando-se do conceito de serviço postal tão somente as encomendas e impressos. (ADPF 46) 2. In casu, os documentos acostados aos autos não se enquadram na exceção prevista no artigo 9º, § 2º, da Lei 6.538/78, devendo, portanto, se submeter ao monopólio estatal. 3. A Súmula 279 do STF dispõe: "Para simples reexame de prova não cabe recurso extraordinário". 4. É que o recurso extraordinário não se presta ao exame de questões que demandam o revolvimento do contexto fático-probatório dos autos, adstringindo-se à análise da violação direta da ordem constitucional. 5. O artigo 93, IX, da Constituição Federal não resta violado nas hipóteses em que a decisão, mercê de fundamentada, não se calca na tese do recorrente. 6. Agravo de instrumento a que se nega seguimento. Decisão: Trata-se de agravo de instrumento contra decisão de fls. 715/717, que inadmitiu recurso extraordinário interposto com fundamento no artigo 102, III, "a", da Constituição Federal, contra acórdão proferido pelo Tribunal Regional Federal da 4ª Região, assim ementado: "ADMINISTRATIVO. AÇÃO COMINATÓRIA. SERVIÇO POSTAL. UNIÃO FEDERAL. ART. 21, INC. X, DA CF/88 C/C ART. 9º DA LEI 6.538/78. 1. Os réus Teresópolis Tênis Clube e Auxiliadora Predial devem permanecer excluídos do pólo passivo da lide, posto que a ação deve ser dirigida ao prestador do serviço, o qual supostamente teria explorado o serviço postal, e não aos tomadores. 2. A teor do disposto no art. 21, X, da CF/88 c/c art. 9º da Lei nº 6.538/78, a exploração do serviço postal é de competência da União Federal. 3. Comprovada a quebra dessa exclusividade por parte de empresa particular, deve ser mantida a sentença que determinou ao primeiro réu que se abstivesse de entregar cartas por meio de terceiro que não a ECT" (fl. 493) Nas razões de recurso extraordinário, o recorrente aponta ofensa aos artigos 1º, IV, 21, X, 170, caput, IV e parágrafo único, e 177, da Constituição Federal. Postula, preliminarmente, seja declarada a nulidade do acórdão, por negativa de prestação jurisdicional. No mérito, afirma que não realiza a entrega de cartas, mas de materiais visuais de propaganda, impressos, revistas, catálogos, folders e demais encomendas de pequeno porte. Sustenta, ademais, que os serviços postais, sob a égide da Constituição Federal de 1988, deixaram de ser monopólio da União. O Tribunal a quo negou seguimento ao apelo extremo sob o fundamento de que a ofensa, se ocorrente, seria reflexa. No agravo de instrumento, alega-se ofensa direta a dispositivos constitucionais. É o relatório. DECIDO. O recurso não merece prosperar. A controvérsia posta nos autos foi dirimida pelo Plenário do Supremo Tribunal Federal no julgamento da Arguição de Descumprimento de Preceito Fundamental nº 46, em que a Corte assentou o entendimento de que a Empresa Brasileira de Correios e Telégrafos – ECT possui exclusividade para a prestação do serviço postal (inclusive para a distribuição de boletos), porquanto seja serviço público, prestado em regime de monopólio. Consignou-se, outrossim, que o artigo 47 da Lei 6.538/78 foi recepcionado pela

Constituição Federal de 1988, excepcionando-se do conceito de serviço postal tão somente as encomendas e impressos, nos termos do voto divergente proferido pelo E. Min. Eros Grau, designado Redator para o acórdão. A título de registro, trago à colação a ementa da ADPF nº 46, Rel. Min. Marco Aurélio, Redator para o acórdão Min. Eros Grau, DJe de 25/02/2010: "EMENTA: ARGÜIÇÃO DE DESCUMPRIMENTO DE PRECEITO FUNDAMENTAL. EMPRESA PÚBLICA DE CORREIOS E TELEGRÁFOS. PRIVILÉGIO DE ENTREGA DE CORRESPONDÊNCIAS. SERVIÇO POSTAL. CONTROVÉRSIA REFERENTE À LEI FEDERAL 6.538, DE 22 DE JUNHO DE 1978. ATO NORMATIVO QUE REGULA DIREITOS E OBRIGAÇÕES CONCERNENTES AO SERVIÇO POSTAL. PREVISÃO DE SANÇÕES NAS HIPÓTESES DE VIOLAÇÃO DO PRIVILÉGIO POSTAL. COMPATIBILIDADE COM O SISTEMA CONSTITUCIONAL VIGENTE. ALEGAÇÃO DE AFRONTA AO DISPOSTO NOS ARTIGOS 1º, INCISO IV; 5º, INCISO XIII, 170, CAPUT, INCISO IV E PARÁGRAFO ÚNICO, E 173 DA CONSTITUIÇÃO DO BRASIL. VIOLAÇÃO DOS PRINCÍPIOS DA LIVRE CONCORRÊNCIA E LIVRE INICIATIVA. NÃO-CARACTERIZAÇÃO. ARGUIÇÃO JULGADA IMPROCEDENTE. INTERPRETAÇÃO CONFORME À CONSTITUIÇÃO CONFERIDA AO ARTIGO 42 DA LEI N. 6.538, QUE ESTABELECE SANÇÃO, SE CONFIGURADA A VIOLAÇÃO DO PRIVILÉGIO POSTAL DA UNIÃO. APLICAÇÃO ÀS ATIVIDADES POSTAIS DESCRITAS NO ARTIGO 9º, DA LEI. 1. O serviço postal --- conjunto de atividades que torna possível o envio de correspondência, ou objeto postal, de um remetente para endereço final e determinado --- não consubstancia atividade econômica em sentido estrito. Serviço postal é serviço público. 2. A atividade econômica em sentido amplo é gênero que compreende duas espécies, o serviço público e a atividade econômica em sentido estrito. Monopólio é de atividade econômica em sentido estrito, empreendida por agentes econômicos privados. A exclusividade da prestação dos serviços públicos é expressão de uma situação de privilégio. Monopólio e privilégio são distintos entre si; não se os deve confundir no âmbito da linguagem jurídica, qual ocorre no vocabulário vulgar. 3. A Constituição do Brasil confere à União, em caráter exclusivo, a exploração do serviço postal e o correio aéreo nacional [artigo 20, inciso X]. 4. O serviço postal é prestado pela Empresa Brasileira de Correios e Telégrafos - ECT, empresa pública, entidade da Administração Indireta da União, criada pelo decreto-lei n. 509, de 10 de março de 1.969. 5. É imprescindível distinguirmos o regime de privilégio, que diz com a prestação dos serviços públicos, do regime de monopólio sob o qual, algumas vezes, a exploração de atividade econômica em sentido estrito é empreendida pelo Estado. 6. A Empresa Brasileira de Correios e Telégrafos deve atuar em regime de exclusividade na prestação dos serviços que lhe incumbem em situação de privilégio, o privilégio postal. 7. Os regimes jurídicos sob os quais em regra são prestados os serviços públicos importam em que essa atividade seja desenvolvida sob privilégio, inclusive, em regra, o da exclusividade. 8. Argüição de descumprimento de preceito fundamental julgada improcedente por maioria. O Tribunal deu interpretação conforme à Constituição ao artigo 42 da Lei n. 6.538 para restringir a sua aplicação às atividades postais descritas no artigo 9º desse ato normativo." Demais disso, não se revela cognoscível, em sede de recurso extraordinário, a insurgência que tem como escopo o incursionamento no contexto fático-probatório engendrado nos autos, porquanto referida pretensão não se amolda à estreita via do apelo extremo, cujo conteúdo restringe-se a fundamentação vinculada de discussão eminentemente de direito e, portanto, não servil ao exame de questões que demandam o revolvimento do arcabouço fático-probatório dos autos, em face do óbice erigido pela Súmula 279 do STF, de seguinte teor: "Para simples reexame de prova não cabe recurso extraordinário". No que tange ao serviço prestado pela ora recorrente, o Tribunal a quo consignou: "Do exame dos documentos acostados aos autos (fls. 49/54), restou comprovado, ao contrário do que quer fazer crer a apelante, que esses documentos eram boletos de cobrança bancária, enquadrando-se no conceito de carta, uma vez que contêm informação escrita, de interesse comercial e específico do destinatário. Vale ressaltar que, quando não encontrados os destinatários, essas cartas acabavam por ser devolvidas para a própria ECT" (fl. 490). Verifico que no caso em apreço os documentos acostados aos autos não se enquadram na exceção prevista no artigo 9º, § 2º, da Lei 6.538/78, devendo, portanto, se submeter ao monopólio estatal. Sob esse enfoque, ressoa inequívoca a vocação para o insucesso do apelo extremo, por força do óbice intransponível do verbete sumular supra, que veda a esta Suprema Corte, em sede de recurso extraordinário, sindicar matéria fática. Por oportuno, vale destacar a lição de Roberto Rosas sobre a Súmula 279 do STF: "Chiovenda nos dá os limites da distinção entre questão de fato e questão de direito. A questão de fato consiste em verificar se existem as circunstâncias com base nas quais deve o juiz, de acordo com a lei, considerar existentes determinados fatos concretos. A questão de direito consiste na focalização, primeiro, se a norma, a que o autor se refere, existe, como norma abstrata (Instituições de Direito Processual, 2a ed., v. I/175). Não é estranha a qualificação jurídica dos fatos dados como provados (RT 275/884 e 226/583). Já se refere a matéria de fato quando a decisão assenta no processo de livre convencimento do julgador (RE 64.051, Rel. Min. Djaci Falcão, RTJ 47/276); não cabe o recurso extraordinário quando o acórdão recorrido deu determinada qualificação jurídica a fatos delituosos e se pretende atribuir aos mesmos fatos outra configuração, quando essa pretensão exige reexame de provas (ERE 58.714, Relator para o acórdão o Min. Amaral Santos, RTJ 46/821). No processo penal, a verificação entre a qualificação de motivo fútil ou estado de embriaguez para a apenação importa matéria de fato, insuscetível de reexame no recurso extraordinário (RE 63.226, Rel. Min. Eloy da Rocha, RTJ 46/666). A Súmula 279 é peremptória: Para simples reexame de prova não cabe recurso extraordinário. Não se vislumbraria a existência da questão federal motivadora do recurso extraordinário. O juiz dá a valoração mais conveniente aos elementos probatórios, atendendo aos fatos e circunstâncias constantes dos autos, ainda que não alegados pelas partes. Não se confunda com o critério legal da valorização da prova (RTJ 37/480, 56/65) (Pestana de Aguiar, Comentários ao Código de Processo Civil, 2a ed., v. VI/40, Ed. RT; Castro Nunes, Teoria e Prática do Poder Judiciário, 1943, p. 383). V. Súmula 7 do STJ". (in, Direito Sumular, 14ª ed. São Paulo, Malheiros). À derradeira, anoto que o artigo 93, IX, da Constituição Federal não resta violado nas hipóteses em que a decisão, mercê de fundamentada, não se calca na tese do recorrente. Nesse sentido, são os seguintes julgados: AI 824.885-AgR, 1ª Turma, Rel. Min. Ricardo Lewandowski, DJe de 04/03/2011; e AI 760.8267-AgR, 2ª Turma, Rel. Min. Eros Grau, DJe de 03/09/2010. Ex positis, nego seguimento ao agravo de instrumento, com fundamento no artigo 21, § 1º, do RISTF. Publique-se. Intimações necessárias. Brasília, 25 de outubro de 2011. Ministro Luiz Fux Relator Documento assinado digitalmente. (AI 850632, Relator(a): Min. LUIZ FUX, julgado em 25/10/2011, publicado em DJe-209 DIVULG 28/10/2011 PUBLIC 03/11/2011)

CAPÍTULO 3

ATOS ADMINISTRATIVOS

QUESTÕES

1. (VUNESP – JUIZ DE DIREITO – 2016)

O ato administrativo discricionário deve observar o princípio da proporcionalidade e desenvolver-se pela ótica denominada pela doutrina como "tríplice manifestação do mandamento da proporcionalidade". Identifique e explique os três elementos que constituem o referido "mandamento".

ESPAÇO EM BRANCO PARA RESPOSTA (20 LINHAS)

2. (CESPE – TCE PR – ANALISTA DE CONTROLE – 2016)

Durante a execução do contrato de uma obra pública, a empresa construtora atrasou a obra e pleiteou a dilação do prazo de execução. À luz das normas legais pertinentes aos contratos públicos, redija um texto dissertativo que responda aos seguintes questionamentos: 1 – Que situação (ões) pode (m) ser legalmente aceita (as) como justificativa (s) para prorrogação de prazo de execução? (valor: 2,75 pontos). 2- Na situação hipotética considerada, caso o pleito da empresa construtora seja aceito, que procedimentos devem ser adotados para se ajustar o cronograma? (valor: 2,00 pontos)

ESPAÇO EM BRANCO PARA RESPOSTA (20 LINHAS)

3. (ESAF – PROCURADOR DA FAZENDA NACIONAL – 2012)

No que tange à regularidade dos atos administrativos, é possível o reconhecimento de atos anuláveis, ou somente atos administrativos nulos? Fundamente sua resposta, abordando, necessariamente, as teorias existentes (se houver), bem assim a legislação federal eventualmente aplicável ao enfrentamento da matéria.

◉ ESPAÇO EM BRANCO PARA RESPOSTA (30 LINHAS)

4. (FCC – PROCURADOR DO ESTADO – AM – 2010)

A Administração vem a constatar, após o recebimento de uma denúncia, que um professor da rede pública de ensino havia falsificado o certificado de conclusão de graduação em curso de nível superior, necessário à titulação do cargo efetivo por ele ocupado. Sabe-se que referido professor tomou posse no cargo há mais de dez anos e que posteriormente à posse concluiu o curso de graduação exigido para titulação do cargo. Que procedimento deve a Administração adotar no caso em questão?

◉ ESPAÇO EM BRANCO PARA RESPOSTA (30 LINHAS)

5. (CESPE – JUIZ DE DIREIRO – AL – 2008)

Disserte, de forma clara e precisa, acerca da Teoria dos Motivos Determinantes e exemplifique sua aplicação.

◉ ESPAÇO EM BRANCO PARA RESPOSTA (30 LINHAS)

6. (MPF PROCURADOR DA REPÚBLICA – 2005)

No que diz respeito aos atos administrativos, explique os seguintes aspectos: a) teoria dos motivos determinantes; b) momento adequado para motivar os atos administrativos vinculado e discricionário.

◉ ESPAÇO EM BRANCO PARA RESPOSTA (30 LINHAS)

7. (MPF PROCURADOR DA REPÚBLICA – 2003)

Discorra sobre anulabilidade, nulidade, invalidação e convalidação dos atos administrativos.

◉ ESPAÇO EM BRANCO PARA RESPOSTA (30 LINHAS)

8. (MPF – PROCURADOR DA REPUBLICA – 2002)

Atos administrativos e atos do Poder Público. Resumidamente, explique os pontos seguintes: a) ato administrativo em sentido formal e ato administrativo em sentido material; b) os atos administrativos no confronto dos atos políticos e dos atos de gestão; c) os atos políticos e a responsabilidade civil do Estado; d) ato administrativo e fato administrativo; e) o ato administrativo e o problema do silêncio da Administração.

ESPAÇO EM BRANCO PARA RESPOSTA (30 LINHAS)

QUESTÕES COMENTADAS

1. (VUNESP – JUIZ DE DIREITO – 2016)

O ato administrativo discricionário deve observar o princípio da proporcionalidade e desenvolver-se pela ótica denominada pela doutrina como "tríplice manifestação do mandamento da proporcionalidade". Identifique e explique os três elementos que constituem o referido "mandamento".

RESPOSTA:

O princípio da proporcionalidade, embora não previsto explicitamente na Constituição Federal, é amplamente utilizado pelo Supremo Tribunal Federal no controle de constitucionalidade de leis e no julgamento de recursos extraordinários. No âmbito do direito administrativo encontra aplicação no controle dos atos discricionários e está expresso no artigo 2º da Lei n.º 9.784/99.

Por meio deste princípio espera-se sempre uma atuação equilibrada do Poder Público, evitando-se os excessos e arbitrariedades. Ademais, o objetivo ao qual se destina é o de conter os atos estatais que ultrapassem o limite da razoabilidade, para que se processem sem exageros.

Destarte, o princípio da proporcionalidade subdivide-se em três subprincípios ou mandamentos, a saber, adequação, necessidade e proporcionalidade em sentido estrito.

Vejamos.

O subprincípio da adequação perfaz-se na utilização da via adequada, útil e idônea para atingir os objetivos pretendidos. Ou seja, se as medidas pretendidas não forem úteis para solucionar o problema em comento, não será adequada e, portanto, desproporcional, pois serão despendidos recursos materiais, humanos ou técnicos, sem que se obtenha o resultado pretendido.

O subprincípio da necessidade tem o condão de avaliar se a medida restritiva é realmente necessária para atingir o fim proposto, devendo-se indagar se não haveria medida menos gravosa, menos restritiva ou mais branda.

Por fim, o subprincípio da proporcionalidade em sentido estrito busca o equilíbrio de valores entre as vantagens a serem alcançadas. É a última fase de análise, fazendo-se um sopesamento, a depender do caso concreto, verificando se, de fato, a medida é necessária (balanceamento de custo-benefício). Em resumo, o ônus da norma a ser imposta deverá ser inferior ao benefício que ela trará (Daniel Sarmento).

DOUTRINA TEMÁTICA

"Por derradeiro, cumpre ressaltar que o Supremo Tribunal Federal subdivide o princípio da proporcionalidade em 3 subprincípios, a saber: adequação, necessidade e proporcionalidade em sentido estrito.

O subprincípio da proporcionalidade "strictu sensu" consiste em uma ponderação entre a intensidade da restrição ao direito fundamental e a importância da realização do direito fundamental, apresentando-se como um verdadeiro equilíbrio entre valores e bens.

Por seu turno, o subprincípio da adequação revela-se na utilização da medida adequada, idônea para atingir o fim pretendido, enquanto que o subprincípio da necessidade se reflete na avaliação de medida restritiva de direito, com vistas a definir se é realmente necessária para atingir o fim proposto ou se existe uma medida menos danosa que atende a esse fim," (CARVALHO, 2017, p. 92)

"Em síntese interessante, que é acolhida pela maioria da doutrina nacional, temos um trecho do voto do Ministro Gilmar Mendes no HC nº 82.424/RS em que explicita:

São três as máximas parciais do princípio da proporcionalidade: a adequação, a necessidade e a proporcionalidade em sentido estrito. (...) há de perquirir-se, na aplicação do princípio da proporcionalidade, se, em face do conflito entre dois bens constitucionais contrapostos, o ato impugnado afigura-se adequado (isto é, apto para produzir o resultado desejado), necessário (isto é, insubstituível por outro meio menos gravoso e igualmente eficaz) e proporcional em sentido estrito (ou seja, se estabelece uma relação ponderada entre o grau de restrição de um princípio e o grau de realização do princípio contraposto. (...)" (FERNANDES, 2017, p. 245)

JURISPRUDÊNCIA TEMÁTICA

DIREITO ADMINISTRATIVO. HIPÓTESE DE SUSPENSÃO DE EXECUÇÃO DE DECISÃO LIMINAR IMPEDITIVA DE DESCONTO SALARIAL DE SERVIDORES GREVISTAS. Deve ser suspensa a execução da decisão liminar (art. 25, § 3º, da Lei 8.038/1990) proibitiva de desconto salarial dos dias de paralisação decorrentes de greve dos professores do Estado de São Paulo, movimento paredista que durava mais de 60 dias até a análise do pedido de suspensão de segurança, sem êxito nas tentativas de acordo e sem notícia de decisão judicial sobre as relações obrigacionais entre grevistas e o Estado, e que, além disso, já havia levado ao dispêndio de vultosos recursos na contratação de professores substitutos, como forma de impedir a iminente interrupção da prestação do serviço público educacional do

Estado. Nessa situação, encontra-se configurada grave lesão à ordem e à economia pública do referido Estado. Com efeito, evidenciam-se danos aos cofres públicos decorrentes da possibilidade de dispêndio de vultosos valores com o pagamento dos dias parados, somados ao considerável montante gasto com a contratação de professores temporários em substituição aos servidores grevistas, de modo a evitar a iminente interrupção do já notoriamente precário ensino público, serviço cuja fundamentalidade é reconhecida pela CF. Na situação em análise, cabe ressaltar, a decisão autorizativa do corte não atenta contra o direito constitucional a greve. A propósito, o STF já concluiu que, "nos termos do art. 7º da Lei n. 7.783/1989, a deflagração da greve, em princípio, corresponde à suspensão do contrato de trabalho. Na suspensão do contrato de trabalho não há falar propriamente em prestação de serviços, nem tampouco no pagamento de salários. Como regra geral, portanto, os salários dos dias de paralisação não deverão ser pagos, salvo no caso em que a greve tenha sido provocada justamente por atraso no pagamento ou por outras situações excepcionais que justifiquem o afastamento da premissa da suspensão do contrato de trabalho." (STA 207-RS, DJ 8/4/2008). Trata-se, na verdade, da necessária ponderação que deve ser feita entre o regular exercício do direito de greve e o direito à prestação dos serviços públicos fundamentais. E o fato é que, na perspectiva do exame da grave lesão à ordem pública e econômica, vislumbra-se sério risco a justificar a concessão da medida de contracautela na hipótese que ora se analisa. O STJ, inclusive, já manifestou o entendimento de que "a deflagração do movimento grevista suspende, no setor público, o vínculo funcional e, por conseguinte, desobriga o Poder Público do pagamento referente aos dias não trabalhados" e de que a "existência de acordo, convenção coletiva, laudo arbitral ou decisão judicial regulando as relações obrigacionais decorrentes do movimento paredista pode prever a compensação dos dias de greve (ex vi do art. 7º, in fine, da Lei nº 7.783/89). Todavia, à míngua dessas tratativas, não há direito líquido e certo dos servidores sindicalizados a ser tutelado na via mandamental, já que, nesses casos, deve prevalecer o poder discricionário da Administração, a quem cabe definir pelo desconto, compensação ou outras maneiras de administrar o conflito, sem que isso implique qualquer ofensa aos princípios da proporcionalidade ou razoabilidade" (MS 17.405-DF, Corte Especial, DJe 9/5/2012). Ademais, no STJ já foi deferida suspensão de segurança em caso análogo, no qual ficou consignado que "no setor público, o Brasil tem enfrentado greves que se arrastam por meses. Algumas com algum sucesso, ao final. Outras sem consequência qualquer para os servidores. O público, porém, é sempre penalizado. A lei nº 7.783, de 1989, se aplica, no que couber, ao setor público. Salvo melhor juízo, a decisão administrativa que determina o desconto em folha de pagamento dos servidores grevistas é compatível com o regime da lei. A que limite estará sujeita a greve, se essa medida não for tomada? Como compensar faltas que se sucedem por meses?" (SS 2.606-DF, decisão monocrática, DJe 7/8/2012). E não é outra a situação aqui enfrentada: a manifestação grevista, até a análise do pedido de suspensão da segurança, durava mais de 60 dias e não lograram êxito as tentativas de conciliação realizada entre governantes e membros do movimento paredista. Ressalte-se, por oportuno, que qualquer argumentação que envolva a discussão sobre a legalidade ou ilegalidade da greve deve ser discutida na seara recursal própria. AgRg na SS 2.784-SP, Rel. Min. Francisco Falcão, julgado em 3/6/2015, DJe 12/6/2015.

DIREITO CONSTITUCIONAL E PENAL. INCONSTITUCIONALIDADE DO PRECEITO SECUNDÁRIO DO ART. 273, § 1º-B, V, DO CP. É inconstitucional o preceito secundário do art. 273, § 1º-B, V, do CP - "reclusão, de 10 (dez) a 15 (quinze) anos, e multa" -, devendo-se considerar, no cálculo da reprimenda, a pena prevista no caput do art. 33 da Lei 11.343/2006 (Lei de Drogas), com possibilidade de incidência da causa de diminuição de pena do respectivo § 4º. De fato, é viável a fiscalização judicial da constitucionalidade de preceito legislativo que implique intervenção estatal por meio do Direito Penal, examinando se o legislador considerou suficientemente os fatos e prognoses e se utilizou de sua margem de ação de forma adequada para a proteção suficiente dos bens jurídicos fundamentais. Nesse sentido, a Segunda Turma do STF (HC 104.410-RS, DJe 27/3/2012) expôs o entendimento de que os "mandatos constitucionais de criminalização [...] impõem ao legislador [...] o dever de observância do princípio da proporcionalidade como proibição de excesso e como proibição de proteção insuficiente. A idéia é a de que a intervenção estatal por meio do Direito Penal, como ultima ratio, deve ser sempre guiada pelo princípio da proporcionalidade [...] Abre-se, com isso, a possibilidade do controle da constitucionalidade da atividade legislativa em matéria penal". Sendo assim, em atenção ao princípio constitucional da proporcionalidade e razoabilidade das leis restritivas de direitos (CF, art. 5º, LIV), é imprescindível a atuação do Judiciário para corrigir o exagero e ajustar a pena de "reclusão, de 10 (dez) a 15 (quinze) anos, e multa" abstratamente cominada à conduta inscrita no art. 273, § 1º-B, V, do CP, referente ao crime de ter em depósito, para venda, produto destinado a fins terapêuticos ou medicinais de procedência ignorada. Isso porque, se esse delito for comparado, por exemplo, com o crime de tráfico ilícito de drogas (notoriamente mais grave e cujo bem jurídico também é a saúde pública), percebe-se a total falta de razoabilidade do preceito secundário do art. 273, § 1º-B, do CP, sobretudo após a edição da Lei 11.343/2006 (Lei de Drogas), que, apesar de ter aumentado a pena mínima de 3 para 5 anos, introduziu a possibilidade de redução da reprimenda, quando aplicável o § 4º do art. 33, de 1/6 a 2/3. Com isso, em inúmeros casos, o esporádico e pequeno traficante pode receber a exígua pena privativa de liberdade de 1 ano e 8 meses. E mais: é possível, ainda, sua substituição por restritiva de direitos. De mais a mais, constata-se que a pena mínima cominada ao crime ora em debate excede em mais de três vezes a pena máxima do homicídio culposo, corresponde a quase o dobro da pena mínima do homicídio doloso simples, é cinco vezes maior que a pena mínima da lesão corporal de natureza grave, enfim, é mais grave do que a do estupro, do estupro de vulnerável, da extorsão mediante sequestro, situação que gera gritante desproporcionalidade no sistema penal. Além disso, como se trata de crime de perigo abstrato, que independe da prova da ocorrência de efetivo risco para quem quer que seja, a dispensabilidade do dano concreto à saúde do pretenso usuário do produto evidencia ainda mais a falta de harmonia entre esse delito e a pena abstratamente cominada pela redação dada pela Lei 9.677/1998 (de 10 a 15 anos de reclusão). Ademais, apenas para seguir apontando a desproporcionalidade, deve-se ressaltar que a conduta de importar medicamento não registrado na ANVISA, considerada criminosa e hedionda pelo art. 273, § 1º-B, do CP, a que se comina pena altíssima, pode acarretar mera sanção administrativa de advertência, nos termos dos arts. 2º, 4º, 8º (IV) e 10 (IV), todos da Lei n. 6.437/1977, que define as infrações à legislação sanitária. A ausência de relevância penal da conduta, a desproporção da pena em ponderação com o dano ou perigo de dano à saúde pública decorrente da ação e a inexistência de consequência calamitosa do agir convergem para que se conclua pela falta de razoabilidade da pena prevista na lei, tendo em vista que a restrição da liberdade individual não pode ser excessiva, mas compatível e proporcional à ofensa causada pelo comportamento humano criminoso. Quanto à possibilidade de aplicação, para o crime em questão, da pena abstratamente prevista para o tráfico de drogas - "reclusão de 5 (cinco) a 15 (quinze) anos e pagamento de 500 (quinhentos) a 1.500 (mil e quinhentos) dias-multa" (art. 33 da Lei de drogas) -, a Sexta Turma do STJ (REsp 915.442-SC, DJe 1º/2/2011) dispôs que "A Lei 9.677/98, ao alterar a pena prevista para os delitos descritos no artigo 273 do Código Penal, mostrou-se excessivamente desproporcional, cabendo, portanto, ao Judiciário promover o ajuste principiológico da norma [...] Tratando-se de crime hediondo, de perigo abstrato, que tem como bem jurídico tutelado a saúde pública, mostra-se razoável a aplicação do preceito secundário do delito de tráfico de drogas ao crime de falsificação, corrupção, adulteração ou alteração de produto destinado a fins terapêuticos ou medicinais". AI no HC 239.363-PR, Rel. Min. Sebastião Reis Júnior, julgado em 26/2/2015, DJe 10/4/2015.

2. (CESPE – TCE PR – ANALISTA DE CONTROLE – 2016)

Durante a execução do contrato de uma obra pública, a empresa construtora atrasou a obra e pleiteou a dilação do prazo de execução. À luz das normas legais pertinentes aos contratos públicos, redija um texto dissertativo que responda aos seguintes questionamentos: 1 – Que situação (ões) pode (m) ser legalmente aceita (as) como justificativa (s) para prorrogação de prazo de execução? (valor: 2,75 pontos). 2- Na situação hipotética considerada, caso o pleito da empresa construtora seja aceito, que procedimentos devem ser adotados para se ajustar o cronograma? (valor: 2,00 pontos)

◉ RESPOSTA:

Os prazos de execução do contrato de obra pública poderão ser prorrogados, à luz dos arts. 57 e 65 da Lei 8.666/93, de forma unilateral pela Administração ou por meio de acordo entre as partes, desde que seja feito dentro do prazo de vigência do contrato e tenha previsão no edital, no contrato e, por fim, tenha autorização do Poder Público.

Com base no art. 57, §1º, da referida lei, admite-se a prorrogação para que seja assegurada a manutenção do equilíbrio econômico financeiro do contrato, desde que sejam evidenciadas algumas das situações a seguir: 1) Unilateralmente pela Administração quando existir modificação do projeto ou de suas especificações; 2) Por acordo entre as partes quando advirem fatos excepcionais ou imprevisíveis que alterem fundamentalmente as condições da execução do contrato; 3) Unilateralmente pela Administração em virtude da modificação do valor contratual decorrente do acréscimo ou diminuição quantitativa do seu objeto, de acordo com os limites estabelecidos no §1º e §2º do art. 65 da lei supracitada; 4) Interrupção da execução do contrato ou diminuição do ritmo de trabalho por ordem ou interesse da administração;

5) Impedimento da execução por ato ou fato de terceiro reconhecido pela Administração; 6) Omissão ou atraso de providências a cargo da Administração que resulte impedimento ou retardamento na execução do contrato.

Destarte, aos contratos administrativos não se aplica integralmente o postulado do "pacta sunt servanda" e, em decorrência de suas cláusulas exorbitantes, podem ser unilateralmente alterados pela administração.

Urge esclarecer que toda prorrogação de prazo deverá ser justificada por escrito e previamente autorizada pela autoridade competente para celebrar o contrato (§2º do art. 57 da Lei 8.666/93).

À luz do art. 57, §3º, da lei 8.666/93, os contratos não poderão ter prazos indeterminados. Os prazos de vigência deverão ser predefinidos no edital e no próprio instrumento do contrato, devendo ser compatíveis com a lei orçamentária anual, exceto os casos definidos pela lei.

Não se admite prorrogação tácita dos contratos, sendo assim, caso o pleito seja aceito, o ajuste de cronograma deverá ser feito através de um aditivo contratual. De mais a mais, os contratos só poderão ser aditados dentro do prazo de vigência com a devida justificação por escrito e com a autorização prévia da autoridade, respeitando-se ainda os limites quantitativos previstos na Lei 8.666/93.

Espelho de correção

Resposta 1: Os prazos poderão ser prorrogados, desde que ocorra algum dos seguintes motivos, devidamente autuados em processo: alteração do projeto ou de suas especificações pela administração; superveniência de fato excepcional ou imprevisível; retardamento na expedição da ordem de execução do serviço ou autorização de fornecimento, interrupção da execução do contrato ou diminuição do ritmo do trabalho, por ordem e no interesse da administração; aumento das quantidades inicialmente previstas no contrato; impedimento de execução do contrato por fato ou ato de terceiro; omissão ou atraso de providências a cargo da administração; 2 – Caso o pleito seja aceito, o cronograma contratual deverá ser alterado mediante aditivo contratual. Ocorrendo impedimento, paralisação ou sustação do contrato, o prazo ou cronograma de execução será prorrogado automaticamente por igual tempo. O contrato deve ser aditado ainda no prazo de vigência do contrato, com justificação escrita e previamente autorizada pela autoridade competente para celebrar o ajuste.

DOUTRINA TEMÁTICA

"A lei estabelece os motivos a serem alegados pela Administração Pública para fins de justificar a prorrogação de contratos administrativos, quais sejam:

a) alteração do projeto ou especificações, pela Administração Pública, unilateralmente, ou por acordo das partes;

b) superveniência de fato excepcional ou imprevisível, estranho à vontade das partes, que altere fundamentalmente as condições de execução do contrato; são as hipóteses de teoria da imprevisão que, conforme já explicitado, ensejam a necessidade de revisão de preços e prazos contratuais;

c) interrupção da execução do contrato ou diminuição do ritmo de trabalho por ordem e no interesse da Administração;

d) aumento das quantidades inicialmente previstas no contrato, nos limites permitidos pela lei, quais sejam, até 25 % do valor inicial do contrato, independentemente de concordância do particular, podendo chegar a 50% para contratos de reforma de equipamentos ou de edifícios;

e) impedimento de execução do contrato por fato ou ato de terceiro, reconhecido pela Administração em documento contemporâneo à sua ocorrência;

f) omissão ou atraso de providências a cargo da Administração Pública, inclusive quanto aos pagamentos previstos de que resulte, diretamente, impedimento ou retardamento na execução do objeto do contrato, sem prejuízo das sanções legais a serem aplicadas aos responsáveis.

Sendo assim, toda prorrogação de prazo contratual deverá ser justificada por escrito e previamente autorizada pela autoridade competente para celebrar o contrato. Importante salientar, ainda, que, para que haja prorrogação, é indispensável que haja previsão orçamentária e que a empresa mantenha todas as condições necessárias à sua habilitação para contratar com o poder público, quais sejam a regularidade fiscal e trabalhista, a habilitação jurídica regular, qualificação técnica e econômico financeira, além do respeito ao disposto no art. 7º, XXXIII, da Constituição Federal, no que tange à não exploração de trabalho infantil." (CARVALHO, 2017, p. 564-565)

"A lei 13.303/2016 estabelece como regra geral que a duração dos contratos nela disciplinados não excederá cinco anos, contados de sua celebração (art. 71). Esse prazo não se aplica, isto é, ele pode ser excedido:

I – para projetos contemplados no plano de negócios e investimentos da empresa pública ou da sociedade de economia mista;

II – nos casos em que a pactuação por prazo superior a 5 (cinco) anos seja prática rotineira de mercado e a imposição desse prazo inviabilize ou onere excessivamente a realização do negócio.

Em qualquer hipótese, é vedado o contrato por prazo indeterminado.

Não há regras sobre prorrogação dos contratos na Lei 13.303/2016, salvo, apenas, a explicitação de que é considerado superfaturamento o dano ao patrimônio das entidades que ela abrange ocasionado, dentre outras hipóteses, pela "prorrogação injustificada do prazo contratual com custos adicionais para a empresa pública ou a sociedade de economia mista" (art. 31, §1.º, II, "d")" (ALEXANDRINO, 2017, p. 659)

JURISPRUDÊNCIA TEMÁTICA

DIREITO ADMINISTRATIVO. Licitação e contratos. Contratação de militar licenciado para prestar consultoria à empresa que celebra contrato com o Exército Brasileiro. Violação dos art. 9º da Lei n. 8.666/1993 e 7º da Lei n. 10.502/2002. Comportamento inidôneo. Caracterização. O fato de o servidor estar licenciado não afasta o entendimento segundo o qual não pode participar de procedimento licitatório a empresa que possuir em seu quadro de pessoal servidor ou dirigente do órgão contratante ou responsável pela licitação. Trata-se, originalmente, de mandado de segurança impetrado por empresa privada, participante de processo licitatório, contra ato do Comandante do 59º Batalhão de Infantaria Motorizado, órgão vinculado ao Ministério da Defesa, para que seja declarada a ilegalidade de sanções, que foram aplicadas em processo administrativo, em razão de existência de comportamento inidôneo por parte da impetrante. Sustentou a empresa licitante que sua conduta de contratar servidor licenciado do órgão público para assessoramento na execução dos contratos administrativos não se amolda a nenhuma das ações ilícitas enumeradas no art. 7º da Lei n. 10.520/2002. Com efeito, o art. 9º, III, da Lei n. 8.666/1993 dispõe que não poderá participar, direta ou indiretamente, da licitação ou da execução de obra ou serviço e do fornecimento de bens a eles necessários o servidor ou dirigente de órgão ou entidade contratante ou responsável pela licitação. Desse modo, cinge-se aos autos a falta cometida pela empresa e o desrespeito às normas de licitação e contratos, com a contração de sargento do Exército Brasileiro que, em razão da sua atuação em setor específico da Força Terrestre, detinha plena experiência na condução do serviço objeto da licitação. Caracterizada, portanto, a conduta inidônea da empresa, com a quebra de confiança da Administração, o que vai de encontro aos dispositivos legais sob análise. Consigne-se, por fim, que, consoante o entendimento da Primeira Turma deste STJ, "não pode participar de procedimento licitatório a empresa que possuir em seu quadro de pessoal servidor ou dirigente do órgão ou entidade contratante ou responsável pela licitação (...) O fato de estar o servidor licenciado, à época do certame, não ilide a aplicação do referido preceito legal, eis que não deixa de ser funcionário o servidor em gozo de licença" (REsp 254.115-SP, Rel. Min. Garcia Vieira, DJ de 14/8/2000). (REsp 1.607.715-AL, Rel. Min. Herman Benjamin, por unanimidade, julgado em 7/3/2017, DJe 20/4/2017)

DIREITO ADMINISTRATIVO. CONTRATO DE EMPREITADA. AUSÊNCIA DE PREVISÃO CONTRATUAL DO PRAZO PARA PAGAMENTO DOS SERVIÇOS. TERMO INICIAL DA CORREÇÃO MONETÁRIA. O termo inicial para a incidência da correção monetária na hipótese de atraso no pagamento nos contratos administrativos de obra pública firmados antes da Lei n. 8.666/1993, não constando do contrato regra que estipule a data para o efetivo pagamento do preço avençado, deverá corresponder ao primeiro dia útil do mês subsequente à realização da obra, que será apurada pela Administração Pública mediante critério denominado medição. Na ausência da cláusula contratual que estipule data para o efetivo pagamento aplica-se o disposto nos arts. 952 e 960 do CC/1916. Assim, a correção monetária deve incidir imediatamente após a medição, pois é a partir deste momento que a Administração Pública afere a regular realização dos serviços prestados e a obrigação, por conseguinte, se torna exigível para o contratado. Entendimento diverso redundaria no enriquecimento ilícito da Administração em desfavor dos seus contratados, pois se não for realizada a devida correção dos valores pagos em atraso, mormente se o lapso temporal for excessivo, eles não mais corresponderiam aos inicialmente pactuados. Precedentes citados: REsp 1.004.258-SC, DJe 28/10/2010, e REsp 837.790-SP, DJ 13/8/2007. EREsp 968.835-SC, Rel. Min. Benedito Gonçalves, julgados em 14/11/2012.

DIREITO PROCESSUAL CIVIL. INCIDÊNCIA DOS EFEITOS MATERIAIS DA REVELIA CONTRA A FAZENDA PÚBLICA EM CONTRATOS DE DIREITO PRIVADO. Incidem os efeitos materiais da revelia contra o Poder Público na hipótese em que, devidamente citado, deixa de contestar o pedido do autor, sempre que estiver em litígio uma obrigação de direito privado firmada pela Administração Pública, e não um contrato genuinamente administrativo. Segundo os arts. 319 e 320, II, ambos do CPC, se o réu não contestar a ação, reputar-se-ão verdadeiros os fatos afirmados pelo autor, não induzindo a revelia esse efeito se o litígio versar sobre direitos indisponíveis. A Administração Pública celebra não só contratos regidos pelo direito público (contratos administrativos), mas também contratos de direito privado em que não se faz presente a superioridade do Poder Público frente ao particular (contratos da administração), embora em ambos o móvel da contratação seja o interesse público. A supremacia do interesse público ou sua indisponibilidade não justifica que a Administração não cumpra suas obrigações contratuais e, quando judicializadas, não conteste a ação sem que lhe sejam atribuídos os ônus ordinários de sua inércia, não sendo possível afastar os efeitos materiais da revelia sempre que estiver em debate contrato regido predominantemente pelo direito privado, situação na qual a Administração ocupa o mesmo degrau do outro contratante, sob pena de se permitir que a superioridade no âmbito processual acabe por desnaturar a própria relação jurídica contratual firmada. A inadimplência contratual do Estado atende apenas a uma ilegítima e deformada feição do interesse público secundário de conferir benefícios à Administração em detrimento dos interesses não menos legítimos dos particulares, circunstância não tutelada pela limitação dos efeitos da revelia prevista no art. 320, II, do CPC. Dessa forma, o reconhecimento da dívida contratual não significa disposição de direitos indisponíveis; pois, além de o cumprimento do contrato ser um dever que satisfaz o interesse público de não ter o Estado como inadimplente, se realmente o direito fosse indisponível, não seria possível a renúncia tácita da prescrição com o pagamento administrativo da dívida fulminada pelo tempo. REsp 1.084.745-MG, Rel. Min. Luis Felipe Salomão, julgado em 6/11/2012.

3. (ESAF – PROCURADOR DA FAZENDA NACIONAL – 2012)

No que tange à regularidade dos atos administrativos, é possível o reconhecimento de atos anuláveis, ou somente atos administrativos nulos? Fundamente sua resposta, abordando, necessariamente, as teorias existentes (se houver), bem assim a legislação federal eventualmente aplicável ao enfrentamento da matéria.

◉ RESPOSTA:

Há duas teorias a respeito das invalidades dos atos administrativos. Segundo a teoria monista, só existe uma espécie de invalidade do ato administrativo, qual seja, a nulidade. Essa corrente não admite a convalidação de atos administrativos inválidos, pois a nulidade dos atos administrativos seria sempre absoluta.

Já a teoria dualista reconhece a existência de duas categorias de invalidades nos atos administrativos: a nulidade e a anulabilidade. A primeira não admite convalidação, não restando outra alternativa ao administrador que não seja a retirada do ato administrativo. Os atos anuláveis, por outro lado, podem ser convalidados, considerando-se que o vício nesses atos não é tão grave quanto nos atos nulos.

A Lei da Ação Popular, desde 1965, já previa os atos administrativos anuláveis (artigo 3º da Lei 4.717/65), em contraposição aos atos nulos (artigo 2º da Lei 4.717/65). Com o advento da Lei 9.784/99, a teoria monista perdeu ainda mais força, pois o artigo 55 da Lei 9.784/99 prevê expressamente o instituto da convalidação, que pressupõe a existência de atos anuláveis e faz menção expressa aos defeitos sanáveis do ato administrativo.

Desse modo, tem-se que hoje a legislação adotou expressamente a teoria dualista, admitindo-se a possibilidade de convalidar atos administrativos que possuam defeitos sanáveis, como pode ocorrer com o preenchimento de uma formalidade após a edição do ato.

◉ DOUTRINA TEMÁTICA

"De um lado, a teoria monista, segundo a qual é inaplicável a dicotomia das nulidades ao Direito Administrativo. Para estes autores, o ato é nulo ou válido, de forma que a existência de vício de legalidade produz todos os efeitos que naturalmente emanam de um ato nulo. De outro está a teoria dualista, prestigiada por aqueles que entendem que os atos administrativos podem ser nulos ou anuláveis, de acordo com a maior ou menor gravidade do vício. Para estes, como é evidente, é possível que o Direito Administrativo conviva com os efeitos não só da nulidade como também da anulabilidade, inclusive, neste último caso, com o efeito da convalidação de atos defeituosos." (CARVALHO FILHO, 2011, p. 143).

◉ QUESTÕES DE CONCURSO RELACIONADAS

01. (TRF 4ª Região- Juiz Federal- 2010) "Os atos administrativos anuláveis podem ter seus efeitos preservados mediante a expedição de ato administrativo de convalidação."- assertiva correta.

02. (MPE-GO- Promotor de Justiça- GO- 2009) "Sempre que a Administração estiver diante de ato viciado suscetível de convalidação, e que não tenha sido objeto de impugnação, compete a ela convalidá-lo, ressalvando-se a hipótese de vício de competência em ato de conteúdo discricionário."- assertiva correta.

4. (FCC – PROCURADOR DO ESTADO – AM – 2010)

A Administração vem a constatar, após o recebimento de uma denúncia, que um professor da rede pública de ensino havia falsificado o certificado de conclusão de graduação em curso de nível superior, necessário à titulação do cargo efetivo por ele ocupado. Sabe-se que referido professor tomou posse no cargo há mais de dez anos e que posteriormente à posse concluiu o curso de graduação exigido para titulação do cargo. Que procedimento deve a Administração adotar no caso em questão?

RESPOSTA:

A posse do professor representa um ato administrativo, já que se refere a um cargo efetivo. Deve, por isso, preencher os requisitos de validade do ato administrativo, o que não ocorreu, uma vez que, não havendo um dos requisitos para a posse (certificado de conclusão de graduação em curso de nível superior), o ato é viciado. Sim, pois quando um fato alegado não corresponde à realidade, o motivo não existe, sendo ilegal.

Apesar de o direito brasileiro admitir a possibilidade de convalidação dos atos administrativos que apresentem defeitos sanáveis (art. 55 da Lei 9.784/99), o vício ocorrido (falsificação de documento) não pode ser corrigido, pois se trata de conduta fraudulenta do servidor, caracterizando em tese crime de falsidade documental. Também não há que se falar em decadência do direito da Administração de anular seus atos (art. 54 da Lei 9.784/99), uma vez que a má-fé do servidor ergue-se como óbice a essa possibilidade. Igualmente não se aplicam a teoria do fato consumado ou a estabilização dos efeitos, pois essas duas teorias que mitigam o princípio da legalidade não são aplicáveis em casos de má-fé, mais uma vez incidindo o princípio geral do direito de que "ninguém pode se beneficiar da própria torpeza", pouco importando, por isso, a posterior obtenção do curso superior ou o transcurso do período de dez anos.

Ressalve-se, contudo, que os atos praticados por este servidor podem ser mantidos (o que não se confunde com a invalidade do ato de sua posse), resguardando-se os interesses de terceiros de boa-fé, de acordo com a teoria do funcionário de fato.

Assim, deve a administração instaurar processo administrativo em que se assegure o contraditório e a ampla defesa ao servidor, visando a anulação do ato de posse.

▶ Critério de correção da banca

O ato administrativo de posse do serviço em questão é nulo, pois a Administração foi por ele induzida a erro (vício relativo ao motivo). Como o servidor de forma dolosa – inclusive praticando crime de falsidade documental – não é possível convalidar o ato de posse, mesmo que ele tenha

posteriormente atingido o requisito para a investidura no cargo público. O fato de ele exercer irregularmente a função por mais de dez anos não impede a invalidação, haja vista que o prazo decadencial somente inicia com o conhecimento da irregularidade pela Administração. Ademais, as leis que estabelecem prazo para anulação ressalvam expressamente as situações decorrentes da má-fé, v.g. a Lei nº 9.784/99: "Art. 54. O direito da Administração de anular os atos administrativos de que decorram efeitos favoráveis para os destinatários decai em cinco anos, contados da data em que foram praticados, salvo comprovada má-fé." A Lei Estadual do Amazonas, de nº 2.794/2003, estabelece em seu art. 54: "Art. 54 A Administração anulará seus atos inválidos, de ofício ou por provocação, salvo quando: ... II – ultrapassando o prazo de dez anos contados de sua produção, quando se trata de ato de que decorram efeitos favoráveis aos seus destinatários, exceto comprovada má-fé." Portanto, a Administração deverá iniciar procedimento de invalidação da posse do servidor, recolhendo-lhe, evidentemente, o direito de ampla defesa e contraditório. Os efeitos dos atos por ele participados no exercício da função não serão anulados em relação aos terceiros de boa-fé, visto tratar-se de efeitos impróprios da investidura – no dizer de Diógenes Gasparini – e estão resguardados pela teoria da aparência ou do funcionário de fato – conforme afirma Maria Sylvia Di Pietro, embasada em magistério de Seabra Fagundes. De toda a forma, o procedimento administrativo não exclui a responsabilidade do servidor na esfera cível, inclusive em sede de ação de improbidade e a responsabilidade criminal, sendo que as provas colhidas no âmbito administrativo devem ser encaminhadas às autoridades competentes para promover tal responsabilização.

DOUTRINA TEMÁTICA

"o motivo em função do qual foi praticado o ato deve ser verdadeiro e compatível com a realidade fática apresentada pelo administrador (...) **o motivo será ilegal e o ato administrativo será inválido quando o fato alegado não for verdadeiro, isto é, o motivo não existir**" (MARINELA, 2013, p. 279-280) (grifado pelo autor).

"o defeito invalidante da investidura de um agente não acarreta, só por só, a invalidade dos atos que este praticou. É a conhecida teoria do 'funcionário de fato' (ou 'agente público de fato'). **'Funcionário de fato' é aquele cuja investidura foi irregular, mas cuja situação tem aparência de legalidade. Em nome do princípio da aparência, da boa-fé dos administrados, da segurança jurídica e da presunção de legalidade dos atos administrativos reputam-se válidos os atos por ele praticados**, se por outra razão não forem viciados."(MELLO, 2008, p. 245) (grifado pelo autor).

"A **função de fato** ocorre quando a pessoa que pratica o ato está irregularmente investida no cargo, emprego ou função, mas a sua situação tem toda a **aparência de legalidade**. Exemplos: falta de requisito legal para investidura, como certificado de sanidade vencido; inexistência de formação universitária para função que a exige, idade inferior ao mínimo legal; o mesmo ocorre quando o servidor está suspenso do cargo, ou exerce funções depois de vencido o prazo de sua contratação, ou continua em exercício após a idade-limite para aposentadoria compulsória.

Ao contrário do ato praticado por usurpador de função, que a maioria dos autores considera como **inexistente**, o ato praticado por funcionário de fato é considerado **válido**, precisamente pela aparência de legalidade de que se reveste; cuida-se de proteger a boa-fé do administrado." (DI PIETRO, 2014, p. 252, grifo do original)

"sendo a anulação um ato administrativo tem como condição de forma a realização de processo administrativo prévio" (MARINELA 2013, P. 318)

"Nem todos os vícios do ato permitem seja este convalidado. Os vícios insanáveis impedem o aproveitamento do ato, ao passo que os vícios sanáveis possibilitam a convalidação. São convalidáveis os atos que tenham vício de competência e de forma, nesta incluindo-se os aspectos formais dos procedimentos administrativos. (...) Vícios insanáveis tornam os atos inconvalidáveis. Assim, **inviável será a convalidação de atos com vícios no motivo**, no objeto (quando único) na finalidade e na falta de congruência entre o motivo e o resultado do ato."(CARVALHO FILHO, 2011 p. 152-153) (grifado pelo autor).

JURISPRUDÊNCIA TEMÁTICA

STF

"(...)**embora a Administração esteja autorizada a anular seus próprios atos quando eivados de vícios que os tornem ilegais** (Súmula nº 473 do STF), **não prescinde do processo administrativo**, com obediência aos princípios constitucionais da ampla defesa e do contraditório(...)" (AI 710.085 AgR/SP, STF - 1ª Turma, Rel. Min. Ricardo Lewandowski, julgado em 03.02.2009, DJe: 05.03.2009) (grifado pelo autor).

QUESTÕES DE CONCURSO RELACIONADAS

01. (FCC – DPE-ES – Defensor Público – 2016) "Desde que atendido o interesse da Administração, fica descaracterizada a figura do desvio de finalidade." – assertiva **errada**.

02. (ESAF- Procurador do Distrito Federal- 2007) "No peculiar magistério de Celso Antônio Bandeira de Mello sobre os pressupostos de validez do ato administrativo, a causa se identifica com a situação de fato que determina ou autoriza a prática do ato administrativo." – assertiva **errada**.

03. (ESAF- Procurador do Distrito Federal- 2007) "Com relação ao vício ligado ao motivo, como elemento do ato administrativo, é possível a convalidação." - assertiva **errada**.

5. (CESPE – JUIZ DE DIREIRO – AL – 2008)

Disserte, de forma clara e precisa, acerca da Teoria dos Motivos Determinantes e exemplifique sua aplicação.

RESPOSTA:

A Teoria dos Motivos Determinantes exige a pertinência real entre o motivo do ato administrativo e o contexto fático que o embasa. É saber, a exigência de motivação não deve ser vista como uma mera formalidade, mas como um requisito de validade do ato administrativo, que deve guardar perfeita sintonia com a situação fática ensejadora de sua prática.

Em outras palavras, o motivo representa um elemento essencial ao ato administrativo, vinculando a Administração no que tange à sua existência e veracidade. Por esse motivo, a Teoria dos Motivos Determinantes permite a anulação do ato administrativo cujas razões fáticas que ensejaram sua prática sejam inexistentes ou inverídicas. Essa teoria constitui um reforço às formas de controle dos atos administrativos, enfatizando a necessidade de uma Administração proba e coerente.

A doutrina costuma realçar a importância da Teoria dos Motivos Determinantes nos atos que não precisam ser motivados (de acordo com o entendimento majoritário), como por exemplo na exoneração de cargo comissionado. Para o desligamento de um servidor titular de cargo em comissão, a autoridade nomeante não precisa motivar a exoneração. Contudo, caso exponha os motivos ensejadores, fica vinculado a estes, não se admitindo que pelo simples fato de um ato administrativo não exigir motivação a autoridade possa inventar motivos falsos. Se restar provada a inexistência do motivo afirmado, a Teoria dos Motivos Determinantes autoriza a anulação do ato administrativo, devendo outro ser editado, dessa vez baseado em motivo verdadeiro.

DOUTRINA TEMÁTICA

"Desenvolvida no Direito francês, **a teoria dos motivos determinantes baseia-se no princípio de que o motivo do ato administrativo deve sempre guardar compatibilidade com a situação de fato que gerou a manifestação de vontade**. E não se afigura estranho que se chegue a essa conclusão: se o motivo se conceitua como a própria situação de fato que impele a vontade do administrador, a inexistência dessa situação provoca a invalidação do ato. (...) Veja-se um exemplo: **se um servidor requer suas férias para determinado mês, pode o chefe da repartição indeferi-las sem deixar expresso no ato o motivo; se, todavia indefere o pedido sob a alegação de que há falta de pessoal na repartição, e o interessado prova que, ao contrário, há excesso, o ato estará viciado no motivo**. Vale dizer: terá havido incompatibilidade entre o motivo expresso no ato e a realidade fática; esta não se coaduna com o motivo determinante." (CARVALHO FILHO, 2011, p. 109). (grifado pelo autor).

"A propósito dos motivos e da motivação, é conveniente, ainda, lembrar a 'teoria dos motivos determinantes'. De acordo com esta teoria, os motivos que determinaram a vontade do agente, isto é, os fatos que serviram de suporte à sua decisão, integram a validade do ato. Sendo assim, a invocação de 'motivos de fato' falsos, inexistentes ou incorretamente qualificados vicia o ato mesmo quando, conforme já se disse, a lei não haja estabelecido, antecipadamente, os motivos que ensejariam a prática do ato. **Uma vez enunciados pelo agente os motivos em que se calçou, ainda quando a lei não haja expressamente imposto a obrigação de enunciá-los, o ato só será válido se estes realmente ocorreram e o justificavam.**" (MELLO, 2011, p. 404). (grifado pelo autor).

JURISPRUDÊNCIA TEMÁTICA

STJ

MANDADO DE SEGURANÇA. RECURSO ORDINÁRIO. SERVIDOR PÚBLICO ESTADUAL OCUPANTE DE CARGO EM COMISSÃO. IDADE SUPERIOR A SETENTA ANOS. APOSENTADORIA COMPULSÓRIA. ART. 40, § 1º, II, E § 13 DA CF/88. INAPLICABILIDADE. EXONERAÇÃO BASEADA EXCLUSIVAMENTE NO FATO DE SER O IMPETRANTE SEPTUAGENÁRIO. TEORIA DOS MOTIVOS DETERMINANTES. POSSIBILIDADE DE A AUTORIDADE IMPETRADA EXONERAR O IMPETRANTE POR OUTRO FUNDAMENTO OU MESMO SEM MOTIVAÇÃO EXPRESSA. RECURSO ORDINÁRIO PROVIDO.

1. A discussão trazida no apelo resume-se em definir se a aposentadoria compulsória, prevista no art. 40, § 1º, II, da Constituição Federal de 1988, aplica-se ao servidor ocupante exclusivamente de cargo em comissão.

2. A regra constitucional que manda aposentar o servidor septuagenário (§ 1º, II) está encartada no artigo 40 da CF/88, que expressamente se destina a disciplinar o regime jurídico dos servidores efetivos, providos em seus cargos por concurso público. Apenas eles fazem jus à aposentadoria no regime estatutário.

3. Os preceitos do artigo 40 da CF/88, portanto, não se aplicam aos servidores em geral, mas apenas aos titulares de cargos efetivos. O § 13, reconhecendo essa circunstância, é claro quando determina que, "ao servidor ocupante, exclusivamente, de cargo em comissão declarado em lei de livre nomeação e exoneração bem como de outro cargo temporário ou de emprego público, aplica-se o regime geral de previdência social" (excluído, obviamente, o regime de previdência disciplinado no art. 40 da CF/88).

4. Os servidores comissionados, mesmo no período anterior à EC 20/98, não se submetem à regra da aposentadoria compulsória aos setenta anos de idade. O § 2º do art. 40 da CF/88, em sua redação original, remetia à lei "a aposentadoria em cargos ou empregos temporários". Portanto, cabia à lei disciplinar a aposentadoria dos servidores comissionados, incluindo, logicamente, estabelecer, ou não, o limite etário para a aposentação.

5. Precedentes do Supremo Tribunal Federal e do Conselho Nacional de Justiça.

6. **No caso, como a exoneração do impetrante deveu-se, exclusivamente, ao fato de ter mais de 70 anos, por força da teoria dos motivos determinantes, deve ser anulado o ato impugnado no mandamus, nada impedindo, todavia, que a autoridade impetrada promova nova exoneração ad nutum.**

7. Recurso ordinário provido. (RMS 36.950, Rel. Min. Castro Meira, 2ª Turma, j. 16.04.2013, DJe 26/04/2013). (grifado pelo autor).

DIREITO ADMINISTRATIVO. DIREITO LÍQUIDO E CERTO. ATO VINCULADO. TEORIA DOS MOTIVOS DETERMINANTES.

Há direito líquido e certo ao apostilamento no cargo público quando a Administração Pública impõe ao servidor empossado por força de decisão liminar a necessidade de desistência da ação judicial como condição para o apostilamento e, na sequência, indefere o pleito justamente em razão da falta de decisão judicial favorável ao agente. O ato administrativo de apostilamento é vinculado, não cabendo ao agente público indeferi-lo se satisfeitos os seus requisitos. **O administrador está vinculado aos motivos postos como fundamento para a prática do ato administrativo, seja vinculado seja discricionário, configurando vício de legalidade – justificando o controle do Poder Judiciário – se forem inexistentes ou inverídicos, bem como se faltar adequação lógica entre as razões expostas e o resultado alcançado, em atenção à teoria dos motivos determinantes.** Assim, um comportamento da Administração que gera legítima expectativa no servidor ou no jurisdicionado não pode ser depois utilizado exatamente para cassar esse direito, pois seria, no mínimo, prestigiar a torpeza, ofendendo, assim, aos princípios da confiança e da boa-fé objetiva, corolários do princípio da moralidade. MS 13.948-DF, Rel. Min. Sebastião Reis Júnior, julgado em 26/9/2012. Noticiado no informativo 505/2012 do STJ. (grifado pelo autor).

ADMINISTRATIVO. EXONERAÇÃO POR PRÁTICA DE NEPOTISMO. INEXISTÊNCIA. MOTIVAÇÃO. TEORIA DOS MOTIVOS DETERMINANTES.

1. **A Administração, ao justificar o ato administrativo, fica vinculada às razões ali expostas, para todos os efeitos jurídicos, de acordo com o preceituado na teoria dos motivos determinantes.** A motivação é que legitima e confere validade ao ato administrativo discricionário. Enunciadas pelo agente as causas em que se pautou, mesmo que a lei não haja imposto tal dever, o ato só será legítimo se elas realmente tiverem ocorrido.

2. Constatada a inexistência da razão ensejadora da demissão do agravado pela Administração (prática de nepotismo) e considerando a vinculação aos motivos que determinaram o ato impugnado, este deve ser anulado, com a conseqüente reintegração do impetrante. Precedentes do STJ.

3. Agravo Regimental não provido. (AgRg no RMS 32.437, Rel. Min. Herman Benjamin, 2ª Turma, j. 22.02.2011, DJe 16/03/2011). (grifado pelo autor).

AGRAVO REGIMENTAL. RECURSO ESPECIAL. CONSTITUCIONAL EADMINISTRATIVO. MILITAR. REMOÇÃO. PRINCÍPIO DA RAZOABILIDADE. TRANSFERÊNCIA DE LOCAL DE SERVIÇO. DEFERIMENTO. MORA IMOTIVADA PARAEFETIVAÇÃO DA MOVIMENTAÇÃO. DISCRICIONARIEDADE. TEORIA DOS MOTIVOSDETERMINANTES. MATÉRIA CONSTITUCIONAL. STF. ACÓRDÃO CONFORME AJURISPRUDÊNCIA DO STJ. ENUNCIADO 83, DA SÚMULA DO STJ.

1. A Administração, ao autorizar a transferência ou a remoção de agente público, vincula-se aos termos do próprio ato, portanto, submete-se ao controle judicial a morosidade imotivada para a concretização da movimentação (Teoria dos Motivos Determinantes).

2. **Pela Teoria dos Motivos Determinantes, a validade do ato administrativo está vinculada à existência e à veracidade dos motivos apontados como fundamentos para a sua adoção, a sujeitar o ente público aos seus termos.**

3. No caso, em harmonia com a jurisprudência do STJ, o acórdão recorrido entendeu indevida a desvinculação do procedimento administrativo ao Princípio da Razoabilidade, portanto considerou o ato passível ao crivo do Poder Judiciário, verbis: "a discricionariedade não pode ser confundida com arbitrariedade, devendo, assim, todo ato administrativo, mesmo que discricionário, ser devidamente motivado, conforme os preceitos da Teoria dos Motivos Determinantes, obedecendo ao Princípio da Razoabilidade."(fls. 153).

4. Pretensão e acórdão a quo, na via especial, firmados em preceito constitucional elidem o exame do STJ.

5. Acórdão a quo em consonância com a jurisprudência deste Tribunal (Enunciado 83 da Súmula do STJ).

6. Agravo regimental a que se nega provimento. (AgRg no REsp 670.453, Rel. Min. Celso Limongi, 6ª Turma, j. 18.02.2010, DJe 08/03/2010). (grifado pelo autor).

QUESTÕES DE CONCURSO RELACIONADAS

01. (Cespe- Juiz Federal- 2ª Região- 2013) "Em razão da teoria dos motivos determinantes, no caso de exoneração ad nutum de ocupante de cargo em comissão, de livre nomeação e exoneração, não há necessidade de motivação, mas, caso haja motivação, o administrador ficará vinculado a seus termos."- assertiva correta.

02. (Cespe- TCU- 2009) "De acordo com a teoria dos motivos determinantes, o agente que pratica um ato discricionário, embora não havendo obrigatoriedade, opta por indicar os fatos e fundamentos jurídicos da sua realização, passando estes a integrá-lo e a vincular, obrigatoriamente, a administração, aos motivos ali expostos." – assertiva correta.

03. (Cespe- Procurador Federal- 2007) "Não se decreta a invalidade de um ato administrativo quando apenas um, entre os diversos motivos determinantes, não está adequado à realidade fática." – assertiva correta.

04. (PGE PR Procurador do Estado- PR- 2007) "Segundo a Teoria dos Motivos Determinantes, mesmo quando não exigida por lei a motivação, uma vez motivado o ato administrativo, ele só será válido se os motivos apontados forem verdadeiros e o justificarem." – assertiva correta.

6. (MPF PROCURADOR DA REPÚBLICA – 2005)

No que diz respeito aos atos administrativos, explique os seguintes aspectos: a) teoria dos motivos determinantes; b) momento adequado para motivar os atos administrativos vinculado e discricionário.

RESPOSTA:

a) A teoria dos motivos determinantes reforça a importância da motivação dos atos administrativos. Por esta teoria, o ato administrativo deve ser compatível com a realidade fática que enseja a sua edição. A motivação, desse modo, deve ser coerente com a realidade, não sendo suficiente uma mera formalidade para que o ato administrativo seja válido quanto ao elemento motivo. Os motivos expostos vinculam o administrador mesmo que a declaração dos motivos não seja obrigatória. Ou seja, se um ato administrativo não exige a motivação para a sua validade, mas o administrador opta por motivá-lo, o ato só será válido se o motivo for real e compatível com o ato praticado. Por isso, se não há motivação no ato de exoneração "ad nutum" de um ocupante de cargo comissionado, o ato é válido. Mas se o administrador expõe motivo falso, o ato é viciado.

b) Segundo a doutrina, o ato administrativo deve ser motivado em momento prévio ou concomitante à sua prática. Isso porque a motivação "a posteriori" implica em burla à exigência de motivação, constituindo uma ofensa também ao princípio da moralidade. Permitir uma motivação posteriormente à prática do ato é o mesmo que legitimar a prática de um ato sem se averiguar se ele está ou não em consonância com o interesse público, pois o administrador poderia, após a prática do ato, procurar uma motivação qualquer apenas para suprir formalmente a exigência. Celso Antônio Bandeira de Mello, contudo, faz a distinção quanto ao momento da motivação, em relação aos atos discricionários e vinculados. Para o doutrinador, os atos vinculados poderiam ser motivados posteriormente, desde que se constatasse objetivamente a preexistência do motivo legalmente previsto como necessário para a prática do ato.

DOUTRINA TEMÁTICA

"Desenvolvida no Direito francês, **a teoria dos motivos determinantes baseia-se no princípio de que o motivo do ato administrativo deve sempre guardar compatibilidade com a situação de fato que gerou a manifestação de vontade**. E não se afigura estranho que se chegue a essa conclusão: se o motivo se conceitua como a própria situação de fato que impele a vontade do administrador, a inexistência dessa situação provoca a invalidação do ato. (...) Veja-se um exemplo: **se um servidor requer suas férias para determinado mês, pode o chefe da repartição indeferi-las sem deixar expresso no ato o motivo; se, todavia indefere o pedido sob a alegação de que há falta de pessoal na repartição, e o interessado prova que, ao contrário, há excesso, o ato estará viciado no motivo**. Vale dizer: terá havido incompatibilidade entre o motivo expresso no ato e a realidade fática; esta não se coaduna com o motivo determinante." (CARVALHO FILHO, 2011, p. 109). (grifado pelo autor).

"A propósito dos motivos e da motivação, é conveniente, ainda, lembrar a 'teoria dos motivos determinantes'. De acordo com esta teoria, os motivos que determinaram a vontade do agente, isto é, os fatos que serviram de suporte à sua decisão, integram a validade do ato. Sendo assim, a invocação de 'motivos de fato' falsos, inexistentes ou incorretamente qualificados vicia o ato mesmo quando, conforme já se disse, a lei não haja estabelecido, antecipadamente, os motivos que ensejariam a prática do ato. **Uma vez enunciados pelo agente os motivos em que se calçou, ainda quando a lei não haja expressamente imposto a obrigação de enunciá-los, o ato só será válido se estes realmente ocorreram e o justificavam**." (MELLO, 2011, p. 404). (grifado pelo autor).

"Parece-nos que a exigência de motivação dos atos administrativos, contemporânea à prática do ato, ou pelo menos anterior a ela, há de ser tida como uma regra geral (...) em se tratando de atos vinculados (nos quais, portanto, já está predefinida na lei, perante situação objetivamente idendificável, a única providência qualificada como hábil e necessária para atendimento do interesse público), o que mais importa é haver ocorrido o motivo perante o qual o comportamento era obrigatório, passando para segundo plano a questão da motivação. Assim, se o ato não houver sido motivado, mas se for possível demonstrar ulteriormente, de maneira indisputavelmente objetiva e para além de qualquer dúvida ou entredúvida, que o motivo exigente do ato preexistia, dever-se-á considerar sanado o vício." (MELLO, 2011, p. 403)

"**É também imprescindível que essa motivação seja prévia ou contemporânea à prática do ato**, devendo ser explícita, clara e congruente, podendo consistir em declaração de concordância com fundamentos de anteriores pareceres, informações, decisões ou propostas, que, nesse caso, serão parte integrante do ato (art. 50, § 2º, da Lei nº 9.784/99)." (MARINELA, 2013, p. 283). (grifado pelo autor).

JURISPRUDÊNCIA TEMÁTICA

STJ

ADMINISTRATIVO. PROCESSUAL CIVIL. SERVIDOR PÚBLICO. AGRAVO REGIMENTAL NO RECURSO EM MANDADO DE SEGURANÇA. REMOÇÃO EX OFFICIO. MOTIVAÇÃO A POSTERIORI. POSSIBILIDADE. PRECEDENTES DO STJ. DILAÇÃO PROBATÓRIA. EXAME. IMPOSSIBILIDADE. AGRAVO NÃO PROVIDO. 1. Trata-se na origem de mandado de segurança impetrado por servidores ocupantes dos cargos públicos de Cirurgião-Dentista do quadro de pessoal da Secretaria de Estado de Saúde do Distrito Federal, em que impugnam os atos administrativos que importaram em sua remoção ex officio da Administração Central da Secretaria da Saúde para o Centro de saúde nº 08 da Diretoria-Geral de Saúde de Ceilândia e para o Hospital de Base do Distrito Federal, respectivamente e, posteriormente, destas unidades para a Diretoria-Geral de Saúde da Asa Norte e para o Hospital Regional da Asa Sul, ambos em Brasília/DF. 2. "Nos termos da jurisprudência pacífica do STJ, o ato administrativo de remoção deve ser motivado" (AgRg no REsp 1.376.747/PE, Rel. Min. HUMBERTO MARTINS, Segunda Turma, DJe 5/6/13). 3. Os atos de remoção ex officio dos servidores restam convalidados pela demonstração, ainda que postergada, dos motivos que levaram o agente público à prática daqueles atos. Nesse sentido, mutatis mutandis: MS 11.862/DF, Rel. p/ Ac. Min. LUIZ FUX, Primeira Seção, DJe 25/5/09; REsp 1.331.224/MG, Rel. Min. MAURO CAMPBELL MARQUES, Segunda Turma, DJe 26/2/13. 4. A possibilidade de motivação ulterior dos atos administrativos discricionários encontra respaldo, ainda, na lição de Celso Antônio Bandeira de Mello, in verbis: "[...] nos casos em que a lei não exija motivação, não se pode, consoante dito, descartar alguma hipótese excepcional em que seja possível à Administração demonstrar e de maneira absolutamente inquestionável que (a) o motivo extemporaneamente alegado preexistia; (b) que era idôneo para justificar o ato e (c) que tal motivo foi a razão determinante da prática do ato. Se estes três fatores concorrem há de se entender, igualmente, que o ato se convalida com a motivação ulterior" (In "Curso de Direito Administrativo", 25.ª Ed., São Paulo: Malheiros Editores, 2008, p. 395). 5. No mérito, a eventual averiguação de que as motivações apontadas pela

Administração Pública - necessidade de transferência dos servidores de atividades burocráticas para a atividade fim, em virtude da carência de servidores nas diversas unidades regionais de saúde - demandaria dilação probatória, uma vez que: (i) o fato de que novos servidores públicos terem sido nomeados para o mesmo cargo dos Impetrantes/agravantes não é suficiente para se inferir a inexistência da carência de pessoal; (ii) não compete ao Poder Judiciário aferir se um determinado órgão ou unidade de saúde possui ou não maior carência de pessoal do que outro; (iii) o fechamento temporário da unidade de saúde para onde foi deslocada a primeira agravante, por si só, não afasta a presunção de legalidade do ato administrativo impugnado, haja vista se tratar de situação temporária. 6. Agravo regimental não provido. (AgRg no RMS 40.427/DF, Rel. Ministro ARNALDO ESTEVES LIMA, PRIMEIRA TURMA, julgado em 03/09/2013, DJe 10/09/2013).

MANDADO DE SEGURANÇA. RECURSO ORDINÁRIO. SERVIDOR PÚBLICO ESTADUAL OCUPANTE DE CARGO EM COMISSÃO. IDADE SUPERIOR A SETENTA ANOS. APOSENTADORIA COMPULSÓRIA. ART. 40, § 1º, II, E § 13 DA CF/88. INAPLICABILIDADE. EXONERAÇÃO BASEADA EXCLUSIVAMENTE NO FATO DE SER O IMPETRANTE SEPTUAGENÁRIO. TEORIA DOS MOTIVOS DETERMINANTES. POSSIBILIDADE DE A AUTORIDADE IMPETRADA EXONERAR O IMPETRANTE POR OUTRO FUNDAMENTO OU MESMO SEM MOTIVAÇÃO EXPRESSA. RECURSO ORDINÁRIO PROVIDO.

1. A discussão trazida no apelo resume-se em definir se a aposentadoria compulsória, prevista no art. 40, § 1º, II, da Constituição Federal de 1988, aplica-se ao servidor ocupante exclusivamente de cargo em comissão.

2. A regra constitucional que manda aposentar o servidor septuagenário (§ 1º, II) está encartada no artigo 40 da CF/88, que expressamente se destina a disciplinar o regime jurídico dos servidores efetivos, providos em seus cargos por concurso público. Apenas eles fazem jus à aposentadoria no regime estatutário.

3. Os preceitos do artigo 40 da CF/88, portanto, não se aplicam aos servidores em geral, mas apenas aos titulares de cargos efetivos. O § 13, reconhecendo essa circunstância, é claro quando determina que, "ao servidor ocupante, exclusivamente, de cargo em comissão declarado em lei de livre nomeação e exoneração bem como de outro cargo temporário ou de emprego público, aplica-se o regime geral de previdência social" (excluído, obviamente, o regime de previdência disciplinado no art. 40 da CF/88).

4. Os servidores comissionados, mesmo no período anterior à EC 20/98, não se submetem à regra da aposentadoria compulsória aos setenta anos de idade. O § 2º do art. 40 da CF/88, em sua redação original, remetia à lei "a aposentadoria em cargos ou empregos temporários". Portanto, cabia à lei disciplinar a aposentadoria dos servidores comissionados, incluindo, logicamente, estabelecer, ou não, o limite etário para a aposentação.

5. Precedentes do Supremo Tribunal Federal e do Conselho Nacional de Justiça.

6. **No caso, como a exoneração do impetrante deveu-se, exclusivamente, ao fato de ter mais de 70 anos, por força da teoria dos motivos determinantes, deve ser anulado o ato impugnado no mandamus, nada impedindo, todavia, que a autoridade impetrada promova nova exoneração ad nutum.**

7. Recurso ordinário provido. (RMS 36.950, Rel. Min. Castro Meira, 2ª Turma, j. 16.04.2013, DJe 26/04/2013). (grifado pelo autor).

DIREITO ADMINISTRATIVO. DIREITO LÍQUIDO E CERTO. ATO VINCULADO. TEORIA DOS MOTIVOS DETERMINANTES. Há direito líquido e certo ao apostilamento no cargo público quando a Administração Pública impõe ao servidor empossado por força de decisão liminar a necessidade de desistência da ação judicial como condição para o apostilamento e, na sequência, indefere o pleito justamente em razão da falta de decisão judicial favorável ao agente. O ato administrativo de apostilamento é vinculado, não cabendo ao agente público indeferi-lo se satisfeitos os seus requisitos. **O administrador está vinculado aos motivos postos como fundamento para a prática do ato administrativo, seja vinculado seja discricionário, configurando vício de legalidade – justificando o controle do Poder Judiciário – se forem inexistentes ou inverídicos, bem como se faltar adequação lógica entre as razões expostas e o resultado alcançado, em atenção à teoria dos motivos determinantes**. Assim, um comportamento da Administração que gera legítima expectativa no servidor ou no jurisdicionado não pode ser depois utilizado exatamente para cassar esse direito, pois seria, no mínimo, prestigiar a torpeza, ofendendo, assim, aos princípios da confiança e da boa-fé objetiva, corolários do princípio da moralidade. MS 13.948-DF, Rel. Min. Sebastião Reis Júnior, julgado em 26/9/2012. Noticiado no informativo 505/2012 do STJ. (grifado pelo autor).

ADMINISTRATIVO. EXONERAÇÃO POR PRÁTICA DE NEPOTISMO. INEXISTÊNCIA. MOTIVAÇÃO. TEORIA DOS MOTIVOS DETERMINANTES.

1. **A Administração, ao justificar o ato administrativo, fica vinculada às razões ali expostas, para todos os efeitos jurídicos, de acordo com o preceituado na teoria dos motivos determinantes**. A motivação é que legitima e confere validade ao ato administrativo discricionário. Enunciadas pelo agente as causas em que se pautou, mesmo que a lei não haja imposto tal dever, o ato só será legítimo se elas realmente tiverem ocorrido.

2. Constatada a inexistência da razão ensejadora da demissão do agravado pela Administração (prática de nepotismo) e considerando a vinculação aos motivos que determinaram o ato impugnado, este deve ser anulado, com a conseqüente reintegração do impetrante. Precedentes do STJ.

3. Agravo Regimental não provido. (AgRg no RMS 32.437, Rel. Min. Herman Benjamin, 2ª Turma, j. 22.02.2011, DJe 16/03/2011). (grifado pelo autor).

AGRAVO REGIMENTAL. RECURSO ESPECIAL. CONSTITUCIONAL EADMINISTRATIVO. MILITAR. REMOÇÃO. PRINCÍPIO DA RAZOABILIDADE. TRANSFERÊNCIA DE LOCAL DE SERVIÇO. DEFERIMENTO. MORA IMOTIVADA PARAEFETIVAÇÃO DA MOVIMENTAÇÃO. DISCRICIONARIEDADE. TEORIA DOS MOTIVOSDETERMINANTES. MATÉRIA CONSTITUCIONAL. STF. ACÓRDÃO CONFORME AJURISPRUDÊNCIA DO STJ. ENUNCIADO 83, DA SÚMULA DO STJ.

1. A Administração, ao autorizar a transferência ou a remoção de agente público, vincula-se aos termos do próprio ato, portanto, submete-se ao controle judicial a morosidade imotivada para a concretização da movimentação (Teoria dos Motivos Determinantes).

2. **Pela Teoria dos Motivos Determinantes, a validade do ato administrativo está vinculada à existência e à veracidade dos motivos apontados como fundamentos para a sua adoção, a sujeitar o ente público aos seus termos**.

3. No caso, em harmonia com a jurisprudência do STJ, o acórdão recorrido entendeu indevida a desvinculação do procedimento administrativo ao Princípio da Razoabilidade, portanto considerou o ato passível ao crivo do Poder Judiciário, verbis: "a discricionariedade não pode ser confundida com arbitrariedade, devendo, assim, todo ato administrativo, mesmo que discricionário, ser devidamente motivado, conforme os preceitos da Teoria dos Motivos Determinantes, obedecendo ao Princípio da Razoabilidade."(fls. 153).

4. Pretensão e acórdão a quo, na via especial, firmados em preceito constitucional elidem o exame do STJ.

5. Acórdão a quo em consonância com a jurisprudência deste Tribunal (Enunciado 83 da Súmula do STJ).

6. Agravo regimental a que se nega provimento. (AgRg no REsp 670.453, Rel. Min. Celso Limongi, 6ª Turma, j. 18.02.2010, DJe 08/03/2010). (grifado pelo autor).

QUESTÕES DE CONCURSO RELACIONADAS

01. (FCC – Prefeitura de Recife – Procurador – 2014) "A chamada teoria dos motivos determinantes sustenta que quando motivado o ato administrativo, ainda que discricionário, sua validade fica condicionada aos motivos apresentados pela Administração". – assertiva correta.

02. (Cespe- TCU- 2009) "De acordo com a teoria dos motivos determinantes, o agente que pratica um ato discricionário, embora não havendo obrigatoriedade, opta por indicar os fatos e fundamentos jurídicos da sua realização, passando estes a integrá-lo e a vincular, obrigatoriamente, a administração, aos motivos ali expostos." – assertiva correta.

03. (Cespe- Procurador Federal- 2007) "Não se decreta a invalidade de um ato administrativo quando apenas um, entre os diversos motivos determinantes, não está adequado à realidade fática." – assertiva correta.

04. (PGE PR Procurador do Estado- PR 2007) "Segundo a Teoria dos Motivos Determinantes, mesmo quando não exigida por lei a motivação, uma vez motivado o ato administrativo, ele só será válido se os motivos apontados forem verdadeiros e o justificarem." – assertiva correta.

7. (MPF PROCURADOR DA REPÚBLICA – 2003)

Discorra sobre anulabilidade, nulidade, invalidação e convalidação dos atos administrativos.

RESPOSTA:

Os atos administrativos devem ser retirados do ordenamento jurídico quando apresentarem vícios de legalidade. Essa retirada do ato administrativo decorre do poder de autotutela da Administração, consagrado nas súmulas 346 e 473 do STF e no artigo 53 da Lei 9.784/99. Trata-se de um poder-dever, diante do princípio da indisponibilidade do interesse público.

A competência para a declaração da ilegalidade do ato é tanto do Poder Judiciário, quando provocado, quanto da própria Administração, considerando-se esta como o Poder responsável pela edição do ato. Assim, um ato administrativo praticado pelo Poder Judiciário ou Legislativo não pode ser anulado pelo Poder Executivo, ou vice-versa. Sobre o poder de autotutela é importante mencionar também o entendimento jurisprudencial pelo qual em hipóteses excepcionais a anulação do ato administrativo será inviabilizada pelo peso do princípio da segurança jurídica. Com essa orientação existe a previsão legal do artigo 54 da Lei 9.784/99.

Para alguns doutrinadores, a invalidação seria o gênero, do qual a anulabilidade e a nulidade seriam espécies. Desse modo, adota-se a teoria dualista através da qual o vício de legalidade do ato administrativo pode ser sanável ou insanável, em contraposição à teoria monista, que não admite o ato passível de correção.

Muitos doutrinadores afirmam que com o advento da Lei 9.784/99, que trouxe a convalidação, consagrando a anulabilidade do ato administrativo, a teoria monista não mais se sustentaria no Brasil. Outros doutrinadores entendem que a anulabilidade do ato já havia sido acolhida pelo ordenamento com a Lei 4.717/65, cujo artigo 3º faz expressa menção a atos administrativos anuláveis.

Assim, adotando-se a teoria dualista, a nulidade seria o vício que não admite a correção, cabendo à Administração obrigatoriamente retirar o ato do ordenamento jurídico. A justificativa seria gravidade do vício, inviabilizando o aproveitamento do ato.

Já a anulabilidade ocorre quando a Administração tem a faculdade de anular ou não o ato. Na última hipótese, deve utilizar-se do instituto da convalidação, previsto no artigo 55 da Lei 9.784/99, desde que presentes os seguintes requisitos: não ocorrência de lesão ao interesse público, não ocorrência de prejuízo a terceiros e o defeito ser sanável. A convalidação é um ato administrativo que tem a função de aproveitar o ato administrativo, operando efeitos retroativos.

◉ DOUTRINA TEMÁTICA

"Embora muitos autores se refiram à 'anulação' dos atos administrativos, decidimos adotar o termo 'invalidação', seguindo, aliás, a posição de CELSO ANTÔNIO BANDEIRA DE MELLO, para significar qualquer desconformidade do ato com as normas reguladoras, evitando-se, desse modo, que a referência 'anulação' cause a insinuação de que trata de processo de desfecho apenas da anulabilidade, e não da nulidade. **Quando nos referimos, portanto, à invalidação, emprestaremos ao instituto sentido amplo, abrangendo a nulidade e a anulabilidade**, e dando realce ao fator que nos parece deveras relevante – a existência de vício inquinando algum dos elementos do ato. Não se pode perder de vista, por último, que a invalidação é forma de extinção dos atos administrativos por manifestação volitiva, manifestação essa contida no ato superveniente responsável pela supressão do anterior." (CARVALHO FILHO, 2011, p. 143-144). (grifado pelo autor).

"**A convalidação é o ato administrativo por meio do qual o administrador corrige os defeitos de um ato anterior que contém um defeito sanável. Trata-se de um suprimento da invalidade de um ato, apresentando efeitos retroativos**; é uma recomposição da legalidade ferida. O ato convalidador remete-se ao ato inválido para legitimar seus efeitos pretéritos. (...) O instituto está previsto na Lei nº 9.784/99, em seu art. 55, ao dispor que : 'Em decisão na qual se evidencie não acarretarem lesão ao interesse público nem prejuízo a terceiros, os atos que apresentarem defeitos sanáveis poderão ser convalidados pela própria Administração.'" (MARINELA, 2013, p. 321). (grifado pelo autor).

JURISPRUDÊNCIA TEMÁTICA

STF

ATO ADMINISTRATIVO. Terras públicas estaduais. Concessão de domínio para fins de colonização. Área superiores a dez mil hectares. Falta de autorização prévia do Senado Federal. Ofensa ao art. 156, § 2º, da Constituição Federal de 1946, incidente à data dos negócios jurídicos translativos de domínio. Inconstitucionalidade reconhecida. Nulidade não pronunciada. Atos celebrados há 53 anos. Boa-fé e confiança legítima dos adquirentes de lotes. Colonização que implicou, ao longo do tempo, criação de cidades, fixação de famílias, construção de hospitais, estradas, aeroportos, residências, estabelecimentos comerciais, industriais e de serviços, etc.. Situação factual consolidada. Impossibilidade jurídica de anulação dos negócios, diante das consequências desastrosas que, do ponto de vista pessoal e socioeconômico, acarretaria. Aplicação dos princípios da segurança jurídica e da proteção à confiança legítima, como resultado da ponderação de valores constitucionais. Ação julgada improcedente, perante a singularidade do caso. Votos vencidos. **Sob pena de ofensa aos princípios constitucionais da segurança jurídica e da proteção à confiança legítima, não podem ser anuladas, meio século depois, por falta de necessária autorização prévia do Legislativo, concessões de domínio de terras públicas, celebradas para fins de colonização, quando esta, sob absoluta boa-fé e convicção de validez dos negócios por parte dos adquirentes e sucessores, se consolidou, ao longo do tempo, com criação de cidades, fixação de famílias, construção de hospitais, estradas, aeroportos, residências, estabelecimentos comerciais, industriais e de serviços**, etc..156§ 2º Constituição Federal de 1946. (ACO 79, Rel. Min. Cezar Peluso, Pleno, j. 15.03.2012, DJe 28.05.2012). (grifado pelo autor).

Ato administrativo: contraditório e ampla defesa - 2

Em conclusão de julgamento, o Plenário desproveu recurso extraordinário em que questionada a legalidade de decisão administrativa por meio da qual foram cancelados 4 qüinqüênios anteriormente concedidos a servidora pública e determinada a devolução dos valores percebidos indevidamente. O ente federativo sustentava que atuara com fundamento no poder de autotutela da

Administração Pública e aludia à desnecessidade, na hipótese, de abertura de qualquer procedimento, ou mesmo de concessão de prazo de defesa à interessada, de modo que, após a consumação do ato administrativo, a esta incumbiria recorrer ao Poder Judiciário — v. Informativo 638. Afirmou-se que, **a partir da CF/88, foi erigido à condição de garantia constitucional do cidadão, quer se encontre na posição de litigante, em processo judicial, quer seja mero interessado, o direito ao contraditório e à ampla defesa. Asseverou-se que, a partir de então, qualquer ato da Administração Pública capaz de repercutir sobre a esfera de interesses do cidadão deveria ser precedido de procedimento em que se assegurasse, ao interessado, o efetivo exercício dessas garantias**. RE 594296/MG, rel. Min. Dias Toffoli, 21.9.2011. (grifado pelo autor).

Ato administrativo: contraditório e ampla defesa - 3

Reputou-se que, no caso, o cancelamento de averbação de tempo de serviço e a ordem de restituição dos valores imposta teriam influído inegavelmente na esfera de interesses da servidora. Dessa maneira, a referida intervenção estatal deveria ter sido antecedida de regular processo administrativo, o que não ocorrera, conforme reconhecido pela própria Administração. Ressaltou-se que seria facultado à recorrente renovar o ato ora anulado, desde que respeitados os princípios constitucionais. Destacou-se, ademais, que a servidora teria percebido os citados valores de boa-fé, pois o adicional fora deferido administrativamente. **A Min. Cármen Lúcia propôs a revisão do Verbete 473 da Súmula do STF ("A Administração pode anular seus próprios atos, quando eivados de vícios que os tornam ilegais, porque deles não se originam direitos; ou revogá-los, por motivo de conveniência ou oportunidade, respeitados os direitos adquiridos, e ressalvada, em todos os casos, a apreciação judicial"), com eventual alteração do seu enunciado ou com a concessão de força vinculante, para que seja acrescentada a seguinte expressão "garantidos, em todos os casos, o devido processo legal administrativo e a apreciação judicial". Advertiu que, assim, evitar-se-ia que essa súmula fosse invocada em decisões administrativas eivadas de vícios**. E 594296/MG, rel. Min. Dias Toffoli, 21.9.2011. Noticiado no informativo 641/2011 do STF. (grifado pelo autor).

ADMINISTRATIVO. AGRAVO REGIMENTAL EM AGRAVO DE INSTRUMENTO. SÚMULA 473 DO STF. NECESSIDADE DE PROCESSO ADMINISTRATIVO. ALEGADA VIOLAÇÃO AO ART. 5º, LIV E LV DO STF. OFENSA REFLEXA. AGRAVO IMPROVIDO.

I - O entendimento da Corte é no sentido de que, **embora a Administração esteja autorizada a anular seus próprios atos quando eivados de vícios que os tornem ilegais (Súmula 473 do STF), não prescinde do processo administrativo, com obediência aos princípios constitucionais da ampla defesa e do contraditório**. Precedentes.

II - Como tem consignado o Tribunal, por meio de remansosa jurisprudência, a alegada violação ao art. 5º, LIV e LV, da Constituição, pode configurar, em regra, situação de ofensa reflexa ao texto constitucional, por demandar a análise de legislação processual ordinária, o que inviabiliza o conhecimento do recurso extraordinário.

III - Agravo regimental improvido. (AI 710.085 AgR, Rel. Min. Ricardo Lewandowski, 1ª Turma, j. 03.02.2009, DJe 06.03.2009). (grifado pelo autor).

AÇÃO DIRETA DE INCONSTITUCIONALIDADE - CONCURSO PÚBLICO DE PROVAS E TÍTULOS - PROIBIÇÃO LEGAL DE FIXAÇÃO DE LIMITE MÁXIMO DE IDADE PARA OS CANDIDATOS - MATÉRIA CONCERNENTE AO REGIME JURÍDICO DOS SERVIDORES PÚBLICOS - ALEGADA USURPAÇÃO DA INICIATIVA CONSTITUCIONALMENTE RESERVADA AO CHEFE DO PODER EXECUTIVO - DECLARAÇÃO, PELO PODER LEGISLATIVO, DE NULIDADE DE CONCURSO PÚBLICO - INADMISSIBILIDADE - LIMITES DA ATUAÇÃO DO PODER LEGISLATIVO - A SEPARAÇÃO DE PODERES COMO FUNDAMENTO LEGITIMADOR DA DIVISÃO DE FUNÇÕES NO ÂMBITO DO APARELHO DE ESTADO - MEDIDA CAUTELAR DEFERIDA. A USURPAÇÃO DO PODER DE INICIATIVA, EM SEDE DE PROCESSO LEGISLATIVO, TRADUZ HIPÓTESE DE INCONSTITUCIONALIDADE FORMAL DA LEI ASSIM ELABORADA. - O respeito às atribuições resultantes da divisão funcional do Poder constitui pressuposto de legitimação material das resoluções estatais, notadamente das leis. (...).

RESERVA DE ADMINISTRAÇÃO E SEPARAÇÃO DE PODERES. - O princípio constitucional da reserva de administração impede a ingerência normativa do Poder Legislativo em matérias sujeitas à exclusiva competência administrativa do Poder Executivo. É que, em tais matérias, o Legislativo não se qualifica como instância de revisão dos atos administrativos emanados do Poder Executivo. Precedentes. **Não cabe, ao Poder Legislativo, sob pena de desrespeito ao postulado da separação de poderes, desconstituir, por lei, atos de caráter administrativo que tenham sido editados pelo Poder Executivo no estrito desempenho de suas privativas atribuições institucionais**. Essa prática legislativa, quando efetivada, subverte a função primária da lei, transgride o princípio da divisão funcional do poder, representa comportamento heterodoxo da instituição parlamentar e importa em atuação "ultra vires" do Poder Legislativo, que não pode, em sua atuação político-jurídica, exorbitar dos limites que definem o exercício de suas prerrogativas institucionais. **- Não se revela constitucionalmente lícito, ao Legislativo, decretar a nulidade do procedimento administrativo do concurso público, sob pretexto de infringência, por órgãos do Poder Executivo, de prescrições legais**. - **A norma legal que invalida "todo concurso público em que ficar comprovada a transgressão desta Lei", por qualificar-se como inadmissível sentença legislativa, ofende o postulado da separação de poderes**. É que, em tal hipótese, dar-se-á indevida substituição, pelo Legislativo, do Poder Judiciário, a cujos órgãos se reservou, constitucionalmente, a função de dirimir conflitos de interesses, sem prejuízo, no entanto, do reconhecimento de que se inclui, na esfera de atribuições da Administração, o poder de "(...) anular seus próprios atos, quando eivados de vícios que os tornam ilegais (...)" (Súmula 473/STF), incumbindo, desse modo, o exercício de tal prerrogativa, ao órgão estatal competente que promove referidos certames seletivos. CONCURSO PÚBLICO E FIXAÇÃO DE LIMITE ETÁRIO MÁXIMO PARA EFEITO DE INSCRIÇÃO DE CANDIDATOS: MATÉRIA QUE SE SUBSUME À NOÇÃO DE REGIME JURÍDICO DOS SERVIDORES PÚBLICOS. - A definição (ou vedação) de limites etários para efeito de inscrição em concurso público de provas ou de provas e títulos compreende-se no conceito de regime jurídico dos servidores públicos, submetendo-se, em conseqüência, no que se refere à instauração do processo legislativo, à cláusula de reserva de iniciativa, estabelecida na Constituição da República. - A questão da fixação, por lei, de limite máximo de idade para inscrição em concursos públicos. O exame da matéria sob a dupla perspectiva dos postulados constitucionais da igualdade e da razoabilidade. Precedentes do Supremo Tribunal Federal. (ADI MC 776 MC, Rel. Min. Celso de Mello, Pleno, j. 22.10.1992, DJ 15.12.2006). (grifado pelo autor).

▸ STJ

ADMINISTRATIVO. RECURSO EM MANDADO DE SEGURANÇA. CONCURSO PÚBLICO. PROVA DISSERTATIVA. QUESTÃO COM ERRO NO ENUNCIADO. FATO CONSTATADO PELA BANCA EXAMINADORA E PELO TRIBUNAL DE ORIGEM. ILEGALIDADE. EXISTÊNCIA. ATUAÇÃO EXCEPCIONAL DO PODER JUDICIÁRIO NO CONTROLE DE LEGALIDADE. SINTONIA COM A TESE FIRMADA PELO STF NO RE 632.853/CE. ESPELHO DE PROVA. DOCUMENTO QUE DEVE VEICULAR A MOTIVAÇÃO DO ATO DE APROVAÇÃO OU REPROVAÇÃO DO CANDIDATO. NECESSIDADE DE EXISTÊNCIA PRETÉRITA OU CONCOMITANTE À PRATICA DO ATO. IMPOSSIBILIDADE DE APRESENTAÇÃO EM MOMENTO POSTERIOR. HIPÓTESE EM QUE HOUVE APRESENTAÇÃO A TEMPO E MODO. INEXISTÊNCIA DE IRREGULARIDADE.

(...)

7. Na seara de concursos públicos, há etapas em que as metodologias de avaliação, pela sua própria natureza, abrem margem para que o avaliador se valha de suas impressões, em completo distanciamento da objetividade que se espera nesses eventos. Nesse rol de etapas, citam-se as provas dissertativas e orais. Por essa razão, elas devem se submeter a critérios de avaliação e correção os mais objetivos possíveis, tudo com vistas a evitar contrariedade ao princípio da impessoalidade, materializado na Constituição Federal (art. 37, caput).
8. E mais. **Para que não pairem dúvidas quanto à obediência a referido princípio e quanto aos princípios da motivação dos atos administrativos, do devido processo administrativo recursal, da razoabilidade e proporcionalidade, a banca examinadora do certame, por ocasião da divulgação dos resultados desse tipo de avaliação, deve demonstrar, de forma clara e transparente, que os critérios de avaliação previstos no edital foram devidamente considerados, sob pena de nulidade da avaliação**.
9. A clareza e transparência na utilização dos critérios previstos no edital estão presentes quando a banca examinadora adota conduta consistente na divulgação, a tempo e modo, para fins de publicidade e eventual interposição de recurso pela parte interessada, de cada critério considerado, devidamente acompanhado, no mínimo, do respectivo valor da pontuação ou nota obtida pelo candidato; bem como das razões ou padrões de respostas que as justifiquem.
10. As informações constantes dos espelhos de provas subjetivas se referem nada mais nada menos à motivação do ato administrativo, consistente na atribuição de nota ao candidato. Tudo em consonância ao que preconizam os arts. 2º, caput, e 50, § 1º, da Lei n. 9.78419/99, que trata do processo administrativo no âmbito federal. (grifo do autor).

(AgInt no RMS 51.969/MS, Rel. Ministro SÉRGIO KUKINA, PRIMEIRA TURMA, julgado em 08/08/2017, DJe 22/08/2017).

RECURSO EM MANDADO DE SEGURANÇA. ADMINISTRATIVO. ENQUADRAMENTO DE PROFESSORA DO ESTADO DE TOCANTINS, COM BASE EM ASCENSÃO FUNCIONAL. LEI ESTADUAL DE TOCANTINS 351/92, POSTERIORMENTE REVOGADA. NORMA INCONSTITUCIONAL. ATO PRATICADO SOB OS AUSPÍCIOS DO ENTÃO VIGENTE ESTATUTO DO MAGISTÉRIO DO ESTADO DE TOCANTINS. PREPONDERÂNCIA DO PRINCÍPIO DA SEGURANÇA JURÍDICA E DA RAZOABILIDADE. CONVALIDAÇÃO DOS EFEITOS JURÍDICOS. SERVIDORA QUE JÁ SE ENCONTRA APOSENTADA. RECURSO ORDINÁRIO PROVIDO.

1. **O poder-dever da Administração de invalidar seus próprios atos encontra limite temporal no princípio da segurança jurídica, pela evidente razão de que os administrados não podem ficar indefinidamente sujeitos à instabilidade originada do poder de autotutela do Estado, e na convalidação dos efeitos produzidos, quando, em razão de suas conseqüências jurídicas, a manutenção do ato atenderá mais ao interesse público do que sua invalidação**.

2. A infringência à legalidade por um ato administrativo, sob o ponto de vista abstrato, sempre será prejudicial ao interesse público; por outro lado, quando analisada em face das circunstâncias do caso concreto, nem sempre sua anulação será a melhor solução. **Em face da dinâmica das relações jurídicas sociais, haverá casos em que o próprio interesse da coletividade será melhor atendido com a subsistência do ato nascido de forma irregular**.

3. O poder da Administração, destarte, não é absoluto, de forma que a recomposição da ordem jurídica violada está condicionada primordialmente ao interesse público. **O decurso do tempo ou a convalidação dos efeitos jurídicos, em certos casos, é capaz de tornar a anulação de um ato ilegal claramente prejudicial ao interesse público, finalidade precípua da atividade exercida pela Administração.**

4. **O art. 54 da Lei 9.784/99 funda-se na importância da segurança jurídica no domínio do Direito Público, estipulando o prazo decadencial de 5 anos para a revisão dos atos administrativos viciosos (sejam eles nulos ou anuláveis) e permitindo, a contrario sensu, a manutenção da eficácia dos mesmos, após o transcurso do interregno qüinqüenal, mediante a convalidação ex ope temporis, que tem aplicação excepcional a situações típicas e extremas**, assim consideradas aquelas em que avulta grave lesão a direito subjetivo, sendo o seu titular isento de responsabilidade pelo ato eivado de vício.

5. Cumprir a lei nem que o mundo pereça é uma atitude que não tem mais o abono da Ciência Jurídica, neste tempo em que o espírito da justiça se apóia nos direitos fundamentais da pessoa humana, apontando que a razoabilidade é a medida sempre preferível para se mensurar o acerto ou desacerto de uma solução jurídica.

6. O ato que investiu a recorrente no cargo de Professora Nível IV, em 06.01.93, sem a prévia aprovação em concurso público e após a vigência da norma prevista no art. 37, II da Constituição Federal, é induvidosamente ilegal, no entanto, a sua efetivação sob os auspícios de legislação vigente à época, (em que pese sua inconstitucionalidade), a aprovação de sua aposentadoria pelo Tribunal de Contas, e o transcurso de mais de 5 anos, consolidou uma situação fática para a qual não se pode fechar os olhos, vez que produziu conseqüências jurídicas inarredáveis. Precedente do Pretório Excelso.

7. A singularidade deste caso o extrema de quaisquer outros e impõe a prevalência do princípio da segurança jurídica na ponderação dos valores em questão (legalidade vs segurança), não se podendo ignorar a realidade e aplicar a norma jurídica como se incidisse em ambiente de absoluta abstratividade.

8. Recurso Ordinário provido, para assegurar o direito de a recorrente preservar sua aposentadoria no cargo de Professor, nível IV, referência 23, do Estado do Tocantins. (RMS 24.339, Rel. Min. Napoleão Nunes Maia Filho, 5ª Turma, j. 30.10.2008, DJe 17.11.2008). (grifado pelo autor).

MANDADO DE SEGURANÇA - SERVIDOR PÚBLICO - ANISTIA - INVALIDAÇAO DO ATO PELA ADMINISTRAÇAO PÚBLICA - COMPETÊNCIA ADMINISTRATIVA - DECADÊNCIA - CONTRADITÓRIO E AMPLA DEFESA - AUSÊNCIA - SEGURANÇA CONCEDIDA.

1. A invalidação de anistia concedida a servidores públicos está condicionada ao prazo decadencial de 05 (cinco) anos, ainda que concedida antes do advento da Lei n.º 9.784/99.

2. Aplicação do critério da prevalência ou da relevância dos princípios da boa-fé do servidor e da segurança jurídica, sobre os demais princípios do regime jurídico administrativo, diante das particularidades fáticas da presente espécie.

3. A jurisprudência desta Corte tem firmado o entendimento de que **a invalidação de ato administrativo classificado como ampliativo de direito depende de prévio processo administrativo, em que sejam assegurados ao interessado o contraditório e a ampla defesa.**

4. Precedentes.

5. Segurança concedida. (MS 8.627, Rel. Min. Paulo Medina, DJ 08.03.2006). (grifado pelo autor).

QUESTÕES DE CONCURSO RELACIONADAS

01. (FCC- Procurador de Contas- SP- 2011) "O vício relativo ao objeto impede a convalidação se inalterada a situação fático-jurídica, pois não é possível a repetição do mesmo ato sem que se incida no mesmo vício." – assertiva **correta**.

02. (FCC- Procurador de Contas- SP- 2011) "O desvio de poder enseja vício em relação ao motivo, mas pode ser convalidado caso seja possível o atingimento de outra finalidade pública." – assertiva **errada**.

03. (FCC- Procurador de Contas- SP- 2011) "A desobediência à forma prescrita em lei e o vício de incompetência sempre ensejam a nulidade absoluta do ato praticado." – assertiva **errada**.

8. (MPF – PROCURADOR DA REPUBLICA – 2002)

Atos administrativos e atos do Poder Público. Resumidamente, explique os pontos seguintes: a) ato administrativo em sentido formal e ato administrativo em sentido material; b) os atos administrativos no confronto dos atos políticos e dos atos de gestão; c) os atos políticos e a responsabilidade civil do Estado; d) ato administrativo e fato administrativo; e) o ato administrativo e o problema do silêncio da Administração.

RESPOSTA:

a) Os atos administrativos caracterizam-se como manifestações unilaterais do Estado ou de quem lhe faça as vezes, sob o regime jurídico de direito público, voltado à produção de efeitos jurídicos (criativos, modificativos ou extintivos), sendo tais atos passíveis de controle pelo Poder Judiciário. A doutrina divide os atos administrativos em atos em sentido formal e em sentido material. Os primeiros seriam aqueles que, apesar de possuírem a forma de ato administrativo, são dotados dos atributos de abstração e generalidade, voltando-se para situações não determinadas singularmente. São exemplos desses atos, notadamente, os atos normativos, como o regulamento e a instrução normativa. Os atos administrativos em sentido formal seriam semelhantes a uma lei, apesar de emanar da estrutura administrativa. Já os atos administrativos em sentido material são aqueles que produzem efeitos concretos, destinando-se a sujeitos e situações individualizadas, afastando-se da generalidade e da abstração próprias das leis. Como exemplos, tem-se um decreto expropriatório, a autorização para uso de bem público, ou a nomeação de um servidor público.

b) Os atos praticados pela Administração Pública podem ser atos administrativos, atos políticos ou atos de gestão. Os primeiros, já conceituados acima, são praticados em fiel observância à lei, estando a ela subordinados, sendo regidos pelo regime jurídico de direito público. Os atos políticos são aqueles atos praticados com fundamento direto na Constituição, com alto grau de discricionariedade, atinentes ao comando da nação, representando muitas vezes opções ideológicas, como por exemplo se dá com o veto de uma lei e a declaração de guerra. O controle jurisdicional dos atos políticos, pela sua própria natureza, é mais limitado que o controle dos atos administrativos. Atos de gestão, por sua vez, são os praticados pela Administração em posição de igualdade com os particulares, despindo-se, portanto, do poder de império. Os atos de gestão praticados por empresa pública e sociedade de economia mista não são questionáveis por mandado de segurança.

c) Os atos políticos, praticados pelos agentes públicos de alto escalão (Presidente da República, Ministros de Estado) também estão sujeitos à responsabilização civil do Estado, regida pelo artigo 37, § 6º da Constituição Federal. Isso porque o Brasil constitui uma república, que sujeita até mesmo os seus agentes políticos, eleitos pelo povo, a um regime de responsabilidade pela prática de seus atos. Apesar de o controle jurisdicional dos atos políticos concentrar-se na constitucionalidade dos atos políticos, prevalece o princípio da responsabilidade pela prática desses atos. Nesse sentido, a jurisprudência admite, em casos extremos, o controlo pelo Judiciário das políticas públicas.

d) Segundo José dos Santos Carvalho Filho, a correspondência entre atos administrativos e fatos administrativos não guarda similitude com a existente entre atos jurídicos e fatos jurídicos, prevista no Direito Civil. É que, para o administrativista, fato administrativo é uma atividade material levada a cabo pela Administração, como por exemplo a apreensão de mercadorias. Já Maria Sylvia Di Pietro entende que fato administrativo é aquele que produz efeitos jurídicos na esfera administrativa, como a morte de um servidor, que ocasiona a vacância de um cargo público. Para essa doutrina, o fato administrativo assemelha-se ao fato jurídico.

e) O silêncio administrativo configura uma omissão censurável pela via judicial. É dizer, configurada a omissão do Poder Público na prática de um ato de sua responsabilidade, há violação ao direito tutelável pelo Poder Judiciário. O juiz não pode, contudo substituir o administrador na prática do ato administrativo, devendo determinar a este que pratique o ato, em provimento tipicamente mandamental. Para Celso Antônio Bandeira de Mello, em doutrina minoritária, o juiz pode, quando o ato for vinculado, verificar a presença dos requisitos legais para sua prática e suprir a omissão administrativa. A doutrina majoritária, contudo, enxerga nesse caso uma violação ao princípio da separação de poderes.

◉ DOUTRINA TEMÁTICA

"Atos políticos ou de governo, praticados com margem de discrição e diretamente em obediência à Constituição, no exercício de função puramente política, tais o indulto, a iniciativa de lei pelo Executivo, sua sanção ou veto, *sub color* de que é contrária ao interesse público, etc. Por corresponderem ao exercício de função política e não administrativa, não há interesse em qualifica-los como atos administrativos, já que sua disciplina é peculiar." (MELLO, 2011, p. 384)

"A noção de fato administrativo não guarda relação com a de fato jurídico, encontradiça no direito privado. Fato jurídico significa o fato capaz de produzir efeitos na ordem jurídica, de modo que dele se originem e se extingam direitos (*ex facto oriutur iuris*). A ideia de fato administrativo não tem correlação com tal conceito, pois que não leva em consideração a produção de efeitos jurídicos, mas, ao revés, tem o sentido de atividade material no exercício da função administrativa, que visa a efeitos de ordem prática para a Administração. Exemplos de fatos administrativos são a apreensão de mercadorias, a dispersão de manifestantes, a desapropriação de bens privados, a requisição de serviços ou bens privados etc." (CARVALHO FILHO, 2001, p. 89)

"**Para a doutrina majoritária, o silêncio administrativo não produz nenhum efeito, salvo quando a lei – reconhecendo o dever da Administração de agir, atribui esse resultado, admitindo-se, nesse caso, a possibilidade de uma anuência tácita, ou até, de efeito denegatório do pedido, contrariando o interesse de peticionário**. Nessas hipóteses – em que a lei atribui efeito ao silêncio – o mesmo não decorre do silêncio, e sim da previsão legal. (...) Para eminentes juristas, como José dos Santos Carvalho Filho, Diógenes Gasparini, Celso Antônio Bandeira de Mello, o silêncio também caracteriza um fato administrativo e, por isso, pode produzir efeitos na ordem jurídica, tanto para o agente que se omitiu, quanto para o administrado que busca um provimento administrativo, não existindo normalmente previsão legal para esses efeitos." (MARINELA, 2013, p. 276). (grifado pelo autor).

◉ JURISPRUDÊNCIA TEMÁTICA

SÚMULA 333 DO STJ: Cabe mandado de segurança contra ato praticado em licitação promovida por sociedade de economia mista ou empresa pública.

STF

ADMINISTRATIVO. AGRAVO REGIMENTAL EM AGRAVO DE INSTRUMENTO. ART. 557 DO CPC. APLICABILIDADE. ALEGADA OFENSA AO ART. 2º DA CF. ATO ADMINISTRATIVO DISCRICIONÁRIO. ILEGALIDADE. CONTROLE JUDICIAL. POSSIBILIDADE. APRECIAÇÃO DE FATOS E PROVAS. SÚMULA STF 279.

1. Matéria pacificada nesta Corte possibilita ao relator julgá-la monocraticamente, nos termos do art. 557 do Código de Processo Civil e da jurisprudência iterativa do Supremo Tribunal Federal.

2. **A apreciação pelo Poder Judiciário do ato administrativo discricionário tido por ilegal e abusivo não ofende o Princípio da Separação dos Poderes**. Precedentes.

3. É incabível o Recurso Extraordinário nos casos em que se impõe o reexame do quadro fático-probatório para apreciar a apontada ofensa à Constituição Federal. Incidência da Súmula STF 279.

4. Agravo regimental improvido. (AI 777.502 AgR, Rel. Min. Ellen Gracie, 2ª Turma, j. 28.09.2010, DJ 25.10.2010). (grifado pelo autor).

DIREITO CONSTITUCIONAL. DIREITO A SAÚDE. AGRAVO REGIMENTAL EM AGRAVO DE INSTRUMENTO. IMPLEMENTAÇÃO DE POLÍTICAS PÚBLICAS. AÇÃO CIVIL PÚBLICA. PROSSEGUIMENTO DE JULGAMENTO. AUSÊNCIA DE INGERÊNCIA NO PODER DISCRICIONÁRIO DO PODER EXECUTIVO. ARTIGOS 2º, 6º E 196 DA CONSTITUIÇÃO FEDERAL.

1. O direito a saúde é prerrogativa constitucional indisponível, garantido mediante a implementação de políticas públicas, impondo ao Estado a obrigação de criar condições objetivas que possibilitem o efetivo acesso a tal serviço.

2. **É possível ao Poder Judiciário determinar a implementação pelo Estado, quando inadimplente, de políticas públicas constitucionalmente previstas, sem que haja ingerência em questão que envolve o poder discricionário do Poder Executivo**. Precedentes.

3. Agravo regimental improvido. (AI 734.487, AgR, Rel. M in. Ellen Gracie, 2ª Turma, j. 03.08.2010, DJe 20.08.2010). (grifado pelo autor).

STJ

RECURSO ESPECIAL. AÇÃO CIVIL PÚBLICA. IMPOSIÇÃO DE OBRIGAÇÃO DE FAZER CONSUBSTANCIADA NO DESLOCAMENTO DE DELEGADOS E SERVIDORES PARA ATENDIMENTO AO PLANTÃO DE 24 HORAS EM DELEGACIA DE MENORES INFRATORES. CORTE DE ORIGEM QUE INTERPRETOU SER INDEVIDA A MEDIDA POR SUPOSTA INFRINGÊNCIA AO REGULAR EXERCÍCIO DO PODER DISCRICIONÁRIO DA ADMINISTRAÇÃO. VERIFICAÇÃO DE DESCUMPRIMENTO DE NORMAS DA CONSTITUIÇÃO FEDERAL, DA LEI 8.069/90 (ECA) E DAS REGRAS MÍNIMAS DAS NAÇÕES UNIDAS PARA A ADMINISTRAÇÃO DA JUSTIÇA DA INFÂNCIA E DA JUVENTUDE. CONTROLE DE LEGALIDADE. POSSIBILIDADE.

RECURSO ESPECIAL DO MINISTÉRIO PÚBLICO DO ESTADO DE MATO GROSSO DO SUL PROVIDO.

(...)

4. **A discricionariedade da Administração Pública não é absoluta, sendo certo que os seus desvios podem e devem ser submetidos à apreciação do Poder Judiciário, a quem cabe o controle de sua legalidade, bem como dos motivos e da finalidade dos atos praticados sob o seu manto**. Precedentes: AgRg no REsp. 1.087.443/SC, Rel. Min. MARCO AURÉLIO BELLIZZE, DJe 11.6.2013; AgRg no REsp. 1.280.729/RJ, Rel. Min. HUMBERTO MARTINS, DJe 19.4.2012.
5. **O controle dos atos discricionários pelo Poder Judiciário, porém, deve ser visto com extrema cautela, para não servir de subterfúgio para substituir uma escolha legítima da autoridade competente. Não cabe ao Magistrado, nesse contexto, declarar ilegal um ato discricionário tão só por discordar dos valores morais ou dos fundamentos invocados pela Administração, quando ambos são válidos e admissíveis perante a sociedade.**
6. A doutrina jurídica de MURILLO JOSÉ DIGIÁCOMO e ILDEARA DE AMORIM DIGIÁCOMO, interpretando as disposições do art. 172, parág. único da Lei 8.069/90 (ECA), tece as seguintes considerações, observando que a existência de repartições policiais especializadas no atendimento de adolescentes acusados da prática de ato infracional é mais do que necessária, em especial nos grandes centros urbanos, de modo a garantir um atendimento diferenciado em relação aos estabelecimentos destinados a adultos. Busca-se, também, evitar ao máximo o contato do adolescente com imputáveis acusados da prática de infrações penais, bem como com o ambiente degradante e, em regra, insalubre, de uma Delegacia de Polícia ou cadeia pública. É de se destacar, aliás, que a especialização policial, em tais casos (que é também prevista no item 12.1 das Regras de Beijing), importa no cumprimento do contido no art. 88, inciso V, do ECA, que estabelece, como uma das diretrizes da política de atendimento, a integração operacional de diversos órgãos, dentre os quais os policiais, para fins de agilizar e otimizar o atendimento inicial prestado a adolescentes acusados da prática de atos infracionais, que precisam receber, da forma mais rápida e eficaz possível, a resposta socioeducativa adequada às suas necessidades pedagógicas específicas (cf. arts. 113 c/c 100, caput, primeira parte, do ECA) (Estatuto da Criança e do Adolescente Anotado e Interpretado. Curitiba: Ministério Público do Estado do Paraná, 2013, p. 262/263).
7. O item 12.1 das Regras Mínimas das Nações Unidas para a Administração da Justiça da Infância e da Juventude, comumente referidas como Regras de Beijing (Resolução ONU 40/33, de 29.11.85), incorporadas às regras e princípios nacionais pelo Decreto 99.710/90, determina que, para melhor desempenho de suas funções, os Policiais que tratem freqüentemente ou de maneira exclusiva com jovens ou que se dediquem fundamentalmente à prevenção de delinqüência de jovens receberão instrução e capacitação especial. Nas grandes cidades, haverá contingentes especiais de Polícia com essa finalidade.
8. Veja-se, portanto, que não se está diante de uma escolha aceitável do Estado sob os aspectos moral e ético, mas de induvidosa preterição de uma prioridade imposta pela Constituição Federal de 1988, e de uma conduta contrária à lei, nacional e internacional, constituindo hipótese legalmente aceita de intervenção do Poder Judiciário nos atos da Administração Pública praticados com suporte no poder discricionário.

9. Recurso Especial do MINISTÉRIO PÚBLICO DO ESTADO DE MATO GROSSO DO SUL provido, para impor ao ESTADO DO MATO GROSSO DO SUL a obrigação de fazer consistente na implantação do regime de plantão de 24 horas na Delegacia Especializada de Atendimento à Infância e Juventude-DEAIJ de Campo Grande/MS, no prazo máximo de 120 dias, sob a pena de multa diária de R$ 10.000,00, a partir do 120o. dia da eventual omissão **(grifos do autor)**. (REsp 1612931/MS, Rel. Ministro NAPOLEÃO NUNES MAIA FILHO, PRIMEIRA TURMA, julgado em 20/06/2017, DJe 07/08/2017)

ADMINISTRATIVO E PROCESSUAL CIVIL. ENSINO SUPERIOR. PÓS-GRADUAÇÃO. RESIDÊNCIA MÉDICA. OFERECIMENTO DE ALOJAMENTO E ALIMENTAÇÃO PELO PODER PÚBLICO DURANTE O PERÍODO DA RESIDÊNCIA (AUXÍLIOS IN NATURA). LEI N. 6.932/81. DIREITO À TUTELA JURISDICIONAL QUE ENVOLVE A ADEQUAÇÃO DOS PROVIMENTOS JUDICIAIS. TUTELA ESPECÍFICA. IMPOSSIBILIDADE. ART. 461, § 1º, DO CPC. CONVERSÃO EM MEDIDA QUE GARANTA RESULTADO PRÁTICO EQUIVALENTE. AUXÍLIO EM PECÚNIA.

1. Trata-se de recurso especial em que se discute se a Secretaria de Saúde do Estado do Rio Grande do Sul tem o dever legal de oferecer alojamento e alimentação aos residentes de Medicina e, em não o fazendo, se é cabível a conversão da obrigação em pecúnia.

2. É a seguinte a redação do art. 4º, § 4º, da Lei n. 6.932/81: "As instituições de saúde responsáveis por programas de residência médica oferecerão aos residentes alimentação e moradia no decorrer do período de residência".

3. Há limites para a discricionariedade administrativa, especialmente quando o dispositivo legal é peremptório a respeito da obrigatoriedade no fornecimento de alojamento e alimentação.

4. Se o Poder Público insiste em desconsiderar a norma, fazendo dessa previsão letra morta, caberá controle e intervenção do Judiciário, uma vez que, nestes casos, deixa-se o critério da razoabilidade para adentrar-se a seara da arbitrariedade, fato que, em último grau, caracteriza a omissão como ilegal.

5. **A partir do momento em que opta pela inércia não autorizada legalmente, a Administração Pública se sujeita ao controle do Judiciário da mesma forma que estão sujeitas todas as demais omissões ilegais do Poder Público, tais como aquelas que dizem respeito à consecução de políticas públicas** (v., p. ex., STF, AgR no RE 410.715/SP, Rel. Min. Celso de Mello, Segunda Turma, DJU 3.2.2006).

6. É óbvio que o Judiciário não tem o condão de determinar que a Secretaria de Estado competente forneça pontualmente moradia e alimentação (i.e., de forçar que este órgão crie um mecanismo bastante para atender a um residente específico), pois isso seria contrariar uma premissa pragmática inafastável, qual seja, a de que o magistrado, no exercício de sua função, não possui condições para avaliar, no nível macro, as condições financeiro-econômicas de certo Estado-membro para viabilizar tal e qual política de assistência.

7. Contudo, a simples inexistência de previsão legal para conversão de auxílios que deveriam ser fornecidos in natura em pecúnia não é suficiente para obstaculizar o pleito recursal, pois é evidente que se insere dentro do direito

constitucional individual à tutela jurisdicional (art. 5º, inc. XXXV, da Constituição da República vigente) a necessidade de que a prestação jurisdicional seja adequada.

8. É por isso que o Código de Processo Civil, em seu art. 461, § 1º, dispõe que, na impossibilidade de tutela específica, é dado ao Poder Judiciário determinar medidas que garantam um resultado prático equivalente - ou mesmo se que converta a obrigação em perdas e danos. 9. Na inicial, a recorrente pede que os magistrados fixem um percentual sobre a bolsa de estudos em substituição ao dever estatal de prestação de alojamento e alimentação. Nada obstante, esta instância especial não tem poderes para analisar questões fático-probatórias para auxiliar a fixação desses valores, sob pena de violação à Súmula n. 7 desta Corte Superior. 10. Recurso especial provido, determinando o retorno dos autos à origem a fim de que lá seja determinado um valor razoável que garanta um resultado prático equivalente ao que determina o art. 4º, § 4º, da Lei n. 6.932/81. (REsp 813.408, Rel. Min. Mauro Campbell Marques, 2ª Turma, j. 02.06.2009, DJe 15/06/2009). (grifado pelo autor).

ADMINISTRATIVO -AÇÃO CIVIL PÚBLICA -CONTROLE JUDICIAL DE POLÍTICAS PÚBLICAS -POSSIBILIDADE EM CASOS EXCEPCIONAIS -DIREITO À SAÚDE -FORNECIMENTO DE EQUIPAMENTOS A HOSPITAL UNIVERSITÁRIO -MANIFESTA NECESSIDADE -OBRIGAÇÃO DO ESTADO -AUSÊNCIA DE VIOLAÇÃO DO PRINCÍPIO DA SEPARAÇÃO DOS PODERES -NÃO-OPONIBILIDADE DA RESERVA DO POSSÍVEL AO MÍNIMO EXISTENCIAL.

(...)

3. A partir da consolidação constitucional dos direitos sociais, a função estatal foi profundamente modificada, deixando de ser eminentemente legisladora em pró das liberdades públicas, para se tornar mais ativa com a missão de transformar a realidade social. Em decorrência, **não só a administração pública recebeu a incumbência de criar e implementar políticas públicas necessárias à satisfação dos fins constitucionalmente delineados, como também, o Poder Judiciário teve sua margem de atuação ampliada, como forma de fiscalizar e velar pelo fiel cumprimento dos objetivos constitucionais.**

4. **Seria uma distorção pensar que o princípio da separação dos poderes, originalmente concebido com o escopo de garantia dos direitos fundamentais, pudesse ser utilizado justamente como óbice à realização dos direitos sociais, igualmente fundamentais. Com efeito, a correta interpretação do referido princípio, em matéria de políticas públicas, deve ser a de utilizá-lo apenas para limitar a atuação do judiciário quando a administração pública atua dentro dos limites concedidos pela lei. Em casos excepcionais, quando a administração extrapola os limites da competência que lhe fora atribuída e age sem razão, ou fugindo da finalidade a qual estava vinculada, autorizado se encontra o Poder Judiciário a corrigir tal distorção restaurando a ordem jurídica violada.**

5. O indivíduo não pode exigir do estado prestações supérfluas, pois isto escaparia do limite do razoável, não sendo exigível que a sociedade arque com esse ônus. Eis a correta compreensão do princípio da reserva do possível, tal como foi formulado pela jurisprudência germânica. Por outro lado, qualquer pleito que

vise a fomentar uma existência minimamente decente não pode ser encarado como sem motivos, pois garantir a dignidade humana é um dos objetivos principais do Estado Democrático de Direito. Por este motivo, o princípio da reserva do possível não pode ser oposto ao princípio do mínimo existencial.

6. Assegurar um mínimo de dignidade humana por meio de serviços públicos essenciais, dentre os quais a educação e a saúde, é escopo da República Federativa do Brasil que não pode ser condicionado à conveniência política do administrador público. A omissão injustificada da administração em efetivar as políticas públicas constitucionalmente definidas e essenciais para a promoção da dignidade humana não deve ser assistida passivamente pelo Poder Judiciário. Recurso especial parcialmente conhecido e improvido. (REsp 1.041.197, Rel. Min. Humberto Martins, 2ª Turma, j. 25.08.2009, DJe 16/09/2009). (grifado pelo autor).

QUESTÕES DE CONCURSO RELACIONADAS

01. (FCC – DPE-SC – Defensor Público - 2017) "É possível convalidar atos com vício no objeto, ou conteúdo, mas apenas quando se tratar de conteúdo plúrimo". – assertiva correta.

02. (FCC – Procurador do Estado do Maranhão – 2016) "A conversão é o ato administrativo pelo qual a Administração converte um ato inválido em ato de outra categoria, de maneira a torná-lo válido, com efeitos retroativos à data do ato original". – assertiva correta.

03. (Cespe- Cartório- SE- 2007) "O silêncio administrativo não significa ocorrência do ato administrativo ante a ausência da manifestação formal de vontade, quando não há lei dispondo acerca das consequências jurídicas da omissão da administração." – assertiva correta.

04. (Cespe- Juiz de Direito- 2006) "Fatos jurídicos, mesmo que independam da vontade e de qualquer participação dos agentes públicos, podem ser relevantes para o direito administrativo." – assertiva correta.

05. (TJ SP- Juiz de Direito- 2007) "A partir da consideração de que atos políticos são os praticados por agentes de governo, são atos governamentais por excelência, e não apenas de administração, consistem na própria condução dos negócios públicos, e não simplesmente na execução de serviços públicos – daí seu maior discricionarismo – é correto afirmar que não há uma categoria de atos políticos, como entidade ontológica autônoma na escala dos atos estatais, nem há um órgão ou Poder que os pratique com privatividade." – assertiva correta.

06. (ESAF- Auditor Fiscal da Receita Federal- 2005) "A classificação dos atos administrativos em atos de império e atos de gestão ampara-se na teoria da personalidade dupla do Estado." – assertiva correta.

CAPÍTULO 4
LICITAÇÃO E CONTRATOS ADMINISTRATIVOS

QUESTÕES

1. (VUNESP – JUIZ DE DIREITO – PA – 2014)

Discorra sobre a teoria da imprevisão aplicada nos contratos administrativos.

ESPAÇO EM BRANCO PARA RESPOSTA (30 LINHAS)

1

2

3

4

5

6

7

8

9

10

2. (CESPE – PROCURADOR DO ESTADO – BA – 2014)

Com o objetivo de aperfeiçoar a atividade administrativa, o secretário de Administração do estado da Bahia decidiu promover a capacitação de vinte servidores públicos em legislação de pessoal, por meio da participação no IV Seminário Internacional de Recursos Humanos, maior evento da área no Brasil, que contará com palestrantes de renome internacional e será realizado no período de 10 a 15 de julho de 2014 em Salvador–BA. A prestação dos serviços será feita mediante a contratação direta da empresa responsável pela organização do seminário, a RH Treinamentos, que presta, há vinte anos, serviços para diversos órgãos públicos nos âmbitos estadual e federal. O valor da contratação é de R$ 20.000,00, referentes ao valor das inscrições. Feita a seleção dos servidores interessados e reunida a documentação necessária, o secretário determinou a instauração do devido processo administrativo e o seu envio à procuradoria administrativa da PGE/BA para o exame jurídico da possibilidade da contratação direta, nos termos do art. 38, parágrafo único, da Lei n.º 8.666/1993.

Em face dessa situação hipotética, elabore, na qualidade de procurador estadual responsável pela análise do referido processo administrativo, parecer sobre o caso. Dispense o relatório e aborde, necessariamente, os seguintes aspectos:

1. possibilidade ou não de contratação direta, modalidade adequada ao caso e requisitos legais; [valor: 14,00 pontos]
2. documentos/elementos/atos que devem instruir o processo administrativo quanto ao serviço; [valor: 10,00 pontos]
3. documentos/elementos/atos que devem instruir o processo administrativo relacionados à empresa; [valor: 6,00 pontos]
4. possibilidade ou não de realização de credenciamento; [valor: 3,00 pontos]
5. obrigatoriedade ou não de instrumento de contrato; [valor: 3,00 pontos]
6. necessidade ou não de publicação da ratificação da autoridade superior na imprensa oficial. [valor: 2,00 pontos]

◉ ESPAÇO EM BRANCO PARA RESPOSTA (120 LINHAS)

1

2

3

4

5

6

3. (CESPE – JUIZ DE DIREITO – PA – 2012)

Considere que o poder público municipal, após a realização de procedimento licitatório, tenha celebrado, com determinada empresa, contrato para a prestação de serviço de transporte e que lei específica posterior tenha aumentado a carga tributária que seria suportada pela empresa. Em face dessa situação hipotética, responda, de forma fundamentada, se o particular contratado pelo poder público tem direito à revisão dos valores do contrato para suprir a despesa decorrente do correspondente recolhimento.

◉ ESPAÇO EM BRANCO PARA RESPOSTA (30 LINHAS)

4. (ESAF – PROCURADOR DA FAZENDA NACIONAL – 2012)

Em fins de outubro deste ano, foi encaminhado à Consultoria Jurídica de um Ministério processo administrativo atinente à contratação de serviços de uma sociedade de economia mista que explora atividade econômica. Na consulta encaminhada, são apresentadas as seguintes informações (todas coerentes com o que consta nos autos do processo):

i) os serviços vêm sendo prestados por essa entidade, sem contrato escrito, desde 1º de julho deste ano, sendo que o instrumento contratual anterior, formalmente celebrado com um terceiro em decorrência de prévia licitação, teve sua vigência expirada no último dia do mês de junho;

ii) ainda no último mês de vigência do contrato anterior, foi realizada dispensa de licitação para contratação da sociedade de economia mista, com fundamento no inciso VIII do art. 24 da Lei nº 8.666, de 1993 (há comprovação de que a entidade foi criada, antes da edição de tal Lei, para a prestação de serviços da espécie a quaisquer interessados), e a essa dispensa foi dada publicidade na Imprensa Oficial;

iii) nenhum pagamento foi ainda realizado, eis que, por um lapso da Administração, não houve o encaminhamento, no momento próprio, do pedido de dotação orçamentária para o atendimento da despesa pública (o que foi sanado no início de outubro, pela obtenção de crédito adicional);

iv) solicita-se, especificamente, o exame da minuta de contrato que, "com vistas a possibilitar os pagamentos devidos' (segundo o consulente), apresenta em uma de suas cláusulas data de início de vigência retroativa a 1º de julho deste; e

v) por fim, o órgão consulente aponta que os serviços não eram de necessidade contínua e nem essenciais ao adequado funcionamento da Administração, mas foram prestados a contento e trouxeram benefícios ao órgão que deles usufruiu.

Somente agora a unidade de consultoria jurídica toma conhecimento do caso, não havendo, por conseguinte, exarado qualquer manifestação nos autos, até o momento. Elabore o parecer jurídico, tecendo os comentários cabíveis, à luz do Direito pátrio, para cada um dos fatos descritos, na ordem em que apresentados e fazendo referência expressa ao inciso a que se referem.

Havendo legislação aplicável, deve ser expressamente mencionada. Ao final, o parecer deverá expor conclusão sucinta e clara sobre a regularidade de cada um de tais fatos, apresentando as orientações necessárias ao órgão consulente e apontamento quanto a demais providências eventualmente cabíveis.

ESPAÇO EM BRANCO PARA RESPOSTA (120 LINHAS)

5. (DPE RS – DEFENSOR PÚBLICO – RS – 2011)

Na fase interna da licitação são definidos os termos futuros do contrato, de acordo com as necessidades do Poder Público. Diante disso, discorra, indicando os fundamentos da Lei nº 8.666/93, sobre os requisitos obrigatórios a serem satisfeitos previamente a elaboração das minutas de edital e de contrato, para a contratação das obras, dos serviços e das compras.

◉ ESPAÇO EM BRANCO PARA RESPOSTA (30 LINHAS)

6. (FCC – PROCURADOR DO ESTADO – RO – 2011)

No intuito de dar maior eficiência na gestão de seus serviços terceirizados, um órgão público pretende lançar edital de licitação para seleção de empresa objetivando a prestação, de forma concomitante, dos serviços de limpeza, portaria e vigilância na sede do referido órgão. Na minuta do edital, fixou-se que a licitação será do tipo "técnica e preço", sendo que o contrato será celebrado com a empresa que obtiver a melhor média ponderada global, somando-se a pontuação obtida nas propostas técnicas e comercial referentes aos três serviços licitados. Analise a viabilidade jurídica de se promover a licitação na forma pretendida pelo órgão.

◉ ESPAÇO EM BRANCO PARA RESPOSTA (30 LINHAS)

7. (PGR/PR PROCURADOR DO ESTADO – PR – 2011)

Defina os critérios de responsabilização da Administração Pública por dívidas de natureza trabalhista, em caso de terceirização, observados os aspectos do entendimento jurisprudencial predominante na Justiça do Trabalho e as restrições decorrentes da declaração de constitucionalidade do art. 71, §1°, da Lei 8.666/1993, na Ação Declaratória de Constitucionalidade de n° 16, do Supremo Tribunal Federal.

ESPAÇO EM BRANCO PARA RESPOSTA (30 LINHAS)

8. (CESPE – JUIZ DE DIREITO – AL – 2008)

Discorra a respeito das cláusulas exorbitantes presentes nos contratos administrativos, abordando, necessariamente, sua definição e, pelo menos, três exemplos destas.

ESPAÇO EM BRANCO PARA RESPOSTA (30 LINHAS)

9. (ESAF – PROCURADOR DA FAZENDA NACIONAL – 2007/2008)

Em 10/11/2000, determinado órgão público federal realizou concorrência pública do tipo menor preço, objetivando contratação de empresa para construção de sua nova sede, em regime de empreitada por preço global.

As empresas licitantes realizaram regularmente a vistoria técnica no local da obra, tomando ciência das condições locais e do grau de dificuldade que os serviços poderiam oferecer.

Ocorridos regularmente os trâmites do procedimento licitatório, a empresa XIS Ltda., renomada empresa de engenharia, a qual já atua há aproximadamente 40 anos no mercado, sagrou-se vencedora, tendo a autoridade competente homologado a licitação em 15/12/2000.

O respectivo contrato fora assinado entre os pactuantes em 20/12/2000, tendo a previsão, em uma de suas cláusulas, de que os serviços a serem executados encontravam-se definidos nos cadernos de encargos e especificações e os projetos executivos constantes dos anexos relativos à concorrência, ficando a licitante vencedora vinculada ao instrumento convocatório, nos termos do artigo 3º da Lei n. 8.666/93.

Não havia previsão contratual a respeito da manutenção do equilíbrio econômico-financeiro.

Entre as especificações técnicas para a execução da obra, constava item relativo à escavação de subsolo em terreno rochoso, tendo sido estimada a profundidade máxima de 600m3.

Ficou pactuado que a obra seria realizada em 24 meses, a contar da assinatura do contrato.

Em janeiro de 2002, a contratada solicitou recomposição do equilíbrio econômico-financeiro, tendo em vista as dificuldades encontradas nas escavações, alegando ter direito à revisão contratual, em razão de ter realizado escavação de um volume quatro vezes superior ao inicialmente previsto, alegando, ainda, tratar-se de um fato imprevisível.

Diante do referido contexto, na qualidade de Procurador da Fazenda Nacional ante o pedido de recomposição do equilíbrio econômico-financeiro, discorra de forma fundamentada e objetiva sobre os itens abaixo:

a) Cabimento da teoria da imprevisão;

b) Cabimento da impugnação ao instrumento convocatório;

c) Ausência de previsão contratual a respeito da manutenção do equilíbrio econômico-financeiro;

d) Cabimento da revisão contratual para o restabelecimento do equilíbrio econômico-financeiro.

ESPAÇO EM BRANCO PARA RESPOSTA (30 LINHAS)

1

2

10. (FCC – PROCURADOR DE CONTAS – AM – 2006)

PARECER

O cidadão José denunciou ao Tribunal de Contas do Estado do Amazonas a existência de contrato de prestação de serviço, pelo prazo de um (01) ano, que reputa ilegal e lesivo aos cofres públicos, firmado entre o Município X e a empresa Y, para coleta de lixo na zona urbana. A licitação foi dispensada sob o fundamento de notória especialização da empresa, que é sediada no município há mais de dez anos, cuja experiência e especialização teriam sido comprovadas por diversos contratos de serviço de limpeza com entidades públicas e particulares. O contrato, que prevê o pagamento mensal de R$ 0,50 (cinqüenta centavos) por metro de vias públicas atendidas pela empresa, totaliza um débito de R$ 30.000 (trinta mil reais) mensais. O contrato, também, possui cláusula dispensando a contratada de recolher o Imposto Sobre Serviços (ISS), sob o fundamento de que executa serviço público. Segundo a denúncia, ainda, o contrato foi assinado por funcionário que ocupa o cargo em comissão de chefe do serviço de limpeza pública, que dispensara a licitação e ordena as despesas, independentemente de empenho, porque não há recursos orçamentários, embora a municipalidade tenha recursos financeiros para arcar com os gastos.

Como Procurador de Contas elabore parecer a respeito da validade do contrato, aponte as irregularidades que encontrar e indique as providências cabíveis.

ESPAÇO EM BRANCO PARA RESPOSTA (120 LINHAS)

11. (QUESTÃO ELABORADA PELOS AUTORES)

Imagine que um contrato administrativo foi celebrado quando vigente uma lei "A", mas quando de sua rescisão já estava vigente uma outra lei, "B". Diante da problemática exposta, indaga-se:

a) qual das leis regulará a rescisão do contrato administrativo?

b) qual a lei que disciplinará os requisitos de existência, validade e eficácia do contrato administrativo em questão?

◉ ESPAÇO EM BRANCO PARA RESPOSTA (30 LINHAS)

12. (QUESTÃO ELABORADA PELOS AUTORES)

Conceitue projeto básico. Ele é exigido em contratos administrativos que não dizem respeito a obras e serviços de engenharia?

◉ ESPAÇO EM BRANCO PARA RESPOSTA (30 LINHAS)

13. (QUESTÃO ELABORADA PELOS AUTORES – INÉDITA)

Considerando a atual jurisprudência do STF, no âmbito dos contratos administrativos, o inadimplemento dos encargos trabalhistas pela contratada transfere a responsabilidade do seu pagamento para o Poder público?

◉ ESPAÇO EM BRANCO PARA RESPOSTA (20 LINHAS)

QUESTÕES COMENTADAS

1. (VUNESP – JUIZ DE DIREITO – PA – 2014)

Discorra sobre a teoria da imprevisão aplicada nos contratos administrativos.

RESPOSTA:

A teoria da imprevisão preceitua que os fatos supervenientes à celebração do contrato administrativo, ao trazerem um ônus imprevisível à sua execução, devem servir de fundamento para a sua revisão.

O fundamento de tal teoria decorre da cláusula *rebus sic stantibus*, que significa a manutenção das condições presentes quando da celebração do contrato durante o período em que o contrato obrigar as partes. Isto é, as partes assumiram determinadas obrigações levando em consideração determinado cenário econômico, sendo que a álea extraordinária deve ensejar a revisão do contrato.

A aplicação dessa teoria apresenta as seguintes nuances na seara dos contratos administrativos: a) força maior – evento natural e independente da ação humana que interfere no contrato, como uma tempestade imprevista que destrói uma obra ainda inacabada; b) caso fortuito – acontecimento causado pelo homem, como por exemplo a greve de trabalhadores da empresa contratada; c) fato do príncipe – ato estatal geral que acarreta um ônus imprevisto ao contrato, como o aumento da alícuota de um tributo incidente sobre uma operação rotineira e necessária para a execução do contrato; fato da administração – ato específico da Administração que onera, dificulta ou impede a execução do contrato, do qual é exemplo a desapropriação sobre o terreno em que se instalava a base operacional da empresa contratada.

Percebe-se que a segurança jurídica se impõe de forma a socorrer o particular que contrata com a Administração, de modo a compensá-lo em caso de álea extraordinária que recaia sobre a sua prestação.

A própria Lei 8.666/93 positiva tal proteção, quando possibilita a alteração do contrato administrativo para restabelecer a relação que as partes pactuaram inicialmente entre os encargos do contratado e a retribuição da Administração para a justa remuneração da obra, serviço ou fornecimento, objetivando a manutenção do equilíbrio econômico-financeiro inicial do contrato, na hipótese de sobrevirem fatos imprevisíveis, ou previsíveis porém de consequências incalculáveis, retardadores ou impeditivos da execução do ajustado, ou ainda, em caso de força maior, caso fortuito ou fato do príncipe, configurando álea econômica extraordinária a extracontratual (art. 65, II, "d").

CRITÉRIO DE CORREÇÃO DA BANCA

A chamada Teoria da Imprevisão decorre de fenômenos extraordinários e que modificam o contrato. Esse risco, que pode acontecer e mudar o contrato, é chamado de álea e pode ser administrativo ou econômico.

Portanto, o contrato pode se tornar inviável por vontade do homem, por força da natureza e por vontade da Administração Pública ou Estado, incidindo indiretamente ou diretamente no contrato.

Caso fortuito: trata-se de um evento decorrente da vontade do homem que repercute negativamente na execução do contrato. (1 ponto)

Força maior: evento decorrente da força da natureza que, por ausência de qualquer intenção das partes, impõe obstáculos à execução regular do contrato. (0,5 ponto) Fato do príncipe: é todo ato geral, imprevisível, do Poder Público que, incidindo indireta ou reflexamente no contrato, onera de modo substancial a sua execução ou impõe obrigação insuportável para o contratado. (0,5 ponto)

Fato da Administração: é ato da Administração que incide diretamente sobre o contrato, impede a sua regular execução, equiparando-se, nos efeitos, à força maior. (0,5 ponto)

DOUTRINA TEMÁTICA

"Para a maioria da doutrina, a teoria da imprevisão, denominada antigamente cláusula *rebus sic stantibus*, consiste no reconhecimento de que eventos novos, imprevistos e imprevisíveis pelas partes e a elas não imputados, alteram o equilíbrio econômico-financeiro, refletindo sobre a economia ou na execução do contrato, autorizam sua revisão para ajustá-lo à situação superveniente, equilibrando novamente a relação contratual. Portanto, a ocorrência deve ser superveniente, imprevista (porque as partes não imaginaram), imprevisível (porque ninguém no lugar delas conseguiria imaginar – algo impensável) e que onera demais o contrato para uma das partes, exigindo-se a recomposição.

São hipóteses de teoria da imprevisão:

a) força maior e caso fortuito: consiste em ato do homem, desde que seja estranho à vontade das partes ou fato da natureza;

b) fato do príncipe: consiste em uma determinação estatal, superveniente e imprevisível, geral e abstrata, que onera o contrato, repercutindo indiretamente sobre ele – incidência reflexa. Por exemplo, a alteração da alíquota de um imposto sobre o serviço prestado. Esta conduta não atinge o objeto do principal do contrato, não impede que o serviço continue sendo prestado, entretanto, outro preço atinge-o indiretamente, o que exige a revisão. Alguns autores defendem que ela só pode ser aplicada quando quem praticou a conduta onerosa for da mesma esfera de governo do administrador com o qual se celebrou o contrato;

c) fato da administração: provém de uma atuação estatal específica que incide diretamente sobre o contrato, impedindo a sua execução nas condições inicialmente estabelecidas. Por exemplo, a Administração contratou uma empresa para construir um viaduto, todavia, para sua construção, é necessária a desapropriação de certa área. Caso a desapropriação seja negada, a empresa ficará impedida de construir o viaduto na forma contratada. Portanto, essa atuação atinge o objeto principal do contrato; interferências imprevistas: também denominadas sujeições imprevistas, são fatos materiais imprevistos, existentes ao tempo da celebração do contrato, mas só verificados ao tempo da sua execução. Como oneram demais o contrato para uma das partes, é imprescindível a revisão. Exemplo: a diversidade do terreno conhecida só na execução da obra." (MARINELA, 2013, p. 479-480)

Atenção!!!! Não existe consenso na doutrina sobre os conceitos de força maior e caso fortuito. Entendemos que em casos como esse, a banca não poderia aceitar como correto apenas uma das orientações. Não obstante, a banca considerou a força maior como evento da natureza e o caso fortuito como um ato humano. A doutrina de Carvalho Filho inverte os conceitos:

"Caso fortuito e força maior são situações de fato que redundam na impossibilidade de serem cumpridas as obrigações contratuais. O primeiro decorre de eventos da natureza, como catástrofes, ciclones, tempestades anormais, e o segundo é resultado de um fato causado, de alguma forma, pela vontade humana, como é o clássico exemplo da greve" (CARVALHO FILHO, 2011, p. 196)

"O fato da Administração distingue-se do fato do príncipe, pois, enquanto o primeiro se relaciona diretamente com o contrato, o segundo é praticado pela autoridade, não como 'parte' no contrato, mas como autoridade pública que, como tal, acaba por praticar um ato que, reflexamente repercute sobre o contrato.

(...) Álea econômica, que dá lugar à aplicação da teoria da imprevisão, é todo acontecimento externo ao contrato, estranho à vontade das partes, imprevisível e inevitável, que causa um desequilíbrio muito grande, tornando a execução do contrato excessivamente onerosa para o contratado." (DIPIETRO, 2014, p. 293;295)

2. (CESPE – PROCURADOR DO ESTADO – BA – 2014)

Com o objetivo de aperfeiçoar a atividade administrativa, o secretário de Administração do estado da Bahia decidiu promover a capacitação de vinte servidores públicos em legislação de pessoal, por meio da participação no IV Seminário Internacional de Recursos Humanos, maior evento da área no Brasil, que contará com palestrantes de renome internacional e será realizado no período de 10 a 15 de julho de 2014 em Salvador–BA. A prestação dos serviços será feita mediante a contratação direta da empresa responsável pela organização do seminário, a RH Treinamentos, que presta, há vinte anos, serviços para diversos órgãos públicos nos âmbitos estadual e federal. O valor da contratação é de R$ 20.000,00, referentes ao valor das inscrições. Feita a seleção dos servidores interessados e reunida a documentação necessária, o secretário determinou a instauração do devido processo administrativo e o seu envio à procuradoria administrativa da PGE/BA para o exame jurídico da possibilidade da contratação direta, nos termos do art. 38, parágrafo único, da Lei n.º 8.666/1993.

Em face dessa situação hipotética, elabore, na qualidade de procurador estadual responsável pela análise do referido processo administrativo, parecer sobre o caso. Dispense o relatório e aborde, necessariamente, os seguintes aspectos:

1. possibilidade ou não de contratação direta, modalidade adequada ao caso e requisitos legais; [valor: 14,00 pontos]
2. documentos/elementos/atos que devem instruir o processo administrativo quanto ao serviço; [valor: 10,00 pontos]
3. documentos/elementos/atos que devem instruir o processo administrativo relacionados à empresa; [valor: 6,00 pontos]
4. possibilidade ou não de realização de credenciamento; [valor: 3,00 pontos]
5. obrigatoriedade ou não de instrumento de contrato; [valor: 3,00 pontos]
6. necessidade ou não de publicação da ratificação da autoridade superior na imprensa oficial. [valor: 2,00 pontos]

◉ RESPOSTA:

Parecer nº.

Interessado: Secretário de Administração do estado da Bahia

Ementa: Direito Administrativo. Licitação. Contratação direta de serviço de capacitação de servidores. Modalidade adequada. Inexigibilidade. Instrução do processo administrativo. Credenciamento. Impossibilidade. Instrumento de contrato. Facultatividade. Publicação da ratificação da autoridade superior na imprensa oficial. Necessidade.

I - (Relatório dispensado)

II - FUNDAMENTAÇÃO

II.1 - Contratação direta dos serviços de capacitação de servidores, modalidade adequada ao caso e requisitos legais.

A contratação direta é aquela realizada sem prévia licitação, que pode se dar por meio de dispensa ou inexigibilidade. A regra para a contratação pelo Poder Público é a prévia realização de licitação para que se defina o particular a ser contratado. As ressalvas à licitação devem ser especificadas na legislação (artigo 37, XXI da Constituição Federal).

A Lei de Licitações e Contratos Administrativos (Lei nº. 8.666/1993) traz nos seus artigos 24 e 25 os institutos da dispensa e da inexigibilidade, que representam hipóteses em que a contratação administrativa não será precedida de licitação.

No primeiro caso (dispensa), existe a possibilidade de se realizar a licitação, mas a lei descreve uma situação em que o administrador pode optar por contratar diretamente, sem todas as formalidades inerentes ao procedimento licitatório. Ou seja, a licitação é dispensável, apesar de possível. Cabe à autoridade administrativa ponderar a conveniência e oportunidade da realização de licitação, podendo ainda optar pela contratação direta, desde que rigorosamente preenchidos os requisitos legais do artigo 24 da Lei 8.666/93.

Diz-se assim que as hipóteses de dispensa de licitação são taxativas, só podendo ocorrer quando se verificar a adequação a um dos incisos do artigo 24 da Lei 8.666/93. Faltando qualquer dos elementos previstos na hipótese legal de dispensa, não resta outra alternativa à Administração, senão a realização do procedimento licitação antes da contratação pretendida.

A inexigibilidade, por sua vez, é aquela situação em que não existe sequer a viabilidade de se realizar a licitação. Nesse caso, circunstâncias relativas ao mercado, aos particulares potenciais licitantes ou à (in)utilidade da licitação ao interesse público podem tornar a licitação inexigível.

Não há uma descrição exaustiva de hipóteses em que a licitação é inexigível, até mesmo porque não é dado ao legislador prever todas as hipóteses em que a licitação será inviável/inexigível. As hipóteses legais de inexigibilidade previstas no artigo 25 da Lei 8.666/93, desse modo, pertencem a um rol exemplificativo, como deixa claro a expressão "em especial", prevista no *caput* do artigo 25 da Lei 8.666/93.

Passando à análise do caso submetido à apreciação, tem-se que é possível a contratação direta, pela modalidade inexigibilidade. O serviço a ser prestado é a capacitação de servidores em seminário internacional, o maior evento da área no Brasil, não se podendo crer que haja vários ofertantes em situação similar para contratar com a Administração.

Além disso, o artigo 25, II da Lei 8.666/93 prevê como hipótese de inexigibilidade a contratação de serviços técnicos enumerados no art. 13 desta Lei, de natureza singular, com profissionais ou empresas de notória especialização, vedada a inexigibilidade para serviços de publicidade e divulgação. Considera-se de notória especialização o profissional ou empresa cujo conceito no campo de sua especialidade, decorrente de desempenho anterior, estudos, experiências, publicações, organização, aparelhamento, equipe técnica, ou de outros requisitos relacionados com suas atividades, permita inferir que o seu trabalho é essencial e indiscutivelmente o mais adequado à plena satisfação do objeto do contrato (artigo 25, § 1º).

A doutrina e a jurisprudência do Superior Tribunal de Justiça entendem que o artigo 25, II da Lei 8.666/93 exige a presença simultânea de três requisitos: a) serviço técnico descrito no artigo 13 da Lei 8.666/93; b) profissional ou empresa de notória especialização; e c) serviço de natureza singular.

O serviço a ser prestado com a participação dos servidores no seminário de recursos humanos caracteriza-se como treinamento e aperfeiçoamento de pessoal, previsto no artigo 13, VI, da Lei 8.666/93, o que satisfaz o primeiro requisito listado acima.

Do mesmo modo, a empresa a ser contratada presta serviços de capacitação de pessoal há vinte anos a diversos órgãos públicos, além de estar organizando um seminário de grande importância na área de recursos humanos. Tudo isso faz com que a empresa a ser contratada também preencha o segundo requisito, qual seja, conceituar-se como empresa de notória especialização.

Já em relação ao serviço singular, este fica evidenciado no caso pelo fato de se tratar não de qualquer seminário de recursos humanos, mas sim de um seminário internacional, considerado o maior evento da área no Brasil que conta com palestrantes de renome internacional.

Completamente demonstrada, assim a satisfação dos três requisitos para que se tenha a inexigibilidade de licitação prevista no artigo 25, II da Lei 8.666/93. O procedimento licitatório é, pois, inviável, sendo necessária a contratação direta do serviço descrito.

II.2 – Documentos/elementos/atos que devem instruir o processo administrativo quanto ao serviço e quanto à empresa.

A ausência de licitação não significa inexistência de formalismo para contratação, pois a lei exige que a escolha do contratado e a definição do objeto do contrato sejam formalizados num procedimento administrativo, que costuma ser chamado de "modalidade anômala de licitação" pela doutrina.

Nesse sentido, o artigo 26 da Lei 8.666/1993 exige que as situações de inexigibilidade referidas no artigo 25 sejam necessariamente justificadas. Ou seja, deve haver uma exposição das razões pelas quais devem os servidores participar do seminário de recursos humanos, capacitando-se em legislação de pessoal.

Apesar de não haver a realização de licitação no presente caso, ainda assim incide o artigo 7º, § 2º da Lei 8.666/1993. Dessa forma, exige-se a elaboração de prévia de projeto básico aprovado pela autoridade competente, identificando o objeto do contrato, bem como a previsão de recursos orçamentários que assegurem o pagamento das obrigações decorrentes do serviço a ser prestado, sem o que a despesa considera-se irregular, de acordo com a Lei de Responsabilidade Fiscal.

Ainda no que se refere aos documentos/elementos/atos que devem instruir o processo administrativo quanto ao serviço, o processo administrativo de inexigibilidade deve ser instruído com a justificativa do preço (artigo 26, parágrafo único, III da Lei 8.666/1993).

Em relação aos documentos/elementos/atos que devem instruir o processo quanto à empresa, deve-se verificar a observância, em relação a ela, das condições previstas no artigo 27 da Lei 8.666/1993. Embora esse dispositivo refira-se a à documentação exigida dos interessados para habilitação em licitações, deve ser estendido aos processos de dispensa e inexigibilidade, pois em quaisquer dos casos o procedimento, licitatório ou de contratação direta, ter-se á como consequência o contrato administrativo.

Assim é que o processo administrativo de inexigibilidade deve ser instruído com a documentação relativa à habilitação da empresa, nos termos do artigo 27 da Lei 8.666/1993. Também há a necessidade de se expor a razão da escolha da empresa a ser contratada, o que decorre do artigo 26, parágrafo único, II.

II.3 – Impossibilidade de realização de credenciamento.

O credenciamento é um meio de contratação direta, na modalidade inexigibilidade, pelo qual a Administração, ao invés de escolher um interessado e contratá-lo, irá proceder a uma pré-seleção dos interessados no objeto do contrato, desde que estes preencham os requisitos definidos no instrumento convocatório. Como há apenas uma empresa capaz de atender ao objeto do contrato, esta constatação é suficiente para se concluir pela impossibilidade do credenciamento no presente caso.

II.4 – Facultatividade do instrumento de contrato.

O instrumento de contrato apenas é obrigatório nos casos de concorrência e de tomada de preços, bem como nas dispensas e inexigibilidades cujos preços estejam compreendidos nos limites destas duas modalidades (artigo 62 da Lei 8.666/1993). Para os demais casos, é mera faculdade, podendo ser utilizados outros instrumentos hábeis, despidos da solenidade própria do instrumento de contrato, tais como a carta-contrato e a nota de empenho.

Como no presente caso o valor do contrato está na faixa de R$ 20.000,00, tem-se que a utilização do instrumento de contrato é uma faculdade do administrador.

II.5 – Publicação da ratificação da autoridade superior na imprensa oficial.

A ratificação da autoridade superior da situação de inexigibilidade deve ser publicada na imprensa oficial no prazo de cinco dias, como condição de eficácia do ato, de acordo com o artigo 26 da Lei 8.666/1993. Tal se dá por conta do princípio da publicidade da atividade administrativa, que no âmbito dos contratos é condição de eficácia destes, o que se coaduna ainda com o artigo 61, parágrafo único da Lei 8.666/1993.

III- CONCLUSÃO.

Diante da fundamentação acima, conclui-se:

III.1 – pela possibilidade de contratação direta, na modalidade inexigibilidade;

III.2 – pela necessidade de se instruir o processo administrativo com os documentos elencados no item II.2 deste parecer;

III.3 – pela impossibilidade de utilização do credenciamento;

III.4 – pela facultatividade da utilização do instrumento de contrato;

III.5 – pela necessidade de se publicar na imprensa oficial a ratificação da situação de inexigibilidade.

É o parecer, salvo melhor juízo.

Local, Data.

Procurador do Estado da Bahia.

Atenção!!!! Sobre o tema abordado na questão acima, cumpre citar a Orientação Normativa da AGU 18/2009:

"Contrata-se por inexigibilidade de licitação com fundamento no art. 25, inc. II, da Lei nº 8.666, de 1993, conferencistas para ministrar cursos para treinamento e aperfeiçoamento de pessoal, **ou a inscrição em cursos abertos**, desde que caracterizada a singularidade do objeto e verificado tratar-se de notório especialista" (grifado pelo autor).

▶ CRITÉRIO DE CORREÇÃO DA BANCA

O candidato deve desenvolver os seguintes aspectos no parecer:

2.1 – a modalidade de contração direta deve ser a inexigibilidade de licitação, pois, ao contrário da dispensa de licitação, não há viabilidade de competição. Ademais, o valor da contratação não está dentro dos limites da dispensa, em razão do valor. De acordo com o professor Eros Grau,

"Na dispensa, a lei autoriza a Administração a, excepcionalmente, contratar sem licitação. Atua, aí, a conveniência administrativa, em nome da qual dá-se a dispensa do dever de licitar. O dever de licitar incide, mas é afastado pelo preceito legal. A enunciação legal das hipóteses de dispensa é

exaustiva. Não está a Administração autorizada a dispensar a licitação senão, e exclusivamente, nas hipóteses expressamente indicadas pela lei. Já no que concerne aos casos de inexigibilidade de licitação, ao contrário, não incide o dever de licitar. A não realização da licitação decorre, não de razão de conveniência administrativa, mas da inviabilidade de competição."

Dadas as circunstâncias do caso descrito, a possibilidade de contratação direta, por meio de inexigibilidade de licitação, está prevista no art. 25, II, da Lei n. 8.666/1993. A contratação não pode ser feita com base no inciso I, pois este é aplicável apenas às compras (Marçal Justen Filho, Curso de Direito Administrativo, Ed. Forum, 2012). Sobre o assunto, dispõe a Lei n. 8.666/1993:

"Art. 25 É inexigível a licitação quando houver inviabilidade de competição, em especial: (...)

2.2 – para a contratação de serviços técnicos enumerados no art. 13 desta Lei, de natureza singular, com profissionais ou empresas de notória especialização, vedada a inexigibilidade para serviços de publicidade e divulgação."

Portanto, para ser possível a referida contratação direta, é necessária demonstração de três requisitos: a) serviço técnico previsto no art. 13 da Lei 8.666/93; b) serviço de natureza singular; c) profissional ou empresa de notória especialização.

Quanto ao primeiro requisito, o art. 13, IV, prevê que o "aperfeiçoamento e treinamento de pessoal" é qualificado como serviço técnico. Desse modo, pode-se concluir que o serviço a ser contratado satisfaz o requisito legal. Relativamente à singularidade, vale anotar que tal característica deve estar relacionada às peculiaridades do serviço, e não ao número de empresas capazes de prestá-lo. No caso, a singularidade revela-se no fato de que se trata de seminário internacional, maior evento realizado no Brasil, e que contará com palestrantes de renome internacional. Quanto à notória especialização, além dos palestrantes com reconhecimento internacional, a empresa contratada possui ampla experiência no mercado. Uma vez satisfeitos os três requisitos, constata-se a inviabilidade de competição. Não há como realizar licitação, pois o seminário é específico, realizado em data determinada e aberto ao público.

No que toca à instrução do processo administrativo, a Lei n. 8.666/1993 exige a presença de vários documentos. Primeiro, deve estar presente a justificativa da necessidade da contratação, com a demonstração de que os servidores precisam ser capacitados (art. 26). Deve ser juntado, também, projeto básico, com os elementos necessários à definição do serviço (art. 7, § 2.º, I). Em seguida, deve haver previsão dos recursos orçamentários, com o devido empenho, que assegurem o pagamento das obrigações decorrentes dos serviços a serem executados (art. 7, § 2.º, III). Igualmente necessários são a autorização do ordenador de despesa (art. 38) e os documentos referentes à habilitação da empresa, em especial os relacionados à regularidade fiscal (art. 65, § 3.º, XII e XIII, da Lei estadual n.º 9.433/2005 e art. 27 da Lei

n.º 8.666/1993). Por fim, fazem-se necessárias a justificativa do preço a ser cobrado e a razão da escolha da empresa (art. 26, parágrafo único, II e III, da Lei n.º 8.666/1993). Por último, cumpre verificar se a empresa a ser contratada não está suspensa ou impedida de contratar com o estado da Bahia (art. 65, § 3.º, VII, da Lei estadual n.º 9.433/2005).

2.3 – Quanto ao credenciamento, não há possibilidade de aplicação na hipótese descrita, pois não há a necessidade de contratação do maior número possível de empresas. No caso, a necessidade recai apenas em uma empresa, pois somente a RH Treinamentos possui o direito de organizar o citado seminário. Aplica-se no caso o disposto no art. 61 da Lei estadual n.º 9.433/2005: "É inexigível a licitação, por inviabilidade de competição, quando, em razão da natureza do serviço a ser prestado e da impossibilidade prática de se estabelecer o confronto entre os interessados, no mesmo nível de igualdade, certas necessidades da Administração possam ser melhor atendidas mediante a contratação do maior número possível de prestadores de serviço, hipótese em que a Administração procederá ao credenciamento de todos os interessados que atendam às condições estabelecidas em regulamento."

2.4 – Relativamente ao instrumento de contrato, não há necessidade no caso descrito, pois o valor da contratação não está compreendido dentro dos limites da tomada de preços e concorrência, podendo o mesmo ser substituído por carta-contrato, nota de empenho ou ordem de execução de serviço, como autoriza o texto do art. 62 da Lei n.º 8.666/1993:

"O instrumento de contrato é obrigatório nos casos de concorrência e de tomada de preços, bem como nas dispensas e inexigibilidades cujos preços estejam compreendidos nos limites destas duas modalidades de licitação, e facultativo nos demais em que a Administração puder substituí-lo por outros instrumentos hábeis, tais como carta-contrato, nota de empenho de despesa, autorização de compra ou ordem de execução de serviço."

2.5 – Por último, no que toca ao cumprimento do princípio da publicidade, o art. 26 da Lei n.º 8.666/1993 exige que a ratificação da situação de inexigibilidade seja publicada na imprensa oficial:

"As dispensas previstas nos §§ 2.º e 4.º do art. 17 e no inciso III e seguintes do art. 24, as situações de inexigibilidade referidas no art. 25, necessariamente justificadas, e o retardamento previsto no final do parágrafo único do art. 8.º desta Lei deverão ser comunicados, dentro de 3 (três) dias, à autoridade superior, para ratificação e publicação na imprensa oficial, no prazo de 5 (cinco) dias, como condição para a eficácia dos atos."

A conclusão do parecer deve ser pela possibilidade de contratação direta, por inexigibilidade de licitação, da empresa RH Treinamentos, para a prestação dos serviços técnicos no âmbito do IV Seminário Internacional de Recursos Humanos.

DOUTRINA TEMÁTICA

"Quanto à menção, no dispositivo, à natureza singular do serviço, é evidente que a lei quis acrescentar um requisito, para deixar claro que não basta tratar-se de um dos serviços previstos no artigo 13; é necessário que a complexidade, a relevância, os interesses públicos em jogo tornem o serviço singular, de modo a exigir a contratação com profissional notoriamente especializado; não é qualquer projeto, qualquer perícia, qualquer parecer que torna inexigível a licitação." (DI PIETRO, 2014, p. 409)

"Para a contratação direta descrita no inciso II, não basta a indicação de um dos serviços técnicos especializados apontados pelo artigo 13 da Lei. É necessário a a notória especialização do contratado e a natureza singular (singularidade) do serviço.

Assim, a inexigibilidade descrita pelo inciso II do artigo 25 do estatuto licitatório pressupõe a presença concomitante dos seguintes requisitos:

- Tratar-se de serviço técnico profissional especializado;
- Referir-se de profissional ou empresa de notória especialização;
- Restar caracterizada a natureza singular do serviço a ser prestado.

(...) É importante anotar que a notória especialização pode variar de acordo com a localidade da prestação contratual. Determinado profissional, detentor de alguns atributos ou de específica formação, pode ser reconhecido como notório especialista em uma pequena cidade ou região, embora seu trabalho e sua reputação sejam totalmente desconhecidos em uma grande capital.

Essa relatividade deve ser respeitada, quando da aferição dos elementos que autorizam a inexigibilidade prevista deste dispositivo.

Noutro diapasão, convém lembrar que a notória especialização envolve elemento subjetivo, já que se refere a uma característica do particular contratado.

Já a singularidade envolve elemento objetivo, sendo característica diferenciadora do objeto. É o serviço pretendido pela Administração que é singular e não aquele que o executa, caso contrário, estaríamos diante de uma exclusividade, tornando inócuo o dispositivo, pela prescrição já existente no inciso I deste artigo." (TORRES, 2011, p. 180 e 181)

"Ressalte-se, ainda que a contratação direta, sem a realização de licitação, não é sinônimo de contratação informal, não podendo a Administração contratar quem quiser, sem as devidas formalidades, o que é denominado procedimento de justificação, previsto no art. 26 da lei. Visando impedir a fraudulenta utilização dos dispositivos que autorizam a contratação direta, o administrador deverá cumprir alguns requisitos. Na etapa interna do procedimento, a Administração deve: identificar a necessidade, fixar o objeto e definir recursos orçamentários, o que acontecerá independentemente da realização ou não do procedimento licitatório. Em seguida, o administrador deverá justificar, não apenas a presença dos pressupostos da ausência de licitação, com a respectiva documentação, como também apresentar o fundamento da escolha de um determinado contratante e de uma específica proposta. Essas circunstâncias devem ser comunicadas à autoridade superior em três dias, para que essa autoridade realize a ratificação e a publicação na imprensa oficial no prazo de cinco dias, como condição de eficácia do ato." (MARINELA, 2013, p. 366)

JURISPRUDÊNCIA TEMÁTICA

STJ

ADMINISTRATIVO E PROCESSO CIVIL. AGRAVO EM RECURSO ESPECIAL. ECT. FRANQUIAS POSTAIS. LEI 11.668/2008. NECESSIDADE DE LICITAÇÃO. ENCERRAMENTO DE CONTRATOS VIGENTES ANTES DAS NOVAS CONTRATAÇÕES. IMPOSSIBILIDADE. DECRETO 6.639/2008. EXTRAPOLAÇÃO DO PODER REGULAMENTAR. VIOLAÇÃO AO PRINCÍPIO DA LEGALIDADE. 1. Discute-se a possibilidade de manutenção dos contratos de franquia dos Correios em vigor, ainda que firmados sem prévia licitação, até que sejam formalizados os contratos precedidos de regular procedimento licitatório. 2. Cotejando as normas que regem a matéria, verifica-se que o Decreto 6.639/2008, ao prever a extinção automática dos contratos firmados com agências franqueadas após o prazo fixado no parágrafo único do art. 7º da Lei n. 11.668/2008, extrapolou o disposto nesta legislação, que se limitou a fixar prazo para o encerramento da licitação das novas agências, tendo assentado, expressamente, a validade dos contratos antigos até a entrada em vigor dos novos. 2. Sendo assim, é de se reconhecer o direito das agências franqueadas de continuarem em atividade até que os novos contratos, devidamente licitados, sejam firmados. Nesse sentido, já se manifestou a Segunda Turma desta Corte, no bojo do AgRg no REsp 1.393.593/SC, Rel. Min. Humberto Martins, DJe 14/8/2015. 3. Agravo conhecido para negar provimento ao recurso especial.

(AREsp 613.239/RS, Rel. Ministro BENEDITO GONÇALVES, PRIMEIRA TURMA, julgado em 07/11/2017, DJe 16/11/2017).

AGRAVO REGIMENTAL DA LINAVE TRANSPORTES LTDA. ADMINISTRATIVO. TRANSPORTE PÚBLICO COLETIVO. PERMISSÃO. AUSÊNCIA DE LICITAÇÃO. NULIDADE. PRINCÍPIO DA CONTINUIDADE DO SERVIÇO PÚBLICO. INEXISTÊNCIA DE VIOLAÇÃO AO ART. 535 DO CPC. AUSÊNCIA DE VIOLAÇÃO À RESERVA DE PLENÁRIO. CERCEAMENTO DE DEFESA. IMPOSSIBILIDADE DE ANÁLISE. SÚMULA 7/STJ. ART. 42, § 2º, DA LEI 8.987/95. PRORROGAÇÃO DE VIGÊNCIA CONTRATUAL. PRAZO. RESPEITO AO ART. 37, INCISO XXI, DA CONSTITUIÇÃO FEDERAL. HONORÁRIOS. TESE SEM PREQUESTIONAMENTO. 1. No que se refere à decisão que conheceu do agravo para prover o recurso especial do Detro, inconcebível que se imagine privilegiar o interesse privado da empresa recorrida, no eventual direito de ser indenizada, mantendo a perpetuação de um contrato reconhecido como nulo pela ausência de licitação. 2. A jurisprudência desta Corte Superior de Justiça é no sentido de que "extinto o contrato de concessão por decurso do prazo de vigência, cabe ao Poder Público a retomada imediata da prestação do serviço, até a realização de nova licitação, a fim de assegurar a plena observância do princípio da continuidade do serviço público, não estando condicionado o termo final do contrato ao pagamento prévio de eventual indenização, que deve ser pleiteada nas vias ordinárias" (AgRg no REsp 1139802/SC, Rel. Ministro HAMILTON CARVALHIDO, PRIMEIRA TURMA, julgado em 12/04/2011, DJe 25/04/2011) 3. Declarada a nulidade da permissão outorgada sem licitação pública, não se pode condicionar o termo final do contrato ao pagamento prévio de eventual indenização, cabendo ao Poder Público a retomada imediata da prestação do serviço, até a realização de nova licitação. 4. Ressalta-se que a eventual paralisação na prestação do serviço de transporte público de que trata a presente demanda, coadjuvado pela impossibilidade de o ente público assumir, de forma direta, a prestação do referido serviço, em razão da desmobilização da infra-estrutura estatal, anterior a conclusão do procedimento licitatório, poderá ensejar a descontinuidade dos serviços prestados, em completa afronta ao princípio da continuidade dos serviços públicos essenciais. Assim, visando a continuidade do serviço público de transporte e o interesse de toda coletividade, autoriza-se a realização do procedimento licitatório no prazo de até um ano, independentemente do trânsito em julgado, momento em que cessam os efeitos dos contratos em questão.

(...)

Dessa forma, conclui- se ser indispensável o cumprimento dos ditames constitucionais e legais, com a realização de prévio procedimento licitatório para que se possa cogitar de indenização aos permissionários de serviço público de transporte coletivo, o que não ocorreu no presente caso. 8. Saliente-se que o artigo 42, § 2º, da Lei n. 8.987/95 aplica-se somente às concessões de serviço público, e não às permissões. Precedente: REsp 443.796/MG, Rel. Min. Franciulli Netto, Segunda Turma, DJ de 03.11.03. 9. Por outro lado, no que se refere à decisão que conheceu do agravo para negar seguimento ao recurso especial da Linave, os órgãos julgadores não estão obrigados a examinar todas as teses levantadas pelo jurisdicionado durante um processo judicial, bastando que as decisões proferidas estejam devida e coerentemente fundamentadas, em obediência ao que determina o art. 93, inc. IX, da Constituição da República vigente. Isto não caracteriza ofensa ao art. 535 do CPC. (...)

13. A Lei 8.666/93, que regulamenta o art. 37, inciso XXI, da Carta Magna, instituindo normas para licitações e contratos da Administração Pública, em seu art. 2º, afirma que as obras, serviços, inclusive de publicidade, compras, alienações, concessões, permissões e locações da Administração Pública, quando contratadas com terceiros, serão necessariamente precedidas de licitação, ressalvadas as hipóteses previstas nesta Lei. Assim, a exigibilidade da licitação é proveniente da Constituição Federal, devendo a legislação infraconstitucional ser compatibilizada com os preceitos insculpidos nos artigos 37, inciso XXI, e 175 da Carta República, não podendo admitir-se um longo lapso temporal, com respaldo no art. 42, §2º, da Lei n. 8.987/95, uma vez que o comando constitucional deve ser plenamente cumprido. Precedente: ADI 3521, Relator(a): Min. EROS GRAU, Tribunal Pleno, julgado em 28/09/2006, DJ 16-03-2007. 14. A prorrogação do contrato de permissão por longo prazo, fundamentada na necessidade de se organizar o procedimento licitatório, não pode ser acolhida para

justificar a prorrogação efetuada, visto que tratam de suposto direito econômico das empresas que não podem se sobrepor ao preceito constitucional que obriga a licitar e visa garantir e resguardar o interesse público da contratação precedida de licitação. 15. Quanto aos honorários, a ora recorrente utilizou-se do fundamento de que o DETRO/RJ não faz jus à verba honorária que lhe foi concedida, uma vez que foi ele que deu causa à instauração do processo, sendo ele que elaborou o contrato que o Poder Judiciário considerou inválido. Ocorre que não há como apreciar essa tese, uma vez que não foi objeto de debate pela instância ordinária, o que inviabiliza o conhecimento do especial no ponto por ausência de prequestionamento. 16. Agravo regimental não provido. (AgRg no AREsp 481.094/RJ, Rel. Ministro MAURO CAMPBELL MARQUES, SEGUNDA TURMA, julgado em 15/05/2014, DJe 21/05/2014).

PROCESSUAL CIVIL E ADMINISTRATIVO. AÇÃO CIVIL PÚBLICA. IMPROBIDADE ADMINISTRATIVA. EMBARGOS DE DECLARAÇÃO. CONTRADIÇÃO NÃO-CONFIGURADA. CONTRATAÇÃO DE EMPRESA SEM LICITAÇÃO. SERVIÇOS TÉCNICOS DE AUDITORIA. REVISÃO DA ARRECADAÇÃO DO ICMS, PARA FINS DE APURAÇÃO DA QUOTA-PARTE DA REPARTIÇÃO TRIBUTÁRIA. INTELIGÊNCIA DO ART. 25, II, DA LEI 8.666/1993.

1. O vício da contradição pressupõe que os fundamentos e a conclusão do julgamento caminhem em sentidos opostos, o que não ocorreu nos autos.

2. O Tribunal de origem considerou justificada a contratação direta porque a empresa é bem conceituada, e o serviço de revisão da arrecadação do ICMS, para controle da quota-parte na repartição de receitas, demanda conhecimentos técnicos especializados.

3. Contudo, a inexigibilidade da licitação, nos termos do art. 25, II, da Lei 8.666/1993, pressupõe a presença concomitante dos seguintes requisitos: a) serviço técnico listado no art. 13; b) profissional (pessoa física) ou empresa de notória especialização; c) natureza singular do serviço a ser prestado.

4. Sem a demonstração da natureza singular do serviço prestado, o procedimento licitatório é obrigatório e deve ser instaurado, com o objetivo maior de a) permitir a concorrência entre as empresas e pessoas especializadas no mesmo ramo profissional e, b) garantir ampla transparência à contratação pública e, com isso, assegurar a possibilidade de controle pela sociedade e os sujeitos intermediários (Ministério Público, ONGs, etc.).

5. Recurso Especial parcialmente provido. (REsp 942.412, Rel. Min. Herman Benjamin, 2ª Turma, j. 28.10.2008, DJe 09.03.2009)

▶ TCU

Súmula 252/2010 do TCU: "A inviabilidade de competição para a contratação de serviços técnicos, a que alude o inciso II do art. 25 da Lei nº 8.666/93, decorre da presença simultânea de três requisitos: serviço técnico especializado, entre os mencionados no art. 13 da referida lei, natureza singular do serviço e notória especialização do contratado."

Súmula 264/2011 do TCU: "A inexigibilidade de licitação para a contratação de serviços técnicos com pessoas físicas ou jurídicas de notória especialização somente é cabível quando se tratar de serviço de natureza singular, capaz de exigir, na seleção do executor de confiança, grau de subjetividade insuscetível de ser medido pelos critérios objetivos de qualificação inerentes ao processo de licitação, nos termos do art. 25, inciso II, da Lei nº 8.666/1993."

Na aquisição de gêneros alimentícios diretamente dos produtores rurais, cooperativas e associações, cadastrados é possível à Administração realizar a contratação direta, mediante inexigibilidade de licitação [credenciamento], desde que haja a demonstração inequívoca de que suas necessidades somente poderão ser atendidas dessa forma, cabendo a devida observância das exigências do art. 26 da Lei 8.666/93, principalmente no que concerne à justificativa de preços (Acórdão n. 351/2010).

Finalizando, constatamos ter ficado devidamente esclarecido no processo TC 008.797/93-5 que o sistema de credenciamento, quando realizado com a devida cautela, assegurando tratamento isonômico aos interessados na prestação dos serviços e negociando-se as condições de atendimento, obtém-se uma melhor qualidade dos serviços além do menor preço, podendo ser adotado sem licitação amparado no art. 25 da Lei 8.666/93. (Decisão nº 104/1995 – Plenário)

3. (CESPE – JUIZ DE DIREITO – PA – 2012)

Considere que o poder público municipal, após a realização de procedimento licitatório, tenha celebrado, com determinada empresa, contrato para a prestação de serviço de transporte e que lei específica posterior tenha aumentado a carga tributária que seria suportada pela empresa. Em face dessa situação hipotética, responda, de forma fundamentada, se o particular contratado pelo poder público tem direito à revisão dos valores do contrato para suprir a despesa decorrente do correspondente recolhimento.

RESPOSTA:

De acordo com o artigo 65, § 5º da Lei 8.666/93, quaisquer tributos ou encargos legais criados, alterados ou extintos, quando ocorridas após a apresentação da proposta, de comprovada repercussão nos preços contratados, implicarão a revisão destes para mais ou para menos, conforme o caso.

Tem-se aí uma aplicação do reequilíbrio econômico-financeiro, uma vez que as cláusulas econômicas do contrato administrativo devem ser mantidas, de forma a propiciar uma segurança ao contratado. O equilíbrio entre a prestação do particular e o preço pago pela Administração está resguardado não só pela Lei 8.666/93, nos artigos 65, II, "d" e 65 § 5º, mas também na Constituição Federal, no artigo 37, XXI. Tal equilíbrio é imune até mesmo às hipóteses de alteração unilateral do contrato administrativo, sendo preservado por meio da revisão, sempre que ocorrer fato superveniente e imprevisto que altere a equação inicial.

Uma das hipóteses em que se rompe o equilíbrio econômico-financeiro é a ocorrência de fato do príncipe, que se caracteriza como a atuação estatal geral (que não recai sobre sujeitos individualizados) que não tem relação direta com o contrato, mas o atinge reflexamente, podendo ser citado o aumento da carga tributária (artigo 65, § 5º da Lei 8.666/93).

Verificada a ocorrência do fato do príncipe, surge para o contratado o direito à revisão do preço, devendo ser restabelecido o equilíbrio econômico-financeiro. Com isso, preserva-se a relação inicial entre os encargos do contratado e o preço pago pela Administração. No caso enunciado pela questão, o particular deve ser resguardado da despesa adicional e imprevista de corrente da nova carga tributária.

Atenção!!!! Sobre o tema deve-se conhecer a seguinte orientação normativa da AGU:

Orientação Normativa nº 22 da Advocacia-geral da União: "O reequilíbrio econômico-financeiro pode ser concedido a qualquer tempo, independentemente de previsão contratual, desde que verificadas as circunstâncias elencadas na letra 'd' do inc. II do art. 65, da Lei nº 8.666, de 1993."

◉ DOUTRINA TEMÁTICA

"Equação econômico-financeira do contrato é a relação de adequação entre o objeto e o preço, que deve estar presente ao momento em que se firma o ajuste. Quando é celebrado qualquer contrato, inclusive o administrativo, as partes se colocam diante de uma linha de equilíbrio que liga a atividade contratada ao encargo financeiro correspondente." (CARVALHO FILHO, 2011, p . 183)

"(...) **fato do príncipe: consiste em uma determinação estatal, superveniente e imprevisível, geral e abstrata, que onera o contrato, repercutindo indiretamente sobre ele** - incidência reflexa. Por exemplo, a alteração da alíquota de um imposto sobre o serviço prestado. Esta conduta não atinge o objeto principal do contrato, não impede que o serviço continue sendo prestado, entretanto, outro preço atinge-o indiretamente, o que exige a revisão." (MARINELA, 2013, p. 479). (grifado pelo autor).

"(...) Essa garantia (possibilidade de recomposição para a manutenção do equilíbrio econômico-financeiro) não deve ser encarada como um benefício para o particular e sortilégio em detrimento do erário. Na verdade, essa proteção à equação econômico-financeira pode permitir que a Administração tenha o menor gasto possível com a contratação. É que, dentro de uma lógica capitalista e econômica, a ausência desta garantia implicaria em propostas que conteriam esses eventuais custos já embutidos no valor apresentado ao certame. Uma vez garantido o equilíbrio contratual, os disputantes tendem a minorar seus preços, pela desnecessidade de inclusão de tais custos incertos, permitindo que a proposta vencedora seja a menor.

O reequilíbrio econômico financeiro do contrato deve ser percebido como um direito, tanto do contratado quanto da Administração. Ele foi expressamente estabelecido pelo Constituinte, ao resguardar a manutenção das condições efetivas da proposta." (TORRES, 2011, p. 385). (grifado pelo autor).

JURISPRUDÊNCIA TEMÁTICA

TCU

Observe o disposto na Lei 8.666/1993, evitando o aditamento de contratos com base em evento não previsto na referida Lei (art. 65), lembrando que as alterações contratuais podem ocorrer, dentre outros motivos, para restabelecer o equilíbrio econômico-financeiro inicial do contrato, na hipótese de sobrevirem fatos imprevisíveis, ou previsíveis, porém de conseqüências incalculáveis, retardadores ou impeditivos da execução do ajustado, e que qualquer superveniência de fatos, tributários e/ou legais, de comprovada repercussão nos preços contratados, poderá implicar na revisão dos contratos, para mais ou para menos, consoante inciso II, alínea "d", c/c § 5º, do art. 65 da mencionada Lei. (Acórdão 297/2005. Plenário)

QUESTÕES DE CONCURSO RELACIONADAS

01. (PGE-RS – Procurador do Estado – 2015) "Nos contratos administrativos, o fato do príncipe enseja reequilíbrio econômico-financeiro do contrato por meio de providência concomitante ou adotada logo em seguida a sua ocorrência." – assertiva corretaParte superior do formulário

02. (Cespe- Juiz de Direito- AL- 2008) "Medidas de ordem geral não-relacionadas diretamente com o contrato, mas que nele repercutem, provocando desequilíbrio econômico-financeiro em detrimento do contratado, é um instituto aplicado aos contratos administrativos definidos como fato do príncipe." assertiva correta.

03. (Cespe- Procurador do Estado- PB- 2008) "Fato do príncipe é situação ensejadora da revisão contratual para a garantia da manutenção do equilíbrio econômico-financeiro do contrato." assertiva correta.

04. (Cespe- Cartório- DF- 2008) "Caracteriza-se o fato do príncipe quando alteração no contrato administrativo, decorrente de fato imprevisível, extracontratual e extraordinário licitamente provocado pelo Estado, causa prejuízo ao particular que contratou com o poder público." assertiva correta.

4. (ESAF – PROCURADOR DA FAZENDA NACIONAL – 2012)

Em fins de outubro deste ano, foi encaminhado à Consultoria Jurídica de um Ministério processo administrativo atinente à contratação de serviços de uma sociedade de economia mista que explora atividade econômica. Na consulta encaminhada, são apresentadas as seguintes informações (todas coerentes com o que consta nos autos do processo):

i) os serviços vêm sendo prestados por essa entidade, sem contrato escrito, desde 1º de julho deste ano, sendo que o instrumento contratual anterior, formalmente celebrado com um terceiro em decorrência de prévia licitação, teve sua vigência expirada no último dia do mês de junho;

ii) ainda no último mês de vigência do contrato anterior, foi realizada dispensa de licitação para contratação da sociedade de economia mista, com fundamento no inciso VIII do art. 24 da Lei nº 8.666, de 1993 (há comprovação de que a entidade foi criada, antes da edição de tal Lei, para a prestação de serviços da espécie a quaisquer interessados), e a essa dispensa foi dada publicidade na Imprensa Oficial;

iii) nenhum pagamento foi ainda realizado, eis que, por um lapso da Administração, não houve o encaminhamento, no momento próprio, do pedido de dotação orçamentária para o atendimento da despesa pública (o que foi sanado no início de outubro, pela obtenção de crédito adicional);

iv) solicita-se, especificamente, o exame da minuta de contrato que, "com vistas a possibilitar os pagamentos devidos" (segundo o consulente), apresenta em uma de suas cláusulas data de início de vigência retroativa a 1º de julho deste; e

v) por fim, o órgão consulente aponta que os serviços não eram de necessidade contínua e nem essenciais ao adequado funcionamento da Administração, mas foram prestados a contento e trouxeram benefícios ao órgão que deles usufruiu.

Somente agora a unidade de consultoria jurídica toma conhecimento do caso, não havendo, por conseguinte, exarado qualquer manifestação nos autos, até o momento. Elabore o parecer jurídico, tecendo os comentários cabíveis, à luz do Direito pátrio, para cada um dos fatos descritos, na ordem em que apresentados e fazendo referência expressa ao inciso a que se referem.

Havendo legislação aplicável, deve ser expressamente mencionada. Ao final, o parecer deverá expor conclusão sucinta e clara sobre a regularidade de cada um de tais fatos, apresentando as orientações necessárias ao órgão consulente e apontamento quanto a demais providências eventualmente cabíveis.

◉ RESPOSTA:

Parecer nº.:

Interessado:

Assunto: Dispensa de licitação e contrato administrativo.

EMENTA: Administrativo. Licitação. Dispensa com base no art. 24, VIII da Lei 8.666/93. Contratação de sociedade de economia mista exploradora de atividade econômica. Contrato administrativo. Cláusula de vigência retroativa. "Reconhecimento de dívida". Irregularidades.

Relatório

Vem ao exame desta consultoria jurídica consulta a respeito da celebração de contrato administrativo com sociedade de economia mista exploradora de atividade econômica e precedido de dispensa fundada no artigo 24, inciso VIII da Lei 8.666/93.

Informa o órgão consulente que a minuta do contrato refere-se a serviços prestados desde primeiro de julho do corrente ano e que para legitimar o pagamento dos meses anteriores, pretende-se inserir no contrato uma cláusula indicando vigência retroativa desde o início da prestação dos serviços.

Fundamentação

a) Da ilegalidade da dispensa de licitação

A dispensa de licitação do artigo 24, VIII, da Lei 8.666/93 não poderia legitimar a referida contratação, uma vez que o que a lei permite a contratação direta de serviços prestados por órgão ou entidade que integre a Administração Pública e que tenha sido criado para esse fim específico. Interpretando esse dispositivo, a doutrina e a jurisprudência têm entendido que o órgão ou entidade contratado não pode ser empresa estatal exploradora de atividade econômica, sob pena de ofensa à livre concorrência.

b) Da nulidade do contrato verbal

A prática de dar início à prestação de serviços pelo contratado sem a prévia formalização do contrato administrativo configura grave vício que importa na sua nulidade, uma vez que não se admite, na hipótese, o contrato verbal. De acordo com o artigo 60, parágrafo único, da Lei 8.666/93. É nulo e de nenhum efeito o contrato verbal com a Administração, salvo o de pequenas compras de pronto pagamento. O caso em análise não se amolda à exceção que permite o contrato verbal, sendo portanto nulo o referido contrato, por não observar a forma escrita. A conduta de redigir o contrato com cláusula de vigência retroativa apresenta-se como mais censurável ainda, pois demonstra a tentativa de burlar a legislação e fugir às condicionantes legais para a contratação pública.

c) Da violação ao ciclo das despesas

O procedimento adotado na referida contratação também apresenta vícios quanto à inobservância das normas de direito financeiro que regulam a forma de pagamento pelo Poder Público. De acordo com artigo 60 da Lei 4.320/64, nenhum pagamento será realizado sem o prévio empenho, o que não foi respeitado. Além disso, o artigo 7º, § 2º, II, da Lei 8.666/93, condiciona a licitação de obras e serviços à previsão de recursos orçamentários que assegurem o pagamento das obrigações decorrentes de obras ou serviços a serem executadas no exercício financeiro em curso, de acordo com o respectivo cronograma. Percebe-se que há um verdadeiro arcabouço de normas direcionadas à tutela da higidez orçamentária quando da contratação pelo Poder Público. Tanto que a Lei de Responsabilidade Fiscal, em seu artigo 15, reputa como não autorizadas, irregulares e lesivas ao patrimônio público a geração de despesa ou assunção de obrigação que não observe as normas de direito financeiro ali dispostas.

d) Do "reconhecimento da dívida"

Além do exposto acima, a prática de efetuar o pagamento de serviços prestados sem cobertura contratual configura o censurado "reconhecimento da dívida", que consiste na atribuição de efeitos aos contratos verbais e nulos. Apesar de não ser legítimo o enriquecimento ilícito da Administração, sendo de fato devido o pagamento pelos serviços prestados pelo particular, não se pode permitir que a Administração simplesmente ignore as regras relativas à formalidade dos contratos administrativos. Por isso, o Tribunal de Contas da

União, apesar de reconhecer a juridicidade do pagamento feito ao particular de boa-fé, tem combatido o "reconhecimento da dívida".

e) Da infringência ao artigo 38, parágrafo único, da Lei 8.666/93

Outra irregularidade constatada na contratação analisada é a violação ao artigo 38, parágrafo único, da Lei 8.666/93, segundo o qual as minutas de editais de licitação, bem como as dos contratos, acordos, convênios ou ajustes devem ser previamente examinadas e aprovadas por assessoria jurídica da Administração. Essa norma densifica o controle interno da Administração, e sua inobservância demonstra uma falta grave do Administrador.

Conclusão

Diante do exposto acima, essa consultoria opina:

a) pela nulidade da dispensa de licitação em análise;

b) pela nulidade do contrato verbal, bem como da cláusula de vigência retroativa;

c) pela irregularidade da contratação sem prévia dotação orçamentária;

d) pela necessidade de se efetuar o pagamento ao contratado de boa-fé, sob pena de locupletamento indevido da Administração;

e) pela apuração da responsabilidade do administrador em face das irregularidades descritas acima.

É o parecer, salvo melhor juízo.

Local, data.

Procurador da Fazenda Nacional.

Critério de correção da banca

GRADE COMPLEMENTAR

<table>
<tr><th>Inciso</th><th colspan="2">Conteúdo Mínimo Esperado</th><th>Pontuação respectiva</th></tr>
<tr><td>I</td><td colspan="2">Par. ún. do art. 60 da Lei nº 8.666/1993 – Trata-se de contratação verbal, sendo, por conseguinte, nula.</td><td>até 5 pontos</td></tr>
<tr><td rowspan="3">II</td><td rowspan="2">Dupla Impossibilidade da dispensa da licitação...
em face do art. 173, §1º, II, da CF/1988 (Orientação Normativa/AGU nº 13/2009)</td><td>em face da interpretação restritiva do trecho "criado para esse fim específico", à luz da jurisprudência do TCU e doutrina dominantes</td><td>até 5 pontos</td></tr>
<tr><td>até 5 pontos</td><td></td></tr>
<tr><td colspan="2">Ilegalidade da ausência de parecer jurídico prévio à dispensa de licitação levada a efeito (v. art. 11, VI, "b", da LC 73/1973).</td><td>até 5 pontos</td></tr>
<tr><td>III</td><td colspan="2">Afronta a diversas disposições de cunho financeiro (v.g., art. 167, II, da CF/1988, o art. 16, II, da LRF, os arts. 4º e 6º da Lei nº 4.320/1964, e o art. 7º, §2º, III, e §§ 6º e 9º, da Lei nº 8.666/1993). Considerações sobre o instituto do credito adicional.</td><td>até 10 pontos</td></tr>
</table>

<table>
<tr><th>Inciso</th><th colspan="2">Conteúdo Mínimo Esperado</th><th>Pontuação respectiva</th></tr>
<tr><td>IV</td><td colspan="2">Inexistência de amparo legal para celebração de contratos com vigência retroativa (os atos realizados são imputados como "contratação verbal", cf. par. ún. do art. 60 da Lei nº 8.666/1993)</td><td>até 5 pontos</td></tr>
<tr><td rowspan="2">V</td><td rowspan="2">Par. ún. do art. 59 da Lei nº 8.666/1993 e Orientação Normativa/AGU nº 4/2009</td><td>Não obstante a nulidade da contratação verbal, o contratado deve ser indenizado, caso não tenha concorrido para a nulidade, sob pena de enriquecimento ilícito da Administração...</td><td>até 5 pontos</td></tr>
<tr><td>...devendo ser apurada a responsabilidade de quem deu causa à nulidade (exigência também decorrente do disposto no § 6º do art. 7º da Lei nº 8.666, de 1993, c/c o §2º, III, e §§ 6º e 9º, do mesmo artigo).</td><td>até 10 pontos</td></tr>
</table>

DOUTRINA TEMÁTICA

"Essa hipótese de contratação direta não deve ser usada para a contratação de empresas públicas e de sociedades de economia mista que explorem atividade econômica, sob o regime de competição com o setor privado, pois elas estão sujeitas à livre concorrência e não devem possuir privilégios que não sejam extensíveis às empresas da iniciativa privada. A 1ª Câmara do Tribunal de Contas da União posicionou-se no sentido de que a dispensa de licitação, com fulcro no inciso VIII, art. 24, da Lei 8.666/93 (ver, ainda, § 2º, art. 173 da CF/88), é admissível apenas às entidades integrantes da Administração Pública que tenham como finalidade específica a prestação de serviços públicos ou a prestação de serviços de apoio, bem como às empresas públicas e sociedades de economia mista que não desempenhem atividade econômica, sujeita à livre concorrência, pois estas não devem possuir privilégios que não sejam extensíveis às empresas da iniciativa privada. Vide Acórdão nº 2.203/2005 – da 1ª Câmara daquele Tribunal." (TORRES, 2011, p. 141-142)

"Importante assunto relaciona-se ao que se costumou chamar corriqueiramente de 'reconhecimento de dívida' em que o gestor reconhece crédito do particular, em função de alguma prestação de bem ou serviço, sem correspondente empenho prévio da despesa e formalização escrita da relação contratual pública no momento oportuno. Cite-se, como exemplo, a prestação de serviço despida de cobertura contratual, por atraso na respectiva prorrogação. (...) o TCU determinou à Agência Nacional de Águas – ANA que se abstivesse de realizar 'reconhecimento de dívidas', uma vez que tal prática configura despesa sem prévio empenho, bem assim descumprimento à ordem das etapas de realização da despesa pública, com violação aos arts. 60 a 64 da Lei nº 4.320/64." (TORRES, 2011, p. 371-372)

"Alerte-se que a realização do contrato na forma verbal é possível nos valores pequenos que também coincidem com hipótese em que a licitação é dispensável, com base no art. 24, incisos I e II, da Lei nº 8.666/93." (MARINELA, 2013, p. 463)

Orientação Normativa 13/2009 da AGU: "Empresa pública ou sociedade de economia mista que exerça atividade econômica não se enquadra como órgão ou entidade que integra a administração pública, para os fins de dispensa de licitação com fundamento no inc. VIII do art. 24 da Lei nº 8.666, de 1993".

JURISPRUDÊNCIA TEMÁTICA

STJ

RECURSO ESPECIAL. POSSE DE BEM PÚBLICO OCUPADO COM BASE EM "CONTRATO VERBAL". INVIABILIDADE. COM A EXTINÇÃO DE AUTARQUIA ESTADUAL, OS BENS, DIREITOS E OBRIGAÇÕES TRANSFEREM-SE AO ENTE PÚBLICO FEDERADO. LIMINAR EM AÇÃO DE REINTEGRAÇÃO DE POSSE, TENDO POR OBJETO ÁREA OCUPADA, MESMO QUE HÁ MAIS DE ANO E DIA. POSSIBILIDADE.

1. Em regra, não há falar em contrato verbal firmado com a Administração Pública, sobretudo quando diz respeito a autorização para ocupação de imóvel pertencente a Autarquia, visto que, pela natureza da relação jurídica, é inadmissível tal forma de pactuação.

2. Houve a transmissão da posse do imóvel em litígio ao Estado, por força de lei estadual que extinguiu o DER-GO, transferindo os bens, direitos e obrigações da autarquia para o Estado de Goiás, daí que o recorrido tem mera detenção do bem.

3. O artigo 1.208 do Código Civil dispõe que "não induzem posse os atos de mera permissão ou tolerância assim como não autorizam a sua aquisição os atos violentos, ou clandestinos, senão depois de cessar a violência ou a clandestinidade".

4. Após regular notificação judicial para desocupação do imóvel, e com a recusa do detentor, passou a haver esbulho possessório, mostrando-se adequada a ação de reintegração de posse.

5. Descabe análise a respeito do tempo de "posse" do detentor, pois, havendo mera detenção, não há cogitar de "posse velha" (artigo 924 do Código de Processo Civil) a inviabilizar a reintegração liminar em bem imóvel pertencente a órgão público.

6. Recurso especial provido. (REsp 888.417, Rel. Min. Luis Felipe Salomão, 4ª Turma, j. 07.06.2011, DJe 27.06.2011)

ADMINISTRATIVO. CONTRATO VERBAL. AUSÊNCIA DE LICITAÇÃO. AÇÃO DE COBRANÇA JULGADA IMPROCEDENTE. BOA-FÉ AFASTADA PELA INSTÂNCIA ORDINÁRIA. APLICAÇÃO DO ART. 60, PARÁGRAFO ÚNICO, DA LEI DE LICITAÇÕES. I - Consta do acórdão recorrido inexistir boa-fé na atitude da empresa agravante, de contratar com o serviço público sem licitação e por meio de contrato verbal.

Eis o trecho nele transcrito: "(...) não há elementos que autorizem o conhecimento da boa-fé da Autora, uma vez que estava ciente de que as contratações deveriam ser precedidas de licitação, pelo que se dessume da prova testemunhal, ou pelo menos de justificativa prévia e escrita de dispensa ou possibilidade de licitação, em face do disposto no art. 26 da Lei de Licitações". (fls. 506).

II - Assim sendo, na esteira da jurisprudência desta colenda Corte, ante a única interpretação possível do disposto no artigo 60, parágrafo único, da Lei de Licitações, "é nulo o contrato administrativo verbal" e, ainda que assim não fosse, é nulo "pois vai de encontro às regras e princípios constitucionais, notadamente a legalidade, a moralidade, a impessoalidade, a publicidade, além de macular a finalidade da licitação, deixando de concretizar, em última análise, o interesse público". A propósito, confira-se, dentre outros: REsp 545471/PR, Primeira Turma, DJ de 19.09.2005.

III - Outrossim, é de se relevar não ser cognoscível o recurso especial, relativamente à matéria contida no art. 59, parágrafo único, da Lei n. 8666/93, haja vista não ter sido objeto de julgamento pelo acórdão a quo, inexistindo, portanto, o prequestionamento.

IV - Agravo regimental improvido. (AgRg no REsp 915.697, Rel. Min. Francisco Falcão, 1ª Turma, j. 03.05.2007, DJ 24.05.2007).

QUESTÕES DE CONCURSO RELACIONADAS

01. (Cespe- Agente Administrativo- MPS- 2010) "A inexistência de orçamento detalhado em planilhas que expressem a composição de todos os custos unitários implica a nulidade dos atos ou contratos administrativos realizados e a responsabilidade de quem lhes tenha dado causa."- assertiva correta.

02. (Cespe- Técnico- ANAC- 2009) "Em nenhuma hipótese é possível a celebração de contrato verbal com a Administração em razão do rígido formalismo exigido, a fim de evitar abusos e prejuízos ao erário."- assertiva **errada**.

5. (DPE RS – DEFENSOR PÚBLICO – RS – 2011)

Na fase interna da licitação são definidos os termos futuros do contrato, de acordo com as necessidades do Poder Público. Diante disso, discorra, indicando os fundamentos da Lei nº 8.666/93, sobre os requisitos obrigatórios a serem satisfeitos previamente a elaboração das minutas de edital e de contrato, para a contratação das obras, dos serviços e das compras.

RESPOSTA:

A fase interna da licitação é aquela que antecede a publicação do edital e a participação dos interessados, desenvolvendo-se dentro da Administração, sem a interferência dos competidores. Deve haver, antes de tudo, como medida salutar de planejamento administrativo, orçamento detalhado e previsão de recursos orçamentários para as despesas advindas da contratação, as planilhas de custos unitários e a previsão no Plano Plurianual, quando for o caso (artigo 7º, § 2º da Lei 8.666/93). Exige-se também a justificativa da autoridade competente e a aprovação de um projeto básico, no caso de obras e serviços.

No caso de compras, exige-se a descrição do objeto, a dotação orçamentária e a pesquisa de mercado, conforme o artigo 14 da Lei 8.666/93.

O artigo 38 da Lei 8.666/93 ainda preceitua que o procedimento da licitação será iniciado com a abertura de processo administrativo, devidamente autuado, protocolado e numerado, contendo a autorização, a indicação sucinta do seu objeto e do recurso próprio para a despesa.

Outros requisitos obrigatórios a serem satisfeitos previamente a elaboração das minutas de edital de contrato são a designação da comissão de licitação ou pregoeiro; a definição do objeto do contrato; a verificação dos pressupostos de licitação e a definição da modalidade de licitação.

Após a elaboração da minuta do edital e do contrato, estas devem ser encaminhadas à assessoria jurídica do órgão, para que se realize o controle interno no que tange à legalidade do procedimento (artigo 38 da Lei nº 8.666/93).

◉ DOUTRINA TEMÁTICA

"O procedimento se inicia com a instauração de processo administrativo, que deverá ser autuado, protocolado e numerado, para garantia de todos os intervenientes.

No processo deve estar, de imediato, a autorização para o certame, a descrição do objeto e, o que é importante, a menção aos recursos próprios para a futura despesa. Além desses dados, inúmeros outros devem estar acostados no processo, entre eles o edital, as atas e relatórios, os atos administrativos, os recursos, as publicações etc., tudo conforme a lista prevista no art. 38 do Estatuto." (CARVALHO FILHO, 2011, p. 258). (grifado pelo autor).

"O procedimento licitatório é realizado em duas fases: a fase interna e a fase externa.

A fase interna é aquela em que a entidade promotora do certame pratica todos os atos condicionais à sua abertura, antes de começar a convocação dos interessados." (MARINELA, 2013, p. 403)

"Trata-se da fase interna, que regra as condições do ato convocatório antes de trazê-las ao conhecimento público. (...) Há quem defenda que tal processo apenas se inicia com o edital (sua fase externa), outra corrente da doutrina, que, pensamos, possui maior razão, defende que a fase interna já deve ser considerada como início do processo licitatório, tanto que eventuais ilegalidades ocorridas naquela etapa podem afetar a fase externa do certame." (TORRES, 2011, p. 237 e 238)

6. (FCC – PROCURADOR DO ESTADO – RO – 2011)

No intuito de dar maior eficiência na gestão de seus serviços terceirizados, um órgão público pretende lançar edital de licitação para seleção de empresa objetivando a prestação, de forma concomitante, dos serviços de limpeza, portaria e vigilância na sede do referido órgão. Na minuta do edital, fixou-se que a licitação será do tipo "técnica e preço", sendo que o contrato será celebrado com a empresa que obtiver a melhor média ponderada global, somando-se a pontuação obtida nas propostas técnicas e comercial referentes aos três serviços licitados. Analise a viabilidade jurídica de se promover a licitação na forma pretendida pelo órgão.

RESPOSTA:

A licitação promovida pelo órgão, na forma como foi feita, não é juridicamente viável. Considerando que o seu objeto refere-se a serviços de limpeza, portaria e vigilância, não se afigura plausível a adoção do tipo "técnica e preço", uma vez que esse tipo de licitação é utilizado exclusivamente para serviços de natureza predominante intelectual, nos termos do artigo 46 da Lei nº. 8.666/93.

A mesma vedação aplica-se em relação ao tipo de licitação "melhor técnica", pelos mesmos fundamentos, o que leva à conclusão de que o tipo licitatório apropriado para os serviços de limpeza, portaria e vigilância é o de "menor preço", que se exige quando o critério de seleção da proposta mais vantajosa para a Administração determinar que será vencedor o licitante que apresentar a proposta de acordo com as especificações do edital ou convite e ofertar o menor preço (art. 45, § 1º, I da Lei 8.666/93).

Também há vício quanto ao julgamento pela melhor média ponderada global, somando-se a pontuação obtida nas propostas técnicas e comercial referentes aos três serviços licitados. De fato, objetos diversos devem ser julgados em separado, ou como itens distintos de uma mesma licitação. Até mesmo por uma questão de coerência, não se concebe que um excelente serviço de limpeza de uma empresa justifique um péssimo serviço de vigilância, o que poderia prejudicar a Administração, caso se adotasse o critério de julgamento pela melhor média ponderada global.

Nesse sentido inclusive há orientação do Tribunal de Contas da União, que determina a obrigatoriedade da adjudicação por item e não por preço global, nos serviços de natureza divisível. Com isso, a competitividade é favorecida, pois permite-se que as empresas que prestem apenas um dos serviços participem da licitação, propiciando também à Administração uma chance maior de escolha da melhor proposta.

Critério de correção da banca

O procedimento licitatório proposto não é válido, em virtude das objeções abaixo sintetizadas:

a) por se tratar de serviços comuns, não é possível utilizar-se o tipo de licitação técnica e preço, cujo objeto é limitado pela Lei nº 8.666/93 – vide nesse sentido o art. 46:

Art. 46. Os tipos de licitação "melhor técnica" ou "técnica e preço" serão utilizados exclusivamente para serviços de natureza predominante intelectual, em especial na elaboração de projetos, cálculos, fiscalização, supervisão e gerenciamento e de engenharia consultiva em geral e, em particular, para a elaboração de estudos técnicos preliminares e projetos básicos e executivos, ressalvado o disposto no § 4º do artigo anterior.

b) no caso, também não é possível se promover julgamento e adjudicação de forma conjunta de serviços de natureza diversa, visto tratar-se de objetos diversos, a serem licitados separadamente ou como itens distintos de uma mesma licitação. O julgamento e a adjudicação conjunta dos itens, na forma proposta no edital, prejudicam a buscada proposta mais vantajosa e restringem a competitividade da licitação, violando os arts. 3º, § 1º, inc. I; 15, inc. IV; 23, §§ 1ºe 2º; e 44, § 1º, da Lei nº 247 do TCU:

SÚMULA Nº 247

É obrigatório a admissão da adjudicação por item e não por preço global , nos editais das licitações para a contratação de obras, serviços, compras e alienações, cujo o objeto seja divisível, desde que não haja prejuízo para o conjunto ou complexo ou perda de economia de escala, tendo em vista o objetivo de propiciar a ampla participação de licitantes que, embora não dispondo de capacidade para a execução, fornecimento ou aquisição da totalidade do objeto, possam fazê-lo com relação a itens ou unidades autônomas, devendo as exigências de habilitação adequar-se a essa divisibilidade.

DOUTRINA TEMÁTICA

"O tipo melhor técnica leva o gestor a uma avaliação de propostas em duas fases. Na primeira, serão abertas as propostas técnicas dos licitantes habilitados, sendo realizada uma classificação de acordo com os critérios pertinentes e adequados ao objeto licitado, sendo ainda possível desclassificação pela não consecução de pontuação mínima, conforme regramento previamente estabelecido no edital. Após tal classificação, proceder-se-á à abertura dos envelopes de propostas técnicas. Verificados os preços praticados, é chamado o candidato melhor classificado na apresentação das propostas técnicas, para negociação do preço, tendo como parâmetro a proposta de menor preço entre os licitantes que obtiveram a valorização mínima." (TORRES, 2011, p.306)

7. (PGR/PR PROCURADOR DO ESTADO – PR – 2011)

Defina os critérios de responsabilização da Administração Pública por dívidas de natureza trabalhista, em caso de terceirização, observados os aspectos do entendimento jurisprudencial predominante na Justiça do Trabalho e as restrições decorrentes da declaração de constitucionalidade do art. 71, §1°, da Lei 8.666/1993, na Ação Declaratória de Constitucionalidade de n° 16, do Supremo Tribunal Federal.

RESPOSTA:

A terceirização na Administração Pública é tratada de forma diversa da que ocorre em empresas privadas. Em primeiro lugar, porque é impossível o reconhecimento do vínculo empregatício em face do ente público, diante de um óbice intransponível para isso, qual seja, a prévia aprovação em concurso público. Segundo, porque, enquanto as empresas privadas tomadoras de serviço respondem subsidiariamente pelas dívidas trabalhistas inadimplidas do empregador, os entes públicos possuem regra específica, o artigo 71, §1º da Lei 8.666/93, pelo qual a inadimplência do contratado, com referência aos encargos trabalhistas, não transfere à Administração Pública a responsabilidade pelo seu pagamento.

O Tribunal Superior do Trabalho, contudo, ignorava essa regra específica ao aplicar o mesmo regime de responsabilidade subsidiária das empresas privadas ao Poder Público. Diante desse entendimento do Justiça do Trabalho, prejudicial aos cofres públicos, foi ajuizada a Ação Declaratória de Constitucionalidade nº 16 no Supremo Tribunal Federal, em cujo julgamento entendeu-se que a mera inadimplência do empregador não enseja a responsabilidade subsidiária da Administração Pública, reconhecendo-se portanto, a constitucionalidade do artigo 71, § 1º da Lei 8.666/93. Tal dispositivo afasta legitimamente a responsabilidade contratual do Poder Público nesses casos, estando dentro da liberdade de conformação do legislador. Contudo, não impede que o Estado seja condenado a pagar as dívidas trabalhistas da prestadora de serviço caso se evidencie a conduta culposa estatal, restando provada a negligência na fiscalização do cumprimento das obrigações trabalhistas do empregador. Ter-se-ia aqui uma responsabilidade extracontratual do Estado, que não se confunde com a contratual, já afastada pela Lei 8.666/93. O critério da responsabilização extracontratual seria com base na culpa "in vigilando", diverso do critério anterior adotado pela Justiça do Trabalho, que era fundado na mera relação contratual com o Poder Público, definindo-se a responsabilidade de forma objetiva, sem se examinar o acerto ou desacerto da conduta estatal.

Por força da decisão do Supremo em sede de controle abstrato de constitucionalidade, o Tribunal Superior do Trabalho alterou a redação da súmula 331, que passou a dispor que os entes da Administração Pública só respondem subsidiariamente pelos débitos trabalhistas sa empresa prestadora de serviços caso seja provada a conduta culposa do Poder Público, notadamente diante da má fiscalização. Vedou-se portanto, a responsabilidade subsidiária da Administração por conta da mera inadimplência das obrigações trabalhistas pela empresa contratada.

DOUTRINA TEMÁTICA

"(...) havia teses que refutavam o referido posicionamento do TST, no sentido de que a Súmula 331 teria adotado a teoria do risco integral, na medida em que não admitia a possibilidade de a Administração demonstrar que agiu sem culpa, ao passo que o texto constitucional teria adotado a teoria do risco administrativo. Sustentava-se também que a responsabilidade da Administração, no caso da terceirização, seria por ato omissivo, o que envolveria a natureza subjetiva e não objetiva." (NEIVA, 2012, p. 70).

"(...) o TST tem reconhecido que a omissão culposa da administração em relação à fiscalização - se a empresa contratada é ou não idônea, se paga ou não encargos sociais - gera responsabilidade da União. Havendo, portanto, consenso no sentido de que **o TST não poderá generalizar os casos e terá de investigar com mais rigor se a inadimplência tem como causa principal a falha ou falta de fiscalização pelo órgão público contratante**" (MARINELA, 2013, p. 482) (grifado pelo autor).

Em posição mais favorável ao Poder Público contratante:

"(...) não há culpa *in eligendo* por parte da Administração, sua escolha do contratado se dá nos parâmetros impostos pela legislação. Inexiste uma escolha pessoal ou negligente do prestador de serviço, mas uma seleção isonômica e impessoal, decorrente da aplicação do regime jurídico estabelecido pela Lei. (...) Também não se justifica a imputação de responsabilidade da Administração, sob o argumento da *culpa in vigilando*. Nos limites da Lei, a fiscalização a ser promovida pela Administração Pública é aquela relativa ao objeto contratual e não a que deve ser promovida pela empresa em relação a seus empregados." (TORRES, 2011, p. 396)

JURISPRUDÊNCIA TEMÁTICA

STF:

Ementa: RECURSO EXTRAORDINÁRIO REPRESENTATIVO DE CONTROVÉRSIA COM REPERCUSSÃO GERAL. DIREITO CONSTITUCIONAL. DIREITO DO TRABALHO. TERCEIRIZAÇÃO NO ÂMBITO DA ADMINISTRAÇÃO PÚBLICA. SÚMULA 331, IV E V, DO TST. CONSTITUCIONALIDADE DO ART. 71, § 1º, DA LEI Nº 8.666/93. TERCEIRIZAÇÃO COMO MECANISMO ESSENCIAL PARA A PRESERVAÇÃO DE POSTOS DE TRABALHO E ATENDIMENTO DAS DEMANDAS DOS CIDADÃOS. HISTÓRICO CIENTÍFICO. LITERATURA: ECONOMIA E ADMINISTRAÇÃO. INEXISTÊNCIA DE PRECARIZAÇÃO DO TRABALHO HUMANO. RESPEITO ÀS ESCOLHAS LEGÍTIMAS DO LEGISLADOR. PRECEDENTE: ADC 16. EFEITOS VINCULANTES. RECURSO PARCIALMENTE CONHECIDO E PROVIDO. FIXAÇÃO DE TESE PARA APLICAÇÃO EM CASOS SEMELHANTES. 1. A dicotomia entre "atividade-fim" e "atividade-meio" é imprecisa, artificial e ignora a dinâmica da economia moderna, caracterizada pela especialização e divisão de tarefas com vistas à maior eficiência possível, de modo que frequentemente o produto ou serviço final comercializado por uma entidade comercial é fabricado ou prestado por agente distinto, sendo também comum a mutação constante do objeto social das empresas para atender a necessidades da sociedade, como revelam as mais valiosas empresas do mundo. É que a doutrina no campo econômico é uníssona no sentido de que as "Firmas mudaram o escopo de suas atividades, tipicamente reconcentrando em seus negócios principais e terceirizando muitas das atividades que previamente consideravam como centrais" (ROBERTS, John. The Modern Firm: Organizational Design for Performance and Growth. Oxford: Oxford University Press, 2007). 2. A cisão de atividades entre pessoas jurídicas distintas não revela qualquer intuito fraudulento, consubstanciando estratégia, garantida pelos artigos 1º, IV, e 170 da Constituição brasileira, de configuração das empresas, incorporada à Administração Pública por imperativo de eficiência (art. 37, caput, CRFB), para fazer frente às exigências dos consumidores e cidadãos em geral, justamente porque a perda de eficiência representa ameaça à sobrevivência da empresa e ao emprego dos trabalhadores. 3. Histórico científico: Ronald H Coase, "The Nature of The Firm", Economica (new series), Vol. 4, Issue 16, p. 386-405, 1937. O objetivo de uma organização empresarial é o de reproduzir a distribuição de fatores sob competição atomística dentro da firma, apenas fazendo sentido a produção de um bem ou serviço internamente em sua estrutura quando os custos disso não ultrapassarem os custos de obtenção perante terceiros no mercado, estes denominados "custos de transação", método segundo o qual firma e sociedade desfrutam de maior produção e menor desperdício. 4. A Teoria da Administração qualifica a terceirização (outsourcing) como modelo organizacional de desintegração vertical, destinado ao alcance de ganhos de performance por meio da transferência para outros do fornecimento de bens e serviços anteriormente providos pela própria firma, a fim de que esta se concentre somente naquelas atividades em que pode gerar o maior valor, adotando a função de "arquiteto vertical" ou "organizador da cadeia de valor". 5. A terceirização apresenta os seguintes benefícios: (i) aprimoramento de tarefas pelo aprendizado especializado; (ii) economias de escala e de escopo; (iii) redução da complexidade organizacional; (iv) redução de problemas de cálculo e atribuição, facilitando a provisão de incentivos mais fortes a empregados; (v) precificação mais precisa de custos e maior transparência; (vi) estímulo à competição de fornecedores externos; (vii) maior facilidade de adaptação a necessidades de modificações estruturais; (viii) eliminação de problemas de possíveis excessos de produção; (ix) maior eficiência pelo fim de subsídios cruzados entre departamentos com desempenhos diferentes; (x) redução dos custos iniciais de entrada no mercado, facilitando o surgimento de novos concorrentes; (xi) superação de eventuais limitações de acesso a tecnologias ou matérias-primas; (xii) menor alavancagem operacional, diminuindo a exposição da companhia a riscos e oscilações de balanço, pela redução de seus custos fixos; (xiii) maior flexibilidade para adaptação ao mercado; (xiii) não comprometimento de recursos que poderiam ser utilizados em setores estratégicos; (xiv) diminuição da possibilidade de falhas de um setor se comunicarem a outros; e (xv) melhor adaptação a diferentes requerimentos de administração, know-how e estrutura, para setores e atividades distintas. 6. A Administração Pública, pautada pelo dever de eficiência (art. 37, caput, da Constituição), deve empregar as soluções de mercado adequadas à prestação de serviços de excelência à população com os recursos disponíveis, mormente quando demonstrado, pela teoria e pela prática internacional, que a terceirização não importa precarização às condições dos trabalhadores. 7. O art. 71, § 1º, da Lei nº 8.666/93, ao definir que a inadimplência do contratado, com referência aos encargos trabalhistas, não transfere à Administração Pública a responsabilidade por seu pagamento, representa legítima escolha do legislador, máxime porque a Lei nº 9.032/95 incluiu no dispositivo exceção à regra de não responsabilização com referência a encargos trabalhistas. 8. Constitucionalidade do art. 71, § 1º, da Lei nº 8.666/93 já reconhecida por esta Corte em caráter erga omnes e vinculante: ADC 16, Relator(a): Min. CEZAR PELUSO, Tribunal Pleno, julgado em 24/11/2010. 9. Recurso Extraordinário parcialmente conhecido e, na parte admitida, julgado procedente para fixar a seguinte tese para casos semelhantes: "O inadimplemento dos encargos trabalhistas dos empregados do contratado não transfere automaticamente ao Poder Público contratante a responsabilidade pelo seu pagamento, seja em caráter solidário ou subsidiário, nos termos do art. 71, § 1º, da Lei nº 8.666/93". (RE 760931, Relator(a): Min. ROSA WEBER, Relator(a) p/ Acórdão: Min. LUIZ FUX, Tribunal Pleno, julgado em 26/04/2017, PROCESSO ELETRÔNICO DJe-206 DIVULG 11-09-2017 PUBLIC 12-09-2017)

ADC e art. 71, § 1º, da Lei 8.666/93 - 3

Em conclusão, **o Plenário, por maioria, julgou procedente pedido formulado em ação declaratória de constitucionalidade movida pelo Governador do Distrito Federal, para declarar a constitucionalidade do art. 71, § 1º, da Lei 8.666/93** ("Art. 71. O contratado é responsável pelos encargos trabalhistas, previdenciários, fiscais e comerciais resultantes da execução do contrato. § 1º A inadimplência do contratado, com referência aos encargos trabalhistas, fiscais e comerciais não transfere à Administração Pública a responsabilidade por seu pagamento, nem poderá onerar o objeto do contrato ou restringir a regularização e o uso das obras e edificações, inclusive perante o Registro de Imóveis.") — v. Informativo 519. Preliminarmente, conheceu-se da ação por se reputar devidamente demonstrado o requisito de existência de controvérsia jurisprudencial acerca da constitucionalidade, ou não, do citado dispositivo, razão pela qual seria necessário o pronunciamento do Supremo acerca do assunto. A Min. Cármen Lúcia, em seu voto, salientou que, em princípio, na petição inicial, as referências aos julgados poderiam até ter sido feitas de forma muito breve, precária. Entretanto, considerou que **o Enunciado 331 do TST ensejara não apenas nos Tribunais Regionais do Trabalho, mas também no Supremo, enorme controvérsia exatamente tendo-se como base a eventual inconstitucionalidade do referido preceito. Registrou que os Tribunais Regionais do Trabalho, com o advento daquele verbete, passaram a considerar que haveria a inconstitucionalidade do § 1º do art. 71 da Lei 8.666/93**. Referiu-se, também, a diversas reclamações ajuizadas no STF, e disse, que apesar de elas tratarem desse Enunciado, o ponto nuclear seria a questão da constitucionalidade dessa norma. O Min. Cezar Peluso superou a preliminar, ressalvando seu ponto de vista quanto ao não conhecimento. ADC 16, rel. Min. Cezar Peloso, j. 24.11.2010, noticiada no informativo 610/2010 do STF. (grifado pelo autor).

ADC e art. 71, § 1º, da Lei 8.666/93 - 4

Quanto ao mérito, **entendeu-se que a mera inadimplência do contratado não poderia transferir à Administração Pública a responsabilidade pelo pagamento dos encargos, mas reconheceu-se que isso não significaria que eventual omissão da Administração Pública, na obrigação de fiscalizar as obrigações do contratado, não viesse a gerar essa responsabilidade. Registrou-se que, entretanto, a tendência da Justiça do Trabalho não seria de analisar a omissão, mas aplicar, irrestritamente, o Enunciado 331 do TST**. O Min. Marco Aurélio, ao mencionar os precedentes do TST, observou que eles estariam fundamentados tanto no § 6º do art. 37 da CF quanto no § 2º do art. 2º da CLT ("§ 2º - Sempre que uma ou mais empresas, tendo, embora, cada uma delas, personalidade jurídica própria, estiverem sob a direção, controle ou administração de outra, constituindo grupo industrial, comercial ou de qualquer outra atividade econômica, serão, para os efeitos da relação de emprego, solidariamente responsáveis a empresa principal e cada uma das subordinadas."). Afirmou que o primeiro não encerraria a obrigação solidária do Poder Público quando recruta mão-de-obra, mediante prestadores de serviços, considerado o inadimplemento da prestadora de serviços. Enfatizou que se teria partido, considerado o verbete 331, para a responsabilidade objetiva do Poder Público, presente esse preceito que não versaria essa responsabilidade, porque não haveria ato do agente público causando prejuízo a terceiros que seriam os prestadores do serviço. No que tange ao segundo dispositivo, observou que a premissa da solidariedade nele prevista seria a direção, o controle, ou a administração da empresa, o que não se daria no caso, haja vista que o Poder Público não teria a direção, a administração, ou o controle da empresa prestadora de serviços. Concluiu que restaria, então, o parágrafo único do art. 71 da Lei 8.666/93, que, ao excluir a responsabilidade do Poder Público pela inadimplência do contratado, não estaria em confronto com a Constituição Federal. ADC 16, rel. Min. Cezar Peloso, j. 24.11.2010, noticiada no informativo 610/2010 do STF. (grifado pelo autor).

ADC e art. 71, § 1º, da Lei 8.666/93 - 5

Por sua vez, **a Min. Carmen Lúcia consignou que o art. 37, § 6º, da CF trataria de responsabilidade objetiva extracontratual, não se aplicando o dispositivo à espécie. Explicou que uma coisa seria a responsabilidade contratual da Administração Pública e outra, a extracontratual ou patrimonial. Aduziu que o Estado responderia por atos lícitos, aqueles do contrato, ou por ilícitos, os danos praticados**. Vencido, parcialmente, o Min. Ayres Britto, que dava pela inconstitucionalidade apenas no que respeita à terceirização de mão-de-obra. Ressaltava que a Constituição teria esgotado as formas de recrutamento de mão-de-obra permanente para a Administração Pública (concurso público, nomeação para cargo em comissão e contratação por prazo determinado para atender a necessidade temporária de excepcional interesse público), não tendo falado em terceirização. Salientou que esta significaria um recrutamento de mão-de-obra que serviria ao tomador do serviço, Administração Pública, e não à empresa contratada, terceirizada. Assentava que, em virtude de se aceitar a validade jurídica da terceirização, dever-se-ia, pelo menos, admitir a responsabilidade subsidiária da Administração Pública, beneficiária do serviço, ou seja, da mão-de-obra recrutada por interposta pessoa. ADC 16, rel. Min. Cezar Peloso, j. 24.11.2010, noticiada no informativo 610/2010 do STF. (grifado pelo autor).

STJ

CONFLITO NEGATIVO DE COMPETÊNCIA. JUSTIÇA FEDERAL. JUSTIÇA DO TRABALHO. CONTRATO DE TERCEIRIZAÇÃO. UNIÃO. AÇÃO DE CONSIGNAÇÃO EM PAGAMENTO DOS SALÁRIOS. RESPONSABILIDADE TRABALHISTA SUBSIDIÁRIA. COMPETÊNCIA DA JUSTIÇA DO TRABALHO. 1. A Súmula 331 do eg. Tribunal Superior do Trabalho, cuidando da terceirização de serviços ligados à atividade-meio da Administração Pública, reza que "o inadimplemento das obrigações trabalhistas, por parte do empregador, implica a responsabilidade subsidiária do tomador dos serviços quanto àquelas obrigações, desde que haja participado da relação processual e conste também do título executivo judicial". 2. A ação de consignação em pagamento proposta por ente estatal em face de sociedade empresária contratada para a prestação de serviços terceirizados à Administração Pública, visando elidir a responsabilidade trabalhista subsidiária, prevista na Súmula 331/TST, deve ser julgada pela Justiça Laboral. 3. Conflito conhecido para declarar competente a Justiça do Trabalho. (CC 136.739/RS, Rel. Ministro RAUL ARAÚJO, SEGUNDA SEÇÃO, julgado em 23/09/2015, DJe 15/10/2015).

ADMINISTRATIVO. CONTRATO ADMINISTRATIVO DE PRESTAÇAO DE SERVIÇO. ESTADO. RESPONSABILIDADE PELO PAGAMENTO DOS ENCARGOS. IMPOSSIBILIDADE. ART. 71, 1º, DA LEI N. 8.666/93. CONSTITUCIONALIDADE. RETENÇAO DE VERBAS DEVIDAS PELO PARTICULAR. LEGITIMIDADE. 1. O STF, ao concluir, por maioria, pela constitucionalidade do art. 71, 1º, da Lei 8.666/93 na ACD 16/DF, entendeu que a mera inadimplência do contratado não poderia transferir à Administração Pública a responsabilidade pelo pagamento dos encargos, mas reconheceu que isso não significaria que eventual omissão da Administração Pública, na obrigação de fiscalizar as obrigações do contratado, não viesse a gerar essa responsabilidade. 2. Nesse contexto, **se a Administração pode arcar com as obrigações trabalhistas tidas como não cumpridas quando incorre em culpa in vigilando (mesmo que subsidiariamente, a fim de proteger o empregado, bem como não ferir os princípios da moralidade e da vedação do enriquecimento sem causa), é legítimo pensar que ela adote medidas acauteladoras do erário, retendo o pagamento de verbas devidas a particular que, a priori, teria dado causa ao sangramento de dinheiro público.** Precedente. 3. Recurso especial provido. (REsp 1.241.862, Rel. Mauro Campbell, j. 28.06.2011) (grifado pelo autor).

TST

SÚMULA 331 DO TST

CONTRATO DE PRESTAÇÃO DE SERVIÇOS. LEGALIDADE

I – A contratação de trabalhadores por empresa interposta é ilegal, formando-se o vínculo diretamente com o tomador dos serviços, salvo no caso de trabalho temporário (Lei no 6.019, de 03.01.1974).

II – **A contratação irregular de trabalhador, mediante empresa interposta, não gera vínculo de emprego com os órgãos da administração pública direta, indireta ou fundacional** (art. 37, II, da CF/1988).

III – Não forma vínculo de emprego com o tomador a contratação de serviços de vigilância (Lei no 7.102, de 20.06.1983) e de conservação e limpeza, bem como a de serviços especializados ligados à atividade-meio do tomador, desde que inexistente a pessoalidade e a subordinação direta.

IV – O inadimplemento das obrigações trabalhistas, por parte do empregador, implica a responsabilidade subsidiária do tomador de serviços quanto àquelas obrigações, desde que haja participado da relação processual e conste também do título executivo judicial.

V – **Os entes integrantes da administração pública direta e indireta respondem subsidiariamente, nas mesmas condições do item IV, caso**

evidenciada a sua conduta culposa no cumprimento das obrigações da Lei n. 8.666/93, especialmente na fiscalização do cumprimento das obrigações contratuais e legais da prestadora de serviço como empregadora. A aludida responsabilidade não decorre de mero inadimplemento das obrigações trabalhistas assumidas pela empresa regularmente contratada.

VI – A responsabilidade subsidiária do tomador de serviços abrange todas as verbas decorrentes da condenação.

(grifado pelo autor).

8. (CESPE – JUIZ DE DIREITO – AL – 2008)

Discorra a respeito das cláusulas exorbitantes presentes nos contratos administrativos, abordando, necessariamente, sua definição e, pelo menos, três exemplos destas.

RESPOSTA:

As cláusulas exorbitantes dos contratos administrativos são aquelas que refletem, nesses contratos, a supremacia do interesse público. Isso porque por meio dessas cláusulas o Poder Público contratante pode impor sua vontade ou até mesmo censurar o particular, em prol do interesse público. Representam, dessa maneira, prerrogativas que conferem ao Estado uma superioridade no contrato, uma vez que também por meio dos contratos administrativos s e persegue o interesse público, único motivo pelo qual se permite a superioridade da Administração diante do interesse particular.

A doutrina critica a possibilidade de aplicação das cláusulas exorbitantes nos contratos privados da Administração, restringindo-as aos contratos administrativos, uma vez que estes são os regidos pelo direito público. No entanto, o artigo 62, § 3º da Lei 8.666/93 permite, ao menos em tese, a incidência de cláusulas exorbitantes nos contratos de direito privado celebrados pela Administração.

Atualmente a Lei 8.666/93 prevê, em seu artigo 58, as cláusulas exorbitantes, citando-se: modificação unilateral do contrato, rescisão unilateral do contrato, fiscalização da execução do contrato, aplicação de sanções motivadas pela inexecução total ou parcial do ajuste e, nos casos de serviços essenciais, ocupação provisória de bens móveis, imóveis, pessoal e serviços vinculados ao objeto do contrato, na hipótese da necessidade de acautelar apuração administrativa de faltas contratuais pelo contratado, bem como na hipótese de rescisão do contrato administrativo.

DOUTRINA TEMÁTICA

"**As cláusulas exorbitantes são aquelas que extrapolam, excedem e ultrapassam o padrão comum dos contratos em geral, a fim de consignar uma vantagem para a Administração Pública**. Referem-se a certas prerrogativas da Administração que a coloca em situação de superioridade em relação ao particular contratado. Se essas cláusulas estivessem previstas em um contrato regido pelo direito privado, seriam cláusulas abusivas, ilícitas e, portanto, não lidas. A enumeração das cláusulas exorbitantes está no art. 58 da Lei 8.666/93, que legitima à Administração a possibilidade de: modificação unilateral do contrato, rescisão unilateral por parte da Administração, além da fiscalização, da possibilidade de aplicação de penalidades e da ocupação provisória de bens da contratada." (MARINELA 2013, p. 472). (grifado pelo autor).

JURISPRUDÊNCIA TEMÁTICA

STJ:

ADMINISTRATIVO E PROCESSUAL CIVIL. **PERMISSIONÁRIAS DE SERVIÇO PÚBLICO - TRANSPORTE COLETIVO. REAJUSTE DE TARIFAS. EQUILÍBRIO ECONÔMICO-FINANCEIRO. INDENIZAÇÃO. IMPOSSIBILIDADE.FALTA DE LICITAÇÃO**. ACÓRDÃO COM FUNDAMENTAÇÃO NA LEGISLAÇÃO LOCAL. SÚMULA 280/STF. NECESSIDADE DE EXAME DE CLÁUSULAS CONTRATUAIS. SÚMULAS 5 E 7/STJ. RECURSO ESPECIAL ADESIVO PREJUDICADO. 1. Não ocorre contrariedade ao art. 535, inc. II, do Código de Processo Civil, quando o Tribunal de origem decide fundamentadamente todas as questões postas ao seu exame, assim como não há que se confundir entre decisão contrária aos interesses da parte e inexistência de prestação jurisdicional. 2. A questão relativa à suposta quebra do equilíbrio econômico-financeiro dos contratos de permissão de serviço de público foi expressamente tratada na decisão do juízo singular. Sendo assim, o Tribunal de origem, ao agregar outros fundamentos para manter a improcedência do pedido de indenização, não violou o disposto no art. 515 do CPC. 3. Isso porque o magistrado não está vinculado ao fundamento legal invocado pelas partes ou mesmo adotado pela instância a quo, podendo qualificar juridicamente os fatos trazidos ao seu conhecimento, conforme o brocardo jurídico mihi factum, dabo tibi jus ("dá-me o fato, que te darei o direito) e o princípio jura novit curia ("o Juiz conhece o Direito"). 4. De igual modo, não prospera a arguição de ofensa aos demais dispositivos do CPC, quais sejam, os arts. 125, 425 e 435, ao argumento de que o processo foi sentenciado sem que fosse concluída a fase probatória, bem como os arts. 131, 436 e 458, II, porque não teria sido acolhido o laudo técnico judicial. 5. Na linha da iterativa jurisprudência desta Casa de Justiça, o magistrado não está obrigado a realizar todas as perícias requeridas pelas partes. Ao revés, dentro do livre convencimento motivado, pode dispensar exames que repute desnecessários ou protelatórios. Na hipótese, se não foi deferida a diligência complementar - esclarecimentos adicionais ao perito -, é porque o juiz do processo a entendeu irrelevante. 6. Ademais, por ser o juiz o destinatário das provas, a ele incumbe a valoração do conjunto probatório carreado aos autos, portanto não está o magistrado adstrito ao laudo pericial realizado, eis que pode formar sua convicção com outros elementos ou fatos existentes nos autos, o que ocorreu na espécie. 7. Quanto ao mérito, com base no exame das cláusulas contratuais, das planilhas elaboras pelo DFTRANS, do Decreto Distrital n. 2.456/88 e da Lei n. 242/92, o Tribunal de origem concluiu que não teria sido comprovado o prejuízo supostamente sofrido pelas recorrentes nem o descumprimento das condições da permissão do serviço de transporte coletivo, razão pela qual seria incabível qualquer indenização. 8. Nesse contexto, eventual ofensa aos arts. 58, §§ 1º e 2º da Lei n. 8.666/93; e 9º, § 2º, 10 e 40, parágrafo único, da Lei n. 8.987/95 seria reflexa, e não direta, porque o deslinde da controvérsia exigiria a interpretação de cláusulas contratuais e de legislação local, além do reexame de matéria fática, o que é inviável em sede de recurso especial, a teor do enunciado das Súmulas 5 e 7 do STJ e 280 do Excelso Pretório. 9. De notar que esses fundamentos de natureza probatória, autônomos e suficientes à manutenção do aresto recorrido, não foram impugnados nas razões do recurso especial, mormente por ser defeso o seu reexame na via eleita (Súmula 7/STJ), permanecendo, portanto, incólumes. 10. **De qualquer forma, o segundo fundamento adotado pelo Tribunal de origem e impugnado no especial encontra-se em harmonia com a jurisprudência desta Corte, no sentido de ser necessário o prévio procedimento licitatório para a garantia da manutenção do equilíbrio econômico-financeiro do contrato de permissão de serviço de transporte público.** 11. Sendo assim, torna-se prejudicado o exame do recurso especial adesivo, no qual se aponta ofensa ao art. 206, § 3º, inciso V, do Código Civil, por não ter sido reconhecia a prescrição trienal. 12. Recurso especial principal das permissionárias a que se nega provimento e recurso especial adesivo do Distrito Federal e DFTRANS prejudicado.

(REsp 1352497/DF, Rel. Ministro OG FERNANDES, SEGUNDA TURMA, julgado em 04/02/2014, DJe 14/02/2014 – grifos do autor).

ADMINISTRATIVO. CONTRATO DE PRESTAÇÃO DE SERVIÇOS. RESCISÃO. INDENIZAÇÃO.

1. **Distinguem-se os contratos administrativos dos contratos de direito privado pela existência de cláusulas ditas exorbitantes, decorrentes da participação da administração na relação jurídica bilateral, que detém supremacia de poder para fixar as condições iniciais do ajuste, por meio de edital de licitação, utilizando normas de direito privado, no âmbito do direito público.**

2. Os contratos administrativos regem-se não só pelas suas cláusulas, mas, também, pelos preceitos de direito público, aplicando-se-lhes supletivamente as normas de direito privado.

3. A Administração Pública tem a possibilidade, por meio das cláusulas chamadas exorbitantes, que são impostas pelo Poder Público, de rescindir unilateralmente o contrato.

4. O Decreto-Lei nº 2.300/86 é expresso ao determinar que a Administração Pública, mesmo nos casos de rescisão do contrato por interesse do serviço público, deve ressarcir os prejuízos comprovados, sofridos pelo contratado.

5. Recurso especial provido em parte. (REsp 737.741, Rel. Min. Castro Meira, 2 ª Turma, j. 02.10.2006, DJ 01.12.2006). (grifado pelo autor).

QUESTÕES DE CONCURSO RELACIONADAS

01. (Cespe- Procurador do Estado- PB- 2008) "Quando a administração celebra contratos administrativos, as cláusulas exorbitantes existem implicitamente, ainda que não expressamente previstas. Quando a administração celebra contratos de direito privado, as cláusulas exorbitantes têm de ser expressamente previstas, com base em lei que derrogue o direito comum." – assertiva correta.

02. (Cespe- Juiz de Direito- 2008) "Os contratos administrativos poderão ser legalmente alterados unilateralmente pela administração, quando houver modificação do projeto ou das especificações, para melhor adequação técnica aos seus objetivos." – assertiva correta.

9. (ESAF – PROCURADOR DA FAZENDA NACIONAL – 2007/2008)

Em 10/11/2000, determinado órgão público federal realizou concorrência pública do tipo menor preço, objetivando contratação de empresa para construção de sua nova sede, em regime de empreitada por preço global.

As empresas licitantes realizaram regularmente a vistoria técnica no local da obra, tomando ciência das condições locais e do grau de dificuldade que os serviços poderiam oferecer.

Ocorridos regularmente os trâmites do procedimento licitatório, a empresa XIS Ltda., renomada empresa de engenharia, a qual já atua há aproximadamente 40 anos no mercado, sagrou-se vencedora, tendo a autoridade competente homologado a licitação em 15/12/2000.

O respectivo contrato fora assinado entre os pactuantes em 20/12/2000, tendo a previsão, em uma de suas cláusulas, de que os serviços a serem executados encontravam-se definidos nos cadernos de encargos e especificações e os projetos executivos constantes dos anexos relativos à concorrência, ficando a licitante vencedora vinculada ao instrumento convocatório, nos termos do artigo 3º da Lei n. 8.666/93.

Não havia previsão contratual a respeito da manutenção do equilíbrio econômico-financeiro.

Entre as especificações técnicas para a execução da obra, constava item relativo à escavação de subsolo em terreno rochoso, tendo sido estimada a profundidade máxima de 600m3.

Ficou pactuado que a obra seria realizada em 24 meses, a contar da assinatura do contrato.

Em janeiro de 2002, a contratada solicitou recomposição do equilíbrio econômico-financeiro, tendo em vista as dificuldades encontradas nas escavações, alegando ter direito à revisão contratual, em razão de ter realizado escavação de um volume quatro vezes superior ao inicialmente previsto, alegando, ainda, tratar-se de um fato imprevisível.

Diante do referido contexto, na qualidade de Procurador da Fazenda Nacional ante o pedido de recomposição do equilíbrio econômico-financeiro, discorra de forma fundamentada e objetiva sobre os itens abaixo:

a) Cabimento da teoria da imprevisão;

b) Cabimento da impugnação ao instrumento convocatório;

c) Ausência de previsão contratual a respeito da manutenção do equilíbrio econômico-financeiro;

d) Cabimento da revisão contratual para o restabelecimento do equilíbrio econômico-financeiro.

RESPOSTA:

a) A teoria da imprevisão é utilizada para resguardar os contratantes diante de fatos novos, imprevistos ou imprevisíveis que onerem demasiadamente o objeto do contrato, tornando-o inexequível. Essa teoria justifica a revisão do contrato administrativo, mas deve ser verificada a ocorrência de uma situação superveniente e imprevista, inimaginável por qualquer das partes. Ou seja, não se protege a falta de cautela. No caso descrito na questão a escavação de volume superior ao previsto enseja a respectiva contraprestação da Administração. Contudo, as alegadas dificuldades na escavação do terreno não justificam, *a priori*, a aplicação da teoria da imprevisão, tendo em vista que no contrato já havia sido mencionado que os trabalhos seriam feitos em terreno rochoso. Além disso, o enunciado deixa claro que as empresas tomaram ciência das condições locais e do grau de dificuldade que os serviços poderiam oferecer, tendo inclusive realizado vistoria técnica no local da obra.

b) É cabível a impugnação ao instrumento convocatório pela adoção do tipo de menor preço na licitação, que envolve serviços complexos de engenharia. De acordo com o artigo 46 da Lei 8.666/93, deve-se utilizar, para o caso, os tipos de melhor técnica ou técnica e preço. A impugnação pode ser realizada, respeitando-se os prazos legais, tanto por cidadão quanto por licitante, nos termos do artigo 41 da Lei 8.666/93.

c) A manutenção do equilíbrio econômico-financeiro representa uma garantia inderrogável do contratado. Constitui um contraponto ao poder da Administração de alteração unilateral do contrato. Mesmo a supremacia do contratante público deve respeitar a equação de equilíbrio entre a contraprestação do Estado e a do contratado. Além de ser uma garantia do contratado, beneficia o próprio Poder Público, pois inviabiliza que o particular insira nos custos de seus produtos ou serviços eventuais acontecimentos imprevisíveis que pudessem onerar sua prestação. Tal equilíbrio é fixado no momento da pactuação inicial, quando se estabelece a relação entre os encargos das partes. Consigne-se que é irrelevante a existência ou não de previsão contratual a respeito do equilíbrio econômico-financeiro, pois este decorre da lei (art. 65, II, "d", da Lei 8.666/93), devendo ser realizado por acordo entre as partes. Neste sentido existe inclusive Orientação Normativa da AGU.

d) O equilíbrio econômico-financeiro do contrato administrativo constitui direito do particular que contrata com a Administração, e consiste na preservação da proporcionalidade inicial entre as contraprestações da Administração e as do particular. A revisão é feita justamente para preservar essa relação inicial. Constatando-se que a escavação efetivamente realizada foi de um volume quatro vezes superior ao inicialmente previsto, é legítima a revisão do contrato para restabelecer a relação que as partes pactuaram inicialmente entre os encargos do contratado e a retribuição da Administração para a justa remuneração da obra, conforme o artigo 65, II, "d" da Lei 8.666/93.

DOUTRINA TEMÁTICA

"Para a maioria da doutrina, **a teoria da imprevisão, denominada antigamente cláusula *rebus sic stantibus*, consiste no reconhecimento de que eventos novos, imprevistos e imprevisíveis pelas partes e a ela não imputados, alteram o equilíbrio econômico-financeiro**, refletindo sobre a economia ou na execução do contrato, autorizam sua revisão para ajustá-lo à situação superveniente, equilibrando novamente a relação contratual. Portanto, a ocorrência deve ser superveniente, imprevista (porque as partes não imaginaram), imprevisível (porque ninguém no lugar delas conseguiria imaginar - algo impensável) e que onera demais o contrato para uma das partes, exigindo-se a recomposição.

São hipóteses de teoria da imprevisão: (...) d) **interferências imprevistas: também denominadas sujeições imprevistas, são fatos materiais imprevistos**, existentes ao tempo da celebração do contrato, mas só verificados ao tempo da sua execução. Como oneram demais o contrato para uma das partes, é imprescindível a revisão. **Exemplo: a diversidade do terreno conhecida só na execução da obra**." (MARINELA, 2013, p. 479-480) (grifado pelo autor).

Orientação Normativa nº 22 da Advocacia-geral da União: "O reequilíbrio econômico-financeiro pode ser concedido a qualquer tempo, independentemente de previsão contratual, desde que verificadas as circunstâncias elencadas na letra 'd' do inc. II do art. 65, da Lei nº 8.666, de 1993".

● JURISPRUDÊNCIA TEMÁTICA

CONTRATO ADMINISTRATIVO. EQUAÇÃO ECONÔMICO- FINANCEIRA DO VÍNCULO. DESVALORIZAÇÃO DO REAL. JANEIRO DE 1999. ALTERAÇÃO DE CLÁUSULA REFERENTE AO PREÇO. APLICAÇÃO DA TEORIA DA IMPREVISÃO E FATO DO PRÍNCIPE.

1. **A novel cultura acerca do contrato administrativo encarta, como nuclear no regime do vínculo, a proteção do equilíbrio econômico-financeiro do negócio jurídico de direito público, assertiva que se infere do disposto na legislação infralegal específica (arts. 57, § 1º, 58, §§ 1º e 2º, 65, II, d, 88 § 5º e 6º, da Lei 8.666/93**). Deveras, a Constituição Federal ao insculpir os princípios intransponíveis do art. 37 que iluminam a atividade da administração à luz da cláusula mater da moralidade, torna clara a necessidade de manter-se esse equilíbrio, ao realçar as "condições efetivas da proposta".

2. O episódio ocorrido em janeiro de 1999, consubstanciado na súbita desvalorização da moeda nacional (real) frente ao dólar norte-americano, configurou causa excepcional de mutabilidade dos contratos administrativos, com vistas à manutenção do equilíbrio econômico-financeiro das partes.

3. Rompimento abrupto da equação econômico-financeira do contrato. Impossibilidade de início da execução com a prevenção de danos maiores. (ad impossiblia memo tenetur).

4. Prevendo a lei a possibilidade de suspensão do cumprimento do contrato pela verificação da exceptio non adimplet contractus imputável à administração, a fortiori, implica admitir sustar-se o "início da execução", quando desde logo verificável a incidência da "imprevisão" ocorrente no interregno em que a administração postergou os trabalhos. Sanção injustamente aplicável ao contratado, removida pelo provimento do recurso.

5. Recurso Ordinário provido. (RMS 15.154, Rel. Min. Luiz Fux, 1ª Turma, j. 19.11.2002, DJ 02/12/2002). (grifado pelo autor).

ADMINISTRATIVO. CONTRATO. EQUILÍBRIO ECONÔMICO-FINANCEIRO. AUMENTO SALARIAL. DISSÍDIO COLETIVO. APLICAÇÃO DA TEORIA DA IMPREVISÃO. IMPOSSIBILIDADE.

1. **O aumento salarial determinado por dissídio coletivo de categoria profissional é acontecimento previsível e deve ser suportado pela contratada, não havendo falar em aplicação da Teoria da Imprevisão para a recomposição do equilíbrio econômico-financeiro do contrato administrativo**. Precedentes do STJ.

2. Agravo Regimental provido. (AgRg no REsp 417.989, Rel. Min. Herman Benjamin, 2ª Turma, j. 05.03.2009, DJe 24/03/2009). (grifado pelo autor).

DIREITO ADMINISTRATIVO E PROCESSUAL CIVIL - LITIGÂNCIA DE MÁ-FÉ - ART. 18 DO CPC - LICITAÇÃO - CONTRATO - CONSTRUÇÃO DE HIDRELÉTRICA - PREJUÍZOS SOFRIDOS PELO LICITANTE DURANTE A EXECUÇÃO DO CONTRATO - INFLAÇÃO - PROPOSTA DO LICITANTE MAL CALCULADA - ÁLEA ORDINÁRIA, QUE NÃO PODE SER ATRIBUÍDA À ADMINISTRAÇÃO - TEORIA DA IMPREVISÃO - NÃO-APLICAÇÃO - DOUTRINA E JURISPRUDÊNCIA.

(...) 4. Teoria da Imprevisão. Alegada violação dos arts. 478, 479 e 480 do novo Código Civil. De início, cumpre asseverar ser irrelevante o fato de que o contrato foi firmado antes da vigência do novo Código Civil para a análise da Teoria da Imprevisão. Questões principiológicas de que se valiam os intérpretes do próprio Código Beviláqua.

5. Não se mostra razoável o entendimento de que a inflação possa ser tomada, no Brasil, como álea extraordinária, de modo a possibilitar algum desequilíbrio na equação econômica do contrato, como há muito afirma a jurisprudência do STJ.

6. **Não há como imputar as aludidas perdas a fatores imprevisíveis, já que decorrentes de má previsão das autoras, o que constitui álea ordinária não suportável pela Administração e não autorizadora da Teoria da Imprevisão. Caso se permitisse a revisão pretendida, estar-se-ia beneficiando as apeladas em detrimento dos demais licitantes que, agindo com cautela, apresentaram proposta coerente com os ditames do mercado e, talvez por terem incluído essa margem de segurança em suas propostas, não apresentaram valor mais atraente**.

7. Recurso especial conhecido em parte e improvido. (REsp 744.446, Rel. Min. Humberto Martins, 2ª Turma, j. 17.04.2008, DJe 05/05/2008). (grifado pelo autor).

ADMINISTRATIVO – CONTRATO ADMINISTRATIVO PARA EXECUÇÃO DE OBRA – PARALISAÇÃO TEMPORÁRIA POR INTERESSE DA ADMINISTRAÇÃO – PREVISÃO CONTRATUAL – ARTS. 65 E 78 DA LEI 8.666/93 – RESSARCIMENTO DOS PREJUÍZOS – VIOLAÇÃO DO ART. 535 DO CPC: INEXISTÊNCIA.

1. Inexiste ofensa ao art. 535 do CPC se o Tribunal, ainda que implicitamente, examina a tese em torno dos dispositivos tidos por violados.

2. Persiste o dever de indenizar os prejuízos causados em decorrência de interrupção temporária de obra pública, por iniciativa da Administração.

3. **Embora legítima a interrupção contratual, impõe-se o dever de indenizar os prejuízos suportados pelo particular em decorrência da paralisação, para resguardar a manutenção do equilíbrio econômico-financeiro do contrato**.

4. Recurso especial provido em parte. (REsp 734.696, rel. Min. Eliana Calmon, 2ª Turma, j. 16.10.2007, DJe 07/04/2009). (grifado pelo autor).

QUESTÕES DE CONCURSO RELACIONADAS

01. (MP-SP – Promotor de Justiça – 2017) "Nos contratos de concessão de serviço público, o poder concedente pode introduzir alterações unilaterais no contrato, mas tem que respeitar o seu objeto e assegurar o equilíbrio econômico-financeiro" – assertiva correta.

02. (Cespe- Procurador do Banco Central- 2009) "A alteração do contrato administrativo, em face da necessidade de observar o equilíbrio econômico e financeiro, deverá ser feita de forma unilateral pela administração." - assertiva **errada**.

03. (Cespe- Procurador do Estado- PB- 2008) "Interferências imprevistas consistem em elementos materiais que surgem durante a execução do contrato, dificultando extremamente a sua execução e tornando-a insuportavelmente onerosa." - assertiva correta.

04. (MPT- Procurador do Trabalho- XIV Concurso) "Havendo alteração unilateral do contrato, que aumente os encargos do contratado, a Administração deverá restabelecer, por aditamento, o equilíbrio econômico-financeiro inicial do contrato." - assertiva correta.

05. (MPT- Procurador do Trabalho- XIV Concurso) "As cláusulas econômico-financeiras e monetárias dos contratos administrativos não poderão ser alteradas sem prévia concordância do contratado." - assertiva correta.

10. (FCC – PROCURADOR DE CONTAS – AM – 2006)

PARECER

O cidadão José denunciou ao Tribunal de Contas do Estado do Amazonas a existência de contrato de prestação de serviço, pelo prazo de um (01) ano, que reputa ilegal e lesivo aos cofres públicos, firmado entre o Município X e a empresa Y, para coleta de lixo na zona urbana. A licitação foi dispensada sob o fundamento de notória especialização da empresa, que é sediada no município há mais de dez anos, cuja experiência e especialização teriam sido comprovadas por diversos contratos de serviço de limpeza com entidades públicas e particulares. O contrato, que prevê o pagamento mensal de R$ 0,50 (cinqüenta centavos) por metro de vias públicas atendidas pela empresa, totaliza um débito de R$ 30.000 (trinta mil reais) mensais. O contrato, também, possui cláusula dispensando a contratada de recolher o Imposto Sobre Serviços (ISS), sob o fundamento de que executa serviço público. Segundo a denúncia, ainda, o contrato foi assinado por funcionário que ocupa o cargo em comissão de chefe do serviço de limpeza pública, que dispensara a licitação e ordena as despesas, independentemente de empenho, porque não há recursos orçamentários, embora a municipalidade tenha recursos financeiros para arcar com os gastos.

Como Procurador de Contas elabore parecer a respeito da validade do contrato, aponte as irregularidades que encontrar e indique as providências cabíveis.

RESPOSTA:

Parecer nº.:

Interessado:

Assunto: Irregularidade em contratação direta.

EMENTA: ADMINISTRATIVO. LICITAÇÃO. CONTRATAÇÃO DIRETA. DISPENSA POR NOTÓRIA ESPECIALIZAÇÃO. EMPRESA DE SERVIÇO DE LIMPEZA. ISENÇÃO DE ISS EM CONTRATO. CONTRATO ASSINADO POR AGENTE INCOMPETENTE. AUSÊNCIA DE EMPENHO. IRREGULARIDADES.

Relatório

Trata-se de denúncia feita a esta Corte de Contas pelo cidadão José acerca de contrato entre o Município "X" e a empresa "Y", na qual narra uma série de irregularidades, a saber: dispensa indevida de licitação, dispensa de pagamento de tributo por meio de contrato, responsabilidade pela assinatura do contrato de autoridade incompetente (chefe do serviço de limpeza pública), ausência de empenho para a realização de despesas, ausência de previsão orçamentária para a contratação.

Da legitimidade para a denúncia

Preliminarmente, observa-se que o cidadão José tem competência para formular a presente denúncia perante esta Corte de Contas, o que inclusive encontra respaldo constitucional, nos termos do artigo 74, § 2º (aplicável por simetria a este Tribunal de Contas), pelo qual qualquer cidadão é parte legítima para denunciar irregularidades ou ilegalidades perante o Tribunal de Contas.

Fundamentação

a) Da ilegalidade da contratação direta

A dispensa de licitação narrada na denúncia deu-se com afronta às normas da Lei 8.666/93, tornando o contrato nulo. Tal se dá pelo fundamento falso e inapropriado para a dispensa. Sim, pois os serviços de limpeza não se coadunam com o sentido de notória especialização disposto na Lei 8.666/93, não estando elencado no seu artigo 13. Além disso, a notória especialização não autoriza a dispensa de licitação, sendo, quando preenchidos os demais requisitos, um caso de inexigibilidade de licitação (art. 25, Lei 8.666/93), por ausência de pressuposto lógico (pluralidade de objeto e/ou de ofertante). A dispensa de licitação só é possível se verificada a ocorrência de alguma das hipóteses previstas no rol taxativo do artigo 24 da Lei 8.666/93, o que não se deu no caso em análise. A dispensa indevida de licitação, ressalte-se, configura ato de improbidade administrativa que causa dano ao erário, nos termos do artigo 10, VIII, da Lei 8.429/92.

b) Da dispensa do pagamento de tributo por contrato

Outro vício presente no contrato entre o Município "X" e a empresa "Y" consiste na previsão de dispensa de pagamento do Imposto Sobre Serviços (ISS) em cláusula contratual. Há aí uma violação à Constituição Federal, ao Código Tributário Nacional e à Lei de Responsabilidade Fiscal.

A violação ao texto constitucional deu-se pela inobservância do seu artigo 150, § 6º, que determina que qualquer isenção relativa a impostos só poderá ser concedida mediante lei específica. A isenção contratual também é vedada pelo artigo 97, VI, do Código Tributário Nacional, que contém regra no sentido de que só a lei pode estabelecer as hipóteses de exclusão (gênero do qual a isenção é espécie) de créditos tributários. A Lei de Responsabilidade Fiscal igualmente foi ferida, pois a isenção de tributo por meio de contrato inviabiliza o cumprimento do artigo 14 dessa lei, ou seja, o controle da renúncia de receitas tributárias torna-se letra morta.

c) Da autoridade incompetente

Os contratos administrativos obedecem ao princípio da solenidade, devendo em regra possuir a forma escrita, sendo assinado pela autoridade competente (em nome do contratante) e pelo contratado, após o que deve ser publicado na imprensa oficial, como condição de eficácia.

Contudo, há vício de competência na assinatura do contrato, pois tal incumbência não deveria estar a cargo do chefe do serviço de limpeza pública, e sim do Prefeito do Município, uma vez que o contrato não foi assinado no âmbito de nenhuma Secretaria específica.

Agindo fora de suas atribuições, o funcionário em questão incorreu em abuso de poder na modalidade excesso de poder, viciando o ato quanto ao elemento competência. Além disso, não se verifica a observância do artigo 38, parágrafo único da Lei 8.666/93, que preceitua o controle interno nos procedimentos de dispensa de licitação.

d) Da irregularidade na realização da despesa

Também se verifica a presença de graves irregularidades na realização das despesas oriundas do referido contrato. Isso porque não há previsão de recursos orçamentários que assegurem o pagamento das obrigações decorrentes dos serviços, o que é condição para a licitação ou para a contratação direta (art. 7º, § 2º da Lei 8.666/93). No mesmo sentido cita-se o artigo 14 da Lei 8.666/93, que apesar de se referir especificamente às compras, também deve ser aplicado, por identidade de fundamento, aos serviços. Ou seja, a ausência de indicação de recursos orçamentários para o pagamento dos serviços implica na nulidade do ato e na responsabilidade do agente público.

A existência de recursos financeiros para o pagamento não tem o condão de sanar o vício, pois o que a norma tutela é o planejamento estatal e a responsabilidade no trato com o dinheiro público. Esse também é o espírito do artigo 15 da Lei de Responsabilidade Fiscal.

Ainda se soma a tudo isso a reprovável ausência de prévio empenho para a realização das despesas, o que fere também o artigo 60 da Lei 4.320/64, segundo o qual é vedada a realização de despesa sem prévio empenho. De tal modo o legislador se preocupou com o empenho que até mesmo nos casos de regime de adiantamento ele é exigido (art. 68 da Lei 4.320/64).

Desse modo, não se pode aplicar a máxima "não há nulidade sem prejuízo", pois o prejuízo nesse caso não diz respeito com a solvência da Administração em relação às suas obrigações, mas sim com a falta de planejamento na atividade estatal.

Conclusão

Diante do exposto, sugere-se:

a) a declaração da nulidade da dispensa de licitação;

b) o reconhecimento da nulidade também do contrato decorrente da dispensa indevida, indenizando-se o contratado apenas pelo serviço que houver comprovadamente executado, sob pena de enriquecimento indevido da Administração;

c) a apuração da responsabilidade tributária da empresa pelos órgãos competentes, aos quais devem ser encaminhadas cópias desses autos, tendo em vista a ineficácia da cláusula contratual que reconhece isenção de ISS;

d) que se promova a responsabilidade do chefe do serviço de limpeza pública pela prática de atos fora de sua esfera de competência, sobretudo diante das múltiplas ilegalidades quanto ao conteúdo desses atos;

e) o reconhecimento da ilegalidade na realização de despesas sem prévio empenho, e na contratação sem previsão orçamentária, independentemente da existência de recursos financeiros.

É o parecer,

Salvo melhor juízo.

Local, data.

Procurador de Contas.

DOUTRINA TEMÁTICA

"Entende-se por serviço singular aquele que é individualizado frente aos demais, ou seja, possui uma característica que o distingue que o torna incomum. Singular é o objeto do contrato, não o executor do serviço. (...) Trata-se, assim, de serviço pouco difundido, excepcional, incomum, dominado por poucos especialistas. (...)

A notória especialização decorre do conceito geral do profissional, adquirido em função de seu desempenho em trabalhos anteriores, aliado a estudos, experiências e publicações técnicas ou científicas, atestando sua capacidade acerca da matéria." (CHAGAS, 2012, p. 75-76; in: REVISTA DA AGU Nº 32).

"(...) **tendo a anulação ocorrido após a prestação contratual ou a constituição de despesas necessárias ao cumprimento do objeto contratual por parte do contratado, este goza de direito à indenização pelo que efetivamente já prestou e pelas despesas que constituiu, bem como pelos proveitos que deixou de captar. Essa garantia fica sempre condicionada à presença de sua boa-fé**, pois, se assim não for, o contratado não poderá se beneficiar de sua própria torpeza. O princípio da **proibição do enriquecimento ilícito** tem suas raízes na equidade e na moralidade, não podendo ser invocado por quem celebrou contrato com a Administração violando o princípio da moralidade, agindo com comprovada má-fé" (MARINELA, 2013, p. 485) (grifado pelo autor).

"Sem embargo, **salvo se esteve conluiado com a Administração na ilegalidade, não sendo possível, repor o *statu quo ante*, terá de ser acobertado pelas despesas que fez em relação ao que a Administração haja aproveitado e incorporado em seu proveito**. O princípio do enriquecimento sem causa abona esta solução, até mesmo nos casos em que tenha havido má-fé. Este acobertamento deverá ser pelo exato valor a ser parcialmente apurado, e que corresponderá à vantagem auferida pela Administração, ainda que o dispêndio do contratado haja sido maior; e, evidentemente, a ele não assistirá direito a qualquer lucro ou remuneração por aquilo que empreendeu. Também nesta hipótese não será resguardado dos prejuízos indiretos, ou seja, dos proveitos quer acaso haja deixado de auferir em razão da vinculação contratual." (MELLO, 201, p. 667). (grifado pelo autor).

"Ao exigir a previsão de recursos orçamentários, o legislador tenta impedir a gestão irresponsável, visto que a licitação de obras ou serviços, sem previsão de recursos suficientes ao seu adimplemento, tornaria inútil todo o procedimento de seleção, prejudicando os particulares e a Administração." (TORRES, 2011, p. 61)

JURISPRUDÊNCIA TEMÁTICA

STJ

Ementa: CONSTITUCIONAL E ADMINISTRATIVO. LEI 3.041/05, DO ESTADO DO MATO GROSSO DO SUL. **LICITAÇÕES E CONTRATAÇÕES COM O PODER PÚBLICO. DOCUMENTOS EXIGIDOS PARA HABILITAÇÃO. CERTIDÃO NEGATIVA DE VIOLAÇÃO A DIREITOS DO CONSUMIDOR. DISPOSIÇÃO COM SENTIDO AMPLO, NÃO VINCULADA A QUALQUER ESPECIFICIDADE. INCONSTITUCIONALIDADE FORMAL, POR INVASÃO DA COMPETÊNCIA PRIVATIVA DA UNIÃO PARA LEGISLAR SOBRE A MATÉRIA** (ART. 22, INCISO XXVII, DA CF). 1. A igualdade de condições dos concorrentes em licitações, embora seja enaltecida pela Constituição (art. 37, XXI), pode ser relativizada por duas vias: (a) pela lei, mediante o estabelecimento de condições de diferenciação exigíveis em abstrato; e (b) pela autoridade responsável pela condução do processo licitatório, que poderá estabelecer elementos de distinção circunstanciais, de qualificação técnica e econômica, sempre vinculados à garantia de cumprimento de obrigações específicas. 2. **Somente a lei federal poderá, em âmbito geral, estabelecer desequiparações entre os concorrentes e assim restringir o direito de participar de licitações em condições de igualdade. Ao direito estadual (ou municipal) somente será legítimo inovar neste particular se tiver como objetivo estabelecer condições específicas, nomeadamente quando relacionadas a uma classe de objetos a serem contratados ou a peculiares circunstâncias de interesse local. 3. Ao inserir a Certidão de Violação aos Direitos do Consumidor no rol de documentos exigidos para a habilitação, o legislador estadual se arvorou na condição de intérprete primeiro do direito constitucional de acesso a licitações e criou uma presunção legal, de sentido e alcance amplíssimos, segundo a qual a existência de registros desabonadores nos cadastros públicos de proteção do consumidor é motivo suficiente para justificar o impedimento de contratar com a Administração local.** 4. Ao dispor nesse sentido, a Lei Estadual 3.041/05 se dissociou dos termos gerais do ordenamento nacional de licitações e contratos, e, com isso, usurpou a competência privativa da União de dispor sobre normas gerais na matéria (art. 22, XXVII, da CF). 5. Ação direta de inconstitucionalidade julgada procedente. (ADI 3735, Relator(a): Min. TEORI ZAVASCKI, Tribunal Pleno, julgado em 08/09/2016, ACÓRDÃO ELETRÔNICO DJe-168 DIVULG 31-07-2017 PUBLIC 01-08-2017 – grifos do autor).

Ementa: AÇÃO DIRETA DE INCONSTITUCIONALIDADE. DIREITO ADMINISTRATIVO E CONSTITUCIONAL. LEI Nº 11.871/02, DO ESTADO DO RIO GRANDE DO SUL, QUE INSTITUI, NO ÂMBITO DA ADMINISTRAÇÃO PÚBLICA REGIONAL, PREFERÊNCIA ABSTRATA PELA AQUISIÇÃO DE SOFTWARES LIVRES OU SEM RESTRIÇÕES PROPRIETÁRIAS. EXERCÍCIO REGULAR DE COMPETÊNCIA LEGISLATIVA PELO ESTADO-MEMBRO. INEXISTÊNCIA DE USURPAÇÃO DE COMPETÊNCIA LEGIFERANTE RESERVADA À UNIÃO PARA PRODUZIR NORMAS GERAIS EM TEMA DE LICITAÇÃO. LEGISLAÇÃO COMPATÍVEL COM OS PRINCÍPIOS CONSTITUCIONAIS DA SEPARAÇÃO DOS PODERES, DA IMPESSOALIDADE, DA EFICIÊNCIA E DA ECONOMICIDADE. PEDIDO JULGADO IMPROCEDENTE. 1. A competência legislativa do Estado-membro para dispor sobre licitações e contratos administrativos respalda a fixação por lei de preferência para a aquisição de softwares livres pela Administração Pública regional, sem que se configure usurpação da competência legislativa da União para fixar normas gerais sobre o tema (CRFB, art. 22, XXVII). 2. A matéria atinente às licitações e aos contratos administrativos não foi expressamente incluída no rol submetido à iniciativa legislativa exclusiva do Chefe do Poder Executivo (CRFB, art. 61, §1º, II), sendo, portanto, plenamente suscetível de regramento por lei oriunda de projeto iniciado por qualquer dos membros do Poder Legislativo. 3. A Lei nº 11.871/2002 do Estado do Rio Grande do Sul não engessou a Administração Pública regional, revelando-se compatível com o princípio da Separação dos Poderes (CRFB, art. 2º), uma vez que a regra de precedência abstrata em favor dos softwares livres pode ser afastada sempre que presentes razões tecnicamente justificadas. 4. A Lei nº 11.871/2002 do Estado do Rio Grande do Sul não exclui do universo de possíveis contratantes pelo Poder Público nenhum sujeito, sendo certo que todo fabricante de programas de computador poderá participar do certame, independentemente do seu produto, bastando que esteja disposto a celebrar licenciamento amplo desejado pela Administração. 5. Os postulados constitucionais da eficiência e da economicidade

(CRFB, arts. 37, caput e 70, caput) justificam a iniciativa do legislador estadual em estabelecer a preferência em favor de softwares livres a serem adquiridos pela Administração Pública. 6. Pedido de declaração de inconstitucionalidade julgado improcedente.

(ADI 3059, Relator(a): Min. AYRES BRITTO, Relator(a) p/ Acórdão: Min. LUIZ FUX, Tribunal Pleno, julgado em 09/04/2015, ACÓRDÃO ELETRÔNICO DJe-085 DIVULG 07-05-2015 PUBLIC 08-05-2015).

LICITAÇÃO. PREVISÃO DE RECURSOS ORÇAMENTÁRIOS.

A Lei de Licitações exige, para a realização de licitação, a existência de previsão de recursos orçamentários que assegurem o pagamento das obrigações decorrentes de obras ou serviços a serem executados no exercício financeiro em curso, de acordo com o respectivo cronograma, ou seja, **a lei não exige a disponibilidade financeira (fato de a Administração ter o recurso antes do início da licitação), mas, tão somente, que haja previsão desses recursos na lei orçamentária**. REsp 1.141.021-SP, Rel. Min. Mauro Campbell Marques, julgado em 21/8/2012. (grifado pelo autor).

ADMINISTRATIVO. LICITAÇÃO POR PREGÃO PRESENCIAL. EXCLUSIVIDADE. HIPÓTESE QUE NÃO SE ENQUADRA NAS HIPÓTESES DE LICITAÇÃO PREVISTAS NO ART. 25, INCISO I, DA LEI 8.666/93.

1. Buscou-se com a impetração anular o Pregão n. 040/2008, realizado pela Secretaria de Estado de Saúde de Minas gerais, defendendo o impetrante que o fornecimento do produto licitado enquadra-se em uma das hipóteses de inexigibilidade de licitação previstas no art. 25 da Lei 8.666/92 diante do privilégio de exclusividade para o fornecimento de "capa para tampa de reservatório de água potável (caixa d'água)", que está tutelado por carta de patente.

2. As hipóteses de contratação direta por inexigibilidade de licitação, elencadas no art. 25 da Lei 8.666/93, somente se justificam quando se configura a inviabilidade de competição, diante da existência de apenas um objeto ou pessoa capaz de atender às necessidades da Administração Pública.

3. Deflui do inciso I do referido dispositivo a necessidade de implementação das seguintes condições para que o fornecimento de equipamento ou produtos prescinda de licitação: (i) o produto estar tutelado por exclusividade, atestada por órgão ou entidades competentes para tanto, o que impede que o Estado adquira produto similar; (ii) quando inviável a competição pela ausência de outro licitante capaz de produzir objeto equivalente, que atenta às necessidades da Administração; e (iii) o produto, ainda que seja tutelado por patente, não possa ser fornecido por terceiros.

4. Assim, **o que torna inexigível a licitação, segundo a dicção do inciso I do artigo 25 em referência, não é o simples fato de o fornecedor deter a patente de seu produto, mas o fato desse produto deter certas características peculiares, não encontradas nos produtos que lhe são concorrentes, e, ainda, que tais características sejam decisivas para contemplar o interesse público**.

5. Na hipótese dos autos, o motivo explicitado pelo recorrente para contornar a exigência legal da realização do certame público, na verdade, não restou devidamente comprovado. A documentação juntada aos autos, notadamente o registro feito no Instituto Nacional da Propriedade Industrial, do Ministério do Desenvolvimento, Indústria e Comércio Exterior, não evidencia prontamente a exclusividade para todo e qualquer tipo de "capa para tampa de caixa d'água" – objeto da licitação, mas apenas demonstra que o recorrente detém a patente de um modelo de utilidade, e não de uma invenção. Ou seja, não há exclusividade para o produto licitado, mas apenas sobre os melhoramentos promovidos em produto já existente.

6. Tampouco restou demonstrado que o modelo do produto licitado é exatamente aquele patenteado pelo recorrente e que esse produto, diante de suas características, é o único no mercado capaz de atender as necessidades do órgão licitante. E, a análise desses elementos tampouco pode ser satisfeita em sede de mandado de segurança, incompatível com a dilação probatória.

7. Recurso ordinário em mandado de segurança não provido. (RMS 37.688, Rel. Min. Mauro Campbell Marques, 2ª Turma, j. 26.06.2012, DJe 06/08/2012). (grifado pelo autor).

ADMINISTRATIVO E PROCESSUAL CIVIL. AÇÃO CIVIL PÚBLICA. IMPROBIDADE ADMINISTRATIVA. CONTRATAÇÃO DE ADVOGADO E CONTADOR POR NOTÓRIA ESPECIALIZAÇÃO. ART. 25 DA LEI N.º 8.666/93. ESPECIALIDADE E SINGULARIDADE. REQUISITOS NÃO CONFIGURADOS. CONTRATAÇÃO COM O PODER PÚBLICO. OBRIGATORIEDADE DA LICITAÇÃO. VIOLAÇÃO AO ART. 11 DA LEI N. 8.429/92 .

1. Verifica-se que o acórdão recorrido analisou todas as questões necessárias ao desate da controvérsia. Logo, não padece de vícios de omissão, contradição ou obscuridade, a justificar sua anulação por esta Corte.

2. Frise-se que ao julgador cabe apreciar a questão de acordo com o que entender atinente à lide. Não está obrigado a julgar a matéria posta a seu exame de acordo com o pleiteado pelas partes, mas sim com o seu livre convencimento (art. 131 do CPC). Dessarte, merece ser repelida a tese de violação do art. 535 do CPC.

3. A questão cinge-se na contratação de advogado e contador por Câmara Municipal sem licitação com fundamento no art. 25 da Lei n. 8.666/93, que refere-se a inexigibilidade de licitação.

4. Conforme depreende-se do artigo citado acima, **a contratação sem licitação, por inexigibilidade, deve estar vinculada à notória especialização do prestador de serviço, de forma a evidenciar que o seu trabalho é o mais adequado para a satisfação do objeto contratado e, sendo assim, inviável a competição entre outros profissionais**.

5. **A notória especialização, para legitimar a inexigibilidade de procedimento licitatório, é aquela de caráter absolutamente extraordinário e incontestável – que fala por si**. No entanto, o acórdão ao proferir seu entendimento, posicionou-se no sentido de avaliar as condições de mercado do município para a contratação sem licitação. Nesse raciocínio, concluiu que apesar de inexistir

notória especialização dos contratados (conclusão obtida pelo Tribunal de Contas), o município não possuía condições "mercadológicas" para contratar com licitação naquele momento.

6. Ora, o artigo mencionado traz como requisitos para a inexigibilidade da licitação, a especialidade do técnico associada à singularidade do serviço contratado. Em conclusão, envolve serviço específico que reclame conhecimento extraordinário do seu executor e ausência de outros profissionais capacitados no mercado, daí decorrendo a inviabilidade da competição. No caso em espécie, caso a Câmara Municipal não contasse, na época da contratação, com profissionais hábeis ao patrocínio de tais ações, é certo que poderia lançar-se no mercado em busca de outros. Contudo, isso jamais pode ser corroborado com o entendimento de que apenas os recorrentes sejam hábeis para tanto, pois existem no mercado vários advogados e contadores.

7. Sendo assim, merece reforma o acórdão recorrido em razão de não estarem presentes, no caso em análise, os requisitos necessários para configurar a inexigibilidade da licitação. Violando-se, portanto, os princípios da administração pública que exigem a licitação para a contratação com o Poder Público - art. 11, da Lei n. 8.429/92 .

8. Recurso parcialmente conhecido e nessa parte provido devolvendo os autos para a instância de origem para a apreciação das penalidades cabíveis. (REsp 1.210.756, Rel. Min. Mauro Campbell Marques, 2ª Turma, j. 02.10.2010, DJe 14/12/2010). (grifado pelo autor).

ADMINISTRATIVO E PROCESSUAL CIVIL. CONTRATAÇÃO DE SERVIÇOS. LICITAÇÃO. AUSÊNCIA. SERVIÇOS PRESTADOS. PAGAMENTO. NECESSIDADE. DISPOSITIVO LEGAL COM INTERPRETAÇÃO DIVERGENTE. AUSÊNCIA DE INDICAÇÃO. SÚMULA 284/STF. REEXAME DO CONTEXTO FÁTICO DA DEMANDA.

1. A indicação circunstanciada da questão federal objeto da divergência é pressuposto indispensável ao conhecimento do recurso especial interposto com base na alínea c do permissivo constitucional (Súmula 284/STF).

2. O recurso especial não se presta a reexame de matéria fático-probatória (Súmula 7/STJ). 3. **Afirmada a efetiva prestação de serviços à Administração, é devido o pagamento ao contratado que os prestou de boa-fé, mesmo que indevidamente dispensada a prévia licitação**. Conforme estabelece o art. 59, parágrafo único da Lei 8.666/93 "A nulidade não exonera a Administração do dever de indenizar o contratado pelo que este houver executado até a data em que ela for declarada e por outros prejuízos regularmente comprovados, contanto que não lhe seja imputável, promovendo-se a responsabilidade de quem lhe deu causa". Precedentes: AgRg no REsp 303730/AM, 2ª T., Min. Paulo Medina, DJ de 02.12.2002; AgRg no REsp 332956/SP, 1ª T., Min. Francisco Falcão, DJ de 16.12.2002; REsp 545471/PR, 1ª T., Min. Denise Arruda, DJ de 19.09.2005.

4. Recurso especial parcialmente conhecido e, nesta parte, desprovido. (REsp 707.710, Rel. Min. Teori Albino Zavascki, 1ª Turma, 20.10.2005, DJ 07/11/2005). (grifado pelo autor).

QUESTÕES DE CONCURSO RELACIONADAS

01. (CESPE – Procurador do Estado – PI – 2008) "Um estado, ao firmar contrato com uma empresa privada, desobrigando-a de recolher tributo devido pela sua atividade, passou a ser responsável pelo seu pagamento. Caso não haja disposição de lei em contrário, nenhuma convenção ou contrato tem validade para alterar o sujeito passivo de obrigação tributária perante a fazenda pública." - assertiva correta.

02. (CESPE – Procurador de Contas – ES – 2009) "As hipóteses de licitação dispensável não incluem a aquisição de materiais, equipamentos ou gêneros que possam ser fornecidos somente pelo produtor, empresa ou representante comercial exclusivo." - assertiva correta.

11. (QUESTÃO ELABORADA PELOS AUTORES)

Imagine que um contrato administrativo foi celebrado quando vigente uma lei "A", mas quando de sua rescisão já estava vigente uma outra lei, "B". Diante da problemática exposta, indaga-se:

a) qual das leis regulará a rescisão do contrato administrativo?

b) qual a lei que disciplinará os requisitos de existência, validade e eficácia do contrato administrativo em questão?

RESPOSTA:

a) Se os fatos que motivaram a rescisão do contrato administrativo ou a própria rescisão ocorrer após o advento de uma nova lei, será essa a lei que regulará a rescisão do contrato administrativo, e não a lei anterior, que estava vigente quando da assinatura do contrato. Ou seja, a Lei nº 8.666/93 aplica-se às rescisões dos contratos administrativos celebrados antes mesmo de sua vigência, quando a rescisão se deu após o seu advento. Nesse sentido, já decidiu o Superior Tribunal de Justiça que a rescisão dos contratos administrativos rege-se pela lei em vigor na data do acontecimento que a ensejou, pouco importando a data em que o contrato foi firmado. Assim, o regime jurídico das vicissitudes contratuais (aditivos e rescisões) será o da lei em vigor.

b) Já em relação aos requisitos de existência, validade e eficácia do contrato administrativo, será aplicável a lei "A", vigente no momento da celebração do contrato". Foi assim que decidiu o Superior Tribunal de Justiça ao interpretar o artigo 121 da Lei nº 8.666/93.

JURISPRUDÊNCIA TEMÁTICA

STJ

CONTRATO ADMINISTRATIVO. RESICISÃO

Na espécie, houve a rescisão de contrato por parte da Administração Pública de não prosseguir na construção de uma nova casa de detenção, em razão das rebeliões sangrentas que tomaram lugar no complexo prisional, sobretudo em função de sua localização em perímetro urbano. **O contrato foi firmado na vigência do DL n. 2.300/1986 e sua rescisão ocorreu já na vigência da Lei n. 8.666/1993**. Para o Min. Relator, como sustentado pela recorrente, embora as rebeliões sejam uma constante no sistema carcerário brasileiro, a extensão e os impactos daquelas ocorridas no presídio Carandiru extrapolaram qualquer perspectiva de previsão governamental, o que acarreta, sem dúvida, a caracterização da força maior ou caso fortuito. A imprevisibilidade, importante aos contratos administrativos, diz não apenas com a ocorrência de certo fato, mas também com os efeitos de certo fato (casos em que a ocorrência era previsível, mas a amplitude das consequências não). Destacou o Min. Relator que, **tendo ocorrido os motivos que ensejaram a rescisão, bem como a própria rescisão, depois de 1993, aplica-se a Lei n. 8.666/1993. É que a rescisão legal dos contratos administrativos será sempre regida pela lei em vigor na data do acontecimento que a ensejou, e não na data em que o contrato foi firmado. Por se tratar de contratos administrativos, é evidente que o regime jurídico de suas vicissitudes (aditivos e rescisões, e. g.) será o da lei em vigor, e não o da lei anterior. É essa, pois, a extensão do art. 121 da Lei de Licitações e Contratos vigente: os requisitos de exigência, validade e eficácia serão os da lei anterior. Mas o regime das vicissitudes contratuais, como ocorre com a sistemática da rescisão, será o da lei nova, se os fatos remontarem à sua época**. Mesmo que assim não fosse, o art. 69, § 2º, do DL n. 2.300/1986, quando trata das parcelas devidas ao particular na rescisão ocorrida por razões de interesse público, tem previsão idêntica ao art. 79, § 2º, da Lei n. 8.666/1993. Dessa forma, considerando os fatos que subjazem à hipótese, entende o Min. Relator que a não construção de uma nova casa de detenção deveu-se exclusivamente a fortes razões de interesse público, o que enseja a incidência do art. 69, § 2º, do DL n. 2.300/1986. Embora voltado inicialmente à Administração Pública Federal, centralizada e autárquica, esse decreto (art. 1º) incide nos contratos firmados por sociedade de economia mista estadual (como na espécie), na medida do que dispõem seus arts. 85 e 86. Diante disso, a Turma deu parcial provimento ao recurso para fazer incidir, no caso concreto, apenas o art. 79, § 2º, da Lei n. 8.666/1993 ou o art. 69, § 2º, do DL n. 2.300/1986, conforme se entender aplicável à espécie a Lei n. 8.666/1993 ou o DL n. 2.300/1986. Precedentes citados: REsp 1.112.895-SP, DJ 2/12/2009, e REsp 202.430-SP, DJ 18/10/1999. REsp 710.078 Rel. Min. Mauro Campbell Marques, julgado em 23/3/2010, noticiado no informativo 428/2010 do STJ. (grifado pelo autor).

12. (QUESTÃO ELABORADA PELOS AUTORES)

Conceitue projeto básico. Ele é exigido em contratos administrativos que não dizem respeito a obras e serviços de engenharia?

RESPOSTA:

Projeto básico é o conjunto de elementos necessários e suficientes, com nível de precisão adequado, para caracterizar a obra ou serviço, ou complexo de obras ou serviços objeto da licitação (artigo 6º, IX, da Lei 8.666/93). Ou seja, é o documento que deve conter a descrição do objeto a ser licitado, com suas características, de forma a permitir uma avaliação dos custos do contrato e do seu prazo de execução, possibilitando um maior controle e planejamento sobre a contratação.

O projeto básico e o executivo estão ligados às obras e serviços de engenharia, não sendo utilizados quando se pretende a contratação de outras obras e serviços. Contudo, ainda que não se exija o projeto básico para toda e qualquer obra ou serviço, é necessário que haja um estudo minucioso do objeto do contrato, mesmo que sem a mesma profundidade, mas com o mesmo objetivo de planejamento e controle. Ou seja, ainda que não se exija o projeto básico para contratações em geral, deve haver um documento que descreva o objeto, seus custos e quantidades.

DOUTRINA TEMÁTICA

"(...) nem toda execução de obras ou prestação de serviços dependerão da elaboração de projeto básico - cujo conteúdo, como já visto, dependerá da natureza do objeto a ser licitado. é que a figura do projeto básico e executivo está intimamente ligada aos serviços e obras de engenharia, restando inviável sua incidência em outras espécies de contratações do gênero obras e serviço.

(...) **ainda que não seja de todo possível a existência formal do projeto básico para toda e qualquer obra ou serviço, não se deve excluir a necessidade de apresentação prévia de informações e minúcias acerca do objeto pretendido**." (CUNHA E CARVALHO, 2012, p. 21). (grifado pelo autor).

"**Mesmo nos casos que não envolvam contratação de obras ou de serviços de engenharia, é importante a formulação de um projeto básico (no caso do pregão comum e pregão eletrônico, o documento proposto pelos decretos federais denomina-se 'termo de referência')** o qual, embora prescindindo de alguns elementos indicados pelo inciso IX, por evidente desnecessidade, deve resguardar uma descrição clara do objeto, avaliação de seu custo, além de justificativa da contratação em seu conteúdo e quantidade. Mais relevante que sua existência documental, esses documentos servem para demonstrar a existência ou não de planejamento na pretensão da contratação, representando importante instrumento para aferição de eventuais ineficiências, imoralidades ou desvios de gestão." (TORRES, 2011, p. 55). (grifado pelo autor).

JURISPRUDÊNCIA TEMÁTICA

Súmula 261 do TCU

"Em licitações de obras e serviços de engenharia, é necessária a elaboração de projeto básico adequado e atualizado, assim considerado aquele aprovado com todos os elementos descritos no art. 6º, inciso IX, da Lei nº 8.666 de 21 de junho de 1993, constituindo prática ilegal a revisão de projeto básico ou a elaboração de projeto executivo que transfigurem o objeto originalmente contratado em outro de natureza e propósito diversos."

TCU

9.3.6. **somente dê início ao processo licitatório para execução de obras e serviços quando dispuser de projeto básico que contemple o conjunto de elementos necessários e suficientes, com nível de precisão adequado, para caracterizar a obra ou serviço, ou complexo de obras ou serviços objeto da licitação**, elaborado com base nas indicações dos estudos técnicos preliminares que assegurem a viabilidade técnica do empreendimento e que possibilite a avaliação do custo da obra, a definição dos métodos e do prazo de execução, quantitativos e itens de serviços, os quais, se remetidos também ao projeto executivo, devem compor conjunto suficientemente adequado à caracterização de toda a obra e dos detalhes construtivos e de composição dos serviços, de modo a evitar acréscimos e supressões posteriores à licitação, em fase de execução das obras, por deficiências e lacunas apresentadas nos projetos que conduzam à substancial alteração de quantitativos de serviços indicados na planilha orçamentária que serviu de base à licitação, observando-se estritamente o que dispõem os arts. 6º, incisos IX e X, e 7º da Lei 8.666/1993; (ACÓRDÃO Nº 2640/2007- TCU - PLENÁRIO). (grifado pelo autor).

13. (QUESTÃO ELABORADA PELOS AUTORES – INÉDITA)

Considerando a atual jurisprudência do STF, no âmbito dos contratos administrativos, o inadimplemento dos encargos trabalhistas pela contratada transfere a responsabilidade do seu pagamento para o Poder público?

RESPOSTA:

O entendimento mais recente do STF, exarado em decisão plenária (RE 760931/DF), assevera que o inadimplemento dos encargos trabalhistas dos empregados do contratado não transfere automaticamente ao Poder Público contratante a responsabilidade pelo seu pagamento, seja em caráter solidário ou subsidiário, nos termos do art. 71, § 1º, da Lei nº 8.666/93.

Desse modo, nota-se que o Poder Público, a princípio, não será responsabilizado pelo inadimplemento das obrigações trabalhistas pelo particular contratado.

Entretanto, a Justiça Trabalhista não aplicava o disposto na norma em questão e condenava o Poder Público subsidiariamente sempre que os encargos trabalhistas não fossem cumpridos pela parte contratada, conforme demonstra a antiga redação da súmula 331 do Tribunal Superior do Trabalho.

O STF então, instado a se manifestar sobre o tema, declarou constitucional o art. 71, §1º da Lei 8666/93, na ADC nº 16.

O TST, para se adequar ao decidido pela Suprema Corte, modificou seu enunciado de súmula nº 331, que passou a dispor o seguinte: em regra, a inadimplência do contratado, com referência aos encargos trabalhistas, não transfere à Administração Pública a responsabilidade por seu pagamento. Todavia, responde subsidiariamente caso evidenciada a sua conduta culposa na fiscalização do cumprimento das obrigações contratuais e legais da prestadora de serviço como empregadora.

Ocorre que, na prática, o Poder Público era sempre responsabilizado pelo pagamento dos encargos trabalhista, uma vez que a justiça laboral considerava a Administração presumidamente culpada ante o descumprimento da contratada.

Diante desse contexto, o Supremo Tribunal Federal recentemente fixou o entendimento de que a responsabilização do Poder Público não é automática nem genérica como vem sendo decidido pela Justiça do Trabalho.

Por fim, cumpre destacar que é possível, excepcionalmente, que a Administração Pública responda pelas dívidas trabalhistas, desde que o ex-empregado comprove concretamente que existiu efetiva falha do Poder Público na fiscalização do contrato.

DOUTRINA TEMÁTICA

"Ocorre que, em relação aos demais encargos da empresa contratada, não se admite a responsabilização do ente público. Com efeito, o art. 71 , §1º, da lei 8.666/93 dispõe que "A inadimplência do contratado, com referência aos encargos trabalhistas, fiscais e comerciais não transfere à Administração Pública a responsabilidade por seu pagamento, nem poderá onerar o objeto do contrato ou restringir a regularização e o uso das obras e edificações, inclusive perante o Registro de Imóveis"." (CARVALHO, 2017, p. 566)

"Em suma, para que alguma responsabilidade subsidiária seja validamente imputada à administração pública, tomadora dos serviços, é indispensável que se comprove, no caso concreto, a conduta culposa desta – por exemplo, que não foram tomados cuidados básicos quanto à verificação da idoneidade da empresa no momento da contratação, ou que a fiscalização da execução do contrato administrativo, inclusive do cumprimento das obrigações trabalhistas pela empresa contratada, foi omissa ou displicente. O que o STF não admite é que a Justiça do Trabalho, de forma generalizada, automática, objetiva, independentemente de circunstâncias do caso concreto e de comprovação de conduta culposa do poder público contratante, pretenda sempre lhe atribuir responsabilidade subsidiárias pelos encargos trabalhistas que a empresa por ele contratada esteja devendo aos empregados dela. É justamente essa pretensão de atribuição automática de responsabilidade que é obstada pelo §1º. do art. 71 da Lei 8.666/1993." (ALEXANDRINO, 2017, p. 630)

JURISPRUDÊNCIA TEMÁTICA

O inadimplemento dos encargos trabalhistas dos empregados do contratado não transfere automaticamente ao Poder Público contratante a responsabilidade pelo seu pagamento, seja em caráter solidário ou subsidiário, nos termos do art. 71, § 1º, da Lei 8.666/1993. (...) Prevaleceu o voto do ministro Luiz Fux, que foi acompanhado pelos ministros Marco Aurélio, Dias Toffoli, Gilmar Mendes, Cármen Lúcia (Presidente) e Alexandre de Moraes. A Corte entendeu que uma interpretação conforme do art. 71 da Lei 8.666/1993, com o reconhecimento da responsabilidade subsidiária da Administração Pública, infirma a decisão tomada no julgamento da ADC 16/DF (DJE de 9.9.2011), nulificando, por conseguinte, a coisa julgada formada sobre a declaração de constitucionalidade do dispositivo legal. Observou que, com o advento da Lei 9.032/1995, o legislador buscou excluir a responsabilidade subsidiária da Administração, exatamente para evitar o descumprimento do disposto no art. 71 da Lei 8.666/1993, declarado constitucional pela Corte. Anotou que a imputação da culpa "in vigilando" ou "in eligendo" à Administração Pública, por suposta deficiência na fiscalização da fiel observância das normas trabalhistas pela empresa contratada, somente pode acontecer nos casos em que se tenha a efetiva comprovação da ausência de fiscalização. Nesse ponto, asseverou que a alegada ausência de comprovação em juízo da efetiva fiscalização do contrato não substitui a necessidade de prova taxativa do nexo de causalidade entre a conduta da Administração e o dano sofrido. Ao final, pontuou que a Lei 9.032/1995 (art. 4º), que alterou o disposto no § 2º do art. 71 da Lei 8.666/1993, restringiu a solidariedade entre contratante e contratado apenas quanto aos encargos previdenciários resultantes da execução do contrato, nos termos do art. 31 da Lei 8.212/1991. (RE 760931/DF, rel. orig. Min. Rosa Weber, red. p/ o ac. Min. Luiz Fux, julgamento em 26.4.2017.)

CAPÍTULO 5
SERVIÇOS PÚBLICOS

QUESTÕES

1. (CESPE – TCE PR – 2016)

Com fundamento no entendimento do STJ e na doutrina especializada, discorra sobre o princípio da continuidade do serviço público. Em seu texto, faça o que se pede a seguir: 1 – Conceitue o referido princípio (valor: 1,50 ponto) 2- À luz do princípio em apreço, comente sobre a possibilidade de suspensão do fornecimento do serviço público na hipótese de inadimplência. (valor: 1,25 ponto) 3. Comente sobre a possibilidade ou não de suspensão do serviço, a exemplo do fornecimento de energia elétrica, quando o usuário inadimplente é o poder público. (valor: 2,00 pontos)

ESPAÇO EM BRANCO PARA RESPOSTA (20 LINHAS)

2. (PGE RS – PROCURADOR DO ESTADO – RS – 2012)

Disserte sobre as distinções jurídico-conceituais entre as permissões de serviço público outorgadas antes e as outorgadas depois da vigência da Constituição de 1988, e em especial sobre a possibilidade jurídica do direito ao reequilíbrio econômico-financeiro em favor do permissionário, num e noutro caso, levando em conta, sobretudo, o entendimento recente do Superior Tribunal de Justiça acerca da matéria.

ESPAÇO EM BRANCO PARA RESPOSTA (30 LINHAS)

3. (PGE PR – PROCURADOR DO ESTADO – PR – 2011)

Apresente um breve conceito de serviço público. Com base nesse conceito, explique fundamentadamente o inc. II do § 3o do art. 6o da Lei 8.987/95 (Lei geral de concessões) e os arts. 63, 126 e 127 da Lei 9.472/97 (organização dos serviços de telecomunicações), a seguir transcritos. A explicação deverá necessariamente tratar dos seguintes temas:

– a suspensão na prestação do serviço em razão do inadimplemento; e

– a prestação do serviço em regime de direito privado.

O art. 6° da Lei 8.987/95 (Lei Geral de Concessões de Serviço Público) tem a seguinte redação:

Art. 6°. Toda concessão ou permissão pressupõe a prestação de serviço adequado ao pleno atendimento dos usuários, conforme estabelecido nesta Lei, nas normas pertinentes e no respectivo contrato.

§ 1°. Serviço adequado é o que satisfaz as condições de regularidade, continuidade, eficiência, segurança, atualidade, generalidade, cortesia na sua prestação e modicidade das tarifas.

§ 2°. A atualidade compreende a modernidade das técnicas, do equipamento e das instalações e a sua conservação, bem como a melhoria e expansão do serviço.

§ 3° Não se caracteriza como descontinuidade do serviço a sua interrupção em situação de emergência ou após prévio aviso, quando:

I - motivada por razões de ordem técnica ou de segurança das instalações; e,

II- por inadimplemento do usuário, considerado o interesse da coletividade.

Os arts. 63, 126 e 127 da Lei 9.472/97 (organização dos serviços de telecomunicações) têm a seguinte redação:

Art. 63. Quanto ao regime jurídico de sua prestação, os serviços de telecomunicações classificam-se em públicos e privados.

Parágrafo único. Serviço de telecomunicações em regime público é o prestado mediante concessão ou permissão, com atribuição a sua prestadora de obrigações de universalização e de continuidade.

Art. 126. A exploração de serviço de telecomunicações no regime privado será baseada nos princípios constitucionais da atividade econômica.

Art. 127. A disciplina da exploração dos serviços no regime privado terá por objetivo viabilizar o cumprimento das leis, em especial das relativas às telecomunicações, à ordem econômica e aos direitos dos consumidores, destinando-se a garantir:

I - a diversidade de serviços, o incremento de sua oferta e sua qualidade;

II - a competição livre, ampla e justa;

III - o respeito aos direitos dos usuários;

IV - a convivência entre as modalidades de serviço e entre prestadoras em regime privado e público, observada a prevalência do interesse público;

V - o equilíbrio das relações entre prestadoras e usuários dos serviços;

VI - a isonomia de tratamento às prestadoras;

VII - o uso eficiente do espectro de radiofreqüências;

VIII - o cumprimento da função social do serviço de interesse coletivo, bem como dos encargos dela decorrentes;

IX - o desenvolvimento tecnológico e industrial do setor;

X – a permanente fiscalização.

◉ ESPAÇO EM BRANCO PARA RESPOSTA (30 LINHAS)

4. (CESPE – PROMOTOR DE JUSTIÇA – ES – 2010)

Em determinado município, foi criada lei que estabelece política de fomento para que a sociedade civil organizada possa ajudar o referido município na prestação de serviços públicos. Com base nessa lei, o prefeito houve por bem firmar convênio com um hospital particular, entre vários outros existentes, com fins lucrativos, para que esse hospital atendesse a população carente, mediante pagamento, pelo município, das consultas, dos exames e dos tratamentos.

Considerando a situação hipotética acima, redija um texto dissertativo acerca da legalidade do referido convênio. Ao elaborar seu texto, aborde, necessariamente, os seguintes aspectos:

- diferença entre convênio e contrato administrativo;
- possibilidade de repasse de recursos públicos para hospital particular com fins lucrativos;
- possibilidade de convênio na prestação de serviços públicos.

ESPAÇO EM BRANCO PARA RESPOSTA (30 LINHAS)

5. (CESPE – PROMOTOR DE JUSTIÇA – RN – 2009)

A unidade da Federação Y celebrou com a empresa Alfa, após procedimento licitatório, contrato para a exploração de serviços de transporte intermunicipal de passageiros em trecho específico. Durante a vigência desse contrato, o governo desse estado concedeu à empresa Alfa, sem a realização de novo certame, permissão para a exploração exclusiva de toda a malha rodoviária intermunicipal.

Considerando essa situação hipotética, redija um texto que responda, de forma fundamentada, aos seguintes questionamentos.

- Em que consiste o instituto da permissão de serviço público e quais são as suas características?
- A administração pública poderá invalidar a nova permissão concedida à empresa Alfa?

ESPAÇO EM BRANCO PARA RESPOSTA (30 LINHAS)

6. (FCC – PROCURADOR DE CONTAS – AM – 2006)

O que é concessão de serviço público e como se caracteriza o contrato de concessão?

ESPAÇO EM BRANCO PARA RESPOSTA (30 LINHAS)

7. (MPF – PROCURADOR DA REPÚBLICA – 2006)

De acordo com a teoria geral do contrato administrativo, é possível a inserção, em contrato de concessão de prestação de serviço público, de cláusula prevendo a arbitragem como forma de resolução dos conflitos decorrentes do cumprimento do pacto entre o Poder concedente e a empresa concessionária?

ESPAÇO EM BRANCO PARA RESPOSTA (30 LINHAS)

8. (QUESTÃO ELABORADA PELOS AUTORES – INÉDITA)

Tendo em vista os serviços públicos prestados pelo Estado, responda os itens abaixo, considerando o que dispõe a lei 8987/95, a doutrina e a jurisprudência dos tribunais superiores.

a) Conceitue a cláusula do "exceptio non adimpleti contractus", aponte os fundamentos legais, prazos e requisitos.

b) É possível a utilização da arbitragem para a resolução de divergências contratuais entre o Poder Público e a empresa concessionária de serviços públicos?

c) A concessionária de energia elétrica avisa futura interrupção do fornecimento de energia elétrico pelo rádio. Tal procedimento é legítimo?

◉ ESPAÇO EM BRANCO PARA RESPOSTA (20 LINHAS)

QUESTÕES COMENTADAS

1. (CESPE – TCE PR – 2016)

Com fundamento no entendimento do STJ e na doutrina especializada, discorra sobre o princípio da continuidade do serviço público. Em seu texto, faça o que se pede a seguir: 1 – Conceitue o referido princípio (valor: 1,50 ponto) 2- À luz do princípio em apreço, comente sobre a possibilidade de suspensão do fornecimento do serviço público na hipótese de inadimplência. (valor: 1,25 ponto) 3. Comente sobre a possibilidade ou não de suspensão do serviço, a exemplo do fornecimento de energia elétrica, quando o usuário inadimplente é o poder público. (valor: 2,00 pontos)

RESPOSTA:

1. O princípio da continuidade do serviço público preconiza a necessidade de atividade ininterrupta de serviços disponibilizados à sociedade, não havendo margem para interrupções injustificadas. Está previsto expressamente no art. 6, §1º, da Lei 8.987/95. Ademais, aponta a doutrina que o referido princípio está no texto da Constituição, ao determinar o dever de prestar adequadamente os serviços à coletividade.

2. Quanto à possibilidade de interrupção do serviço público, o art. 6º, § 3º, da retrocitada lei autoriza, em situações excepcionais, a saber: interrupção motivada por razões de ordem técnica ou de segurança das instalações; e inadimplemento do usuário, considerado o interesse da coletividade.

3. Por fim, aponta o STJ que é possível a suspensão de serviço público quando do não pagamento do Poder Público. Entretanto, ressalta o Tribunal que, se o serviço for essencial à coletividade, a exemplo da iluminação pública, não haverá possibilidade de interrupção. Neste caso, a concessionária tem a opção de se utilizar das vias legítimas para a cobrança, porém estará impedida de suspender o serviço.

Espelho de correção

1 – Primeiramente, espera-se que o candidato conceitue o princípio da continuidade do serviço público, que não encontra significativa variação na doutrina. A título de exemplo, registra-se o conceito de Carvalho Filho: "Esse princípio indica que os serviços públicos não devem sofrer interrupção, ou seja, sua prestação deve ser contínua para evitar que a paralisação provoque, como às vezes ocorre, colapso nas múltiplas atividades particulares." (José dos Santos Carvalho Filho. Manual de Direito Administrativo. 26ª ed. São Paulo: Atlas, 2013, p. 335). 2 Com relação ao segundo

ponto, o candidato deverá discorrer sobre a possibilidade de haver suspensão no fornecimento de serviços públicos, mesmo diante do princípio da continuidade, quando haver inadimplência do usuário. 3. No que se refere ao terceiro ponto, espera-se que o candidato conheça a jurisprudência do STJ sobre a possibilidade de suspensão do fornecimento de serviços públicos essenciais quando inadimplente pessoa jurídica de direito público, desde que a interrupção seja precedida de notificação e não atinja unidade prestadora de serviços indispensáveis à população. Nesse sentido os seguintes julgados do STJ: (...) (STJ, AgRg no REsp 1430018/CE)

DOUTRINA TEMÁTICA

"Traduz-se na ideia de prestação ininterrupta da atividade administrativa e dos serviços prestados à coletividade, evitando interrupções indevidas, sendo designado, por uma parcela da doutrina, como princípio da permanência.

Configura-se, portanto, na exigência de que a atividade do Estado seja contínua, não podendo parar a prestação dos serviços e nem comportando falhas ou interrupções, já que muitas necessidades da sociedade são inadiáveis – como é o exemplo dos serviços de fornecimento de água, transporte público, iluminação pública e segurança pública, bem como fornecimento de energia elétrica à população em geral. Tal princípio está expressamente regulamentado, no art. 6º, §1º, da Lei 8.987/95, como necessário para que a atividade administrativa seja considerada adequada em sua execução. Para os estudiosos da matéria, este princípio se encontra, ainda, implícito no texto constitucional, em razão do dever de prestação de serviços de forma adequada às necessidades coletivas.

Vale ressaltar que o princípio da Continuidade está intimamente ligado do Princípio da Eficiência, haja vista se tratar de garantia de busca por resultados positivos, sem que sejam estes frutos prejudicados pela ausência de prestação, mesmo que por um determinado tempo." (CARVALHO, 2017, p. 636)

"Solução diversa ocorre quando o usuário deixa de pagar o serviço. A despeito de algumas divergências, e com o abono de alguns estudiosos, entendemos que se devam distinguir os serviços compulsórios e os facultativos. Se o serviço for facultativo, o Poder Público pode suspender-lhe a prestação no caso de não pagamento, o que guarda coerência com a facultatividade em sua obtenção. É o que sucede, por exemplo, com os serviços prestados por concessionários, cuja suspensão é expressamente autorizada pela Lei nº 8.987/1995, que dispõe sobre concessões de serviços públicos (art. 6º, § 3º, II). Tratando-se, no entanto, de serviço compulsório, não será permitida a suspensão, e isso não somente porque o Estado o impôs coercitivamente, como também porque, sendo remunerado por taxa, tem a Fazenda mecanismos privilegiados para a cobrança da dívida. Tais soluções são as que nos parecem mais compatíveis na relação Estado--usuário."(CARVALHO FILHO, 2016, p. 350)

JURISPRUDÊNCIA TEMÁTICA

DIREITO ADMINISTRATIVO, CONSTITUCIONAL E PROCESSUAL CIVIL. TERMO FINAL DE CONTRATO DE PERMISSÃO NULO. Declarada a nulidade de permissão outorgada sem licitação pública ainda antes da Constituição Federal de 1988, é possível ao magistrado estabelecer, independentemente de eventual direito a indenização do permissionário, prazo máximo para o termo final do contrato de adesão firmado precariamente. Considerando-se o disposto nos arts. 37, caput e inciso XXI, da CF e 2º da Lei 8.666/1993, o interesse privado do permissionário no eventual direito de ser indenizado não pode ser privilegiado, perpetuando-se um contrato reconhecido como nulo pela ausência de licitação. Nessa linha, a jurisprudência do STJ é no sentido de que "extinto o contrato de concessão por decurso do prazo de vigência, cabe ao Poder Público a retomada imediata da prestação do serviço, até a realização de nova licitação, a fim de assegurar a plena observância do princípio da continuidade do serviço público, não estando condicionado o termo final do contrato ao pagamento prévio de eventual indenização, que deve ser pleiteada nas vias ordinárias" (AgRg no REsp 1.139.802-SC, Primeira Turma, DJe 25/4/2011). AgRg no REsp 1.435.347-RJ, Rel. Min. Mauro Campbell Marques, julgado em 19/8/2014.

ADMINISTRATIVO. SERVIÇO DE FORNECIMENTO DE ENERGIA ELÉTRICA. INTERRUPÇÃO DO FORNECIMENTO. DÉBITO PRETÉRITO. IMPOSSIBILIDADE. ACÓRDÃO RECORRIDO EM CONSONÂNCIA COM JURISPRUDÊNCIA DO STJ. SÚMULA 83/STJ.A jurisprudência desta Corte firmou entendimento, no sentido de que o corte de energia elétrica pressupõe o inadimplemento de conta regular, relativa ao mês do consumo, sendo inviável a suspensão do abastecimento em razão de débitos antigos, uma vez que ainda existe demanda judicial pendente de julgamento em relação a esses débitos. Precedentes. Súmula 83/STJ. Agravo regimental improvido. (AgRg no AREsp 817.879/SP, Rel. Ministro HUMBERTO MARTINS, SEGUNDA TURMA, julgado em 04/02/2016, DJe 12/02/2016)

DIREITO ADMINISTRATIVO. RESPONSABILIDADE CIVIL. DANO MORAL. CORTE. ENERGIA ELÉTRICA. Não é possível presumir a existência de dano moral pelo simples corte de energia elétrica por parte da concessionária de serviço público, sendo necessária a comprovação da empresa afetada de prejuízo à sua honra objetiva. Precedente citado: REsp 299.282-RJ, DJ 5/8/2002. REsp 1.298.689-RS, Rel. Min. Castro Meira, julgado em 23/10/2012.

2. (PGE RS – PROCURADOR DO ESTADO – RS – 2012)

Disserte sobre as distinções jurídico-conceituais entre as permissões de serviço público outorgadas antes e as outorgadas depois da vigência da Constituição de 1988, e em especial sobre a possibilidade jurídica do direito ao reequilíbrio econômico-financeiro em favor do permissionário, num e noutro caso, levando em conta, sobretudo, o entendimento recente do Superior Tribunal de Justiça acerca da matéria.

RESPOSTA:

Antes do advento da Constituição de 1988, a permissão de serviço público era tratada como um ato administrativo unilateral, não se sujeitando à regra do equilíbrio econômico-financeiro aplicável aos contratos administrativos. Por evidente, sendo um ato administrativo, a permissão de serviço público não resguardava os interesses do particular permissionário.

A partir da Constituição de 1988, a permissão de serviço público passou a ser conceituada como contrato administrativo. O artigo 175, parágrafo único, inciso I da Constituição deixa claro que não apenas a concessão de serviços públicos, mas também a permissão possui caráter contratual. Da natureza contratual da permissão de serviço público decorre a aplicação do equilíbrio econômico-financeiro dos contratos administrativos.

Apesar das críticas doutrinárias, a Lei 8.987/95 definiu a permissão de serviço público como contrato de adesão, conferindo-lhe, contudo, características como precariedade e revogabilidade unilateral pelo poder concedente. Mesmo com esses temperamentos, a natureza contratual da permissão atrai a aplicação do artigo 65, II, "d" da Lei 8.666/93 (equilíbrio econômico-financeiro).

Critério de correção da banca

1. Desenvolvimento dos conceitos jurídicos básicos envolvidos na questão proposta:

1.1. Conceito tradicional de permissões de serviço público, anterior à CF 1988 (i.e., ato administrativo unilateral) – 30 pontos.

1.2. Conceito de permissões de serviço público no art. 175, § único, I, CF 1988 c/c art. 40, Lei nº 8.987/95 (i.e., contrato administrativo precário e revogável) – 30 pontos.

2. Desenvolvimento das consequências jurídicas relacionadas a esses conceitos em face do direito vigente:

2.1. impossibilidade de aplicação de um princípio específico do direito dos contratos (direito ao reequilíbrio econômico-financeiro) a permissionários de atos administrativos unilaterais, como no caso das permissões de serviços públicos editadas como atos administrativos antes da CF 1988 – 20 pontos.

2.2. possibilidade de aplicação do direito ao reequilíbrio econômico-financeiro a permissionários de permissões-contrato outorgadas sob o regime da CF 1988 (art. 175, § único, I) c/c art. 40, Lei 8.987/95 c/c art. 65, Lei 8.666/93 – 20 pontos.

DOUTRINA TEMÁTICA

"A permissão, em toda a doutrina clássica, sempre teve a natureza jurídica de ato administrativo, indicando o consentimento que a Administração dispensava a determinada pessoa física ou jurídica para executar serviço público de forma descentralizada. (...) A Constituição vigente, no entanto, referindo-se à prestação descentralizada de serviços, previu, no art. 175, parágrafo único, a edição de lei para o fim de dispor sobre o regime das empresas concessionárias e permissionárias, aludindo também ao fato de que deveria levar em conta o caráter especial de seu contrato. (...) **Regulamentando a norma constitucional, a Lei nº. 8.987/95 dispôs que a permissão deveria ser formalizada mediante contrato de adesão (art. 40), realçando, assim, o aspecto da bilateralidade do instituto**, própria da figura do contrato." (CARVALHO FILHO, 2011, p. 382). (grifado pelo autor).

JURISPRUDÊNCIA TEMÁTICA

STF

Telecomunicações: Lei 9.295/96

Retomado o julgamento da medida liminar requerida na ação direta requerida pelo Partido Democrático Trabalhista-PDT e pelo Partido dos Trabalhadores- PT, contra a Lei 9.295/96, que dispõe sobre serviços de telecomunicações e sua organização (v. Informativo 116). O Tribunal, por maioria de votos, indeferiu o pedido de suspensão cautelar da eficácia do art. 4º e seu parágrafo único da referida Lei, que autoriza o Poder Executivo a transformar em concessões de Serviço Móvel Celular, as permissões do Serviço de Radiocomunicação Móvel Terrestre Público-Restrito outorgadas anteriormente à vigência desta Lei. **O Min. Sydney Sanches proferiu voto de desempate, acompanhando o entendimento do Min. Carlos Velloso, relator, no sentido de que o art. 175, parágrafo único, I da CF ("A lei disporá sobre: I - o regime das empresas concessionárias e permissionárias de serviços públicos, o caráter especial de seu contrato e de sua prorrogação, bem como as condições de caducidade, fiscalização e rescisão da concessão ou permissão.") afastou qualquer distinção conceitual entre permissão e concessão, ao conferir àquela o caráter contratual próprio desta**. Vencidos os Ministros Marco Aurélio, Sepúlveda Pertence, Néri da Silveira, Moreira Alves e Celso de Mello, que deferiam a medida cautelar por entenderem que os conceitos de "permissão" e "concessão" não são sinônimos e que a utilização, pelo referido art. 175, § único, I, da CF/88, da expressão "o caráter especial de seu contrato" para ambos os institutos, traduz mera impropriedade e não equiparação. Quanto ao § 2º do art. 8º da mesma Lei, o julgamento continua suspenso em virtude do pedido de vista do Min. Nelson Jobim, formulado na sessão do dia 26.6.98 (v. Informativo 116). ADInMC 1.491-DF, rel. Min. Carlos Velloso, 1º.7.98. Noticiado no informativo 117/1998 do STF. (grifado pelo autor).

STJ

RECURSO ESPECIAL. ADMINISTRATIVO. TRANSPORTE PÚBLICO. PERMISSÃO. TARIFAS DEFICITÁRIAS. EQUILÍBRIO ECONÔMICO-FINANCEIRO. REAJUSTE. INDENIZAÇÃO. RECURSO DESPROVIDO.

1. Não viola os arts. 458 e 535 do Código de Processo Civil, tampouco nega a prestação jurisdicional, o acórdão que adota fundamentação suficiente para decidir de modo integral a controvérsia.

2. À empresa recorrente, após devido procedimento licitatório, foi outorgada permissão para a prestação de serviço de transporte coletivo no Município de Campinas/SP. Ao verificar a defasagem no valor das tarifas de transporte e, por conseguinte, o desequilíbrio econômico-financeiro no ajuste firmado, requereu, administrativa e, após, judicialmente, o reajuste tarifário e o pagamento de indenização em virtude dos prejuízos decorrentes de tarifas deficitárias.

3. **O Superior Tribunal de Justiça, examinando a possibilidade de reajuste tarifário para as empresas permissionárias de serviço de transporte coletivo,**

entendeu que esse tipo de permissão possui natureza contratual, concluindo, assim, pela aplicabilidade da cláusula do equilíbrio econômico-financeiro previsto para os contratos administrativos (REsp 821.008/MG, 1ª Turma, Rel. Min. José Delgado, DJ de 2.10.2006; REsp 120.113/MG, Rel. Min. Humberto Gomes de Barros, DJ de 14.8.2000).

4. **Embora a permissionária, em tese, possua direito à aplicabilidade da cláusula do equilíbrio econômico-financeiro prevista para os contratos administrativos**, na hipótese dos autos, conforme as conclusões firmadas pelo Tribunal de Justiça estadual, não houve comprovação do efetivo prejuízo e do rompimento do referido equilíbrio econômico-financeiro do contrato, o que impossibilita a revisão tarifária e a indenização pretendida pela recorrente.

5. O julgamento da pretensão recursal -seja para reconhecer o direito ao reajuste tarifário, seja para analisar a ocorrência de rompimento do equilíbrio econômico-financeiro -pressupõe, necessariamente, o reexame dos aspectos fáticos da lide e das cláusulas contratuais -, atividade cognitiva vedada na via do recurso especial (Súmulas 5 e 7 do STJ).

6. Recurso especial desprovido. (REsp 982.909, Rel. Min. Denise Arruda, 1ª Turma, j. 06.08.2009, DJe 24.08.2009). (grifado pelo autor).

ADMINISTRATIVO. RECURSO ESPECIAL. PERMISSÃO. SERVIÇO PÚBLICO MUNICIPAL DE TRANSPORTE COLETIVO. PRETENSÃO À RECOMPOSIÇÃO DE CUSTOS BASEADA EM FALTA DE REAJUSTE DE PLANILHA. PORTARIA BHTRANS Nº 006/96. PRESCRIÇÃO AFASTADA. SÚMULA 39/STJ. AUSÊNCIA DE COMPROVAÇÃO DO DESEQUILÍBRIO ECONÔMICO-FINANCEIRO NA EXECUÇÃO DO NEGÓCIO FIRMADO ENTRE PARTES.

1. Trata-se de ação processada sob o rito ordinário ajuizada por VIAÇÃO SANTA EDWIGES LTDA. e OUTROS em desfavor de EMPRESA DE TRANSPORTES E TRÂNSITO DE BELO HORIZONTE S/A - BHTRANS objetivando a condenação da Ré no pagamento das parcelas devidas, apuráveis via perícia técnica, no período de agosto de 1995 a julho de 1996, por força da Portaria BHTRANS nº 006/96 e do equilíbrio econômico-financeiro do contrato de permissão existente entre elas. Sentença julgou improcedente o pedido, reconhecendo a prescrição qüinqüenal das parcelas pretendidas pelas autoras anteriores à data de 16/01/96 (a ação foi distribuída em 16/01/2002), por força do art. 2º do DL 4.597/42, bem como para declarar a impossibilidade da imposição da Portaria nº 06/96 à permissão do serviço público, reconhecendo como indevida a modificação do regime tarifário dos serviços autorizados, por ser ato exclusivo da Administração e por serem inaplicáveis o art. 55, II, "d", do DL nº 2.300/86 ou art. 9º da Lei nº 8.987/95, por inexistir negócio jurídico bilateral ou contratual a respaldar a pretensão. Apelação das autoras não-provida pelo TJMG sob os seguintes fundamentos: a) ao obter a permissão para realização do transporte, as apelantes se submeteram às regras condições impostas pela Administração Pública, sem possibilidade de abertura de discussão; b) do instituto da permissão decorre uma adesão às condições impostas e ditadas pelo Poder Público, que pode entender cabível modificá-las a qualquer tempo; c) a Portaria nº 006/95 do BHTRANS não reconheceu, naquele ato, que haveria diferenças de custos em favor das empresas prestadoras de serviços, mas, tão-somente, determinou que seria procedida uma revisão dos critérios de cálculo das tarifas, salientando

que tal procedimento poderia acarretar diferenças até mesmo contra as empresas; d) ausência de equilíbrio econômico-financeiro a ser tutelado. Recurso especial onde as autoras requerem a reforma dos arestos objurgados a fim de se reconhecer o direito ao recebimento dos valores estabelecidos na planilha oriunda da Portaria nº 006/95 - BHTRANS, que previa o repasse de valores às permissionárias do serviço de transporte público coletivo em Belo Horizonte no intuito de restabelecer o equilíbrio econômico-financeiro, no período de 08/1995 a 07/1996, bem como a inversão dos ônus sucumbenciais. Apontam violação dos seguintes preceitos legais: arts. 131, 165, 458, I, II e III do CPC; art. 177 do CC/1916; art. 884 do CC/2002; arts. 1º, 4º, 9º, 40 e 42 da Lei 8.987/95; art. 55 do DL 2.300/86. Fundamentando-se na alínea "c", trazem as recorrentes como paradigmas o Resp 337.236/SP, Resp 120.113/MG e AC nº 94.02.20826-7/RJ (TRF/2ª Região). Contra-razões apresentadas defendendo que: a) as parcelas objeto da contenda encontram-se prescritas; b) as recorrentes submetem-se às decisões da Câmara de Compensação Tarifária - CCT, sendo impertinente o pedido pelo pagamento das parcelas contestadas; c) desde 1991 não houve nenhum termo de permissão com prazo certo, o que afasta qualquer obrigação em relação à BHTRANS, que só em 1993 "municipalizou" os serviços de transporte; d) a permissão é ato administrativo, e não contrato, como entendem as recorrentes; conseqüentemente, inexistindo contrato, não há que se falar em revisão.

2. Prescrição que se afasta. Aplicação da Súmula nº 39 do STJ. Sociedade de economia mista. Prazo prescricional é o do Direito Civil.

3. **Permissão de serviço público para exploração de serviço de transporte intermunicipal. Negócio jurídico bilateral administrativo atípico. Sujeição ao princípio determinador do respeito ao equilíbrio financeiro do ajuste**.

4. Ausência de comprovação, conforme reconhecimento do acórdão do Tribunal "a quo", que o desequilíbrio financeiro-contratual tenha ocorrido.

5. Recurso especial parcialmente conhecido e, nesta parte, improvido. (REsp 821.008, Rel. Min. José Delgado, 1ª Turma, j. 22.08.2006, DJ 02.10.2006). (grifado pelo autor).

QUESTÃO DE CONCURSO RELACIONADA

01. (FCC – Procurador do Estado do Maranhão – 2016) "O regime jurídico da prestação de serviços públicos, estatuído pela Lei nº 8.987/95 e legislação correlata, impõe a indenização da concessionária de serviço público, no advento do termo contratual, caso haja bens reversíveis, ainda não amortizados ou depreciados, que tenham sido realizados com o objetivo de garantir a continuidade e atualidade do serviço concedido." – assertiva correta.

02. (Cespe- Juiz federal- 5ª Região- 2007) "A permissão de serviço público para exploração de serviço de transporte intermunicipal é negócio jurídico unilateral e, portanto, não se sujeita ao princípio determinador do respeito ao equilíbrio financeiro do contrato." assertiva **errada**.

03. (MPE-BA- Promotor de Justiça-BA- 2008) "A permissão de serviço público é formalizada por contrato de adesão, a título precário e mediante licitação."- assertiva correta.

3. (PGE PR – PROCURADOR DO ESTADO – PR – 2011)

Apresente um breve conceito de serviço público. Com base nesse conceito, explique fundamentadamente o inc. II do § 3o do art. 6o da Lei 8.987/95 (Lei geral de concessões) e os arts. 63, 126 e 127 da Lei 9.472/97 (organização dos serviços de telecomunicações), a seguir transcritos. A explicação deverá necessariamente tratar dos seguintes temas:

– a suspensão na prestação do serviço em razão do inadimplemento; e

– a prestação do serviço em regime de direito privado.

O art. 6° da Lei 8.987/95 (Lei Geral de Concessões de Serviço Público) tem a seguinte redação:

Art. 6°. Toda concessão ou permissão pressupõe a prestação de serviço adequado ao pleno atendimento dos usuários, conforme estabelecido nesta Lei, nas normas pertinentes e no respectivo contrato.

§ 1°. Serviço adequado é o que satisfaz as condições de regularidade, continuidade, eficiência, segurança, atualidade, generalidade, cortesia na sua prestação e modicidade das tarifas.

§ 2°. A atualidade compreende a modernidade das técnicas, do equipamento e das instalações e a sua conservação, bem como a melhoria e expansão do serviço.

§ 3° Não se caracteriza como descontinuidade do serviço a sua interrupção em situação de emergência ou após prévio aviso, quando:

I - motivada por razões de ordem técnica ou de segurança das instalações; e,

II- por inadimplemento do usuário, considerado o interesse da coletividade.

Os arts. 63, 126 e 127 da Lei 9.472/97 (organização dos serviços de telecomunicações) têm a seguinte redação:

Art. 63. Quanto ao regime jurídico de sua prestação, os serviços de telecomunicações classificam-se em públicos e privados.

Parágrafo único. Serviço de telecomunicações em regime público é o prestado mediante concessão ou permissão, com atribuição a sua prestadora de obrigações de universalização e de continuidade.

Art. 126. A exploração de serviço de telecomunicações no regime privado será baseada nos princípios constitucionais da atividade econômica.

Art. 127. A disciplina da exploração dos serviços no regime privado terá por objetivo viabilizar o cumprimento das leis, em especial das relativas às telecomunicações, à ordem econômica e aos direitos dos consumidores, destinando-se a garantir:

I - a diversidade de serviços, o incremento de sua oferta e sua qualidade;

II - a competição livre, ampla e justa;

III - o respeito aos direitos dos usuários;

IV - a convivência entre as modalidades de serviço e entre prestadoras em regime privado e público, observada a prevalência do interesse público;

V - o equilíbrio das relações entre prestadoras e usuários dos serviços;

VI - a isonomia de tratamento às prestadoras;

VII - o uso eficiente do espectro de radiofreqüências;

VIII - o cumprimento da função social do serviço de interesse coletivo, bem como dos encargos dela decorrentes;

IX - o desenvolvimento tecnológico e industrial do setor;

X – a permanente fiscalização.

RESPOSTA:

O conceito de serviço público varia de acordo com o tempo e o lugar em que é prestado, sendo objeto de controvérsia doutrinária. Contudo, é possível defini-lo, ainda que de forma genérica, como uma atividade prestada em benefício da coletividade, pelo Estado ou por quem lhe faça as vezes, regida pelo direito público e voltada à persecução do interesse público. Não se confunde com o conceito de obra pública, como a construção de uma creche, que representa uma atividade estática, ao contrário do serviço público, que tem caráter dinâmico.

Apesar de haver no Brasil o princípio da continuidade do serviço público, pelo qual a prestação do serviço público deve se dar de forma ininterrupta, o ordenamento brasileiro admite mitigações a esse princípio. Em primeiro lugar, pode-se citar a possibilidade de o servidor público deflagrar movimento grevista (CF, art. 37, VII). Uma segunda mitigação prevista na legislação brasileira e chancelada pela jurisprudência é a possibilidade de suspensão da prestação do serviço público em caso de inadimplemento do usuário, desde que haja prévio aviso (art. 6º, §3º, II, da Lei 8.987/95). Essa possibilidade aplica-se às concessionárias de serviço público, que prestam o serviço por delegação do Estado, que, por meio de um contrato de concessão, transfere a execução, mas não a titularidade do serviço. Nesse caso, a interrupção se justifica porque caso não haja a suspensão em detrimento dos inadimplentes, estar-se-ia premiando o usuário que não paga pelo serviço. Além disso, a impossibilidade de suspensão prejudicaria o serviço público como um todo, pois a concessionária não teria recursos para prestar o serviço diante de uma inadimplência generalizada e incentivada. Tal suspensão foi proibida pela jurisprudência apenas em casos excepcionais, como por exemplo quando um hospital encontra-se inadimplente com a concessionária de energia elétrica, ou quando o usuário de serviços essenciais prestados pela concessionária é pessoa em situação de miserabilidade econômica.

Um outro aspecto relacionado ao conceito de serviço público diz respeito à disposição da Lei Geral de Telecomunicações que divide o serviço de telecomunicação em duas espécies: aquele prestado sob o regime público e o prestado pelo regime privado. Nesse sentido encontramos os artigos 63, 126 e 127 da Lei 9.472/97.

Tal distinção se justifica porque existem os mais variados tipos de serviço de telecomunicação, e não se concebe que todos esses serviços sejam serviços públicos, já que há serviços de telecomunicações que não se submetem ao regime jurídico administrativo. Chega-se a essa constatação diante do conceito abrangente de serviço de telecomunicações, que abarca, segundo o artigo 60 da Lei Geral de Telecomunicações, o conjunto de atividades que possibilita a oferta de telecomunicações. Telecomunicação, por sua vez, é a transmissão, emissão ou recepção, por fio, radioeletricidade, meios ópticos ou qualquer outro processo eletromagnético, de símbolos, caracteres, sinais, escritos, imagens, sons ou informações de qualquer natureza (art. 60, § 1º, da mesma lei).

Com isso, fica fácil perceber que existem serviços de telecomunicações prestados sob o regime de direito privado, não configurando serviço público, como por exemplo o serviço de rádio amador, que não tem a finalidade pública ou o atendimento de interesses coletivos que são marca do serviço público.

Atenção!!!!! A resposta não abordou minuciosamente controvérsias doutrinárias sobre o conceito de serviço público pelo fato de a questão ter pedido um breve conceito.

Contudo, é importante ter conhecimento de que para Maria Sylvia Zanella Di Pietro, os serviços públicos também compreendem serviços industriais ou comerciais, sujeitos ao regime jurídico comum (civil e comercial). Para muitos doutrinadores, contudo, os "serviços industriais ou comerciais" na realidade constituem atividades econômicas, inconfundíveis com os serviços públicos.

◉ DOUTRINA TEMÁTICA

"(...) **a expressão serviço público admite dois sentidos fundamentais, um subjetivo e outro objetivo**. No primeiro, levam-se em conta os órgãos do Estado, responsáveis pela execução das atividades voltadas à coletividade. (...) No sentido objetivo, porém, serviço público é a atividade em si (...). Há, ainda, o critério formal, que realça o aspecto pertinente ao regime jurídico. Vale dizer, será serviço público aquele disciplinado por regime de direito público. (...) Por fim, temos o critério material, que dá relevo à natureza da atividade exercida. Serviço público seria aquele que atendesse direta e essencialmente à comunidade" (CARVALHO FILHO, 2011, p. 295-296). (grifado pelo autor).

"**Se o serviço for facultativo, o Poder Público pode suspender-lhe a prestação no caso de não pagamento, o que guarda coerência com a facultatividade em sua obtenção. É o que sucede, por exemplo, com os serviços prestados por concessionários**, cuja suspensão é expressamente autorizada pela Lei nº 8.987/85, que dispõe sobre concessões de serviços públicos (art. 6º, §3º, II). **Tratando-se, no entanto, de serviço compulsório, não será permitida a suspensão**, e isso não somente porque o Estado o impôs coercitivamente, como também porque, sendo remunerado por taxa, tem a Fazenda mecanismos privilegiados para cobrança da dívida" (CARVALHO FILHO, 2011, p. 306) (grifado pelo autor).

"(...)**serviços de interesses individuais ou de pequenos grupos não podem ser rotulados como serviços públicos, a exemplo do serviço de rádio amador**, que, se não se destinar à coletividade em geral, não configura serviço público." (MARINELA, 2013, p. 531) (grifado pelo autor).

"(...) é possível perceber que nem todo serviço pode receber o tratamento de serviço público, dependendo muito do contexto histórico e de sua importância social. (...) Entretanto, não bastam essa importância e a presença do Estado para a caracterização de um serviço público. Ele também precisa ter um regime público, devendo submeter-se ao regime jurídico administrativo, o que a doutrina denomina traço formal ou, simplesmente, elemento formal" (MARINELA, 2013, p. 532)

JURISPRUDÊNCIA TEMÁTICA

STF

"Têm serviços de comunicações prestados em regime público e em regime privado. (...) O que se viabiliza é a possibilidade de que alguém possa, ao mesmo tempo, prestar serviço de regime público ou privado concomitantemente, ou seja, simplesmente, público ou privado ao mesmo tempo, o que é viável." (Voto do Min. Nelson Jobim, na ADI 1.668-MC).

STJ

RECURSO ESPECIAL -ALÍNEA "C" -ADMINISTRATIVO -ENERGIA ELÉTRICA -CONCESSÃO DE SERVIÇO PÚBLICO -ATRASO NO PAGAMENTO -SUSPENSÃO DO SERVIÇO -POSSIBILIDADE -ARTS. 6º, § 3º, DA LEI N. 8.987/95 E 17 DA LEI N. 9.427/96. **Há expressa previsão normativa no sentido da possibilidade de suspensão do fornecimento de energia elétrica ao usuário que deixa de efetuar a contraprestação ajustada**, mesmo quando se tratar de consumidor que preste serviço público. Na hipótese vertente, verifica-se que se trata de usuário do serviço público concedido que, nos termos do r. voto condutor do acórdão objurgado, "deliberadamente vem se mantendo na inadimplência", razão bastante para a suspensão do fornecimento do bem. Ao editar a Resolução n. 456, de 29 de novembro de 2000, a própria ANEEL, responsável pela regulamentação do setor de energético no país, contemplou a possibilidade de suspensão do fornecimento do serviço em inúmeras hipóteses, dentre as quais o atraso no pagamento de encargos e serviços vinculados ao fornecimento de energia elétrica prestados mediante autorização do consumidor, ou pela prestação do serviço público de energia elétrica (art. 91, incisos I e II). **Recebe o usuário, se admitida a impossibilidade de suspensão do serviço, reprovável estímulo à inadimplência. Não será o Judiciário, entretanto, insensível relativamente às situações peculiares em que o usuário deixar de honrar seus compromissos financeiros em razão de sua hipossuficiência**, circunstância que não se amolda ao caso em exame. Recurso especial conhecido pela letra "c", porém não provido. (REsp 510.478, 2ª Turma, j. 10/06/2003, DJ 08/09/2003) (grifado pelo autor).

ADMINISTRATIVO. ENERGIA ELÉTRICA. MUNICÍPIO INADIMPLENTE. FORNECIMENTO. CORTE. ART. 6, § 3º, INCISO II, DA LEI Nº 8.987/95 E ART. 17 DA LEI Nº 9.427/96.

1. É lícito ao concessionário de serviço público interromper, após aviso prévio, o fornecimento de energia elétrica de ente público que deixa de pagar as contas de consumo, desde que não aconteça de forma indiscriminada, preservando-se as unidades públicas essenciais. 2. **A interrupção de fornecimento de energia elétrica de Município inadimplente somente é considerada ilegítima quando atinge as unidades públicas provedoras das necessidades inadiáveis da comunidade, entendidas essas -por analogia à Lei de Greve -como "aquelas que, não atendidas, coloquem em perigo iminente a sobrevivência, a saúde ou a segurança da população"**. 3. Não demonstrado que o corte de energia elétrica colocará em risco a sobrevivência, a saúde ou a segurança da coletividade local, o acórdão recorrido deve ser reformado. 4. Recurso especial provido. (REsp 726.627, 2ª Turma, Rel. Min. Castro Meira, j. 05/08/2008, DJe 19/08/2008) (grifado pelo autor).

PROCESSUAL CIVIL. ADMINISTRATIVO. CORTE DO FORNECIMENTO DE ENERGIA ELÉTRICA. INADIMPLÊNCIA DO CONSUMIDOR. LEGALIDADE.

1. A 1ª Seção, no julgamento do RESP nº 363.943/MG, assentou o entendimento de que é lícito à concessionária interromper o fornecimento de energia elétrica, se, após aviso prévio, o consumidor de energia elétrica permanecer inadimplente no pagamento da respectiva conta. 2. Ademais, a 2ª Turma desta Corte, no julgamento do RESP nº 337.965/MG conclui que o corte no fornecimento de água, em decorrência de mora, além de não malferir o Código do Consumidor, é permitido pela Lei nº 8.987/95. (...). 4. Hodiernamente, inviabiliza-se a aplicação da legislação infraconstitucional impermeável aos princípios constitucionais, dentre os quais sobressai o da dignidade da pessoa humana, que é um dos fundamentos da República, por isso que inaugura o texto constitucional, que revela o nosso ideário como nação. 5**. In casu, o litígio não gravita em torno de uma empresa que necessita da energia para insumo, tampouco de pessoas jurídicas portentosas, mas de uma pessoa física miserável e desempregada, de sorte que a ótica tem que ser outra**. Como afirmou o Ministro Francisco Peçanha Martins noutra ocasião, **temos que enunciar o direito aplicável ao caso concreto, não o direito em tese. Forçoso, distinguir, em primeiro lugar, o inadimplemento perpetrado por uma pessoa jurídica portentosa e aquele inerente a uma pessoa física que está vivendo no limite da sobrevivência biológica.** 6. Em segundo lugar, **a Lei de Concessões estabelece que é possível o corte considerado o interesse da coletividade, que significa interditar o corte de energia de um hospital ou de uma universidade, bem como o de uma pessoa que não possui condições financeiras para pagar conta de luz de valor módico**, máxime quando a concessionária tem os meios jurídicos legais da ação de cobrança. A responsabilidade patrimonial no direito brasileiro incide sobre o patrimônio do devedor e, neste caso, está incidindo sobre a própria pessoa. (...) 9. **Esses fatos conduzem a conclusão contrária à possibilidade de corte do fornecimento de serviços essenciais de pessoa física em situação de miserabilidade, em contrapartida ao corte de pessoa jurídica portentosa, que pode pagar e protela a prestação da sua obrigação, aproveitando-se**

dos meios judiciais cabíveis. 10. Recurso especial provido, ante a função uniformizadora desta Corte. (REsp 647.853, Rel. Min. José Delgado, 1ª Turma, j. 27/09/2004, DJ 06.06.2005) (grifado pelo autor).

ADMINISTRATIVO. SERVIÇO DE FORNECIMENTO DE ENERGIA ELÉTRICA. PAGAMENTO À EMPRESA CONCESSIONÁRIA SOB A MODALIDADE DE TARIFA. CORTE POR FALTA DE PAGAMENTO: LEGALIDADE.

1. **Os serviços públicos podem ser próprios e gerais, sem possibilidade de identificação dos destinatários. São financiados pelos tributos e prestados pelo próprio Estado, tais como segurança pública, saúde, educação, etc. Podem ser também impróprios e individuais, com destinatários determinados ou determináveis. Neste caso, têm uso específico e mensurável, tais como os serviços de telefone, água e energia elétrica**. 2. **Os serviços públicos impróprios podem ser prestados por órgãos da administração pública indireta ou, modernamente, por delegação, como previsto na CF (art. 175). São regulados pela Lei 8.987/95, que dispõe sobre a concessão e permissão dos serviços público**. 3. Os serviços prestados por concessionárias são remunerados por tarifa, sendo facultativa a sua utilização, que é regida pelo CDC, o que a diferencia da taxa, esta, remuneração do serviço público próprio. 4. **Os serviços públicos essenciais, remunerados por tarifa, porque prestados por concessionárias do serviço, podem sofrer interrupção quando há inadimplência, como previsto no art. 6º, 3º, II, da Lei 8.987/95**, exige-se, entretanto, que a interrupção seja antecedida por aviso, existindo na Lei 9.427/96, que criou a ANEEL, idêntica previsão. 5. A continuidade do serviço, sem o efetivo pagamento, quebra o princípio da igualdade das partes e ocasiona o enriquecimento sem causa, repudiado pelo Direito (arts. 42 e 71 do CDC, em interpretação conjunta). 6. Recurso especial improvido. (REsp 705.203, Rel. Min. Eliana Calmon, 2ª Turma, j. 11/10/2005, DJ 07/11/2005) (grifado pelo autor).

INTERRUPÇÃO. ÁGUA. MUNICÍPIO. INADIMPLÊNCIA.

Por dívida de quatorze milhões de reais com a companhia concessionária de água e esgoto, o município teve interrompido o fornecimento desses serviços em órgãos administrativos, inclusive a própria prefeitura. O município impetrou mandado de segurança com pedido de concessão de liminar e o juiz a deferiu, determinando o imediato restabelecimento dos serviços. A companhia, então, formulou pedido de suspensão de liminar perante a presidência do TJ, que a deferiu. Daí a presente suspensão de segurança formulada pelo município nos termos do art. 4º da Lei n. 8.437/1992, art. 25 da Lei n. 8.038/1990 e art. 271 do RISTJ, a qual foi concedida, tendo a companhia agravado dessa decisão. A Corte Especial, por maioria, deu provimento ao agravo regimental para restabelecer os efeitos da decisão proferida pelo Presidente do TJ. Destacou-se que, no caso, o corte desses serviços deverá atingir os responsáveis pelo inadimplemento com a concessionária de serviço público e, ainda, que **não faria sentido admitir-se o fornecimento gratuito mesmo a um órgão público, porque ele também tem de cumprir suas obrigações. Ressalvou-se que se abre exceção apenas para a interrupção de fornecimento de água nos casos dos hospitais e das escolas públicas (atividades essenciais), a qual necessita de procedimentos como prévia notificação**. AgRg na SS 1.764-PB, Rel. originário Min. Barros Monteiro, Rel. para acórdão Min. Ari Pargendler, julgado em 27/11/2008. Informativo 378. (grifado pelo autor).

QUESTÕES DE CONCURSO RELACIONADAS

01. (Defensoria Pública- MT 2009) "Em relação ao sentido de serviço público que se pode extrair do regime constitucional hoje vigente no Brasil, pode-se corretamente afirmar que é um sentido mais restrito do que certas formulações doutrinárias, face à dicotomia constitucional estabelecida entre serviços públicos e atividades econômicas exploradas pelo Estado."- assertiva correta.

02. (Cespe- Juiz de Direito- TO- 2007) "O serviço de fornecimento de energia elétrica se caracteriza como impróprio e individual." - assertiva correta (ver REsp 705.203, Rel. Min. Eliana Calmon, 2ª Turma, j. 11.10.2005, citado acima)

4. (CESPE – PROMOTOR DE JUSTIÇA – ES – 2010)

Em determinado município, foi criada lei que estabelece política de fomento para que a sociedade civil organizada possa ajudar o referido município na prestação de serviços públicos. Com base nessa lei, o prefeito houve por bem firmar convênio com um hospital particular, entre vários outros existentes, com fins lucrativos, para que esse hospital atendesse a população carente, mediante pagamento, pelo município, das consultas, dos exames e dos tratamentos.

Considerando a situação hipotética acima, redija um texto dissertativo acerca da legalidade do referido convênio. Ao elaborar seu texto, aborde, necessariamente, os seguintes aspectos:

- diferença entre convênio e contrato administrativo;
- possibilidade de repasse de recursos públicos para hospital particular com fins lucrativos;
- possibilidade de convênio na prestação de serviços públicos.

RESPOSTA:

O convênio e o contrato administrativo assemelham-se por serem negócios jurídicos bilaterais firmados pelo Poder Público com o intuito de satisfazer o interesse público. Apresentam, contudo, as seguintes diferenças: a) nos contratos, os interesses são antagônicos enquanto nos convênios as partes possuem o mesmo objetivo, sendo convergentes os interesses; b) as quantias repassadas pelo Estado ao contratante são de sua livre disposição, ingressando no seu patrimônio, o que não ocorre nos convênios, onde os partícipes que recebem recursos de outro partícipe devem aplicar os recursos na finalidade do ajuste; c) os contratos administrativos dependem, em regra, de prévio procedimento licitatório, não sendo este exigido para a celebração de convênios.

Na área da saúde, a Constituição Federal prevê a possibilidade de celebração de contrato de direito público ou convênio com instituições privadas, tendo preferência as entidades filantrópicas e as sem fins lucrativos (artigo 199, §

1º). Porém, no que tange aos hospitais particulares com fins lucrativos, não se permite que estes sejam beneficiados pelo repasse de recursos públicos, uma vez que a Constituição Federal, em seu artigo 199, § 2º, veda a destinação de recursos públicos para auxílios ou subvenções às instituições privadas com fins lucrativos.

Observe-se, por outro lado, que a Lei nº 8.080/90, em seu artigo 24, permite que o Sistema Único de Saúde recorra aos serviços ofertados pela iniciativa privada, quando as suas disponibilidades forem insuficientes para garantir a cobertura assistencial à população de uma determinada área. Essa participação complementar dos serviços privados deve ser formalizada mediante contrato ou convênio, observando-se as normas de direito público. Também aqui as entidades filantrópicas e as sem fins lucrativos terão preferência para participar do Sistema Único de Saúde.

A prestação de serviços públicos pelo particular deve se dar mediante a delegação do Poder Público, utilizando-se dos institutos da concessão e da permissão, observando-se o necessário procedimento licitatório (artigo 175 da Constituição Federal). O convênio também pode ser utilizado para a prestação de serviços públicos, quando houver interesses recíprocos entre os entes federativos ou entre o Poder Público e o particular, no intuito de satisfazer as necessidades coletivas. Atente-se, todavia, que o convênio não pode ser utilizado de forma indiscriminada, no intuito de camuflar um verdadeiro contrato administrativo, pois nesse caso haveria burla à prévia necessidade de licitação.

◉ DOUTRINA TEMÁTICA

"**Consideram-se convênios administrativos os ajustes firmados por pessoas administrativas entre si, ou entre estas e entidades particulares, com vistas a ser alcançado determinado objetivo de interesse público**. (...) No contrato, os interesses são opostos e diversos; no convênio, são paralelos e comuns. Nesse tipo de negócio jurídico, o elemento fundamental é a cooperação, e não o lucro, que é o almejado pelas partes no contrato. (...) Outro aspecto distintivo reside nos pólos da relação jurídica. Nos contratos, são apenas dois os pólos, ainda que num destes haja mais de um pactuante. Nos convênios, ao revés, podem ser vários os pólos, havendo um inter-relacionamento múltiplo, de modo que cada participante tem, na verdade, relação jurídica com cada um dos integrantes dos demais pólos." (CARVALHO FILHO, 2011, p. 206). (grifado pelo autor).

"O convênio é um acordo ajustado entre pessoas administrativas entre si, ou entre elas e particulares, despidos de interesse lucrativo ou pretensão de vantagem econômica, objetivando a realização de um fim de interesse público. **Diferentemente dos contratos, onde as partes possuem propósitos econômicos e lucrativos contrapostos, nos convênios o fundamental é a cooperação, a ação conjunta ou comum para o atendimento de um interesse público**." (TORRES, 2011, p. 466). (grifado pelo autor).

JURISPRUDÊNCIA TEMÁTICA

STF

Convênios de Prestação de Serviços de Assistência à Saúde: GEAP e Licitação - 1

O Tribunal iniciou julgamento de mandados de segurança coletivos, impetrados contra acórdão do TCU, em que **se discute a validade de convênios de prestação de serviços de assistência à saúde firmados entre a GEAP - Fundação de Seguridade Social e vários órgãos e entidades da Administração Pública**. Na espécie, **o TCU reputara regulares apenas os convênios celebrados com os entes patrocinadores da entidade (os Ministérios da Saúde e da Previdência Social, a Empresa de Tecnologia e Informação da Previdência Social - DATAPREV e o Instituto Nacional do Seguro Social - INSS), concluindo ser obrigatória a licitação para a celebração de quaisquer outras avenças com os demais entes da Administração Pública que não os órgãos detentores da condição de patrocinadores**, observado, assim, o disposto no art. 1º, I e II, do Decreto 4.978/2004, alterado pelo Decreto 5.010/2004 ("Art. 1º. A assistência à saúde do servidor ativo ou inativo e de sua família, de responsabilidade do Poder Executivo da União, de suas autarquias e fundações, será prestada mediante: I - convênios com entidades fechadas de autogestão, sem fins lucrativos, assegurando-se a gestão participativa; ou II - contratos, respeitado o disposto na Lei nº 8.666, de 21 de junho de 1993.") e no art. 37, XXI, da CF. O Min. Carlos Britto, relator, salientando as razões de segurança jurídica e relevante interesse público, deferiu parcialmente a segurança para: a) assentar a legalidade dos convênios de adesão entre a GEAP e os órgãos e entidades da Administração Pública federal direta, autárquica e fundacional (excluídos, portanto, órgãos e entidades estaduais, distritais e municipais); b) garantir a todos os patrocinadores de que trata a letra "a", assim como aos respectivos servidores participantes, o direito de participação no processo de escolha dos membros do Conselho Deliberativo da GEAP.

Convênios de Prestação de Serviços de Assistência à Saúde: GEAP e Licitação - 2

Tendo em conta que a maioria dos órgãos e entidades patrocinadores da GEAP e respectivos servidores não interfere na administração da fundação, mesmo participando do custeio dos planos de benefícios, entendeu o relator haver, de fato, um déficit de representação que reclamaria ajustes para enquadrar a GEAP no rigoroso conceito de entidade fechada de autogestão. Não obstante, considerou que o TCU, ao restringir a validade dos convênios da GEAP aos quatro únicos órgãos e entidades que detinham o status de originários patrocinadores da instituição, teria obstruído de forma abrupta a possibilidade de permanência dos outros patrocinadores que também se alocam na estrutura da Administração Pública federal direta, autárquica e fundacional, não atentando para o fato de que tais órgãos e entidades sob regime de obstrução abrigam em seus quadros funcionais servidores que têm o direito líquido e certo de acesso a planos de assistência suplementar de saúde, nos termos do art. 6º da CF, c/c os artigos 184, III, e 230 da Lei 8.112/90. No caso, direito líquido e certo à continuidade de um vínculo jurídico que seria lídima expressão de uma autonomia de vontade associativa que decorreria da própria Constituição Federal (art. 5º, XVII), vontade associativa esta que, por viabilizar assistência suplementar à saúde dos servidores, culminaria por servir ao princípio constitucional da eficiência administrativa. Acrescentou que a vinculação jurídica dos servidores federais à GEAP teria ocorrido, na espécie, pela figura do Estado-ponte, ou seja, foram órgãos e entidades estatais que se colocaram entre a GEAP e os servidores para operacionalizar um sistema oficial de cogestão e ao mesmo tempo de compartilhado financiamento da assistência suplementar de saúde, o que projetaria para as relações jurídicas em causa uma forte aura de juridicidade, inclusive porque a própria Agência Nacional de Saúde Suplementar - ANS jamais teria deixado de qualificar a GEAP como entidade fechada de autogestão, o que atrairia a incidência do princípio da proteção da confiança.

Convênios de Prestação de Serviços de Assistência à Saúde: GEAP e Licitação - 3

Assim, o relator concluiu que seria necessário fazer ajustes no estatuto da GEAP, mas não com o fim específico de limitar os quadros da instituição, e sim para possibilitar efetiva cogestão dos patrocinadores e participantes do sistema. Ponderou, por fim, que, se órgãos e entidades da Administração Pública, pelo art. 230 da Lei 8.112/90, podem aderir, por convênio, a um plano de saúde de autogestão novo, também poderiam aderir a um plano preexistente de idêntica natureza, ou nele permanecer, se o caso, bastando que lhes fosse reconhecido, na companhia de seus próprios servidores, o direito de efetiva participação no processo de escolha dos membros do Conselho Deliberativo da entidade fechada de autogestão. Após o voto da Min. Cármen Lúcia que denegava a ordem para manter o acórdão do TCU, ao fundamento de que não teriam sido observadas as exigências legais que permitiriam que, relativamente aos demais órgãos e entidades, que não os patrocinadores da GEAP, pudesse haver convênio e sem licitação, pediu vista dos autos o Min. Ricardo Lewandowski.

Convênios de prestação de serviços de assistência à saúde: Geap e licitação - 6

Em conclusão de julgamento, o Plenário, por maioria, denegou mandados de segurança coletivos, impetrados contra acórdão do TCU, em que se discutia a validade de convênios de prestação de serviços de assistência à saúde entre a Geap - Fundação de Seguridade Social e vários órgãos e entidades da Administração Pública. Na espécie, a Corte de Contas reputara regulares apenas os convênios firmados com os entes patrocinadores da entidade (os Ministérios da Saúde e da Previdência Social, a Empresa de Tecnologia e Informação da Previdência Social - Dataprev e o Instituto Nacional do Seguro Social - INSS). Entendera obrigatória a licitação para a celebração de quaisquer outras avenças com os demais entes da Administração Pública que não os órgãos legítimos detentores da condição de patrocinadores, observado, assim, o disposto no art. 1º, I e II, do Decreto 4.978/2004, alterado pelo Decreto 5.010/2004, e no art. 37, XXI, da CF — v. Informativos 563, 573 e 649. Considerou-se não atendidas as exigências legais a permitir convênios com aqueloutros órgãos e entidades. **Registrou-se a legitimidade do ato do TCU**. Além disso, assentou-se a ausência de ilegalidade, de ameaça ou violação a direitos no acórdão impugnado. O Min. Ricardo Lewandowski salientou **que a Geap não se enquadraria nos requisitos que excepcionariam a obrigatoriedade da realização de procedimento licitatório para a consecução de convênios de adesão com a Administração Pública**. O Min. Marco Aurélio enfatizou que a Corte de Contas teria atuado a partir do arcabouço normativo, principalmente o constitucional. O Min. Teori Zavascki complementou que o reconhecimento do direito imporia condição a envolver e modificar a esfera jurídica da Geap, o que não seria possível no caso. Vencidos os Ministros Ayres Britto, relator, Eros Grau e Dias Toffoli, que deferiam parcialmente as ordens.

MS 25855/DF, rel. Min. Carlos Britto, 15.10.2009. (MS-25855); MS 25866/DF, rel. Min. Carlos Britto, 15.10.2009. (MS-25866); MS 25891/DF, rel. Min. Carlos Britto, 15.10.2009. (MS-25891); MS 25901/DF, rel. Min. Carlos Britto, 15.10.2009. (MS-25901); MS 25919/DF, rel. Min. Carlos Britto, 15.10.2009. (MS-25919); MS 25922/DF, rel. Min. Carlos Britto, 15.10.2009. (MS-25922); MS 25928/DF, rel. Min. Carlos Britto, 15.10.2009. (MS-25928); MS 25934/DF, rel. Min. Carlos Britto, 15.10.2009. (MS-25934); MS 25942/DF, rel. Min. Carlos Britto, 15.10.2009. (MS-25942). Noticiado nos Informativos 563/2009, e 699/2013, do STF. (grifado pelo autor).

▶ STJ

ADMINISTRATIVO -CELEBRAÇÃO DE CONVÊNIOS COM O MINISTÉRIO DA SAÚDE -EXIGÊNCIA DE CERTIDÕES NEGATIVAS DE DÉBITOS FISCAIS -LEGALIDADE.

1. **Obedece ao princípio da razoabilidade a exigência do Ministério da Saúde em apenas estabelecer convênios com entidades de reputação ilibada, pedindo, para tal comprovação, certidões negativas de débitos fiscais, nos termos do art. 29 da Lei n. 8.666/93**. 2. Os atributos exigidos a todos os interessados em estabelecer convênios com o Ministério da Saúde estão previstos em lei, não se configurando, portanto, abusivos ou ilegais. Ao contrário, é mandamento constitucional e legal a cautela de se verificar a idoneidade do particular antes de contratar com a Administração Pública. Ordem de segurança denegada. (MS 13.985, Rel. Min. Humberto Martins, 1ª Seção, j. 16.02.2009, DJe 05/03/2009). (grifado pelo autor).

◉ QUESTÃO DE CONCURSO RELACIONADA

01. (Defensoria Pública- SP- 2010) "O convênio administrativo, como instrumento de associação do Poder Público com entidades privadas ou mesmo entre entidades públicas, tem como característica própria a ausência de vínculo ou cláusula de permanência obrigatória entre os convenentes, podendo ser denunciado antes do término do prazo de vigência." – assertiva correta.

5. (CESPE – PROMOTOR DE JUSTIÇA – RN – 2009)

A unidade da Federação Y celebrou com a empresa Alfa, após procedimento licitatório, contrato para a exploração de serviços de transporte intermunicipal de passageiros em trecho específico. Durante a vigência desse contrato, o governo desse estado concedeu à empresa Alfa, sem a realização de novo certame, permissão para a exploração exclusiva de toda a malha rodoviária intermunicipal.

Considerando essa situação hipotética, redija um texto que responda, de forma fundamentada, aos seguintes questionamentos.

- Em que consiste o instituto da permissão de serviço público e quais são as suas características?
- A administração pública poderá invalidar a nova permissão concedida à empresa Alfa?

◉ RESPOSTA:

A permissão de serviço público é um contrato administrativo pelo qual o Poder Público, após prévio procedimento licitatório, delega ao particular, pessoa física ou jurídica, a execução de serviço público. Tal contrato é de adesão, não cabendo ao particular discutir suas cláusulas, e se dá a título precário, característica trazida pela lei que é bastante criticada pela doutrina, por conta de sua natureza contratual.

Percebe-se que a permissão de serviço público é uma forma de descentralização, pela qual o particular assume a prestação do serviço público (e não sua titularidade, que permanece nas mãos do Poder Público), por sua conta e risco, mantendo uma relação direta com os usuários do serviço.

A permissão de uso de bem público, contudo, continua sendo ato administrativo unilateral, uma vez que a Lei 8.987/95 e o artigo 175 da Constituição Federal tratam como contrato apenas a permissão de serviço público.

Como dito, a permissão de serviço público tem como pressuposto a realização prévia de um procedimento licitatório, de modo que o próprio artigo 175 da Constituição é taxativo em exigir sempre a licitação prévia para a prestação de serviços públicos de forma indireta.

Nessa mesma direção tem caminhado a jurisprudência, inclusive do Supremo Tribunal Federal, que rechaça a exploração de serviço público pelo particular sem a observância de procedimento licitatório.

Assim, conclui-se que a administração pública tem o poder-dever, decorrente da autotutela, de invalidar a nova permissão concedida à empresa Alfa, diante da contrariedade aos dispositivos constitucionais e legais que regulam a matéria, notadamente o artigo 175 da Constituição Federal e o artigo 2º, IV, da Lei 8.987/95.

◉ DOUTRINA TEMÁTICA

"Permissão de serviço público é o contrato administrativo através do qual o Poder Público (permitente) transfere a um particular (permissionário) a execução de certo serviço público nas condições estabelecidas em normas de direito público, inclusive quanto à fixação de tarifas." (CARVALHO FILHO, 2011, p. 381)

"A permissão de serviço público está conceituada na Lei 8.987/95, e consiste também numa forma de delegação, instrumento por meio do qual o Poder Público, que detém a titularidade do serviço, transfere a sua prestação ao particular, que pode ser pessoa física ou jurídica, desde que demonstre capacidade para exercê-lo por sua conta e risco. **Essa transferência realiza-se a título precário, formaliza-se por contrato de adesão e depende de prévio procedimento licitatório**, não tendo modalidade específica, o que será selecionado em razão do valor do contrato (art. 2º, IV e art. 40, ambos da Lei nº 8.987/95)." (MARINELA, 2013, p. 580). (grifado pelo autor).

JURISPRUDÊNCIA TEMÁTICA

STF

Prorrogação de Contratos de Concessão sem Licitação e Cabimento de Novo Pedido de Suspensão (Transcrições)

STA 89 AgR/PI*

RELATORA: MIN. ELLEN GRACIE

(...)

"7. Em juízo mínimo de delibação (SS 846-AgR/DF, rel. Min. Sepúlveda Pertence, Plenário, DJ 08.11.1996; e SS 1.272-AgR/RJ, rel. Min. Carlos Velloso, Plenário, DJ 18.5.2001), entendo que a decisão impugnada ofende, em princípio, o que dispõem os arts. 37, caput e XXI, e 175, caput, da Constituição da República, ao impedir a realização de procedimento licitatório para a imediata concessão do serviço público de transporte urbano da cidade de Teresina, ao prorrogar os contratos de concessão de serviço público firmados com as autoras, empresas de transporte urbano, pelo prazo de sete anos. Encontra-se devidamente demonstrada a grave lesão à ordem pública, considerada em termos de ordens jurídico-constitucional e jurídico-processual, porque a decisão em tela impede a plena eficácia do princípio da obrigatoriedade da realização de licitação para a concessão de serviços públicos. Ademais, ao que pude perceber, em juízo preliminar, as ações em questão têm o mesmo objeto, qual seja, a concessão de serviço público de transporte urbano na cidade de Teresina, certo que a ação civil pública foi proposta anteriormente àquela cuja decisão se pretende aqui suspender.

(...) Ressalte-se, ainda, que **a jurisprudência do Supremo Tribunal Federal se firmou no sentido da impossibilidade de prestação de serviços de transporte de passageiros a título precário, sem a observância do procedimento licitatório**. Nesse sentido, foram as decisões proferidas nos Recursos Extraordinários 140.989/RJ, rel. Min. Octavio Gallotti, Segunda Turma, DJ 27.8.1993; 212.537/SP, rel. Min. Carlos Velloso, DJ 15.02.2002; 412.978/PR, rel. Min. Carlos Britto, DJ 15.6.2004; e 264.621/CE, rel. Min. Joaquim Barbosa, 2ª Turma, DJ 1º.02.2005, no qual, em voto-vista, destaquei: "Com efeito, a exigência de que a prestação de serviços públicos mediante concessão ou permissão seja sempre precedida de licitação (art. 175 da CF), visa propiciar à Administração a possibilidade de selecionar a proposta mais vantajosa sem com isso descuidar dos princípios basilares da isonomia e da moralidade administrativa".

Ademais, a Procuradoria-Geral da República consignou em seu parecer, verbis:

"8. Por outro lado, não é admissível, sob o pretexto da longa duração de procedimentos licitatórios, que a administração pública selecione, ao seu livre talante, empresa para prestar serviço público, na qualidade de concessionária, em flagrante desobediência aos princípios constitucionais da isonomia e da impessoalidade.

9. A jurisprudência do Supremo Tribunal Federal tem reiteradamente trilhado esse caminho, como ilustrado pelo seguinte aresto:

'EMENTA: SERVIÇO PÚBLICO CONCEDIDO. TRANSPORTE INTERESTADUAL DE PASSAGEIROS. AÇÃO DECLARATÓRIA. PEDIDO DE RECONHECIMENTO DE DIREITO DE EMPRESA TRANSPORTADORA DE OPERAR PROLONGAMENTO DE TRECHO CONCEDIDO. AUSÊNCIA DE LICITAÇÃO.

Afastada a alegação do recorrido de ausência de prequestionamento dos preceitos constitucionais invocados no recurso.

Os princípios constitucionais que regem a administração pública exigem que a concessão de serviços públicos seja precedida de licitação pública.

Contraria os arts. 37 e 175 da Constituição federal decisão judicial que, fundada em conceito genérico de interesse público, sequer fundamentada em fatos e a pretexto de suprir omissão do órgão administrativo competente, reconhece ao particular o direito de exploração de serviço público sem a observância do procedimento de licitação. Precedentes.
Recurso extraordinário conhecido e a que se dá provimento.' (STF, RE 264.621, 2ª Turma, Rel. Min. Joaquim Barbosa, in D.J.U. de 01.02.2005, p. 38) (sem grifos no original)

(...) 3. Ante o exposto, nego provimento ao agravo.
STA 89 AgR/PI, Rel. Min. Ellen Gracie, Noticiado no informativo 491/2007, seção transcrições. (grifado pelo autor).

STJ

ADMINISTRATIVO E PROCESSUAL CIVIL. OFENSA AO ART. 535 DO CPC. INOCORRÊNCIA. CERTIDÃO NEGATIVA DE DÉBITOS FEDERAIS. EXIGÊNCIA. ART. 27, IV, DA LEI 8.666/93. PERMISSÃO. TRANSPORTE PÚBLICO. INCIDÊNCIA DA LEI N. 8.666/93. 1.
Inicialmente, é de se destacar que os órgãos julgadores não estão obrigados a examinar todas as teses levantadas pelo jurisdicionado durante um processo judicial, bastando que as decisões proferidas estejam devida e coerentemente fundamentadas, em obediência ao que determina o art. 93, inc. IX, da Lei Maior. Isso não caracteriza ofensa ao art. 535 do CPC. 2. Ademais, constata-se dos autos que a Empresa Metropolitana de Transportes Urbanos de São Paulo - EMTU, por ser uma Sociedade Anônima de Economia Mista e de Capital Fechado subordinada à Secretaria dos Transportes Metropolitanos - STM, enquadra-se perfeitamente nas exigências contidas no art. 27, inc. IV, da Lei n. 8.666/93 - Certidão Negativa de Débitos Federais.

3. O art. 1º, p. ún., da Lei n. 8.666/93, estabelece que, subordinam-se ao regime desta Lei, além dos órgãos da administração direta, os fundos especiais, as autarquias, as fundações públicas, as empresas públicas, as sociedades de economia mista e demais entidades controladas direta ou indiretamente pela União, Estados, Distrito Federal e Municípios.

4. E, por fim, esclareço que **a permissão para prestação de serviço de transporte público é também regida pela Lei n. 8.666/93**. 5. Agravo regimental a que se nega provimento. (AgRg no Ag 1.327.143, Rel. Min. Mauro Campbell Marques, 2ª Turma, j. 15.02.2011, DJe 24/02/2011). (grifado pelo autor).

ADMINISTRATIVO E PROCESSUAL CIVIL -CONTRARIEDADE AO ART. 535 DO CPC -INOCORRÊNCIA -RECURSO ESPECIAL EM QUE SE APONTA VIOLAÇÃO DE DECRETO -CONCEITO DE LEI FEDERAL -POSSIBILIDADE -SERVIÇO DE TRANSPORTE DE PASSAGEIROS -CONVOLAÇÃO DE FRETAMENTO EM LINHA REGULAR -IMPOSSIBILIDADE.

1. Inexiste contrariedade ao art. 535 do CPC se o Tribunal de origem, adotando fundamentação suficiente, emite juízo de valor sobre os dispositivos legais apontados pela recorrente, ainda que implicitamente.

2. O decreto regulamentar enquadra-se no conceito de lei federal, para fins de interposição de recurso especial. Precedentes.

3. **Impossibilidade de convolar-se autorização para prestação de serviço de fretamento de passageiros em permissão para exploração de linha regular de transporte interestadual sem o devido processo licitatório.**

4. O art. 94 do Decreto 952/93 previu a manutenção, quando de sua entrada em vigor, das permissões e autorizações de serviços de transporte então válidas, sem, no entanto, alterá-las.

5. MC 12.167/RS prejudicada por perda de objeto.

6. Recurso especial conhecido em parte e, nessa parte, parcialmente provido. (REsp 886.763, Rel. Min. Eliana Calmon, 2ª Turma, j. 07.04.2008, DJ 18.04.2008). (grifado pelo autor).

QUESTÕES DE CONCURSO RELACIONADAS

01. (Cespe- SERPRO- 2008) "A permissão é definida legalmente como a delegação a título precário, mediante licitação, da prestação de serviços públicos, feita pelo poder concedente a pessoa física ou jurídica que demonstre capacidade para seu desempenho, por sua conta e risco." assertiva correta.

02. (Cespe- Juiz federal- 5ª Região- 2007) "A permissão de serviço público para exploração de serviço de transporte intermunicipal é negócio jurídico unilateral e, portanto, não se sujeita ao princípio determinador do respeito ao equilíbrio financeiro do contrato." assertiva **errada**.

6. (FCC – PROCURADOR DE CONTAS – AM – 2006)

O que é concessão de serviço público e como se caracteriza o contrato de concessão?

RESPOSTA:

Concessão de serviço público é uma espécie de contrato administrativo. Tem previsão constitucional no artigo 175, segundo o qual o Poder Público pode prestar os serviços públicos sob regime de concessão ou permissão, sempre através de licitação. Regulamentando esse dispositivo, foi editada a Lei

8.987/1995, disciplinando o contrato de concessão e de permissão. Anos depois, adveio a Lei 11.079/2004, que dispõe sobre as Parcerias Público-Privadas. Diante dessas duas leis, que têm objetos diversos, a doutrina distinguiu as concessões em concessão comum, regulada pela Lei 8.987/1995, e concessão especial, disposta na Lei 11.079/2004.

De acordo com a Lei 8.987/1995, as concessões comuns podem ser concessões de serviços públicos simples ou concessões de serviços públicos precedidas da execução de obra pública. Já as concessões especiais, pelo que estatui a Lei 11.079/2004, podem ser patrocinadas, referindo-se à concessão de serviços públicos ou de obras públicas de que trata a Lei no 8.987/1995, quando envolver, adicionalmente à tarifa cobrada dos usuários contraprestação pecuniária do parceiro público ao parceiro privado (art. 2º, §1º, Lei 11.079/2004), ou administrativa, sendo esta o contrato de prestação de serviços de que a Administração Pública seja a usuária direta ou indireta, ainda que envolva execução de obra ou fornecimento e instalação de bens (art. 2º, § 2º, Lei 11.079/2004).

Pela concessão de serviços públicos, o Poder Concedente (que pode ser, além dos entes políticos, os consórcios públicos, a ANEEL e a ANATEL) transfere a execução do serviço público a um particular, que auferirá lucro na prestação do serviço obedecendo a política tarifária ditada pelo concedente. Como a concessionária torna-se o titular da execução do serviço público, é ele quem responderá perante o usuário por eventuais danos causados na prestação do serviço, sendo a responsabilidade do concedente meramente subsidiária.

Apesar de não haver disposição expressa na própria Lei 8.987/1995, exige-se autorização legislativa para a celebração de contrato de concessão de serviço, nos termos do artigo 2º, da Lei 9.074/1995. Além da lei autorizativa, o contrato de concessão deve obedecer às cláusulas essenciais elencadas no artigo 23 da Lei 8.987/1995, além de poder prever mecanismos privados de resolução de disputas relativas ao contrato, como a arbitragem (art. 23-A da mesma lei). O contrato de concessão também se caracteriza por ter prazo determinado e admitir a subconcessão (art. 27 da Lei 8.987/1995), além de poder ser celebrado apenas com pessoas jurídicas ou consórcios de empresas, ao contrário do contrato de permissão que pode ter como contratado uma pessoa física.

◉ DOUTRINA TEMÁTICA

"Concessão de serviço público é o contrato administrativo pelo qual a Administração Pública transfere à pessoa jurídica ou a consórcio de empresas a execução de certa atividade de interesse coletivo, remunerada através do sistema de tarifas pagas pelos usuários." (CARVALHO FILHO, 2011, p. 338).

"(...) A subconcessão só tem validade se tiver havido autorização do Poder Público e referência no contrato de concessão. Consumando-se a subconcessão, ocorre o fenômeno da sub-rogação, passando o subconcessionário a assumir todos os direitos e obrigações do subconcedente, naturalmente dentro dos limites em que se firmou a subconcessão. Para evitar favorecimentos ilegais, impõe-se, em qualquer hipótese, procedimento de licitação para a escolha do subconcessionário." (CARVALHO FILHO, 2011, p. 361)

"**Concessão de serviço público é o instituto através do qual o Estado atribui o exercício de um serviço público a alguém que aceita prestá-lo em nome próprio, por sua conta e risco**, nas condições fixadas e alteráveis unilateralmente pelo Poder Público, mas sob garantia contratual de um equilíbrio econômico-financeiro, remunerando-se pela própria exploração do serviço, em geral e basicamente mediante tarifas cobradas diretamente dos usuários do serviço." (MELLO, 2011, p. 709-710) (grifado pelo autor).

"Apesar da definição legal de poder concedente, **a possibilidade de celebração de contrato de concessão vem sendo delegada por leis específicas a algumas autarquias, notadamente às agências reguladoras**, como ocorreu com as Leis nº 9.427/96 e nº 9.472/97, que autorizam a ANEEL (Agência Nacional de Energia Elétrica) e a ANATEL (Agência Nacional de Telecomunicações) a celebrarem contrato de concessão, **atuando, assim, como poder concedente**, com especial para fiscalização e controle das atividades desenvolvidas.

Com a edição da Lei nº 11.107/05, foi introduzida a possibilidade de formalização de contrato de concessão, tendo, como poder concedente, os novos consórcios públicos. A previsão é do art. 2º, § 3º, que estabelece que os 'consórcios públicos poderão outorgar concessão, permissão, ou autorização de obras ou serviços públicos mediante autorização prevista no contrato de consórcio público, que deverá indicar de forma específica o objeto da concessão, permissão ou autorização e as condições a que deverá atender, observada a legislação de normas gerais em vigor'. " (MARINELA, 2013, p. 553) (grifado pelo autor).

"**O fato de a concessionária prestar o serviço em seu próprio nome representa um ponto diferenciador dos contratos de prestação de serviços propriamente ditos**, em que a contratada presta o serviço em nome do Estado." (MARINELA, 2013, p. 555) (grifado pelo autor).

◉ JURISPRUDÊNCIA TEMÁTICA

EMENTA. Recurso ordinário em mandado de segurança. **Contrato de concessão de usina hidrelétrica. Prorrogação contratual. Cláusula de natureza discricionária. Ausência de direito líquido e certo.** Denegação da segurança pelo STJ. Manutenção da decisão recorrida. Recurso ordinário não provido. 1. O contrato administrativo se encerra no prazo nele definido, salvo a realização de ajuste, ao final do termo, pela prorrogação contratual, se atendidas as exigências legais para tanto e se presente o interesse público na permanência do contrato. **Nesse passo, é incongruente com a natureza da prorrogação contratual a ideia de sua formalização em momento antecedente ao término do contrato, como também é incongruente com sua natureza a garantia indissolúvel de sua realização já no instrumento contratual. 2. A discricionariedade da prorrogação é uma das**

marcas mais acentuadas do contrato administrativo e, assim, está, inclusive, prevista nas sucessivas legislações relativas às concessões de energia elétrica (Leis nº 9.074/95 e nº 12.783/13) e também no termo cujas cláusulas se questiona nos autos. 3. Recurso Ordinário não provido. (RMS 34203, Relator(a): Min. DIAS TOFFOLI, Segunda Turma, julgado em 21/11/2017, PROCESSO ELETRÔNICO DJe-053 DIVULG 19-03-2018 PUBLIC 20-03-2018 – grifado pelo autor).

PROCESSO CIVIL. RECURSO ESPECIAL. LICITAÇÃO. ARBITRAGEM. VINCULAÇÃO AO EDITAL. CLÁUSULA DE FORO. COMPROMISSO ARBITRAL. EQUILÍBRIO ECONÔMICO FINANCEIRO DO CONTRATO. POSSIBILIDADE.

(...)

5. **Tanto a doutrina como a jurisprudência já sinalizaram no sentido de que não existe óbice legal na estipulação da arbitragem pelo poder público, notadamente pelas sociedades de economia mista, admitindo como válidas as cláusulas compromissórias previstas em editais convocatórios de licitação e contratos**.

6. **O fato de não haver previsão da arbitragem no edital de licitação ou no contrato celebrado entre as partes não invalida o compromisso arbitral firmado posteriormente**.

7. A previsão do juízo arbitral, em vez do foro da sede da administração (jurisdição estatal), para a solução de determinada controvérsia, não vulnera o conteúdo ou as regras do certame.

8. A cláusula de eleição de foro não é incompatível com o juízo arbitral, pois o âmbito de abrangência pode ser distinto, havendo necessidade de atuação do Poder Judiciário, por exemplo, para a concessão de medidas de urgência; execução da sentença arbitral; instituição da arbitragem quando uma das partes não a aceita de forma amigável.

9. A controvérsia estabelecida entre as partes – manutenção do equilíbrio econômico financeiro do contrato – é de caráter eminentemente patrimonial e disponível, tanto assim que as partes poderiam tê-la solucionado diretamente, sem intervenção tanto da jurisdição estatal, como do juízo arbitral.

10. A submissão da controvérsia ao juízo arbitral foi um ato voluntário da concessionária. Nesse contexto, sua atitude posterior, visando à impugnação desse ato, beira às raias da má-fé, além de ser prejudicial ao próprio interesse público de ver resolvido o litígio de maneira mais célere.

11. Firmado o compromisso, é o Tribunal arbitral que deve solucionar a controvérsia. 12. Recurso especial não provido. (REsp 904.813, Rel. Min. Nancy Andrighi, 3ª Turma, j. 20.10.2011, DJe 28/02/2012). (grifado pelo autor).

QUESTÕES DE CONCURSO RELACIONADAS

01. (Defensoria Pública- SP- 2009) "A concessão de serviço público exige autorização legislativa, licitação exclusivamente na modalidade concorrência, formalização de contrato e prazo determinado, abrangendo somente pessoas jurídicas ou consórcio de empresas." - assertiva correta.

02. (Cespe- Procurador do Estado- AL- 2008) "O valor cobrado pela prestação de um serviço público feito por uma concessionária ou permissionária corresponde tão somente a um preço público" - assertiva correta.

7. (MPF – PROCURADOR DA REPÚBLICA – 2006)

De acordo com a teoria geral do contrato administrativo, é possível a inserção, em contrato de concessão de prestação de serviço público, de cláusula prevendo a arbitragem como forma de resolução dos conflitos decorrentes do cumprimento do pacto entre o Poder concedente e a empresa concessionária?

RESPOSTA:

Sim. A legislação administrativa atual permite que o Poder Público e a concessionária de serviço público insiram no contrato de concessão de prestação de serviço público a arbitragem como forma de resolução dos conflitos decorrentes do referido ajuste.

A arbitragem é regulada pela Lei 9.307/96, que prevê a possibilidade de as pessoas capazes estipularem o juízo arbitral para dirimir litígios relativos a direitos patrimoniais disponíveis. Esse juízo arbitral deve ser imparcial e conhecedor da matéria técnica submetida à sua apreciação.

O fato de a arbitragem não poder recair sobre direitos indisponíveis não significa que a Administração Pública não possa dela se valer nos contratos de concessão de serviços públicos, pois muitas vezes as discussões relativas a esses acordos dizem respeito a direitos patrimoniais.

Por esse motivo, e para assegurar que a Administração e a coletividade sejam beneficiárias desse meio de resolução de conflitos mais célere e eficiente, diversas leis permitem expressamente a arbitragem em litígios que versam sobre contratos administrativos, inclusive o de concessão, como por exemplo: Lei 8.987/95 (art. 23-A); Lei 11.079/04 (art. 11, III); Lei 9.472/97 (art. 93, XV); e Lei 9.478/97 (art. 43, X). Com isso, o legislador buscou realizar o interesse público mediante a resolução célere de conflitos sobre direitos patrimoniais envolvendo a Administração Pública, o que se coaduna com o princípio constitucional da eficiência e o modelo de administração gerencial.

DOUTRINA TEMÁTICA

"(...) o sentido moderno do princípio da legalidade não implica a vedação para que o Estado celebre transações, sobretudo quando é a própria lei que o estabelece. (...) A cautela da Administração, ao socorrer-se da arbitragem, reside basicamente em não adotar qualquer comportamento que se caracterize como desvio de finalidade ou improbidade administrativa. **O fundamento último da adoção do juízo arbitral é a obtenção de justiça mais célere e, tanto quanto a justiça clássica, imparcial. Nesse aspecto, estará a Administração observando**

a finalidade última da ação administrativa – o interesse público." (CARVALHO FILHO, 2011, p. 917). (grifado pelo autor).

◉ JURISPRUDÊNCIA TEMÁTICA

PROCESSO CIVIL. RECURSO ESPECIAL. LICITAÇÃO. ARBITRAGEM. VINCULAÇÃO-AO EDITAL. CLÁUSULA DE FORO. COMPROMISSO ARBITRAL. EQUILÍBRIOECONÔMICO FINANCEIRO DO CONTRATO. POSSIBILIDADE.

1. A fundamentação deficiente quanto à alegada violação de dispositivo legal impede o conhecimento do recurso. Incidência da Súmula 284/STF.

2. O reexame de fatos e provas em recurso especial é inadmissível.

3. A ausência de decisão sobre os dispositivos legais supostamente violados, não obstante a interposição de embargos de declaração, impede o conhecimento do recurso especial. Incidência da Súmula 211/STJ.

4. Não merece ser conhecido o recurso especial que deixa de impugnar fundamento suficiente, por si só, para manter a conclusão do julgado. Inteligência da Súmula 283 do STF.

5. **Tanto a doutrina como a jurisprudência já sinalizaram no sentido de que não existe óbice legal na estipulação da arbitragem pelo poder público, notadamente pelas sociedades de economia mista, admitindo como válidas as cláusulas compromissórias previstas em editais convocatórios de licitação e contratos.**

6. O fato de não haver previsão da arbitragem no edital de licitação ou no contrato celebrado entre as partes não invalida o compromisso arbitral firmado posteriormente.

7. A previsão do juízo arbitral, em vez do foro da sede da administração (jurisdição estatal), para a solução de determinada controvérsia, não vulnera o conteúdo ou as regras do certame.

8. A cláusula de eleição de foro não é incompatível com o juízo arbitral, pois o âmbito de abrangência pode ser distinto, havendo necessidade de atuação do Poder Judiciário, por exemplo, para a concessão de medidas de urgência; execução da sentença arbitral; instituição da arbitragem quando uma das partes não a aceita deforma amigável.

9. A controvérsia estabelecida entre as partes - manutenção do equilíbrio econômico financeiro do contrato - é de caráter eminentemente patrimonial e disponível, tanto assim que as partes poderiam tê-la solucionado diretamente, sem intervenção tanto da jurisdição estatal, como do juízo arbitral.

10. A submissão da controvérsia ao juízo arbitral foi um ato voluntário da concessionária. Nesse contexto, sua atitude posterior, visando à impugnação desse ato, beira às raias da má-fé, além de ser prejudicial ao próprio interesse público de ver resolvido o litígio de maneira mais célere.

11. Firmado o compromisso, é o Tribunal arbitral que deve solucionara controvérsia.

12. Recurso especial não provido. (REsp 904.813, Rel. Min. Nancy Andrighi, 3ª Turma, j. 20.10.2011, DJe 28/02/2012). (grifado pelo autor).

QUESTÕES DE CONCURSO RELACIONADAS

01. (TJ PR- Juiz de Direito- PR- 2008) "No contrato de concessão de serviços públicos é admitida a possibilidade de previsão do emprego de mecanismos privados para a resolução de disputas decorrentes ou relacionadas aos contratos de concessão de serviços públicos, inclusive a arbitragem, podendo a mesma ser realizada no Brasil e em língua portuguesa, nos termos da lei." – assertiva correta.

02. (Cespe- Procurador do Banco Central- 2009) "Diante do princípio da indisponibilidade do interesse público, o contrato de concessão não poderá prever o emprego de mecanismos privados para a resolução de disputas decorrentes ou relacionadas ao contrato, como a arbitragem." – assertiva **errada**.

8. (QUESTÃO ELABORADA PELOS AUTORES – INÉDITA)

Tendo em vista os serviços públicos prestados pelo Estado, responda os itens abaixo, considerando o que dispõe a lei 8987/95, a doutrina e a jurisprudência dos tribunais superiores.

a) Conceitue a cláusula do "exceptio non adimpleti contractus", aponte os fundamentos legais, prazos e requisitos.

b) É possível a utilização da arbitragem para a resolução de divergências contratuais entre o Poder Público e a empresa concessionária de serviços públicos?

c) A concessionária de energia elétrica avisa futura interrupção do fornecimento de energia elétrico pelo rádio. Tal procedimento é legítimo?

RESPOSTA:

a) A cláusula do "exceptio non adimpleti contractus" estabelece o direito da parte de suspender a execução do contrato diante do inadimplemento da outra. No direito privado, a regra está expressa no art. 476 do Código Civil, definindo que nenhum dos contratantes, antes de cumprir a sua obrigação, poderá exigir o cumprimento obrigacional do outro.

Em relação aos contratos administrativos, a regra é aplicada com algumas ressalvas. Conforme dispõe o art. 78, XV, da Lei 8.666/93 (aplicada subsidiariamente aos contratos de concessão, nos termos do art. 1º da Lei 8.987/95), o particular contratado tem o direito de recorrer à regra da exceção do contrato não cumprido quando o inadimplemento da Administração Pública, em relação aos pagamentos, for superior a 90 dias.

Desse modo, o contratado deve suportar o inadimplemento do Poder Público durante este prazo e somente após 90 dias poderá optar pela suspensão do cumprimento de suas obrigações, independentemente de decisão judicial.

b) Apesar de algumas críticas doutrinárias, a utilização da arbitragem para resolução de disputas relacionadas ao contrato de concessão é expressamente aceita pela Lei 8.987/95, consoante dispõe seu art. 23-A.

Ademais, a utilização da arbitragem pelo Poder Público é permitida pela lei 9.307/96 (art. 1º, §1º), com a ressalva de que ela só poderá ser de direito (e não por equidade); além de ser vedado o sigilo, respeitando-se o princípio da publicidade (art. 2º, §3º da Lei 9.307/96).

c) Em recente decisão, o Superior Tribunal de Justiça entendeu que o aviso de interrupção do fornecimento de serviços públicos, por razão de ordem técnica, por meio de emissora de rádio, é legítimo, pois atende aos requisitos do art. 6º, §3º, I, da Lei 8.987/95.

O STJ defendeu essa possibilidade argumentando que a própria Lei 8987/95 não estabeleceu de que forma deveria se dar o aviso prévio, além de considerar o rádio um meio bastante popular para a divulgação de informações para a coletividade.

◉ DOUTRINA TEMÁTICA

"Trata-se da regra de exceção de contrato não cumprido, que define para qualquer uma das partes contratantes o direito de suspender a execução do contrato em face do inadimplemento da outra parte. A doutrina tradicional era assente no sentido de que, nos contratos administrativos, a aplicação desta teoria em benefício do particular contratado pelo Estado ensejaria afronta direta ao princípio da continuidade do serviço público. Sendo assim, os particulares deveriam manter a prestação determinada nos contratos celebrados com o poder público, mesmo diante do inadimplemento deste por longos períodos.

Ocorre que, consoante disposição do art. 78, XV, da Lei 8.666/93, o particular tem direito de invocar a exceção do contrato não cumprido desde que a administração seja inadimplente por mais de 90 (noventa) dias em relação aos seus pagamentos. Com efeito, como garantia à continuidade, o particular contratado pelo ente estatal tem o dever de manter a prestação do serviço, mesmo diante do inadimplemento da Administração Pública, desde que essa ausência de pagamento não ultrapasse o prazo legalmente estabelecido. Trata-se da aplicação da exceção de contrato não cumprido de forma diferida, garantida ao particular, independentemente de provimento jurisdicional." (CARVALHO, 2017, p. 641)

"Após alguma hesitação a respeito, o referido diploma, alterado pela Lei nº 13.129, de 26.5.2015, veio a admitir que a Administração Pública recorra à arbitragem para solucionar conflitos relativos a direitos patrimoniais disponíveis (art. 1º, § 1º). Ficam, portanto, excluídos direitos indisponíveis ou que não tenham natureza patrimonial, hipótese em que o Poder Público terá que recorrer ao Judiciário. Algumas leis, inclusive, já previam essa hipótese, caso da Lei nº 11.079/2004 (parcerias público-privadas) e da Lei n 8.987/1995 (concessões e permissões)". (CARVALHO FILHO, 2016, p. 228)

JURISPRUDÊNCIA TEMÁTICA

DIREITO ADMINISTRATIVO. Interrupção no fornecimento de energia elétrica por razões técnicas. Exigência legal de aviso prévio. Comunicação realizada por estações de rádio. Possibilidade. A divulgação da suspensão no fornecimento de serviço de energia elétrica por meio de emissoras de rádio, dias antes da interrupção, satisfaz a exigência de aviso prévio, prevista no art. 6º, § 3º, da Lei n. 8.987/1995. A discussão consiste em decidir se cumpre o requisito legal de prévio aviso aos consumidores, disposto no art. 6º, § 3º, da Lei n. 8.987/1995, divulgar a suspensão do fornecimento de energia elétrica, motivada por razões técnicas, tão somente por meio de estações de rádio. Inicialmente, observa-se que STJ considera legítima a interrupção do fornecimento de energia por razões de ordem técnica, de segurança das instalações, ou ainda em virtude do inadimplemento do usuário, quando houver o devido aviso prévio pela concessionária sobre o possível corte no fornecimento do serviço, nos termos do art. 6º, § 3º, da Lei n. 8.987/1995. Contudo, a supracitada norma legal não explicita a forma como deve ocorrer o aviso de interrupção. Entende-se, assim, que a divulgação em três emissoras de rádio com cobertura no Município do usuário desse serviço, dias antes da suspensão, satisfaz a exigência prevista na lei. Conforme a sentença: "O rádio é um dos meios populares e o de maior alcance público, e por estas razões há que se reconhecer a ocorrência de aviso prévio válido e apto a produzir efeitos. " Por essas razões, considerando que a concessionária atendeu o requisito legal de avisar previamente os consumidores do desligamento temporário da energia elétrica, por motivo de ordem técnica, não há ensejo para reparação por dano extrapatrimonial. (REsp 1.270.339-SC, Rel. Min. Gurgel de Faria, por unanimidade, julgado em 15/12/2016, DJe 17/2/2017, info. 598)

CAPÍTULO 6
IMPROBIDADE ADMINISTRATIVA

QUESTÕES

1. (FMP CONCURSOS – MP/RONDÔNIA – PROMOTOR DE JUSTIÇA – 2017)

Disserte sobre a importância do direito administrativo sancionador no universo e atuação do membro do Ministério Público (promotor de justiça), levando em conta as principais características desse modelo e os respectivos fundamentos jurídicos. Em continuidade, discorra sobre pelo menos quatro temas ou assuntos capazes de ilustrar as implicações hermenêuticas problemáticas – atualmente percebidas pela doutrina especializada – oriundas da aplicação dos dispositivos constantes da Lei Anti-corrupção para condutas por ela consideradas como atos lesivos à Administração Pública, cuja controvérsia deve ser relacionadas ao abstrato conflito daquela legislação com outros diplomas normativos sancionadores concernentes à tutela da probidade no trato da coisa pública.

ESPAÇO EM BRANCO PARA RESPOSTA (30 LINHAS)

1

2

3

4

5

6

2. (MPDFT – PROMOTOR DE JUSTIÇA – 2016)

Diferencie atos lesivos à administração pública nacional ou estrangeira de atos de improbidade administrativa examinando, em suas respostas, as respectivas definições, o(s) bem (s) jurídico (s) tutelados (s), as teorias administrativistas de responsabilidade civil fundantes e o(s) destinatário (s) da disciplina de cada um dos institutos.

ESPAÇO EM BRANCO PARA RESPOSTA (30 LINHAS)

3. (FMP – PROMOTOR DE JUSTIÇA – 2015)

Disserte a respeito da aplicabilidade da lei de improbidade administrativa (8429/92) aos agentes políticos. Leve em consideração em seu arrazoado, além de diplomas normativos afins ao tema, os recentes critérios jurisprudenciais do Superior Tribunal de Justiça e do Supremo Tribunal Federal, os quais apontam para uma antinomia interpretativa entre si, razão porque o candidato haverá de enunciar fundamentadamente o seu entendimento acerca do tema.

ESPAÇO EM BRANCO PARA RESPOSTA (20 LINHAS)

4. (CESPE – DEFENSOR PÚBLICO – AC – 2012)

Um professor da rede pública estadual utilizou de artifícios ilegais para ficar afastado de seus deveres funcionais. Para tanto, solicitou à diretora da escola e à coordenadora pedagógica, suas amigas pessoais, que assinassem o seu nome em lista de presença, como se estivesse presente em sala de aula, conseguindo permanecer nessa situação por aproximadamente sete anos.

Em razão de denúncia recebida, o Ministério Público ajuizou ação de improbidade administrativa, incluindo, entre os pedidos, o de devolução dos salários indevidamente pagos por todo o período em que ocorreu a fraude.

Em sua defesa, o professor alegou que a pretensão de ressarcimento ao erário deveria ficar restrita aos cinco anos anteriores à propositura da ação, em razão da prescrição prevista no art. 23, inciso I, da Lei nº 8.429/1992.

Em face dessa situação hipotética, redija texto dissertativo, devidamente fundamentado, em resposta à seguinte indagação: a alegação de prescrição formulada pelo professor deve ser acolhida?

◉ ESPAÇO EM BRANCO PARA RESPOSTA (30 LINHAS)

5. (CESPE – JUIZ DE DIREITO – PB – 2010)

Ação de improbidade administrativa é aquela em que se pretende o reconhecimento judicial de conduta de improbidade na administração e a consequente aplicação das sanções legais, com o escopo de preservar o princípio da moralidade administrativa. Sem dúvida, cuida-se de poderoso instrumento de controle judicial sobre atos que a lei caracteriza como de improbidade.

José dos Santos Carvalho Filho. Manual de direito administrativo. 23.a ed., 2010, p. 1.166 (com adaptações).

Considerando a informação acima como referência inicial, redija um texto dissertativo acerca da ação de improbidade administrativa como instrumento de defesa da moralidade no exercício da função pública. Ao elaborar seu texto, aborde, necessariamente, os seguintes aspectos:

- sujeito passivo e sujeito ativo da ação de improbidade administrativa;
- categorias dos atos de improbidade previstas na Lei n.º 8.429/1992;
- modalidades de sanções aplicáveis à improbidade administrativa.

ESPAÇO EM BRANCO PARA RESPOSTA (120 LINHAS)

6. (CESPE – JUIZ DE DIREITO – TO – 2007)

A Lei n.º 8.429/1992 agrupou os atos de improbidade em três categorias distintas: aqueles que importam enriquecimento ilícito, os que causam prejuízo ao erário e os que atentam contra os princípios da administração pública. Com relação à última categoria, a referida lei não tratou do princípio da eficiência, só introduzido no ordenamento brasileiro pela Emenda Constitucional n.º 19/1998.

É possível falar-se em improbidade administrativa por violação ao princípio da eficiência? Justifique fundamentadamente.

ESPAÇO EM BRANCO PARA RESPOSTA (30 LINHAS)

7. (FCC – PROCURADOR DE CONTAS – MG – 2007)

Determinado servidor público, agindo dentro de suas atribuições, dispensa a realização de licitação para a contratação de serviços de limpeza, alegando, para tanto, ardilosamente, motivo falso. Com isso, promove a contratação direta de empresa da qual sua esposa é sócia majoritária, para a prestação dos mesmos serviços a preço superior ao de mercado. Por sua vez, a autoridade superior, agindo negligentemente, deixa de perceber a ilicitude e homologa a dispensa de licitação. Explique e discuta a sujeição de ambos os agentes públicos aos dispositivos da lei de improbidade administrativa, mencionando as hipóteses em que, em tese, possam estar incursos.

ESPAÇO EM BRANCO PARA RESPOSTA (30 LINHAS)

8. (QUESTÃO ELABORADA PELOS AUTORES)

A Lei de Improbidade Administrativa (Lei nº 8.429/92) cuidou de regulamentar o artigo 37 § 4º da Constituição Republicana de 1988, conferindo uma tutela especial ao princípio da moralidade administrativa, dada a sua especialidade e as consequências desastrosas para toda a sociedade quando de sua violação.

Redija um texto dissertativo sobre o tema que responda aos seguintes questionamentos:

a) Qual o conceito de improbidade administrativa?

b) Os atos de improbidade administrativa configuram ilícito de que natureza: penal, administrativa ou civil?

c) Os agentes políticos estão sujeitos à Lei de Improbidade Administrativa?

d) Caso um prefeito pratique um ato de forma contrária à lei orgânica do Município, tal fato é, por si só, suficiente para configurar improbidade administrativa?

e) A contratação de servidores sem concurso público sujeita o responsável às sanções previstas na Lei de Improbidade?

ESPAÇO EM BRANCO PARA RESPOSTA (120 LINHAS)

QUESTÕES COMENTADAS

1. (FMP CONCURSOS – MP/RONDÔNIA – PROMOTOR DE JUSTIÇA – 2017)

Disserte sobre a importância do direito administrativo sancionador no universo e atuação do membro do Ministério Público (promotor de justiça), levando em conta as principais características desse modelo e os respectivos fundamentos jurídicos. Em continuidade, discorra sobre pelo menos quatro temas ou assuntos capazes de ilustrar as implicações hermenêuticas problemáticas – atualmente percebidas pela doutrina especializada – oriundas da aplicação dos dispositivos constantes da Lei Anti-corrupção para condutas por ela consideradas como atos lesivos à Administração Pública, cuja controvérsia deve ser relacionadas ao abstrato conflito daquela legislação com outros diplomas normativos sancionadores concernentes à tutela da probidade no trato da coisa pública.

RESPOSTA:

O direito administrativo sancionador vai ao encontro da atual tendência do Ministério Público Brasileiro, pela preferência dada aos mecanismos extrajudiciais de atuação. Assim é a orientação da Carta de Brasília, documento elaborado no âmbito do Conselho Nacional do Ministério Público – CNMP e resultante de acordo entre as unidades de Corregedoria do órgão. Deste modo, o membro do Ministério Público pode utilizar-se de expedição de recomendações e celebração de compromissos de ajustamento de conduta, por exemplo, para viabilizar a efetividade do direito administrativo sancionador à tutela dos interesses protegidos pela instituição, evitando a judicialização de demandas.

O direito administrativo sancionador corresponde a um conjunto de normas que estabelecem responsabilidade de ordem administrativa, aplicáveis pelo Poder Público, em face de seus respectivos administrados. Sua aplicação goza de autoexecutoriedade e independente da responsabilidade civil e penal, as quais, por sua vez, exigem, em regra, reconhecimento por autoridade judiciária (art. 12, Lei 8.429/92; art 30, Lei 12.846/2013; art. 121, Lei n 8.112/91). O direito administrativo sancionador pode fundamentar-se, ainda, tanto no poder de polícia, como no poder disciplinar exercido pela Administração Pública sobre seus agentes e sobre aqueles que mantém alguma relação específica com o Poder Público.

Doutrina especializada em direito administrativo reconhece que existe no ordenamento jurídico brasileiro um "microssistema de tutela da probidade administrativa", cujas principais fontes normativas, além da Constituição Federal, são a lei de improbidade administrativa, Lei nº 8.429/1992, e, mais recentemente, a lei anticorrupção, Lei nº 12.846/2013, que dispõe sobre a responsabilização administrativa e civil de pessoas jurídicas pela prática de atos contra a administração pública, nacional ou estrangeira. Há, entretanto, algumas implicações hermenêuticas problemáticas envolvendo, de forma abstrata, estes textos.

Os atos da improbidade têm como sujeito ativo uma pessoa natural, agente público ou quem induza ou concorra para o ato ou dele se beneficie, ao passo que os ilícitos previstos na lei anticorrupção são praticados por pessoas jurídicas. A lei anticorrupção, em seu art. 2º, prevê responsabilidade de ordem objetiva, ao passo que os atos de improbidade exigem dolo ou pelo menos culpa para sua configuração (arts. 9º a 11). A lei anticorrupção não exclui a responsabilidade pessoal dos dirigentes ou administradores das pessoas jurídicas, ou de qualquer pessoa natural autora, coatora ou partícipe do ato (art. 3º), o que pode, eventualmente, ensejar dupla responsabilização, especialmente em um contexto de desconsideração da personalidade jurídica. Por fim, os arts. 16 e 17 da lei anticorrupção, ao prevê o acordo de leniência, entra em conflito com o art. 17, § 1º da Lei 8.429/92, que veda qualquer espécie de transação, acordo ou conciliação em ações de improbidade administrativa.

Espelho da Banca:

Temas avaliados	Pontuação
Importância do direito administrativo sancionador	0,28
Principais caractéristicas do direito administrativo sancionador	0,28
Fundamentos jurídicos (constitucionais e ordinários) do direito administrativo sancionador	0,16
Implicações hermenêuticas (quatro), com as respectivas menções de preceitos legais pertinentes comparados	0,32 cada (1,28 total)
Total	2,0

DOUTRINA TEMÁTICA

"Em 01 de agosto de 2013, foi sancionada a lei 12.846/13, chamada pela mídia de lei "anticorrupção", que trata acerca da responsabilização objetiva administrativa e civil de pessoas jurídicas pela prática de atos contra a administração pública, seja ela entidade nacional ou estrangeira, bem como as organizações públicas internacionais que são, neste caso, equiparadas às entidades estrangeiras.

(...)

Conforme disposto na lei, a pessoa jurídica será responsabilizada, independentemente da responsabilização individual das pessoas naturais que as represente. Todavia, é importante ressaltar que a lei se dispõe a tratar apenas da responsabilização das Pessoas Jurídicas, não excluindo a responsabilidade individual de seus dirigentes ou administradores ou de qualquer pessoa natural, autora, coautora ou partícipe do ato ilícito, que terão suas responsabilidades apuradas na esfera cível ou criminal. Por óbvio, não se pode falar em responsabilidade objetiva de pessoas físicas e, desta forma, os dirigentes ou administradores somente serão responsabilizados por atos ilícitos, na medida de sua culpabilidade" (CARVALHO, 2017).

JURISPRUDÊNCIA TEMÁTICA

ADMINISTRATIVO. AÇÃO CIVIL PÚBLICA. IMPROBIDADE ADMINISTRATIVA. REJEIÇÃO DA INICIAL. AUSÊNCIA DE INDÍCIOS DE AUTORIA E MATERIALIDADE. POSSIBILIDADE. PRECEDENTES. PUBLICIDADE GOVERNAMENTAL. CARÁTER GERAL DE EDUCAÇÃO, INFORMAÇÃO E ORIENTAÇÃO SOCIAL. AUSÊNCIA DE PROMOÇÃO INDIVIDUAL, PARTIDÁRIA OU IDEOLÓGICA. CARÁTER EDUCACIONAL DA PROPAGANDA. SÚMULA 7/STJ. 1. O Tribunal de origem rejeitou de pronto a petição da ação civil pública por ato de improbidade administrativa, visto que a publicidade promovida pela Câmara Legislativa do Distrito Federal tinha caráter exclusivamente educacional, com vista a enaltecer o sentimento de cidadania dos moradores de Brasília no período de aniversário da cidade (aniversário de 50 anos), sem objetivo de promoção particular de agente ou servidor público, ou mesmo partido político. 2. Consoante entendimento jurisprudencial, é possível a rejeição da petição da ação civil pública caso evidenciada a inexistência de indícios de autoria e materialidade. 3. Do mesmo modo, a jurisprudência do STJ caminha em repudiar e, consequentemente, enquadrar eventual propaganda ou campanha publicitária em conduta por ato de improbidade administrativa quando seu objetivo conduz a favorecimento pessoal, de terceiro, de partido ou de ideologia, com utilização indevida da máquina pública (art. 11 da Lei n. 8.429/92). 4. A norma contida no art. 37, § 1º, da Constituição da República restringe a publicidade governamental a fins educacionais, informativos e de orientação social, vedando, de maneira absoluta, a promoção pessoal. 5. No caso dos autos, a Corte a quo concluiu pela ausência de indícios de autoria e materialidade, ante a análise percuciente dos autos, após exame das alegações contidas na inicial, deixando ressaltado o caráter educacional da propaganda efetuada pela Câmara Legislativa do Distrito Federal, sem benefício individualizado (pessoal, de terceiro ou partidário). A modificação das conclusões esbarra no óbice da Súmula 7/STJ. Agravo regimental improvido. (AgRg no AREsp 496.566/DF, Rel. Ministro HUMBERTO MARTINS, SEGUNDA TURMA, julgado em 27/05/2014, DJe 02/06/2014).

ADMINISTRATIVO E PROCESSUAL CIVIL. AGRAVOS REGIMENTAIS EM RECURSO ESPECIAL. AÇÃO CIVIL PÚBLICA DE IMPROBIDADE ADMINISTRATIVA. PREFEITURA DE BRASILEIA/AC. CONVÊNIO COM A UNIÃO PARA A CONSTRUÇÃO DE 41 UNIDADES HABITACIONAIS. LICITAÇÃO INICIAL NA MODALIDADE TOMADA DE PREÇOS. POSTERIOR REALIZAÇÃO DE LICITAÇÃO, NA MODALIDADE CONVITE, PARA A CONSTRUÇÃO DE MAIS 16

CASAS, COM O VALOR RESTANTE DO CONVÊNIO. AUSÊNCIA DE EXIGÊNCIA LEGAL DE QUE, NESTA ÚLTIMA LICITAÇÃO, HOUVESSE NECESSIDADE DE REPETIÇÃO DOS PRIMEIROS LICITANTES. ILEGALIDADE NÃO COMPROVADA. ATIPICIDADE DA CONDUTA. AGRAVO REGIMENTAL DO MPF DESPROVIDO. 1. Para a configuração dos atos de improbidade tipificados no art. 11 da Lei 8.429/92 , exige-se que a conduta seja praticada por Agente Público (ou a ele equiparado), atuando no exercício de seu munus público, havendo, ainda, a necessidade do preenchimento dos seguintes requisitos: (a) conduta ilícita; (b) improbidade do ato, configurada pela tipicidade do comportamento, ajustado em algum dos incisos do 11 da LIA; (c) elemento volitivo, consubstanciado no dolo de cometer a ilicitude e causar prejuízo ao Erário; (d) ofensa aos princípios da Administração Pública. (..).

(AgRg no REsp 1306817/AC, Rel. Ministro NAPOLEÃO NUNES MAIA FILHO, PRIMEIRA TURMA, julgado em 06/05/2014, DJe 19/05/2014).

(...) primeira e mais urgente função preparatória da aceitação da petição inicial da Ação por Ato de Improbidade Administrativa é a de extremar o ato apontado de ímprobo da configuração da mera ilegalidade (dada a inegável afinidade formal entre as duas entidades), para verificar se o ato tido como ímprobo não estará apenas no nível da mera ilegalidade, ou seja, não se alça ao nível da improbidade; essa atividade é relevante porque especializa a cognição judicial no objeto específico da ação em apreço, evitando que a sua energia seja drenada para outras áreas afins, ou desperdiçada em movimentos processuais improdutivos. 3. Dessa atuação malsã do agente deve resultar (i) o enriquecimento ilícito próprio ou alheio (art. 9o. da Lei 8.429/92), (ii) a ocorrência de prejuízo ao Erário (art. 10 da Lei 8.429/92) ou (iii) a infringência aos princípios nucleares da Administração Pública (arts. 37 da Constituição e 11 da Lei 8.429/92). 4. A conduta do agente, nos casos dos arts. 9o. e 11 da Lei 8.429/92, há de ser sempre dolosa, por mais complexa que seja a demonstração desse elemento subjetivo; nas hipóteses do art. 10 da Lei 8.429/92, admite-se que possa ser culposa, mas em nenhuma das hipóteses legais se diz que possa a conduta do agente ser considerada apenas do ponto de vista objetivo, gerando a responsabilidade objetiva. 5. In casu, as instâncias de origem julgaram improcedente o pedido por reconhecerem que não configurada ato de improbidade administrativa a prática de nepotismo. 6. A conduta imputada ao recorrente mostra-se gravemente culposa, mas não revela o dolo específico de lesar os cofres públicos ou de obter vantagem indevida, requisitos indispensáveis à infração dos bens jurídicos tutelados pela Lei de Improbidade Administrativa, especialmente considerando que à época em que ocorreram as citadas contratações (nos anos de 2005 e 2006), não havia lei vedando o nepotismo no âmbito da Administração Pública Municipal, sendo anteriores, ainda, à aprovação do Enunciado da Súmula Vinculante 13 do STF (DJe 29.8.2008). 7. A inicial da ação não tipificou a conduta dos imputados, mas apenas a descreveu com minúcias; a tipificação seria necessária, até porque as figuras infracionais dos arts. 9o., 10 e 11 da Lei 8.429/92 não guardam entre si a possibilidade de intercâmbio indiferente, ou seja, não se pode empregar umas por outras. 8. A tipificação da conduta do agente, que é uma exigência tradicional na denúncia criminal (art. 41 do CPP), diz respeito à sua função viabilizadora, em primeiro lugar, da definição da competência jurisdicional e, em segundo lugar, da amplitude da defesa, como salienta EUGÊNIO PACELLI DE OLIVEIRA (Curso de Processo Penal, Belo Horizonte, DelRey, 2006, p. 154); o Professor GUILHERME DE SOUZA NUCCI faz observação semelhante (Código de Processo Penal

Comentado, São Paulo, RT, 2008, p. 156); essas lições são proveitosamente aplicáveis à formulação da Ação de Improbidade Administrativa. 9. No exercício da atividade punitiva a Administração pratica atos materialmente jurisdicionais, por isso que se submete à observância obrigatória de todas as garantias subjetivas consagradas no Processo Penal contemporâneo, onde não encontram abrigo as posturas autoritárias, arbitrárias ou desvinculadas dos valores da cultura. 10. Contudo, esse aspecto (de extrema relevância) não foi objeto de alegações da defesa, nem (obviamente) de decisão nas instâncias anteriores, por isso que não será também incluído como mote desta decisão, mas ficam estas breves observações apenas como obiter dictu deste voto. 11. Recurso Especial do Ministério Público de Minas Gerais desprovido. (REsp 1193248/MG, Rel. Ministro NAPOLEÃO NUNES MAIA FILHO, PRIMEIRA TURMA, julgado em 24/04/2014, DJe 18/08/2014).

PROCESSUAL CIVIL E ADMINISTRATIVO. DEMONSTRAÇÃO DA DIVERGÊNCIA. INOCORRÊNCIA. IMPROBIDADE ADMINISTRATIVA. ART. 11 DA LEI 8.429/92. CARACTERIZAÇÃO. DOLO GENÉRICO. 1. Recurso especial interposto pela alínea "c" do permissivo constitucional, mas a parte apenas limitou-se a transcrever as ementas que dariam azo a sua pretensão, sem, contudo, proceder na forma como preconiza o art. 255, § 2º, do RISTJ, de fundamental importância porque não se tratam os paradigmas da mesma base fática. 2. Para a caracterização dos atos de improbidade administrativa previstos no art. 11 da Lei 8.429/92, é necessário que o agente ímprobo tenha agido ao menos com dolo genérico, prescindindo a análise de qualquer elemento específico para sua tipificação. 3. Afirmado o dolo genérico pelo aresto impugnado, na medida em que o mandatário do município deixou consciente e livremente de cumprir as disposições legais, mantém-se a condenação por ato de improbidade administrativa. 4. Agravo regimental não provido. (AgRg no AREsp 307.583/RN, Rel. Ministro CASTRO MEIRA, SEGUNDA TURMA, julgado em 18/06/2013, DJe 28/06/2013)

2. (MPDFT – PROMOTOR DE JUSTIÇA – 2016)

Diferencie atos lesivos à administração pública nacional ou estrangeira de atos de improbidade administrativa examinando, em suas respostas, as respectivas definições, o(s) bem (s) jurídico (s) tutelados (s), as teorias administrativistas de responsabilidade civil fundantes e o(s) destinatário (s) da disciplina de cada um dos institutos.

RESPOSTA:

Os atos lesivos à administração pública nacional ou estrangeira estão previstos no art. 5º da Lei nº. 12.846/2013 (Lei anticorrupção) e são todos aqueles praticados pelas pessoas jurídicas estipuladas no art. 1º, a saber: sociedades empresárias; sociedades simples, personificadas ou não, independentemente da forma de organização ou modelo societário adotado; fundações, associações de entidades ou pessoas; e sociedades estrangeiras, que tenham sede, filial ou representação no território brasileiro, constituídas de fato ou de direito, ainda que temporariamente.

Estão previstos expressamente no art. 5º da retrocitada lei os atos lesivos à administração pública e alguns exemplos são: promessa de vantagem indevida a agente público; financiamento ou patrocínio de práticas de atos ilícitos; frustração, em geral, de licitações e contratos; dificultar atividade de investigação dos órgãos públicos, dentre outros.

Quanto aos atos de improbidade, estão expressos nos arts. 9º a 11 da Lei nº. 8.429/92 e, em resumo, visam a punir, em regra, o agente público que enriquece ilicitamente, que causa prejuízo ao erário, que concede ou aplica indevidamente benefício financeiro ou tributário ou que atenta contra os princípios da administração pública.

Quanto aos bens jurídicos tutelados, a Lei Anticorrupção, que decorre de compromissos internacionais assumidos pelo Brasil tutela a higidez do patrimônio público nacional e estrangeiro. Ademais, a Lei de Improbidade Administrativa tutela, conforme doutrina majoritária, a moralidade e a probidade administrativas.

De mais a mais, a Lei Anticorrupção, em seu artigo primeiro, impõe a responsabilidade objetiva administrativa e civil. Ou seja, independe de culpa, bastando o nexo de causalidade entre a ação e o resultado. Contudo, a lei de improbidade segue a regra da responsabilização subjetiva, dependendo da análise da culpa, sob pena de responsabilização objetiva de pessoas físicas, o que não se tolera no ordenamento jurídico vigente.

Por fim, quanto ao destinatário, a Lei 12.846/13 se aplica às sociedades empresárias em geral, conforme afirma o parágrafo único do artigo 1º da norma. Quanto aos atos de improbidade administrativa, os destinatários são, em síntese, como sujeitos ativos, os agentes públicos (servidor ou não) ou particulares que induziram ou concorreram com o agente público para a prática do ato (arts. 1º e 2º, Lei 8.429/92). Os sujeitos passivos da norma são as pessoas jurídicas que a lei aponta como vítimas do ato ímprobo.

◉ DOUTRINA TEMÁTICA

"Em 01 de agosto de 2013, foi sancionada a lei 12.846/13, chamada pela mídia de lei "anticorrupção", que trata acerca da responsabilização objetiva administrativa e civil de pessoas jurídicas pela prática de atos contra a administração pública, seja ela entidade nacional ou estrangeira, bem como as organizações públicas internacionais que são, neste caso, equiparadas às entidades estrangeiras.

(...)

Conforme disposto na lei, a pessoa jurídica será responsabilizada, independentemente da responsabilização individual das pessoas naturais que as represente. Todavia, é importante ressaltar que a lei se dispõe a tratar apenas da responsabilização das Pessoas Jurídicas, não excluindo a responsabilidade individual de seus dirigentes ou administradores ou de qualquer pessoa natural, autora, coautora ou partícipe do ato ilícito, que terão suas responsabilidades apuradas na esfera cível ou criminal. Por óbvio, não se pode falar em responsabilidade objetiva de pessoas físicas e, desta forma, os dirigentes ou administradores somente serão responsabilizados por atos ilícitos, na medida da sua culpabilidade." (CARVALHO, 2017, p. 363)

"Não é propósito desta obra o aprofundamento do processo histórico-normativo da tutela da moralidade. Entretanto, à guisa de mero subsídio, vale anotar que foi a Constituição de 1946 (art. 141, §31) que primeiramente tratou do tema com a fisionomia jurídica adotada na Carta vigente. Secundou-a a Constituição de 1967 (art. 150, §11), depois modificada pela EC nº 1/1969 (art. 153, §11). No plano infraconstitucional, alguns diplomas deram tímido ou incompleto tratamento à matéria, mas, de uma forma ou de outra, aludiam ao sequestro e perdimento de bens de autores de condutas lesivas ao patrimônio do Estado ou geradoras de enriquecimento ilícito." (CARVALHO FILHO, 2016. P . 1136)

"Os atos lesivos à administração pública, nacional ou estrangeira, que acarretam a incidência da lei 12.846/2013, são todos aqueles que atentem contra o patrimônio público nacional ou estrangeiro, contra princípios da administração pública ou contra os compromissos internacionais assumidos pelo Brasil, assim definidos, literalmente, em seu art. 5º:

I – prometer, oferecer ou dar, direta ou indiretamente, vantagem indevida a agente público, ou a terceira pessoa a ele relacionada;

II – comprovadamente, financiar, custear, patrocinar ou de qualquer modo subvencionar a prática dos atos ilícitos previstos nesta Lei;

III – comprovadamente, utilizar-se de interposta pessoa física ou jurídica para ocultar ou dissimular seus reais interesses ou a identidade dos beneficiários dos atos praticados;

IV – no tocante a licitações e contratos:" (ALEXANDRINO, 2017, p. 1071)

◉ JURISPRUDÊNCIA TEMÁTICA

DIREITO PROCESSUAL CIVIL. Embargos de divergência. Ação de Improbidade administrativa. Reexame necessário. Cabimento. Aplicação, por analogia, do art. 19 da lei 4.717/1965. CPC. Aplicação subsidiária. A sentença que concluir pela carência ou pela improcedência de ação de improbidade administrativa está sujeita ao reexame necessário, com base na aplicação subsidiária do art. 475 do CPC/73 e por aplicação analógica da primeira parte do art. 19 da Lei n. 4.717/65. A divergência tratada envolve definir se é cabível remessa necessária em Ação de Improbidade Administrativa. O acórdão embargado, decidido pela Primeira Turma, entendeu que a ausência de previsão da remessa de ofício não pode ser vista como uma lacuna da Lei de Improbidade que precisa ser preenchida – razão pela qual não há falar em aplicação subsidiária do art. 19 da Lei n. 4.717/65, mormente por ser o reexame necessário instrumento de exceção no sistema processual, devendo, portanto, ser interpretado restritivamente. Por outra via, o acórdão paradigma, da Segunda

Turma, adotou entendimento no sentido diametralmente oposto ao admitir o reexame necessário na Ação de Improbidade. Não se desconhece que há decisões no sentido do acórdão embargado, porém prevaleceu o entendimento de que é cabível o reexame necessário na Ação de Improbidade Administrativa, nos termos do art. 475 do CPC/1973. Ademais, por "aplicação analógica da primeira parte do art. 19 da Lei n. 4.717/65, as sentenças de improcedência de ação civil pública sujeitam-se indistintamente ao reexame necessário". EREsp 1.220.667-MG, Rel. Min. Herman Benjamin, por unanimidade, julgado em 24/5/2017, DJe 30/6/2017.

DIREITO ADMINISTRATIVO. POSSIBILIDADE DE DUPLA CONDENAÇÃO AO RESSARCIMENTO AO ERÁRIO PELO MESMO FATO. Não configura bis in idem a coexistência de título executivo extrajudicial (acórdão do TCU) e sentença condenatória em ação civil pública de improbidade administrativa que determinam o ressarcimento ao erário e se referem ao mesmo fato, desde que seja observada a dedução do valor da obrigação que primeiramente foi executada no momento da execução do título remanescente. Conforme sedimentada jurisprudência do STJ, nos casos em que fica demonstrada a existência de prejuízo ao erário, a sanção de ressarcimento, prevista no art. 12 da Lei n. 8.429/92, é imperiosa, constituindo consequência necessária do reconhecimento da improbidade administrativa (AgRg no AREsp 606.352-SP, Segunda Turma, DJe 10/2/2016; REsp 1.376.481-RN, Segunda Turma, DJe 22/10/2015). Ademais, as instâncias judicial e administrativa não se confundem, razão pela qual a fiscalização do TCU não inibe a propositura da ação civil pública. Assim, é possível a formação de dois títulos executivos, devendo ser observada a devida dedução do valor da obrigação que primeiramente foi executada no momento da execução do título remanescente. Precedente citado do STJ: REsp 1.135.858-TO, Segunda Turma, DJe 5/10/2009. Precedente citado do STF: MS 26.969-DF, Primeira Turma, DJe 12/12/2014. REsp 1.413.674-SE, Rel. Min. Olindo Menezes (Desembargador Convocado do TRF 1ª Região), Rel. para o acórdão Min. Benedito Gonçalves, julgado em 17/5/2016, DJe 31/5/2016. Info. 584, Primeira Turma.

DIREITO ADMINISTRATIVO. INAPLICABILIDADE DAS SANÇÕES POR ATO DE IMPROBIDADE ADMINISTRATIVA ABAIXO DO MÍNIMO LEGAL. No caso de condenação pela prática de ato de improbidade administrativa que atenta contra os princípios da administração pública, as penalidades de suspensão dos direitos políticos e de proibição de contratar com o Poder Público ou receber benefícios ou incentivos fiscais ou creditícios não podem ser fixadas aquém do mínimo previsto no art. 12, III, da Lei n. 8.429/1992. Isso porque é manifesta a ausência de previsão legal. REsp 1.582.014-CE, Rel. Min. Humberto Martins, julgado em 7/4/2016, DJe 15/4/2016. Info. 581, Segunda Turma.

DIREITO PROCESSUAL CIVIL. APLICAÇÃO DO PRINCÍPIO DA FUNGIBILIDADE A RECURSO EM AÇÃO DE IMPROBIDADE ADMINISTRATIVA. Pode ser conhecida a apelação que, sem má-fé e em prazo compatível com o previsto para o agravo de instrumento, foi interposta contra decisão que, em juízo prévio de admissibilidade em ação de improbidade administrativa, reconheceu a ilegitimidade passiva ad causam de alguns dos réus. Na situação em análise, não há erro grosseiro, apto a afastar a aplicação do princípio da fungibilidade. Com efeito, não há, de modo específico e expresso, qualquer menção ao recurso cabível para a hipótese de rejeição da petição inicial da ação de improbidade administrativa em decorrência do exame das questões trazidas no contraditório preliminar (art.

17, §§ 8º e 9º, da Lei n. 8.429/1992); no entanto, quanto ao recebimento da inicial, a Lei é expressa ao afirmar que "caberá agravo de instrumento" (art. 17, § 10), o que reforça a inexistência de previsão expressa de recurso para o caso de rejeição inicial. Além disso, há na jurisprudência do STJ precedente no sentido de que, do ato que exclui determinado sujeito passivo da lide, prosseguindo o feito em relação aos demais, cabe apelação (REsp 678.645-PE, Segunda Turma, DJ 23/5/2005). Registre-se também que há na doutrina entendimento no sentido de que o recurso cabível para a hipótese seria a apelação. Considerando, ainda, a reforma processual implantada pela Lei n. 11.232/2005 - que introduziu alteração no conceito de decisão interlocutória- e que não se cuida de erro grosseiro e inescusável, é razoável a conclusão quanto à aplicação do princípio da fungibilidade. O STJ somente não admite "o princípio da fungibilidade recursal quando não houver dúvida objetiva sobre qual o recurso a ser interposto, quando o dispositivo legal não for ambíguo, quando não houver divergência doutrinária ou jurisprudencial quanto à classificação do ato processual recorrido e à forma de atacá-lo" (EDcl no AgRg na Rcl 1.450-PR, Corte Especial, DJ 29/8/2005). De mais a mais, os institutos processuais devem ser interpretados do modo mais favorável ao acesso à justiça. AgRg no REsp 1.305.905-DF, Rel. Min. Humberto Martins, julgado em 13/10/2015, DJe 18/12/2015. Info. 574. Segunda Turma.

3. (FMP – PROMOTOR DE JUSTIÇA – 2015)

Disserte a respeito da aplicabilidade da lei de improbidade administrativa (8429/92) aos agentes políticos. Leve em consideração em seu arrazoado, além de diplomas normativos afins ao tema, os recentes critérios jurisprudenciais do Superior Tribunal de Justiça e do Supremo Tribunal Federal, os quais apontam para uma antinomia interpretativa entre si, razão porque o candidato haverá de enunciar fundamentadamente o seu entendimento acerca do tema.

RESPOSTA:

O art. 1º, "caput", da lei 8.429/92 afirma que o sujeito ativo do ato de improbidade administrativa será qualquer agente público, servidor ou não. Por sua vez, o art. 2º considera agente público, de forma ampla, todo aquele que, sob qualquer forma de investidura, exerce cargo, emprego, mandato ou função pública, sem excluir os agentes políticos.

A despeito do texto, a doutrina e a jurisprudência discutem a aplicabilidade do referido diploma legal aos agentes políticos, considerando a sujeição específica a regimes de responsabilidade previstos na CRFB/88 e em leis especiais (art. 85, V CF88; Lei 1079/50; DL 201/67).

De fato, a CRFB/88 prevê que se sujeitam a crimes de responsabilidade, por exemplo, o Presidente da República, Ministros de Estados, Procurador-Geral da República, dentre outras autoridades do alto escalão.

Desse modo, a Lei 1.079/50 regula o processamento dos crimes de responsabilidade de algumas autoridades, com destaque para o Presidente da República. Ademais, quanto aos vereadores e prefeitos, é aplicável o DL 201/67.

Assim, com fundamento nos referidos diplomas, o STF já entendeu que não se compatibiliza os diferentes sistemas de responsabilização dos agentes políticos com a lei de improbidade administrativa, afastando-se a sua aplicação, sob pena de dupla responsabilização.

Em outra direção, mais consentânea com o texto legal, o Superior Tribunal de Justiça possui jurisprudência firme no sentido da responsabilização dos agentes políticos por atos improbidade administrativa, aplicando-se a lei 8.429/92, ressalvada a perda do cargo e a suspensão dos direitos políticos, que deverão seguir o rito próprio previsto na legislação pertinente (art. 15, V, artigo 37, §4º, artigo 85, V, artigo 102, I, "c", CRFB88).

De mais a mais, a solução mais acertada é aquela adotada pelo Superior Tribunal de Justiça, pois não há incompatibilidade entre os diversos sistemas de responsabilidades, uma vez que tanto os crimes de responsabilidade quanto os atos de improbidade administrativa estão previstos na CRFB/88, e pelo princípio da unidade da Constituição, não existe incompatibilidade ou contradição entre normas constitucionais.

Espelho

Resposta: A metodologia de avaliação levou em conta quatro aspectos bem definidos, a seguir descritos. De se mencionar que resultam descontadas as seguintes ocorrências na redação do texto escrito: falta ou incompletude do conteúdo, resposta descontextualizada ou cujo tema não se mostra pertinente ao problema descrito, equívocos interpretativos, contradições e lacunas, referência incompleta e errônea face à doutrina, à legislação e à jurisprudência exigidas como resposta ao teor requerido no enunciado. (...). Exige-se do candidato discorrer sobre a aplicabilidade da Lei de Improbidade Administrativa (LIA) aos agentes políticos, descrevendo-se um quadro básico de finalidade sancionatória com base nessa legislação, com o apontamento do conceito doutrinário majoritário conectado a tal espécie de agente público. (1.0). Necessidade de definir o campo de extensão do conceito "agentes políticos" de acordo com a problemática jurisprudencial descrita, isto é, tomando-se em conta estritamente os detentores de mandatos eletivos e os seus colaboradores diretos, com o descritivo taxativo de todas as autoridades envolvidas. (1,0). Base normativa demandada: artigos 1º, 2º e 23, I da LIA e Constituição Federal. Questão 2 – Valor: 3 pontos. Fonte predominante de conteúdo doutrina e legislação. Competência requerida: interpretação sistemática das leis e argumentação jurídica. Exige-se do candidato desenvolver razões sobre a incidência de diplomas normativos afins ao tema, além da própria LIA, especialmente no tocante ao art. 12, caput (1,0), antecipando argumentativamente a base problemática – a seguir corroborada no dissídio jurisprudencial – de superposição, independência ou concerto entre os regimes jurídicos de tutela da probidade administrativa e da responsabilidade política (2,0).Descrição dos três entendimentos acerca do ponto: os agentes políticos não se submetem à LIA se restam submetidos à legislação especial em sede de crimes de responsabilidade de forma cumulativa; os agentes políticos podem ser responsabilizados pelo mesmo fato com fundamento na dupla legislação (LIA e lei especial de responsabilidade), com a distribuição das sanções pelas respectivas normas (sanções políticas no processo e julgamento dos crimes de responsabilidade e demais sanções no processo e julgamento de improbidade administrativa). Base normativa demandada: Constituição Federal (art. 15, V, artigo 37, §4°, artigo 85, V, artigo 102, I, C) e leis que prescrevem os crimes de responsabilidade dos agentes políticos mandatários de função executiva: em particular, Lei 1079/50, Lei 7106/83 e Decreto-Lei 201/67. Questão 3 – Valor: 3 pontos. Fonte predominante de conteúdo: doutrina e jurisprudência. Competência requerida: interpretação de julgados e argumentação jurídica. Exige-se do candidato o reconhecimento específico do conflito de jurisprudência descrito no enunciado, delimitando qual a interpretação do Supremo Tribunal Federal e a interpretação do Superior Tribunal de Justiça precisamente no ponto da discordância evidenciada no descritivo da questão, a saber, a aplicabilidade da LIA aos agentes políticos (2,0). Trata-se de dissertar sobre a controvérsia acerca do duplo regime sancionatório dos agentes políticos (em específico os chefes do poder executivo e as demais autoridades executivas nominadas pelas normas jurídicas relacionadas ao tema proposto) em decorrência de atos de improbidade, com a consequente conexão ao entendimento de cada Tribunal (1,0). Ou seja, se a Constituição admite ou não a convivência entre dois regimes de responsabilidade político-administrativa para tais agentes políticos: o previsto no art. 37, §4° (regulado pela Lei 8.429/1992), e o regime estipulado nas leis que informam os crimes de responsabilidade (Lei 1.079/1950, Lei 7.106/1983 e Decreto-Lei 201/1967), igualmente previsto na Carta Magna brasileira (por exemplo, nos dispositivos que informam competência para julgamento dos crimes de responsabilidade, artigo 102, I, C). Questão 4 – Valor: 2 pontos. Posicionamento pessoal acerca do tema com a devida fundamentação. Exige-se do candidato a manifestação fundamentada de seu ponto de vista jurídico, e não apenas o externar de uma opinião desvinculada de razões normativas técnicas. Necessidade de retomar um dos argumentos despendidos no tópico anterior, consolidando-se aqui um parecer próprio (1,0), bem como bagagem legislativa mínima para conferir coerência jurídica ao posicionamento do autor, na esteira dos dispositivos legais supracitados (1,0).

◉ DOUTRINA TEMÁTICA

"No entanto, em decisões recentes o Supremo Tribunal Federal vem firmando o entendimento de que os agentes políticos que respondem por crime de responsabilidade, nos moldes previstos na Carta Magna, não estão sujeitos à Lei de improbidade. Isso porque a Lei de Crimes de Responsabilidade estipula sanções de natureza civil e seria *bis in idem* admitir as duas punições.

Por sua vez, o Egrégio Superior Tribunal de Justiça, nas Reclamações 2.790 e 2.115, tem reafirmado o seu posicionamento de que, excetuada a hipótese de atos de improbidade praticados pelo Presidente da República e Ministros de Estado em crimes conexos com os cometidos por aquele (o Presidente), não há norma alguma que proíba que os agentes políticos respondam por crimes de responsabilidade e por atos de improbidade.

Ressalte-se que, além dos agentes públicos, particulares também podem responder por improbidade, desde que se beneficiem ou concorram para a prática do ato. Dessa forma, a lei de improbidade não se aplica somente a agentes públicos, estabelecendo sanções a particulares, alheios à estrutura do Estado." (CARVALHO, 2017, p. 961)

"Em linha de posição harmonizadora, o STJ passou a entender que os agentes políticos estão sujeitos à ação de improbidade administrativa, ainda que também estejam relacionados entre os que podem praticar crimes de responsabilidade, excluindo-se somente o Presidente da República, ex vi do art. 85, V, da CF. O fundamento reside em que a Constituição não criou imunidade para tais agentes à luz do art. 37, §4º, e, por conseguinte, não pode fazê-lo qualquer ato infraconstitucional, inclusive a lei.

Entretanto, deverá ser respeitado, se houver, o foro especial por prerrogativa de função, na consideração de que daquela demanda pode resultar a aplicação de sanções insuscetíveis de serem decretadas por outro foro que não o foro especial constitucionalmente previsto. Em outra decisão, porém, o STJ adotou entendimento diametralmente diverso, admitindo que a ação de improbidade movida contra agente público, mesmo com foro privilegiado, é da competência do juiz de primeira instância." (CARVALHO FILHO, 2017, p. 1145)

◉ JURISPRUDÊNCIA TEMÁTICA

DIREITO ADMINISTRATIVO. TERMO INICIAL DO PRAZO PRESCRICIONAL DA AÇÃO DE IMPROBIDADE ADMINISTRATIVA NO CASO DE REELEIÇÃO. O prazo prescricional em ação de improbidade administrativa movida contra prefeito reeleito só se inicia após o término do segundo mandato, ainda que tenha havido descontinuidade entre o primeiro e o segundo mandato em razão da anulação de pleito eleitoral, com posse provisória do Presidente da Câmara, por determinação da Justiça Eleitoral, antes da reeleição do prefeito em novas eleições convocadas. De fato, a reeleição pressupõe mandatos consecutivos. A legislatura, por sua vez, corresponde, atualmente, a um período de quatro anos, no caso de prefeitos. O fato de o Presidente da Câmara Municipal ter assumido provisoriamente, conforme determinação da Justiça Eleitoral, até que fosse providenciada nova eleição, não descaracterizou a legislatura. Assim, prevalece o entendimento jurisprudencial pacífico desta Corte, no sentido de que, no caso de agente político detentor de mandato eletivo ou de ocupantes de cargos de comissão e de confiança inseridos no polo passivo da ação de improbidade administrativa, a contagem do prazo prescricional inicia-se com o fim do mandato. Exegese do art. 23, I, da Lei 8.429/1992. Nesse sentido: AgRg no AREsp 161.420-TO, Segunda Turma, DJe 14/4/2014. REsp 1.414.757-RN, Rel. Min. Humberto Martins, julgado em 6/10/2015, DJe 16/10/2015. Info 571, Segunda Turma.

DIREITO ADMINISTRATIVO E PROCESSUAL CIVIL. APLICAÇÃO DA PENA DE PERDA DA FUNÇÃO PÚBLICA A MEMBRO DO MP EM AÇÃO DE IMPROBIDADE ADMINISTRATIVA. É possível, no âmbito de ação civil pública de improbidade administrativa, a condenação de membro do Ministério Público à pena de perda da função pública prevista no art. 12 da Lei 8.429/1992. Inicialmente, deve-se consignar que é pacífico o entendimento jurisprudencial do STJ no sentido de que a Lei 8.429/1992 é aplicável aos agentes políticos, dentre os quais se incluem os magistrados e promotores (REsp 1.249.531-RN, Segunda Turma, DJe 5/12/2012; REsp 1.205.562-RS, Primeira Turma, DJe 17/2/2012; e AIA 30-AM, Corte Especial, DJe 28/9/2011). O fato de a LC 75/1993 e a Lei 8.625/1993 preverem a garantia da vitaliciedade aos membros do MP e a necessidade de ação judicial para aplicação da pena de demissão não induz à conclusão de que estes não podem perder o cargo em razão de sentença proferida na ação civil pública por ato de improbidade administrativa. Isso porque, conquanto a lei estabeleça a necessidade de ação judicial específica para a aplicação da perda do cargo, as hipóteses previstas nas referidas normas dizem respeito a fatos apurados no âmbito administrativo, daí porque se prevê a necessidade de autorização do Conselho Superior do Ministério Público para o ajuizamento da ação judicial (art. 57, XX, da LC 75/1993 e § 2º do art. 38 da Lei 8.625/1993). Nesse sentido, a ação civil específica acima mencionada em nada interfere nas disposições da Lei 8.429/1992, até mesmo porque o § 2º do art. 2º do Decreto-Lei 4.657/1942 (LINDB) dispõe que: "A lei nova, que estabeleça disposições gerais ou especiais a par das já existentes, não revoga nem modifica a lei anterior". Com efeito, a previsão legal de que o Procurador-Geral de Justiça ou o Procurador-Geral da República ajuizará ação civil específica para a aplicação da pena de demissão ou perda do cargo, nos casos elencados na lei, dentre os quais se destacam a prática de crimes e os atos de improbidade, não obsta que o legislador ordinário, cumprindo o mandamento do § 4º do art. 37 da CF, estabeleça a pena de perda do cargo do membro do MP quando comprovada a prática de ato ímprobo, em ação civil pública própria para sua constatação. Na legislação aplicável aos membros do MP, asseguram-se à instituição as providências cabíveis para sancionar o agente comprovadamente ímprobo e, nos exatos termos das garantias que prevê, exige o ajuizamento de ação judicial específica para tanto. Na nominada Lei de Improbidade Administrativa (Lei 8.429/1992), o legislador amplia a legitimação ativa, ao prever que a ação será proposta "pelo Ministério Público ou pela pessoa jurídica interessada" (art. 17). Não há, portanto, competência exclusiva do Procurador-Geral. Dessa forma, não há somente uma única via processual adequada à aplicação da pena de perda do cargo a membro do MP. Assim, a demissão ou perda do cargo por ato de improbidade administrativa (art. 240, V, "b", da LC 75/1993) não só pode ser determinada por sentença condenatória transitada em julgado em ação específica, cujo ajuizamento deve ser provocado por procedimento administrativo e é da competência do Procurador-Geral, conforme se extrai da Lei 8.429/1992, c/c com o parágrafo único do art. 208 da LC 75/1993, como também pode ocorrer em decorrência do trânsito em julgado da sentença condenatória proferida em ação civil pública prevista na Lei 8.429/1992. Essa conclusão é decorrência lógica do comando inserto no caput do art. 12 da Lei 8.429/1992: "Independentemente das sanções penais, civis e administrativas previstas na legislação específica, está o responsável pelo ato de improbidade sujeito às seguintes cominações, que podem ser aplicadas isolada ou cumulativamente, de acordo com a gravidade do fato". (REsp 1.191.613-MG, Rel. Min. Benedito Gonçalves, julgado em 19/3/2015, DJe 17/4/2015. Primeira Turma. Informativo 560).

DIREITO PROCESSUAL CIVIL. COMPETÊNCIA PARA PROCESSAR E JULGAR AÇÃO DE IMPROBIDADE ADMINISTRATIVA. Compete à Justiça Estadual - e não à Justiça Federal - processar e julgar ação civil pública de improbidade administrativa na qual se apure irregularidades na prestação de contas, por ex-prefeito, relacionadas a verbas federais transferidas mediante convênio e incorporadas ao patrimônio municipal, a não ser que exista manifestação de interesse na causa por parte da União, de autarquia ou empresa pública federal. Nessa situação, pode-se, em tese, visualizar conflito entre as Súmulas 208 e 209 do STJ, que determinam, respectivamente, hipóteses de competência da Justiça Federal e da Justiça Estadual. Isso porque, embora a ação tenha por objeto "verba sujeita a prestação de contas perante órgão federal" (Súmula 208), trata-se de "verba transferida e incorporada ao patrimônio municipal" (Súmula 209). Ocorre que esses enunciados provêm da Terceira Seção do STJ e, por isso, versam sobre hipóteses de fixação da competência em matéria penal, em que basta o interesse da União, de suas autarquias ou empresas públicas para deslocar a competência para a Justiça Federal, nos termos do inciso IV do art. 109 da CF. No âmbito cível, entretanto, deve-se observar uma distinção na aplicação desses enunciados, visto que o art. 109 da CF elenca a competência da Justiça Federal em um rol taxativo em que, em seu inciso I, menciona as causas a serem julgadas por juízo federal em razão da pessoa, competindo a este último "decidir sobre a existência [ou não] de interesse jurídico que justifique a presença, no processo, da União, suas autarquias ou empresas públicas" (Súmula 150 do STJ). Assim, a despeito de a Súmula 208 do STJ afirmar que "Compete à Justiça Federal processar e julgar prefeito municipal por desvio de verba sujeita a prestação de contas perante órgão federal", a competência absoluta enunciada no art. 109, I, da CF faz alusão, de forma clara e objetiva, às partes envolvidas no processo, tornando despicienda, dessa maneira, a análise da matéria discutida em juízo. Nesse contexto, a Segunda Turma do STJ já decidiu que "A competência da Justiça Federal, em matéria cível, é aquela prevista no art. 109, I, da Constituição Federal, que tem por base critério objetivo, sendo fixada tão só em razão dos figurantes da relação processual, prescindindo da análise da matéria discutida na lide" (REsp 1.325.491-BA, DJe 25/6/2014). CC 131.323-TO, Rel. Min. Napoleão Nunes Maia Filho, julgado em 25/3/2015, DJe 6/4/2015. Primeira Seção. Informativo 559).

4. (CESPE – DEFENSOR PÚBLICO – AC – 2012)

Um professor da rede pública estadual utilizou de artifícios ilegais para ficar afastado de seus deveres funcionais. Para tanto, solicitou à diretora da escola e à coordenadora pedagógica, suas amigas pessoais, que assinassem o seu nome em lista de presença, como se estivesse presente em sala de aula, conseguindo permanecer nessa situação por aproximadamente sete anos.

Em razão de denúncia recebida, o Ministério Público ajuizou ação de improbidade administrativa, incluindo, entre os pedidos, o de devolução dos salários indevidamente pagos por todo o período em que ocorreu a fraude.

Em sua defesa, o professor alegou que a pretensão de ressarcimento ao erário deveria ficar restrita aos cinco anos anteriores à propositura da ação, em razão da prescrição prevista no art. 23, inciso I, da Lei nº 8.429/1992.

Em face dessa situação hipotética, redija texto dissertativo, devidamente fundamentado, em resposta à seguinte indagação: a alegação de prescrição formulada pelo professor deve ser acolhida?

RESPOSTA:

A prescrição constitui um instituto que realiza o princípio da segurança jurídica, e aplica-se aos direitos subjetivos, como por exemplo o direito de crédito. O artigo 189 do Código Civil de 2002, adotando a teoria de Agnelo

Amorim, preconiza que violado o direito, nasce para o titular a pretensão, a qual se extingue pela prescrição. Ou seja, verificando-se a violação do direito e o correspondente nascimento da pretensão, a inércia do titular e o transcurso de tempo legalmente definido, a prescrição se impõe como forma de preservação da segurança jurídica, ainda que em detrimento de um direito anteriormente protegido pelo ordenamento jurídico.

Porém, a segurança jurídica corporificada pela prescrição cede espaço a valores outros, em hipóteses excepcionalíssimas de imprescritibilidade. A jurisprudência do Superior Tribunal de Justiça, por exemplo, reconhece como imprescritível o direito à reparação das vítimas de tortura durante a ditadura militar. Também os direitos de personalidade, pela sua natureza especial, são imprescritíveis. E ainda, amoldando-se ao caso da questão, é igualmente imune à prescrição a ação de ressarcimento ao erário, consoante o artigo 37, § 5º da Constituição da República.

E não poderia deixar de ser diferente, já que os bens públicos são imprescritíveis, não podendo ser adquiridos pelo transcurso do tempo, seja por usucapião, seja pela prescrição propriamente dita. Apesar de se admitir que uma pena de multa que deveria ser aplicada a um servidor deixe de o ser por conta da inércia da Administração, não se concebe que as providências destinadas a repor valores desfalcados do Estado sejam obstadas pela prescrição.

A doutrina inclusive ensina que o ressarcimento ao erário, na ação de improbidade administrativa não tem natureza de pena, mas sim apresenta-se como uma consequência direta e inafastável do reconhecimento do ato ímprobo que lesou os cofres públicos. Esse é o teor do artigo 5º da Lei 8.429/92, segundo o qual ocorrendo lesão ao patrimônio público por ação ou omissão, dolosa ou culposa, do agente ou de terceiro, dar-se-á o integral ressarcimento do dano.

Com isso, chega-se à conclusão de que a alegação de prescrição formulada pelo professor não deve ser acolhida, uma vez que o artigo 23, inciso I da Lei 8.429/92 refere-se à prescrição das sanções, categoria na qual não se enquadra o ressarcimento, que não tem natureza de punição, não se sujeitando ao princípio da adequação punitiva ou a qualquer juízo de valoração quanto à reprovação da conduta e às condições do agente. Basta a constatação do prejuízo ao erário para que se imponha a restituição, independentemente do tempo em que ocorreu ou se descobriu o desfalque.

◉ DOUTRINA TEMÁTICA

"(...) a ação (***rectius*: pretensão) de ressarcimento de prejuízos ao erário é imprescritível, como assinala o art. 37, § 5º, *in fine*, da Constituição. Esse dispositivo admitiu que a lei fixasse prazos de prescrição para outros ilícitos, mas ressalvou a ação de ressarcimento do dano**. Desse modo, não incide, para esse fim, o art. 23 da LIA, que regula a prescrição, nem o clássico Decreto 20.910/32, que trata da prescrição geral contra a Fazenda. Por conseguinte, se o inquérito civil apurou a existência de dano ao erário e na ação de improbidade o autor postula tal sanção, não pode o juiz, em relação a esta, decretar a extinção do processo pela ocorrência da prescrição." (CARVALHO FILHO, 2011, p. 1004). (grifado pelo autor).

"A imprescritibilidade das ações de ressarcimento ao erário é sustentada pela maioria da doutrina, como, por exemplo, José dos Santos Carvalho Filho, Maria Sylvia Zanella Di Pietro, Emerson Garcia, Marcelo Figueiredo, Wallace Paiva Martins Júnior, Waldo Fazzio Júnior, Pedro Roberto Decomain, José Antônio Lisbôa, Mateus Bertoncini e Sérgio Turra Sobrane.

(...) Ressalte-se, contudo, a existência de tese doutrinária contrária à imprescritibilidade, que sustenta a aplicação do prazo prescricional de dez anos às ações de ressarcimento ao Erário, na forma do art. 205 do CC. Essa é a posição defendida, exemplificativamente, pelos seguintes autores: Marino Pazzaglini Filho e Rita Tourinho.

O argumento principal utilizado por aqueles que defendem a prescrição das ações de ressarcimento ao Erário é o fato de que a imprescritibilidade é uma exceção ao princípio da segurança jurídica que só pode ser admitida nos casos expressa e taxativamente colocados no texto constitucional (exemplos: art. 5º, XLII – "a prática do racismo constitui crime inafiançável e imprescritível, sujeito à pena de reclusão, nos termos da lei"; art. 5º, XLIV - "constitui crime inafiançável e imprescritível a ação de grupos armados, civis ou militares, contra a ordem constitucional e o Estado Democrático"), o que não ocorre no art. 37, § 5º, da CRFB." (NEVES & OLIVEIRA, 2014, p. 108-110)

JURISPRUDÊNCIA TEMÁTICA

STJ:

(...) É pacífico o entendimento desta Corte Superior no sentido de que a pretensão de ressarcimento por prejuízo causado ao erário, manifestada na via da ação civil pública por improbidade administrativa, é imprescritível. Daí porque o art. 23 da Lei nº 8.429/92 tem âmbito de aplicação restrito às demais sanções previstas no corpo do art. 12 do mesmo diploma normativo. (...)

(STJ. 2ª Turma. AgRg no REsp 1442925/SP, Rel. Min. Mauro Campbell Marques, julgado em 16/09/2014).

PROCESSO CIVIL E ADMINISTRATIVO. PRESCRIÇÃO. REELEIÇÃO. PREFEITO MUNICIPAL. INTERREGNO ENTRE MANDATOS. ELEIÇÃO ANULADA. POSSE DO PRESIDENTE DA CÂMARA POR DETERMINAÇÃO DA JUSTIÇA ELEITORAL. NOVO PLEITO. POSSE COM CONCLUSÃO DO MANDATO NA REELEIÇÃO. MANDATOS CONSECUTIVOS. TERMO INICIAL DA PRESCRIÇÃO. TÉRMINO DO SEGUNDO MANDATO. INEXISTÊNCIA DE PRESCRIÇÃO. PRECEDENTES. APLICAÇÃO DA LEI DE IMPROBIDADE ADMINISTRATIVA AOS AGENTES POLÍTICOS. POSSIBILIDADE. PRECEDENTES. ELEMENTO SUBJETIVO. DOLO CARACTERIZADO. CONTRATO SEM LICITAÇÃO DE PESSOA VEDADO PELA LEI ORGÂNICA. VIOLAÇÃO DOS PRINCÍPIOS DA IMPESSOALIDADE, MORALIDADE E LEGALIDADE. PRECEDENTES. REVISÃO DA DOSIMETRIA DAS PENAS.

IMPOSSIBILIDADE REEXAME DE MATÉRIA FÁTICO-PROBATÓRIA. SÚMULA 7/STJ. 1. Cinge-se a controvérsia dos autos, a saber se ocorreu ou não a prescrição da ação civil pública, por improbidade administrativa, uma vez que houve um lapso temporal entre o primeiro mandato de prefeito municipal, cumprido integralmente, e o segundo, após anulação do pleito eleitoral, com posse provisória do Presidente da Câmara, por determinação da Justiça Eleitoral. 2. **Reeleição pressupõe mandatos consecutivos. A legislatura corresponde a um período, atualmente, em caso de prefeitos, de quatro anos. O fato de o Presidente da Câmara Municipal ter assumido provisoriamente, conforme determinação da Justiça Eleitoral, até que fosse providenciada nova eleição, não descaracterizou a legislatura, esta correspondente ao período de 01 de janeiro de 2005 a 31 dezembro de 2008. 3. Não ocorrendo a prescrição, prevalece o entendimento jurisprudencial pacífico desta Corte, no sentido de que, no caso de agente político detentor de mandato eletivo ou de ocupantes de cargos de comissão e de confiança inseridos no polo passivo da ação, inicia-se a contagem do prazo com o fim do mandato. Exegese do art. 23, I, da Lei 8.429/92. Precedentes. 4. O Superior Tribunal de Justiça já sedimentou o entendimento de que a Lei 8.429/1992 se aplica aos agentes políticos. Precedentes.** 5. No caso dos autos, ficou comprovada a utilização de recursos públicos na contratação de transporte escolar, sem licitação, sendo o contratado pai de um vereador, conduta vedada pela Lei Orgânica Municipal. Caso em que a conduta do agente se amolda ao disposto no art. 11 da Lei 8.429/1992, pois atenta contra os princípios da administração pública, em especial a impessoalidade, a moralidade e a legalidade. Precedentes. 6. A jurisprudência desta Corte é uníssona no sentido de que a revisão da dosimetria das sanções aplicadas em ações de improbidade administrativa implica reexame do conjunto fático-probatório dos autos, o que esbarra na Súmula 7/STJ, salvo em hipóteses excepcionais, nas quais, da leitura do acórdão recorrido, exsurgir a desproporcionalidade entre o ato praticado e as sanções aplicadas, o que não é o caso vertente. Recurso especial improvido. (REsp 1414757/RN, Rel. Ministro HUMBERTO MARTINS, SEGUNDA TURMA, julgado em 06/10/2015, DJe 16/10/2015 – grifado pelo autor).

ADMINISTRATIVO E PROCESSUAL CIVIL. IMPROBIDADE ADMINISTRATIVA. CONSTATAÇÃO PELO TRIBUNAL DE CONTAS DA UNIÃO - TCU DE IRREGULARIDADES NA UTILIZAÇÃO DE VERBAS QUE O GOVERNO FEDERAL, POR MEIO DE CONVÊNIO, DESTINOU À IMPLEMENTAÇÃO DE POLÍTICAS PÚBLICAS NO MUNICÍPIO. PRESCRIÇÃO DA PRETENSÃO CONDENATÓRIA. INTERRUPÇÃO COM O AJUIZAMENTO DA AÇÃO DE IMPROBIDADE NO PRAZO DE 5 ANOS. ART. 23 DA LEI N. 8.429/1992. CONTROVÉRSIA SOBRE A COMPETÊNCIA JURISDICIONAL CUJA SOLUÇÃO NECESSITA DO REEXAME DE FATOS E PROVA. SÚMULA N. 7 DO STJ. 1. Recurso especial no qual se controverte a respeito da competência da Justiça Federal para o julgamento de prefeito, em razão de utilização irregular de verbas federais transferidas por meio de convênio firmado com o governo federal, bem como se discute a ocorrência de prescrição da pretensão condenatória, em razão de a citação não ter sido realizada no prazo de 5 anos depois do término do mandato. 2. Nem toda transferência de verba que um ente federado faz para outro enseja o entendimento de que o dinheiro veio a incluir seu patrimônio. A questão depende do exame das cláusulas dos convênios e/ou da análise da natureza da verba transferida. Assim, a depender da situação fático-jurídica delineada no caso, pode-se aplicar o entendimento da Súmula n. 209 do STJ ("compete a Justiça Estadual processar e julgar prefeito por desvio de verba transferida e incorporada ao patrimônio municipal") ou aquele outro constante da Súmula n. 208 do STJ ("compete à justiça federal processar e julgar prefeito municipal por desvio de verba sujeita a prestação de contas perante órgão federal"). 3. Isso considerado e atentando-se para o fato de o Tribunal de origem ter consignado que as verbas são federais, embora destinadas à implementação de política pública junto à municipalidade, razão pela qual deveriam ser prestadas contas ao Tribunal de Contas da União, não há como rever o acórdão recorrido, em recurso especial, porquanto a verificação da incorporação ou não das verbas federais ao patrimônio da municipalidade implica em reexame de fatos e provas, o que não é adequado, à luz das Súmulas n. 5 e n. 7 do STJ. **4. A pretensão condenatória do Ministério Público foi manifestada com o ajuizamento da ação de improbidade, no prazo de 5 anos previsto no art. 23, I, da Lei n. 8.429/1992. Não há falar, então, que a pretensão tenha sido alcançada pela prescrição tão somente porque a citação não ocorreu no prazo de 5 anos do término do mandato.** 5. É que, na melhor interpretação do art. 23, I, da Lei n. 8.429/1992, tem-se que a pretensão condenatória, nas ações civis públicas por ato de improbidade, tem o curso da prescrição interrompido com o mero ajuizamento da ação dentro do prazo de cinco anos após o término do exercício do mandato, de cargo em comissão ou de função de confiança. **6. Assim, à luz do princípio da especialidade (art. 2º, § 2º, da Lei de Introdução às normas do direito brasileiro - DL n. 4.657/1942) e em observância ao que dispõe o art. 23, I, da Lei n. 8.429/1992, o tempo transcorrido até a citação do réu, nas ações de improbidade, que já é amplo em razão do próprio procedimento estabelecido para o trâmite da ação, não justifica o acolhimento da arguição de prescrição, uma vez que o ajuizamento da ação de improbidade, à luz do princípio da actio nata, já tem o condão de interrompê-la.** Recurso especial parcialmente conhecido e, essa parte, improvido. (REsp 1391212/PE, Rel. Ministro HUMBERTO MARTINS, SEGUNDA TURMA, julgado em 02/09/2014, DJe 09/09/2014 – grifado pelo autor).

ADMINISTRATIVO E PROCESSUAL CIVIL. AÇÃO CIVIL PÚBLICA. IMPROBIDADE ADMINISTRATIVA. DESVIO DE DINHEIRO. ART. 23, I E II, DA LEI 8.429/1992. PRESCRIÇÃO INTERCORRENTE. NÃO OCORRÊNCIA. ELEMENTO SUBJETIVO. AUSÊNCIA DE PREQUESTIONAMENTO. SÚMULA 282/STF. PARTICIPAÇÃO NO ATO ÍMPROBO. ALTERAÇÃO DAS PREMISSAS FÁTICAS. SÚMULA 7/STJ. COMINAÇÃO DAS SANÇÕES. CUMULAÇÃO. POSSIBILIDADE. DOSIMETRIA. ART. 12 DA LIA. PRINCÍPIOS DA RAZOABILIDADE E PROPORCIONALIDADE. DISSÍDIO JURISPRUDENCIAL. INOBSERVÂNCIA DAS EXIGÊNCIAS LEGAIS E REGIMENTAIS. 1. O art. 23 da Lei 8.429/1992, que regula o prazo prescricional para propositura da ação de improbidade administrativa, não possui comando a permitir a aplicação da prescrição intercorrente nos casos de sentença proferidas há mais de 5 (cinco) anos do ajuizamento ou do ato citatório na demanda. Precedente.

(...) (REsp 1289993/RO, Rel. Ministra ELIANA CALMON, SEGUNDA TURMA, julgado em 19/09/2013, DJe 26/09/2013).

ADMINISTRATIVO - AÇÃO DE IMPROBIDADE ADMINISTRATIVA - OCORRÊNCIA DE DANO AO ERÁRIO RECONHECIDA PELO TRIBUNAL DE ORIGEM -INEXISTÊNCIA DE OFENSA AO ART. 535 DO CPC - ACÓRDÃO RECORRIDO QUE NÃO APLICOU A OBRIGAÇÃO DE RESSARCIMENTO COM FUNDAMENTO NO PRINCÍPIO DA PROPORCIONALIDADE - VIOLAÇÃO DOS ARTS. 5º E 12, INCISO II, DA LEI 8.429/92.

1. Não viola o artigo 535 do CPC quando o julgado decide de forma clara e objetiva acerca do ponto alegado como omisso, contudo de forma contrária à pretensão do recorrente.

2. **A reparação do prejuízo causado aos cofres públicos não é medida sancionatória, mas simplesmente uma consequência civil decorrente do dano causado pelo agente ao patrimônio público**.

3. **Não há vinculação entre o ressarcimento do prejuízo causado e a extensão da gravidade da conduta ímproba, motivo pelo qual a obrigação de recompor o dano não pode ser afastada em razão dos princípios da razoabilidade e proporcionalidade**. Recurso especial parcialmente provido. (REsp 977.093, Rel. Min. Humberto Martins, 2ª Turma, j. 04.08.2009, DJe 25/08/2009). (grifado pelo autor).

IMPROBIDADE. MULTA. RESSARCIMENTO.

Trata-se de ação civil pública ajuizada contra prefeito em razão da prática de improbidade administrativa consistente na contratação temporária de merendeiras sem o devido concurso público. É certo que, **caracterizado o prejuízo ao erário, o ressarcimento não deve ser considerado como propriamente uma sanção, mas sim uma consequência imediata e necessária do próprio ato combatido. Desse modo, não há como excluí-lo a pretexto de resguardo à proporcionalidade das penas aplicadas apregoado no art. 12 da Lei n. 8.429/1992 (LIA)**. Esse mesmo artigo de lei prevê a aplicação concomitante de diversas sanções e do ressarcimento, que, pelo que se entende de "ressarcimento integral do dano", deve compreender unicamente os prejuízos efetivamente causados ao Poder Público, sendo providência de índole rígida, que sempre se impõe. Ao contrário, as sanções de caráter elástico podem levar em consideração outras coisas que não a própria extensão do dano, tais como a gravidade da conduta ou a forma pela qual foi praticado o ato ímprobo. Elas podem ou não ser aplicadas e, caso o sejam, expõem-se à mensuração. A única exceção feita à elasticidade das sanções é que pelo menos uma delas deve acompanhar o dever de ressarcimento. Essa diferenciação faz-se necessária porque, **na seara da improbidade administrativa, há duas consequências que possuem cunho pecuniário: a multa e o ressarcimento. Enquanto a primeira sanciona o agente ímprobo, a segunda caucion a o prejuízo do ente público**. No caso, a sentença impôs, entre outras sanções, a condenação à multa (com parâmetro no valor da remuneração percebida pelo agente), mas com o equivocado fim de ressarcir o erário. Já o Tribunal a quo apenas impôs o ressarcimento, considerando-o como tal, mas mantendo o parâmetro da remuneração para fixá-lo. Para a solução dessa confusão de conceitos, deve-se considerar que pelo menos o ressarcimento deve estar presente, visto que é medida imediata e necessária à condenação, ao contrário da multa civil, que é opcional. Daí que, tanto o acórdão quanto a sentença enganaram-se ao fixar o valor a ser ressarcido em montante superior ao dano efetivamente suportado. Diante disso, poder-se-ia até cogitar que haveria certo benefício ao recorrente, pois seria condenado apenas ao dever de ressarcir. Como isso não é aceito pelo art. 12 da LIA nem pela jurisprudência do STJ, mostra-se viável manter a condenação pecuniária total imposta (cinco vezes a remuneração do prefeito), entendendo-a como ressarcimento integral do dano, mas, se ele for menor que o montante fixado, o que restar de saldo deve ser considerado como condenação à multa civil. Precedentes citados: REsp 664.440-MG, DJ 8/5/2006, e REsp 1.019.555-SP, DJe 29/6/2009. REsp 622.234-SP, Rel. Min. Mauro Campbell Marques, julgado em 1º/10/2009. Noticiado no informativo 409/2009 do STJ. (grifado pelo autor).

ACP. DANO. ERÁRIO. PRESCRIÇÃO.

É consabido que o caráter sancionador da Lei n. 8.429/1992 aplica-se aos agentes públicos que, por ação ou omissão, violem os deveres de honestidade, imparcialidade, legalidade, lealdade às instituições e, notadamente, importem em enriquecimento ilícito (art. 9º), causem prejuízo ao erário (art. 10) ou atentem contra os princípios da Administração Pública (art. 11), compreendida no último tópico a lesão à moralidade administrativa. Contudo, ao considerar a gravidade das sanções e restrições a serem impostas ao agente público, a exegese do art. 11 da referida lei deve ser tomada com temperamentos, pois uma interpretação ampliativa poderia ter por ímprobas condutas que são meramente irregulares, por isso susceptíveis de correção administrativa, visto que ausente a má-fé e preservada a moralidade pública, o que extrapolaria a real intenção do legislador. Assim, **a má-fé torna-se premissa do ato ilegal e ímprobo: a ilegalidade só adquire o status de improbidade quando a conduta antijurídica ferir os princípios constitucionais da Administração Pública e se somar à má intenção do administrador. Em essência, conforme a doutrina, a improbidade administrativa seria uma imoralidade qualificada pelo dano ao erário e correspondente vantagem ao ímprobo ou a outrem**. Todavia, falta esse elemento subjetivo na hipótese de contratação de servidores sem o devido concurso público, a determinar que, ausente o dano ao patrimônio e o enriquecimento ilícito dos demandados, conforme firmado pelas instâncias ordinárias (efetivamente o serviço foi prestado), a sanção imposta aos agentes é desproporcional (suspensão dos direitos políticos de todos por três anos e mais o pagamento de multa por um deles), procedendo com *erro in judicando* o tribunal a quo quando analisou o ilícito apenas pelo ângulo objetivo. Por último, a aplicação das sanções do art. 12 da citada lei e seus incisos submete-se ao prazo prescricional quinquenal, exceto quanto à reparação do dano ao erário, porque imprescritível a pretensão ressarcitória (art. 37, § 5º, da CF/1988), entendimento aceito pela jurisprudência do STJ, mas ressalvado pelo Min. Relator. Precedentes citados: AgRg no REsp 1.038.103-SP, DJe 4/5/2009; REsp 1.067.561-AM, DJe 27/2/2009; REsp 801.846-AM, DJe 12/2/2009; REsp 902.166-SP, DJe 4/5/2009, e REsp 1.107.833-SP, DJe 18/9/2009. REsp 909.446-RN, Rel. Min. Luiz Fux, julgado em 6/4/2010. Informativo 429/2010 do STJ. (grifado pelo autor).

▶ TCU

Súmula 282 do TCU: "As ações de ressarcimento movidas pelo Estado contra os agentes causadores de danos ao erário são imprescritíveis."

5. (CESPE – JUIZ DE DIREITO – PB – 2010)

Ação de improbidade administrativa é aquela em que se pretende o reconhecimento judicial de conduta de improbidade na administração e a consequente aplicação das sanções legais, com o escopo de preservar o princípio da moralidade administrativa. Sem dúvida, cuida-se de poderoso instrumento de controle judicial sobre atos que a lei caracteriza como de improbidade.

José dos Santos Carvalho Filho. Manual de direito administrativo. 23.a ed., 2010, p. 1.166 (com adaptações).

Considerando a informação acima como referência inicial, redija um texto dissertativo acerca da ação de improbidade administrativa como instrumento de defesa da moralidade no exercício da função pública. Ao elaborar seu texto, aborde, necessariamente, os seguintes aspectos:

- sujeito passivo e sujeito ativo da ação de improbidade administrativa;
- categorias dos atos de improbidade previstas na Lei n.º 8.429/1992;
- modalidades de sanções aplicáveis à improbidade administrativa.

◉ RESPOSTA:

O princípio da moralidade está previsto no artigo 37, *caput*, da Constituição Federal, como um mandamento a ser observado na atuação administrativa. O administrador deve obedecer à probidade no trato com o interesse público, e tal moralidade é mais rigorosa do que a exigida dos particulares, pois o gestor público cuida de bens e direitos de toda a coletividade, de modo que um ato desonesto no setor público terá consequências de proporções ilimitadas.

Diante da importância do princípio da moralidade, o constituinte houve por bem criar uma ação judicial específica, dotada de técnicas igualmente peculiares, de modo a zelar mais efetivamente pela probidade administrativa. De fato, o artigo 37, § 4º da Constituição da República dispõe que os atos de improbidade administrativa importarão a suspensão dos direitos políticos, a perda da função pública, a indisponibilidade dos bens e o ressarcimento ao erário, na forma e gradação previstas em lei, sem prejuízo da ação penal cabível. Percebe-se, com a leitura do dispositivo, que o constituinte considerou a lesão à moralidade administrativa uma conduta gravíssima, que por isso pode ensejar até mesmo a suspensão dos direitos políticos.

Regulamentando a norma constitucional acima, foi editada a Lei 8.429/92, que teve sua constitucionalidade material e formal reconhecida pelo Supremo Tribunal Federal. Com isso, o ordenamento brasileiro possui hoje uma disciplina minuciosa que tutela o princípio constitucional da moralidade administrativa.

Na Lei 8.429/92 foram previstos os sujeitos ativo e passivo da ação de improbidade administrativa. O sujeito passivo é aquele que sofre um prejuízo causado pelo ato de imoralidade qualificada. Segundo o artigo 1º da Lei de Improbidade, a vítima do ato ímprobo pode ser a administração direta, indireta ou fundacional de qualquer dos Poderes da União, dos Estados, do Distrito Federal, dos Municípios, de Territórios, de empresa incorporada ao patrimônio público ou de entidade para cuja criação ou custeio o erário haja concorrido ou concorra com mais de cinquenta por cento do patrimônio ou da receita anual (sujeitos passivos principais). Além destes, qualquer entidade que receba subvenção, benefício ou incentivo, fiscal ou creditício, de órgão público bem como daquelas para cuja criação ou custeio o erário haja concorrido ou concorra com menos de cinquenta por cento do patrimônio ou da receita anual, limitada a sanção patrimonial, nestes casos, à repercussão do ilícito sobre a contribuição dos cofres públicos (sujeitos passivos secundários).

Percebe-se que a definição do sujeito passivo leva em conta o fato de a pessoa ou órgão integrar a Administração Pública ou ainda ser destinatária de recursos públicos, o que abrange as pessoas privadas que atuam ao lado do Estado, como os serviços sociais autônomos (que recebem contribuições parafiscais), as organizações sociais e as organizações da sociedade civil de interesse público. Em outras palavras, também são sujeitos passivos da ação de improbidade administrativa as entidades do terceiro setor.

Por outro lado, o sujeito ativo é o autor do ato de improbidade, em regra um agente público, servidor ou não. Para os efeitos da Lei de Improbidade Administrativa, reputa-se agente público todo aquele que exerce, ainda que transitoriamente ou sem remuneração, por eleição, nomeação, designação, contratação ou qualquer outra forma de investidura ou vínculo, mandato, cargo, emprego ou função nas entidades que podem vir a ser sujeito passivo da ação de improbidade. A doutrina elogia a abrangência desse conceito, mais amplo que o do artigo 327 do Código Penal e que o do artigo 2º da Lei 8.112/90. De forma a aumentar ainda mais a incidência das sanções legais pela violação ao princípio da moralidade, a Lei 8.429/92 prevê sua aplicação, no que couber, àquele que, mesmo não sendo agente público, induza ou concorra para a prática do ato de improbidade ou dele se beneficie sob qualquer forma direta ou indireta. Desse modo, mesmo os particulares devem agir com o mesmo rigor de probidade que os agentes públicos, quando em contato com a Administração Pública. A expressão "no que couber", para o Superior Tribunal de Justiça, deve ser entendida apenas como forma de restringir as sanções aplicáveis, que devem estar em consonância com as condições pessoais do sujeito ativo, não significando a exclusão da responsabilidade de terceiro que concorre para ilícito praticado por agente público.

Os atos de improbidade administrativa previstos na Lei 8.429/92 são divididos em três categorias: os que importam enriquecimento ilícito, os que causam prejuízo ao erário e os que atentam contra os princípios da Administração Pública. O Superior Tribunal de Justiça, interpretando o artigo 10 da Lei 8.429/92, entende que os atos de improbidade causadores de dano ao erário podem ser punidos mesmo que haja apenas a culpa do agente, não se exigindo a presença do dolo. As outras duas espécies de atos de improbidade, contudo, exigem o dolo para a sua caracterização, não sendo suficiente a culpa como elemento subjetivo.

O texto da lei traz um rol exemplificativo de condutas que podem se caracterizar como atos de improbidade, relativas aos três tipos de atos. O rol é aberto justamente para permitir a incidência da lei sobre condutas que, embora não imaginadas pelo legislador, violam a moralidade administrativa.

No que tange às sanções previstas na Lei de Improbidade, elas serão aplicadas observando-se o princípio da interdependência das instâncias penal, civil e administrativa, e podem ser aplicadas isolada ou cumulativamente, de acordo com a gravidade do fato. Ou seja, o juiz analisará cuidadosamente o caso concreto, atentando para a adequação da pena, atentando para os princípios da proporcionalidade e da razoabilidade.

As sanções para os atos de improbidade são previstos no texto constitucional, que elenca a suspensão dos direitos políticos, a perda da função pública e a indisponibilidade dos bens. A Lei 8.429/92, em seu artigo 12, ampliou esse rol, prevendo também as sanções de perda de bens, multa e proibição de contratar com o Poder Público ou receber incentivos fiscais ou creditícios. Apesar da existência de entendimento pela inconstitucionalidade de tal ampliação, a doutrina majoritária defende que a norma infraconstitucional na verdade reforça a proteção ao princípio da moralidade administrativa, realizando a vontade do constituinte.

◉ DOUTRINA TEMÁTICA

"Sujeito passivo é a pessoa jurídica que a lei indica como vítima do ato de improbidade administrativa. A despeito do adjetivo 'administrativa', nem sempre o sujeito passivo se qualifica como pessoa eminentemente administrativa. A lei, portanto, ampliou a noção, em ordem a alcançar também algumas entidades que, sem integrarem a Administração, guardam algum tipo de conexão com ela. (...)

Organizações não governamentais e as demais entidades do terceiro setor com regulação própria - as organizações sociais (Lei nº 9.637/98) e as organizações da sociedade civil de interesse público (Lei nº 9.790/99) – poderão, ou não, ser sujeitos passivos de improbidade, dependendo de eventuais benefícios que lhes sejam dispensados pelo Poder Público. E, caso sejam destinatários de tais benefícios, serão enquadrados no art. 1º, *caput*, ou no parágrafo único, conforme a extensão das vantagens. (...)

Denomina-se de sujeito ativo aquele que pratica o ato de improbidade, concorre para sua prática ou dele extrai vantagens indevidas. É o autor ímprobo da conduta. Em alguns casos, não pratica o ato em si, mas oferece sua colaboração, ciente da desonestidade do comportamento. Em outros, obtém benefícios do ato de improbidade, muito embora sabedor de sua origem escusa." (CARVALHO FILHO, 2011, p. 987-989)

"Pressuposto Legal Para Incidência da LIA a Terceiros: **a aplicação do dispositivo pressupõe a atuação principal do agente público, na medida em que o**

terceiro 'induz' ou 'concorre' para a prática do ato. Todavia, não é condição *sine qua non* para a propositura ou prosseguimento da ação de improbidade que o agente público responsável diretamente pela prática do ato de improbidade seja incluído ou mantido no polo passivo. Pode ocorrer situação em que o agente público, induzido ou sob concorrência do terceiro, execute o ato formalmente considerado ímprobo, mas sua conduta seja carecedora de algum elemento essencial para o enquadramento de sua conduta na LIA, como, por exemplo, dolo. Ex: o servidor, induzido por conduta dolosa de terceiro, pratica ato que viola princípio da Administração Pública. Nesta situação, o servidor não praticou ato de improbidade (falta de elemento subjetivo), mas o terceiro sim. O STJ recentemente apreciou situação similar." (ANDRADE E PAVIONE, 2011, p. 48) . (grifado pelo autor).

◉ JURISPRUDÊNCIA TEMÁTICA

▸ STJ

PROCESSUAL CIVIL E ADMINISTRATIVO. RECURSO ESPECIAL. AÇÃO CIVIL PÚBLICA DE IMPROBIDADE ADMINISTRATIVA. LITISCONSÓRCIO PASSIVO. AUSÊNCIA DE INCLUSÃO DE AGENTE PÚBLICO NO PÓLO PASSIVO. IMPOSSIBILIDADE DE APENAS O PARTICULAR RESPONDER PELO ATO ÍMPROBO. PRECEDENTES. 1. Os particulares que induzam, concorram, ou se beneficiem de improbidade administrativa estão sujeitos aos ditames da Lei nº 8.429/1992, não sendo, portanto, o conceito de sujeito ativo do ato de improbidade restrito aos agentes públicos (inteligência do art. 3º da LIA). 2. Inviável, contudo, o manejo da ação civil de improbidade exclusivamente e apenas contra o particular, sem a concomitante presença de agente público no polo passivo da demanda. 3. Recursos especiais improvidos. (REsp 1171017/PA, Rel. Ministro SÉRGIO KUKINA, PRIMEIRA TURMA, julgado em 25/02/2014, DJe 06/03/2014)

(...) Contudo, o conceito de agente público, constante dos artigos 2º e 3º da Lei 8.429/1992, abrange não apenas os servidores públicos, mas todo aquele que exerce, ainda que transitoriamente ou sem remuneração, por eleição, nomeação, designação, contratação ou qualquer outra forma de investidura ou vínculo, mandato, cargo, emprego ou função na Administração Pública. 5. Assim, o estagiário que atua no serviço público, ainda que transitoriamente, remunerado ou não, se enquadra no conceito legal de agente público preconizado pela Lei 8.429/1992. Nesse sentido: Resp 495.933-RS, Ministro Luiz Fux, Primeira Turma, DJe 19/4/2004, MC 21.122/CE, Rel. Ministro Napoleão Nunes Maia Filho, Rel. p/ Acórdão Ministro Benedito Gonçalves, Primeira Turma, DJe 13/3/2014. 6. Ademais, as disposições da Lei 8.429/1992 são aplicáveis também àquele que, mesmo não sendo agente público, induza ou concorra para a prática do ato de improbidade ou dele se beneficie sob qualquer forma, direta ou indireta, pois o objetivo da Lei de Improbidade é não apenas punir, mas também afastar do serviço público os que praticam atos incompatíveis com o exercício da função pública. 7. Recurso Especial provido. (REsp 1352035/RS, Rel. Ministro HERMAN BENJAMIN, SEGUNDA TURMA, julgado em 18/08/2015, DJe 08/09/2015)

RECURSO ESPECIAL. AÇÃO CIVIL DE IMPROBIDADE. CONTRATAÇÕES DE SERVIÇOS PUBLICITÁRIOS SEM LICITAÇÃO. HOMOLOGAÇÃO E PAGAMENTO ADMINISTRATIVO SEM A EFETIVA PRESTAÇÃO DO SERVIÇO. **TERCEIRO QUE NÃO É AGENTE PÚBLICO. PRESCRIÇÃO. INDENIZAÇÃO DO ERÁRIO. IMPRESCRITIBILIDADE. PARTICIPAÇÃO EM TODOS OS ATOS DE IMPROBIDADE E CONLUIO.** SÚMULA 7/STJ. DOLO. AUSÊNCIA DE PREQUESTIONAMENTO. 1. Ação civil de improbidade relativa a contratações, ao longo do ano de 1994, de serviços publicitários sem licitação e que teriam sido pagos sem a devida prestação pelo contratado. 2. A pretensão de indenização ao erário é imprescritível. Precedentes. **3. Em relação ao terceiro que não detém a qualidade de agente público, incide também a norma do art. 23 da Lei nº 8.429/1992 para efeito de aferição do termo inicial do prazo prescricional. (...)**

(REsp 1156519/RO, Rel. Ministro CASTRO MEIRA, SEGUNDA TURMA, julgado em 18/06/2013, DJe 28/06/2013 – grifado pelo autor).

ACP. IMPROBIDADE. SOCIEDADE. ECONOMIA MISTA.

O tribunal de origem concluiu que a ação de improbidade não deveria prosseguir, na medida em que só figuravam como réus particulares e uma sociedade de economia mista, no caso o banco. O Ministério Público defende a possibilidade do prosseguimento regular da ação contra os particulares e contra o banco, ainda que outros agentes públicos tenham sido excluídos do polo passivo da demanda. Diante disso, a Turma deu provimento ao recurso para que prossiga o feito em relação aos recorridos, ao entendimento de que **os sujeitos ativos dos atos de improbidade administrativa não são apenas os servidores públicos, mas todos aqueles que estejam abarcados no conceito de agente público** (arts. 1º a 3º da Lei n. 8.429/1992). A interpretação de tais dispositivos permite afirmar que o legislador adotou conceito de grande abrangência no tocante à qualificação de agentes públicos submetidos à referida legislação, a fim de incluir, na sua esfera de responsabilidade, todos os agentes públicos, servidores ou não, que incorram em ato de improbidade administrativa. Precedentes citados: REsp 1.081.098-DF, DJe 3/9/2009; REsp 277.045-PR, DJ 13/12/2004, e REsp 495.933-RS, DJ 19/4/2004. REsp 1.138.523-DF, Rel. Min. Eliana Calmon, julgado em 23/2/2010. Noticiado no informativo 424/2010. (grifado pelo autor).

ADMINISTRATIVO. LEI DE IMPROBIDADE. CONCEITO E ABRANGÊNCIA DA EXPRESSÃO "AGENTES PÚBLICOS". HOSPITAL PARTICULAR CONVENIADO AO SUS (SISTEMA ÚNICO DE SAÚDE). FUNÇÃO DELEGADA.

1. São sujeitos ativos dos atos de improbidade administrativa, não só os servidores públicos, mas todos aqueles que estejam abrangidos no conceito de agente público, insculpido no art. 2º, da Lei n.º 8.429/92.

2. Deveras, **a Lei Federal nº 8.429/92 dedicou científica atenção na atribuição da sujeição do dever de probidade administrativa ao agente público, que se reflete internamente na relação estabelecida entre ele e a Administração Pública, superando a noção de servidor público, com uma visão mais dilatada do que o conceito do funcionário público contido no Código Penal (art. 327).**

3. Hospitais e médicos conveniados ao SUS que além de exercerem função pública delegada, administram verbas públicas, são sujeitos ativos dos atos de improbidade administrativa.

4. Imperioso ressaltar que o âmbito de cognição do STJ, nas hipóteses em que se infirma a qualidade, em tese, de agente público passível de enquadramento na Lei de Improbidade Administrativa, limita-se a aferir a exegese da legislação com o escopo de verificar se houve ofensa ao ordenamento.

5. Ademais, a efetiva ocorrência do periculum in mora e do fumus boni juris são condições de procedência do mérito cautelar, sindicável pela instância de origem também com respaldo na Súmula 07.

6. Em conseqüência dessa limitação, a comprovação da ocorrência ou não do ato improbo é matéria fática que esbarra na interdição erigida pela Súmula 07, do STJ.

7. Recursos parcialmente providos, apenas, para reconhecer a legitimidade passiva dos recorridos para se submeteram às sanções da Lei de Improbidade Administrativa, acaso comprovadas as transgressões na instância local. (REsp 495.933, Rel. Min. Luiz Fux, 1ª Turma, j. 15.03.2004, DJ 19.04 2004). (grifado pelo autor).

ACP. PREFEITO. DL. N. 201/1967. LEI N. 8.429/1992

Cuida-se de ação civil pública (ACP) ajuizada contra ex-prefeito pela falta de prestação de contas no prazo legal referente a recursos repassados pelo Ministério da Previdência e Assistência Social. Nesse panorama, constata-se não haver qualquer antinomia entre o DL n. 201/1967 (crimes de responsabilidade), que conduz o prefeito ou vereador a um julgamento político, e a Lei n. 8.429/1992 (Lei de Improbidade Administrativa - LIA), que os submete a julgamento pela via judicial pela prática dos mesmos fatos. Note-se não se desconhecer que o STF, ao julgar reclamação, afastou a aplicação da LIA a ministro de Estado, julgamento de efeito *inter pars*. Mas lá também **ficou claro que apenas as poucas autoridades com foro de prerrogativa de função para o processo e julgamento por crime de responsabilidade, elencadas na Carta Magna (arts. 52, I e II; 96, III; 102, I, c; 105, I, a, e 108, I, a, todos da CF/1988), não estão sujeitas a julgamento também na Justiça cível comum pela prática da improbidade administrativa. Assim, o julgamento, por esses atos de improbidade, das autoridades excluídas da hipótese acima descrita, tal qual o prefeito, continua sujeito ao juiz cível de primeira instância**. Desinfluente, dessarte, a condenação do ex-prefeito na esfera penal, pois. conforme precedente deste Superior Tribunal, isso não lhe assegura o direito de não responder pelos mesmos fatos nas esferas civil e administrativa. Por último, vê-se da leitura de precedentes que a falta da notificação constante do art. 17, § 7º, da LIA não invalida os atos processuais posteriores, a menos que ocorra efetivo prejuízo. No caso, houve a citação pessoal do réu, que não apresentou contestação, e entendeu o juiz ser prescindível a referida notificação. Portanto, sua falta não impediu o desenvolvimento regular do processo, pois houve oportunidade de o réu apresentar defesa, a qual não foi aproveitada. Precedentes citados do STF: Rcl 2.138-DF, DJe 18/4/2008; Rcl 4.767-CE, DJ 14/11/2006; HC 70.671-PI, DJ 19/5/1995; do STJ: EDcl no REsp 456.649-MG, DJ 20/11/2006; REsp 944.555-SC, DJe 20/4/2009; REsp 680.677-RS, DJ 2/2/2007; REsp 619.946-RS, DJ 2/8/2007, e REsp 799.339-RS, DJ 18/9/2006. REsp 1.034.511-CE, Rel. Min. Eliana Calmon, julgado em 1º/9/2009. Noticiado no informativo 405/2009 do STJ. (grifado pelo autor).

ADMINISTRATIVO - IMPROBIDADE ADMINISTRATIVA - TERCEIRO NÃO OCUPANTE DE CARGO PÚBLICO - CONCURSO PARA A PRÁTICA DE ATO DESCRITO NO ART. 9º DA LEI 8.429/92 - CONDENAÇÃO - POSSIBILIDADE - INCIDÊNCIA DOS ARTS. 1º E 3º DA LEI 8.429/92.

1. Os arts. 1º e 3º da Lei 8.429/92 são expressos ao preverem a responsabilização de todos, agentes públicos ou não, que induzam ou concorram para a prática do ato de improbidade ou dele se beneficiem sob qualquer forma, direta ou indireta.

2. **A expressão "no que couber" prevista no art. 3º, deve ser entendida apenas como forma de restringir as sanções aplicáveis, que devem ser compatíveis com as condições pessoais do agente, não tendo o condão de afastar a responsabilidade de terceiro que concorre para ilícito praticado por agente público**. 3. Recurso especial não provido. (REsp 931.135, Rel. Min. Eliana Calmon, 2ª Turma, j. 09.12.2008, DJe 27/02/2009). (grifado pelo autor).

QUESTÕES DE CONCURSO RELACIONADAS

01. (CESPE – DPE-AC – Defensor Público – 2013) "Ato de improbidade é definido como o ato lesivo ao ordenamento jurídico praticado exclusivamente por servidor público, no exercício de sua função, contra a administração direta, indireta ou fundacional de qualquer dos poderes da União, dos estados, do DF e dos municípios." – assertiva **incorreta**.

02. (MP-SC – Promotor de Justiça – 2011) "Substituindo eventualmente o prefeito, o presidente da Câmara dos Vereadores fica sujeito, pelos atos de improbidade que houver praticado nessa condição, ao mesmo processo a que estaria sujeito o prefeito, mesmo depois de cassada a substituição. " – assertiva **correta**.

03. (FCC- Promotor de Justiça- AP- 2006) "As concessionárias e permissionárias de serviços públicos, pela descentralização administrativa enquadram-se automaticamente ao conceito de sujeito passivo do ato de improbidade administrativa de que trata a Lei 8.429/92." – assertiva **errada**.

04. (FCC MP/PR Promotor de Justiça 2004) "Ao contrário do dolo, previsto para as três modalidades de atos de improbidade, a culpa somente é admitida na seara da improbidade administrativa no tocante ao ato ímprobo que importa em prejuízo ao erário, previsto no artigo 10, da Lei 8.429/92." – assertiva **correta**.

6. (CESPE – JUIZ DE DIREITO – TO – 2007)

A Lei n.º 8.429/1992 agrupou os atos de improbidade em três categorias distintas: aqueles que importam enriquecimento ilícito, os que causam prejuízo ao erário e os que atentam contra os princípios da administração pública. Com relação à última categoria, a referida lei não tratou do princípio da eficiência, só introduzido no ordenamento brasileiro pela Emenda Constitucional n.º 19/1998.

É possível falar-se em improbidade administrativa por violação ao princípio da eficiência? Justifique fundamentadamente.

RESPOSTA:

Sim, é possível falar em improbidade administrativa por violação ao princípio da eficiência.

Apesar de esse princípio da Administração Pública não estar previsto expressamente no texto constitucional de 1988, já era imperativo para o setor público, ainda que implicitamente, por uma decorrência lógica do princípio da indisponibilidade do interesse público.

É dizer, não se admite que o administrador atue de forma ineficiente, desperdiçando recursos públicos e deixando de atender a coletividade da melhor forma possível. Pelo contrário, a atuação administrativa deve sempre se pautar na otimização dos gastos públicos, privilegiando a presteza e o atingimento do melhor custo-benefício na prestação dos serviços públicos.

Daí se infere que mesmo antes da Emenda Constitucional 19/98 era possível falar-se em improbidade administrativa por violação ao princípio da eficiência, uma vez que é fácil constatar que não se coaduna com a moralidade administrativa a ação dispendiosa, infrutífera e inócua. Além disso, a tipologia adota pela Lei de Improbidade Administrativa é aberta, não se exaurindo as possibilidades de prática de ato ímprobo com as condutas previstas expressamente na lei.

Mesmo que o ato de improbidade administrativa por violação ao princípio da eficiência não esteja descrito legalmente de forma explícita, sua existência é aferível diante do sistema normativo do Direito Administrativo, já que o administrador ineficiente viola os princípios da indisponibilidade do interesse público e da economicidade. Embora não mencione textualmente a eficiência, pode-se perceber que a Lei de Improbidade Administrativa tutela também esse princípio, por exemplo, quando elenca como ato de improbidade administrativa que atenta contra os princípios da Administração Pública o retardamento indevido da prática de ato de ofício (art. 11, II).

Se antes mesmo da Emenda Constitucional 19/98 já era possível falar em ato de improbidade por violação ao princípio da eficiência, pelas razões expostas acima, com muito mais razão justifica-se o reconhecimento de se condenar o administrador com base na Lei 8.429/92 caso se comprove que este não cuidou de utilizar a máquina pública de forma ótima. Reafirma-se, portanto a imperiosidade da potencialização dos recursos públicos e da obtenção dos melhores resultados.

DOUTRINA TEMÁTICA

"Este princípio, que ganhou roupagem de princípio constitucional expresso por meio da Emenda Constitucional nº 19/98, embora já existisse implicitamente na Lei Maior, trata-se de uma condição indispensável para a efetiva proteção do interesse público. A eficiência exige que a atividade administrativa seja exercida com presteza, perfeição e rendimento funcional. Consiste na busca de resultados práticos de produtividade, de economicidade, com a consequente redução de desperdícios do dinheiro público e rendimentos típicos da iniciativa privada, sendo que, nessa situação, o lucro é do povo; quem ganha é o bem comum." (MARINELA 2013, p. 44). (grifado pelo autor).

7. (FCC – PROCURADOR DE CONTAS – MG – 2007)

Determinado servidor público, agindo dentro de suas atribuições, dispensa a realização de licitação para a contratação de serviços de limpeza, alegando, para tanto, ardilosamente, motivo falso. Com isso, promove a contratação direta de empresa da qual sua esposa é sócia majoritária, para a prestação dos mesmos serviços a preço superior ao de mercado. Por sua vez, a autoridade superior, agindo negligentemente, deixa de perceber a ilicitude e homologa a dispensa de licitação. Explique e discuta a sujeição de ambos os agentes públicos aos dispositivos da lei de improbidade administrativa, mencionando as hipóteses em que, em tese, possam estar incursos.

RESPOSTA:

A ação do servidor, mesmo que dentro de suas atribuições, caracteriza desvio de finalidade, sendo o ato praticado com motivo falso também ilegal pelo falso motivo. Além disso, a dispensa de licitação com motivo falso e para beneficiar sua esposa caracteriza a hipótese descrita no artigo 10, VIII, da Lei de Improbidade Administrativa, qual seja, dispensar o processo licitatório indevidamente. Trata-se de um ato que causa dano ao erário, seja por estar no rol exemplificativo do artigo 10 da Lei 8.429/92, seja pelo fato de a contratação ter sido realizada a preço superior ao de mercado.

Em relação à sujeição à Lei de Improbidade Administrativa, percebe-se que o servidor público, sua esposa e a autoridade superior terão seus comportamentos reprimidos pela referida lei.

O servidor, por praticar a conduta descrita no artigo 10, VIII da Lei 8.429/92, conduta esta praticada com dolo, uma vez que alegou ardilosamente motivo falso. Sujeitar-se-á, portanto, às sanções previstas no artigo 12, II da Lei 8.429/92.

A esposa do servidor também se sujeita à Lei de Improbidade Administrativa, pois se beneficiou com o ato ao enriquecer ilicitamente, devendo perder os bens ou valores acrescidos ao seu patrimônio (artigo 6º da Lei 8.429/92).

Por fim, a autoridade superior também deve responder por ato de improbidade administrativa, concorrendo com a dispensa indevida de licitação. Mesmo agindo com culpa (negligência), esse elemento subjetivo é o suficiente para a responsabilidade por ato de improbidade que causa dano ao erário, conforme o "*caput*" do artigo 10 da Lei 8.429/92 e o entendimento consolidado do Superior Tribunal de Justiça.

DOUTRINA TEMÁTICA

"Denomina-se sujeito ativo aquele que pratica o ato de improbidade, concorre para sua prática ou dele extrai vantagens indevidas. É o autor ímprobo da conduta. Em alguns casos, não pratica o ato em si, mas oferece sua colaboração, ciente da desonestidade do comportamento. Em outros, obtém benefícios do ato de improbidade, muito embora sabedor de sua origem escusa". (CARVALHO FILHO 2011, p. 989)

"o motivo em função do qual foi praticado o ato deve ser verdadeiro e compatível com a realidade fática apresentada pelo administrador (...) **o motivo será ilegal e o ato administrativo será inválido quando o fato alegado não for verdadeiro, isto é, o motivo não existir**" (MARINELA, 2013, p. 279-280) (grifado pelo autor).

JURISPRUDÊNCIA TEMÁTICA

STF

DIREITO CONSTITUCIONAL E ADMINISTRATIVO. LICITAÇÃO E CONTRATAÇÃO PELA ADMINISTRAÇÃO PÚBLICA MUNICIPAL. LEI ORGÂNICA DO MUNICÍPIO DE BRUMADINHO-MG. VEDAÇÃO DE CONTRATAÇÃO COM O MUNICÍPIO DE PARENTES DO PREFEITO, VICE-PREFEITO, VEREADORES E OCUPANTES DE CARGOS EM COMISSÃO. CONSTITUCIONALIDADE. COMPETÊNCIA SUPLEMENTAR DOS MUNICÍPIOS. RECURSO EXTRAORDINÁRIO PROVIDO. A Constituição Federal outorga à União a competência para editar normas gerais sobre licitação (art. 22, XXVII) e permite, portanto, que Estados e Municípios legislem para complementar as normas gerais e adaptá-las às suas realidades. O Supremo Tribunal Federal firmou orientação no sentido de que as normas locais sobre licitação devem observar o art. 37, XXI da Constituição, assegurando "a igualdade de condições de todos os concorrentes". Precedentes. Dentro da permissão constitucional para legislar sobre normas específicas em matéria de licitação, é de se louvar a iniciativa do Município de Brumadinho-MG de tratar, em sua Lei Orgânica, de tema dos mais relevantes em nossa pólis, que é a moralidade administrativa, princípio-guia de toda a atividade estatal, nos termos do art. 37, caput da Constituição Federal. **A proibição de contratação com o Município dos parentes, afins ou consanguíneos, do prefeito, do vice-prefeito, dos vereadores e dos ocupantes de cargo em comissão ou função de confiança, bem como dos servidores e empregados públicos municipais, até seis meses após o fim do exercício das respectivas funções, é norma que evidentemente homenageia os princípios da impessoalidade e da moralidade administrativa, prevenindo eventuais lesões ao interesse público e ao patrimônio do Município, sem restringir a competição entre os licitantes. Inexistência de ofensa ao princípio da legalidade ou de invasão da competência da União para legislar sobre normas gerais de licitação.** Recurso extraordinário provido. (RE 423.560, Rel. Min. Joaquim Barbosa, 2ª Turma, j. 29.05.2012). (grifado pelo autor).

STJ

PROCESSUAL CIVIL. ADMINISTRATIVO. RECURSO ESPECIAL. DIVERGÊNCIA JURISPRUDENCIAL. DESCUMPRIMENTO DOS REQUISITOS LEGAIS. VIOLAÇÃO DO ART. 535 DO CPC. NÃO-CONFIGURAÇÃO. ATO DE IMPROBIDADE ADMINISTRATIVA. ELEMENTO SUBJETIVO. NECESSIDADE. REEXAME DE MATÉRIA FÁTICO-PROBATÓRIA. IMPOSSIBILIDADE. SÚMULA 7/STJ. APLICAÇÃO DAS SANÇÕES PREVISTAS NO ART. 12 DA LEI 8.429/92. OBSERVÂNCIA DOS PRINCÍPIOS DA PROPORCIONALIDADE E RAZOABILIDADE. ALEGAÇÃO DE DUPLA PENALIDADE PELO MESMO FUNDAMENTO. INOCORRÊNCIA. MULTA CIVIL E RESSARCIMENTO INTEGRAL DO DANO. NATUREZA JURÍDICA DIVERSA. PRECEDENTES DO STJ. RECURSO ESPECIAL PARCIALMENTE CONHECIDO E, NESSA PARTE, DESPROVIDO.

1. É inviável a apreciação de recurso especial fundado em divergência jurisprudencial quando o recorrente não demonstra o suposto dissídio pretoriano por meio: (a) da juntada de certidão ou de cópia autenticada do acórdão paradigma, ou, em sua falta, da declaração pelo advogado da autenticidade dessas; (b) da citação de repositório oficial, autorizado ou credenciado em que o acórdão divergente foi publicado; (c) do cotejo analítico, com a transcrição dos trechos dos acórdãos em que se funda a divergência, além da demonstração das circunstâncias que identificam ou assemelham os casos confrontados, não bastando, para tanto, a mera transcrição da ementa e de trechos do voto condutor do acórdão paradigma.

2. É pacífica a jurisprudência do Superior Tribunal de Justiça no sentido de que não viola o art. 535 do CPC, tampouco nega a prestação jurisdicional, o acórdão que adota fundamentação suficiente para decidir de modo integral a controvérsia, conforme ocorreu no acórdão em exame, não se podendo cogitar de sua nulidade.

3. **A interpretação do art. 5º da Lei 8.429/92 permite afirmar que o ressarcimento do dano por lesão ao patrimônio público exige a presença do elemento subjetivo, não sendo admitida a responsabilidade objetiva em sede de improbidade administrativa**.

4. O Tribunal de origem analisou minuciosamente os fatos e provas contidos nos autos, reconhecendo a presença do elemento subjetivo e a configuração de ato de improbidade administrativa cometido pelos recorrentes. Assim, é manifesta a conclusão de que a reversão do entendimento exposto pela Corte a quo exigiria, necessariamente, o reexame de matéria fático-probatória, o que é vedado em sede de recurso especial, nos termos da Súmula 7/STJ.

5. O entendimento desta Corte Superior é no sentido de que **a aplicação das penalidades previstas no art. 12 da Lei 8.429/92 exige que o magistrado considere, no caso concreto, "a extensão do dano causado, assim como o proveito patrimonial obtido pelo agente" (conforme previsão expressa contida no parágrafo único do referido artigo). Assim, é necessária a análise da razoabilidade e proporcionalidade em relação à gravidade do ato de improbidade e à cominação das penalidades**, as quais não devem ser aplicadas, indistintamente, de maneira cumulativa.

6. No caso dos autos, os recorrentes foram condenados na sentença ao ressarcimento do dano causado ao erário, à suspensão dos direitos políticos, ao pagamento de multa civil e à proibição de contratar com o Poder Público e de receber benefícios ou incentivos fiscais ou creditícios, penalidades essas que foram mantidas pelo Tribunal de origem, com a efetiva consideração dos limites fixados na legislação e dos princípios referidos. Ademais, não há falar em imposição de dupla sanção em face do mesmo fundamento, porque a multa civil possui caráter punitivo contra aquele que praticou o ato ímprobo e a sanção de ressarcimento integral do dano é dotada de manifesta natureza indenizatória, pois visa a recomposição do prejuízo causado pelo ato de improbidade administrativa.

7. Recurso especial parcialmente conhecido e, nessa parte, desprovido. (REsp 992.845, 1ª Turma, Rel. Min. Denise Arruda, j. 23/06/2009, DJe 05/08/2009) (grifado pelo autor).

PROCESSUAL CIVIL E ADMINISTRATIVO. RECURSOS ESPECIAIS. DIVERGÊNCIA JURISPRUDENCIAL. NÃO-COMPROVAÇÃO. DESCUMPRIMENTO DOS REQUISITOS LEGAIS. VIOLAÇÃO DE DISPOSITIVOS CONSTITUCIONAIS. INADEQUAÇÃO DE ANÁLISE EM RECURSO ESPECIAL. AUSÊNCIA DE PREQUESTIONAMENTO. SÚMULAS 282/STF E 211/STJ. AÇÃO CIVIL PÚBLICA. ATO DE IMPROBIDADE ADMINISTRATIVA. INEXISTÊNCIA DE PAGAMENTO DE CORREÇÃO MONETÁRIA. VIOLAÇÃO DE PRINCÍPIOS DA ADMINISTRAÇÃO PÚBLICA (ART. 11 DA LEI 8.429/92). ELEMENTO SUBJETIVO. MODALIDADE CULPOSA. ATIPICIDADE CONFIGURADA. LESÃO AO ERÁRIO (ART. 10 DA LEI 8.429/92). REQUISITO ESSENCIAL PARA A CONFIGURAÇÃO DA CONDUTA. DANO PRESUMIDO. IMPOSSIBILIDADE. PRECEDENTES DO STJ. RECURSOS ESPECIAIS PARCIALMENTE CONHECIDOS E, NESSAS PARTES, PROVIDOS.

(...) 3. A ausência de prequestionamento do dispositivo legal tido como violado torna inadmissível o recurso especial. Incidência das Súmulas 282/STF e 211/STJ. . "O Ministério Público tem legitimidade para propor ação civil pública em defesa do patrimônio público." (Súmula 329/STJ).

5. É pacífico o entendimento desta Corte Superior no sentido da adequação/compatibilidade do ajuizamento de ação civil pública para apurar ato de improbidade administrativa. Nesse sentido, os seguintes precedentes: REsp 964.920/SP, 2ª Turma, Rel. Min. Herman Benjamin, DJe de 13.3.2009; REsp 1.015.498/SC, 2ª Turma, Rel. Min. Castro Meira, DJe de 30.4.2008; REsp 516.190/MA, 2ª Turma, Rel. Min. João Otávio de Noronha, DJ de 26.3.2007; REsp 515.554/MA, 1ª Turma, Rel. Min. Denise Arruda, DJ de 19.6.2006; REsp 510.150/MA, 1ª Turma, Rel. Min. Luiz Fux, DJ de 29.3.2004. (...)

7. **A configuração de qualquer ato de improbidade administrativa exige a presença do elemento subjetivo na conduta do agente público, pois não é admitida a responsabilidade objetiva em face do atual sistema jurídico brasileiro, principalmente considerando a gravidade das sanções contidas na Lei de Improbidade Administrativa. Portanto, é indispensável a presença de conduta dolosa ou culposa do agente público ao praticar o ato de improbidade administrativa**, especialmente pelo tipo previsto no art. 11 da Lei 8.429/92, especificamente por lesão aos princípios da Administração Pública, que admite manifesta amplitude em sua aplicação. Por outro lado, é importante

ressaltar que **a forma culposa somente é admitida no ato de improbidade administrativa relacionado à lesão ao erário (art. 10 da LIA), não sendo aplicável aos demais tipos (arts. 9º e 11 da LIA)**.

8. No exame do caso concreto, há manifesto equívoco do Tribunal de origem na qualificação da conduta dos réus da ação civil de improbidade administrativa, pois **a "indesculpável ligeireza", "ausência de zelo", "incúria", "erro crasso" e, até mesmo a "culpa", expressamente reconhecidos nas instâncias ordinárias, não configuram o ato de improbidade administrativa por violação de princípios da Administração Pública, nos termos do art. 11 da Lei 8.429/92, o qual exige a presença de dolo**. Assim, apesar das inúmeras hipóteses traçadas nos julgados impugnados, em nenhum momento foi demonstrado no que consistiria a conduta dolosa que caracterizaria o ato de improbidade administrativa.

9. **O ato de improbidade previsto no art. 10 da LIA exige para a sua configuração, necessariamente, o efetivo prejuízo ao erário, sob pena da não-tipificação do ato impugnado**. A Corte a quo afirmou que a incidência de correção monetária não estava prevista no contrato, bem como houve expresso reconhecimento de que os valores cobrados em excesso foram devolvidos na sequência do cumprimento contratual, ainda que na forma de "volume de resíduos recolhidos". Por outro lado, também não pode ser desconsiderado que a irregularidade que originou a ação civil de improbidade administrativa ocorreu no final do ano de 1995 e a referida compensação nos primeiros meses do ano de 1996, ainda no período de implantação do Plano Real, em que índices de correção sofriam notória limitação no tocante a sua periodicidade. Ademais, não houve nenhuma afirmação em relação à efetiva existência de diferenças entre os valores restituídos e realmente devidos após a mencionada compensação, o que somente seria verificado em sede de "liquidação por arbitramento". **A lesão ao erário, como requisito elementar do ato de improbidade administrativo previsto no art. 10 da Lei 8.429/92, não pode ser meramente presumida**.

10. Recursos especiais parcialmente conhecidos e, nessas partes, providos, a fim de julgar improcedentes os pedidos da presente ação civil pública por ato de improbidade administrativa. (REsp 805.080, 1ª Turma, Rel. Min. Denise Arruda, j. 23.06.09, DJe 06/08/2009) (grifado pelo autor).

PROCESSUAL CIVIL. ADMINISTRATIVO. RECURSO ESPECIAL. VIOLAÇÃO DO ART. 535, II, DO CPC. NÃO-CONFIGURAÇÃO. AÇÃO CIVIL PÚBLICA. ATO DE IMPROBIDADE ADMINISTRATIVA. ELEMENTO SUBJETIVO. NECESSIDADE. ATRIBUIÇÃO DE RESPONSABILIDADE OBJETIVA. INADEQUAÇÃO. REEXAME DE MATÉRIA FÁTICO-PROBATÓRIA. IMPOSSIBILIDADE. SÚMULA 7/STJ. PRECEDENTES DO STJ. RECURSO ESPECIAL DESPROVIDO.

1. Inexiste violação do art. 535, II, do Código de Processo Civil quando o aresto recorrido adota fundamentação suficiente para dirimir a controvérsia, sendo desnecessária a manifestação expressa sobre todos os argumentos apresentados pelos litigantes.

2. Na hipótese examinada, o Ministério Público do Estado de Minas Gerais ajuizou ação civil pública por ato de improbidade administrativa contra Ademir Ragazzi (ex-Prefeito do Município de Ponte Nova/MG), ora recorrido, e Outros,

em razão da anulação indevida de processo licitatório para publicação de atos oficiais com o objetivo de favorecer órgão de imprensa local. Por ocasião da sentença, o pedido da referida ação foi julgado procedente (fls. 408/417), contra a qual foi interposto recurso de apelação.

3. A Corte a quo, ao analisar o caso concreto, apesar de indicar irregularidades no procedimento licitatório, concluiu que não houve lesão ao erário, tampouco a demonstração de dolo ou culpa na conduta praticada pelos agentes públicos.

4. **A configuração do ato de improbidade administrativa não exige prejuízo ao erário, nos termos do art. 21 da Lei 8.429/92, salvo nas hipóteses do art. 10 da referida norma. Entretanto, é indispensável a presença de dolo ou culpa do agente público ao praticar o suposto ato de improbidade administrativa, sob pena de atribuição de responsabilidade objetiva, o que não é admitido por esta Corte Superior.**

5. Nesse sentido, os seguintes precedentes: REsp 734.984/SP, 1ª Turma, Rel. p/ acórdão Min. Luiz Fux, DJe de 16.6.2008; REsp 653.415/RS, 2ª Turma, Rel. Min. Eliana Calmon, DJ de 3.8.2006; REsp 604.151/RS, 1ª Turma, Rel. p/ acórdão Min. Teori Albino Zavascki, DJ de 8.6.2006; REsp 626.034/RS, 2ª Turma, Rel. Min. João Otávio de Noronha, DJ de 5.6.2006.

6. O Tribunal de origem analisou o conjunto probatório contido nos autos, e reconheceu expressamente a inexistência de provas da efetiva configuração do ato de improbidade administrativa cometido pelo ora recorrido. Assim, é manifesta a conclusão de que a reversão do entendimento exposto pela Corte a quo exigiria, necessariamente, o reexame de matéria fático-probatória, o que é vedado em sede de recurso especial, nos termos da Súmula 7/STJ.

7. Recurso especial desprovido. (REsp 950.662, 1ª Turma, Rel. Min. Denise Arruda, j. 23/06/2009, DJe 05/08/2009) (grifado pelo autor).

TCU

A participação de empresa cujo sócio tenha vínculo de parentesco com servidor da entidade licitante afronta, por interpretação analógica, o disposto no art. 9º, inciso III, da Lei 8.666/1993. A alteração do contrato social no curso do certame não descaracteriza a irregularidade e constitui indício de simulação e fraude à licitação. (Acórdão 1019/2013-Plenário, TC 013.621/2009-7, relator Ministro Benjamin Zymler, 24.4.2013).

QUESTÕES DE CONCURSO RELACIONADAS

01. (FCC Promotor de Justiça- PR- 2004) "Ao contrário do dolo, previsto para as três modalidades de atos de improbidade, a culpa somente é admitida na seara da improbidade administrativa no tocante ao ato ímprobo que importa prejuízo ao erário, previsto no artigo 10 da Lei 8.429/92." - assertiva correta.

02. (MP/MS- Promotor de Justiça- MS- 2006) "Qualquer omissão culposa que enseje perda patrimonial constitui ato de improbidade administrativa." - assertiva correta.

8. (QUESTÃO ELABORADA PELOS AUTORES)

A Lei de Improbidade Administrativa (Lei nº 8.429/92) cuidou de regulamentar o artigo 37 § 4º da Constituição Republicana de 1988, conferindo uma tutela especial ao princípio da moralidade administrativa, dada a sua especialidade e as consequências desastrosas para toda a sociedade quando de sua violação.

Redija um texto dissertativo sobre o tema que responda aos seguintes questionamentos:

a) Qual o conceito de improbidade administrativa?

b) Os atos de improbidade administrativa configuram ilícito de que natureza: penal, administrativa ou civil?

c) Os agentes políticos estão sujeitos à Lei de Improbidade Administrativa?

d) Caso um prefeito pratique um ato de forma contrária à lei orgânica do Município, tal fato é, por si só, suficiente para configurar improbidade administrativa?

e) A contratação de servidores sem concurso público sujeita o responsável às sanções previstas na Lei de Improbidade?

RESPOSTA:

A improbidade administrativa não se confunde com a imoralidade comum. Enquanto aquela tem uma conotação especial relativa ao zelo com o dinheiro público, esta se situa no âmbito do direito privado, nas relações entre particulares. Justamente por conta dessa diferenciação, pode-se vislumbrar um ato de improbidade administrativa que não seja imoral, como por exemplo no caso de um fiscal de tributos que atua culposamente e causa dano ao erário, deixando prescrever créditos tributários.

Quando se está no trato do interesse público, contudo, exige-se um comportamento que seja regido por ditames mais rigorosos. Daí que a doutrina define a improbidade administrativa como uma imoralidade qualificada, uma vez que tal imoralidade causará uma violação aos princípios da administração pública, um dano ao erário ou um enriquecimento ilícito do agente ímprobo, de forma cumulativa ou não.

Essa improbidade administrativa, uma vez constatada, pode ensejar a responsabilização do agente nas esferas civil, penal e administrativa. Caso o ato de improbidade administrativa seja tipificado como crime, como por exemplo no caso do peculato, tipo penal previsto no artigo 312 do Código Penal, o agente estará sujeito às sanções penais, da multa até a pena privativa de liberdade. Se o ato de improbidade administrativa for previsto no respectivo Estatuto dos Servidores do ente ao qual o agente público está ligado, deverá tal ato ser objeto de um processo administrativo disciplinar, em que se assegure o contraditório e a ampla defesa, o que pode culminar na aplicação de sanções administrativas como advertência, suspensão ou demissão, a depender da espécie de infração funcional a que corresponder o ato de improbidade.

Verifica-se, dessa forma, que o ato de improbidade administrativa tutelado pela Lei 8.429/92 não é um ilícito penal (já tutelado pelo Código Penal), ou um ilícito administrativo (tutelado pelo respectivo Estatuto dos Servidores Públicos), mas sim um ilícito civil, de acordo com o entendimento do Supremo Tribunal Federal. Nessa linha de raciocínio, pode-se dizer que a ação de improbidade administrativa é uma ação civil, que tramitará seguindo a regra da independência das instâncias penal, administrativa e civil, com a ressalva da absolvição na esfera penal por negativa de autoria ou inexistência do fato.

Apesar desse entendimento de que o ilícito de improbidade administrativa é de natureza civil (e assim também é civil a ação de improbidade), o Supremo Tribunal Federal negou a possibilidade de o juízo de primeira instância processar e julgar ação de improbidade administrativa contra agentes políticos que respondam por crimes de responsabilidade de acordo com a Lei 1.079/50. Para o Supremo, haveria *bis in idem* caso o agente político pudesse ser responsabilizado cumulativamente por crime de responsabilidade previsto na Lei 1.079/50 e por ato de improbidade administrativa previsto na Lei 8.429/92, pois haveria nesse caso uma indevida concorrência entre dois regimes de responsabilidade político-administrativa. Atente-se para a peculiaridade de que esse posicionamento não se aplica a todo e qualquer agente político, mas apenas àqueles abrangidos pela Lei 1.079/50 (Presidente da República, Ministros de Estado, Ministros do Supremo Tribunal Federal, Procurador-Geral da República, Governadores e Secretários de Estado). Daí se constata que parlamentares de quaisquer entes federativos e prefeitos não estão excluídos da incidência da Lei de Improbidade Administrativa.

Isso significa que se um prefeito praticar um ato contrário à moralidade administrativa, estará sujeito às sanções da Lei 8.429/92. No entanto, para que o ato seja considerado uma violação a essa lei, não basta que se verifique a mera ilegalidade. Deve-se averiguar se a ofensa à lei ocorre qualificada pelo desvio ético, pela desonestidade. Na hipótese de haver uma ilegalidade na formalização de um ato que se destina a assegurar um direito fundamental, que se destina a realizar o interesse público, não há que se falar em improbidade administrativa. Foi assim que entendeu o Superior Tribunal de Justiça, no caso concreto de um prefeito que havia permitido o uso de imóvel público sem lei autorizativa (conforme rezava a respectiva lei orgânica do Município), com a finalidade abrigar crianças desamparadas. E não poderia ser diferente, sob pena de contrariar o espírito não só da Lei de Improbidade Administrativa, mas também a razoabilidade e o bom senso de equidade, ou até mesmo, nesse caso específico, de se privilegiar a obediência cega à lei em detrimento da proteção do ser humano.

Uma outra hipótese em que se negou a aplicação da Lei de Improbidade foi no caso de contratação de servidores sem concurso público. Entendeu o Superior Tribunal de Justiça que a admissão irregular de servidores sem a prévia exigência de concurso público, apesar de ferir frontalmente o artigo 37, § 2º da Constituição Federal, não configura ato de improbidade administrativa, já que não se caracterizaria qualquer das modalidades previstas na Lei 8.429/92, quais sejam dano ao erário, enriquecimento ilícito ou violação aos princípios da Administração Pública (esta última modalidade exigiria prova de má-fé).

A orientação mais recente da Corte Superior, todavia, é a de que a contratação de agentes públicos sem o concurso público enseja violação ao princípio da moralidade, inexistindo apenas o enriquecimento ilícito e o dano ao erário. Considerou-se ultrapassada a tese no sentido de que as contratações sem concurso público não se caracterizam como atos de improbidade.

Percebe-se, diante do exposto ao longo do texto, que a Lei de Improbidade, apesar de sua abrangência ampla, vem tendo sua aplicação obstada, como por exemplo no caso de atos de improbidade praticados por agentes políticos submetidos à Lei 1.079/50, ou na situação de um ato que desrespeita uma formalidade legal, mas protege o interesse público. Cabe aos Tribunais Superiores, portanto, definir com coerência e seriedade, a correta aplicação da Lei de Improbidade Administrativa.

DOUTRINA TEMÁTICA

"(...) a Constituição teria dispensado dois tratamentos distintos para os atos de improbidade: (a) aos agentes públicos em geral sujeitam-se aos termos do art. 37, § 4º, da CRFB, regulamentado pela Lei 8.429/1992; e (b) os agentes políticos submetem-se às regras específicas do crime de responsabilidade, na forma dos arts. 52, I, 85, V, e 102, I, *c*, dentre outras normas, da CRFB, regulamentados pela Lei 1.079/1950, pelo DL 201/1967 e pela Lei 7.106/1983.

Essa foi a orientação adotada pelo STF quando do julgamento da Reclamação 2.138/DF, que versava sobre a prática de improbidade administrativa/crime de responsabilidade por Ministro de Estado. De acordo com o entendimento majoritário dos Ministros da Suprema Corte, os agentes políticos, por estarem regidos por normas especiais de responsabilidade, não respondem por improbidade administrativa, com fundamento na Lei 8.429/1992, mas apenas por crime de responsabilidade em ação que somente pode ser proposta perante o STF nos termos do art. 102, I, *c*, da CRFB" (NEVES & OLIVEIRA, 2014, p. 50)

JURISPRUDÊNCIA TEMÁTICA

STF

"(...)pretende a lei questionada equiparar **a ação de improbidade administrativa, de natureza civil (CF, art. 37, § 4º)**, à ação penal contra os mais altos dignitários da República, para o fim de estabelecer competência originária do STF, em relação à qual a jurisprudência do Tribunal sempre estabeleceu nítida distinção entre as duas espécies."(ADI 2.797 e ADI 2.860, Rel. Min. Sepúlveda Pertence, julgamento em 15-9-2005, Plenário, DJ de 19-12-2006.) (grifado pelo autor).

"Os atos de improbidade administrativa são tipificados como crime de responsabilidade na Lei 1.079/1950, delito de caráter político- administrativo. Distinção entre os regimes de responsabilização polít co -administrativa. O sistema constitucional brasileiro distingue o regime de responsabilidade dos agentes políticos dos demais agentes públicos. **A Constituição não admite a concorrência entre dois regimes de responsabilidade político -administrativa para os agentes políticos: o previsto no art. 37, § 4º (regulado pela Lei 8.429/1992) e o regime fixado no art. 102, I, c, (disciplinado pela Lei 1.079/1950).** Se a competência para processar e julgar a ação de improbidade (CF, art. 37, § 4º) pudesse abranger também atos praticados pelos agentes políticos, submetidos a regime de responsabilidade especial, ter- se- ia uma interpretação ab-rogante do disposto no art. 102, I, c, da CF. (...) **Os ministros de Estado, por estarem regidos por normas especiais de responsabilidade (CF, art. 102, I, c; Lei 1.079/1950), não se submetem ao modelo de competência previsto no regime comum da Lei de Improbidade Administrativa (Lei 8.429/1992).** Crimes de responsabilidade. Competência do STF. Compete exclusivamente ao STF processar e julgar os delitos político -administrativos, na hipótese do art. 102, I, c, da Constituição. **Somente o STF pode processar e julgar ministro de Estado no caso de crime de responsabilidade e, assim, eventualmente, determinar a perda do cargo ou a suspensão de direitos políticos.** Ação de improbidade administrativa. Ministro de Estado que teve decretada a suspensão de seus direitos políticos pelo prazo de oito anos e a perda da função pública por sentença do juízo da 14ª Vara da Justiça Federal – Seção Judiciária do Distrito Federal. Incompetência dos juízos de primeira instância para processar e julgar ação civil de improbidade administrativa ajuizada contra agente político que possui prerrogativa de foro perante o STF, por crime de responsabilidade, conforme o art. 102, I, c, da Constituição. Reclamação julgada procedente." (Rcl. 2.138, Rel. p/ o ac. Min. Gilmar Mendes, julgamento em 13-6-2007, Plenário, DJE de 18-4-2008.) (grifado pelo autor).

▶ STJ

ADMINISTRATIVO. RECURSO ESPECIAL. IMPROBIDADE ADMINISTRATIVA. CONDENAÇÃO DE RESSARCIMENTO DO PREJUÍZO PELO TCU E NA ESFERA JUDICIAL. FORMAÇÃO DE DUPLO TÍTULO EXECUTIVO. POSSIBILIDADE. RESSARCIMENTO AO ERÁRIO. PENALIDADE QUE DEVE SER NECESSARIAMENTE IMPOSTA QUANDO HÁ COMPROVADO PREJUÍZO AO ERÁRIO. APLICAÇÃO DE MULTA CIVIL. DESNECESSIDADE. SANÇÕES DEFINIDAS NA ORIGEM QUE SE MOSTRAM SUFICIENTES E PROPORCIONAIS. RECURSO ESPECIAL PARCIALMENTE PROVIDO, ACOMPANHANDO EM PARTE O RELATOR. (REsp 1413674/SE, Rel. Ministro OLINDO MENEZES (DESEMBARGADOR CONVOCADO DO TRF 1ª REGIÃO), Rel. p/ Acórdão Ministro BENEDITO GONÇALVES, PRIMEIRA TURMA, julgado em 17/05/2016, DJe 31/05/2016)

(...) O art. 12 da Lei 8.429/92 é expresso ao determinar que as penalidades impostas pela prática de ato de improbidade administrativa independem das demais sanções penais, civis e administrativas, previstas na legislação específica. Desta forma, o fato de o agravado ter sido condenado, pela Justiça Eleitoral, ao pagamento de multa, por infringência às disposições contidas na Lei 9.504/97, não impede sua condenação em qualquer das sanções previstas na Lei 8.429/92, não havendo falar em bis in idem. IV. Nos termos da jurisprudência do Superior Tribunal de Justiça, "o ressarcimento não constitui sanção propriamente dita, mas sim conseqüência necessária do prejuízo causado. Caracterizada a improbidade administrativa por dano ao Erário, a devolução dos valores é imperiosa e deve vir acompanhada de pelo menos uma das sanções legais que, efetivamente, visam a reprimir a conduta ímproba e a evitar o cometimento de novas infrações" (STJ, REsp 1.184.897/PE, Rel. Ministro HERMAN BENJAMIN, SEGUNDA TURMA, DJe de 27/04/2011). V. Nesse contexto, afastada a existência de bis in idem com eventuais sanções impostas pela infringência às disposições da legislação eleitoral, e por ser o ressarcimento dos danos causados ao Erário mera consequência do reconhecimento do ato de improbidade administrativa, deve ser imposta, ao agravado, ao menos uma das demais sanções previstas no art. 12, III, da Lei 8.429/92. Ocorre que, por ser tarefa que demanda o exame das circunstâncias fáticas do caso, mostra-se necessário o retorno dos autos ao Tribunal de origem, para que, levando em conta as premissas estabelecidas acima e com base nos princípios da proporcionalidade e da razoabilidade, fixe as sanções que entender cabíveis. VI. Agravo Regimental provido, para conhecer do Recurso Especial e dar-lhe provimento. (AgRg no AREsp 606.352/SP, Rel. Ministra ASSUSETE MAGALHÃES, SEGUNDA TURMA, julgado em 15/12/2015, DJe 10/02/2016).

ADMINISTRATIVO. RECURSO ESPECIAL. NÃO OCORRÊNCIA DE OFENSA AO ART. 535 DO CPC. ACÓRDÃO DEVIDAMENTE FUNDAMENTADO. IMPUTAÇÃO DA PRÁTICA DE ATO DE IMPROBIDADE ADMINISTRATIVA. NEPOTISMO. INDISPENSABILIDADE DE COMPROVAÇÃO DO DOLO DO AGENTE. PARECER DO MINISTÉRIO PÚBLICO FEDERAL PELO PROVIMENTO DO APELO. RECURSO ESPECIAL DO MINISTÉRIO PÚBLICO DE MINAS GERAIS DESPROVIDO, NO ENTANTO. (...) A primeira e mais urgente função preparatória da aceitação da petição inicial da Ação por Ato de Improbidade Administrativa é a de extremar o ato apontado de ímprobo da configuração da mera ilegalidade (dada a inegável afinidade formal entre as duas entidades), para verificar se o ato tido como ímprobo não estará apenas no nível da mera ilegalidade, ou seja, não se alça ao nível da improbidade; essa atividade é relevante porque especializa a cognição judicial no objeto específico da ação em apreço, evitando que a sua energia seja drenada para outras áreas afins, ou desperdiçada em movimentos processuais improdutivos. 3. Dessa atuação malsã do agente deve resultar (i) o enriquecimento ilícito próprio ou alheio (art. 9o. da Lei 8.429/92), (ii) a ocorrência de prejuízo ao Erário (art. 10 da Lei 8.429/92) ou (iii) a infringência aos princípios nucleares da Administração Pública (arts. 37 da Constituição e 11 da Lei 8.429/92). 4. A conduta do agente, nos casos dos arts. 9o. e 11 da Lei 8.429/92, há de ser sempre dolosa, por mais complexa que seja a demonstração desse elemento subjetivo; nas hipóteses do art. 10 da Lei 8.429/92, admite-se que possa ser culposa, mas em nenhuma das hipóteses legais se diz que possa a conduta do agente ser considerada apenas do ponto de vista objetivo, gerando a responsabilidade objetiva. 5. In casu, as instâncias de origem julgaram improcedente o pedido por reconhecerem que não configurada ato de improbidade administrativa a prática de nepotismo. 6. A conduta imputada ao recorrente mostra-se gravemente culposa, mas não revela o dolo específico de lesar os cofres públicos ou de obter vantagem indevida, requisitos indispensáveis à infração dos bens jurídicos tutelados pela Lei de Improbidade Administrativa, especialmente considerando que à época em que ocorreram as citadas contratações (nos anos de 2005 e 2006), não havia lei vedando o nepotismo no âmbito da Administração Pública Municipal, sendo anteriores, ainda, à aprovação do Enunciado da Súmula Vinculante 13 do STF (DJe 29.8.2008). 7. A inicial da ação não tipificou a conduta dos imputados, mas apenas a descreveu com minúcias; a tipificação seria necessária, até porque as figuras infracionais dos arts. 9o., 10 e 11 da Lei 8.429/92 não guardam entre si a possibilidade de intercâmbio indiferente, ou seja, não se pode empregar umas por outras. 8. A tipificação da conduta do agente, que é uma exigência tradicional na denúncia criminal (art. 41 do CPP), diz respeito à sua função viabilizadora, em primeiro lugar, da definição da competência jurisdicional e, em segundo lugar, da amplitude da defesa, como salienta EUGÊNIO PACELLI DE OLIVEIRA (Curso de Processo Penal, Belo Horizonte, DelRey, 2006, p. 154); o Professor GUILHERME DE SOUZA NUCCI faz observação semelhante (Código de Processo Penal Comentado, São Paulo, RT, 2008, p. 156); essas lições são proveitosamente aplicáveis à formulação da Ação de Improbidade Administrativa. 9. No exercício da atividade punitiva a Administração pratica atos materialmente jurisdicionais, por isso que se submete à observância obrigatória de todas as garantias subjetivas consagradas no Processo Penal contemporâneo, onde não encontram abrigo as posturas autoritárias, arbitrárias ou desvinculadas dos valores da cultura. 10. Contudo, esse aspecto (de extrema relevância) não foi objeto de alegações da defesa, nem (obviamente) de decisão nas instâncias anteriores, por isso que não será também incluído como mote desta decisão, mas ficam estas breves observações apenas como obiter dictum deste voto. 11. Recurso Especial do Ministério Público de Minas Gerais desprovido. (REsp 1193248/MG, Rel. Ministro NAPOLEÃO NUNES MAIA FILHO, PRIMEIRA TURMA, julgado em 24/04/2014, DJe 18/08/2014).

"Compete à Justiça Estadual – e não à Justiça Federal – processar e julgar ação civil pública de improbidade administrativa na qual se apure irregularidades na prestação de contas, por ex-prefeito, relacionadas a verbas federais transferidas mediante convênio e incorporadas ao patrimônio municipal, a não ser que exista manifestação de interesse na causa por parte da União, de autarquia ou empresa pública federal." (CC 131.323, noticiado no informativo 559 do STJ).

IMPROBIDADE. PERMISSÃO. IMÓVEL. ABRIGO. CRIANÇAS.

O município moveu ação de improbidade administrativa contra seu ex-prefeito, porque ele permitiu o uso de imóvel público (a título precário) sem que houvesse lei que assim autorizasse, contrariando, dessa forma, a lei orgânica municipal. O imóvel destinava-se a abrigar, sob a orientação de servidora municipal em trabalho voluntário, crianças sujeitas a abusos e maus-tratos, durante a noite e os fins de semana, pois à época não existia sequer conselho tutelar devidamente estruturado. Não se vislumbra que o acórdão recorrido, ao manter a improcedência do pedido, tenha violado o art. 10 e 11 da Lei n. 8.429/1992, visto que **não há dano ao erário ou atentado a princípios administrativos**. Para ele, **mesmo contrário à referida lei orgânica, o ato foi praticado com o intuito de assegurar direito fundamental, absoluto e prioritário de as crianças e adolescentes obterem proteção especial, conforme apregoado no art. 227 da**

CF/1988. A eventual ilegalidade na formalização do ato é insuficiente para caracterizar a improbidade administrativa; pois, na situação delineada pelo acórdão recorrido, não há imoralidade, desídia, desvio ético ou desonestidade na conduta do ex-prefeito. REsp 1.129.277, Rel. Min. Herman Benjamin, julgado em 4/5/2010, noticiado no informativo 433/10 do STJ. (grifado pelo autor).

ACP. DANO. ERÁRIO. PRESCRIÇÃO.

É consabido que o caráter sancionador da Lei n. 8.429/1992 aplica-se aos agentes públicos que, por ação ou omissão, violem os deveres de honestidade, imparcialidade, legalidade, lealdade às instituições e, notadamente, importem em enriquecimento ilícito (art. 9º), causem prejuízo ao erário (art. 10) ou atentem contra os princípios da Administração Pública (art. 11), compreendida no último tópico a lesão à moralidade administrativa. Contudo, **ao considerar a gravidade das sanções e restrições a serem impostas ao agente público, a exegese do art. 11 da referida lei deve ser tomada com temperamentos, pois uma interpretação ampliativa poderia ter por ímprobas condutas que são meramente irregulares, por isso susceptíveis de correção administrativa, visto que ausente a má-fé e preservada a moralidade pública**, o que extrapolaria a real intenção do legislador. Assim, **a má-fé torna-se premissa do ato ilegal e ímprobo: a ilegalidade só adquire o *status* de improbidade quando a conduta antijurídica ferir os princípios constitucionais da Administração Pública e se somar à má intenção do administrador**. Em essência, conforme a doutrina, **a improbidade administrativa seria uma imoralidade qualificada pelo dano ao erário e correspondente vantagem ao ímprobo ou a outrem. Todavia, falta esse elemento subjetivo na hipótese de contratação de servidores sem o devido concurso público, a determinar que, ausente o dano ao patrimônio e o enriquecimento ilícito dos demandados**, conforme firmado pelas instâncias ordinárias (efetivamente o serviço foi prestado), a sanção imposta aos agentes é desproporcional (suspensão dos direitos políticos de todos por três anos e mais o pagamento de multa por um deles), procedendo com *erro in judicando* o tribunal *a quo* quando analisou o ilícito apenas pelo ângulo objetivo. Por último, a aplicação das sanções do art. 12 da citada lei e seus incisos submete-se ao prazo prescricional quinquenal, exceto quanto à reparação do dano ao erário, porque imprescritível a pretensão ressarcitória (art. 37, § 5º, da CF/1988), entendimento aceito pela jurisprudência do STJ, mas ressalvado pelo Min. Relator. Precedentes citados: AgRg no REsp 1.038.103-SP, DJe 4/5/2009; REsp 1.067.561-AM, DJe 27/2/2009; REsp 801.846-AM, DJe 12/2/2009; REsp 902.166-SP, DJe 4/5/2009, e REsp 1.107.833-SP, DJe 18/9/2009.REsp 909.446, Rel. Min. Luiz Fux, julgado em 6/4/2010, noticiado no informativo 429/10 do STJ. (grifado pelo autor).

ADMINISTRATIVO. AÇÃO CIVIL PÚBLICA. IMPROBIDADE ADMINISTRATIVA. DESPESAS DE VIAGEM. PRESTAÇÃO DE CONTAS. IRREGULARIDADE. LESÃO A PRINCÍPIOS ADMINISTRATIVOS. ELEMENTO SUBJETIVO. DANO AO ERÁRIO. COMPROVAÇÃO. DESNECESSIDADE. SANÇÃO DE RESSARCIMENTO EXCLUÍDA. MULTA CIVIL REDUZIDA.

1. **A lesão a princípios administrativos contida no art. 11 da Lei nº. 8.429/92 não exige dolo ou culpa na conduta do agente nem prova da lesão ao erário público. Basta a simples ilicitude ou imoralidade administrativa para restar configurado o ato de improbidade**. Precedente da Turma.

(...) 6. **Não havendo prova de dano ao erário, afasta-se a sanção de ressarcimento prevista na primeira parte do inciso III do art. 12 da Lei 8.429/92. As demais penalidades, inclusive a multa civil, que não ostenta feição indenizatória, são perfeitamente compatíveis com os atos de improbidade tipificados no art. 11 da Lei 8.429/92 (lesão aos princípios administrativos).**

7. Sentença mantida, excluída apenas a sanção de ressarcimento ao erário e reduzida a multa civil para cinco vezes o valor da remuneração recebida no último ano de mandato.

8. Recurso especial provido. (REsp 880.662, Rel. Min. Castro Meira, 2ª Turma, j. 14/02/2007, DJ 01.03.2007) (grifado pelo autor).

PROCESSUAL CIVIL. RECURSO ESPECIAL. AÇAO CIVIL PÚBLICA. IMPROBIDADE ADMINISTRATIVA. LEI 8.429/92. CONTRATAÇAO SEM CONCURSO PÚBLICO. AUSÊNCIA DE DANO AO ERÁRIO.

1. É cediço que "***não havendo prova de dano ao erário, afasta-se a sanção de ressarcimento prevista na primeira parte do inciso III do art. 12 da Lei 8.429/92. As demais penalidades, inclusive a multa civil, que não ostenta feição indenizatória, são perfeitamente compatíveis com os atos de improbidade tipificados no art.11 da Lei 8.429/92 (lesão aos princípios administrativos)***". (REsp nº 880.662/MG, Rel. Min. CASTRO MEIRA, DJ de 01/03/2007, p. 255).

2. Isto por que à luz dos princípios da razoabilidade e da proporcionalidade, impõe-se a mitigação do preceito que preconiza a prescindibilidade da ocorrência do dano efetivo ao erário para se infligir a sanção de ressarcimento: "*a hipótese prevista no inciso I do artigo 21, que dispensa a ocorrência de dano para aplicação das sanções da lei, merece meditação mais cautelosa. Seria inconcebível punir-se uma pessoa se de seu ato não resultasse qualquer tipo de dano. Tem-se que entender que o dispositivo, ao dispensar o "dano ao patrimônio público" utilizou a expressão patrimônio público em seu sentido restrito de patrimônio econômico. Note-se que a lei de ação popular (Lei nº 4.717/65) define patrimônio público como "os bens e direitos de valor econômico, artístico, estético, histórico ou turístico"(art. 1º, 1º), para deixar claro que, por meio dessa ação, é possível proteger o patrimônio público nesse sentido mais amplo. O mesmo ocorre, evidentemente, com a ação de improbidade administrativa, que protege o patrimônio público nesse mesmo sentido amplo*". (Maria Sylvia Zanella di Pietro *in* Direito Administrativo, 13ª Edição, pág. 674, *in fine*). Precedentes do STJ: REsp 291747/SP, Relator Ministro Humberto Gomes de Barros, Primeira Turma, DJ de 18.03.2002; REsp 213994/MG, Relator Ministro Garcia Vieira, Primeira Turma, DJ de 27.09.1999; REsp 261691/MG, Relatora Ministra Eliana Calmon, Segunda Turma, DJ de 05.08.2002. 3. In casu, o Tribuna *a quo* , calcado no conjunto probatório, decidiu que "***a servidora foi contratada pelo Município para a prestação de assessoria técnica e administrativa do balcão de empregos da prefeitura local, tendo laborado no período de 01/02/2.000 até 31/12/2.000, não se comprovando qualquer prejuízo ao erário municipal***" (fl. 159, grifamos)

4. **Conseqüentemente, decidiu com acerto que "*uma vez não configurado o enriquecimento ilícito do administrador público e nem prejuízo ao erário municipal, mas inabilidade dele, incabíveis as punições previstas na Lei nº 8.429/92*".**

5. Recurso Especial do Ministério Público Estadual desprovido. (REsp 917.437, 1ª Turma, Rel. Min. Luiz Fux, j. 16.09.08, DJe 01/10/2008) (grifado pelo autor).

Em sentido diverso:

DIREITO ADMINISTRATIVO. REQUISITO PARA A CONFIGURAÇÃO DE ATO DE IMPROBIDADE ADMINISTRATIVA QUE ATENTE CONTRA OS PRINCÍPIOS DA ADMINISTRAÇÃO PÚBLICA. **Para a configuração dos atos de improbidade administrativa que atentam contra os princípios da administração pública (art. 11 da Lei 8.429/1992), é dispensável a comprovação de efetivo prejuízo aos cofres públicos**. De fato, o art. 21, I, da Lei 8.429/1992 dispensa a ocorrência de efetivo dano ao patrimônio público como condição de aplicação das sanções por ato de improbidade, salvo quanto à pena de ressarcimento. Precedentes citados: REsp 1.320.315-DF, Segunda Turma, DJe 20/11/2013; e AgRg nos EDcl no AgRg no REsp 1.066.824-PA, Primeira Turma, DJe 18/9/2013. REsp 1.192.758-MG, Rel. originário Min. Napoleão Nunes Maia Filho, Rel. para acórdão Min. Sérgio Kukina, julgado em 4/9/2014 (Noticiado no informativo nº 547 do STJ).

ADMINISTRATIVO. CONTRATAÇÃO DE SERVIDOR SEM CONCURSO PÚBLICO. IMPROBIDADE ADMINISTRATIVA. LESÃO A PRINCÍPIOS ADMINISTRATIVOS. AUSÊNCIA DE DANO AO ERÁRIO.

1. **A lesão a princípios administrativos contida no art. 11 da Lei nº 8.429/92, em princípio, não exige dolo ou culpa na conduta do agente nem prova da lesão ao erário público. Basta a simples ilicitude ou imoralidade administrativa para restar configurado o ato de improbidade**. Caso reste demonstrada a lesão, o inciso III do art. 12 da Lei nº 8.429/92 autoriza seja o agente público condenado a ressarcir o erário.

2. **A conduta do recorrente de contratar e manter servidores sem concurso público na Administração amolda-se ao caput do art. 11 da Lei nº 8.429/92, ainda que o serviço público tenha sido devidamente prestado.**

3. Não havendo prova de dano ao erário, não há que se falar em ressarcimento, nos termos da primeira parte do inciso III do art. 12 da Lei 8.429/92. As demais penalidades, inclusive a multa civil, que não ostenta feição indenizatória, são perfeitamente compatíveis com os atos de improbidade tipificados no art. 11 da Lei 8.429/92 (lesão aos princípios administrativos).

4. Acórdão reformado para excluir a condenação ao ressarcimento de danos e reduzir a multa civil de dez para três vezes o valor da última remuneração recebida no último ano de mandato em face da ausência de prejuízo ao erário.

5. Recurso especial provido em parte. (REsp 737.279, Rel. Min. Castro Meira, 2ª Turma, j. 12/05/2008, DJ 21.05.2008) (grifado pelo autor).

QUESTÕES DE CONCURSO RELACIONADAS

01. (TRF – 4ª Região – Juiz Federal – 2016) "Deixar de prestar contas quando esteja obrigado a fazê-lo constitui ato de improbidade administrativa por atentar contra os princípios da Administração Pública." – assertiva correta.

02. **(Cespe- Procurador do Estado-AL-2009)** "O STJ fixou o entendimento de que a contratação de agentes públicos sem a realização de concurso público enseja violação ao princípio da moralidade. Isso não quer dizer, contudo, que os responsáveis pela contratação devam ser condenados a ressarcir o erário, pois essa condenação depende da demonstração do enriquecimento ilícito e do prejuízo para a administração." - assertiva correta.

03. **(Cespe- TCE-AC 2009)** "Segundo entendimento do STJ, a contratação de pessoal pela prefeitura sem concurso público não conduz às punições previstas na lei de improbidade administrativa, desde que não configurado o enriquecimento ilícito do administrador público nem o prejuízo ao erário municipal." - assertiva correta.

CAPÍTULO 7

RESPONSABILIDADE CIVIL DO ESTADO

QUESTÕES

1. (PGM BH – PROCURADOR DO MUNICÍPIO – 2017)

Telejornais divulgaram as notícias que se seguem:

I – Em determinado município, acidente envolveu veículo de uma empresa concessionária de transporte coletivo local e um ciclista, que veio a falecer. Testemunhas entrevistadas indicaram, em um primeiro momento, o motorista do veículo coletivo como sendo o responsável pelo acidente. A esposa da vítima, desesperada, disse que o falecido era a única pessoa da família que trabalhava para garantir o sustento dela e de seus dois filhos, que, depois do acidente, ficariam desassistidos.

II – Um aluno de uma escola municipal, em virtude de brincadeira de um colega, teve seu globo ocular direito atingido por estilhaços de vidro de uma janela, o que causou a perda de sua visão. O episódio ocorreu dentro da própria escola.

III – O delegado de um município informou que um preso suicidou-se na cela da delegacia, mas não houve a hipótese de suicídio até o momento.

Com fundamento no texto constitucional, discorra sobre a responsabilidade do Estado nas situações relatadas nas notícias acima (valor: 4,00 pontos) e explique as principais teorias tidas como adequadas a cada um dos três casos apresentados (valor 3,0 pontos) e suas eventuais hipóteses de excludentes de responsabilidade (valor 2,50 pontos)

ESPAÇO EM BRANCO PARA RESPOSTA (30 LINHAS)

1

2

2. (MP/SP – PROMOTOR DE JUSTIÇA DO ESTADO DE SÃO PAULO – 2015)

O Estado poderá ser responsabilizado civilmente pelo ressarcimento ao particular que vier a sofrer danos decorrentes de atividade lícita? Fundamente.

ESPAÇO EM BRANCO PARA RESPOSTA (20 LINHAS)

3. (CETRO – PROCURADOR DO MUNICÍPIO DE CAMPINAS – 2012)

Santos Oliveira, proprietário de uma empresa de transportes, ingressou com uma ação indenizatória por danos morais e materiais em face da Prefeitura de Campinas. Segundo alega o autor, um veículo de sua empresa estava trafegando pelas ruas da cidade quando foi depredado por manifestantes liderados por um vereador, Soares Coelho, defronte à Câmara Municipal. Embora não estivesse no local dos fatos, Santos Oliveira sustenta que a depredação não teria ocorrido se não houvesse as incitações iniciadas pelo vereador Soares Coelho. Por isso, pediu ressarcimento em danos materiais na quantia de R$120.000,00 e ainda danos morais na quantia de R$500.000,00 em razão da mácula que o evento causou à imagem da empresa. O município de Campinas foi regularmente citado. Na qualidade de Procurador do Município, elabore a peça adequada para defender o Município.

Observação: deve-se assinar a Peça Processual como Tício Merius, OAB/SP nº 000000 , pois, conforme capítulo 7 do Edital nº 010/2012, item 7.4: "Será atribuída nota zero à Peça Processual quando esta: (...) c) for assinada fora do local apropriado; d) apresentar qualquer sinal que, de alguma forma, possibilite a identificação o candidato; (...)

ESPAÇO EM BRANCO PARA RESPOSTA (120 LINHAS)

97

98

99

100

101

102

103

104

105

106

107

108

109

110

111

112

113

114

115

116

117

118

119

120

4. (CESPE – ADVOGADO DA UNIÃO – 2012)

Durante investigação das ações de uma perigosa quadrilha, policiais federais receberam a informação de que, em determinado dia, os criminosos iriam reunir-se à noite, em um apartamento residencial, local onde, supostamente, estariam guardando um grande volume de drogas e armas. No período previsto, os policiais dirigiram-se, então, ao referido local e, no momento oportuno, quando se preparavam silenciosamente para invadir o apartamento e fazer a abordagem do grupo, perceberam que as portas dos apartamentos não eram numeradas. Enquanto discutiam a respeito do modo de identificar o apartamento que pretendiam invadir, ouviram um estampido alto, como de um tiro. Assustados, os policiais se precipitaram porta a dentro de um dos apartamentos, onde imobilizaram o morador e, em seguida, procederam a revista do local. Em cerca de cinco minutos, tendo verificado que aquele não era o apartamento do grupo criminoso, dirigiram-se ao apartamento vizinho, no qual apreenderam drogas e algumas armas e constataram a fuga dos criminosos. Na investigação dos fatos, verificou-se que o ruído que assustara os policiais tinha sido de fato, um tiro, disparado pelo morador imobilizado, que mantinha a arma em casa e que, por ter ouvido barulhos, se aproximara da porta com a arma em punho, acionando-a sem querer.

A porta do apartamento arrombado bem como outros pequenos danos materiais causados pela ação policial foram devidamente reparados pelo morador, que ajuizou ação de danos morais contra a União Federal, pelo incômodo sofrido, pretendendo obter indenização de 20.000,00.

Em face dessa situação hipotética, disserte, com base na disciplina constitucional e legal, sobre a responsabilidade patrimonial do Estado por atos da administração pública, respondendo, de forma fundamentada, às indagações a seguir.

Que elementos da responsabilidade civil devem ser demonstrados no pedido de indenização por dano moral? [valor: 1,00 pontos]

Eventual condenação da União no processo de indenização por danos morais implicará condenação dos policiais em ação regressiva que, porventura, seja impetrada conta eles? [valor: 2,00 pontos]

No curso do processo de indenização por danos morais, será de algum proveito à fazenda pública, no contexto da responsabilidade objetiva do Estado, a invocação de culpa exclusiva ou parcial da vítima? [valor: 2,00 pontos]

Deve a União pleitear a denuncia dos policiais à lide? [valor: 2,50 pontos]

De quem é a competência para propor ações regressivas no âmbito da União? [valor: 1,50 pontos]

◉ ESPAÇO EM BRANCO PARA RESPOSTA (30 LINHAS)

1

2

5. (FCC – PROCURADOR DO ESTADO – MT – 2011)

"X" ajuizou ação de indenização contra o Estado do Mato Grosso pleiteando indenização por danos materiais em razão de acidente automobilístico ocorrido na estrada estadual. Argumenta que o Estado teria deixado de realizar obras de recuperação asfáltica que poderiam ter evitado o fato. Sustenta que a responsabilidade civil do Estado seria objetiva, de modo que, comprovado o dano e a ausência do serviço, passaria a existir, para o Estado, o dever de indenizar.

Qual defesa, de mérito, formularia em favor do Estado do Mato Grosso? Responda de forma fundamentada.

◉ ESPAÇO EM BRANCO PARA RESPOSTA (30 LINHAS)

6. (CESPE– DEFENSOR PÚBLICO FEDERAL – 2010)

Pedro, menor impúbere, aluno de escola pública federal, acidentou-se enquanto usava, de forma inadequada um brinquedo localizado no pátio da escola onde estuda. Após o acidente, a família de Pedro despendeu somas vultosas com sua recuperação, tendo o menor adquirido uma cicatriz no rosto, que, devido à vergonha, o constrangia perante os seus colegas de turma. Diante do ocorrido, a família de Pedro procurou a Defensoria Pública da União.

Em face desta situação hipotética, considerando que não houve negligência, imprudência ou imperícia por parte dos funcionários da referida escola, discorra acerca da responsabilidade civil do Estado e da possibilidade de cumulação de danos material, moral e estético.

◉ ESPAÇO EM BRANCO PARA RESPOSTA (30 LINHAS)

7. (CESPE – PROCURADOR DO ESTADO – PB – 2008)

Em um presídio estadual, um detento assassinou um colega de carceragem. No processo administrativo instaurado para se apurarem as causas do homicídio bem como eventual culpa dos agentes penitenciários pelo ato criminoso, verificou-se que o homicídio ocorrera em razão de desavença de ordem pessoal entre colegas de carceragem e que não houve culpa dos agentes penitenciários na morte do detento.

Nessa situação, existe responsabilidade civil do Estado pela morte do detento? Justifique a sua resposta.

ESPAÇO EM BRANCO PARA RESPOSTA (30 LINHAS)

8. (MPF PROCURADOR DA REPÚBLICA – XVIII CONCURSO – 2001)

A responsabilidade patrimonial do Estado por atos de seus agentes. As teorias subjetivas e objetivas da responsabilidade patrimonial do Estado. O direito de regresso.

ESPAÇO EM BRANCO PARA RESPOSTA (30 LINHAS)

9. (QUESTÃO ELABORADA PELOS AUTORES)

É possível a responsabilização civil do Estado por conta de sua atividade legislativa?

ESPAÇO EM BRANCO PARA RESPOSTA (30 LINHAS)

10. (QUESTÃO ELABORADA PELOS AUTORES – INÉDITA)

Discorra sobre o instituto da prescrição no que tange às ações de ressarcimento ao erário propostas pela Fazenda Pública, considerando a legislação de regência, bem como a atual jurisprudência do Supremo Tribunal Federal.

ESPAÇO EM BRANCO PARA RESPOSTA (20 LINHAS)

QUESTÕES COMENTADAS

1. (PGM BH – PROCURADOR DO MUNICÍPIO – 2017)

Telejornais divulgaram as notícias que se seguem:

I – Em determinado município, acidente envolveu veículo de uma empresa concessionária de transporte coletivo local e um ciclista, que veio a falecer. Testemunhas entrevistadas indicaram, em um primeiro momento, o motorista do veículo coletivo como sendo o responsável pelo acidente. A esposa da vítima, desesperada, disse que o falecido era a única pessoa da família que trabalhava para garantir o sustento dela e de seus dois filhos, que, depois do acidente, ficariam desassistidos.

II – Um aluno de uma escola municipal, em virtude de brincadeira de um colega, teve seu globo ocular direito atingido por estilhaços de vidro de uma janela, o que causou a perda de sua visão. O episódio ocorreu dentro da própria escola.

III – O delegado de um município informou que um preso suicidou-se na cela da delegacia, mas não houve a hipótese de suicídio até o momento.

Com fundamento no texto constitucional, discorra sobre a responsabilidade do Estado nas situações relatadas nas notícias acima (valor: 4,00 pontos) e explique as principais teorias tidas como adequadas a cada um dos três casos apresentados (valor 3,0 pontos) e suas eventuais hipóteses de excludentes de responsabilidade (valor 2,50 pontos)

RESPOSTA:

No primeiro caso exposto, a responsabilidade é objetiva, aplicando-se o disposto no art. 37, § 6º, da Constituição Federal de 1988, e o ciclista, independentemente de ser usuário do serviço público, sofreu um dano decorrente de uma ação, com claro nexo causal. A despeito, já decidiu o Supremo Tribunal Federal que haverá a responsabilidade civil da concessionária que cause dano a não usuário de serviço público. Assim, para que empresa de transporte responda pelo dano, basta a demonstração do nexo causal entre a conduta e o resultado que gera dano, e a pessoa jurídica responderá por ato de seu agente (responsabilidade primária). Neste caso, se a empresa não tiver condições financeiras de arcar com a indenização, o Estado deverá ser responsabilizado (responsabilidade subsidiária).

Quanto ao segundo caso, o ente público tem a obrigação de zelar pela integridade física dos alunos matriculados na rede pública de ensino. Este é o entendimento do STF, ao fazer prevalecer a responsabilidade civil objetiva do Estado em caso semelhante. Com efeito, aplica-se ainda a teoria do risco administrativo, que se perfaz diante da obrigação do poder público em garantir a guarda, vigilância e proteção do aluno no horário das aulas.

Por fim, no caso de o preso ser encontrado morto na cela da delegacia de polícia, a jurisprudência predominante é firme no sentido da responsabilidade civil objetiva, sob a modalidade do risco administrativo, mesmo que não tenha decorrido de uma ação direta estatal. A custódia do preso importa o dever de proteção e garantia da integridade física. Desta forma, violada esta garantia, faz emergir o que dispõe o art. 37, §6º, da Constituição Federal de 1988.

Desta forma, nas três situações acima é está clara a responsabilidade objetiva estatal, sob a modalidade do risco administrativo, sendo esta a teoria adotada nas três situações.

De mais a mais, é sabido que a responsabilidade objetiva sob a modalidade do risco administrativo admite hipóteses de exclusão, de forma excepcional, a exemplo do caso fortuito e a da força maior ou quando for atribuível a culpa exclusivamente à vítima.

Espelho de correção da banca

As empresas prestadoras de serviços públicos respondem objetivamente pelos danos causados a terceiros, sejam estes usuários ou não do serviço. Esse entendimento, embora se trate prioritariamente de matéria infraconstitucional, foi consagrado pelo STF na Repercussão Geral do Recurso Extraordinário n. 591.874-2, interposto pelo Estado do Mato Grosso do Sul, cuja ementa assevera: A repercussão geral do caso modifica o entendimento quanto à responsabilidade civil das pessoas jurídicas de direito público em relação aos terceiros não usuários do serviço, fazendo-se incidir a teoria da responsabilidade civil objetiva, sendo suficiente para que responda a empresa de transporte pelo dano a demonstração do nexo causal entre a conduta e o resultado que gera dano, posto que a empresa é prestadora de serviço público e não de atividade econômica, indicando que não cabe ao intérprete fazer restrição onde o texto constitucional não o fez. A pessoa jurídica responde por ato de seu agente, por possuir responsabilidade primária. No entanto, mesmo diante dessa prestação de serviço público, o Estado pode ser chamado à responsabilidade, caso a pessoa jurídica não possua condições financeiras, diante de sua responsabilidade subsidiária (REsp. 738.026/RJ). Há de atentar para o fato de que a responsabilidade é subsidiária, e não solidária, na hipótese, pois a empresa de transporte paga primeiro e o Estado é chamado se ela não tiver condições de cumprir (na solidária, não aplicável à hipótese, seria ao mesmo tempo). No caso do aluno que foi severamente atingido em seu globo ocular direito, fato que lhe acarretou a perda de visão, entende-se que há a responsabilidade civil objetiva do Estado, dada a sua obrigação de zelar pela integridade física dos alunos. Assim, o STF entende que essa responsabilidade que essa responsabilidade é objetiva, baseada na teoria do risco administrativo, se consolida diante dos encargos assumidos pelo poder público ao estabelecer que a guarda, vigilância e proteção do aluno, no horário das aulas, são deveres do Estado.

EMENTA: INDENIZAÇÃO – RESPONSABILIDADE OBJETIVA DO PODER PÚBLICO – TEORIA DO RISCO ADMINISTRATIVO – PRESSUPOSTOS PRIMÁRIOS DE DETERMINAÇÃO DESSA RESPONSABILIDADE CIVIL – DANO CAUSADO A ALUNO POR OUTRO ALUNO IGUALMENTE MATRICULADO NA REDE PÚBLICA DE ENSINO – PERDA DO GLOBO OCULAR DIREITO – FATO OCORRIDO NO RECINTO DE ESCOLA PÚBLICA MUNICIPAL – CONFIGURAÇÃO DA RESPONSABILIDADE CIVIL OBJETIVA DO MUNICÍPIO – INDENIZAÇÃO PATRIMONIAL DEVIDA – RÉU NÃO CONHECIDO. RESPONSABILIDADE CIVIL OBJETIVA DO PODER PÚBLICO – PRINCÍPIO CONSTITUCIONAL. – A teoria do risco administrativo, consagrada em sucessivos documentos constitucionais brasileiros desde a Carta Política de 1946, confere fundamento doutrinário à responsabilidade civil objetiva do poder público pelos danos a que os agentes públicos houverem dado causa, por ação ou por omissão. Essa concepção teórica, que informa o princípio constitucional da responsabilidade civil objetiva do poder público, faz emergir, da mera ocorrência de ato lesivo causado à vítima pelo Estado, o dever de indenizá-la pelo dano pessoal e(ou) patrimonial sofrido, independentemente de caracterização de culpa dos agentes estatais ou de demonstração de falta do serviço público. Os elementos que compõem a estrutura e delineiam o perfil da responsabilidade civil objetiva do Poder Público compreendem:

(a) a alteridade do dano;

(b) a causalidade material entre o eventus damni e o comportamento positivo (ação)

ou negativo (omissão) do agente público;

(c) a oficialidade da atividade causal e lesiva, imputável a agente do poder público que tenha, nessa condição funcional, incidido em conduta comissiva ou omissiva, independentemente da licitude, ou não, do comportamento funcional (RTJ 140/636) e;

(d) a ausência de causa excludente da responsabilidade estatal.
(RTJ 55/503 – RTJ 71/99 – RTJ 91/377 – RTJ 99/1155 – RTJ 131/417)

O princípio da responsabilidade objetiva não se reveste de caráter absoluto, eis que admite o abrandamento e, até mesmo, a exclusão da própria responsabilidade civil do Estado, nas hipóteses excepcionais configuradoras de situações liberatórias – como o caso fortuito e a força maior – ou evidenciadoras de ocorrência de culpa atribuível à própria vítima (RDA 137/233 – RTJ 55/50). RESPONSABILIDADE CIVIL DO PODER PÚBLICO POR DANOS CAUSADOS A ALUNOS NO RECINTO DE ESTABELECIMENTO OFICIAL DE ENSINO. O poder público, ao receber o estudante em qualquer dos estabelecimentos da rede oficial de ensino, assume o grave compromisso de velar pela preservação de sua integridade física, devendo empregar todos os meios necessários ao integral desempenho desse encargo jurídico, sob pena de incidir em responsabilidade civil pelos eventos lesivos ocasionados ao aluno. A obrigação governamental de preservar a intangibilidade física dos alunos, enquanto estes se encontrarem no recinto do estabelecimento escolar, constitui encargo indissociável do dever que incumbe ao Estado de dispensar proteção efetiva a todos os estudantes que se acharem sob a guarda imediata do poder público nos estabelecimentos oficiais de ensino. Descumprida essa obrigação, e vulnerada a integridade corporal do aluno, emerge a responsabilidade civil do poder público pelos danos causados a quem, no momento do fato lesivo, se achava sob a guarda, vigilância e proteção das autoridades e dos funcionários escolares, ressalvadas as situações que descaracterizam o nexo de causalidade material entre o evento danoso e a atividade estatal imputável aos agentes públicos.

Do mesmo modo do caso do aluno ferido por outro aluno no ambiente escolar, considera-se a responsabilidade objetiva do Estado no caso de o preso ser encontrado morto na cela — independentemente de que tenha sido suicídio ou não –, não sendo necessário avaliar a culpa da administração. No julgamento do RE n.o 841.526, o STF considerou que o fato de ser homicídio ou suicídio não elidiria a responsabilidade do Estado, diante do dever de custódia que o Estado possui, assim como o de zelar pela integridade física do preso, indicando a predominância da teoria do risco administrativo. EMENTA: RECURSO EXTRAORDINÁRIO. REPERCUSSÃO GERAL. RESPONSABILIDADE CIVIL DO ESTADO POR MORTE DE DETENTO. ARTS. 5.º, XLIX, E 37, § 6.º, DA CONSTITUIÇÃO FEDERAL. 1. A responsabilidade civil estatal, segundo a Constituição Federal de 1988, em seu art. 37, § 6.º, subsume-se à teoria do risco administrativo, tanto para as condutas estatais comissivas quanto para as omissivas, posto rejeitada a teoria do risco integral. 2. A omissão do Estado reclama nexo de causalidade em relação ao dano sofrido pela vítima nos casos em que o poder público ostenta o dever legal e a efetiva possibilidade de agir para impedir o resultado danoso. 3. É dever do Estado e direito subjetivo do preso que a execução da pena se dê de forma humanizada, garantindo-se os direitos fundamentais do detento, e o de ter preservada a sua incolumidade física e moral (art. 5.o, inciso XLIX, da CF). 4. O dever constitucional de proteção ao detento somente se considera violado quando possível a atuação estatal no sentido de garantir os seus direitos fundamentais, pressuposto inafastável para a configuração da responsabilidade civil objetiva estatal, na forma do art. 37, § 6.o, da CF. 5. *Ad impossibilia nemo tenetur*, por isso que nos casos em que não é possível ao Estado agir para evitar a morte do detento (que ocorreria mesmo que o preso estivesse em liberdade), rompe-se o nexo de causalidade, afastando-se a responsabilidade do poder público, sob pena de adotar-se *contra legem* e a *opinio doctorum* a teoria do risco integral, ao arrepio do texto constitucional. 6. A morte do detento pode ocorrer por várias causas, como, v.g., homicídio, suicídio, acidente ou morte natural, sendo que nem sempre será possível ao Estado evitá-la, por mais que adote as precauções exigíveis. 7. A responsabilidade civil estatal resta conjurada nas hipóteses em que o poder público comprova causa impeditiva da sua atuação protetiva do detento, rompendo o nexo de causalidade da sua omissão com o resultado danoso. 8. Repercussão geral constitucional que assenta a tese de que: em caso de inobservância do seu dever específico de proteção previsto no art. 5.o, inciso XLIX, da CF, o Estado é responsável pela morte do detento. 9. In casu, o tribunal a quo assentou que inocorreu a comprovação do suicídio do detento, nem outra causa capaz de romper o nexo de causalidade da sua omissão com o óbito ocorrido, restando escorreita a decisão impositiva de responsabilidade civil estatal. 10. Recurso extraordinário DESPROVIDO.

Pelo exposto, às três situações aplica-se a teoria do risco administrativo (sendo que, na primeira hipótese, o Estado responde subsidiariamente), consagrada em sucessivas constituições brasileiras, desde a Carta Política de 1946, e revela-se fundamento da responsabilidade civil objetiva do Poder Público, pelos danos que seus agentes, nessa qualidade, causarem a terceiros, por ação ou por omissão (art. 37, § 6.º, da CF).

Observação: será considerada a resposta do candidato que aduzir que, na terceira hipótese (morte do detento), ocorreu:

a) a culpa administrativa. A teoria da culpa do serviço, também chamada de culpa administrativa, ou teoria do acidente administrativo, procura desvincular a responsabilidade do Estado da ideia de culpa do funcionário (Maria Sylvia Zanella Di Pietro. Direito Administrativo, 27. ed. Atlas, p. 719).

b) irresponsabilidade civil do Estado, se demonstrada observância estatal de seu dever específico de proteção previsto no artigo 5.º, inciso XLIX, da Constituição Federal, e o rompimento do nexo de causalidade pela omissão.

De fato, a responsabilidade civil objetiva do Poder Público tanto se refere à ação quanto à omissão do agente público e da mera ocorrência de lesão causada à vítima pelo Estado, o dever de indenizá-la pelo dano moral e/ou patrimonial sofrido, independentemente de caracterização de culpa dos agentes estatais, não importando que se trate de comportamento positivo (ação) ou que se cuide de conduta negativa (omissão) daqueles investidos da representação do Estado, consoante enfatiza o magistério da doutrina (Hely Lopes Meirelles. Direito Administrativo Brasileiro. 31. ed., Malheiros, 2005, p. 650; José Cretella Júnior. Curso de Direito Administrativo. 17. ed., Forense, 2000, p. 90; Yussef Said Cahali. Responsabilidade Civil do Estado. 2. ed., Malheiros, 1996, p. 40; Toshio Mukai. Direito Administrativo Sistematizado. Saraiva, 1999, p. 528; Celso Ribeiro Bastos. Curso de Direito Administrativo. 5. ed., Saraiva, 2001, p. 213).

O dever de indenizar, mesmo nas hipóteses de responsabilidade civil objetiva do Poder Público, supõe, dentre outros elementos (RTJ 163/1107-1109, v.g.), a comprovada existência do nexo de causalidade material entre o comportamento do agente e o *eventus damni*, sem o que se torna inviável, no plano jurídico, o reconhecimento da obrigação de recompor o prejuízo sofrido pelo ofendido. A comprovação da relação de causalidade — qualquer que seja a teoria que lhe dê suporte doutrinário (teoria da equivalência das condições, teoria da causalidade necessária ou teoria da causalidade adequada) — revela-se essencial ao reconhecimento do dever de indenizar, pois, sem tal demonstração, não há como imputar, ao causador do dano, a responsabilidade civil pelos prejuízos sofridos pelo ofendido. Doutrina. Precedentes. (STF, RE n. 481.110/PE, Segunda Turma, Relator o Ministro Celso de Mello, DJ de 9/3/07).

Contudo, o princípio da responsabilidade objetiva não se reveste de caráter absoluto, tendo em vista que admite abrandamento e, até mesmo, exclusão da própria responsabilidade civil do Estado nas hipóteses excepcionais: como o caso fortuito e a força maior — ou evidenciadoras de culpa atribuível (exclusiva) à própria vítima (RDA 137/233 – RTJ 55/50 – RTJ 163/1107-1109, v.g.) ou culpa de terceiro (Hely Lopes Meirelles, 2005, p. 623; Maria Sylvia Zanella Di Pietro. Direito Administrativo. 27.a ed. Atlas, p. 725).

DOUTRINA TEMÁTICA

"Quanto à responsabilidade objetiva das concessionárias, permissionárias e autorizadas de serviços públicos, a jurisprudência do Supremo Tribunal Federal consolidou, com repercussão geral, a orientação de que há responsabilidade civil objetiva das empresas que prestam serviço público mesmo em relação aos danos que sua atuação cause a terceiros não usuários do serviço público. Consoante bem sintetizou o Ministro Ricardo Lewandowski, relator do Recurso Extraordinário em que esta posição restou sedimentada, a Constituição Federal não faz qualquer distinção sobre a qualificação do sujeito passivo do dano, ou seja, não exige que a pessoa atingida pela lesão ostente a condição de usuário do serviço público. E "onde a lei não distingue, não cabe ao intérprete distinguir" (*ubi lex non distinguit, nec nos distinguere debemos*).

Portanto, é irrelevante perquirir se a vítima de prejuízo causado por prestador de serviço público é, ou não, usuária do serviço, bastando que o dano seja produzido pelo sujeito na qualidade de prestador de serviço público." (ALEXANDRINO, 2017, p. 920)

Existem situações fáticas em que o dano é causado a um particular em virtude de uma não atuação do agente público. Nesses casos, analisamos o regramento aplicado à responsabilização do Estado decorrente da omissão dos seus agentes, ou seja, da ausência de conduta do agente, em situações nas quais teria o dever de atuar previsto em lei. A maioria da doutrina entende que a conduta omissiva não está abarcada pelo art. 37, §6º da CRFB. O não fazer do Estado, a falta de atuação do Estado não geraria responsabilidade objetiva nos moldes do texto constitucional, que traz implícita, em seus termos, a existência de uma conduta como elemento da responsabilidade pública. A doutrina e a jurisprudência dominantes reconhecem que, em casos de omissão, aplica-se a Teoria da responsabilidade subjetiva, onde o elemento subjetivo está condicionado o dever de indenizar. Há divergência doutrinária a respeito, contudo, nesta obra, é o entendimento que prevalece, por assim o ser em provas objetivas de concursos. Então, nas omissões a regra é a aplicação da Teoria Subjetiva.

Vale salientar que José dos Santos Carvalho Filho defende, em sua obra, Manual de Direito Administrativo, a responsabilização objetiva do Estado, mesmo quando decorrente de simples omissão de seus agentes. Esse entendimento é minoritário na doutrina pátria e não é o entendimento adotado nesta obra." (CARVALHO, 2017, p. 347)

"Foi com lastro em fundamentos de ordem política e jurídica que os Estados modernos passaram a adotar a teoria da responsabilidade objetiva no direito público.

(...)

Diante disso, passou-se a considerar que, por ser mais poderoso, o Estado teria que arcar com um risco natural decorrente de suas numerosas atividades: à maior quantidade de poderes haveria de corresponder um risco maior. Surge, então, a teoria do risco administrativo, como fundamento da responsabilidade objetiva do Estado."(CARVALHO FILHO, 2017, p. 582)

JURISPRUDÊNCIA TEMÁTICA

INFO. 563. RE – 591874. Responsabilidade Civil Objetiva e Terceiro Não-Usuário do Serviço (Transcrições) (v. Informativo 557) RE 591874/MS* RELATOR: MIN. RICARDO LEWANDOWSKI Relatório: Trata-se de recurso extraordinário interposto em face de acórdão prolatado pelo Tribunal de Justiça do Estado de Mato Grosso do Sul, que concluiu pela responsabilidade civil objetiva de empresa privada prestadora de serviço público em relação a terceiro não-usuário do serviço. Na origem, cuida-se de ação de reparação de danos morais e materiais, ajuizada por Justa Servin de Franco e outra, contra a Viação São Francisco, em razão de acidente ocorrido em 14/11/1998, que vitimou o seu companheiro, no município de Campo Grande/MS. O acórdão recorrido recebeu a seguinte ementa: "APELAÇÃO CÍVEL. AÇÃO DE REPARAÇÃO DE DANOS. ACIDENTE ENVOLVENDO CICLISTA E ÔNIBUS DE EMPRESA DE TRANSPORTE COLETIVO. RESPONSABILIDADE OBJETIVA. OBRIGAÇÃO DE INDENIZAR. DANO MATERIAL NÃO COMPROVADO. DANO MORAL INDEPENDENTE DE PROVA. RECURSO PROVIDO PARA JULGAR PROCEDENTES EM PARTE OS PEDIDOS INICIAIS. 1. À míngua de prova de que o acidente envolvendo ciclista e ônibus de empresa de transporte coletivo, com morte do ciclista, deu-se por caso fortuito, força maior ou por culpa exclusiva da vítima, a empresa responderá objetivamente pelo dano, seja por se tratar de concessionária de serviço público, seja em virtude do risco inerente à sua atividade. 2. Inexistindo prova de que a vítima fatal de acidente de trânsito desenvolvia atividade remunerada, tem-se por improcedente o pedido de pensão alimentícia formulado pela companheira e pela filha. 3. O sofrimento decorrente do sinistro que acarretou a morte do companheiro e pai independe de qualquer atividade probatória e permite condenar a empresa de transporte coletivo a indenizar a família pela dor causada". Neste RE, fundado no art. 102, III, a, da Constituição, sustentou-se ofensa aos arts. 37, § 6º, e 93, IX, da mesma Carta. Alega a recorrente, em síntese, que a teoria da responsabilidade objetiva não se aplica ao caso, pois a pessoa que faleceu em razão do acidente não era usuária do serviço de transporte coletivo (fls. 322-323). Nas contrarrazões, encartadas às fls. 362-367, sustenta-se a responsabilidade objetiva da recorrente, bem como a inocorrência, na espécie, de caso fortuito, força maior ou culpa exclusiva da vítima. Em 23/10/2008, o Supremo Tribunal Federal considerou existente a repercussão geral da questão constitucional debatida nos autos. Transcrevo a ementa da decisão: "CONSTITUCIONAL. RESPONSABILIDADE OBJETIVA. ART. 37, § 6º, DA CONSTITUIÇÃO. PESSOAS JURÍDICAS DE DIREITO PRIVADO PRESTADORAS DE SERVIÇO PÚBLICO EM RELAÇÃO A TERCEIROS NÃO-USUÁRIOS DO SERVIÇO.

REPERCUSSÃO GERAL RECONHECIDA" (fl. 410). À ocasião, manifestei-me pela existência de repercussão geral, observando que a questão foi submetida ao Plenário desta Corte por meio do RE 459.749/PE, Rel. Min. Joaquim Barbosa, cujo julgamento foi suspenso em virtude do pedido de vista do Min. Eros Grau. Entretanto, ele não foi concluído em razão da superveniência de acordo entre as partes (fl. 406). Deixei de ouvir o Ministério Público Federal, porquanto, em inúmeros outros casos que versavam sobre a mesma questão constitucional, a Procuradoria-Geral da República manifestou-se pelo não conhecimento do recurso, em razão da inviabilidade do exame de provas na via extraordinária. Nesse sentido, cito, dentre outros, os seguintes processos: RE 565.758/DF, de minha relatoria, RE 459.749/PE, Rel. Min. Joaquim Barbosa. No entanto, instado a pronunciar-se, na Sessão Plenária de 26/8/2009, o Procurador-Geral da República manifestou-se, oralmente, pelo desprovimento do recurso. É o relatório. Voto: Senhor Presidente, a questão constitucional discutida nestes autos, consiste em aquilatar-se o alcance do art. 37, § 6º, da Constituição Federal, no que tange à extensão da teoria da responsabilidade objetiva a pessoa jurídica de direito privado, prestadora de serviço público, relativamente a terceiro que não ostenta a condição de usuário do serviço por ela prestado. Como se sabe, a obrigação do Estado de reparar os danos causados a terceiros em razão de atividades praticadas por seus agentes foi, por longo tempo, recusada em nome da iníqua "teoria da irresponsabilidade" da Administração Pública, fundada em princípios herdados do regime absolutista (*the king can do no wrong; le roi ne peut mal faire*), que representavam verdadeira negação do direito pelo próprio Estado, cuja principal atribuição é, justamente, a de guardá-lo e aplicá-lo de forma isonômica e adequada. Ao escrever sobre a responsabilidade do Poder Público, nos idos 1927, Paul Duez já sustentava a obrigação estatal de reparar, como regra, concluindo que "aujourd'hui, on peut dire que la responsabilité est la règle, l'irresponsabilité, la exception". Examinando a evolução da responsabilidade extracontratual do Estado, Maria Sylvia Zanella de Pietro, muito bem sintetizou a questão ao assinalar que: "O tema da responsabilidade civil do Estado tem recebido tratamento diverso no tempo e no espaço; inúmeras teorias têm sido elaboradas, inexistindo dentro de um mesmo direito uniformidade de regime jurídico que abranja todas as hipóteses. Em alguns sistemas, como o anglo-saxão, prevalecem os princípios do direito privado; em outros como o européu-continental, adota-se o regime publicístico. A regra adotada por muito tempo foi a de irresponsabilidade; caminhou-se, depois, para a responsabilidade subjetiva, vinculada à culpa, ainda hoje aceita em várias hipóteses; evoluiu-se, posteriormente, para a teoria da responsabilidade objetiva, aplicável, no entanto, diante de requisitos variáveis de um sistema para outro, de acordo com normas impostas pelo direito positivo". No Brasil, a teoria da irresponsabilidade jamais foi acolhida, seja no âmbito doutrinário, seja no jurisprudencial. Com o advento do Código Civil de 1916, adotou-se, majoritariamente, a teoria civilista da responsabilidade subjetiva, com base na redação um tanto quanto ambígua do art. 15 do referido diploma normativo, que conduzia à idéia da culpa. As Constituições de 1934 e 1937 acolheram o princípio da responsabilidade civil solidária entre o Estado e os seus funcionários, por danos causados a terceiros, ressalvado o direito de regresso. Com a Constituição de 1946, o Brasil assumiu uma postura mais publicista com relação à responsabilidade do Estado, desenvolvendo-se aqui a "teoria do risco administrativo", segundo a qual não se exige a demonstração de culpa para que se possa responsabilizar objetivamente o Poder Público por prejuízo causado a terceiro, mas, apenas, a constatação do nexo de causalidade entre o dano e a ação administrativa. Adotou ela, então, a "teoria do risco", que tem por substrato a idéia de que toda a atividade estatal envolve a possibilidade de causar dano a alguém. Assim, assentava o art. 194 da referida Carta que "as pessoas jurídicas de direito público interno são civilmente responsáveis pelos danos que seus funcionários, nessa qualidade, causem a terceiros", admitida a ação regressiva contra funcionários que tivessem agido com culpa. A Constituição de 1967 manteve a regra em seu art. 105, acrescentando que a ação de regresso seria cabível em caso de dolo ou culpa. Idêntica redação foi adotada pela EC 1/1969, no art. 107. Em 1988, com o advento da nova Constituição, estabeleceu-se no art. 37, § 6º, o seguinte: "As pessoas jurídicas de direito público e as de direito privado prestadoras de serviços públicos responderão pelos danos que seus agentes, nessa qualidade, causarem a terceiros, assegurado o direito de regresso contra o responsável nos casos de dolo ou culpa". A responsabilidade civil, tanto do Estado, quanto da pessoa jurídica de direito privado prestadora de serviço público, portanto, passou a ser objetiva em relação a terceiros, como se depreende da redação do referido dispositivo constitucional. É bem de ver, contudo, que a força maior e a culpa exclusiva da vítima podem figurar como excludentes de responsabilidade do Estado, exatamente porque o nexo causal entre a atividade administrativa e o dano dela resultante não fica evidenciado. Resta saber - e é exatamente isso que se discute no presente RE - se a locução "terceiros", abrigada no art. 37, § 6º, da Constituição vigente, alcança também aquela pessoa que não se utiliza do serviço público. A matéria ora submetida ao exame do Plenário, convém recordar, não é nova nesta Suprema Corte. Em caso semelhante, nos autos do RE 262.651/SP, Rel. Min. Carlos Velloso, decidido pela Segunda Turma, em 16/11/2004, prevaleceu o entendimento de que "a responsabilidade civil das pessoas jurídicas de direito privado prestadoras de serviço público é objetiva relativamente aos usuários do serviço, não se estendendo a pessoas outras que não ostentem a condição de usuário". À ocasião, o Min. Joaquim Barbosa foi voto vencido na companhia do Min. Celso de Mello. Noutra ocasião, no julgamento do RE 459.749/PE, relatado pelo Ministro Joaquim Barbosa, o qual foi suspenso em virtude de pedido de vista do Min. Eros Grau, e não concluído em razão da superveniência de acordo entre as partes, o Relator reiterou o entendimento de que a teoria da responsabilidade objetiva é aplicável às pessoas jurídicas de direito privado prestadoras de serviço público, mesmo para os terceiros não-usuários do serviço, com fulcro nos seguintes fundamentos: "1) Tendo a Constituição brasileira optado por um sistema de responsabilidade objetiva baseado na teoria do risco, mais favorável às vítimas do que às pessoas públicas ou privadas concessionárias de serviço público, no qual a simples demonstração do nexo causal entre a conduta do agente público e o dano sofrido pelo administrado é suficiente para desencadear a obrigação do Estado de indenizar o particular que sofre o dano, deve a sociedade como um todo compartilhar os prejuízos decorrentes dos riscos inerentes à atividade administrativa, em face do princípio da isonomia de todos perante os encargos públicos; 2) Parece-me imprópria a indagação acerca dessa ou daquela qualidade intrínseca da vítima para se averiguar se no caso concreto está ou não está configurada hipótese de responsabilidade objetiva, já que esta decorre da natureza da atividade administrativa, a qual não se modifica em razão da simples transferência da prestação dos serviços públicos a empresas particulares concessionárias do serviço". Ao examinar pontualmente o tema em questão, Celso Antônio Bandeira de Mello, por sua vez, assevera que o art. 37, § 6º, da Constituição não faz qualquer distinção no que concerne à qualificação do sujeito passivo do dano, ou seja, não exige que a pessoa atingida pela lesão ostente a condição de usuário do serviço. De fato, segundo o brocardo latino, *ubi lex non distinguit, nec nos distinguere debemos*. Nesse sentido, o citado autor sustenta que "para a produção dos efeitos supostos na regra é irrelevante se a vítima é usuário do serviço ou um terceiro em relação a ele. Basta que o dano seja produzido pelo sujeito na qualidade de prestador do serviço público. Também não se poderia pretender que, tratando-se de pessoa de Direito Privado, a operatividade do preceito só se daria quando o lesado houvesse sofrido o dano na condição de usuário do serviço, porque o texto dá tratamento idêntico às 'pessoas jurídicas de Direito Público e as de Direito Privado prestadoras de serviços públicos'. Assim, qualquer restrição benéfica a estes últimos valeria também para os primeiros, e ninguém jamais sufragaria tal limitação à responsabilidade do Estado". Com fundamento nesse argumento, penso também que não se pode interpretar restritivamente o alcance do referido art. 37, § 6º, sobretudo porque o texto magno, interpretado à luz do princípio da isonomia, não permite que se faça qualquer distinção entre os chamados "terceiros", isto é, entre usuários e não-usuários do serviço público, vez que todos eles, de igual modo, podem sofrer dano em razão da ação administrativa do Estado, seja ela realizada diretamente, seja por meio de pessoa jurídica de direito privado. Não impressiona, data venia, o entendimento segundo o qual apenas os terceiros usuários do serviço público gozam de proteção constitucional decorrente da responsabilidade objetiva do Estado, porquanto têm o direito subjetivo de receber um serviço adequado. É que tal raciocínio contrapõe-se à própria natureza do serviço público, que, por definição, tem caráter geral, estendendo-se, indistintamente, a todos os cidadãos, beneficiários diretos ou indiretos da ação estatal. Na espécie, não ficou evidenciado, nas instâncias ordinárias, que o acidente fatal que vitimou o ciclista ocorreu por culpa exclusiva da vítima ou em razão de força maior. Constato, no entanto, que restou comprovado o nexo de causalidade entre o ato administrativo e o dano causado ao terceiro não-usuário do serviço público, sendo tal condição suficiente para estabelecer a responsabilidade objetiva da pessoa jurídica de direito privado, ora recorrente, nos termos do art. 37, § 6º, da Constituição Federal. Isso posto, pelo meu voto, conheço do recurso extraordinário, mas nego-lhe provimento.

DECISÃO: Trata-se de agravo de instrumento interposto de decisão que inadmitiu recurso extraordinário, fundado no artigo 102, III, "a", da Constituição Federal, tendo como violado o art. 37, § 6º da Constituição. Visa o recorrente reformar acórdão que condenou o Estado de São Paulo a indenizar a família de detento assassinado por outros presos em estabelecimento prisional daquele estado. 2. Em casos análogos ao presente, a Segunda Turma dessa Corte tem decidido que: "EMENTA: Recurso extraordinário. 2. Morte de detento por colegas de carceragem. Indenização por danos morais e materiais. 3. Detento sob a custódia do Estado. Responsabilidade objetiva. 4. Teoria do Risco Administrativo. Configuração do nexo de causalidade em função do dever constitucional de guarda (art. 5º, XLX). Responsabilidade de reparar o dano que prevalece ainda que demonstrada a ausência de culpa dos agentes públicos. 5. Recurso extraordinário a que se nega provimento." (RE 272839/MT, rel. min. Gilmar Mendes, DJ 08.04.2005) "EMENTA: - "Recurso extraordinário. Responsabilidade civil do Estado. Morte de preso no interior do estabelecimento prisional. 2. Acórdão que proveu parcialmente a apelação e condenou o Estado do Rio de Janeiro ao pagamento de indenização correspondente às despesas de funeral comprovadas. 3. Pretensão de procedência da demanda indenizatória. 4. O consagrado princípio da responsabilidade objetiva do Estado resulta da causalidade do ato comissivo ou omissivo e não só da culpa do agente. Omissão por parte dos agentes públicos na tomada de medidas que seriam exigíveis a fim de ser evitado o homicídio. 5. Recurso conhecido e provido para condenar o Estado do Rio de Janeiro a pagar pensão mensal à mãe da vítima, a ser fixada em execução de sentença." (RE 215981/RJ, rel. min. Néri da Silveira, DJ. 31.05.2002) No mesmo sentido, decidiu a Primeira Turma: "EMENTA: INDENIZAÇÃO - RESPONSABILIDADE OBJETIVA DO PODER PÚBLICO - TEORIA DO RISCO ADMINISTRATIVO - PRESSUPOSTOS PRIMÁRIOS DE DETERMINAÇÃO DESSA RESPONSABILIDADE CIVIL - DANO CAUSADO A ALUNO POR OUTRO ALUNO IGUALMENTE MATRICULADO NA REDE PÚBLICA DE ENSINO - PERDA DO GLOBO OCULAR DIREITO - FATO OCORRIDO NO RECINTO DE ESCOLA PÚBLICA MUNICIPAL - CONFIGURAÇÃO DA RESPONSABILIDADE CIVIL OBJETIVA DO MUNICÍPIO - INDENIZAÇÃO PATRIMONIAL DEVIDA - RE NÃO CONHECIDO. RESPONSABILIDADE CIVIL OBJETIVA DO PODER PÚBLICO - PRINCÍPIO CONSTITUCIONAL." - A teoria do risco administrativo, consagrada em sucessivos documentos constitucionais brasileiros desde a Carta Política de 1946, confere fundamento doutrinário à responsabilidade civil objetiva do Poder Público pelos danos a que os agentes públicos houverem dado causa, por ação ou por omissão. Essa concepção teórica, que informa o princípio constitucional da responsabilidade civil objetiva do Poder Público, faz emergir, da mera ocorrência de ato lesivo causado à vítima pelo Estado, o dever de indenizá-la pelo dano pessoal e/ou patrimonial sofrido, independentemente de caracterização de culpa dos agentes estatais ou de demonstração de falta do serviço público. - Os elementos que compõem a estrutura e delineiam o perfil da responsabilidade civil objetiva do Poder Público compreendem (a) a alteridade do dano, (b) a causalidade material entre o *eventus damni* e o comportamento positivo (ação) ou negativo (omissão) do agente público, (c) a oficialidade da atividade causal e lesiva, imputável a agente do Poder Público, que tenha, nessa condição funcional, incidido em conduta comissiva ou omissiva, independentemente da licitude, ou não, do comportamento funcional (RTJ 140/636) e (d) a ausência de causa excludente da responsabilidade estatal (RTJ 55/503 - RTJ 71/99 - RTJ 91/377 - RTJ 99/1155 - RTJ 131/417). - O princípio da responsabilidade objetiva não se reveste de caráter absoluto, eis que admite o abrandamento e, até mesmo, a exclusão da própria responsabilidade civil do Estado, nas hipóteses excepcionais configuradoras de situações liberatórias - como o caso fortuito e a força maior - ou evidenciadoras de ocorrência de culpa atribuível à própria vítima (RDA 137/233 - RTJ 55/50). RESPONSABILIDADE CIVIL DO PODER PÚBLICO POR DANOS CAUSADOS A ALUNOS NO RECINTO DE ESTABELECIMENTO OFICIAL DE ENSINO. - O Poder Público, ao receber o estudante em qualquer dos estabelecimentos da rede oficial de ensino, assume o grave compromisso de velar pela preservação de sua integridade física, devendo empregar todos os meios necessários ao integral desempenho desse encargo jurídico, sob pena de incidir em responsabilidade civil pelos eventos lesivos ocasionados ao aluno. - A obrigação governamental de preservar a intangibilidade física dos alunos, enquanto estes se encontrarem no recinto do estabelecimento escolar, constitui encargo indissociável do dever que incumbe ao Estado de dispensar proteção efetiva a todos os estudantes que se acharem sob a guarda imediata do Poder Público nos estabelecimentos oficiais de ensino. Descumprida essa obrigação, e vulnerada a integridade corporal do aluno, emerge a responsabilidade civil do Poder Público pelos danos causados a quem, no momento do fato lesivo, se achava sob a guarda, vigilância e proteção das autoridades e dos funcionários escolares, ressalvadas as situações que descaracterizam o nexo de causalidade material entre o evento danoso e a atividade estatal imputável aos agentes públicos." (RE 109615/RJ, rel. min. Celso de Mello, DJ. 02.08.1996). Dessa orientação, não divergiu o acórdão recorrido. 3. Do exposto, nego seguimento ao presente agravo. Brasília, 14 de junho de 2005. Ministro JOAQUIM BARBOSA Relator (AI 546889, Relator(a): Min. JOAQUIM BARBOSA, julgado em 14/06/2005, publicado em DJ 01/07/2005 PP-00239 RDDP n. 30, 2005, p. 170/171).

EMENTA: RECURSO EXTRAORDINÁRIO. REPERCUSSÃO GERAL. RESPONSABILIDADE CIVIL DO ESTADO POR MORTE DE DETENTO. ARTS. 5.o, XLIX, E 37, § 6.º, DA CONSTITUIÇÃO FEDERAL. 1. A responsabilidade civil estatal, segundo a Constituição Federal de 1988, em seu art. 37, § 6.º, subsume-se à teoria do risco administrativo, tanto para as condutas estatais comissivas quanto para as omissivas, posto rejeitada a teoria do risco integral. 2. A omissão do Estado reclama nexo de causalidade em relação ao dano sofrido pela vítima nos casos em que o poder público ostenta o dever legal e a efetiva possibilidade de agir para impedir o resultado danoso. 3. É dever do Estado e direito subjetivo do preso que a execução da pena se dê de forma humanizada, garantindo-se os direitos fundamentais do detento, e o de ter preservada a sua incolumidade física e moral (art. 5.o, inciso XLIX, da CF). 4. O dever constitucional de proteção ao detento somente se considera violado quando possível a atuação estatal no sentido de garantir os seus direitos fundamentais, pressuposto inafastável para a configuração da responsabilidade civil objetiva estatal, na forma do art. 37, § 6.º, da CF. 5. *Ad impossibilia nemo tenetur*, por isso que nos casos em que não é possível ao Estado agir para evitar a morte do detento (que ocorreria mesmo que o preso estivesse em liberdade), rompe-se o nexo de causalidade, afastando-se a responsabilidade do poder público, sob pena de adotar-se *contra legem* e a *opinio doctorum* a teoria do risco integral, ao arrepio do texto constitucional. 6. A morte do detento pode ocorrer por várias causas, como, v.g., homicídio, suicídio, acidente ou morte natural, sendo que nem sempre será possível ao Estado evitá-la, por mais que adote as precauções exigíveis. 7. A responsabilidade civil estatal resta conjurada nas hipóteses em que o poder público comprova causa impeditiva da sua atuação protetiva do detento, rompendo o nexo de causalidade da sua omissão com o resultado danoso. 8. Repercussão geral constitucional que assenta a tese de que: em caso de inobservância do seu dever específico de proteção previsto no art. 5.o, inciso XLIX, da CF, o Estado é responsável pela morte do detento. 9. In casu, o tribunal a quo assentou que inocorreu a comprovação do suicídio do detento, nem outra causa capaz de romper o nexo de causalidade da sua omissão com o óbito ocorrido, restando escorreita a decisão impositiva de responsabilidade civil estatal. 10. Recurso extraordinário DESPROVIDO.

2. (MP/SP – PROMOTOR DE JUSTIÇA DO ESTADO DE SÃO PAULO – 2015)

O Estado poderá ser responsabilizado civilmente pelo ressarcimento ao particular que vier a sofrer danos decorrentes de atividade lícita? Fundamente.

◉ RESPOSTA:

Sim, mesmo em relação aos danos decorrentes de atividade lícita, o Estado deve ser responsabilizado civilmente. O artigo 37, § 6º da Constituição Federal acolheu a teoria do risco administrativo, o que implica na responsabilidade objetiva em decorrência dos danos causados pela atividade administrativa. Segundo tal dispositivo, as pessoas jurídicas respondem pelos danos que seus agentes causarem nessa condição independentemente de dolo ou culpa do deste.

Desse modo, é irrelevante que a atividade causadora do dano ao particular seja lícita ou ilícita. Como há uma pressuposição de que a atividade estatal é exercida em benefício da coletividade, esta última deve arcar com os prejuízos causados pelo exercício das funções públicas.

◉ DOUTRINA TEMÁTICA

"Segundo alguns doutrinadores, o Estado só responde objetivamente se o dano decorrer de ato injurídico, o que deve ser entendido em seus devidos termos. Ato injurídico não pode ser entendido, para esse fim, como ato ilícito, pois é evidente que a licitude ou ilicitude do ato é irrelevante para fins de responsabilidade objetiva; caso contrário, danos decorrentes de obra pública, por exemplo, ainda que licitamente realizada, não seriam indenizados pelo Estado. Somente se pode aceitar como pressuposto da responsabilidade objetiva a prática de ato antijurídico se este, mesmo sendo lícito, for entendido como ato causador de dano anormal e específico a determinadas pessoas, rompendo o princípio da igualdade de todos perante os encargos sociais. Por outras palavras, **ato antijurídico, para fins de responsabilidade objetiva do Estado, é o ato ilícito e o ato lícito que cause dano anormal e específico**." (DI PIETRO, 2014, p. 723-724)

"**Na responsabilidade objetiva, a obrigação de indenizar incumbe ao Estado em razão de um procedimento lícito ou ilícito que produziu lesão na esfera juridicamente protegida de outrem**. Caso o Administrador pratique condutas ilícitas, a indenização deve acontecer, e o fundamento é o princípio da legalidade.

De outro lado, nas condutas lícitas, como, por exemplo, construir um cemitério ou um presídio, ações estatais com as quais toda a sociedade será beneficiada, mas os administrados do entorno terão sérios prejuízos com a obra, não é justo que, enquanto todos ganham, um administrado tenha considerável prejuízo e arque com o ônus dessa obra. Esse fato viola o princípio da isonomia e, para restabelecer o equilíbrio da relação, o Estado, com o dinheiro público (em tese do povo, que é no caso o beneficiário), deve indenizar os prejuízos sofridos por esse particular. Assim, o princípio da isonomia é grande fundamento da responsabilidade civil na teoria objetiva com condutas lícitas." (MARINELA, 2013, p. 987)

3. (CETRO – PROCURADOR DO MUNICÍPIO DE CAMPINAS – 2012)

Santos Oliveira, proprietário de uma empresa de transportes, ingressou com uma ação indenizatória por danos morais e materiais em face da Prefeitura de Campinas. Segundo alega o autor, um veículo de sua empresa estava trafegando pelas ruas da cidade quando foi depredado por manifestantes liderados por um vereador, Soares Coelho, defronte à Câmara Municipal. Embora não estivesse no local dos fatos, Santos Oliveira sustenta que a depredação não teria ocorrido se não houvesse as incitações iniciadas pelo vereador Soares Coelho. Por isso, pediu ressarcimento em danos materiais na quantia de R$120.000,00 e ainda danos morais na quantia de R$500.000,00 em razão da mácula que o evento causou à imagem da empresa. O município de Campinas foi regularmente citado. Na qualidade de Procurador do Município, elabore a peça adequada para defender o Município.

Observação: deve-se assinar a Peça Processual como Tício Merius, OAB/SP nº 000000 , pois, conforme capítulo 7 do Edital nº 010/2012, item 7.4: "Será atribuída nota zero à Peça Processual quando esta: (...) c) for assinada fora do local apropriado; d) apresentar qualquer sinal que, de alguma forma, possibilite a identificação o candidato; (...)

RESPOSTA:

EXCELENTÍSSIMO SENHOR DOUTOR JUIZ DA ___ VARA DA FAZENDA PÚBLICA DA COMARCA DE CAMPINAS-SP

O Município de Campinas, pessoa jurídica de direito público interno, com sede na (...), endereço que desde logo indica para intimações, por meio do Procurador do Município que ora subscreve (mandato "*ex lege*"), vem respeitosamente à presença de Vossa Excelência apresentar CONTESTAÇÃO, em face da ação indenizatória que lhe move Santos Oliveira, pelas razões que ora expõe.

DOS FATOS

Por conta da depredação de um veículo de propriedade de sua empresa, Santos Oliveira ajuizou ação indenizatória contra o Município pleiteando reparação por danos morais e materiais. A depredação, contudo, foi praticada por manifestantes ligados a um vereador. Eis o breve relato dos fatos.

DAS PRELIMINARES

a) DA ILEGITIMIDADE DO AUTOR DA AÇÃO

Em primeiro lugar, é flagrante a inobservância das regras básicas de direito processual, no que diz respeito à legitimidade processual. O autor da ação não é o titular do direito supostamente violado. Como o veículo depredado pertence à empresa, que tem personalidade jurídica própria e distinta de seu proprietário, falece a este a legitimidade para figurar no processo como autor, eis que não é o caso de substituição processual ou legitimação extraordinária. O polo ativo só estaria regularmente preenchido se a empresa proprietária do veículo depredado fosse a autora da ação, pois a ninguém é dado defender em nome próprio direito ou interesse alheio, a não ser nos casos previstos em lei, o que não sucede no presente processo. Outra alternativa não há que não seja a extinção do processo sem análise do mérito por ausência de uma das condições da ação, qual seja, a legitimidade das partes.

b) DA ILEGITIMIDADE PASSIVA

A falta de técnica processual se repete também na composição do polo passivo da presente ação. Isso porque o autor indicou como réu o Município de Campinas, quando na verdade não houve qualquer relação de causalidade entre o fato ocorrido e o Poder Público Municipal. A depredação incitada pelo vereador não configura um ato praticado no exercício de função pública, mas sim um ato de responsabilidade exclusiva e pessoal do vereador, que em nada se relaciona com a atuação do Município. Não há qualquer fundamento, desse modo, para que a ação prossiga em face de parte ilegítima, sendo imperioso reconhecer a falta de uma das condições da ação (legitimidade das partes), como apta a ensejar a extinção do processo sem resolução do mérito.

DO MÉRITO

Ainda que as preliminares acima elencadas sejam mais do que suficiente para o insucesso da presente ação indenizatória, cabe também atacá-la no mérito apenas por observância do princípio da eventualidade.

A relação deduzida em juízo não tem qualquer relação com o Município, não havendo que se falar em responsabilidade objetiva do Estado com base no artigo 37, § 6º da Constituição Federal. Na realidade, os fatos narrados na inicial mais se aproximam da responsabilidade civil dos particulares, eis que o vereador deve ser tratado, no presente caso, como pessoa física individualizada e desvinculada do Município. Não há que se falar em incidência da teoria do órgão ou da imputação, pois não houve prática de ato no exercício de função pública.

Não há igualmente qualquer possibilidade de se acolher o pleito de dano moral, pois, apesar de a jurisprudência reconhecer a possibilidade de as pessoas jurídicas sofrerem dano moral (súmula 227 do Superior Tribunal de Justiça), o dano moral não pode jamais ser banalizado, sob pena de esvaziamento de seu conteúdo. Dano moral, para a pessoa jurídica, é aquele que atinge sua fama perante a sociedade, ou seja, é aquele que macula sua honra objetiva. Um evento como o narrado não tem o condão de abalar a imagem da empresa perante a sociedade, não havendo qualquer prejuízo à sua boa-fama pelo simples fato de um de seus veículos ter sido depredado.

Cumpre ainda, por mero dever de ofício imposto pelo princípio da eventualidade, rechaçar o valor exorbitante das indenizações requeridas pelo autor. Como é sabido, a fixação do valor da indenização deve ser aferido por critérios coerentes e lógicos, não servindo o dano moral ou material como um meio de enriquecimento descabido. Assim, é necessário que o valor da indenização esteja em harmonia com a razoabilidade e a proporcionalidade, devendo haver a sua redução.

DOS PEDIDOS

Diante do exposto, requer:

a) seja o processo extinto sem resolução do mérito, nos termos do artigo 267, VI, do Código de Processo Civil;

b) caso assim não se entenda, que sejam julgados improcedentes os pedidos do autor;

c) se eventualmente não o for, que se reduza o valor da indenização;

d) a condenação do autor nos ônus da sucumbência.

Protesta provar por todos os meios de prova admitidos em direito.

Pede deferimento.

Local, data.

Tício Merius, OAB/SP nº 000000

Espelho da peça processual fornecido pela banca

PEÇA CABÍVEL CONSTESTAÇÃO

COMPETÊNCIA

Excelentíssimo Senhor Doutor Juiz da _____ Vara Cível da Comarca de Campinas – SP ou

Excelentíssimo Senhor Doutor Juiz da ____ Vara de Fazenda Pública da Comarca de Campinas – SP

PRELIMINARES

1) Ilegitimidade ativa da causa: a empresa de transporte que teve o veículo depredado tem personalidade jurídica própria e dist nta de seu sócio- proprietário. Ainda que Santos Oliveira seja proprietário da empresa não tem legitimidade por falta de pertinência subjetiva com a lide. Portanto deve ser requerido a extinção do feito sem resolução do mérito.

2) Ilegitimidade passiva da causa: a Prefeitura de Campinas também é parte ilegítima para figurar no polo passivo da demanda porque os fatos imputados ao Vereador em nenhum momento dizem que ele estivesse no exercício de suas funções na Câmara. Assim, não resta configurada a responsabilidade conforme prevista no art. 37, §6º da CF.

Obs.: duas causas que vão dar ensejo ao pedido de extinção do feito sem julgamento do mérito nos termos do art. 485, VI do CPC.

MÉRITO

1) A responsabilidade aqui é pessoal e regida pe o Direito Civil em relação direta entre o Vereador e a Empresa de transporte. Não houve prática no exercício das funções públicas conforme exige o art. 37, §6º da CF.

2) Inexistência de dano moral, pois os danos em veículo jamais atingem direito personalíssimo de imagem da empresa perante a sociedade.

3) Caso não seja possível atender as teses explanadas o que se admite por mero amor ao debate, requer redução dos valores de indenização pleiteada pelo autor por ser desarrazoada e desproporcional.

PEDIDOS

1) Extinção do feito sem resolução do mérito conforme o art. 485, VI do CPC.

2) Superadas as preliminares, que sejam julgados improcedentes os pedidos da inicial.

3) Condenação do autor ao ônus da sucumbência.

4) Produção de todas as provas admitidas em direito.

DOUTRINA TEMÁTICA

"Qual a repercussão dos atos de multidões na responsabilidade civil do Estado? A regra, aceita no direito moderno, é a de que os danos causados ao indivíduo em decorrência exclusivamente de tais atos não acarretam a responsabilidade civil do Estado, já que, na verdade, são tidos como atos praticados por terceiros. Sequer existem os pressupostos da responsabilidade objetiva do Estado, seja pela ausência da conduta administrativa, seja por falta de nexo causal entre atos estatais e o dano." (CARVALHO FILHO, 2011, p. 516)

JURISPRUDÊNCIA TEMÁTICA

STJ

CIVIL E PROCESSUAL CIVIL. INTERRUPÇÃO DE SERVIÇO DE ENERGIA. DANO MORAL. NECESSIDADE DE COMPROVAÇÃO.

1. **A pessoa jurídica pode sofrer dano moral desde que haja ferimento à sua honra objetiva, ao conceito de que goza no meio social**. 2. O mero corte no fornecimento de energia elétrica não é, a princípio, motivo para condenação da empresa concessionária em danos morais, exigindo-se, para tanto, demonstração do comprometimento da reputação da empresa. 3. No caso, a partir das premissas firmadas na origem, não há fato ou prova que demonstre ter a empresa autora sofrido qualquer dano em sua honra objetiva, vale dizer, na sua imagem, conceito e boa fama. O acórdão recorrido firmou a indenização por danos morais com base, exclusivamente, no fato de que houve interrupção no fornecimento do serviço prestado devido à suposta fraude no medidor, que não veio a se confirmar em juízo. 4. Com base nesse arcabouço probatório, não é possível condenar a concessionária em danos morais, sob pena de presumi-lo a cada corte injustificado de energia elétrica, com ilegítima inversão do ônus probatório. 5. Recurso especial provido. (REsp 1.298.689, Rel. Min. Castro Meira, 2ª Turma, j. 09.04.2013, DJe 15/04/2013)

4. (CESPE – ADVOGADO DA UNIÃO – 2012)

Durante investigação das ações de uma perigosa quadrilha, policiais federais receberam a informação de que, em determinado dia, os criminosos iriam reunir-se à noite, em um apartamento residencial, local onde, supostamente, estariam guardando um grande volume de drogas e armas. No período previsto, os policiais dirigiram-se, então, ao referido local e, no momento oportuno, quando se preparavam silenciosamente para invadir o apartamento e fazer a abordagem do grupo, perceberam que as portas dos apartamentos não eram numeradas. Enquanto discutiam a respeito do modo de identificar o apartamento que pretendiam invadir, ouviram um estampido alto, como de um tiro. Assustados, os policiais se precipitaram porta a dentro de um dos apartamentos, onde imobilizaram o morador e, em seguida, procederam a revista do local. Em cerca de cinco minutos, tendo verificado que aquele não era o apartamento do grupo criminoso, dirigiram-se ao apartamento vizinho, no qual apreenderam drogas e algumas armas e constataram a fuga dos criminosos. Na investigação dos fatos, verificou-se que o ruído que assustara os policiais tinha sido de fato, um tiro, disparado pelo morador imobilizado, que mantinha a arma em casa e que, por ter ouvido barulhos, se aproximara da porta com a arma em punho, acionando-a sem querer.

A porta do apartamento arrombado bem como outros pequenos danos materiais causados pela ação policial foram devidamente reparados pelo morador, que ajuizou ação de danos morais contra a União Federal, pelo incômodo sofrido, pretendendo obter indenização de 20.000,00.

Em face dessa situação hipotética, disserte, com base na disciplina constitucional e legal, sobre a responsabilidade patrimonial do Estado por atos da administração pública, respondendo, de forma fundamentada, às indagações a seguir.

Que elementos da responsabilidade civil devem ser demonstrados no pedido de indenização por dano moral? [valor: 1,00 pontos]

Eventual condenação da União no processo de indenização por danos morais implicará condenação dos policiais em ação regressiva que, porventura, seja impetrada conta eles? [valor: 2,00 pontos]

No curso do processo de indenização por danos morais, será de algum proveito à fazenda pública, no contexto da responsabilidade objetiva do Estado, a invocação de culpa exclusiva ou parcial da vítima? [valor: 2,00 pontos]

Deve a União pleitear a denuncia dos policiais à lide? [valor: 2,50 pontos]

De quem é a competência para propor ações regressivas no âmbito da União? [valor: 1,50 pontos]

RESPOSTA:

A responsabilidade civil do Estado será definida conforme a conduta estatal seja comissiva ou omissiva. No primeiro caso, a responsabilidade será objetiva, nos termos do artigo 37, § 6º da CF, aplicando-se a teoria do risco administrativo. Já em caso de omissão estatal, a responsabilidade será subjetiva, exigindo, portanto a demonstração do elemento subjetivo. Em ambos os casos, contudo, exige-se a comprovação da conduta estatal (comissiva ou omissiva), o dano e o nexo de causalidade entre a conduta e o dano.

Como no caso da questão a conduta foi comissiva, não há necessidade de se demonstrar o elemento subjetivo para se responsabilizar a União.

Eventual condenação da União não implica em condenação automática dos policiais, até porque a responsabilidade dos policiais é subjetiva, havendo a necessidade de prova do elemento subjetivo na ação regressiva a ser proposta pela União.

A responsabilidade do Estado pode ser afastada em caso de culpa exclusiva da vítima, pois a teoria do risco administrativo, adotada pela Constituição de 1988, admite excludentes de responsabilidade, ao contrário da teoria do risco integral.

O entendimento majoritário tanto na doutrina quanto na jurisprudência não autoriza a denunciação da lide em ações de indenização contra o Estado, pois haveria uma ampliação da cognição judicial que prejudicaria o particular. O Supremo Tribunal Federal já inclusive decidiu que, sendo a responsabilidade objetiva do Estado uma garantia do particular, a denunciação da lide traria uma indevida discussão sobre o elemento subjetivo do agente estatal. Leonardo Carneiro da Cunha entende possível a denunciação em uma ação indenizatória baseada na omissão estatal, pois nesse caso a demanda já discutirá o elemento subjetivo.

A competência para propor a ação regressiva é da Advocacia-Geral da União, órgão incumbido da representação judicial da União.

◉ DOUTRINA TEMÁTICA

"Pode suceder, igualmente, de a demanda ajuizada em face da Fazenda Pública invocar, como fundamento, um ato culposo ou doloso do agente público. Imagine-se, com efeito, uma demanda indenizatória, fundada numa alegada tortura cometida por agentes policiais. Nesse caso, haverá, desde o início, a necessidade de comprovar-se a tortura, ato culposo ou doloso que irá fundamentar, da mesma forma, a denunciação da lide, cuja instauração não irá gerar a agregação de elemento novo no processo, nem desencadear a necessidade de uma instrução que, inicialmente, seria desnecessária. Nesses casos, não se aplica o entendimento restritivo de que, sendo a responsabilidade objetiva, não caberia a denunciação da lide, caso o direito de regresso fosse fundado em responsabilidade subjetiva, pois haveria agregação de elemento novo à causa de pedir, causando a necessidade de uma instrução não exigida inicialmente." (CARNEIRO DA CUNHA, 2011, p. 201)

◉ JURISPRUDÊNCIA TEMÁTICA

▶ STF:

EMENTA: DIREITO ADMINISTRATIVO. AGRAVO REGIMENTAL EM RECURSO EXTRAORDINÁRIO. RESPONSABILIDADE OBJETIVA DO ESTADO. AÇÃO DE

REPARAÇÃO DE DANOS. AGENTE PÚBLICO. ILEGITIMIDADE PASSIVA AD CAUSAM. 1. O Supremo Tribunal Federal, ao julgar o RE 327.904, sob a relatoria do Ministro Ayres Britto, assentou o entendimento no sentido de que somente as pessoas jurídicas de direito público, ou as pessoas jurídicas de direito privado que prestem serviços públicos, é que poderão responder, objetivamente, pela reparação de danos a terceiros. Isto por ato ou omissão dos respectivos agentes, agindo estes na qualidade de agentes públicos, e não como pessoas comuns. Precedentes. 2. Agravo regimental a que se nega provimento. (RE 593525 AgR-segundo, Relator(a): Min. ROBERTO BARROSO, Primeira Turma, julgado em 09/08/2016, ACÓRDÃO ELETRÔNICO DJe-216 DIVULG 07-10-2016 PUBLIC 10-10-2016).

RESPONSABILIDADE - SEARA PÚBLICA - ATO DE SERVIÇO - LEGITIMAÇÃO PASSIVA.

Consoante dispõe o § 6º do artigo 37 da Carta Federal, respondem as pessoas jurídicas de direito público e as de direito privado prestadoras de serviços públicos pelos danos que seus agentes, nessa qualidade, causarem a terceiros, descabendo concluir pela legitimação passiva concorrente do agente, inconfundível e incompatível com a previsão constitucional de ressarcimento - direito de regresso contra o responsável nos casos de dolo ou culpa. (RE 344.133, Rel. Min. Marco Aurélio, 1ª Turma, j. 09.09.2008, DJe 14.11.2008)

RECURSO EXTRAORDINÁRIO. ADMINISTRATIVO. RESPONSABILIDADE OBJETIVA DO ESTADO: § 6º DO ART. 37 DA MAGNA CARTA. ILEGITIMIDADE PASSIVA AD CAUSAM. AGENTE PÚBLICO (EX-PREFEITO). PRÁTICA DE ATO PRÓPRIO DA FUNÇÃO. DECRETO DE INTERVENÇÃO. O § 6º do artigo 37 da Magna Carta autoriza a proposição de que somente as pessoas jurídicas de direito público, ou as pessoas jurídicas de direito privado que prestem serviços públicos, é que poderão responder, objetivamente, pela reparação de danos a terceiros. Isto por ato ou omissão dos respectivos agentes, agindo estes na qualidade de agentes públicos, e não como pessoas comuns. Esse mesmo dispositivo constitucional consagra, ainda, dupla garantia: uma, em favor do particular, possibilitando-lhe ação indenizatória contra a pessoa jurídica de direito público, ou de direito privado que preste serviço público, dado que bem maior, praticamente certa, a possibilidade de pagamento do dano objetivamente sofrido. Outra garantia, no entanto, em prol do servidor estatal, que somente responde administrativa e civilmente perante a pessoa jurídica a cujo quadro funcional se vincular. Recurso extraordinário a que se nega provimento. (RE 327.904, Rel. Min. Carlos Britto, 1ª Turma, j. 15.08.2006, DH 08.09.2006)

▸ STJ:

RESPONSABILIDADE CIVIL. SENTENÇA PUBLICADA ERRONEAMENTE. CONDENAÇÃO DO ESTADO A MULTA POR LITIGÂNCIA DE MÁ-FÉ. INFORMAÇÃO EQUIVOCADA. AÇÃO INDENIZATÓRIA AJUIZADA EM FACE DA SERVENTUÁRIA. LEGITIMIDADE PASSIVA. DANO MORAL. PROCURADOR DO ESTADO. INEXISTÊNCIA. MERO DISSABOR. APLICAÇÃO, ADEMAIS, DO PRINCÍPIO DO DUTY TO MITIGATE THE LOSS. BOA-FÉ OBJETIVA. DEVER DE MITIGAR O PRÓPRIO DANO. 1. O art. 37, § 6º, da CF/1988 prevê uma garantia para o administrado de buscar a recomposição dos danos sofridos diretamente da pessoa jurídica que, em princípio, é mais solvente que o servidor, independentemente de demonstração de culpa do agente público. Vale dizer, a Constituição, nesse particular, simplesmente impõe ônus maior ao Estado decorrente do risco administrativo; não prevê, porém, uma demanda de curso forçado em face da Administração Pública quando o particular livremente dispõe do bônus contraposto. Tampouco confere ao agente público imunidade de não ser demandado diretamente por seus atos, o qual, aliás, se ficar comprovado dolo ou culpa, responderá de outra forma, em regresso, perante a Administração. 2. Assim, há de se franquear ao particular a possibilidade de ajuizar a ação diretamente contra o servidor, suposto causador do dano, contra o Estado ou contra ambos, se assim desejar. A avaliação quanto ao ajuizamento da ação contra o servidor público ou contra o Estado deve ser decisão do suposto lesado. Se, por um lado, o particular abre mão do sistema de responsabilidade objetiva do Estado, por outro também não se sujeita ao regime de precatórios. Doutrina e precedentes do STF e do STJ. 3. A publicação de certidão equivocada de ter sido o Estado condenado a multa por litigância de má-fé gera, quando muito, mero aborrecimento ao Procurador que atuou no feito, mesmo porque é situação absolutamente corriqueira no âmbito forense incorreções na comunicação de atos processuais, notadamente em razão do volume de processos que tramitam no Judiciário. Ademais, não é exatamente um fato excepcional que, verdadeiramente, o Estado tem sido amiúde condenado por demandas temerárias ou por recalcitrância injustificada, circunstância que, na consciência coletiva dos partícipes do cenário forense, torna desconexa a causa de aplicação da multa a uma concreta conduta maliciosa do Procurador. 4. Não fosse por isso, é incontroverso nos autos que o recorrente, depois da publicação equivocada, manejou embargos contra a sentença sem nada mencionar quanto ao erro, não fez também nenhuma menção na apelação que se seguiu e não requereu administrativamente a correção da publicação. Assim, aplica-se magistério de doutrina de vanguarda e a jurisprudência que têm reconhecido como decorrência da boa- fé objetiva o princípio do Duty to mitigate the loss, um dever de mitigar o próprio dano, segundo o qual a parte que invoca violações a um dever legal ou contratual deve proceder a medidas possíveis e razoáveis para limitar seu prejuízo. É consectário direto dos deveres conexos à boa-fé o encargo de que a parte a quem a perda aproveita não se mantenha inerte diante da possibilidade de agravamento desnecessário do próprio dano, na esperança de se ressarcir posteriormente com uma ação indenizatória, comportamento esse que afronta, a toda evidência, os deveres de cooperação e de eticidade. 5. Recurso especial não provido. (REsp 1325862/PR, Rel. Ministro LUIS FELIPE SALOMÃO, QUARTA TURMA, julgado em 05/09/2013, DJe 10/12/2013)

QUESTÕES DE CONCURSO RELACIONADAS

01. (MPE-SP – Promotor de Justiça – 2017) "Nos atos comissivos, a responsabilidade do Estado pode incidir sobre os atos lícitos e ilícitos, desde que causem prejuízo a terceiros." – assertiva correta.

02. (CESPE – TJ-PR – 2017) "Em recente decisão, o STF entendeu que, quando o poder público comprovar causa impeditiva da sua atuação protetiva e não for possível ao Estado agir para evitar a morte de detento (que ocorreria mesmo que o preso estivesse em liberdade), não haverá responsabilidade civil do Estado, pois o nexo causal da sua omissão com o resultado danoso terá sido rompido." – assertiva correta.

5. (FCC – PROCURADOR DO ESTADO – MT – 2011)

"X" ajuizou ação de indenização contra o Estado do Mato Grosso pleiteando indenização por danos materiais em razão de acidente automobilístico ocorrido na estrada estadual. Argumenta que o Estado teria deixado de realizar obras de recuperação asfáltica que poderiam ter evitado o fato Sustenta que a responsabilidade civil do Estado seria objetiva, de modo que, comprovado o dano e a ausência do serviço, passaria a existir, para o Estado, o dever de indenizar.

Qual defesa, de mérito, formularia em favor do Estado do Mato Grosso? Responda de forma fundamentada.

RESPOSTA:

O Estado do Mato Grosso poderá formular a defesa de que a responsabilidade alegada não é objetiva, mas sim subjetiva.

Isso porque a responsabilidade objetiva diz respeito apenas a atos comissivos.

Quando se está diante de atos omissivos como o alegado, tanto a doutrina como os Tribunais Superiores entendem que a responsabilidade será subjetiva, baseada na culpa anômala do serviço (ou "faute du service" dos franceses).

Uma consequência processual disso é que o lesado terá que demonstrar não apenas o dano, a conduta e o nexo casual, como seria na responsabilidade objetiva.

Em se tratando de responsabilidade subjetiva, o lesado terá que demonstrar, além do dano, conduta e nexo casual, também o elemento subjetivo consistente na culpa anômala do serviço (ou serviço defeituoso). Deve-se comprovar que houve culpa e negligência do Estado na prestação do serviço público, que tal incumbência do Poder Público foi defeituosa.

O Supremo Tribunal Federal já decidiu, a respeito desse tema, que a caracterização da responsabilidade como subjet va ou objetiva é tarefa da instância de origem, não sendo isso possível em sede de recurso extraordinário.

Critério de correção da banca

De acordo com o artigo 37, § 6º, da Constituição Federal, "as pessoas jurídicas de direito público e as de direito privado prestadoras de serviço público responderão pelos danos que seus agentes, nessa qualidade, causarem a terceiros, assegurado o direito de regresso contra o responsável nos casos de dolo ou culpa". De tal dispositivo, decorre a conclusão de que a responsabilidade civil do Estado, nos casos de ato comissivo de seus agentes, prescinde da demonstração da culpa.

No entanto, parte da doutrina e da jurisprudência sustenta que, no caso de omissão, a responsabilidade civil do Estado seria subjetiva, somente se

caracterizando nas hipóteses de culpa. Não se trata da culpa civil, mas da ausência ou ineficiência de serviço que pudesse ser exigido do Estado no caso em concreto.

O candidato a Procurador deverá, pois, sustentar esta teoria, argumentando que, do Estado do Mato Grosso, não se poderiam exigir obras de recuperação asfálticas no caso posto em questão. A premissa está fundada na ideia de que, possuindo recursos limitados e não podendo estar presente em todas as situações da vida, o Estado não poderia ser demandado a prestar todo e qualquer serviço.

Adotada a teoria da responsabilidade subjetiva na omissão e acatado o argumento de que o Estado não deveria ter prestado o serviço de recuperação asfáltica, inexistiria dever de indenizar.

Para receber nota máxima, o candidato deverá fundamentar seu ponto de vista, apontado o dispositivo constitucional em que se fundamentar seu ponto de vista, apontando o dispositivo constitucional em que se funda a responsabilidade civil do Estado, expondo as razões pelas quais esta é subjetiva na omissão e explicando em que consiste o requisito "culpa" nesta hipótese em particular. Além disso, deverá demonstrar boa capacidade de argumentação e bom uso do vernáculo.

DOUTRINA TEMÁTICA

"(...) a responsabilidade civil do Estado, no caso de conduta omissiva, só se desenhará quando presentes estiverem os elementos que caracterizam a culpa. A culpa origina-se, na espécie, do descumprimento do dever legal, atribuído ao Poder Público, de impedir a consumação do dano. Resulta, por conseguinte, que, nas omissões estatais, a teoria da responsabilidade objetiva não tem perfeita aplicabilidade, como ocorre nas condutas comissivas." (CARVALHO FILHO, 2011, p. 518)

"(...) a vítima não precisa apontar o agente, basta a demonstração de que o serviço não foi prestado quando deveria ter sido, ou foi prestado de forma ineficiente ou foi malfeito ou a prestação ocorreu com atraso quando deveria ter funcionado a tempo, o que se denomina falta do serviço, ou para os franceses a 'faute du service', também conhecida por culpa anônima. (...) Ressalte-se, entretanto, que nem todo funcionamento defeituoso do serviço acarreta a responsabilidade; deve-se analisar o caso concreto e a diligência média que se poderia legitimamente exigir do serviço." (MARINELA, 2013, p. 986)

JURISPRUDÊNCIA TEMÁTICA

STF

EMENTA: RECURSO EXTRAORDINÁRIO. REPERCUSSÃO GERAL. RESPONSABILIDADE CIVIL DO ESTADO POR MORTE DE DETENTO. ARTIGOS 5º, XLIX, E 37, § 6º, DA CONSTITUIÇÃO FEDERAL. 1. A responsabilidade civil estatal, segundo a

Constituição Federal de 1988, em seu artigo 37, § 6º, subsume-se à teoria do risco administrativo, tanto para as condutas estatais comissivas quanto paras as omissivas, posto rejeitada a teoria do risco integral. 2. A omissão do Estado reclama nexo de causalidade em relação ao dano sofrido pela vítima nos casos em que o Poder Público ostenta o dever legal e a efetiva possibilidade de agir para impedir o resultado danoso. 3. É dever do Estado e direito subjetivo do preso que a execução da pena se dê de forma humanizada, garantindo-se os direitos fundamentais do detento, e o de ter preservada a sua incolumidade física e moral (artigo 5º, inciso XLIX, da Constituição Federal). 4. O dever constitucional de proteção ao detento somente se considera violado quando possível a atuação estatal no sentido de garantir os seus direitos fundamentais, pressuposto inafastável para a configuração da responsabilidade civil objetiva estatal, na forma do artigo 37, § 6º, da Constituição Federal. 5. Ad impossibilia nemo tenetur, por isso que nos casos em que não é possível ao Estado agir para evitar a morte do detento (que ocorreria mesmo que o preso estivesse em liberdade), rompe-se o nexo de causalidade, afastando-se a responsabilidade do Poder Público, sob pena de adotar-se contra legem e a opinio doctorum a teoria do risco integral, ao arrepio do texto constitucional. 6. A morte do detento pode ocorrer por várias causas, como, v. g., homicídio, suicídio, acidente ou morte natural, sendo que nem sempre será possível ao Estado evitá-la, por mais que adote as precauções exigíveis. 7. A responsabilidade civil estatal resta conjurada nas hipóteses em que o Poder Público comprova causa impeditiva da sua atuação protetiva do detento, rompendo o nexo de causalidade da sua omissão com o resultado danoso. 8. Repercussão geral constitucional que assenta a tese de que: em caso de inobservância do seu dever específico de proteção previsto no artigo 5º, inciso XLIX, da Constituição Federal, o Estado é responsável pela morte do detento. 9. In casu, o tribunal a quo assentou que inocorreu a comprovação do suicídio do detento, nem outra causa capaz de romper o nexo de causalidade da sua omissão com o óbito ocorrido, restando escorreita a decisão impositiva de responsabilidade civil estatal. 10. Recurso extraordinário DESPROVIDO. (RE 841526, Relator(a): Min. LUIZ FUX, Tribunal Pleno, julgado em 30/03/2016, ACÓRDÃO ELETRÔNICO REPERCUSSÃO GERAL - MÉRITO DJe-159 DIVULG 29-07-2016 PUBLIC 01-08-2016).

STJ:

PROCESSUAL CIVIL E ADMINISTRATIVO. AGRAVO REGIMENTAL NO RECURSO ESPECIAL. RESPONSABILIDADE CIVIL DO ESTADO. MORTE DE DETENTO NO INTERIOR DE ESTABELECIMENTO PRISIONAL. RESPONSABILIDADE DO ESTADO CARACTERIZADA. ORIENTAÇÃO JURISPRUDENCIAL DO SUPREMO TRIBUNAL FEDERAL E DO SUPERIOR TRIBUNAL DE JUSTIÇA. 1. Na hipótese dos autos, as recorridas ajuizaram ação ordinária visando à condenação do Estado de Santa Catarina ao pagamento de indenização pelos danos que suportaram com o suicídio de um parente em uma cela de presidiária. 2. O Tribunal de origem não condenou o Poder Público, em razão da ausência de nexo de causalidade entre eventual omissão estatal e o falecimento do preso. 3. Contudo, a orientação jurisprudencial do Supremo Tribunal Federal e a do Superior Tribunal de Justiça são no sentido de que não é necessário perquirir eventual culpa/omissão da Administração Pública em situações como a dos autos, já que a responsabilidade civil estatal pela integridade dos presidiários é objetiva em face dos riscos inerentes ao meio em que eles estão inseridos por uma conduta do próprio Estado. 4. Agravo regimental não provido. (AgRg no REsp 1305259/SC, Rel. Ministro MAURO CAMPBELL MARQUES, SEGUNDA TURMA, julgado em 02/04/2013, DJe 09/04/2013).

ADMINISTRATIVO. RESPONSABILIDADE CIVIL DO ESTADO. AUSÊNCIA DE OMISSÃO NO ACÓRDÃO. SERVIÇO DE ÁGUA E ESGOTO. CADÁVER EM DECOMPOSIÇÃO NO RESERVATÓRIO. DANO MORAL. CONFIGURADO. OMISSÃO. NEGLIGÊNCIA. FALHA NA PRESTAÇÃO DO SERVIÇO. DANO MORAL IN RE IPSA. 1. Fica configurada a responsabilidade subjetiva por omissão da concessionária decorrente de falha do dever de efetiva vigilância do reservatório de água, quando nele foi encontrado um cadáver humano. 2. De outro lado, também, ficou caracterizada a falha na prestação do serviço, indenizável por dano moral, quando a COPASA não garantiu a qualidade da água distribuída à população. 3. Ainda, há que reconhecer a ocorrência in re ipsa, o qual dispensa comprovação do prejuízo extrapatrimonial, sendo suficiente a prova da ocorrência de ato ilegal, uma vez que o resultado danoso é presumido. Recurso especial provido. (REsp 1492710/MG, Rel. Ministro HUMBERTO MARTINS, SEGUNDA TURMA, julgado em 16/12/2014, DJe 19/12/2014)

6. (CESPE– DEFENSOR PÚBLICO FEDERAL – 2010)

Pedro, menor impúbere, aluno de escola pública federal, acidentou-se enquanto usava, de forma inadequada um brinquedo localizado no pátio da escola onde estuda. Após o acidente, a família de Pedro despendeu somas vultosas com sua recuperação, tendo o menor adquirido uma cicatriz no rosto, que, devido à vergonha, o constrangia perante os seus colegas de turma. Diante do ocorrido, a família de Pedro procurou a Defensoria Pública da União.

Em face desta situação hipotética, considerando que não houve negligência, imprudência ou imperícia por parte dos funcionários da referida escola, discorra acerca da responsabilidade civil do Estado e da possibilidade de cumulação de danos material, moral e estético.

RESPOSTA:

A responsabilidade civil do Estado no Brasil tem como base o artigo 37, § 6 º da Constituição Federal, que adotou a teoria do risco administrativo, o que implica na responsabilidade objetiva em decorrência dos danos causados pela atividade administrativa.

A doutrina e a jurisprudência, entretanto, costumam distinguir a responsabilidade objetiva e a subjetiva do Estado, sendo que a primeira incidiria por conta de atos comissivos enquanto a segunda surgiria diante de atos omissivos, pois nestes haveria a necessidade de se demonstrar o dolo ou a culpa do Estado, ou, em outras palavras, a culpa do serviço (elemento subjetivo).

Por essa divisão, a União responderia, no caso proposto, de forma subjetiva, uma vez que não houve conduta comissiva que concorresse para o infortúnio do menor impúbere, o que atrairia a discussão em torno da culpa do serviço. Contudo, um detalhe adicional impede essa conclusão.

É que o menor impúbere acidentado estava sob a guarda do Poder Público, e nesses casos a jurisprudência do Supremo Tribunal Federal e do Superior Tribunal de Justiça entendem que a responsabilidade do Estado por danos causados a pessoas sob sua custódia é objetiva, ainda que se trate de conduta omissiva.

Assim, tratando-se de dano sofrido por aluno enquanto se encontra na escola pública, o Estado responderá independentemente da ausência de negligência, imprudência ou imperícia dos funcionários da escola. Ressalve-se as excepcionais hipóteses de excludentes do nexo causal.

Por fim, é possível a cumulação dos danos material, moral e estético, de acordo com a jurisprudência pacífica, ainda que oriundo do mesmo fato, desde que seja possível identificar claramente as condições justificadoras de cada espécie.

DOUTRINA TEMÁTICA

"(...) a responsabilidade civil do Estado, no caso de conduta omissiva, só se desenhará quando presentes estiverem os elementos que caracterizam a culpa. A culpa origina-se, na espécie, do descumprimento do dever legal, atribuído ao Poder Público, de impedir a consumação do dano. Resulta, por conseguinte, que, nas omissões estatais, a teoria da responsabilidade objetiva não tem perfeita aplicabilidade, como ocorre nas condutas comissivas." (CARVALHO FILHO, 2011, p. 518)

JURISPRUDÊNCIA TEMÁTICA

SÚMULA 37 DO STJ: São cumuláveis as indenizações por dano material e dano moral oriundos do mesmo fato.

SÚMULA 387 DO STJ: É lícita a cumulação das indenizações de dano estético e dano moral.

STF

EMENTA: RECURSO EXTRAORDINÁRIO. REPERCUSSÃO GERAL. RESPONSABILIDADE CIVIL DO ESTADO POR MORTE DE DETENTO. ARTIGOS 5º, XLIX, E 37, § 6º, DA CONSTITUIÇÃO FEDERAL. 1. A responsabilidade civil estatal, segundo a Constituição Federal de 1988, em seu artigo 37, § 6º, subsume-se à teoria do risco administrativo, tanto para as condutas estatais comissivas quanto paras as omissivas, posto rejeitada a teoria do risco integral. 2. A omissão do Estado reclama nexo de causalidade em relação ao dano sofrido pela vítima nos casos em que o Poder Público ostenta o dever legal e a efetiva possibilidade de agir para impedir o resultado danoso. 3.

É dever do Estado e direito subjetivo do preso que a execução da pena se dê de forma humanizada, garantindo-se os direitos fundamentais do detento, e o de ter preservada a sua incolumidade física e moral (artigo 5º, inciso XLIX, da Constituição Federal). 4. O dever constitucional de proteção ao detento somente se considera violado quando possível a atuação estatal no sentido de garantir os seus direitos fundamentais, pressuposto inafastável para a configuração da responsabilidade civil objetiva estatal, na forma do artigo 37, § 6º, da Constituição Federal. 5. Ad impossibilia nemo tenetur, por isso que nos casos em que não é possível ao Estado agir para evitar a morte do detento (que ocorreria mesmo que o preso estivesse em liberdade), rompe-se o nexo de causalidade, afastando-se a responsabilidade do Poder Público, sob pena de adotar-se contra legem e a opinio doctorum a teoria do risco integral, ao arrepio do texto constitucional. 6. A morte do detento pode ocorrer por várias causas, como, v. g., homicídio, suicídio, acidente ou morte natural, sendo que nem sempre será possível ao Estado evitá-la, por mais que adote as precauções exigíveis. 7. A responsabilidade civil estatal resta conjurada nas hipóteses em que o Poder Público comprova causa impeditiva da sua atuação protetiva do detento, rompendo o nexo de causalidade da sua omissão com o resultado danoso. 8. Repercussão geral constitucional que assenta a tese de que: em caso de inobservância do seu dever específico de proteção previsto no artigo 5º, inciso XLIX, da Constituição Federal, o Estado é responsável pela morte do detento. 9. In casu, o tribunal a quo assentou que inocorreu a comprovação do suicídio do detento, nem outra causa capaz de romper o nexo de causalidade da sua omissão com o óbito ocorrido, restando escorreita a decisão impositiva de responsabilidade civil estatal. 10. Recurso extraordinário DESPROVIDO. (RE 841526, Relator(a): Min. LUIZ FUX, Tribunal Pleno, julgado em 30/03/2016, ACÓRDÃO ELETRÔNICO REPERCUSSÃO GERAL - MÉRITO DJe-159 DIVULG 29-07-2016 PUBLIC 01-08-2016)

O Poder Público, ao receber o estudante em qualquer dos estabelecimentos da rede oficial de ensino, assume o grave compromisso de velar pela preservação de sua integridade física, devendo empregar todos os meios necessários ao integral desempenho desse encargo jurídico, sob pena de incidir em responsabilidade civil pelos eventos lesivos ocasionados ao aluno. A obrigação governamental de preservar a intangibilidade física dos alunos, enquanto estes se encontrarem no recinto do estabelecimento escolar, constitui encargo indissociável do dever que incumbe ao Estado de dispensar proteção efetiva a todos os estudantes que se acharem sob a guarda imediata do Poder Público nos estabelecimentos oficiais de ensino. Descumprida essa obrigação, e vulnerada a integridade corporal do aluno, emerge a responsabilidade civil do Poder Público pelos danos causados a quem, no momento do fato lesivo, se achava sob a guarda, vigilância e proteção das autoridades e dos funcionários escolares, ressalvadas as situações que descaracterizam o nexo de causalidade material entre o evento danoso e a atividade estatal imputável aos agentes públicos. (RE 109.615, Rel. Min. Celso de Mello, julgamento em 28-5-1996, Primeira Turma, DJ de 2-8-1996.)

A jurisprudência dos tribunais em geral tem reconhecido a responsabilidade civil objetiva do Poder Público nas hipóteses em que o *eventus damni* ocorra em hospitais públicos (ou mantidos pelo Estado), ou derive de tratamento médico inadequado, ministrado por funcionário público, ou, então, resulte de conduta positiva (ação) ou negativa (omissão) imputável a servidor público com atuação na área médica. Servidora pública gestante, que, no desempenho de suas atividades laborais, foi exposta à contaminação pelo citomegalovírus, em decorrência de suas funções, que consistiam, essencialmente, no transporte de material potencialmente infectocontagioso (sangue e urina de recém-nascidos). Filho recém-nascido acometido da 'Síndrome de West', apresentando um quadro de paralisia cerebral, cegueira, tetraplegia, epilepsia e malformação encefálica, decorrente de infecção por citomegalovírus contraída por sua mãe, durante o período de gestação, no exercício de suas atribuições no berçário de hospital público. Configuração de todos os pressupostos primários determinadores do reconhecimento da responsabilidade civil objetiva do Poder Público, o que faz emergir o dever de indenização pelo dano pessoal e/ou patrimonial sofrido. (RE 495.740-AgR, Rel. Min. Celso de Mello, julgamento em 15-4-2008, Segunda Turma, DJE de 14-8-2009.)

7. (CESPE – PROCURADOR DO ESTADO – PB – 2008)

Em um presídio estadual, um detento assassinou um colega de carceragem. No processo administrativo instaurado para se apurarem as causas do homicídio bem como eventual culpa dos agentes penitenciários pelo ato criminoso, verificou-se que o homicídio ocorrera em razão de desavença de ordem pessoal entre colegas de carceragem e que não houve culpa dos agentes penitenciários na morte do detento.

Nessa situação, existe responsabilidade civil do Estado pela morte do detento? Justifique a sua resposta.

RESPOSTA:

Sim, existe, nessa situação, responsabilidade civil do Estado pela morte do detento.

O Poder Público, ao causar danos quando do desempenho da atuação administrativa, deve indenizar os prejudicados, sendo que tal responsabilidade se dá de acordo com a teoria do risco administrativo, que descarta a demonstração de elemento subjetivo para a configuração do dever de indenizar. Ou seja, basta a presença de três pressupostos: a conduta estatal, o dano e o nexo causal entra a conduta e o dano.

Tem-se entendido que a responsabilidade objetiva do Estado só é aplicável em caso de conduta comissiva, pois em caso de omissão há a necessidade de se provar o elemento subjetivo, materializado na culpa anômala do serviço (prestação deficiente do serviço público).

A jurisprudência, contudo, consolidou-se no sentido de que na hipótese de pessoas custodiadas pelo Estado, é irrelevante a comprovação da culpa do serviço para que se permita a responsabilização do Poder Público. Nesses casos, de que são exemplos os detentos em presídios estaduais, é irrelevante a verificação de culpa dos agentes públicos, a despeito de se tratar de ato omissivo.

Com isso, no caso de morte do detento causada por colega de carceragem em razão de desavença pessoal, o Estado deve ser responsabilizado pelos danos morais e materiais eventualmente apurados desse fato, uma vez que ao assumir o dever de guarda, atraiu para si o nexo de causalidade entre esta sua conduta (custódia de pessoas) e o dano daí advindo.

JURISPRUDÊNCIA TEMÁTICA

STF

EMENTA: CONSTITUCIONAL. AGRAVO REGIMENTAL EM AGRAVO DE INSTRUMENTO. AUSÊNCIA DE PREQUESTIONAMENTO. SÚMULA 282 DO STF. INTEGRIDADE FÍSICA DO PRESO. RESPONSABILIDADE DO ESTADO. AGRAVO IMPROVIDO.

(...) II- É que o Tribunal possui o entendimento de que o Estado se responsabiliza pela integridade física do preso, devendo reparar eventuais danos ainda que demonstrada a ausência de culpa dos agentes públicos. No caso, malgrado se trate de ato omissivo, que torna subjetiva a responsabilização, caracterizada está a falta do serviço, com culpa genérica do serviço público. (...) (AI 718.202 AgR, Rel. Min. Ricardo Lewandowski, 1ª Turma, j. 28/04/2009, DJE de 22-5-2009)

Morte de detento por colegas de carceragem. Indenização por danos morais e materiais. Detento sob a custódia do Estado. Responsabilidade objetiva. Teoria do Risco Administrativo. Configuração do nexo de causalidade em função do dever constitucional de guarda (art. 5º, XLIX). Responsabilidade de reparar o dano que prevalece ainda que demonstrada a ausência de culpa dos agentes públicos. (RE 272.839, Rel. Min. Gilmar Mendes, julgamento em 1º-2-2005, Segunda Turma, DJ de 8-4-2005.)

EMENTA: AGRAVO REGIMENTAL NO AGRAVO DE INSTRUMENTO. RESPONSABILIDADE CIVIL OBJETIVA. MORTE DE DETENTO EM ESTABELECIMENTO PRISIONAL. AGRAVO REGIMENTAL AO QUAL SE NEGA PROVIMENTO. 1. Impossibilidade do reexame das provas contidas nos autos na via extraordinária. Incidência da Súmula 279 do Supremo Tribunal Federal. 2. Morte de detento em estabelecimento prisional. Responsabilidade civil objetiva do Estado configurada. Precedentes. 3. Proibição constitucional de vinculação de qualquer vantagem ao salário mínimo. Impossibilidade da modificação da base de cálculo por decisão judicial: Súmula Vinculante n. 4. (AI 603865 AgR, Rel. Min. Carmen Lúcia, 1ª Turma, j. 11.11.2008, DJe 06.02.2009)

STJ

PROCESSUAL CIVIL. ADMINISTRATIVO. INDENIZAÇÃO POR MORTE DE PRESO EM CADEIA PÚBLICA. DEVER DE VIGILÂNCIA DO ESTADO (ART. 5º, XLIX, CF/88). INDENIZAÇÃO POR DANOS MORAIS E MATERIAIS. RESPONSABILIDADE CIVIL OBJETIVA. ART. 37, § 6º DA CONSTITUIÇÃO FEDERAL. CULPA E NEXO DE CAUSALIDADE COMPROVADOS. SÚMULA 07/STJ.

1. O dever de ressarcir danos, inclusive morais, efetivamente causados por ato dos agentes estatais ou pela inadequação dos serviços públicos decorre

diretamente do art. 37 § 6º da Constituição, dispositivo auto-aplicável, não sujeito a intermediação legislativa ou administrativa para assegurar o correspondente direito subjetivo à indenização. Não cabe invocar, para afastar tal responsabilidade, o princípio da reserva do possível ou a insuficiência de recursos. Ocorrendo o dano e estabelecido o seu nexo causal com a atuação da Administração ou dos seus agentes, nasce a responsabilidade civil do Estado, caso em que os recursos financeiros para a satisfação do dever de indenizar, objeto da condenação, serão providos na forma do art. 100 da Constituição.

2. A aferição acerca da ocorrência do nexo causal entre o dano e a conduta do agente público demanda a análise do conjunto fático-probatório carreado aos autos, interditada em sede de recurso especial por força da Súmula 07/STJ. Precedentes desta Corte: RESP 756437/AP, desta relatoria, DJ de 19.09.2006; RESP 439506/RS, Relatora Ministra Denise Arruda, DJ de 01.06.2006 e RESP 278324/SC, Relator Ministro João Otávio de Noronha, DJ de 13.03.2006. 3. In casu, o Juiz Singular e Tribunal local, com ampla cognição fático-probatória, concluíram pela obrigação de indenizar do Estado, ao argumento de que o ordenamento constitucional vigente assegura ao preso a integridade física (CF, art. 5º, XLIX) sendo dever do Estado garantir a vida de seus detentos, mantendo, para isso, vigilância constante e eficiente. 4. Recurso especial desprovido. (REsp 936.342, Rel. Min. Francisco Falcão, 1ª Turma, j. 11.11.2008, DJe 20/05/2009)

RESPONSABILIDADE. ESTADO. MORTE. DETENTO.

A Turma, por maioria, firmou cuidar-se de responsabilidade objetiva do Estado a morte de detendo ocorrida dentro das dependências da carceragem estatal. REsp 944.884-RS, Rel. originário Min. Francisco Falcão, Rel. para acórdão Min. Luiz Fux, julgado em 18/10/2007. Noticiado no informativo 336/07.

DIREITO PROCESSUAL CIVIL E ADMINISTRATIVO. RESPONSABILIDADE CIVIL DO ESTADO. MORTE DE PRESOS CUSTODIADOS EM DELEGACIA DE POLÍCIA. RESPONSABILIDADE OBJETIVA. PRECEDENTES. PROVA TESTEMUNHAL. AFASTAMENTO DA CULPA. DESNECESSIDADE. SENTENÇA EXTRA PETITA. NÃO OCORRÊNCIA. DANO MORAL. REDUÇÃO. IMPOSSIBILIDADE.

1. A responsabilidade civil do Estado nos casos de morte de pessoas custodiadas é objetiva, portanto, desnecessária determinação de audiência para colheita de prova testemunhal cujo objetivo seria demonstrar a ausência de culpa do Estado. Precedentes STJ e STF. 2. A interpretação do pedido do autor deve ser feita levando em consideração toda a petição inicial, e não apenas o capítulo "dos pedidos", utilizando-se o método lógico-sistemático e, ainda, a própria causa de pedir. Nesse sentido: REsp 1040448/RJ, DJe 28.05.2008; REsp 613.732/RR, Rel. Min. Nancy Andrighi, DJ 20.02.2006; REsp 337.785/RJ, Rel. Min. Nancy Andrighi, DJ 25.03.2002; REsp 931.659/RJ, Rel. Min. Ari Pargendler, DJ 18.06.2007). No caso, embora a petição inicial não se revista de apurada técnica, e tenha sido confeccionada em 11 de agosto de 1987, pode-se extrair de todo seu conteúdo, o desejo à reparação dos danos causados pelo ato lesivo, tanto materiais quanto morais. 3. A fixação do valor dos danos morais no patamar de 150 salários mínimos não destoa da jurisprudência da Corte em casos semelhantes. 4. Recurso especial não provido. (REsp 1.022.798, Rel. Min. Castro Meira, 2ª Turma, j. 14.10.2008, DJe 28/11/2008)

QUESTÃO DE CONCURSO RELACIONADA

01. **(Cespe - Advogado da Caixa Econômica Federal - 2010)** "No caso de danos causados por rebelião em presídio, que resulte na morte de detento, o STJ possui entendimento pacificado de que a responsabilidade do Estado somente ocorrerá na hipótese de restar demonstrada a culpa (ou dolo) do agente público responsável pela guarda." assertiva **errada**.

Atenção!!!! Em 2015 o CESPE novamente exigiu o conhecimento referente às duas questões discursivas anteriores. Veja a questão da prova para Defensor Público do Rio Grande do Norte:

Maurício foi encontrado morto no interior da cela do estabelecimento prisional estadual onde cumpria pena privativa de liberdade. A investigação policial concluiu que ele havia cometido suicídio. Familiares de Maurício, inconformados com a perda do ente, procuraram a Defensoria Pública para orientação sobre a possibilidade de que o Estado fosse responsabilizado pelo ocorrido.

Considerando a situação hipotética apresentada, discorra sobre a responsabilidade civil do Estado. Em seu texto devem constar:

– o fundamento constitucional da responsabilização civil do Estado; [valor: 0,40 ponto]

< a distinção entre a responsabilidade civil do Estado por atos comissivos e a responsabilidade civil do Estado por atos omissivos; [valor: 0,60 ponto]

– a natureza jurídica da responsabilidade civil do Estado no caso apresentado; [valor: 0,80 ponto]

– o entendimento jurisprudencial do STF a respeito dessa matéria. [valor: 0,60 ponto]

8. (MPF PROCURADOR DA REPÚBLICA – XVIII CONCURSO – 2001)

A responsabilidade patrimonial do Estado por atos de seus agentes. As teorias subjetivas e objetivas da responsabilidade patrimonial do Estado. O direito de regresso.

RESPOSTA:

O Estado pode causar danos aos particulares pela sua atuação administrativa, e nem por isso está livre de responsabilidade por esses danos. Mesmo quando atua licitamente, na perseguição do interesse público, o Estado tem o dever de indenizar os lesados pela conduta estatal.

Essa responsabilidade atualmente é objetiva, e decorre dos danos causados por agentes públicos no exercício das funções públicas. O artigo 37, § 6º da Constituição Federal e o artigo 43 do Código Civil tratam do tema na atualidade, tendo-se adotado a teoria do risco administrativo para a generalidade dos casos de responsabilização do Poder Público. A teoria do risco administrativo também é expressamente consignada no artigo 21, XXIII, "d" da Constituição Federal, segundo o qual a responsabilidade civil por danos nucleares independe da existência de culpa.

Mas nem sempre se adotou a responsabilidade objetiva do Estado. A teoria subjetiva já teve duas modalidades: a doutrina da culpa civil do Estado e a teoria da culpa administrativa, que apesar de estarem superadas como fundamento da responsabilização do Estado, representaram, cada uma a seu tempo, um avanço em relação ao pensamento antigo de que o Estado não respondia por seus atos ("the king can do no wrong"), próprio do Estado Absolutista.

Enquanto a doutrina da culpa civil do Estado exigia a comprovação da culpa do agente para que se pudesse responsabilizar o Poder Público, a teoria da culpa administrativa não levava em consideração a pessoa do agente público, que não precisava sequer ser identificado. Para esta teoria, o particular lesado deveria comprovar a falha na atuação administrativa, ou seja, o elemento subjetivo não repousava neste ou naquele agente, mas na Administração considerada como uma instituição. Daí a expressão culpa anônima ou falta do serviço. Hoje a doutrina e a jurisprudência majoritárias aplicam a teoria da culpa administrativa para os casos de danos causados por omissões estatais.

Apesar de não ser a base da responsabilização do Estado na atualidade, o elemento subjetivo ganha importância para determinar a possibilidade de a pessoa jurídica de direito público ajuizar ação regressiva em face do agente público causador do dano. Segundo o Supremo Tribunal Federal, a responsabilidade objetiva prevista no artigo 37, § 6º da Constituição Federal representa uma dupla garantia, tanto para o particular, que pode ajuizar a ação de indenização em face do Poder Público, quanto para o servidor, que só responderá perante o Estado, e ainda assim se for comprovado que o agente público atuou com dolo ou culpa.

◉ DOUTRINA TEMÁTICA

> "Ampliando a proteção do administrado, a jurisprudência administrativa da França veio a admitir também hipóteses de responsabilidade estritamente objetiva, isto é, independentemente de qualquer falta ou culpa do serviço, a dizer, responsabilidade pelo risco administrativo ou, de todo modo, independente de comportamento censurável juridicamente." (MELLO, 2011, p. 1014)

> "Para mais uma vez proteger a vítima, facilitando o conjunto probatório, a evolução abre espaço para que a responsabilidade passe da subjetiva na culpa do agente para a subjetiva na culpa do serviço. Nesse caso, a vítima não precisa apontar o agente; basta a demonstração de que o serviço não foi prestado quando deveria ter sido, ou foi prestado de forma ineficiente ou foi malfeito ou a prestação ocorreu com atraso quando deveria funcionar a tempo, o que se denomina falta do serviço, ou para os franceses a 'faute du service', também conhecida por culpa anônima." (MARINELA, 2013, p. 986)

> "Direito de regresso é o assegurado ao Estado no sentido de dirigir sua pretensão indenizatória contra o agente responsável pelo dano, quando tenha este agido com culpa ou dolo. É importante lembrar que no tema da responsabilidade

civil do Estado existem duas relações jurídicas diversas – uma que liga o lesado ao Estado e outra que vincula o Estado a seu agente. Essa última relação é que consubstancia o direito de regresso do Estado, estando prevista na parte final do art. 37, § 6º, da Constituição Federal." (CARVALHO FILHO, 2011, p. 533)

JURISPRUDÊNCIA TEMÁTICA

STF

EMENTA: RECURSO EXTRAORDINÁRIO. ADMINISTRATIVO. RESPONSABILIDADE OBJETIVA DO ESTADO: § 6º DO ART. 37 DA MAGNA CARTA. ILEGITIMIDADE PASSIVA AD CAUSAM. AGENTE PÚBLICO (EX-PREFEITO). PRÁTICA DE ATO PRÓPRIO DA FUNÇÃO. DECRETO DE INTERVENÇÃO. O § 6º do artigo 37 da Magna Carta autoriza a proposição de que somente as pessoas jurídicas de direito público, ou as pessoas jurídicas de direito privado que prestem serviços públicos, é que poderão responder, objetivamente, pela reparação de danos a terceiros. Isto por ato ou omissão dos respectivos agentes, agindo estes na qualidade de agentes públicos, e não como pessoas comuns. Esse mesmo dispositivo constitucional consagra, ainda, dupla garantia: uma, em favor do particular, possibilitando-lhe ação indenizatória contra a pessoa jurídica de direito público, ou de direito privado que preste serviço público, dado que bem maior, praticamente certa, a possibilidade de pagamento do dano objetivamente sofrido. Outra garantia, no entanto, em prol do servidor estatal, que somente responde administrativa e civilmente perante a pessoa jurídica a cujo quadro funcional se vincular. Recurso extraordinário a que se nega provimento. (RE 327904, Relator(a): Min. CARLOS BRITTO, Primeira Turma, julgado em 15/08/2006, DJ 08-09-2006 PP-00043 EMENT VOL-02246-03 PP-00454 RTJ VOL-00200-01 PP-00162 RNDJ v. 8, n. 86, 2007, p. 75-78).

EMENTA: DIREITO ADMINISTRATIVO. AGRAVO REGIMENTAL EM RECURSO EXTRAORDINÁRIO. RESPONSABILIDADE OBJETIVA DO ESTADO. AÇÃO DE REPARAÇÃO DE DANOS. AGENTE PÚBLICO. ILEGITIMIDADE PASSIVA AD CAUSAM. 1. O Supremo Tribunal Federal, ao julgar o RE 327.904, sob a relatoria do Ministro Ayres Britto, assentou o entendimento no sentido de que somente as pessoas jurídicas de direito público, ou as pessoas jurídicas de direito privado que prestem serviços públicos, é que poderão responder, objetivamente, pela reparação de danos a terceiros. Isto por ato ou omissão dos respectivos agentes, agindo estes na qualidade de agentes públicos, e não como pessoas comuns. Precedentes. 2. Agravo regimental a que se nega provimento. (RE 593525 AgR-segundo, Relator(a): Min. ROBERTO BARROSO, Primeira Turma, julgado em 09/08/2016, ACÓRDÃO ELETRÔNICO DJe-216 DIVULG 07-10-2016 PUBLIC 10-10-2016).

STJ

RESPONSABILIDADE CIVIL. SENTENÇA PUBLICADA ERRONEAMENTE. CONDENAÇÃO DO ESTADO A MULTA POR LITIGÂNCIA DE MÁ-FÉ. INFORMAÇÃO EQUIVOCADA. AÇÃO INDENIZATÓRIA AJUIZADA EM FACE DA SERVENTUÁRIA. LEGITIMIDADE PASSIVA. DANO MORAL. PROCURADOR DO ESTADO. INEXISTÊNCIA. MERO DISSABOR. APLICAÇÃO, ADEMAIS, DO PRINCÍPIO DO DUTY TO MITIGATE THE LOSS. BOA-FÉ OBJETIVA. DEVER DE MITIGAR O PRÓPRIO DANO. 1. O art. 37, § 6º, da CF/1988 prevê uma garantia para o administrado de buscar a recomposição dos danos sofridos diretamente da pessoa jurídica que, em princípio, é mais solvente que o servidor, independentemente de demonstração de culpa do agente público. Vale dizer, a Constituição, nesse particular, simplesmente impõe ônus maior ao Estado decorrente do risco administrativo; não prevê, porém, uma demanda de curso forçado em face da Administração Pública quando o particular livremente dispõe do bônus contraposto. Tampouco confere ao agente público imunidade de não ser demandado diretamente por seus atos, o qual, aliás, se ficar comprovado dolo ou culpa, responderá de outra forma, em regresso, perante a Administração. 2. Assim, há de se franquear ao particular a possibilidade de ajuizar a ação diretamente contra o servidor, suposto causador do dano, contra o Estado ou contra ambos, se assim desejar. A avaliação quanto ao ajuizamento da ação contra o servidor público ou contra o Estado deve ser decisão do suposto lesado. Se, por um lado, o particular abre mão do sistema de responsabilidade objetiva do Estado, por outro também não se sujeita ao regime de precatórios. Doutrina e precedentes do STF e do STJ. 3. A publicação de certidão equivocada de ter sido o Estado condenado a multa por litigância de má-fé gera, quando muito, mero aborrecimento ao Procurador que atuou no feito, mesmo porque é situação absolutamente corriqueira no âmbito forense incorreções na comunicação de atos processuais, notadamente em razão do volume de processos que tramitam no Judiciário. Ademais, não é exatamente um fato excepcional que, verdadeiramente, o Estado tem sido amiúde condenado por demandas temerárias ou por recalcitrância injustificada, circunstância que, na consciência coletiva dos partícipes do cenário forense, torna desconexa a causa de aplicação da multa a uma concreta conduta maliciosa do Procurador. 4. Não fosse por isso, é incontroverso nos autos que o recorrente, depois da publicação equivocada, manejou embargos contra a sentença sem nada mencionar quanto ao erro, não fez também nenhuma menção na apelação que se seguiu e não requereu administrativamente a correção da publicação. Assim, aplica-se magistério de doutrina de vanguarda e a jurisprudência que têm reconhecido como decorrência da boa- fé objetiva o princípio do Duty to mitigate the loss, um dever de mitigar o próprio dano, segundo o qual a parte que invoca violações a um dever legal ou contratual deve proceder a medidas possíveis e razoáveis para limitar seu prejuízo. É consectário direto dos deveres conexos à boa-fé o encargo de que a parte a quem a perda aproveita não se mantenha inerte diante da possibilidade de agravamento desnecessário do próprio dano, na esperança de se ressarcir posteriormente com uma ação indenizatória, comportamento esse que afronta, a toda evidência, os deveres de cooperação e de eticidade. 5. Recurso especial não provido. (REsp 1325862/PR, Rel. Ministro LUIS FELIPE SALOMÃO, QUARTA TURMA, julgado em 05/09/2013, DJe 10/12/2013)

PROCESSUAL CIVIL. SERVIDOR MUNICIPAL. AUSÊNCIA DE PAGAMENTO. DENUNCIAÇÃO À LIDE. EX-PREFEITO. IMPOSSIBILIDADE. DIREITO DE REGRESSO DA ADMINISTRAÇÃO. GARANTIA CONSTITUCIONAL.

1. Tratando a matéria jurídica de fundo tão somente de pedido de pagamento de vencimentos atrasados e não de indenização por responsabilidade civil do Estado, incabível a denunciação à lide porque esta só é obrigatória nas ações em que restar caracterizada a existência de garantia própria entre o denunciante e o denunciado.

2. **O Estado não perde o direito de regresso se não denuncia à lide o seu preposto, porquanto tal faculdade está prevista na Constituição Federal de forma peremptória.**

3. Recurso especial conhecido e desprovido. (REsp 1.069.934, Rel. Min. Laurita Vaz, 5ª Turma, j. 28.10.2008, DJe 17/11/2008)

PROCESSUAL CIVIL E ADMINISTRATIVO -RESPONSABILIDADE CIVIL DO ESTADO - DISSÍDIO JURISPRUDENCIAL NÃO CONFIGURADO (ART. 541 DO CPC E ART. 255 DO RISTJ) - INEXISTÊNCIA DE OFENSA AO ART. 535 DO CPC -DENUNCIAÇÃO DA LIDE - DIREITO DE REGRESSO - CPC, ART. 70, III -OBRIGATORIEDADE AFASTADA - PRECEDENTES - REDUÇÃO DO QUANTUM DA INDENIZAÇÃO - SÚMULA 7/STJ.

1. É entendimento sedimentado o de não haver omissão no acórdão que, com fundamentação suficiente, ainda que não exatamente a invocada pelas partes, decide de modo integral a controvérsia posta.

2. Não havendo o recorrente demonstrado, mediante a realização do devido cotejo analítico, a existência de similitude das circunstâncias fáticas e do direito aplicado nos acórdãos recorrido e paradigmas, resta desatendido o comando dos arts. 541 do CPC e 255 do RISTJ.

3. **A denunciação da lide só é obrigatória em relação ao denunciante que, não denunciando, perderá o direito de regresso, mas não está obrigado o julgador a processá-la, se concluir que a tramitação de duas ações em uma só onerará em demasia uma das partes, ferindo os princípios da economia e da celeridade na prestação jurisdicional, sendo desnecessária em ação fundada na responsabilidade prevista no art. 37, § 6º, da CF/88, vez que a primeira relação jurídica funda-se na culpa objetiva e a segunda na subjetiva, fundamento novo não constante da lide originária.**

4. **Não perde o Estado o direito de regresso se não denuncia a lide ao seu preposto.**

5. É pacífico nesta Corte o entendimento de que a revisão do valor da indenização nos casos de responsabilidade civil do Estado esbarra no óbice da Súmula 7/STJ, exceto nos casos de valores irrisórios ou exorbitantes, o que não se afigura no caso concreto.

6. Recurso especial conhecido em parte e, nessa parte, não provido. (REsp 955.352, Rel. Min. Eliana Calmon, 2ª Turma, j. 18.06.2009, DJe 29/06/2009). (grifado pelo autor).

QUESTÕES DE CONCURSO RELACIONADAS

01. (CESPE – TRF – 5ª Região – Juiz Federal – 2017) "**Situação hipotética**: Lei de determinado estado da Federação estabeleceu a responsabilidade do estado durante a realização de evento internacional na capital dessa unidade federativa: o estado assumiria os efeitos da responsabilidade civil perante os organizadores do evento, por todo e qualquer dano resultante ou que surgisse em função de qualquer incidente ou acidente de segurança relacionado ao referido evento, exceto na situação em que organizadores ou vítimas concorressem para a ocorrência do dano. **Assertiva**: Conforme entendimento do STF, a referida lei estadual é constitucional, pois a Constituição Federal de 1988 não esgota matéria relacionada à responsabilidade civil." – assertiva correta.

02. (FGV- Juiz de Direito- PA- 2008) "A Constituição Federal de 1988 adotou a Teoria da Responsabilidade Objetiva do Estado, teoria que se fundamenta no risco administrativo e que isenta o lesado de provar a culpa do agente estatal, bastando que este aponte o nexo causal entre o fato administrativo e o dano." – assertiva correta.

03. (FGV- Juiz de Direito- PA- 2008) "A Teoria da Responsabilidade Objetiva do Estado não prevê excludentes, por isso só se aplica às condutas ilícitas do Estado." – assertiva **errada**.

04. (TJ SP- Juiz de Direito- SP- 2007) "A teoria da culpa administrativa, transição entre a doutrina subjetiva da culpa civil e a tese objetiva do risco administrativo, leva em conta a falta do serviço e a culpa subjetiva do agente." – assertiva correta.

9. (QUESTÃO ELABORADA PELOS AUTORES)

É possível a responsabilização civil do Estado por conta de sua atividade legislativa?

RESPOSTA:

Em regra, não. A base da responsabilidade civil do Estado deriva de sua atividade administrativa, e não legislativa ou jurisdicional. A lei é por excelência um ato estatal de governo, que tem caráter amplo e geral, não individualizando, em regra, as situações fáticas sobre as quais incide, dada sua abstração. Ou seja, a lei não deriva da atividade administrativa, que é tratada no artigo 37 § 6º, que prevê a responsabilidade objetiva pela teoria do rico administrativo.

A Constituição Federal, no artigo 5º, XXXVI, é expressa no sentido de que a lei não prejudica o direito adquirido. Contudo, há exceções em que se admite a responsabilidade civil do Estado por conta da elaboração de leis. É o caso da lei inconstitucional que causa dano aos particulares, pois ela se equipara ao ato ilícito. A lei deve ser declarada inconstitucional, por via de ação ou exceção, podendo a inconstitucionalidade ser formal ou material. Também a lei de efeitos concretos pode ensejar a responsabilidade civil do Estado, pois apesar de serem leis em sentido formal, são atos administrativos em sentido material, uma vez que possuem efeitos concretos e individualizados. Exemplos de leis de efeitos concretos: leis que criam autarquias, leis de tombamento, leis que declaram a utilidade pública de um bem para fins de desapropriação e leis orçamentárias.

Existe ainda uma discussão sobre a possibilidade de se responsabilizar o Estado pela omissão na atividade legislativa. O atual posicionamento do Supremo Tribunal Federal caminha no sentido de não reconhecer dano indenizável em face da omissão do Chefe do Poder Executivo em deflagrar o processo legislativo, apesar de haver forte corrente doutrinária em sentido diverso.

DOUTRINA TEMÁTICA

"Se é certo que inexiste, como regra, prazo certo para o exercício da função legislativa, não menos certo é que o reconhecimento da mora no caso de expressa previsão constitucional quanto ao prazo para legislar deve implicar, por sua própria natureza, a responsabilidade civil do Estado e o dever de indenizar, uma vez que tal inação reflete inaceitável abuso de poder." (CARVALHO FILHO, 2011, p. 524)

JURISPRUDÊNCIA TEMÁTICA

STF

Ato legislativo – Inconstitucionalidade – Responsabilidade Civil do Estado. Cabe responsabilidade civil pelo desempenho inconstitucional da função do legislador. (STF – RE nº. 158.962 – Rel. M. Celso de Mello – RDA 191/175).

EMENTA: SERVIDOR PÚBLICO. REVISÃO GERAL DE VENCIMENTO. COMPORTAMENTO OMISSIVO DO CHEFE DO EXECUTIVO. DIREITO À INDENIZAÇÃO POR PERDAS E DANOS. IMPOSSIBILIDADE.

Esta Corte firmou o entendimento de que, embora reconhecida a mora legislativa, não pode o Judiciário deflagrar o processo legislativo, nem fixar prazo para que o chefe do Poder Executivo o faça. Além disso, esta Turma entendeu que o comportamento omissivo do chefe do Poder Executivo não gera direito à indenização por perdas e danos. Recurso extraordinário desprovido. (RE 424.584, Rel. Min. Joaquim Barbosa, 2ª Turma, DJE 12.11.2010).

Revisão Geral de Remuneração: Omissão

Declarada a inconstitucionalidade por omissão de medida para tornar efetiva a norma constitucional que assegura a revisão geral anual de remuneração dos servidores públicos (CF, art. 37, X). O Tribunal, julgando procedente em parte a ação direta de inconstitucionalidade por omissão ajuizada pelo Partido Democrático Trabalhista - PDT e pelo Partido dos Trabalhadores - PT, assentou a mora do Poder Executivo no encaminhamento de projeto de lei visando a revisão geral anual de remuneração dos servidores públicos e determinou a ciência ao Presidente da República (CF, art. 37, X: "a remuneração dos servidores públicos e o subsídio de que trata o § 4º do art. 39 somente poderão ser fixados ou alterados por lei específica, observada a iniciativa privativa em cada caso, assegurada revisão geral anual sempre na mesma data e sem distinção de índices".). ADIn 2.061-DF, rel. Min. Ilmar Galvão, 25.4.2001 (ADI-2061), noticiado no informativo 225/2001 do STF.

STJ

RESPONSABILIDADE CIVIL. ATO LEGISLATIVO.

A responsabilidade civil em razão do ato legislativo só é admitida quando declarada pelo STF a inconstitucionalidade da lei causadora do dano a ser ressarcido, isso em sede de controle concentrado. Assim, não se retirando do ordenamento jurídico a Lei n. 8.024/1990, não há como se falar em obrigação de indenizar pelo dano moral causado pelo Bacen no cumprimento daquela lei. Precedente citado: REsp 124.864-PR, DJ 28/9/1998. REsp 571.645-RS, Rel. Min. João Otávio de Noronha, julgado em 21/9/2006. Noticiado no informativo 297/2006 do STJ.

10. (QUESTÃO ELABORADA PELOS AUTORES – INÉDITA)

Discorra sobre o instituto da prescrição no que tange às ações de ressarcimento ao erário propostas pela Fazenda Pública, considerando a legislação de regência, bem como a atual jurisprudência do Supremo Tribunal Federal.

◉ RESPOSTA:

De acordo com o atual entendimento do Supremo Tribunal Federal, as ações de ressarcimento ao erário propostas pelo Poder Público contra particular estão sujeitas ao prazo prescricional, quando decorrentes de ilícito civil praticado pelo causador do dano.

A Fazenda Pública sempre sustentou a tese da imprescritibilidade das ações de ressarcimento ao erário, com base no art. 37, §5º da CRFB/88, o qual dispõe que a lei estabelecerá os prazos de prescrição para ilícitos praticados por qualquer agente, servidor ou não, que causem prejuízos ao erário, ressalvadas as respectivas ações de ressarcimento.

Segundo sustenta a Fazenda Pública, a lei deve estabelecer os prazos de prescrição para toda e qualquer ação contra particular que cause dano ao erário, com a exceção das ações de ressarcimento, porquanto sempre imprescritíveis.

Ocorre que, a Corte Suprema entendeu que o dispositivo acima citado deve ser lido em consonância com o § 4º do mesmo artigo, que trata especificamente das ações civis por improbidade administrativa.

Dessa forma, as respectivas ações de ressarcimento continuam imprescritíveis para os ilícitos provenientes de atos caracterizados como improbidade administrativa que lesem os cofres públicos. Os danos decorrentes de ilícito civil, contudo, devem ser alcançados pela prescrição.

Assim, se um particular, por imprudência ao dirigir seu veículo, colidir com um veículo público, a ação de ressarcimento a ser ajuizada pela Fazenda Pública em face do particular estará sujeita a prescrição.

Conforme afirmou o STF, a prescrição é um importante instituto para a garantia da segurança jurídica e estabilidade das relações jurídicas, dessa forma a prescritibilidade deve ser a regra no direito pátrio, ou seja, para que uma pretensão seja imprescritível, é indispensável que haja previsão expressa neste sentido, de modo que não se deve realizar uma interpretação extensiva dos dispositivos constitucionais citados, os quais alcançam apenas os casos de improbidade administrativa e, ainda, somente em relação a penalidade de ressarcimento.

Salienta-se, por fim, que o prazo para as ações de ressarcimento ao erário nos casos de ilícito civil continua sendo alvo de divergência tanto na doutrina quanto na jurisprudência.

Há corrente doutrinária e decisões judiciais que consideram que o prazo a ser aplicado nestes casos é o de 3 anos, com base no art. 206, § 3º, V, do CC, o qual determina que a pretensão de reparação civil prescreve em três anos.

Já o Superior Tribunal de Justiça entende que o prazo das referidas ações é de 5 anos, aplicando-se o estipulado no Decreto 20.910/32, haja vista ser esse o prazo para as ações de ressarcimento propostas contra a Fazenda Pública. Portanto, com base no princípio da isonomia também deve ser esse o prazo adotado para ações de ressarcimento propostas pela Fazenda Pública.

◉ DOUTRINA TEMÁTICA

"Pois bem, em fevereiro de 2016, no julgamento de um caso referente a um acidente de trânsito que provocara prejuízos à União, nossa Corte Suprema decidiu, com repercussão geral, que a parte final do §5º do art. 37 da Constituição não pode ser interpretada como uma regra de imprescritibilidade aplicável a ações de ressarcimento ao erário relativas a prejuízos ocasionados por todo e qualquer ilícito. Especificamente, ficou estabelecido que as ações judiciais de ressarcimento de prejuízos ao erário causados por ilícitos civis comuns, que não se enquadrem como atos de improbidade administrativa (nem recebam alguma outra qualificação especial), estão sujeitas a prescrição – o prazo será aquele previsto na lei aplicável (o art. 206, §3º, V, do Código Civil em vigor estabelece que prescreve em três anos "a pretensão de reparação civil"). Na mesma ocasião, foi expressamente ressaltado que não seria posto em discussão se outras hipóteses de ações de ressarcimento ao erário, relacionadas a outros ilícitos – tais como a prática de atos de improbidade administrativa ou de infrações tipificadas como crimes -, estariam, ou não, sujeitas a prescrição". (ALEXANDRINO, 2017, p. 943)

"Consequentemente, no que concerne à pretensão ressarcitória (ou indenizatória) do Estado, a Constituição assegura a imprescritibilidade da ação. Assim, não há período máximo (vale dizer: prazo prescricional) para que o Poder Público possa propor a ação de indenização em face de seu agente, com o fito de garantir o ressarcimento pelos prejuízos que o mesmo Estado lhe causou. Diante da garantia constitucional, "o direito do Estado é permanente para reaver o que lhe for ilicitamente subtraído", como já consignou notável constitucionalista." (CARVALHO FILHO, 2016, p. 616)

◉ JURISPRUDÊNCIA TEMÁTICA

Ação de ressarcimento e imprescritibilidade – 3. É prescritível a ação de reparação de danos à Fazenda Pública decorrente de ilícito civil. Esse o entendimento do Plenário, que em conclusão de julgamento e por maioria, negou provimento a recurso extraordinário em que discutido o alcance da imprescritibilidade da pretensão de ressarcimento ao erário prevista no § 5º do art. 37 da CF ("§ 5º - A lei estabelecerá os prazos de prescrição para ilícitos praticados por qualquer agente, servidor ou não, que causem prejuízos ao erário, ressalvadas as respectivas ações de ressarcimento"). No caso, o Tribunal de origem considerara prescrita a ação de ressarcimento de danos materiais promovida com fundamento em acidente de trânsito, proposta em 2008, por dano ocorrido em 1997 — v. Informativo 767. O Colegiado afirmou não haver dúvidas de que a parte final do dispositivo constitucional em comento veicularia, sob a forma da imprescritibilidade, ordem de bloqueio destinada a conter eventuais iniciativas legislativas displicentes com o patrimônio público. Todavia, não seria adequado embutir na norma de imprescritibilidade um alcance ilimitado, ou limitado apenas pelo conteúdo material da pretensão a ser exercida — o ressarcimento — ou pela causa remota que dera origem ao desfalque no erário — ato ilícito em sentido amplo. De acordo com o sistema constitucional, o qual reconheceria a prescritibilidade como princípio, se deveria atribuir um sentido estrito aos ilícitos previstos no § 5º do art. 37 da CF. No caso concreto, a pretensão de ressarcimento estaria fundamentada em suposto ilícito civil que, embora tivesse causado prejuízo material ao patrimônio público, não revelaria conduta revestida de grau de reprovabilidade mais pronunciado, nem se mostraria especialmente atentatória aos princípios constitucionais aplicáveis à Administração Pública. Por essa razão, não seria admissível reconhecer a regra excepcional de imprescritibilidade. Seria necessário aplicar o prazo prescricional comum para as ações de indenização por responsabilidade civil em que a Fazenda figurasse como autora. Ao tempo do fato, o prazo prescricional seria de 20 anos de acordo com o CC/1916 (art. 177). Porém, com o advento do CC/2002, o prazo fora diminuído para três anos. Além disso, possuiria aplicação imediata, em razão da regra de transição do art. 2.028, que preconiza a imediata incidência dos prazos prescricionais reduzidos pela nova lei nas hipóteses em que ainda não houvesse transcorrido mais da metade do tempo estabelecido no diploma revogado. A Corte pontuou que a situação em exame não trataria de imprescritibilidade no tocante a improbidade e tampouco envolveria matéria criminal. Assim, na ausência de contraditório, não seria possível o pronunciamento do STF sobre tema não ventilado nos autos. Vencido o Ministro Edson Fachin, que provia o recurso. Entendia que a imprescritibilidade constitucional deveria ser estendida para as ações de ressarcimento decorrentes de atos ilícitos que gerassem prejuízo ao erário. RE 669069/MG, rel. Min. Teori Zavascki, 3.2.2016. (RE-669069)

ED e ação de reparação de danos à Fazenda Pública decorrente de ilícito civil. O Plenário rejeitou embargos de declaração oposto de decisão proferida no RE 669.069/MG (DJe de 28.4.2016), que entendeu ser prescritível a ação de reparação de danos à Fazenda Pública decorrente de ilícito civil. No caso, o embargante alegara omissão e obscuridade quanto: a) à abrangência da tese fixada e à definição exata da expressão "ilícito civil"; b) ao termo inicial para o transcurso do prazo prescricional das pretensões de ressarcimento ao erário decorrentes de ilícito civil; e c) à necessidade de modulação dos efeitos da tese fixada por esta Corte. No que se refere ao primeiro questionamento, o Tribunal observou que, nos debates travados na oportunidade do julgamento do acórdão embargado, ficara clara a opção da Corte de considerar como ilícito civil os de natureza semelhante à do caso concreto em exame, a saber: ilícitos decorrentes de acidente de trânsito. O conceito, sob esse aspecto, deveria ser buscado pelo método de exclusão: não se considerariam ilícitos civis, de um modo geral, os que decorressem de infrações ao direito público, como os de natureza penal, os decorrentes de atos de improbidade e assim por diante. Ademais, a controvérsia constitucional extraída dos autos cingiria em saber se seria prescritível ou não as pretensões de ressarcimento ao erário decorrentes de ilícitos civis (CF, art. 37, §5º). Desse modo, as questões atinentes ao transcurso do prazo prescricional, inclusive a seu termo inicial, seriam adstritas à seara infraconstitucional, solucionáveis somente à luz da interpretação da legislação ordinária pertinente. Além disso, com relação a ilícitos civis, não haveria jurisprudência consolidada do STF que afirmasse a imprescritibilidade das pretensões de ressarcimento ao erário. Inexistiria, assim, expectativa legítima da Administração Pública de exercer a pretensão ressarcitória decorrente de ilícitos civis a qualquer tempo. Por isso, não se constatariam motivos relevantes de segurança jurídica ou de interesse social hábeis a ensejar a modulação dos efeitos da orientação assentada no aresto embargado. RE 669069 ED/MG, rel. Min. Teori Zavascki, 16.6.2016. (RE-669069)

CAPÍTULO 8
BENS PÚBLICOS

QUESTÕES

1. (PGE RS – 2015 – PROCURADOR DO ESTADO – FUNDATEC)

Determinado município resolve alienar um imóvel de sua propriedade no qual existia uma praça pública. O bem é vendido, mediante prévia autorização legislativa específica, em concorrência pública. Um ano após a alienação, o prefeito editou um decreto instituindo uma área non aedificandi na Cidade, por razões urbanísticas e ambientais. O imóvel em tela se situa nessa área. O proprietário propõe, então, ação na qual questiona o fato o decreto não prevê qualquer indenização, ao qualificar a medida com uma limitação administrativa. I – a alienação do bem público foi válida? II – alguma indenização é devida ao proprietário? Responda fundamentadamente indicando os dispositivos constitucionais e legais pertinentes.

ESPAÇO EM BRANCO PARA RESPOSTA (20 LINHAS)

1

2

3

4

5

6

7

2. (CESPE – ADVOGADO DA UNIÃO – 2012)

Natanael Silva ajuizou ação contra a União Federal, na qual sustenta que, há mais de vinte anos, detém a posse de determinado terreno, onde edificou casa e plantou um laranjal, do qual retira seu sustento. Informa que, há um mês, foi intimado pelo órgão de fiscalização para desocupar a área no prazo de sessenta dias, ao argumento de que a terra pertencia a União. Natanael, argumentando posse velha, invoca, na referida ação, o seu direito constitucional à moradia e ao trabalho, com base no artigo 6º da Constituição Federal (CF). Sustenta, ainda, abuso de poder, ao argumento de ser o interesse da União no terreno apenas econômico, dada a valorização da área, que se tornou central, em face do crescimento da cidade. Alega, ainda, o autor ter direito de retenção do imóvel, até que sejam indenizadas as benfeitorias que ali construiu e requer que, na fase própria do processo, lhe seja reconhecido o direito à penhora do mesmo imóvel, como forma de garantir o pagamento da indenização pleiteada, Requer, também, a liminar para mantê-lo na posse que informa que, tão logo reúna testemunhas, ajuizará a competente ação de usucapião especial urbana, prevista no artigo 183 da CF.

Em contestação, a União informou que pretende firmar concessão de uso do terreno para a instalação de uma escola de aperfeiçoamento de agricultores.

Com base na situação hipotética apresentada redija texto devidamente fundamentado, atendendo a que se pede a seguir.

Esclareça se há posse pelo particular em relação ao terreno e analise a adequação (ou inadequação) da ação de manutenção de posse, explicando se existe direito de retenção e de indenização pelas benfeitorias. [valor: 2,0 pontos]

Explicite se seria possível penhorar o imóvel descrito para garantir o pagamento de eventual crédito contra a União. [valor: 1,50 pontos]

Informe a categoria do bem público sob análise, segundo a destinação, e descreva as características gerais desse tipo de bem. [valor: 1,00 pontos]

Esclareça se há possibilidade de usucapião do imóvel mencionado [valor: 1,50 pontos]

Conceitue permissão de uso e concessão de uso, estabelecendo as diferenças entre tais atos quanto a natureza jurídica, objeto, interesses envolvidos, necessidades, ou não, de prévia licitação; duração e possibilidade de indenização em caso de revogação, e analise a adequação da concessão de uso no caso concreto. [valor: 3,00 pontos]

ESPAÇO EM BRANCO PARA RESPOSTA (30 LINHAS)

1 ______

2 ______

3 ______

3. (PGE RS – PROCURADOR DO ESTADO – RS – 2012)

Disserte sobre a possibilidade (ou impossibilidade) de aplicação das prerrogativas derivadas do regime jurídico dos bens públicos aos bens das empresas estatais, à luz da jurisprudência recente do Supremo Tribunal Federal e do Superior Tribunal de Justiça.

◉ ESPAÇO EM BRANCO PARA RESPOSTA (30 LINHAS)

4. (FCC – PROCURADOR DO ESTADO – RO – 2011)

A posse pacífica de imóvel público em área urbana por período superior a cinco anos é capaz de gerar a aquisição de direito real ao ocupante do imóvel? Justifique juridicamente a resposta.

◉ ESPAÇO EM BRANCO PARA RESPOSTA (30 LINHAS)

5. (FCC – PROCURADOR DO ESTADO – MT – 2011)

Explique fundamentadamente as características essenciais do instituto do aforamento de bens públicos e esclareça se um bem público da União, aforado a um particular, pode ser objeto de desapropriação do Estado.

ESPAÇO EM BRANCO PARA RESPOSTA (30 LINHAS)

6. (CESPE – PROCURADOR DO ESTADO – PB – 2008)

Considerando que os bens públicos federais, estaduais, municipais ou do Distrito Federal não se sujeitam a penhora, visto que as pessoas de direito público possuem forma específica de pagamento de débitos decorrentes de sentença judicial, conforme disposto na Constituição Federal, redija um texto dissertativo, de forma fundamentada, em resposta à pergunta a seguir formulada.

Nos pagamentos devidos pela Fazenda Pública em virtude de sentença judicial transitada em julgado, existe submissão dos créditos de natureza alimentícia à ordem cronológica referida no texto constitucional?

◉ ESPAÇO EM BRANCO PARA RESPOSTA (30 LINHAS)

➘ QUESTÕES COMENTADAS

1. (PGE RS – 2015 – PROCURADOR DO ESTADO – FUNDATEC)

Determinado município resolve alienar um imóvel de sua propriedade no qual existia uma praça pública. O bem é vendido, mediante prévia autorização legislativa específica, em concorrência pública. Um ano após a alienação, o prefeito editou um decreto instituindo uma área non aedificandi na Cidade, por razões urbanísticas e ambientais. O imóvel em tela se situa nessa área. O proprietário propõe, então, ação na qual questiona o fato o decreto não prevê qualquer indenização, ao qualificar a medida com uma limitação administrativa. I – a alienação do bem público foi válida? II – alguma indenização é devida ao proprietário? Responda fundamentadamente, indicando os dispositivos constitucionais e legais pertinentes.

RESPOSTA:

a. Sim. Os bens públicos poderão ser de uso comum do povo, uso especial e dominicais. Em regra, das três classificações, apenas os bens dominicais podem ser alienados, uma vez que são desafetados, ou seja, não tem destinação ou função pública específica. (art. 100 e 101 CC). Ocorre, entretanto, que os bens de uso comum e especial também poderão ser desafetados caso não lhes sobrevenham mais uma destinação específica, momento este em que será permitida a sua alienação. Essa desafetação é feita por meio de lei específica. O art. 17, I, da Lei nº 8.666/93 estabelece os trâmites da alienação.

Como o caso hipotético apresentado se enquadra nos fundamentos acima explicitados, pode se afirmar que a alienação foi válida.

b. Sim. Em regra, as limitações administrativas não ensejam o pagamento de indenização ao proprietário. Contudo, no caso em tela, mais do que uma limitação, ocorreu o esvaziamento do seu conteúdo econômico, evento este que equipara-se a uma desapropriação indireta, ocasionando, assim, o direito à indenização, conforme destaca a jurisprudência do STJ.

▸ Espelho

Resposta: I) A desafetação do bem público de uso comum do povo pode ser feita mediante lei específica, que o transforme em bem dominical e

autorize a sua alienação. Segundo o art. 100 do Código Civil, os bens públicos de uso comum do povo e os de uso especial são inalienáveis, enquanto conservarem a sua qualificação, na forma que a lei determinar. Já o art. 101 do Código Civil prevê que os bens públicos dominicais podem ser alienados, observadas as exigências da lei (30 pontos). Se o candidato mencionar, ainda, os trâmites previstos no art. 17, inciso I, da Lei nº 8.666/1993 (20 pontos). Caso o candidato, apesar de responder incorretamente ou não responder a questão, demonstre conhecimento sobre as discussões acerca da alienação condicionada de bens públicos e os procedimentos necessários para tanto à luz da Lei nº 8.666/93, receberá 15 pontos. II) Sim. O esvaziamento do conteúdo econômico do bem imóvel configura espécie de desapropriação indireta, dando ensejo ao pagamento de indenização ao proprietário. Em regra, as limitações administrativas não ensejam pagamento de indenização, mas no caso em tela a propriedade teve o seu conteúdo esvaziado, o que gera o dever de indenizar. (50 pontos). Caso o candidato, apesar de responder incorretamente ou não responder a questão, demonstre conhecimento sobre as discussões quanto à possibilidade de indenização a particulares por instituição de limitações administrativas, receberá 15 pontos.

DOUTRINA TEMÁTICA

"Sendo assim, os artigos 17 a 19 da Lei 8666/93 estabelecem os requisitos para alienação de bens públicos desafetados, ou seja, desvinculados de qualquer utilização de interesse público (uma vez que bens públicos afetados são inalienáveis).

Primeiramente, deve haver declaração estatal de que há interesse público na alienação. Considerando que a alienação é norma excepcional, essa declaração deve ser devidamente fundamentada. Posteriormente, deve ser feita a avaliação prévia do bem, que servirá de parâmetro para definir o valor da venda. Por fim, deverá ser realizado o prévio procedimento licitatório, nos moldes definidos pela legislação.

Em caso de bens imóveis, a alienação depende ainda de autorização legislativa, ou seja, deverá ser expedida uma lei específica que autorize o ato." (CARVALHO, 2017, p. 1096)

"É também reconhecida pela jurisprudência a ocorrência de desapropriação indireta nas situações em que o Poder Público impõe a determinado bem particular restrições tão extensas que resulta inteiramente esvaziado o conteúdo econômico da propriedade. A Prof. Maria Sylvia explica essa hipótese (destaques no original):

Às vezes, a Administração não se apossa diretamente do bem, mas lhe impõe limitações ou servidões que impedem totalmente o proprietário de exercer sobre o imóvel os poderes inerentes ao domínio; neste caso, também se caracterizará a desapropriação indireta, já que as limitações e servidões somente podem, licitamente, afetar em parte o direito de propriedade." (ALEXANDRINO, 2017, p. 1148)

JURISPRUDÊNCIA TEMÁTICA

DIREITO CIVIL. Ação de usucapião. Imóvel da Caixa Econômica Federal vinculado ao SFH. Prestação de serviço público. Imprescritibilidade. O imóvel da Caixa Econômica Federal vinculado ao Sistema Financeiro de Habitação deve ser tratado como bem público, sendo, pois, imprescritível. Cingiu-se a discussão a decidir sobre a possibilidade de aquisição por usucapião de imóvel vinculado ao Sistema Financeiro de Habitação e de titularidade da Caixa Econômica Federal. Segundo o art. 98 do CC/02, são bens públicos aqueles pertencentes às pessoas jurídicas de direito público interno, e particulares, por exclusão, todos os demais. A despeito da literalidade do dispositivo legal, a doutrina especializada, atenta à destinação dada aos bens, considera também bem público aquele cujo titular é pessoa jurídica de direito privado prestadora de serviço público, quando o bem estiver vinculado à prestação desse serviço público. Especificamente quanto à Caixa Econômica Federal, o Decreto-Lei 759/69, que autorizou sua instituição, estabelece como uma de suas finalidades a de "operar no setor habitacional, como sociedade de crédito imobiliário e principal agente do Banco Nacional de Habitação, com o objetivo de facilitar e promover a aquisição de casa própria, especialmente pelas classes de menor renda da população". Sob essa ótica, não obstante se trate de empresa pública, com personalidade jurídica de direito privado, ao atuar como agente financeiro dos programas oficiais de habitação e órgão de execução da política habitacional, explora serviço público, de relevante função social, regulamentado por normas especiais previstas na Lei 4.380/64. Logo, o imóvel vinculado ao Sistema Financeiro de Habitação, porque afetado à prestação de serviço público, deve ser tratado como bem público, sendo, pois, imprescritível. REsp 1.448.026-PE, Rel. Min. Nancy Andrighi, por unanimidade, julgado em 17/11/2016, DJe 21/11/2016.

DIREITO ADMINISTRATIVO. NULIDADE DE CONTRATO DE COMPRA E VENDA DE IMÓVEL PERTENCENTE À UNIÃO. É nulo o contrato firmado entre particulares de compra e venda de imóvel de propriedade da União quando ausentes o prévio recolhimento do laudêmio e a certidão da Secretaria do Patrimônio da União (SPU), ainda que o pacto tenha sido registrado no Cartório competente. (...) Os bens públicos podem ser classificados como bens de uso comum do povo, bens de uso especial e bens dominicais. A diferença principal entre eles reside no fato de que as duas primeiras espécies possuem destinação pública, enquanto a terceira não a possui. Os terrenos pertencentes à União são bens públicos, apesar de os bens dominicais terem destinação precipuamente particular. Seguindo o escólio de doutrina "o regime dos bens dominicais é parcialmente público e parcialmente privado". Por isso, deve-se ter consciência de que a sua natureza não é exclusivamente patrimonial, pois a Administração Pública não deseja apenas auferir renda, mas também observar o interesse coletivo representado pelo domínio direto do imóvel. Conforme explicitado, os bens dominicais possuem especificidades com relação à propriedade privada, que é regulada exclusivamente pelo Código Civil. Dentre elas, existe o direito de transferir onerosamente o domínio útil do imóvel mediante o pagamento de laudêmio, pois se trata, como dito alhures, de relação de natureza híbrida. Portanto, o contrato de compra e venda desses imóveis deve se revestir de formalidades sem as quais se desnatura a sua natureza jurídica. Logo, não é somente o pagamento do laudêmio que diferencia essa espécie de transferência onerosa entre vivos, mas, e, principalmente, a autorização da União para a realização do negócio jurídico. Como se trata de bem público de interesse da União, ela deve acompanhar de perto, por meio da SPU, a realização de sua transferência, pois, como dispõe a lei, pode ocorrer a vinculação do imóvel ao serviço público. Ademais, os Cartórios de Registro de Imóveis têm a obrigação de não lavrar nem registrar escrituras relativas a bens imóveis de propriedade da União sem a certidão da SPU, sob pena de responsabilidade dos seus titulares. Precedente citado: REsp 1.201.256-RJ, Primeira Turma, DJe 22/2/2011. REsp 1.590.022-MA, Rel. Min. Herman Benjamin, por unanimidade, julgado em 9/8/2016, DJe 8/9/2016. Segunda Turma, Info. 589.

DIREITO ADMINISTRATIVO. PRAZO PRESCRICIONAL NA HIPÓTESE DE PRETENSÃO INDENIZATÓRIA DECORRENTE DE DESAPROPRIAÇÃO INDIRETA.

A pretensão indenizatória decorrente de desapropriação indireta prescreve em vinte anos na vigência do CC/1916 e em dez anos na vigência do CC/2002, respeitada a regra de transição prevista no art. 2.028 do CC/2002. De início, cumpre ressaltar que a ação de desapropriação indireta possui natureza real e, enquanto não transcorrido o prazo para aquisição da propriedade por usucapião, ante a impossibilidade de reivindicar a coisa, subsiste a pretensão indenizatória em relação ao preço correspondente ao bem objeto do apossamento administrativo. Com base nessa premissa e com fundamento no art. 550 do CC/1916 - dispositivo legal cujo teor prevê prazo de usucapião -, o STJ firmou a orientação de que "a ação de desapropriação indireta prescreve em vinte anos" (Súmula 119/STJ). O CC/2002, entretanto, reduziu o prazo da usucapião extraordinária para quinze anos (art. 1.238, caput) e previu a possibilidade de aplicação do prazo de dez anos nos casos em que o possuidor tenha estabelecido no imóvel sua moradia habitual ou realizado obras ou serviços de caráter produtivo. Assim, considerando que a desapropriação indireta pressupõe a realização de obras pelo poder público ou sua destinação em função da utilidade pública ou do interesse social, com fundamento no atual Código Civil, o prazo prescricional aplicável às desapropriações indiretas passou a ser de dez anos. REsp 1.300.442-SC, Rel. Min. Herman Benjamin, julgado em 18/6/2013. Segunda turma. Info. 523.

DIREITO ADMINISTRATIVO. DESAPROPRIAÇÃO INDIRETA. VALORIZAÇÃO DA ÁREA REMANESCENTE. REDUÇÃO DO QUANTUM INDENIZATÓRIO. IMPOSSIBILIDADE. Na desapropriação indireta, quando há valorização geral e ordinária da área remanescente ao bem esbulhado em decorrência de obra ou serviço público, não é possível o abatimento no valor da indenização devida ao antigo proprietário. Cabe ao Poder Público, em tese, a utilização da contribuição de melhoria como instrumento legal capaz de fazer face ao custo da obra, devida proporcionalmente pelos proprietários de imóveis beneficiados com a valorização do bem. Precedentes citados: REsp 795.580/SC, DJ 1º/2/2007; REsp 1.074.994-SC, DJe 29/10/2008. REsp 1.230.687-SC, Rel. Min. Eliana Calmon, julgado em 18/10/2012. Segunda Turma, info. 507)

2. (CESPE – ADVOGADO DA UNIÃO – 2012)

Natanael Silva ajuizou ação contra a União Federal, na qual sustenta que, há mais de vinte anos, detém a posse de determinado terreno, onde edificou casa e plantou um laranjal, do qual retira seu sustento. Informa que, há um mês, foi intimado pelo órgão de fiscalização para desocupar a área no prazo de sessenta dias, ao argumento de que a terra pertencia a União. Natanael, argumentando posse velha, invoca, na referida ação, o seu direito constitucional à moradia e ao trabalho, com base no artigo 6º da Constituição Federal (CF). Sustenta, ainda, abuso de poder, ao argumento de ser o interesse da União no terreno apenas econômico, dada a valorização da área, que se tornou central, em face do crescimento da cidade. Alega, ainda, o autor ter direito de retenção do imóvel, até que sejam indenizadas as benfeitorias que ali construiu e requer que, na fase própria do processo, lhe seja reconhecido o direito à penhora do mesmo imóvel, como forma de garantir o pagamento da indenização pleiteada, Requer, também, a liminar para mantê-lo na posse que informa que, tão logo reúna testemunhas, ajuizará a competente ação de usucapião especial urbana, prevista no artigo 183 da CF.

Em contestação, a União informou que pretende firmar concessão de uso do terreno para a instalação de uma escola de aperfeiçoamento de agricultores.

Com base na situação hipotética apresentada, redija texto devidamente fundamentado, atendendo a que se pede a seguir.

Esclareça se há posse pelo particular em relação ao terreno e analise a adequação (ou inadequação) da ação de manutenção de posse, explicando se existe direito de retenção e de indenização pelas benfeitorias. [valor: 2,0 pontos]

Explicite se seria possível penhorar o imóvel descrito para garantir o pagamento de eventual crédito contra a União. [valor: 1,50 pontos]

Informe a categoria do bem público sob análise, segundo a destinação, e descreva as características gerais desse tipo de bem. [valor: 1,00 pontos]

Esclareça se há possibilidade de usucapião do móvel mencionado [valor: 1,50 pontos]

Conceitue permissão de uso e concessão de uso, estabelecendo as diferenças entre tais atos quanto a natureza jurídica, objeto, interesses envolvidos, necessidades, ou não, de prévia licitação; duração e possibilidade de indenização em caso de revogação, e analise a adequação da concessão de uso no caso concreto. [valor: 3,00 pontos]

RESPOSTA:

A ocupação de imóvel público pelo particular sem a aquiescência do Poder Público não se caracteriza como posse, mas sim como mera detenção. Não se pode conceber que um particular permaneça em um imóvel público como se fosse proprietário desse bem, daí se conclui que não há posse de imóvel público pelo particular. Não sendo possuidor, falece a Natanael legitimidade para a ação de manutenção de posse.

Disso também decorre a inexistência do direito de retenção ou do direito de indenização por benfeitorias. Sem o reconhecimento da posse de boa-fé, não há que se falar em direito de retenção nem em indenização por benfeitorias, não se reconhecendo, desse modo, tais direitos ao mero detentor.

Sendo um bem público, o imóvel não pode ser penhorado em nenhuma hipótese, pois intrínseco à condição de bem público está o imperativo constitucional de que esses bens não podem ser objeto de expropriação, tanto que a execução contra os entes públicos se dá pelo regime de precatório, não se admitindo a penhora de bens públicos.

Isso ocorre em relação a qualquer bem público, inclusive os dominicais, como o da questão. Bens públicos dominicais são aqueles que não estão afetados a uma finalidade pública (artigo 99, III, do Código Civil), podendo ser alienados, desde que haja prévia avaliação, e no caso de imóveis, autorização legislativa.

Mesmo os bens públicos dominicais não podem ser usucapidos (CF 182, § 3º e 191, parágrafo único; artigo 102 do CC). A uma, porque os bens públicos são imprescritíveis; a duas, porque a usucapião pressupõe posse mansa e pacífica do particular, o que é impossível de ocorrer em relação a um imóvel público.

Permissão e concessão de uso são formas de consentimento do Poder Público da utilização do bem público pelo particular. Na primeira há uma aproximação entre o interesse público e o particular, enquanto na concessão o interesse público prevalece na utilização do bem. A permissão de uso de bem público é ato unilateral da administração, sendo marcado pela precariedade e pela discricionariedade. Já a concessão de uso de bem público é um contrato, não havendo que se falar em precariedade. Disso decorre, que a licitação é necessária para os casos de concessão, mas não para os de permissão, dada a natureza contratual daquela. A indenização seria devida ao particular caso a revogação da concessão lhe cause prejuízos, pois geralmente na concessão o particular faz investimentos consideráveis. Já na permissão, a doutrina costuma afirmar que sua precariedade inviabiliza o reconhecimento do direito à indenização.

Em relação ao caso descrito na questão, pode-se dizer que a concessão de uso é adequada para o propósito de se desenvolver uma escola de aperfeiçoamento de agricultores, pois há no caso o interesse público que justifica a utilização da concessão.

ATENÇÃO!!! O tema desta questão foi repetido parcialmente no ano de 2014 na prova discursiva do concurso de Procurador do Distrito Federal, realizado pelo CESPE:

"Determinado ente federativo, no exercício de atividade fiscalizatória, tendo constatado a presença de construção irregular de imóvel em área pública a ele pertencente, emitiu notificação demolitória ao ocupante. O particular apresentou requerimento administrativo, com a finalidade de impedir a concretização da demolição, no qual, alegou que: (i) o ato seria nulo, ante a ausência da indispensável autorização judicial prévia; (ii) a ocupação seria de boa-fé, embora não houvesse título expresso e válido autorizando a ocupação do imóvel; (iii) como decorrência da boa-fé, teria posse do imóvel e o direito de retenção, de acordo com os institutos civilistas aplicáveis à matéria; e (iv) teria direito à indenização por benfeitorias úteis e necessárias, caso fosse implementada a medida. Para subsidiar a apresentação de resposta ao requerimento, foi solicitado parecer ao órgão jurídico competente a respeito das argumentações apresentadas pelo autor.

Em face dessa situação hipotética, elabore, na condição de procurador responsável pela análise do tema, o parecer solicitado, com fundamento na legislação de regência e na jurisprudência do STJ. Ao elaborar seu texto, além de enfrentar todas as alegações do autor [valor: 28,00 pontos], aborde, necessariamente, os seguintes aspectos:

- **conceito de poder de polícia; [valor: 5,00 pontos]**
- **atributos da discricionariedade, autoexecutoriedade e coercibilidade; [valor: 15,00 pontos]**
- **meios de atuação do poder de polícia em sentido amplo. [valor: 5,00 pontos]**

DOUTRINA TEMÁTICA

"A permissão de uso de bem público também é um ato administrativo unilateral, discricionário e precário, em que a Administração autoriza que certa pessoa utilize privativamente um bem público, atendendo ao mesmo tempo aos interesses público e privado. (...) Para a doutrina, o instituto se divide em permissão simples, hipótese em que não há prazo e pode ser desfeita a qualquer tempo e, de outro lado, a permissão condicionada, em que há prazo determinado, o que significa que a sua retomada antes de findado o período gera direito à indenização. **Essa última modalidade é muito próxima à concessão de uso de bem público**. (...) A concessão de uso de bem público formaliza-se por contrato administrativo, instrumento pelo qual o Poder Público transfere ao particular a utilização de um bem público. Fundamenta-se no interesse público, a título solene e com exigências inerentes à relação contratual. Como os demais contratos administrativos, depende de licitação e de autorização legislativa, está sujeito às cláusulas exorbitantes, tem prazo determinado e a sua extinção antes do prazo gera direito à indenização. Pode ser de duas espécies: a concessão remunerada de uso de bem público e a concessão gratuita de uso de bem público." (MARINELA, 2013. p. 860-861) (grifado pelo autor).

JURISPRUDÊNCIA TEMÁTICA

STJ

DIREITO ADMINISTRATIVO E CIVIL. INEXISTÊNCIA DE DIREITO A INDENIZAÇÃO PELAS ACESSÕES E DE RETENÇÃO PELAS BENFEITORIAS EM BEM PÚBLICO IRREGULARMENTE OCUPADO. **Quando irregularmente ocupado o bem público, não há que se falar em direito de retenção pelas benfeitorias realizadas, tampouco em direito a indenização pelas acessões, ainda que as benfeitorias tenham sido realizadas de boa-fé. Isso porque nesta hipótese não há posse, mas mera detenção, de natureza precária**. Dessa forma, configurada a ocupação indevida do bem público, resta afastado o direito de retenção por benfeitorias e o pleito indenizatório à luz da alegada boa-fé. Precedentes citados: AgRg no AREsp 456.758-SP, Segunda Turma, DJe 29/4/2014; e REsp 850.970-DF, Primeira Turma, DJe 11/3/2011. AgRg no REsp 1.470.182-RN, Rel. Min. Mauro Campbell Marques, julgado em 4/11/2014 (Noticiado no informativo nº 551 do STJ, grifado pelo autor).

PROCESSUAL CIVIL E ADMINISTRATIVO. OMISSÃO. NÃO- OCORRÊNCIA. TERRACAP. IMÓVEL PÚBLICO. OCUPAÇÃO IRREGULAR. CONSTRUÇÃO DE GARAGEM A SER DEMOLIDA. INTERESSE DE AGIR SUBSISTENTE. BENFEITORIA INDENIZÁVEL. INEXISTÊNCIA.

1. A solução integral da controvérsia, com fundamento suficiente, não caracteriza ofensa ao art. 535 do CPC.

2. A alteração da destinação da área, que permitiria, em tese, a alienação do imóvel público ao ocupante irregular (recorrente), não afasta o interesse de agir da recorrida na Ação Reivindicatória.

3. A alegada boa-fé da ocupante, que ensejaria indenização pelas benfeitorias úteis e necessárias, não pode ser aferida em Recurso Especial, pois foi afastada peremptoriamente pelo Tribunal de origem com base na prova dos autos (Súmula 7/STJ).

4. A Corte Distrital inadmitiu a indenização das alegadas benfeitorias (garagem construída) porque deverão ser demolidas, o que demonstra a inexistência de benefício em favor do proprietário reivindicante.

5. **No caso de ocupação irregular de imóvel público, não há posse, mas mera detenção, o que impede a aplicação da legislação civilista relativa à indenização por benfeitorias**. Precedentes do STJ.

6. Como regra, a natureza do imóvel (público ou privado) não pode ser examinada pelo STJ com base em dissídio jurisprudencial, como pretende a recorrente. A divergência que dá ensejo a Recurso Especial refere-se à interpretação da legislação federal, e não à qualificação jurídica pura e simples de determinados bens.

7. A mais recente jurisprudência do STJ, sedimentada pela Corte Especial, reconhece a natureza pública dos imóveis da Terracap.

8. O Tribunal de origem consignou que o bem foi ocupado, por mais de oito anos, irregularmente e sem qualquer autorização expressa, válida e inequívoca da Administração, o que implica dever de o particular indenizar o Poder Público pelo uso. Incabível, portanto, o argumento recursal de ter havido condenação sem comprovação de dano.

9. Quem ocupa ou utiliza ilicitamente bem público, qualquer que seja a sua natureza, tem o dever de, além de cessar de forma imediata a apropriação irregular, remunerar a sociedade, em valor de mercado, pela ocupação ou uso e indenizar eventuais prejuízos que tenha causado ao patrimônio do Estado ou da coletividade.

10. Recurso Especial não provido. (REsp 425.416, Rel. Min. Herman Benjamin, 2ª Turma, j. 25.08.2009, DJe 15.12.2009)

ADMINISTRATIVO. OCUPAÇÃO DE ÁREA PÚBLICA POR PARTICULARES. CONSTRUÇÃO. BENFEITORIAS. INDENIZAÇÃO. IMPOSSIBILIDADE.

1. Hipótese em que o Tribunal de Justiça reconheceu que a área ocupada pelos recorridos é pública e não comporta posse, mas apenas mera detenção. No entanto, o acórdão equiparou o detentor a possuidor de boa-fé, para fins de indenização pelas benfeitorias.

2. O legislador brasileiro, ao adotar a Teoria Objetiva de Ihering, definiu a posse como o exercício de algum dos poderes inerentes à propriedade (art. 1.196 do CC).

3. O art. 1.219 do CC reconheceu o direito à indenização pelas benfeitorias úteis e necessárias, no caso do possuidor de boa-fé, além do direito de retenção. O correlato direito à indenização pelas construções é previsto no art. 1.255 do CC.

4. **O particular jamais exerce poderes de propriedade (art. 1.196 do CC) sobre imóvel público, impassível de usucapião (art. 183, § 3º, da CF). Não poderá, portanto, ser considerado possuidor dessas áreas, senão mero detentor.**

5. **Essa impossibilidade, por si só, afasta a viabilidade de indenização por acessões ou benfeitorias, pois não prescindem da posse de boa-fé** (arts. 1.219 e 1.255 do CC). Precedentes do STJ.

6. Os demais institutos civilistas que regem a matéria ratificam sua inaplicabilidade aos imóveis públicos.

7. **A indenização por benfeitorias prevista no art. 1.219 do CC implica direito à retenção do imóvel, até que o valor seja pago pelo proprietário. Inadmissível que um particular retenha imóvel público, sob qualquer fundamento, pois seria reconhecer, por via transversa, a posse privada do bem coletivo, o que está em desarmonia com o Princípio da Indisponibilidade do Patrimônio Público.**

8. O art. 1.255 do CC, que prevê a indenização por construções, dispõe, em seu parágrafo único, que o possuidor poderá adquirir a propriedade do imóvel se "a construção ou a plantação exceder consideravelmente o valor do terreno". O dispositivo deixa cristalina a inaplicabilidade do instituto aos bens da coletividade,

já que o Direito Público não se coaduna com prerrogativas de aquisição por particulares, exceto quando atendidos os requisitos legais (desafetação, licitação etc.).

9. Finalmente, a indenização por benfeitorias ou acessões, ainda que fosse admitida no caso de áreas públicas, pressupõe vantagem, advinda dessas intervenções, para o proprietário (no caso, o Distrito Federal). Não é o que ocorre em caso de ocupação de áreas públicas.

10. Como regra, esses imóveis são construídos ao arrepio da legislação ambiental e urbanística, o que impõe ao Poder Público o dever de demolição ou, no mínimo, regularização. Seria incoerente impor à Administração a obrigação de indenizar por imóveis irregularmente construídos que, além de não terem utilidade para o Poder Público, ensejarão dispêndio de recursos do Erário para sua demolição.

11. Entender de modo diverso é atribuir à detenção efeitos próprios da posse, o que enfraquece a dominialidade pública, destrói as premissas básicas do Princípio da Boa-Fé Objetiva, estimula invasões e construções ilegais e legitima, com a garantia de indenização, a apropriação privada do espaço público.

12. Recurso Especial provido. (REsp 945.055, Rel. Min. Herman Benjamin, 2ª Turma, j. 02.06.2009, DJe 20.08.2009)

ADMINISTRATIVO. JARDIM BOTÂNICO DO RIO DE JANEIRO. BEM PÚBLICO. DECRETO-LEI 9.760/46 PATRIMÔNIO HISTÓRICO E ARTÍSTICO NACIONAL. BEMTOMBADO. ARTS. 11 E 17 DO DECRETO-LEI 25/1937. OCUPAÇÃO PORPARTICULARES. CONSTRUÇÃO. BENFEITORIAS. INDENIZAÇÃO.IMPOSSIBILIDADE. DIREITO DE RETENÇÃO. DESCABIMENTO. ARTS. 100, 102,1.196, 1.219 E 1.255 DO CÓDIGO CIVIL DE 2002.

(...)

6. A ocupação, a exploração e o uso de bem público - sobretudo os de interesse ambiental-cultural e, com maior razão, aqueles tombados -só se admitem se contarem com expresso, inequívoco, válido e atual assentimento do Poder Público, exigência inafastável tanto pelo Administrador como pelo Juiz, a qual se mantém incólume, independentemente da ancianidade, finalidade (residencial, comercial ou agrícola) ou grau de interferência nos atributos que justificam sua proteção.

(...)8. No que tange ao Jardim Botânico do Rio, nova ou velha a ocupação, a realidade é uma só: o bem é público, tombado, e qualquer uso, construção ou exploração nos seus domínios demanda rigoroso procedimento administrativo, o que não foi, in casu, observado.

9. **Na falta de autorização expressa, inequívoca, válida e atual do titular do domínio, a ocupação de área pública é mera detenção ilícita** ("grilagem", na expressão popular), que não gera - nem pode gerar, a menos que se queira, contrariando a mens legis, estimular tais atos condenáveis - direitos, entre eles o de retenção, garantidos somente ao possuidor de boa-fé pelo Código Civil. Precedentes do STJ.

10. **Os imóveis pertencentes à União Federal são regidos pelo Decreto-Lei 9.760/46, que em seu art. 71 dispõe que, na falta de assentimento (expresso, inequívoco, válido e atual) da autoridade legitimamente incumbida na sua guarda e zelo, o ocupante poderá ser sumariamente despejado e perderá, sem direito a indenização, tudo quanto haja incorporado ao solo**, ficando ainda sujeito ao disposto nos arts. 513, 515 e 517 do Código Civil de 1916.

11. **A apropriação, ao arrepio da lei, de terras e imóveis públicos (mais ainda de bem tombado desde 1937), além de acarretar o dever de imediata desocupação da área, dá ensejo à aplicação das sanções administrativas e penais previstas na legislação, bem como à obrigação de reparar eventuais danos causados.**

12. Aplica-se às benfeitorias e acessões em área ou imóvel público a lei especial que rege a matéria, e não o Código Civil, daí caber indenização tão-só se houver prévia notificação do proprietário (art. 90 do Decreto-lei 9.760/46).

13. **Simples detenção precária não dá ensejo a indenização por acessões e benfeitorias, nem mesmo as ditas necessárias**, definidas como "as que têm por fim conservar o bem ou evitar que se deteriore"(Código Civil, art. 96, § 3º). Situação difícil de imaginar em construções que deverão ser demolidas, por imprestabilidade ou incompatibilidade com as finalidades do Jardim Botânico (visitação pública e conservação da flora), a antítese do fim de "conservar o bem ou evitar que se deteriore".

14. Para fazer jus a indenização por acessões e benfeitorias, ao administrado incumbe o ônus de provar: a) a regularidade e a boa-fé da ocupação, exploração ou uso do bem, lastreadas em assentimento expresso, inequívoco, válido e atual; b) o caráter necessário das benfeitorias e das acessões; c) a notificação, escorreita na forma e no conteúdo, do órgão acerca da realização dessas acessões e benfeitorias.

15. Eventual indenização, em nome das acessões e benfeitorias que o ocupante ilegal tenha realizado, deve ser buscada após a desocupação do imóvel, momento e instância em que o Poder Público também terá a oportunidade, a preço de mercado, de cobrar-lhe pelo período em que, irregularmente, ocupou ou explorou o imóvel e por despesas de demolição, assim como pelos danos que tenha causado ao próprio bem, à coletividade e a outros valores legalmente protegidos.

16. **Inexiste boa-fé contra expressa determinação legal. Ao revés, entende-se agir de má-fé o particular que, sem título expresso, inequívoco, válido e atual ocupa imóvel público, mesmo depois de notificação para abandoná-lo, situação típica de esbulho permanente, em que cabível a imediata reintegração judicial**.

17. **Na ocupação, uso ou exploração de bem público, a boa-fé é impresumível**, requisitando prova cabal a cargo de quem a alega. Incompatível com a boa-fé agir com o reiterado ânimo de se furtar e até de burlar a letra e o espírito da lei, com sucessivas reformas e ampliações de construção em imóvel público, por isso mesmo feitas à sua conta e risco.

18. **Na gestão e controle dos bens públicos impera o princípio da indisponibilidade, o que significa dizer que eventual inércia ou conivência do servidor público de plantão (inclusive com o recebimento de "aluguel") não tem o condão de, pela porta dos fundos da omissão e do consentimento tácito, autorizar aquilo que, pela porta da frente, seria ilegal**, caracterizando, em vez disso, ato de improbidade administrativa (Lei 8.429/1992), que como tal deve ser tratado e reprimido.

(...) 20. Recurso Especial não provido. (REsp 808.708, Rel. Min. Herman Benjamin, 2ª Turma, j. 18.08.2009, DJe 04.05.2011)

3. (PGE RS – PROCURADOR DO ESTADO – RS – 2012)

Disserte sobre a possibilidade (ou impossibilidade) de aplicação das prerrogativas derivadas do regime jurídico dos bens públicos aos bens das empresas estatais, à luz da jurisprudência recente do Supremo Tribunal Federal e do Superior Tribunal de Justiça.

RESPOSTA:

A possibilidade de aplicação das prerrogativas derivadas do regime jurídico dos bens públicos aos bens das empresas estatais depende da classificação dessas empresas, uma vez que elas podem prestar serviço público ou exercer atividade econômica. Isso porque o regime jurídico dessas empresas será predominantemente público ou privado conforme essa divisão.

Nessa linha, as empresas estatais que prestam serviço público serão equiparadas a autarquias, inclusive quanto à classificação dos seus bens como públicos. Já as que exercem atividade econômica obedecem ao artigo 173, § 1º, II da Constituição Federal, sujeitando-se por isso ao regime jurídico próprio das empresas privadas, diante do que seus bens são privados.

Alguns doutrinadores preferem aplicar irrestritamente o critério da titularidade do bem para classificá-lo como público ou privado. Por esse critério, a classificação dos bens como públicos ou privados é definitivamente resolvida pelo artigo 98 do Código Civil, segundo o qual são públicos os bens do domínio nacional pertencentes às pessoas jurídicas de direito público interno; todos os outros são particulares, seja qual for a pessoa a que pertencerem.

Contudo, doutrina e jurisprudência majoritárias adotam um entendimento mais flexível, que considera a destinação do bem. Desse modo, se um bem pertence a uma empresa estatal que explora serviço público, tal bem, sendo empregado para a satisfação das necessidades coletivas, será considerado público, a despeito de pertencer a uma pessoa jurídicas de direito privado.

Com base nessa distinção, o Supremo Tribunal Federal considerou públicos, e portanto impenhoráveis, os bens da Empresa Brasileira de Correios e Telégrafos, empresa pública que é a única pessoa encarregada da prestação de serviço postal (regime de privilégio). Seguindo o mesmo raciocínio, considerou privados os bens da Eletronorte, sociedade de economia mista que exerce atividade econômica, tendo outros concorrentes no mercado, o que atrai a aplicação do artigo 173, § 1º, II da Constituição Federal.

▶ Critério de correção da banca

1. Descrição do Regime Jurídico dos bens das Empresas Estatais, a partir da Constituição e do Código Civil:

1.1. Indicação do art. 173, § 1º, II, CF 1988, como regra geral do regime jurídico de direito privado das empresas estatais e fundamentos da imposição desse regime – 20 pontos; pontuação parcial por indicação apenas da regra especial do art. 173, § 2º, CF 1988.

1.2. Indicação dos dispositivos do Código Civil especificamente sobre o regime jurídico dos bens das entidades estatais regidas pelo direito privado (arts. 98 e 99) – Fonte teórica remota do direito positivo na escola francesa da potestade pública - 20 pontos; pontuação parcial por indicação apenas da regra do artigo 41, § único, Código Civil.

2. Descrição da jurisprudência do Supremo Tribunal Federal e do Superior Tribunal de Justiça:

2.1. Dicotomia art. 173 (atividades econômicas stricto sensu) versus art. 175, CF 1988 (serviços públicos) como base da jurisprudência a partir de uma interpretação sistemática: bens de empresas estatais afetados ao serviço público podem restar submetidos ao direito público, e fundamentos jurídicos para tanto - Menção exemplificativa desses privilégios de direito público – Escola francesa do serviço público como fonte teórica remota da jurisprudência - Menção do caso-paradigma: Empresa Brasileira de Correios e Telégrafos – 40 pontos.

2.2. Existência de julgados negadores dos privilégios de direito público a empresas estatais prestadoras de serviços públicos com base em diferentes critérios e/ou fundamentos caso a caso – Exemplo: Eletronorte (e mesmo Casa da Moeda e ECT na ADPF 46) - 20 pontos.

◉ DOUTRINA TEMÁTICA

"**Acolhe-se neste trabalho a orientação de que os bens pertencentes às pessoas privadas são bens privados, todavia, quando prestadoras de serviços públicos, em razão de diversas regras do ordenamento jurídico, se eles estiverem diretamente ligados à prestação dos serviços públicos, estarão sujeitos ao regime público**; para os demais vale o regime privado. Justificam esse tratamento especial: o princípio da continuidade dos serviços públicos; o fato de os bens serem decorrentes da transferência do ente que as criou; a cláusula de reversão ao ente público que lhes deu origem e a possibilidade de a lei instituidora dar essa especialidade para esses bens." (MARINELA 2013, p. 175). (grifado pelo autor).

"A noção de bem público, tal como qualquer outra noção em Direito, só interessa se for correlata a um dado regime jurídico. Assim, todos os bens que estiverem sujeitos ao mesmo regime público deverão ser havidos como bens públicos. Ora, **bens particulares quando afetados a uma atividade pública (enquanto o estiverem) ficam submissos ao mesmo regime jurídico dos bens de propriedade pública. Logo, têm que estar incluídos no conceito de bem público.**" (MELLO, 2011, p. 921). (grifado pelo autor).

"(...) Parece-nos, ao contrário, que os bens das pessoas administrativas privadas, como é o caso das empresas públicas, sociedades de economia mista e fundações públicas de direito privado, devem ser caracterizados como bens privados, mesmo que em certos casos a extinção dessas entidades possa acarretar o retorno dos bens ao patrimônio da pessoa de direito público de onde se haviam originado. O fator que deve preponderar na referida classificação é o de que as entidades têm personalidade jurídica de direito privado e, embora vinculadas à Administração Direta, atuam normalmente com a maleabilidade própria das pessoas privadas." (CARVALHO FILHO, 2011, p. 1.046).

JURISPRUDÊNCIA TEMÁTICA

EXECUÇÃO – EMPRESA PÚBLICA – REGIME DE PRECATÓRIOS – INADEQUAÇÃO. Incabível aplicar à empresa pública a regra excepcional de execução prevista no artigo 100 da Carta da República. HONORÁRIOS ADVOCATÍCIOS. Descabe a fixação de honorários recursais, previstos no artigo 85, § 11, do Código de Processo Civil de 2015, quando se tratar de recurso formalizado no curso de processo cujo rito os exclua. (RE 851711 ED-AgR-AgR, Relator(a): Min. MARCO AURÉLIO, Primeira Turma, julgado em 12/12/2017, PROCESSO ELETRÔNICO DJe-068 DIVULG 09-04-2018 PUBLIC 10-04-2018). Ementa: DIREITO CONSTITUCIONAL E ADMINISTRATIVO. COMPANHIA ESTADUAL DE SANEAMENTO BÁSICO. SOCIEDADE DE ECONOMIA MISTA PRESTADORA DE SERVIÇO PÚBLICO ESSENCIAL. EXECUÇÃO PELO REGIME DE PRECATÓRIOS. 1. Embora, em regra, as empresas estatais estejam submetidas ao regime das pessoas jurídicas de direito privado, a jurisprudência do Supremo Tribunal Federal é no sentido de que "entidade que presta serviços públicos essenciais de saneamento básico, sem que tenha ficado demonstrado nos autos se tratar de sociedade de economia mista ou empresa pública que competiria com pessoas jurídicas privadas ou que teria por objetivo primordial acumular patrimônio e distribuir lucros. Nessa hipótese, aplica-se o regime de precatórios" (RE 592.004, Rel. Min. Joaquim Barbosa). 2. É aplicável às companhias estaduais de saneamento básico o regime de pagamento por precatório (art. 100 da Constituição), nas hipóteses em que o capital social seja majoritariamente público e o serviço seja prestado em regime de exclusividade e sem intuito de lucro. 3. Provimento do agravo regimental e do recurso extraordinário. (RE 627242 AgR, Relator(a): Min. MARCO AURÉLIO, Relator(a) p/ Acórdão: Min. ROBERTO BARROSO, Primeira Turma, julgado em 02/05/2017, PROCESSO ELETRÔNICO DJe-110 DIVULG 24-05-2017 PUBLIC 25-05-2017).

Ementa: DIREITO CONSTITUCIONAL E ADMINISTRATIVO. COMPANHIA ESTADUAL DE SANEAMENTO BÁSICO. SOCIEDADE DE ECONOMIA MISTA PRESTADORA DE SERVIÇO PÚBLICO ESSENCIAL. EXECUÇÃO PELO REGIME DE PRECATÓRIOS. 1. Embora, em regra, as empresas estatais estejam submetidas ao regime das pessoas jurídicas de direito privado, a jurisprudência do Supremo Tribunal Federal é no sentido de que "entidade que presta serviços públicos essenciais de saneamento básico, sem que tenha ficado demonstrado nos autos se tratar de sociedade de economia mista ou empresa pública que competiria com pessoas jurídicas privadas ou que teria por objetivo primordial acumular patrimônio e distribuir lucros. Nessa hipótese, aplica-se o regime de precatórios" (RE 592.004, Rel. Min. Joaquim Barbosa). 2. É aplicável às companhias estaduais de saneamento básico o regime de pagamento por precatório (art. 100 da Constituição), nas hipóteses em que o capital social seja majoritariamente público e o serviço seja prestado em regime de exclusividade e sem intuito de lucro. 3. Provimento do agravo regimental e do recurso extraordinário. (RE 627242 AgR, Relator(a): Min. MARCO AURÉLIO, Relator(a) p/ Acórdão: Min. ROBERTO BARROSO, Primeira Turma, julgado em 02/05/2017, PROCESSO ELETRÔNICO DJe-110 DIVULG 24-05-2017 PUBLIC 25-05-2017). Arguição de descumprimento de preceito fundamental. 2. Ato lesivo fundado em decisões de primeiro e de segundo graus do Tribunal Regional do Trabalho da 22ª Região que determinaram bloqueio, penhora e liberação de valores oriundos da conta única do Estado do Piauí, para pagamento de verbas trabalhistas de empregados da Empresa de Gestão de Recursos do Estado do Piauí S/A (EMGERPI). 3. Conversão da análise do pedido de medida cautelar em julgamento de mérito. Ação devidamente instruída. Possibilidade. Precedentes. 4. É aplicável o regime dos precatórios às sociedades de economia mista prestadoras de serviço público próprio do Estado e de natureza não concorrencial. Precedentes. 5. Ofensa aos princípios constitucionais do sistema financeiro e orçamentário, em especial ao da legalidade orçamentária (art. 167, VI, da CF), aos princípios da independência e da harmonia entre os Poderes (art. 2º da CF) e ao regime constitucional dos precatórios (art. 100 da CF). 6. Arguição de descumprimento de preceito fundamental julgada procedente. (ADPF 387, Relator(a): Min. GILMAR MENDES, Tribunal Pleno, julgado em 23/03/2017, PROCESSO ELETRÔNICO DJe-244 DIVULG 24-10-2017 PUBLIC 25-10-2017).

FINANCEIRO. SOCIEDADE DE ECONOMIA MISTA. PAGAMENTO DE VALORES POR FORÇA DE DECISÃO JUDICIAL. INAPLICABILIDADE DO REGIME DE PRECATÓRIO. ART. 100 DA CONSTITUIÇÃO. CONSTITUCIONAL E PROCESSUAL CIVIL. MATÉRIA CONSTITUCIONAL CUJA REPERCUSSÃO GERAL FOI RECONHECIDA. **Os privilégios da Fazenda Pública são inextensíveis às sociedades de economia mista que executam atividades em regime de concorrência ou que tenham como objetivo distribuir lucros aos seus acionistas. Portanto, a empresa Centrais Elétricas do Norte do Brasil S.A. - Eletronorte não pode se beneficiar do sistema de pagamento por precatório de dívidas decorrentes de decisões judiciais** (art. 100 da Constituição). Recurso extraordinário ao qual se nega provimento. (RE 599.628, Rel. Min. Ayres Britto, Pleno, j. 25.05.2011, DJe 17.10.2011). (grifado pelo autor).

ARGÜIÇÃO DE DESCUMPRIMENTO DE PRECEITO FUNDAMENTAL. EMPRESA PÚBLICA DE CORREIOS E TELEGRÁFOS. PRIVILÉGIO DE ENTREGA DE CORRESPONDÊNCIAS. SERVIÇO POSTAL. CONTROVÉRSIA REFERENTE À LEI FEDERAL 6.538,

DE 22 DE JUNHO DE 1978. ATO NORMATIVO QUE REGULA DIREITOS E OBRIGAÇÕES CONCERNENTES AO SERVIÇO POSTAL. PREVISÃO DE SANÇÕES NAS HIPÓTESES DE VIOLAÇÃO DO PRIVILÉGIO POSTAL. COMPATIBILIDADE COM O SISTEMA CONSTITUCIONAL VIGENTE. ALEGAÇÃO DE AFRONTA AO DISPOSTO NOS ARTIGOS 1º, INCISO IV; 5º, INCISO XIII, 170, CAPUT, INCISO IV E PARÁGRAFO ÚNICO, E 173 DA CONSTITUIÇÃO DO BRASIL. VIOLAÇÃO DOS PRINCÍPIOS DA LIVRE CONCORRÊNCIA E LIVRE INICIATIVA. NÃO-CARACTERIZAÇÃO. ARGUIÇÃO JULGADA IMPROCEDENTE. INTERPRETAÇÃO CONFORME À CONSTITUIÇÃO CONFERIDA AO ARTIGO 42 DA LEI N. 6.538, QUE ESTABELECE SANÇÃO, SE CONFIGURADA A VIOLAÇÃO DO PRIVILÉGIO POSTAL DA UNIÃO. APLICAÇÃO ÀS ATIVIDADES POSTAIS DESCRITAS NO ARTIGO 9º, DA LEI.

1. O serviço postal --- conjunto de atividades que torna possível o envio de correspondência, ou objeto postal, de um remetente para endereço final e determinado --- não consubstancia atividade econômica em sentido estrito. Serviço postal é serviço público.

2. A atividade econômica em sentido amplo é gênero que compreende duas espécies, o serviço público e a atividade econômica em sentido estrito. Monopólio é de atividade econômica em sentido estrito, empreendida por agentes econômicos privados. A exclusividade da prestação dos serviços públicos é expressão de uma situação de privilégio. Monopólio e privilégio são distintos entre si; não se os deve confundir no âmbito da linguagem jurídica, qual ocorre no vocabulário vulgar.

3. A Constituição do Brasil confere à União, em caráter exclusivo, a exploração do serviço postal e o correio aéreo nacional [artigo 20, inciso X].

4. O serviço postal é prestado pela Empresa Brasileira de Correios e Telégrafos - ECT, empresa pública, entidade da Administração Indireta da União, criada pelo decreto-lei n. 509, de 10 de março de 1.969.

5. É imprescindível distinguirmos o regime de privilégio, que diz com a prestação dos serviços públicos, do regime de monopólio sob o qual, algumas vezes, a exploração de atividade econômica em sentido estrito é empreendida pelo Estado.
6. A Empresa Brasileira de Correios e Telégrafos deve atuar em regime de exclusividade na prestação dos serviços que lhe incumbem em situação de privilégio, o privilégio postal.

7. Os regimes jurídicos sob os quais em regra são prestados os serviços públicos importam em que essa atividade seja desenvolvida sob privilégio, inclusive, em regra, o da exclusividade.

8. Argüição de descumprimento de preceito fundamental julgada improcedente por maioria. O Tribunal deu interpretação conforme à Constituição ao artigo 42 da Lei n. 6.538 para restringir a sua aplicação às atividades postais descritas no artigo 9º desse ato normativo. (ADPF 46, Rel. Min. Marco Aurélio, Rel. para o Acórdão Min. Eros Grau, Pleno, j. 05.08.2009, DJe 26.02.2010)

AGRAVO REGIMENTAL NO RECURSO EXTRAORDINÁRIO. CONSTITUCIONAL. EMPRESA BRASILEIRA DE CORREIOS E TELÉGRAFOS - ECT. IMPENHORABILIDADE DOS BENS. EXECUÇÃO FISCAL. OBSERVÂNCIA DO REGIME DE PRECATÓRIOS. COMPETÊNCIA. PRECEDENTES. AGRAVO REGIMENTAL AO QUAL SE NEGA PROVIMENTO. 1. **Os bens, as rendas e os serviços da Empresa Brasileira de Correios e Telégrafos são impenhoráveis, e a execução deve observar o regime**

de precatórios. 2. Nas comarcas onde não há Vara da Justiça Federal, os Juízes Estaduais são competentes para apreciar a execução fiscal. (RE 393.032 AgR, Rel. Min. Carmen Lúcia, 1ª Turma, j. 27.10.2009, DJe 18.12.2009). (grifado pelo autor).

AÇÃO DIRETA DE INCONSTITUCIONALIDADE. ALÍNEA d DO INCISO XXIII DO ARTIGO 62 DA CONSTITUIÇÃO DO ESTADO DE MINAS GERAIS. APROVAÇÃO DO PROVIMENTO, PELO EXECUTIVO, DOS CARGOS DE PRESIDENTE DAS ENTIDADES DA ADMINISTRAÇÃO PÚBLICA INDIRETA ESTADUAL PELA ASSEMBLÉIA LEGISLATIVA. ALEGAÇÃO DE VIOLAÇÃO DO DISPOSTO NO ARTIGO 173, DA CONSTITUIÇÃO DO BRASIL. DISTINÇÃO ENTRE EMPRESAS ESTATAIS PRESTADORAS DE SERVIÇO PÚBLICO E EMPRESAS ESTATAIS QUE DESENVOLVEM ATIVIDADE ECONÔMICA EM SENTIDO ESTRITO. REGIME JURÍDICO ESTRUTURAL E REGIME JURÍDICO FUNCIONAL DAS EMPRESAS ESTATAIS. INCONSTITUCIONALIDADE PARCIAL. INTERPRETAÇÃO CONFORME À CONSTITUIÇÃO.

1. Esta Corte em oportunidades anteriores definiu que a aprovação, pelo Legislativo, da indicação dos Presidentes das entidades da Administração Pública Indireta restringe-se às autarquias e fundações públicas, dela excluídas as sociedades de economia mista e as empresas públicas. Precedentes.

2. **As sociedades de economia mista e as empresas públicas que explorem atividade econômica em sentido estrito estão sujeitas, nos termos do disposto no § 1º do artigo 173 da Constituição do Brasil, ao regime jurídico próprio das empresas privadas**.

3. Distinção entre empresas estatais que prestam serviço público e empresas estatais que empreendem atividade econômica em sentido estrito

4. **O § 1º do artigo 173 da Constituição do Brasil não se aplica às empresas públicas, sociedades de economia mista e entidades (estatais) que prestam serviço público**.

5. A intromissão do Poder Legislativo no processo de provimento das diretorias das empresas estatais colide com o princípio da harmonia e interdependência entre os poderes. A escolha dos dirigentes dessas empresas é matéria inserida no âmbito do regime estrutural de cada uma delas.

6 Pedido julgado parcialmente procedente para dar interpretação conforme à Constituição à alínea d do inciso XXIII do artigo 62 da Constituição do Estado de Minas Gerais, para restringir sua aplicação às autarquias e fundações públicas, dela excluídas as empresas estatais, todas elas. (ADI 1.642, Rel. Mi. Eros Grau, Pleno, j. 03.04.2008, DJe 19.09.2008). (grifado pelo autor).

▸ STJ

TRIBUTÁRIO. AGRAVO REGIMENTAL. EXECUÇÃO FISCAL. PÓLO PASSIVO OCUPADO POR CONCESSIONÁRIA DE SERVIÇO PÚBLICO. PENHORA DE IMÓVEIS. SUBSTITUIÇÃO DE IMÓVEIS POR VEÍCULOS. IMPOSSIBILIDADE. RAZOABILIDADE. ART. 678 DO CPC.

1. A aplicação dos arts. 10, 11 e 15 da Lei n. 6.830/80 e 656 do CPC deve ser feita com razoabilidade, especialmente quando está em jogo a consecução do interesse público primário (transporte), incidindo na espécie o art. 678 do CPC.

2. Por isso, **esta Corte Superior vem admitindo a penhora de bens de empresas públicas (em sentido lato) prestadoras de serviço público apenas se estes não estiverem afetados à consecução da atividade-fim (serviço público) ou se, ainda que afetados, a penhora não comprometer o desempenho da atividade. Essa lógica se aplica às empresas privadas que sejam concessionárias ou permissionárias de serviços públicos (como ocorre no caso).** Precedentes.

3. O Tribunal de origem, soberano para avaliar o conjunto fático-probatório, considerou que eventual restrição sobre os bens indicados pela agravante comprometeria a prestação do serviço público, o que é suficiente para desautorizar sua penhora.

4. Agravo regimental não-provido. (AgRg no REsp 1.070.735, Rel. Min. Mauro Campbell Marques, 2ª Turma, j. 18.11.2008, DJe 15.12.2008). (grifado pelo autor).

QUESTÕES DE CONCURSO RELACIONADAS

01. (Cespe- Procurador do Estado- PE- 2009) "É possível a penhora judicial de bens de uma empresa privada concessionária de serviço público, independentemente de essa medida afetar a continuidade dos serviços prestados, em razão de que seus bens estão sujeitos ao regime jurídico privado." – assertiva **errada**.

02. (FGV- Juiz de Direito- PA- 2008) "Segundo jurisprudência dos tribunais superiores, os bens de sociedade de economia mista são considerados bens públicos." – assertiva **errada**.

Atenção!!!! a assertiva não está correta porque afirma genericamente, sem especificar a hipótese de sociedade de economia mista prestadora de serviço público.

03. (TRF 1ª Região- Juiz federal- 2005) "Conforme a jurisprudência mais recente do STF, os bens da Empresa Brasileira de Correios e Telégrafos são impenhoráveis porque não se aplica o disposto no ar. 173, § 1º, II, da Constituição às empresas estatais prestadoras de serviço público." – assertiva correta.

4. (FCC – PROCURADOR DO ESTADO – RO – 2011)

A posse pacífica de imóvel público em área urbana por período superior a cinco anos é capaz de gerar a aquisição de direito real ao ocupante do imóvel? Justifique juridicamente a resposta.

RESPOSTA:

Não é possível a aquisição de direito real de propriedade pelo ocupante de imóvel público, ainda que presentes os requisitos do Código Civil para o usucapião. A Constituição prevê, de forma expressa e sem ressalvas, que os imóveis públicos não se sujeitam ao usucapião, sejam eles localizados em área urbana (art. 183, §3º), ou em área rural (art. 191, parágrafo único).

Essa vedação do usucapião dos bens públicos está em consonância com a sua característica da imprescritibilidade, sendo ainda prevista no artigo 102 do Código Civil. Como uma forma de mitigação dessa impossibilidade de usucapião dos bens públicos, o legislador previu a concessão de direito de uso de natureza especial por parte do particular.

Essa hipótese, prevista na Medida Provisória nº. 2.220/2001, é chamada pela doutrina de "quase-usucapião", pois, apesar de não conferir ao particular o direito de propriedade sobre o imóvel público, permite o uso especial para fins de moradia. Os requisitos para tanto estão previstos no artigo 1º da citada medida provisória, citando-se: posse por cinco anos ininterrupta e sem oposição, até 30 de junho de 2001; imóvel de até duzentos e cinquenta metros quadrados de imóvel público em área urbana, utilização para sua moradia ou de sua família.

Essa concessão de uso especial para fins de moradia guarda um paralelo com a usucapião especial, pois também se destina às pessoas que não são proprietárias de imóvel, e será conferida de forma gratuita, não podendo ser reconhecida ao mesmo concessionário mais de uma vez. Possui, desse modo, uma vocação para beneficiar as classes mais populares.

Percebe-se, do exposto acima, que a posse pacífica de imóvel público em área urbana por período superior a cinco anos é capaz de gerar a aquisição de direito real de uso de natureza especial ao ocupante do imóvel, nos termos da Medida Provisória nº 2.220/2001, mas não é capaz de gerar a aquisição do direito real de propriedade, diante da vedação legal e constitucional quanto ao usucapião de bens públicos.

▶ Critério de correção da banca

Os imóveis públicos não estão sujeitos a usucapião, conforma dispõe a CF em seu art. 183, § 3º. No mesmo sentido, o art. 102 do Código Civil. Portanto, a aquisição do domínio pleno pela simples posse não é possível. Porém, a Medida Provisória nº2.220/2001 prevê a possibilidade da concessão de direito de uso de natureza especial, para fins de moradia, nos seguintes termos:

Art. 1º Aquele que, até 30 de junho de 2001, possuiu como seu, por cinco anos, interruptamente e sem oposição, até duzentos e cinquenta metros quadrados de imóvel público situado em área urbana, utilizando-o pra sua moradia ou de sua família, tem o direito à concessão de uso especial pra fins de moradia em relação ao bem objeto da posse, desde que não seja proprietário ou concessionário, a qualquer título, de outro imóvel urbano ou rural.

§1º A concessão de uso especial para fins de moradia será conferida de forma gratuita ao homem ou à mulher, ou a ambos, independente do estado civil.

§2º O direito de que trata este artigo não será reconhecido ao mesmo concessionário mais de uma vez.

§3º Para os efeitos deste artigo, o herdeiro legítimo continua, de pleno direito, na posse de seu antecessor, desde que já resida no imóvel por ocasião da abertura da sucessão.

Art. 2º Nos imóveis de que trata o art. 1º, como mais de duzentos e cinquenta metros quadrados, que até 30 de junho de 2001, estavam ocupados por população de baixa renda para sua moradia, por cinco anos, interruptamente e sem oposição, onde não for possível identificar os terrenos ocupados por possuidor, a concessão de uso especial para fins de moradia será conferida de forma coletiva, desde que os possuidores não sejam proprietários ou concessionários, a qualquer título, de outro imóvel urbano ou rural.

§1º O possuidor pode, para fim de contar o prazo exigido por este artigo, acrescentar sua posse à de seu antecessor, contanto que ambas sejam contínuas.

§2º Na concessão de uso especial de que trata esse artigo, será atribuída igual fração ideal de terreno a cada possuidor, independente da dimensão do terreno que cada um ocupe, salvo hipótese de acordo escrito entre os ocupantes, estabelecendo frações ideais diferenciadas.

§3º A fração ideal atribuída a cada possuidor não poderá ser superior a duzentos e cinquenta metros quadrados.

A concessão real do uso é direito de natureza real, conforme dispõe no art. 1.225 do Código Civil, com redação dada pela lei nº 11.481/2007.

Observação: O 77 da Lei nº 13.465/2017 deu nova redação ao caput dos arts. 1º e 2º da referida medida provisória, alterando os marcos temporais ao reconhecimento do direito de concessão de uso especial para fins de moradia:

Art. 77. A Medida Provisória no 2.220, de 4 de setembro de 2001, passa a vigorar com as seguintes alterações:

"Art. 1º Aquele que, até 22 de dezembro de 2016, possuiu como seu, por cinco anos, ininterruptamente e sem oposição, até duzentos e cinquenta metros quadrados de imóvel público situado em área com características e finalidade urbanas, e que o utilize para sua moradia ou de sua família, tem o direito à concessão de uso especial para fins de moradia em relação ao bem objeto da posse, desde que não seja proprietário ou concessionário, a qualquer título, de outro imóvel urbano ou rural."

"Art. 2º Nos imóveis de que trata o art. 1º, com mais de duzentos e cinquenta metros quadrados, ocupados até 22 de dezembro de 2016, por população de baixa renda para sua moradia, por cinco anos, ininterruptamente e sem oposição, cuja área total dividida pelo número de possuidores seja inferior a duzentos e cinquenta metros quadrados por possuidor, a concessão de uso especial para fins de moradia será conferida de forma coletiva, desde que os possuidores não sejam proprietários ou concessionários, a qualquer título, de outro imóvel urbano ou rural."

◉ DOUTRINA TEMÁTICA

"Considerando que na utilização especial o bem escapa de sua destinação normal e no caso da privacidade deixa de estar à disposição da coletividade, dando ao particular a possibilidade de usar sozinho (como se fosse dono), a sua constituição depende do consentimento do Poder Público e se faz por instrumento jurídico específico. (...) Tal utilização com privatividade é possível nos três tipos de bens, tanto no uso comum do povo, como no uso especial e nos dominicais. **São instrumentos de utilização especial que garantem o uso privativo**: a autorização, a permissão e a concessão de uso de bem público, a concessão de direito real de uso, **a concessão de uso especial para fins de moradia**, a cessão de uso e as diversas formas privadas de utilização de bens públicos." (MARINELA, 2013, p. 859-860). (grifado pelo autor).

JURISPRUDÊNCIA TEMÁTICA

STJ

ADMINISTRATIVO - RECURSO ORDINÁRIO EM MANDADO DE SEGURANÇA - ADESÃO A INCENTIVOS PARA INSTALAÇÃO DE INDÚSTRIA - CONCESSÃO DE DIREITO REAL DE USO DE IMÓVEL - LEI ESTADUAL N.º 1.361/2000 - DESCUMPRIMENTO DAS CONDIÇÕES ESTABELECIDAS - REVOGAÇÃO - POSSIBILIDADE - PLENO ATENDIMENTO AOS PRINCÍPIOS DO DEVIDO PROCESSO LEGAL E DA AMPLA DEFESA.

1. Termo de Concessão de Direito Real de Uso de imóvel do Estado do Acre, sob as seguintes condições: a) exploração de atividades industriais; b) prazo de concessão de 15 anos, prorrogável por igual período; c) prazo para início da construção de 30 dias, com conclusão em 6 meses; d) retomada do bem, sem direito à indenização, no caso de descumprimento do art. 6º, III, do Decreto 4.198/2001; e) previsão de doação do bem após a inauguração das dependências e efetivo início das atividades.

2. Conferida à impetrante diversas oportunidades para o exercício do direito de defesa, não há falar em ilegalidade do procedimento que culminou na cassação do incentivo, inexistindo na legislação de regência determinação para a adoção de procedimento formal específico, desde que assegurado o contraditório e a ampla defesa.

3. Prevê o art. 11, IV, da Lei Estadual n.º 1.361/2000 a competência da Comissão da Política de Incentivo às Atividades Industriais no Estado do Acre (COPIAI/AC) para deliberar sobre a revogação de benefícios e incentivos, não havendo falar em exorbitância do poder regulamentar.

4. É expressa a Lei Estadual n.º 1.361/2000 ao dispor que "cessarão os incentivos para os beneficiários que, no decorrer do período de fruição, deixarem de atender às condições formuladas para a concessão do benefício".

5. **Constatada a inatividade da empresa por um período superior a dois anos, não resta dúvida de que não foram cumpridas as condições mencionadas, a autorizar a rescisão antecipada da Concessão de Direito Real de Uso de imóvel, sem direito a indenização por benfeitorias, conforme previsão legal e contratual**.

6. Hipótese em que a pretendida doação não se efetuou após a inauguração das dependências e efetivo início das atividades por culpa exclusiva da impetrante, em razão do descumprimento das obrigações que lhe foram impostas.

7. É inviável verificar a existência ou não de atividade produtiva no período considerado, tendo em vista a necessidade de dilação probatória, medida incompatível com o rito da ação mandamental.

8. Recurso ordinário em mandado de segurança não provido. (RMS 37.362, Rel. Min. Eliana Calmon, 2ª Turma, j. 14.05.2013, DJe 20.05.2013). (grifado pelo autor).

TRIBUTÁRIO. BEM PÚBLICO. IMÓVEL (RUAS E ÁREAS VERDES). CONTRATO DECONCESSÃO DE DIREITO REAL DE USO. CONDOMÍNIO FECHADO. IPTU.NÃO-INCIDÊNCIA. POSSE SEM ANIMUS DOMINI. AUSÊNCIA DO FATO GERADOR DOTRIBUTO (ARTS. 32 E 34, CTN).

1. A controvérsia refere-se à possibilidade ou não da incidência de IPTU sobre bens públicos (ruas e áreas verdes) cedidos com base em contrato de concessão de direito real de uso a condomínio residencial.

2. O artigo 34 do CTN define como contribuinte do IPTU o proprietário do imóvel, o titular do seu domínio útil ou o seu possuidor a qualquer título. Contudo, a interpretação desse dispositivo legal não pode se distanciar do disposto no art. 156, I,da Constituição Federal. Nesse contexto, a posse apta a gerar a obrigação tributária é aquela qualificada pelo *animus domini*, ou seja, a que efetivamente esteja em vias de ser transformada em propriedade, seja por meio da promessa de compra e venda, seja pela posse *ad usucapionem*. Precedentes.

3. A incidência do IPTU deve ser afastada nos casos em que a posse é exercida precariamente, bem como nas demais situações em que, embora envolvam direitos reais, não estejam diretamente correlacionadas coma aquisição da propriedade.

4. Na hipótese, **a concessão de direito real de uso não viabiliza ao concessionário tornar-se proprietário do bem público, ao menos durante a vigência do contrato, o que descaracteriza o *animus domini***.

5. A inclusão de cláusula prevendo a responsabilidade do concessionário por todos os encargos civis, administrativos e tributários que possam incidir sobre o imóvel não repercute sobre a esfera tributária, pois a instituição do tributo está submetida ao princípio da legalidade, não podendo o contrato alterar a hipótese de incidência prevista em lei. Logo, deve-se reconhecer a inexistência da relação jurídica tributária nesse caso.

6. Recurso especial provido

(grifado pelo autor).

5. (FCC – PROCURADOR DO ESTADO – MT – 2011)

Explique fundamentadamente as características essenciais do instituto do aforamento de bens públicos e esclareça se um bem público da União, aforado a um particular, pode ser objeto de desapropriação do Estado.

RESPOSTA:

O aforamento, ou enfiteuse, é uma forma de gestão dos bens imóveis da União, regulamentado pela Lei 9.636/98 e pelos Decretos-Lei 9760/46 e 2.398/87. Por esse instituto, a União aliena o domínio útil do seu bem e permanece com o domínio direto do imóvel, gerando uma fusão do direito de propriedade.

De um lado, a União, titular do domínio eminente ou direto, qualifica-se como senhorio direto, e tem o direito de receber o foro. Por outro lado, o particular, chamado de foreiro, reúne uma gama de poderes, que abrangem o de usar, gozar e dispor do imóvel, titularizando com isso o domínio útil.

Um bem da União não pode ser desapropriado pelo Estado em razão do artigo 2º, § 2º do Decreto-Lei 3.365/41, que veda a desapropriação, pelos Estados dos bens federais e a desapropriação, pelos Municípios, dos bens estaduais e federais. Apesar desse dispositivo ser criticado por pressupor uma hierarquia entre os entes federativos, não reconhecida pela Constituição de 1988, ele não foi declarado inconstitucional pelo Supremo Tribunal Federal, encontrando-se ainda em vigor.

Essa vedação, contudo, não se aplica ao caso especial em que um bem da União é aforado a um particular, e um Estado-membro pretende desapropriar o domínio-útil do particular. Nessa hipótese, deve-se considerar um desdobramento dos poderes dominiais, tendo-se em mente que, apesar do domínio pleno da União não poder ser desapropriado pelo Estado, o domínio-útil do particular está sujeito a tal expropriação, conforme entendimento do Superior Tribunal de Justiça.

Critério de correção da banca

O aforamento é regime dominial da natureza pública, correlato ao antigo regime civil da enfiteuse e que se aplica a bens imóveis da União, sendo regulado pelas disposições dos Decretos-Lei nº 9.760/87 e Lei nº 9.636/98. Em tal regime, a União permanece como titular do domínio direto do imóvel, podendo alienar a outro sujeito o domínio útil do bem. O foreiro – denominação do titular do domínio útil – pode usar, gozar e dispor do imóvel com prerrogativas de proprietário, visto que é titular de direito de natureza real sobre o bem aforado. Remanesce em favor da União, na qualidade de senhorio, o direito de receber uma importância anual, denominada "foro" (art. 101, do Decreto-Lei nº 9.760/460). O não pagamento do foro durante três anos consecutivos ou quatro intercalados, leva à caducidade do aforamento, também denominada "comisso", sendo possível a revigoração do aforamento com o pagamento dos foros em atraso. Além do foro, a transferência onerosa do domínio útil está sujeita ao pagamento de importância denominada "laudêmio" à União (art. 3º do Decreto-Lei nº 2.398/87).

O aforamento constitui em favor do foreiro direito real de natureza perpétua e transmissível por sucessão, porém sujeito à resolução, nas hipóteses legais (art. 103 do Decreto-Lei nº 9.760/46). A lei permite, mediante pagamento de importância correspondente ao valor do domínio direto – legalmente estimado em 17% do valor do domínio pleno – a "remição" ou "resgate" do aforamento pelo foreiro, nas zonas em que a União estabelecer não haja mais a necessidade de aplicação do regime de aforamento (art. 123 do Decreto-Lei nº 9.760/46). Pela remição, o foreiro se torna titular do domínio pleno da propriedade.

Tendo em vista que no regime do aforamento há uma divisão do direito de propriedade em duas dimensões, sedo que o domínio útil passa a ser titularizado por um particular, não há empecilho para que haja a desapropriação do domínio útil por outro ente político. Todavia, o domínio pleno não é passível de desapropriação, por força do disposto no art. 2º, § 2º do Decreto-Lei nº 3.665/41.

DOUTRINA TEMÁTICA

"Aquele que tem o domínio do imóvel aforado é o senhorio direto, titular do domínio eminente ou direto; aquele que o possui imediatamente é o enfiteuta ou foreiro, o titular do domínio útil (art. 678 do CC/1916).

Dá-se o nome de domínio útil, porque o foreiro enfeixa em torno de si uma grande soma de poderes. **A enfiteuse é o mais amplo direito real na coisa alheia, pois confere a seu titular todas as vantagens materiais da propriedade, permitindo que se comporte como se fosse o dono da coisa. Daí ser percebido como um quase-domínio, pela verdadeira aparência de proprietário concedida ao enfiteuta.**

(...) se algum estranho ocupa o lugar do foreiro e o proprietário do bem comporta-se como senhorio, recebendo o foro, o decurso do tempo sana a falta do título, convertendo a posse no direito real de enfiteuse." (CHAVES E ROSENVALD, 2010, p. 532-533). (grifado pelo autor).

"(...) **o valor do domínio puro (ou nua propriedade) equivale a 17% do valor total do terreno concedido para aforamento, o que, em consequência, é o mesmo que dizer que o domínio útil equivale a 83% do aludido valor total.** Esse critério – fundado no art. 103, § 2º, do Dec.-lei 9.760/46 – tem sido considerado como aplicável para indicar o valor indenizatório. Sendo assim, **quando a desapropriação incide sobre o domínio útil (o único passível de desapropriação) de bem imóvel da União, o *quantum* indenizatório sofrerá redução do valor equivalente ao do domínio direto, ou seja, 17% do valor integral do terreno**. Esse critério tem sido adotado também para as hipóteses em que o senhorio direto é o Estado ou o Município, havendo algumas decisões judiciais nesse sentido." (CARVALHO FILHO, 2011, p. 786-787). (grifado pelo autor).

JURISPRUDÊNCIA TEMÁTICA

STJ

DESAPROPRIAÇÃO. ENFITEUSE. INDENIZAÇÃO.

Trata-se de REsp em que a questão está em saber qual o valor da indenização devida ao senhorio direto de imóvel objeto de desapropriação e sujeito ao regime de enfiteuse. A Turma deu parcial provimento ao recurso, **reiterando o entendimento de que o valor indenizatório referente ao domínio direto está regulado pelo art. 103, § 2º, do DL n. 9.760/1946, com a redação conferida pela Lei n.**

9.636/1998, e não mais pelo art. 693 do CC/1916, quando o senhorio direto for ente público. Precedentes citados: REsp 875.530-RN, DJe 27/11/2008; REsp 934.824-RJ, DJe 15/5/2008; REsp 911.020-RJ, DJ 8/10/2007, e REsp 775.488-RJ, DJ 15/5/2006. REsp 764.376-RJ, Rel. Min. Humberto Martins, julgado em 26/5/2009. Noticiado no informativo 396/09, do STJ. (grifado pelo autor).

ADMINISTRATIVO. ENFITEUSE. DOMÍNIO ÚTIL. DESAPROPRIAÇÃO PELO ESTADO TITULAR DO DOMÍNIO IMINENTE. INDENIZAÇÃO. DEDUÇÃO. LAUDÊMIO. APLICAÇÃO DA LEI. ART. 693, DO CÓDIGO CIVIL DE 1916 VERSUS ART. 103, § 2º, DO DECRETO-LEI N.º 9.760/46, COM A REDAÇÃO DADA PELO ART. 32, DA LEI N.º 9.636/98. LEX SPECIALIS.

1. **O valor indenizatório ao senhorio direto, em caso de desapropriação, deve observar o critério previsto no art. 103, § 2º, do DL 9.760/46, com a redação conferida pela Lei 9.636/98, que é norma especial em relação ao revogado Código Civil de 1916**. Precedentes: (REsp 934.824/RJ, Rel. Ministro JOSÉ DELGADO, DJ 14.04.2008; REsp 775488/RJ, Rel. Ministro FRANCISCO FALCÃO, Rel. p/ Acórdão Ministro LUIZ FUX, DJ 15.05.2006)

2. O Art. 103, § 2º, do DL. 9.760/46 passou a prever a fixação do valor domínio direto em 17% (dezessete por cento) do domínio útil, verbis:"Art. 103. (...) § 2º. Na consolidação pela União do domínio pleno de terreno que haja concedido em aforamento, deduzir-se-á do valor do mesmo domínio a importância equivalente a 17% (dezessete por cento), correspondente ao valor do domínio direto."

3. Deveras, não obstante o pedido formulado pelo recorrente tenha sido no sentido de ser descontado do valor da indenização dez foros e um laudêmio, nos termos do art. 693, do CPC, a indisponibilidade do direito sub judice conjura o vício do julgamento extra petita se obedecido a lei. (...) 5. Recurso especial parcialmente conhecido e, nesta parte, provido. (REsp 875.530, Rel. Min. Luiz Fux, 1ª Turma, j. 06.11.2008, DJe 27/11/2008). (grifado pelo autor).

RECURSO ESPECIAL. ADMINISTRATIVO. DESAPROPRIAÇÃO DE DOMÍNIO ÚTIL. ENFITEUSE. FIXAÇÃO DA INDENIZAÇÃO. APLICAÇÃO DA LEI. ART. 693, DO CÓDIGO CIVIL DE 1916 VERSUS ART. 103, § 2º, DO DECRETO-LEI N.º 9.760/46, COM A REDAÇÃO DADA PELO ART. 32, DA LEI N.º 9.636/98. LEX SPECIALIS.

1. Hipótese em que a controvérsia a ser dirimida nos presente autos cinge-se em definir qual o valor devido a título de indenização por desapropriação ao enfiteuta ou senhorio direto e o diploma legal aplicável para sua fixação; vale dizer: o Decreto-lei n.º 9.760/46, alterado pela Lei n.º 9.636/98 [que determina uma redução de 17% (dezessete por cento) do valor devido pelo domínio direto] ou o art. 693, do Código Civil [que impõe a redução de 10 (dez) foros e 1 (um) laudêmio].

2. A matéria restou pacificada no âmbito da Primeira Seção deste STJ pelo julgamento do EREsp n.º 64.883/PR, da relatoria do e. Min. Ari Pargendler, publicado no DJ de 20.05.1996, no sentido da redução da indenização do domínio útil de 10 (dez) foros e 1 (um) laudêmio.

3. Todavia, à época do julgamento dos Embargos de Divergência supracitados, para fins de fixação da indenização do domínio direto, aplicava-se, por analogia, o disposto no art. 693, do Código Civil de 1916, que assim dispunha: "Art. 693.

Todos os aforamentos, inclusive os constituídos anteriormente a este Código, salvo acordo entre as partes, são resgatáveis 10 (dez) anos depois de constituídos, mediante pagamento de um laudêmio, que será de 2,5% (dois e meio por cento) sobre o valor atual da propriedade plena, e de 10 (dez) pensões anuais pelo foreiro, que não poderá no seu contrato renunciar ao direito de resgate, nem contrariar as disposições imperativas deste Capítulo. (Redação dada pela Lei nº 5.827, de 23.11.1972)"

4. Consectariamente, ainda não havia norma especial regendo a matéria porquanto somente com a Lei n.º 9.636, de 15 de maio de 1998, e que o art. 103, § 2º, do Decreto-lei n.º 9.760/46 passou a prever a fixação do valor domínio direto em 17% (dezessete por cento) do domínio útil, verbis:"Art. 103. § 2º. Na consolidação pela União do domínio pleno de terreno que haja concedido em aforamento, deduzir-se-á do valor do mesmo domínio a importância equivalente a 17% (dezessete por cento), correspondente ao valor do domínio direto."
5. Ademais, o Decreto-lei n.º 3.365/41, na sua atual redação, não reproduz o disposto no art. 693, do Código Civil, não mais havendo, em referido diploma, qualquer regramento acerca da indenização pela desapropriação de imóvel enfitêutico.

6. **Havendo dispositivo específico, in casu, o art. 103, § 2º, do Decreto-lei n.º 9.760/46, com as alterações dadas pela Lei n.º 9.636, de 15 de maio de 1998, o afastamento da norma genérica é medida que se impõe pela própria sistemática do ordenamento jurídico, que consagra o princípio de que lex specialis derrogat lex generalis.**

7. Recurso Especial provido para determinar a observância do art. 103, § 2º, do Decreto-lei n.º 9.760/46, alterado pela Lei n.º 9.636/98, para que a indenização pela desapropriação do domínio direto corresponda a 17% (dezessete) por cento) do valor devido a título de indenização pela expropriação do domínio pleno, divergindo do e. Relator. (REsp 775.448, Rel. Min. Francisco Falcão, 1ª Turma, j. 19.04.2006, DJ 15.05.2006). (grifado pelo autor).

6. (CESPE – PROCURADOR DO ESTADO – PB – 2008)

Considerando que os bens públicos federais, estaduais, municipais ou do Distrito Federal não se sujeitam a penhora, visto que as pessoas de direito público possuem forma específica de pagamento de débitos decorrentes de sentença judicial, conforme disposto na Constituição Federal, redija um texto dissertativo, de forma fundamentada, em resposta à pergunta a seguir formulada.

Nos pagamentos devidos pela Fazenda Pública em virtude de sentença judicial transitada em julgado, existe submissão dos créditos de natureza alimentícia à ordem cronológica referida no texto constitucional?

◉ RESPOSTA:

Os pagamentos devidos pela Fazenda Pública em virtude de sentença judicial transitada em julgado devem ser realizados pelo regime de precatório ou por requisição de pequeno valor, conforme o montante da condenação pecuniária.

O regime de precatório consiste numa forma diferenciada de execução por quantia certa, uma vez que os bens públicos não podem ser penhorados, demandando, por conseguinte, uma execução especial.

Desse modo, os credores são organizados por ordem cronológica de seus créditos, ordem essa que deve ser respeitada, sob pena de sequestro. A ordem cronológica, contudo não é única. Na verdade, atualmente, após a Emenda Constitucional 62/2009, existem três ordens diversas, a depender das características pessoais do credor ou da natureza do crédito.

A primeira categoria, que tem preferência sobre as demais, é organizada conforme as características pessoais do credor, e está prevista no artigo 100, § 2º da Constituição Federal, que trata dos débitos de natureza alimentícia cujos titulares tenham 60 (sessenta) anos de idade ou mais na data de expedição do precatório, ou sejam portadores de doença grave, definidos na forma da lei. Tais créditos terão a preferência máxima, diante de princípios como a dignidade da pessoa humana e da razoabilidade.

Abaixo dessa preferência, há os débitos de natureza alimentar decorrentes de salários, vencimentos, proventos, pensões e suas complementações, benefícios previdenciários e indenizações por morte ou por invalidez, fundadas em responsabilidade civil.

Em seguida há os créditos que não possuem nenhuma peculiaridade quanto às características do credor ou quanto à sua própria natureza. Esses créditos são genéricos, decorrem de condenações das mais variadas causas, e representam o maior volume de precatórios existentes.

Apesar de os créditos preferenciais não obedecerem a ordem cronológica dos demais créditos, isso não significa que eles não devem ser pagos pelo regime de precatório. Na verdade, o Supremo Tribunal Federal já pacificou a questão editando súmula segundo a qual a exceção relativa aos créditos que devem ser pagos com preferência sobre todos os demais (atualmente os créditos alimentares e os créditos de pessoas maiores de 60 anos ou portadoras de doenças graves) não significa uma inobservância do pagamento por precatório. Significa sim uma ordem cronológica própria, que não se confunde com a ordem dos demais créditos.

DOUTRINA TEMÁTICA

"Os bens públicos, porém, não se sujeitam ao regime da penhora, e por esse motivo são caracterizados como impenhoráveis. A impenhorabilidade tem lastro constitucional. Dispõe o art. 100 da Constituição Federal que os créditos de terceiros contra a Fazenda Pública, em virtude de sentença judicial, são pagos através do sistema de precatórios, em que o Judiciário recomenda ao Executivo que introduza o crédito, em ordem cronológica, na relação de credores para ulterior pagamento. **Atualmente, no entanto, como já vimos, o § 3º do art. 100 da CF, introduzido pela EC nº 20/98 (reforma da Previdência Social), admite**

que créditos de pequeno valor, a ser este definido em lei, possam ser exigíveis fora do sistema de precatórios. De qualquer modo, o novo dispositivo em nada interfere no que toca à garantia da impenhorabilidade dos bens públicos." (CARVALHO FILHO, 2011, p. 1.057). (grifado pelo autor).

"O respaldo constitucional para a impenhorabilidade dos bens públicos está no art. 100 da CF, que estabelece expressamente que a satisfação dos débitos do Poder Público decorrentes de decisões judiciais deverá ser realizada pelo regime de precatório. A garantia para o credor não é diretamente os bens públicos, e sim o regime de precatório." (MARINELA, 2013, p. 849)

JURISPRUDÊNCIA TEMÁTICA

SÚMULA 655 DO STF: A exceção prevista no art. 100, *caput*, da Constituição, em favor dos créditos de natureza alimentícia, não dispensa a expedição de precatório, limitando-se a isentá-los da observância da ordem cronológica dos precatórios decorrentes de condenações de outra natureza.

STF

Recurso Extraordinário. 2. Constitucional, Processual Civil e do Trabalho. 3. Execução. Penhora de bens da extinta Rede Ferroviária Federal S.A. - RFFSA. Sucessão posterior pela União. 4. É válida a penhora em bens de pessoa jurídica de direito privado, realizada anteriormente à sucessão desta pela União, não devendo a execução prosseguir mediante precatório (art. 100, caput e § 1º, da Constituição Federal). 5. Repercussão geral. 6. Recurso extraordinário não provido. (RE 693112, Relator(a): Min. GILMAR MENDES, Tribunal Pleno, julgado em 09/02/2017, ACÓRDÃO ELETRÔNICO DJe-110 DIVULG 24-05-2017 PUBLIC 25-05-2017).

JUROS DA MORA – FAZENDA PÚBLICA – DÍVIDA – REQUISIÇÃO OU PRECATÓRIO. Incidem juros da mora entre a data da realização dos cálculos e a da requisição ou do precatório. (RE 579431, Relator(a): Min. MARCO AURÉLIO, Tribunal Pleno, julgado em 19/04/2017, ACÓRDÃO ELETRÔNICO REPERCUSSÃO GERAL - MÉRITO DJe-145 DIVULG 29-06-2017 PUBLIC 30-06-2017).

STJ:

RECURSO ORDINÁRIO EM MANDADO DE SEGURANÇA. DIREITO ADMINISTRATIVO E CONSTITUCIONAL. PAGAMENTO DE PRECATÓRIO PREFERENCIAL. ART. 100, § 2o., DA CF/88. PAGAMENTO DE MAIS DE UM CRÉDITO PREFERENCIAL A UM SÓ CREDOR DENTRO DO MESMO EXERCÍCIO ORÇAMENTÁRIO. POSSIBILIDADE. LIMITE DE TRÊS VEZES DO VALOR DA RPV INCIDENTE SOBRE CADA PRECATÓRIO. PREVALÊNCIA DO PRINCÍPIO DA DIGNIDADE DA PESSOA HUMANA E DO DIREITO À VIDA E À SAÚDE SOBRE O INTERESSE PATRIMONIAL. RECURSO ORDINÁRIO A QUE SE NEGA PROVIMENTO. 1. O § 2º do art. 100 da CF/88 delimita dois requisitos para o pagamento preferencial nele previsto, quais sejam: (a) ser o débito de natureza alimentícia; e (b) ser o titular do crédito maior de 60 (sessenta) anos de idade, na data de expedição do precatório, ou portador de doença grave.

2. Estabelece, também, que o limitador quantitativo do pagamento com preferência seria o valor equivalente ao triplo do fixado para a RPV, não esclarecendo se esse incidiria sobre cada precatório ou sobre a totalidade de créditos de um mesmo particular. 3. O crédito de natureza alimentícia é indispensável para a subsistência do titular, tendo fundamento no princípio da dignidade da pessoa humana e visando à proteção de bens jurídicos da mais alta relevância, tais como a vida e a saúde. 4. A norma constitucional não elencou a impossibilidade de o beneficiário participar na listagem de credor preferencial por mais de uma vez no mesmo exercício financeiro, perante um mesmo Ente Político, não podendo, portanto, o exegeta restringir tal possibilidade. 5. O STF, no julgamento das ADIs 4.357 e 4.425, modulou os efeitos da declaração de inconstitucionalidade quanto ao regime de pagamento de precatórios para 5 (cinco) anos a partir do exercício financeiro a ser iniciado em 1o/1/2016, razão pela qual a inconstitucionalidade reconhecida pela Suprema Corte não reflete no presente caso. 6. Ademais, verifica-se que não há norma estadual ou ato normativo do Tribunal de Justiça local que imponha a limitação pretendida pelo recorrente, e ainda que houvesse, não prevaleceria, porquanto eventual disposição nesse sentido é de competência da União, nos termos do art. 22, XVII da CF/88. 7. Recurso Ordinário em Mandado de Segurança do Estado de Rondônia a que se nega provimento. (RMS 46.155/RO, Rel. Ministro NAPOLEÃO NUNES MAIA FILHO, PRIMEIRA TURMA, julgado em 22/09/2015, DJe 29/09/2015)

PROCESSUAL CIVIL. EMBARGOS DE DIVERGÊNCIA. JUÍZO DE RETRATAÇÃO. ART. 1.030, II, DO CPC/2015. EXECUÇÃO CONTRA A FAZENDA PÚBLICA. RPV. JUROS DE MORA. PERÍODO COMPREENDIDO ENTRE A DATA DA ELABORAÇÃO DA CONTA DE LIQUIDAÇÃO E A EXPEDIÇÃO DO REQUISITÓRIO. INCIDÊNCIA. JULGAMENTO PROFERIDO PELO STF NO RE 579.431/RS, EM REGIME DE REPERCUSSÃO GERAL. EMBARGOS DE DIVERGÊNCIA PROVIDOS. 1. A Corte Especial do STJ, no julgamento do REsp 1.143.677/RS, Rel. Min. Luiz Fux, sob o regime do art. 543-C do CPC, havia consolidado o entendimento de que não incidem juros moratórios entre a data da elaboração da conta de liquidação e a do efetivo pagamento do precatório ou da requisição de pequeno valor (RPV), tendo sido decidida a presente demanda com base nesse entendimento. 2. Em face da interposição de recurso extraordinário, o feito foi sobrestado pela Vice-presidência desta Corte Superior, a fim de aguardar o julgamento do RE 579.431/RS, pelo Supremo Tribunal Federal. 3. No julgamento dessa matéria, o STF firmou entendimento em sentido diametralmente oposto ao do STJ, tendo sido fixada a seguinte tese de repercussão geral: "Incidem os juros da mora no período compreendido entre a data da realização dos cálculos e a da requisição ou do precatório". 4. Em juízo de retratação, com fundamento no art. 1.030, II, do CPC/2015, fica reformado o julgado desta Corte Especial, proferido nestes autos, e o próprio julgado embargado, prolatado no âmbito da eg. Quinta Turma. 5. Embargos de divergência providos. (EREsp 1150549/RS, Rel. Ministro OG FERNANDES, CORTE ESPECIAL, julgado em 29/11/2017, DJe 12/12/2017)

AGRAVO REGIMENTAL. SUSPENSÃO DE LIMINAR. BLOQUEIO DE RECURSOS FINANCEIROS MUNICIPAIS. IMEDIATA TRANSFERÊNCIA PARA A CONTA CORRENTE DA AUTORA DA AÇÃO DE COBRANÇA DE HONORÁRIOS ADVOCATÍCIOS. OCORRÊNCIA DE GRAVE LESÃO À ORDEM E À ECONOMIA

PÚBLICAS. VIOLAÇÃO AOS ARTS. 100 E 160 DA CONSTITUIÇÃO DA REPÚBLICA E AO ART. 2º-B DA LEI 9.494/97. NATUREZA ALIMENTAR DA VERBA HONORÁRIA. SUBMISSÃO AO REGIME CONSTITUCIONAL DOS PRECATÓRIOS.

1. Lei 8.437/92, art. 4º, § 1º: configuração de grave lesão à ordem e à economia públicas. Pedido de suspensão de liminar deferido.

2. A tutela jurisdicional pretendida pela agravante, consubstanciada no recebimento dos honorários devidos pelos serviços advocatícios por ela prestados ao Município agravado, só pode ser efetivada após o trânsito em julgado da ação ordinária de cobrança ajuizada na origem.

3. O seqüestro de recursos municipais, para prover à satisfação de futura e determinada cobrança, reveste-se de conseqüências extremamente prejudiciais à regular execução dos serviços básicos locais.

4. **A jurisprudência do Supremo Tribunal Federal, ao interpretar o disposto no caput do art. 100 da Constituição da República, firmou-se no sentido de submeter, mesmo as prestações de caráter alimentar, ao regime constitucional dos precatórios, ainda que reconhecendo a possibilidade jurídica de se estabelecerem duas ordens distintas de precatórios, com preferência absoluta dos créditos de natureza alimentícia (ordem especial) sobre aqueles de caráter meramente comum (ordem geral).** Precedentes.

5. Agravo regimental improvido. (SL-AgR 158, Rel. Min. Ellen Gracie, Pleno.).(grifado pelo autor).

CAPÍTULO 9
AGENTES PÚBLICOS

QUESTÕES

1. (TJDFT – JUIZ DE DIREITO – 2015)

Com fundamento na jurisprudência do STF, discorra sobre a aplicação da regra do teto remuneratório dos servidores públicos, previsto no art. 37, IX, da Constituição Federal, com a redação dada pela Emenda Constitucional 41/03. Analise particularmente a situação dos servidores que pretendem receber acima do limite constitucional e alegam ter direito líquido e certo às verbas remuneratórias adquiridas sob o regime legal anterior, já que a garantia da irredutibilidade de vencimentos foi outorgada pela Constituição da República em favor de todos os servidores públicos.

ESPAÇO EM BRANCO PARA RESPOSTA (20 LINHAS)

2. (CESPE – JUIZ DE DIREITO – PA – 2012)

Emenda constitucional de iniciativa da assembleia legislativa de determinada unidade da Federação tratou das condições para ingresso e promoção no quadro de oficiais combatentes dos militares no âmbito do estado-membro. O governador do estado, então, ajuizou ação direta de inconstitucionalidade relativa a essa emenda junto ao Supremo Tribunal Federal.

Com base na situação hipotética acima, responda de forma fundamentada e de acordo com a jurisprudência da suprema corte, o seguinte questionamento.

- A emenda constitucional padece de vício de inconstitucionalidade formal?

ESPAÇO EM BRANCO PARA RESPOSTA (30 LINHAS)

3. (FCC – PROCURADOR DO ESTADO – SP – 2012)

Pode a Administração pública exonerar *ad nutum* servidora gestante ocupante exclusivamente de cargo em comissão? Responda a questão à luz da Constituição Federal e coteje com a jurisprudência do Supremo Tribunal Federal.

ESPAÇO EM BRANCO PARA RESPOSTA (30 LINHAS)

4. (FCC – PROCURADOR DO ESTADO – MT – 2011)

Márcia exerce cargo em comissão no departamento jurídico da autarquia Estadual "X" há oito anos, sendo que, nos últimos seis anos exerceu a função de diretora do Departamento Jurídico, função esta em comissão. Não é funcionária celetista, nem funcionária pública efetiva. Inconformada com o número de horas que vem trabalhando, Márcia ajuizou reclamação trabalhista em face da autarquia Estadual "X", no dia 18/10/2011, processo nº 12345678910, em trâmite perante uma das Varas do Trabalho de Cuiabá, requerendo o pagamento de três horas extras diárias desde o início do exercício do cargo em comissão com base no artigo 58 da CLT. A audiência UNA foi designada e a autarquia Estadual "X" foi citada quanto aos termos da reclamação trabalhista, bem como foi notificada para comparecer nesta audiência, ocasião em que apresentará a defesa cabível.

Elabore a defesa trabalhista que a autarquia Estadual "X" apresentará na referida audiência.

ESPAÇO EM BRANCO PARA RESPOSTA (120 LINHAS)

5. (CESPE – JUIZ DE DIREITO – ES – 2011)

Um servidor público federal cometeu infração no exercício de suas funções, o que ensejou a instauração de processo administrativo disciplinar e o ajuizamento de ação de improbidade administrativa. No âmbito administrativo, a comissão processante concluiu pela demissão do infrator, referendada pela autoridade máxima do órgão a que estava vinculado o servidor.

Inconformado com o ato de demissão, o servidor impetrou mandado de segurança em face do presidente da comissão processante e da autoridade superior, sob o fundamento de que, em face da proibição do *bis in idem*, não seria possível a imposição da sanção disciplinar por ele estar, ainda, respondendo à ação de improbidade administrativa.

Com base na situação hipotética apresentada, responda, com o devido fundamento legal e de acordo com o entendimento do STJ a respeito do tema, aos seguintes questionamentos.

- O presidente da comissão e a autoridade máxima do órgão têm legitimação para figurar no polo passivo do mandado de segurança?
- A responsabilização do servidor público com fundamento na Lei de Improbidade Administrativa afasta a possibilidade de instauração do processo administrativo disciplinar com base em legislação que disponha sobre o regime jurídico do servidor, de modo a ocorrer o invocado *bis in idem*?

ESPAÇO EM BRANCO PARA RESPOSTA (30 LINHAS)

6. (FCC – PROCURADOR DO ESTADO-AM – 2010)

Analise a competência da Justiça do Trabalho para as ações envolvendo:

a) as relações jurídicas dos servidores público civis com o Poder Público após a Emenda Constitucional nº 45/2004;

b) as ocupações de imóveis públicos decorrentes do movimento paredista por parte dos servidores públicos estatutários estaduais, adstrita à capital do Estado do Amazonas, após a Emenda Constitucional nº 45/2004.

ESPAÇO EM BRANCO PARA RESPOSTA (30 LINHAS)

7. (FCC – PROCURADOR DO ESTADO – AM – 2010)

Suponha que, para dar cumprimento aos artigos 8º e 9º da Emenda Constitucional nº 41/2003, norma estadual tenha determinado a imediata redução dos vencimentos percebidos por servidores públicos ao limite imposto pelo Constituinte.

Diante desse quadro, que argumentos poderiam sustentar judicialmente os servidores que, sendo titulares de cargos públicos desde antes à Emenda Constitucional nº 41/2003, pretendessem afastar a redução de seus vencimentos e qual a defesa que poderia apresentar o Estado-membro envolvido?

Observação complementar: a redação original do inciso XI do artigo 37 da Constituição Federal de 1988 determinou que "a lei fixará o limite máximo e a relação de valores entre a maior e a menor remuneração dos servidores públicos, observado, como limites máximos e no âmbito dos respectivos poderes, os valores recebidos como remuneração, em espécie, a qualquer título, por membros do Congresso Nacional, Ministros de Estado e Ministros do Supremo Tribunal Federal e seus correspondentes no Estados, no Distrito Federal, Territórios e, nos Municípios, os valores percebidos como remuneração, em espécie, pelo Prefeito "

◉ ESPAÇO EM BRANCO PARA RESPOSTA (30 LINHAS)

8. (FEPESE – PROCURADOR DO MUNICÍPIO DE FLORIANÓPOLIS – 2010)

O diretor de uma determinada Secretaria do Município de Florianópolis foi indiciado em processo administrativo disciplinar, porquanto havia suspeita de que ele fosse responsável por vícios em processo seletivo para o cargo de professor substituto, bem como tivesse impedido a execução de uma ordem judicial. O Ministério Público estadual, cientificado dos fatos, ajuizou ação penal contra o referido diretor, por entender que suas condutas eram censuradas pela legislação penal. Após a deflagração da ação penal, o presidente da comissão de processante suspendeu o processo administrativo disciplinar a fim de aguardar o posicionamento do juízo criminal. Sobreveio, então, a sentença criminal, a qual absolveu o acusado sob o argumento de não existir prova de ter o réu concorrido para a infração penal. A sentença transitou em julgado sem recurso das partes. Nesse panorama, você, Procurador do Município, foi consultado pelo presidente da comissão processante sobre as providências que deveriam ser tomadas nos autos do processo administrativo disciplinar.

Justifique sua resposta.

ESPAÇO EM BRANCO PARA RESPOSTA (30 LINHAS)

9. (CESPE – PROCURADOR DO BANCO CENTRAL – 2009)

A administração pública abriu sindicância a fim de apurar se Henrique, servidor público, teria praticado crime contra a administração. A sindicância, concluída no prazo legal, resultou na instauração de processo disciplinar contra o servidor. Os autos da sindicância integraram o processo disciplinar, como peça informativa da instrução. Durante o processo, foram assegurados o contraditório e a ampla defesa a Henrique. A administração, ao final, com base em prova emprestada, licitamente obtida por meio de interceptação telefônica, e nos depoimentos colhidos durante a instrução do processo disciplinar, considerou que a infração estava capitulada como ilícito penal, encaminhou cópia dos autos ao Ministério Público e aplicou, de forma motivada, pena de demissão ao servidor.

Considerando a situação hipotética apresentada acima, responda, de forma fundamentada, aos questionamentos a seguir.

- No decorrer da sindicância, era prescindível o exercício do direito de defesa do servidor?
- De acordo com orientação do Supremo Tribunal Federal, há obstáculo jurídico para a utilização da citada prova emprestada no processo administrativo disciplinar?

ESPAÇO EM BRANCO PARA RESPOSTA (30 LINHAS)

10. (CESPE – JUIZ DE DIREITO – TO – 2008)

Responda, de forma fundamentada, ao seguinte questionamento: qual a diferença entre estágio probatório e estabilidade e o prazo estabelecido, em um e outro caso, para os servidores públicos federais?

ESPAÇO EM BRANCO PARA RESPOSTA (30 LINHAS)

11. (CESPE – PROCURADOR DO ESTADO – CE – 2004)

Em 2003, depois de realizado concurso público, por ocasião da contratação de consultor jurídico integrante do quadro de empregados de determinada empresa pública do estado, declarou o interessado perceber proventos de aposentadoria no cargo de procurador do estado. Considerando a hipótese acima e o regime constitucional a que se submete a administração pública, redija um texto dissertativo que justifique a possibilidade ou impossibilidade da referida contratação.

ESPAÇO EM BRANCO PARA RESPOSTA (30 LINHAS)

12. (QUESTÃO ELABORADA PELOS AUTORES)

A respeito do processo administrativo disciplinar, responda:

a) É possível a sua tramitação em cidade diversa daquela em que o servidor está lotado?

b) Para a instalação de processo administrativo disciplinar é obrigatória a indicação de todos os ilícitos imputados ao servidor?

c) O processo administrativo disciplinar pode abarcar fatos não abrangidos pela sindicância preparatória? Existe ilegalidade na ampliação da acusação a servidor público se durante o processo administrativo forem apurados fatos novos?

d) Admite-se que uma interceptação telefônica autorizada pelo juiz de um processo penal seja utilizada em processo administrativo? Caso a resposta seja negativa, haveria no caso violação ao devido processo legal e ao contraditório? Caso a resposta seja positiva, quais os requisitos para tal utilização?

◉ ESPAÇO EM BRANCO PARA RESPOSTA (45 LINHAS)

13. (QUESTÃO ELABORADA PELOS AUTORES – INÉDITA)

A greve no serviço público sempre ensejou diversos debates, haja vista se tratar de exceção ao princípio da continuidade dos serviços públicos. Sobre o tema, responda fundamentadamente.

a) É possível a todos os servidores públicos exercer plenamente o direito de greve?

b) Na hipótese de movimento paredista por servidores públicos, há possibilidade de desconto pelos dias não trabalhados?

◉ ESPAÇO EM BRANCO PARA RESPOSTA (20 LINHAS)

14. (QUESTÃO ELABORADA PELOS AUTORES – INÉDITA)

Considere a hipótese de um servidor público que ocupe dois cargos remunerados de professor junto a Administração Pública de determinado ente da federação, cuja jornada total de trabalho, considerando ambos os cargos, seja de 56 horas semanais.

Nesse contexto, com base na legislação de regência e na atual jurisprudência:

a) Esclareça se a referida acumulação de cargos é lícita.

b) Discorra sobre a aplicação do teto remuneratório dos servidores públicos no caso de acumulação de cargos públicos.

◉ ESPAÇO EM BRANCO PARA RESPOSTA (20 LINHAS)

QUESTÕES COMENTADAS

1. (TJDFT – JUIZ DE DIREITO – 2015)

Com fundamento na jurisprudência do STF, discorra sobre a aplicação da regra do teto remuneratório dos servidores públicos, previsto no art. 37, IX, da Constituição Federal, com a redação dada pela Emenda Constitucional 41/03. Analise particularmente a situação dos servidores que pretendem receber acima do limite constitucional e alegam ter direito líquido e certo às verbas remuneratórias adquiridas sob o regime legal anterior, já que a garantia da irredutibilidade de vencimentos foi outorgada pela Constituição da República em favor de todos os servidores públicos.

RESPOSTA:

A Constituição Federal de 1988, em seu art. 37, IX, estabelece a existência de um teto remuneratório que dever ser observado por todos os agentes públicos. É o subsídio dos ministros do Supremo Tribunal Federal. Além do teto geral, a CF/88 também define subtetos que devem ser observados no âmbito dos demais poderes: a) Município: subsídio do prefeito; b) Estados e DF: no executivo, subsídio do Governador; no Legislativo, dos deputados estaduais; no judiciário subsídio dos desembargadores do Tribunal de Justiça, limitado a 90,15% do subsídio mensal dos ministros do STF.

No que tange àqueles servidores que recebem remuneração acima do teto constitucional, amparados pela antiga ordem jurídica (anterior à EC/03) não podem alegar direito adquirido com o intuito de manter a remuneração superior. É o que dispõe o art. 17 do ADCT.

Destarte, qualquer remuneração que esteja em desacordo com o teto constitucional deve ser imediatamente reduzida. A garantia da irredutibilidade de vencimento não deve ser fundamento para respaldar casos fora da órbita jurídica atual, mas apenas aqueles consentâneos ao ordenamento jurídico vigente.

Em conclusão, vale acrescentar que não integram o teto remuneratório as verbas de natureza indenizatória, abonos de permanência, verbas de direitos sociais e remuneração da atividade de magistério.

DOUTRINA TEMÁTICA

"O inciso XI do art. 37 estabelece limites – conhecidos como "tetos" – às remunerações dos servidores públicos, genericamente considerados, bem como aos proventos e pensões correspondentes. Esse inciso foi alterado pela EC 19/1998 e, apenas cinco anos depois, foi novamente modificado com a promulgação da EC 41/2003. É o seguinte o longo texto atual do inciso XI: (...)

O texto original da Constituição previa um teto de remuneração para cada Poder e para cada esfera da Federação. A EC 19/1998 unificou todos os tetos, estabelecendo como limite único o subsídio dos ministros do Supremo Tribunal Federal. A EC 41/2003 novamente modificou o dispositivo em análise, dando a ele o conteúdo hoje em vigor.

Atualmente, há um teto geral, que é o subsídio dos ministros do Supremo Tribunal Federal, e outros limites nos Estados, Distrito Federal e municípios, cujos valores não podem superar o daquele subsídio." (ALEXANDRINO, 2017, p. 366)

"O que é juridicamente inviável é que, num estalar de dedos ocorrido sob a égide de emenda constitucional, a remuneração seja simplesmente reduzida a limite remuneratório fixado posteriormente ao momento em que nasceu o direito à sua percepção. O STF, entretanto, não adotou esse entendimento, ao decidir que mesmo as parcelas remuneratórias adquiridas legitimamente antes dos citados dispositivos não estariam abrangidas pela garantia da irredutibilidade, ficando o servidor, portanto, sujeito à redução vencimental – decisão com a qual, concessa vênia, não concordamos" (CARVALHO FILHO, 2017, p. 803)

JURISPRUDÊNCIA TEMÁTICA

EMENTA RECURSO EXTRAORDINÁRIO. DIREITO ADMINISTRATIVO E CONSTITUCIONAL. SERVIDORES PÚBLICOS. REMUNERAÇÃO. INCIDÊNCIA DO TETO DE RETRIBUIÇÃO. VANTAGENS PESSOAIS. VALORES PERCEBIDOS ANTES DO ADVENTO DA EMENDA CONSTITUCIONAL Nº 41/2003. INCLUSÃO. ART. 37, XI e XV, DA CONSTITUIÇÃO DA REPÚBLICA. 1. Computam-se para efeito de observância do teto remuneratório do art. 37, XI, da Constituição da República também os valores percebidos anteriormente à vigência da Emenda Constitucional nº 41/2003 a título de vantagens pessoais pelo servidor público, dispensada a restituição dos valores recebidos em excesso de boa-fé até o dia 18 de novembro de 2015. 2. O âmbito de incidência da garantia de irredutibilidade de vencimentos (art. 37, XV, da Lei Maior) não alcança valores excedentes do limite definido no art. 37, XI, da Constituição da República. 3. Traduz afronta direta ao art. 37, XI e XV, da Constituição da República a exclusão, da base de incidência do teto remuneratório, de valores percebidos, ainda que antes do advento da Emenda Constitucional nº 41/2003, a título de vantagens pessoais. 4. Recurso extraordinário conhecido e provido. (RE 606358, Relator(a): Min. ROSA WEBER, Tribunal Pleno, julgado em 18/11/2015, PROCESSO ELETRÔNICO REPERCUSSÃO GERAL - MÉRITO DJe-063 DIVULG 06-04-2016 PUBLIC 07-04-2016)

EMENTA Agravo regimental no recurso extraordinário com agravo. Direito Constitucional e Administrativo. Incidência do teto constitucional remuneratório previsto no art. 37, XI, da Constituição Federal, com a redação dada pela Emenda Constitucional nº 41/03. Eficácia imediata. Precedentes. 1. O Supremo Tribunal Federal, no exame do RE nº 609.381/GO, Relator o Ministro Teori Zavascki, julgado sob a sistemática da repercussão geral (Tema nº 480), assentou que o teto de retribuição estabelecido pela Emenda Constitucional 41/03 possui eficácia imediata, submetendo às referências de valor máximo nela discriminadas todas as verbas de natureza remuneratória percebidas pelos servidores públicos da União, estados, Distrito Federal e municípios, ainda que adquiridas de acordo com regime legal anterior. 2. Agravo regimental não provido. (ARE 786299 AgR, Relator(a): Min. DIAS TOFFOLI, Segunda Turma, julgado em 10/11/2015, ACÓRDÃO ELETRÔNICO DJe-249 DIVULG 10-12-2015 PUBLIC 11-12-2015)

TETO CONSTITUCIONAL – ACUMULAÇÃO DE CARGOS – ALCANCE. Nas situações jurídicas em que a Constituição Federal autoriza a acumulação de cargos, o teto remuneratório é considerado em relação à remuneração de cada um deles, e não ao somatório do que recebido. (RE 602043, Relator(a): Min. MARCO AURÉLIO, Tribunal Pleno, julgado em 27/04/2017, ACÓRDÃO ELETRÔNICO REPERCUSSÃO GERAL - MÉRITO DJe-203 DIVULG 06-09-2017 PUBLIC 08-09-2017)

2. (CESPE – JUIZ DE DIREITO – PA – 2012)

Emenda constitucional de iniciativa da assembleia legislativa de determinada unidade da Federação tratou das condições para ingresso e promoção no quadro de oficiais combatentes dos militares no âmbito do estado-membro. O governador do estado, então, ajuizou ação direta de inconstitucionalidade relativa a essa emenda junto ao Supremo Tribunal Federal.

Com base na situação hipotética acima, responda, de forma fundamentada e de acordo com a jurisprudência da suprema corte, o seguinte questionamento.

- A emenda constitucional padece de vício de inconstitucionalidade formal?

RESPOSTA:

Sim, a emenda constitucional padece de vício de inconstitucionalidade formal, pois usurpa a iniciativa privativa do Chefe do Poder Executivo para as leis que disponham sobre militares das Forças Armadas, seu regime jurídico, provimento de cargos, promoções, estabilidade, remuneração, reforma e transferência para a reserva.

A Constituição Federal adotou a orientação de que apenas o Chefe do Poder Executivo tem a responsabilidade de disciplinar o regime jurídico dos servidores públicos, civis ou militares. Essa competência privativa para a deflagração do processo legislativo é prevista no artigo 61, §1 º, II, "f" da Constituição Federal, relativamente ao Presidente da República, contudo a jurisprudência pacífica do Supremo Tribunal Federal estende-a ao Governador do Estado, aplicando o princípio da simetria, por tratar-se de norma de observância obrigatória nos Estados-membros.

O fato de a norma ter natureza constitucional, fruto do poder reformador estadual, não tem o condão de minimizar a pecha de inconstitucionalidade, pois o constituinte estadual deve observar as normas da Constituição Federal relativas ao processo legislativo. Apesar de as emendas constitucionais poderem ser propostas tanto pelo Poder Legislativo quanto pelo Poder Executivo, deve haver no caso a obediência à iniciativa privativa do Chefe do Executivo quanto à matéria referente ao regime jurídico de servidores (civis e militares), sob pena de ofensa ao princípio da separação dos Poderes.

DOUTRINA TEMÁTICA

"Acresce destacar, ainda, que **constitui competência privativa do Chefe do Executivo, nos termos do art. 61, § 1º, II, 'c', da CF, a iniciativa de lei que disponha sobre o regime jurídico dos servidores públicos, inclusive provimento de cargos, estabilidade e aposentadoria. Frequentemente, porém, as Casas Legislativas usurpam esse poder de iniciativa reservado ao Chefe do Executivo, quer através das leis (com veto do Executivo), quer através das Constituições estaduais**, regulando inúmeros aspectos próprios do regime estatutário, como aposentadoria, remuneração, vantagens pecuniárias etc., o que tem dado ensejo a várias decisões dos Tribunais Superiores que, acertadamente, declaram a inconstitucionalidade, direta ou incidentalmente, de tais atos por ofensa ao aludido mandamento." (CARVALHO FILHO, 2011, p. 546-547). (grifado pelo autor).

JURISPRUDÊNCIA TEMÁTICA

STF

EMENTA: AÇÃO DIRETA DE INCONSTITUCIONALIDADE. MILITARES. REGIME JURÍDICO. INICIATIVA PRIVATIVA DO CHEFE DO PODER EXECUTIVO. PROCEDÊNCIA DO PEDIDO. Emenda Constitucional 29/2002, do estado de Rondônia. Inconstitucionalidade. À luz do princípio da simetria, é de iniciativa privativa do chefe do Poder Executivo estadual as leis que disciplinem o regime jurídico dos militares (art. 61, § 1º, II, f, da CF/1988). Matéria restrita à iniciativa do Poder Executivo não pode ser regulada por emenda constitucional de origem parlamentar. Precedentes. Pedido julgado procedente. (ADI 2966, Relator(a): Min. JOAQUIM BARBOSA, Tribunal Pleno, julgado em 06/04/2005, DJ 06-05-2005 PP-00006 EMENT VOL-02190-01 PP-00178 LEXSTF v. 27, n. 319, 2005, p. 77-81 RTJ VOL-00194-01 PP-00171).

EMENTA AÇÃO DIRETA DE INCONSTITUCIONALIDADE. MEDIDA CAUTELAR. ART. 134, § 3º, DA CONSTITUIÇÃO DA REPÚBLICA, INCLUÍDO PELA EMENDA CONSTITUCIONAL Nº 74/2013. EXTENSÃO, ÀS DEFENSORIAS PÚBLICAS DA UNIÃO

E DO DISTRITO FEDERAL, DA AUTONOMIA FUNCIONAL E ADMINISTRATIVA E DA INICIATIVA DE SUA PROPOSTA ORÇAMENTÁRIA, JÁ ASSEGURADAS ÀS DEFENSORIAS PÚBLICAS DOS ESTADOS PELA EMENDA CONSTITUCIONAL Nº 45/2004. EMENDA CONSTITUCIONAL RESULTANTE DE PROPOSTA DE INICIATIVA PARLAMENTAR. ALEGADA OFENSA AO ART. 61, § 1º, II, "c", DA CONSTITUIÇÃO DA REPÚBLICA. USURPAÇÃO DA RESERVA DE INICIATIVA DO PODER EXECUTIVO. INOCORRÊNCIA. ALEGADA OFENSA AOS ARTS. 2º E 60, § 4º, III, DA CONSTITUIÇÃO DA REPÚBLICA. SEPARAÇÃO DE PODERES. INOCORRÊNCIA. FUMUS BONI JURIS E PERICULUM IN MORA NÃO DEMONSTRADOS. 1. No plano federal, o poder constituinte derivado submete-se aos limites formais e materiais fixados no art. 60 da Constituição da República, a ele não extensível a cláusula de reserva de iniciativa do Chefe do Poder Executivo, prevista de modo expresso no art. 61, § 1º, apenas para o poder legislativo complementar e ordinário – poderes constituídos. 2. Impertinente a aplicação, às propostas de emenda à Constituição da República, da jurisprudência do Supremo Tribunal Federal quanto à inconstitucionalidade de emendas às constituições estaduais sem observância da reserva de iniciativa do Chefe do Poder Executivo, fundada na sujeição do poder constituinte estadual, enquanto poder constituído de fato, aos limites do ordenamento constitucional federal. 3. O conteúdo da Emenda Constitucional nº 74/2013 não se mostra assimilável às matérias do art. 61, § 1º, II, "c", da Constituição da República, considerado o seu objeto: a posição institucional da Defensoria Pública da União, e não o regime jurídico dos respectivos integrantes. 4. O art. 60, § 4º, da Carta Política não veda ao poder constituinte derivado o aprimoramento do desenho institucional de entes com sede na Constituição. A concessão de autonomia às Defensorias Públicas da União, dos Estados e do Distrito Federal encontra respaldo nas melhores práticas recomendadas pela comunidade jurídica internacional e não se mostra incompatível, em si, com a ordem constitucional. Ampara-se em sua própria teleologia, enquanto tendente ao aperfeiçoamento do sistema democrático e à concretização dos direitos fundamentais do amplo acesso à Justiça (art. 5º, XXXV) e da prestação de assistência jurídica aos hipossuficientes (art. 5º, LXXIV). 5. Ao reconhecimento da legitimidade, à luz da separação dos Poderes (art. 60, § 4º, III, da Lei Maior), de emenda constitucional assegurando autonomia funcional e administrativa à Defensoria Pública da União não se desconsidera a natureza das suas atribuições, que não guardam vinculação direta à essência da atividade executiva. Fumus boni juris não evidenciado. 6. Alegado risco de lesão aos cofres públicos sem relação direta com a vigência da norma impugnada, e sim com atos normativos supervenientes, supostamente nela calcados, é insuficiente para demonstrar a existência de fundado receio de dano irreparável ou de difícil reparação, requisito da concessão de medida cautelar em ação direta de inconstitucionalidade. Eventual exegese equivocada ou abusiva não conduz à inconstitucionalidade da emenda constitucional, somente inquinando de vício o ato do mau intérprete. Periculum in mora não demonstrado. Medida cautelar indeferida. (ADI 5296 MC, Relator(a): Min. ROSA WEBER, Tribunal Pleno, julgado em 18/05/2016, PROCESSO ELETRÔNICO DJe-240 DIVULG 10-11-2016 PUBLIC 11-11-2016).

CARTA ESTADUAL – MATÉRIA RESERVADA À INICIATIVA DO GOVERNADOR – INCONSTITUCIONALIDADE. Surge inconstitucional disciplina, na Carta do Estado, de matéria cuja iniciativa de projeto é reservada ao Governador, como ocorre se, mediante preceito, dispõe-se sobre a revisão concomitante e automática de valores incorporados à remuneração de servidores públicos em razão do exercício de função ou mandato quando reajustada a remuneração atinente à função ou ao cargo paradigma – artigo 89, § 6º, da Constituição do Estado do Rio de Janeiro. AÇÃO DIRETA DE INCONSTITUCIONALIDADE – PRONUNCIAMENTO POSITIVO – MODULAÇÃO. A modulação de pronunciamento do Supremo, considerada a passagem do tempo, implica, a um só tempo, desconhecer írrito o ato contrário à Constituição Federal e estimular atuação normativa à margem desta última, apostando-se na morosidade da Justiça e em ter-se o dito pelo não dito, como se, até então, a Lei Fundamental não houvesse vigorado. (ADI 3848, Relator(a): Min. MARCO AURÉLIO, Tribunal Pleno, julgado em 11/02/2015, ACÓRDÃO ELETRÔNICO DJe-043 DIVULG 05-03-2015 PUBLIC 06-03-2015).

PROVIMENTO DE CARGOS DE OFICIAIS E VÍCIO FORMAL.

Por reputar usurpada a **competência privativa do Chefe do Poder Executivo para iniciar projeto de lei que verse sobre militares das Forças Armadas, seu regime jurídico, provimento de cargos e promoções (CF, art. 61, § 1º, II, f), de observância obrigatória pelos Estados-membros, tendo em conta o princípio da simetria**, o Tribunal julgou procedente pedido formulado em ação direta ajuizada pelo Governador do Estado de Rondônia para declarar a inconstitucionalidade do art. 148-A da Constituição do referido Estado-membro e do art. 45 de suas Disposições Constitucionais Transitórias, com a redação dada pela Emenda Constitucional estadual 56/2007, de iniciativa parlamentar, que dispõem sobre provimento de cargos de Oficiais Combatentes dos Militares estaduais. Observou-se, ademais, que, não obstante a Assembléia Legislativa houvesse introduzido a matéria no mundo jurídico por meio de emenda constitucional, tal fato não teria o condão de contornar as restrições de ordem constitucional ao seu poder de iniciativa. Precedentes citados: ADI 2966/RO (DJU de 6.5.2005); ADI 766/RS (DJU de 11.12.98). ADI 3930/RO, rel. Min. Ricardo Lewandowski, 16.9.2009. Noticiado no Informativo 559/2009 do STF. (grifado pelo autor).

3. (FCC – PROCURADOR DO ESTADO – SP – 2012)

Pode a Administração pública exonerar *ad nutum* servidora gestante ocupante exclusivamente de cargo em comissão? Responda a questão à luz da Constituição Federal e coteje com a jurisprudência do Supremo Tribunal Federal.

RESPOSTA:

De acordo com a jurisprudência do Supremo Tribunal Federal, a Administração não pode exonerar "ad nutum" servidora gestante ocupante exclusivamente de cargo em comissão. Em que pese o artigo 37, II da Constituição Federal dispor que os cargos em comissão são de livre exoneração, o Supremo decidiu, com fundamento na proteção à maternidade e na dignidade da pessoa humana do nascituro, que a estabilidade provisória prevista no artigo 10, II, "b" do Ato das Disposições Constitucionais Transitórias também se aplica às gestantes detentoras de cargo em comissão.

Esse entendimento do Supremo tem sido aplicado também no Tribunal Superior do Trabalho, e representa uma limitação á discricionariedade administrativa tradicionalmente vista nas nomeações e exonerações de cargos em comissão. Em que pese a própria natureza destes cargos ser marcada pela transitoriedade, a jurisprudência tem conferido à proteção à maternidade uma preponderância maior, vedando-se a dispensa da servidora gestante exercente de cargo em comissão.

A relativização da demissibilidade *ad nutum* dos cargos em comissão representa uma manifestação do ativismo judicial contemporâneo, limitando-se a atuação do administrador público sob a justificativa de se proteger os direitos fundamentais da gestante e do nascituro. Entende a jurisprudência que, diante do caráter genérico dos dispositivos constitucionais que tratam da estabilidade da gestante, não pode o aplicador do direito retirar esse direito de determinada espécie de servidora pública, nem mesmo daquelas investidas em caráter precário.

Atenção!!!! Apesar de a questão se referir apenas à gestante ocupante exclusivamente de cargo em comissão, a jurisprudência reconhece a estabilidade provisória também à servidora temporária que é contratada com base no artigo 37, IX da Constituição Federal.

◉ JURISPRUDÊNCIA TEMÁTICA

▸ STF

SERVIDORA PÚBLICA GESTANTE CONTRATADA EM CARÁTER TEMPORÁRIO - ESTABILIDADE PROVISÓRIA (ADCT/88, ART. 10, II, "b"). CONVENÇÃO OIT Nº 103/1952 - INCORPORAÇÃO FORMAL AO ORDENAMENTO POSITIVO BRASILEIRO (DECRETO Nº 58.821/66)- PROTEÇÃO À MATERNIDADE E AO NASCITURO - DESNECESSIDADE DE PRÉVIA COMUNICAÇÃO DO ESTADO DE GRAVIDEZ AO ÓRGÃO PÚBLICO COMPETENTE - RECURSO DE AGRAVO IMPROVIDO.

- O acesso da servidora pública e da trabalhadora gestantes à estabilidade provisória, que se qualifica como inderrogável garantia social de índole constitucional, supõe a mera confirmação objetiva do estado fisiológico de gravidez, independentemente, quanto a este, de sua prévia comunicação ao órgão estatal competente ou, quando for o caso, ao empregador. Doutrina. Precedentes. **- As gestantes - quer se trate de servidoras públicas, quer se cuide de trabalhadoras, qualquer que seja o regime jurídico a elas aplicável, não importando se de caráter administrativo ou de natureza contratual (CLT), mesmo aquelas ocupantes de cargo em comissão ou exercentes de função de confiança ou, ainda, as contratadas por prazo determinado, inclusive na hipótese prevista no inciso IX do art. 37 da Constituição, ou admitidas a título precário - têm direito público subjetivo à estabilidade provisória, desde a confirmação do estado fisiológico de gravidez até cinco (5) meses após o parto (ADCT, art. 10, II, "b")**, e, também, à licença- -maternidade de 120 dias (CF, art. 7º, XVIII, c/c o art. 39, § 3º), sendo-lhes preservada, em consequência, nesse período, a integridade do vínculo jurídico que as une à Administração Pública ou ao empregador, sem prejuízo da integral percepção do estipêndio funcional ou da remuneração laboral.

Doutrina. Precedentes. Convenção OIT nº 103/1952. - Se sobrevier, no entanto, em referido período, dispensa arbitrária ou sem justa causa de que resulte a extinção do vínculo jurídico-administrativo ou da relação contratual da gestante (servidora pública ou trabalhadora), assistir-lhe-á o direito a uma indenização correspondente aos valores que receberia até cinco (5) meses após o parto, caso inocorresse tal dispensa. Precedentes. (AgRg no RE 639.786, Rel. Min. Celso de Mello, 2ª Turma, j. 28.02.2012, DJe 21.03.2012). (grifado pleo autor).

AGRAVO REGIMENTAL NO AGRAVO DE INSTRUMENTO. CONSTITUCIONAL. ADMINISTRATIVO. CARGO EM COMISSÃO. SERVIDORA GESTANTE. EXONERAÇÃO. DIREITO À INDENIZAÇÃO. 1. **As servidoras públicas e empregadas gestantes, inclusive as contratadas a título precário, independentemente do regime jurídico de trabalho, têm direito à licença-maternidade de cento e vinte dias e à estabilidade provisória desde a confirmação da gravidez até cinco meses após o parto**. Precedentes: RE n. 579.989-AgR, Primeira Turma, Relator o Ministro Ricardo Lewandowski, Dje de 29.03.2011, RE n. 600.057-AgR, Segunda Turma, Relator o Ministro Eros Grau, Dje de 23.10.2009 e RMS n. 24.263, Segunda Turma, Relator o Ministro Carlos Velloso, DJ de 9.5.03. 2. Agravo regimental a que se nega provimento. (AI-AgR 804.574,. Rel. Min. Luiz Fux, 1ª Turma, j. 30.08.11). (grifado pelo autor).

Agravo regimental no recurso extraordinário. Servidora gestante. Cargo em comissão. Exoneração. Licença-maternidade. Estabilidade provisória. Indenização. Possibilidade. 1. **As servidoras públicas, em estado gestacional, ainda que detentoras apenas de cargo em comissão, têm direto à licença-maternidade e à estabilidade provisória, nos termos do art. 7, inciso XVIII, c/c o art. 39, §3º, da Constituição Federal, e art. 10, inciso II, alínea b, do ADCT**. 2. Agravo regimental não provido. (RE-AgR 420.839. Rel. Min. Dias Toffoli, 1ª Turma, j. 20.03.2012). (grifado pelo autor).

STJ

ADMINISTRATIVO. CARGO COMISSIONADO. EXONERAÇÃO DE GESTANTE. DISSÍDIO JURISPRUDENCIAL NÃO DEMONSTRADO. PREMISSAS FÁTICA E JURÍDICA DISTINTAS DAS DOS AUTOS. ALEGADA VIOLAÇÃO DO ART. 35 DA LEI Nº 8.112/90. NÃO OCORRÊNCIA. DIREITO DA SERVIDORA À PERCEPÇÃO DO VALOR CORRESPONDENTE À REMUNERAÇÃO PERCEBIDA NO CARGO DURANTE O PERÍODO DA LICENÇA-MATERNIDADE.

1. Cinge-se a controvérsia ao direito ou não da impetrante em receber os efeitos financeiros da função comissionada (cargo de confiança) após a exoneração *ad nutum*, durante o período da licença-maternidade.

2. Os julgados confrontados partem de premissas fática e jurídica distintas. Enquanto no aresto colacionado discute-se a permanência da gestante no cargo comissionado, o cerne da controvérsia no acórdão recorrido cinge-se ao direito da gestante exonerada do cargo comissionado em receber os valores correspondentes à função durante o período da licença-maternidade. Dissídio jurisprudencial não caracterizado.

3. **As servidoras públicas civis contratadas a título precário, embora não tenham direito à permanência no cargo em comissão, em virtude da regra**

contida no art. 35, inciso I, da Lei nº 8.112/90, fazem jus ao recebimento de indenização durante o período compreendido entre o início da gestação até o 5º mês após o parto. Precedentes.

4. Agravo regimental não provido. (AgRg no AREsp 26843, Rel. Min. Castro Meira, 2ª Turma, j. 02.02.2012, DJe 17.02.2012). (grifado pelo autor).

▸ TST

RECURSO DE REVISTA - PROCEDIMENTO SUMARÍSSIMO - GESTANTE - ESTABILIDADE PROVISÓRIA - CONTRATO DE EXPERIÊNCIA - COMPATIBILIDADE. Estabelece o art. 10, II, b, do ADCT que é vedada a dispensa arbitrária ou sem justa causa da empregada gestante, desde a confirmação da gravidez até cinco meses após o parto. O único pressuposto para que a empregada tenha reconhecido seu direito à **estabilidade provisória** é o estado gravídico no momento da rescisão do contrato de trabalho, porque **tal garantia visa à tutela do nascituro e o citado preceito constitucional não impõe nenhuma restrição quanto à modalidade do contrato de trabalho, se por prazo determinado, como é o contrato de experiência, ou por prazo indeterminado. Por conseguinte, a empregada admitida mediante contrato de experiência por prazo determinado tem direito à estabilidade provisória da gestante**. Inaplicável a Súmula nº 244, III, do TST, por dissentir do moderno posicionamento do Supremo Tribunal Federal. Precedentes. Recurso de revista não conhecido. (66055220105120001 6605-52.2010.5.12.0001, Relator: Luiz Philippe Vieira de Mello Filho, Data de Julgamento: 09/05/2012, 4ª Turma, Data de Publicação: DEJT 11/05/2012). (grifado pelo autor).

AGRAVO DE INSTRUMENTO EM RECURSO DE REVISTA. ESTABILIDADE DA GESTANTE. CONTRATO POR PRAZO DETERMINADO. Demonstrado que a decisão regional viola, em princípio, o art. 10, II, b, do ADCT, dá-se provimento ao agravo de instrumento para determinar o processamento do recurso de revista. Agravo de instrumento provido. RECURSO DE REVISTA. ESTABILIDADE DA GESTANTE. CONTRATO POR PRAZO DETERMINADO. NORMATIZAÇÃO ESPECIAL E PRIVILEGIADA À MATERNIDADE CONTIDA NA CARTA DE 1988. ARTS. 10, II, B, DO ADCT, ARTS. 7º, XVIII E XXII, 194, 196, 197, 200, I, 227, CF/88. RESPEITO, FIXADO NA ORDEM CONSTITUCIONAL, À DIGNIDADE DA PESSOA HUMANA, À PRÓPRIA VIDA AO NASCITURO E À CRIANÇA (ART. 1º, III, E 5º, CAPUT, DA CF). Em princípio, a lógica dos contratos a termo não permite qualquer possibilidade de maior integração do trabalhador na empresa, além de já preestabelecer o final do próprio vínculo empregatício. Em face disso, em regra, o instituto da garantia de emprego é inábil a produzir, no contexto dos contratos a termo, a mesma extensão de efeitos que seguramente propicia na seara dos contratos indeterminados. Por outro ângulo, contudo, é certo dizer que a lógica dos contratos a termo é perversa e contra ela se contrapõe todo o Direito do Trabalho, já que esse ramo jurídico especializado busca aperfeiçoar as condições de pactuação da força de trabalho no mercado. Por essas razões, a legislação busca restringir ao máximo suas hipóteses de pactuação e de reiteração no contexto da dinâmica justrabalhista. Note-se que a CLT não prevê a situação da gravidez como situação excepcional a impedir a ruptura contratual no contrato a termo. Contudo o art. 10, II, do ADCT da Constituição, em sua alínea b, prevê a estabilidade provisória à -empregada gestante, desde a confirmação da gravidez até cinco meses após o parto-. Estipula, assim, a vedação à dispensa arbitrária ou sem justa causa. Ressalte-se que a maternidade recebe normatização especial e privilegiada pela Constituição de 1988, autorizando condutas e vantagens superiores ao padrão deferido ao homem - e mesmo à mulher que não esteja vivenciando a situação de gestação e recente parto. É o que resulta da leitura combinada de diversos dispositivos, como o art. 7º, XVIII (licença à gestante de 120 dias, com possibilidade de extensão do prazo, a teor da Lei 11.770/2008, regulamentada pelo Decreto 7.052/2009) e das inúmeras normas que buscam assegurar um padrão moral e educacional minimamente razoável à criança e ao adolescente (contidos no art. 227, CF/88, por exemplo). De par com isso, qualquer situação que envolva efetivas considerações e medidas de saúde pública (e o período de gestação e recente parto assim se caracterizam) permite tratamento normativo diferenciado, à luz de critério jurídico valorizado pela própria Constituição da República. Note-se, ilustrativamente, a esse respeito, o art. 196 que firma ser a saúde -direito de todos e dever do Estado, garantido mediante políticas sociais e econômicas que visem à redução do risco de doença e de outros agravos...-; ou o art. 197, que qualifica como de -relevância pública as ações e serviços de saúde...-, além de outros dispositivos, como artigos 194, 200, I, e 7º, XXII, CF/88. A estabilidade provisória advinda da licença maternidade decorre da proteção constitucional às trabalhadoras em geral e, em particular, às gestantes e aos nascituros. A proteção à maternidade e à criança advém do respeito, fixado na ordem constitucional, à dignidade da pessoa humana e à própria vida (art. 1º, III, e 5º, caput, da CF). E, por se tratar de direito constitucional fundamental, deve ser interpretado de forma a conferir-se, na prática, sua efetividade. Nesse sentido, entendo que não pode prevalecer o posicionamento adotado pelo TRT, que conferiu preponderância aos efeitos dos contratos a termo - especificamente em relação à garantia de emprego - em detrimento da estabilidade assegurada às gestantes, na forma do art. 10, II, b, do ADCT. Nessa linha, está realmente superada a interpretação exposta no item III da Súmula 244 do TST. **Inclusive o Supremo Tribunal Federal possui diversas decisões - que envolvem servidoras públicas admitidas por contrato temporário de trabalho -, em que expõe de forma clara o posicionamento de garantir à gestante o direito à licença-maternidade e à estabilidade, independentemente do regime jurídico de trabalho**. Sob esse enfoque, o STF prioriza as normas constitucionais de proteção à maternidade, lançando uma diretriz para interpretação das situações congêneres. Recurso de revista conhecido e provido. (RR - 21700-25.2009.5.01.0079, Relator Ministro: Mauricio Godinho Delgado, Data de Julgamento: 08/02/2012, 6ª Turma, Data de Publicação: 13/04/2012). (grifado pelo autor).

Súmula 244 do TST

GESTANTE. ESTABILIDADE PROVISÓRIA (redação do item III alterada na sessão do Tribunal Pleno realizada em 14.09.2012) - Res. 185/2012, DEJT divulgado em 25, 26 e 27.09.2012

I – (...)

II – (...)

III - **A empregada gestante tem direito à estabilidade provisória prevista no art. 10, inciso II, alínea "b", do Ato das Disposições Constitucionais Transitórias, mesmo na hipótese de admissão mediante contrato por tempo determinado**. (nova redação).

4. (FCC – PROCURADOR DO ESTADO – MT – 2011)

Márcia exerce cargo em comissão no departamento jurídico da autarquia Estadual "X" há oito anos, sendo que, nos últimos seis anos exerceu a função de diretora do Departamento Jurídico, função esta em comissão. Não é funcionária celetista, nem funcionária pública efetiva. Inconformada com o número de horas que vem trabalhando, Márcia ajuizou reclamação trabalhista em face da autarquia Estadual "X", no dia 18/10/2011, processo nº 12345678910, em trâmite perante uma das Varas do Trabalho de Cuiabá, requerendo o pagamento de três horas extras diárias desde o início do exercício do cargo em comissão com base no artigo 58 da CLT. A audiência UNA foi designada e a autarquia Estadual "X" foi citada quanto aos termos da reclamação trabalhista, bem como foi notificada para comparecer nesta audiência, ocasião em que apresentará a defesa cabível.

Elabore a defesa trabalhista que a autarquia Estadual "X" apresentará na referida audiência.

◉ RESPOSTA:

EXCELENTÍSSIMO SENHOR DOUTOR JUIZ DO TRABALHO DA – VARA DO TRABALHO DE CUIABÁ

Processo nº 12345678910

AUTARQUIA ESTADUAL "X", pessoa jurídica de direito público interno, com sede na (...), por meio do Procurador do Estado que ora subscreve (mandato "*ex lege*"), vem à presença de Vossa Excelência oferecer CONTESTAÇÃO, nos autos da ação que lhe move Márcia (...), (estado civil, diretora do Departamento Jurídico da Autarquia Estadual "X", residente e domiciliada na (...), representada pelo advogado (...), pelas razões a seguir aduzidas.

DOS FATOS

A reclamante exerce cargo em comissão há oito anos no departamento jurídico da Autarquia Estadual "X", não sendo celetista nem funcionária pública efetiva.

Mesmo sendo detentora de cargo em comissão, cuja relação é administrativa, ajuizou reclamação na Justiça do Trabalho pleiteando o pagamento de horas extras.

DA INCOMPETÊNCIA ABSOLUTA

Em primeiro lugar, cumpre assinalar que este juízo é absolutamente incompetente para o processamento do feito. Sim, pois uma vez que a reclamante exerce cargo em comissão, seu vínculo com a Administração Pública estadual é de natureza jurídico-administrativa. Em outras palavras, não há qualquer relação trabalhista ou celetista a justificar a competência da justiça de Trabalho. O que há é um vínculo estatuário na administração indireta, sendo a reclamante uma servidora pública. Comissionada, mas ainda assim servidora pública.

Nesse sentido, é cristalina a distinção feita pelo art. 9º da Lei 8.112/90.

A respeito da incompetência absoluta da justiça do Trabalho, sabe-se que o Supremo Tribunal Federal em Ação Direta de Inconstitucionalidade proposta pela Associação dos Juízes Federais, excluiu da competência da Justiça do Trabalho as causas entre servidores estatuários e o Poder Público.

Na referida ação, que teve como relator o Ministro Nelson Jobim, houve declaração de nulidade parcial sem redução de texto do art. 144, I da CF/88. Dessa forma, qualquer relação estatuária ou administrativa está fora da competência da justiça Laboral. Atualmente, os Tribunais Superiores vêm entendo que nem mesmo as ações entre servidores temporários e Administração podem ser julgadas pela Justiça do Trabalho.

Diante da eficácia vinculante das decisões proferidas pelo Supremo no controle abstrato de constitucionalidade, imperioso o reconhecimento da incompetência absoluta ora em tela.

DA PRESCRIÇÃO

A peça inicial da reclamante também incorre em erro ao pleitear verbas trabalhistas já atingidas pela prescrição.

Isso porque, conforme o artigo 7º, XXIX, "a" da CF, um dos direitos sociais dos trabalhadores é o de ação quanto aos créditos trabalhistas, respeitando-se o prazo prescricional de cinco anos para os trabalhadores urbanos e rurais, até o limite de dois anos após a extinção do contrato de trabalho.

Ou seja, caso se respeite o biênio após a extinção do contrato de trabalhador, o reclamante pode pleitear as verbas trabalhistas dos últimos cinco anos, contados da data do ajuizamento da ação.

Como Maria ajuizou sua reclamação em 18/10/2011, só pode reclamar judicialmente as verbas trabalhistas que entender devidas nos cinco anos anteriores ao ajuizamento da ação, e não as que seriam devidas desde o início do exercício do cargo em comissão.

DO MÉRITO

Por conta do princípio da eventualidade, deve-se demonstrar que não é possível que um exercente de cargo em comissão, cujas funções são de chefia, assessoramento e direção, pleiteie horas extras.

Tais servidores possuem uma flexibilidade na jornada de trabalho, por conta da natureza especial de suas atribuições. Não é condizente com as funções de direção, chefia e asseramento o pré-estabelecimento de uma jornada de trabalho.

Todo aquele que assume um cargo em comissão tem consciência do grau de responsabilidade exigido, não havendo portanto que se falar em horas extras para esses servidores.

A própria CLT, invocada pela reclamante, trata, no âmbito privado, daqueles que exercem cargos de direção. Em seu artigo 62, II, a consolidação exclui do regramento ali previsto da jornada de trabalho (e portanto afasta as horas extras) os exercentes de cargo de gestão.

Desse modo, deve ser julgado improcedente o pedido da autora.

DOS PEDIDOS

Em face do exposto, requer:

a) a remessa dos autos ao juízo competente, por força do art. 64, § 3º do CPC/2015.

b) caso assim não se entenda, a extinção do processo com resolução do mérito, rejeitando-se o pedido da autora;

c) o reconhecimento da prescrição das verbas anteriores aos cinco anos que antecedem o ajuizamento da reclamação.

d) a condenação da reclamante nos ônus sucumbência.

Protesta provar por todos os meios em direito administrativos.

Pede deferimento.

Local, data.

Procurador do Estado.

▶ Critério de correção da banca (adaptado pelo autor):

O candidato deverá elaborar a Defesa (contestação) da Autarquia "X" (art. 847, 848 e 769 da CLT e artigo 335 da CPC/2015) com seguinte conteúdo:

1. ENDEREÇAMENTO – A Defesa deverá ser endereçada para o Excelentíssimo Senhor Doutor Juiz do Trabalho da Vara X do Trabalho de Cuiabá.

2. NUMERAÇÃO DO PROCESSO – A Defesa deverá conter a numeração do processo.

3. INTRODUÇÃO – A Defesa deverá conter introdução com a qualificação da Autarquia Estadual X.

4. CONTEÚDO:

A. Preliminar de Incompetência Absoluta da Justiça do Trabalho.

O candidato deverá arguir a incompetência absoluta da Justiça do Trabalho para processar e julgar a presente reclamação (art. 337, II do CPC/2015).

De acordo com a Jurisprudência do Tribunal Superior do Trabalho decorrente do julgamento da Medida Cautelar na ADI 3.395-6/DF pelo

Supremo Tribunal Federal, a Justiça do Trabalho é incompetente para apreciar demanda que envolva relação de cunho jurídico-administrativo originada de investidura em cargo efetivo ou em comissão.

Segundo o Supremo Tribunal Federal o disposto no artigo 114, I, da Constituição Federal, introduzido pela Emenda Constitucional 45/04 não abrange as causas instauradas entre o Poder Público e o servidor que lhe seja vinculado por relação que ostentem natureza tipicamente estatuária e/ou caráter jurídico administrativo.

Dessa forma, tendo em vista o caráter jurídico-administrativo existente entre as partes, o candidato deverá requerer o reconhecimento da incompetência absoluta da Justiça do Trabalho, bem como a remessa aos autos para a Justiça Comum Estadual (art. 64, § 3º do CPC/2015).

B. Preliminar de Prescrição – Prejudicial de Mérito

Algumas verbas requeridas na exordial estão prescritas, de acordo com o art. 11 da CLT, art. 7 da CF em Sumula 308 da TST.

De acordo com o art. 7º, inciso XXIX, "a", Constituição Federal "são direitos dos trabalhadores urbanos e rurais, além de outros que visem à melhoria de sua condição social: XXIX – ação, quanto aos créditos resultantes das relações de trabalho, com prazo prescricional de cinco anos para os trabalhadores urbanos e rurais, até o limite de dois anos após a extinção do contrato de trabalho" (Grifo Nosso).

E, dispõe a Súmula Nº308 do TST que "I. Respeitado o biênio subsequente à cessação contratual, a prescrição da ação trabalhista concerne às pretensões imediatamente anteriores a cinco anos, contados da data do ajuizamento da reclamação e, não, às anteriores ao quinquênio da data da extinção do contrato. (ex-OJ nº 204 – Inserida em 08.11.2000)..."

Dessa forma, o candidato deverá requerer o reconhecimento da prescrição de verbas trabalhistas pleiteadas na exordial nos cinco anos anteriores a data do ajuizamento da reclamação, com a consequente extinção do processo com resolução do mérito quanto às verbas prescritas de acordo com o artigo 487, II do CPC/2015.

C. A inaplicabilidade do artigo 58 da CLT.

O candidato deverá alegar que a Consolidação das Leis do Trabalho não se aplica ao caso concreto uma vez que Márcia não era funcionária pública celetista.

Porém, em atenção ao princípio da eventualidade, deverá alegar que, o artigo 58 da Consolidação das Leis do Trabalho não se aplica ao caso concreto, em razão da relação de confiança existente entre as partes.

Márcia exercia cargo de direção e, sendo assim, estaria abrangida pelo artigo 62 II da CLT.

5. PEDIDO

O candidato deverá requerer o acolhimento da preliminar de incompetência da Justiça do Trabalho com a consequente remessa aos autos para a Justiça Comum Estadual, bem como o acolhimento da preliminar da prescrição, como a consequente extinção do processo com resolução do mérito no tocante às verbas abrangidas pela prescrição.

Deverá requerer, também, a total improcedência da reclamação trabalhista, com a consequente condenação da reclamante nas custa e despesas processuais.

6. PROVAS

O candidato deverá requer a produção de provas, em especial o depoimento pessoal da reclamante sob pena de confissão.

7. ENCERRAMENTO

A peça processual deverá encerrar-se com a solicitação de deferimento, com o local, data e assinatura do procurador (sem a real assinatura ou qualquer sinal que identifique o candidato).

DOUTRINA TEMÁTICA

"Cargo público é o lugar dentro da organização funcional da Administração Direta e de suas autarquias e fundações públicas que, ocupado por servidor público, tem funções específicas e remuneração fixadas em lei ou diploma a ela equivalente (...) O titular do cargo se caracteriza como servidor público estatutário." (CARVALHO FILHO, 2011, p. 557)

"(...) **cargo em comissão nada mais é que um lugar no quadro funcional da Administração** Pública que conta com um conjunto de atribuições e responsabilidades de direção, chefia e assessoramento, em que a escolha é baseada na confiança, denominado, por essa razão, de livre nomeação e exoneração (exoneração *ad nutum*), vulgarmente chamado cargo de confiança." (MARINELA, 2013, p. 628) (grifado pelo autor).

JURISPRUDÊNCIA TEMÁTICA

COMPETÊNCIA – CONFLITO. Envolvendo o conflito de competência o Tribunal Superior do Trabalho e Tribunal de Justiça, incumbe ao Supremo apreciá-lo. CONFLITO DE COMPETÊNCIA – JUSTIÇA COMUM VERSUS JUSTIÇA DO TRABALHO. A definição da competência decorre da ação ajuizada. Tendo como causa de pedir relação jurídica regida pela Consolidação das Leis do Trabalho e pleito de reconhecimento do direito a verbas nela previstas, cabe à Justiça do Trabalho julgá-la. (CC 7950, Relator(a): Min. MARCO AURÉLIO, Tribunal Pleno, julgado em 14/09/2016,

ACÓRDÃO ELETRÔNICO DJe-168 DIVULG 31-07-2017 PUBLIC 01-08-2017). Ementa: CONSTITUCIONAL. TRABALHISTA. COMPETÊNCIA. SERVIDOR PÚBLICO ADMITIDO SEM CONCURSO PÚBLICO, PELO REGIME DA CLT, ANTES DO ADVENTO DA CONSTITUIÇÃO DE 1988. DEMANDA VISANDO OBTER PRESTAÇÕES DECORRENTES DA RELAÇÃO DE TRABALHO. COMPETÊNCIA DA JUSTIÇA DO TRABALHO. REPERCUSSÃO GERAL CONFIGURADA. REAFIRMAÇÃO DE JURISPRUDÊNCIA. 1. Em regime de repercussão geral, fica reafirmada a jurisprudência do Supremo Tribunal Federal no sentido de ser da competência da Justiça do Trabalho processar e julgar demandas visando a obter prestações de natureza trabalhista, ajuizadas contra órgãos da Administração Pública por servidores que ingressaram em seus quadros, sem concurso público, antes do advento da CF/88, sob regime da Consolidação das Leis do Trabalho - CLT. Inaplicabilidade, em casos tais, dos precedentes formados na ADI 3.395-MC (Rel. Min. CEZAR PELUSO, DJ de 10/11/2006) e no RE 573.202 (Rel. Min. RICARDO LEWANDOWSKI, DJe de 5/12/2008, Tema 43). 2. Agravo a que se conhece para negar seguimento ao recurso extraordinário. (ARE 906491 RG, Relator(a): Min. TEORI ZAVASCKI, julgado em 01/10/2015, PROCESSO ELETRÔNICO REPERCUSSÃO GERAL - MÉRITO DJe-201 DIVULG 06-10-2015 PUBLIC 07-10-2015).

EMENTA: AGRAVO REGIMENTAL NA RECLAMAÇÃO. CONSTITUCIONAL. RELAÇÃO JURÍDICO-ADMINISTRATIVA. FUNDAÇÃO JOÃO PINHEIRO. CAUSA DE PEDIR RELACIONADA A RELAÇÃO JURÍDICO-ADMINISTRATIVA. DESCUMPRIMENTO DA DECISÃO PROFERIDA NA AÇÃO DIRETA DE INCONSTITUCIONALIDADE N. 3.395: PRECEDENTES. AGRAVO REGIMENTAL PROVIDO. (Rcl 8909 AgR, Relator(a): Min. MARCO AURÉLIO, Relator(a) p/ Acórdão: Min. CÁRMEN LÚCIA, Tribunal Pleno, julgado em 22/09/2016, ACÓRDÃO ELETRÔNICO DJe-183 DIVULG 18-08-2017 PUBLIC 21-08-2017).

Ementa: CONSTITUCIONAL. DIREITOS SOCIAIS. COMPETÊNCIA PARA O JULGAMENTO DA LEGALIDADE DE GREVE DE SERVIDORES PÚBLICOS CELETISTAS. JUSTIÇA COMUM. FIXAÇÃO DE TESE DE REPERCUSSÃO GERAL. 1. É competência da justiça comum, federal ou estadual, conforme o caso, o julgamento de dissídio de greve promovida por servidores públicos, na linha do precedente firmado no MI 670 (Rel. Min. MAURÍCIO CORRÊA, Rel. p/ acórdão Min. GILMAR MENDES, Tribunal Pleno, DJe de 30/10/2008). 2. As Guardas Municipais executam atividade de segurança pública (art. 144, § 8º, da CF), essencial ao atendimento de necessidades inadiáveis da comunidade (art. 9º, § 1º, CF), pelo que se submetem às restrições firmadas pelo Supremo Tribunal Federal no julgamento do ARE 654.432 (Rel. Min. EDSON FACHIN, redator para acórdão Min. ALEXANDRE DE MORAES, Tribunal Pleno, julgado em 5/4/2017). 3. A essencialidade das atividades desempenhadas pelos servidores públicos conduz à aplicação da regra de competência firmada pelo Supremo Tribunal Federal no MI 670, mesmo em se tratando de servidores contratados pelo Estado sob o regime celetista. 4. Negado provimento ao recurso extraordinário e fixada a seguinte tese de repercussão geral: "A Justiça Comum Federal ou Estadual é competente para julgar a abusividade de greve de servidores públicos celetistas da administração direta, autarquias e fundações de direito público". (RE 846854, Relator(a): Min. LUIZ FUX, Relator(a) p/ Acórdão: Min. ALEXANDRE DE MORAES, Tribunal Pleno, julgado em 01/08/2017, ACÓRDÃO ELETRÔNICO DJe-022 DIVULG 06-02-2018 PUBLIC 07-02-2018).

Ementa: SEGUNDO AGRAVO REGIMENTAL NA RECLAMAÇÃO. CAUSAS INSTAURADAS ENTRE SERVIDOR E PODER PÚBLICO. VÍNCULO DE ORDEM ESTATUTÁRIA OU JURÍDICO-ADMINISTRATIVA. COMPETÊNCIA. JUSTIÇA COMUM. OFENSA À ADI 3.395-MC. OCORRÊNCIA. AGRAVO REGIMENTAL A QUE SE NEGA PROVIMENTO. 1. É de competência da Justiça Comum o processamento e o julgamento dos dissídios entre o Poder Público e seus servidores subordinados a regime jurídico estatutário, a teor do que decidiu o STF na ADI (MC) 3.395, Min. Cezar Peluso, DJ de 10.11.06. 2. Agravo regimental desprovido. (Rcl 6527 AgR-segundo, Relator(a): Min. LUIZ FUX, Primeira Turma, julgado em 25/08/2015, ACÓRDÃO ELETRÔNICO DJe-207 DIVULG 15-10-2015 PUBLIC 16-10-2015).

5. (CESPE – JUIZ DE DIREITO – ES – 2011)

Um servidor público federal cometeu infração no exercício de suas funções, o que ensejou a instauração de processo administrativo disciplinar e o ajuizamento de ação de improbidade administrativa. No âmbito administrativo, a comissão processante concluiu pela demissão do infrator, referendada pela autoridade máxima do órgão a que estava vinculado o servidor.

Inconformado com o ato de demissão, o servidor impetrou mandado de segurança em face do presidente da comissão processante e da autoridade superior, sob o fundamento de que, em face da proibição do *bis in idem*, não seria possível a imposição da sanção disciplinar por ele estar, ainda, respondendo à ação de improbidade administrativa.

Com base na situação hipotética apresentada, responda, com o devido fundamento legal e de acordo com o entendimento do STJ a respeito do tema, aos seguintes questionamentos.

- O presidente da comissão e a autoridade máxima do órgão têm legitimação para figurar no polo passivo do mandado de segurança?
- A responsabilização do servidor público com fundamento na Lei de Improbidade Administrativa afasta a possibilidade de instauração do processo administrativo disciplinar com base em legislação que disponha sobre o regime jurídico do servidor, de modo a ocorrer o invocado *bis in idem*?

RESPOSTA:

A formação do polo passivo do mandado de segurança é objeto de intensa controvérsia doutrinária. A doutrina majoritária, após a edição da nova lei do mandado de segurança (Lei 12.016/2009), defende que a parte é a pessoa jurídica à qual pertence a autoridade coatora, e não esta última. O Superior Tribunal de Justiça também comunga dessa orientação.

A autoridade coatora, porém, será chamada para prestar informações, e a definição de qual agente público será a autoridade coatora é feita de acordo com o artigo 6º, § 3º, da Lei 12.016/09, segundo o qual a autoridade coatora é aquela que tenha praticado o ato impugnado ou da qual emane a ordem para a sua prática. Apesar do texto legal usar o conectivo "ou", a melhor interpretação é a de que a autoridade coatora é aquela que ordenou a prática do ato, ou seja, o agente público provido de poder decisório, até porque é este que poderá desfazer o ato, em caso de ordem judicial para tanto.

Na situação proposta pela questão, a autoridade coatora é a autoridade máxima do órgão, e não o presidente da comissão processante, pois, de acordo com o Superior Tribunal de Justiça, o relatório final do processo disciplinar não possui conteúdo decisório, sendo mera peça informativa a servir de base para o julgamento da autoridade competente.

A responsabilização do servidor público com fundamento na Lei de Improbidade Administrativa não afasta a possibilidade de instauração do processo administrativo disciplinar com base em legislação que disponha sobre o regime jurídico do servidor. Isso porque vigora no Brasil o princípio da independência das instâncias, não havendo *bis in idem* na responsabilização do servidor pelo mesmo fato nas diversas esferas.

O próprio artigo 12 da Lei 8.429/92 é expresso ao afirmar que independentemente das sanções penais, civis e administrativas previstas na legislação específica, está o responsável pelo ato de improbidade sujeito às cominações dispostas na Lei de Improbidade Administrativa. Ressalve-se, contudo, a possibilidade de comunicação entre as instâncias, quando houver absolvição na esfera penal por negativa do de autoria ou por inexistência do fato, caso em que a coisa julgada do juízo criminal se impõe às outras instâncias.

DOUTRINA TEMÁTICA

"Não me parece, entretanto, que facultar ao impetrante a indicação de quem apenas executou a ordem ou de quem ordenou a prática do ato ou da omissão seja solução positiva ao nosso sistema, ainda que inegavelmente facilite o trabalho do impetrante. A questão, a meu ver, resvala na competência para o julgamento do mandado de segurança, considerando-se que, **muitas vezes, a indicação como autoridade coatora do mero executor ou do sujeito que ordena a prática do ato ou omissão ensejam diferentes órgãos jurisdicionais para o julgamento do mandado de segurança**. Nesse sentido, vejo com dificuldade uma ação movida em grau hierárquico inferior em razão do impetrante ter escolhido o agente executor do ato como autoridade coatora. **Além, é claro, da impossibilidade de sujeito que só cumpriu ordens desfazer o ato impugnado**." (NEVES, 2011, p. 139). (grifado pelo autor).

"Na prática, não é difícil identificar o agente coator. Em certas situações, contudo, em virtude do usualmente complexo sistema hierárquico da Administração, há alguma dificuldade para defini-lo. **Daí a clássica lição de que a autoridade coatora é aquela que tenha "poder de decisão", não se configurando como tal nem os subalternos, meramente executores da ordem (porteiros, entregadores de notificações etc.), nem os situados nos degraus superiores de hierarquia**, que, como regra, se limitam a estabelecer as políticas públicas a cargo do órgão ou da entidade." (CARVALHO FILHO, 2011, p. 948). (grifado pelo autor).

"A identificação da autoridade coatora serve para definir a competência do juízo, além de precisar quem deve, especificamente, sofrer o comando judicial e cumpri-lo. **Deve ser indicada como autoridade, no mandado de segurança, aquele agente público com competência para desfazer o ato atacado ou para cumprir a determinação.**" (CARNEIRO DA CUNHA, 2011, p. 499). (grifado pelo autor).

"Independência das Instâncias: **a LIA consagra a regra geral de independência das instâncias penal, administrativa e cível, ou seja, podem ser aplicadas sanções nestas esferas concomitantemente à aplicação da LIA**, vez que há relativa autonomia entre as mesmas. No entanto, exceção à regra ocorrerá quando da absolvição no juízo criminal em razão da 'absolvição por negativa de autoria' ou de 'absolvição por inexistência do fato'. Nestes casos haverá comunicabilidade da decisão criminal às demais instâncias. Portanto, a absolvição criminal fundamentada na falta de provas não será comunicada às instâncias civil ou administrativa." (ANDRADE E PAVIONE, 2011, p. 165). (grifado pelo autor).

JURISPRUDÊNCIA TEMÁTICA

SÚMULA 627 DO STF: "No mandado de segurança contra a nomeação de magistrado da competência do Presidente da República, este é considerado autoridade coatora, ainda que o fundamento da impetração seja nulidade ocorrida em fase anterior do procedimento."

STF

RECURSO ORDINÁRIO. MANDADO DE SEGURANÇA. REFORMA AGRÁRIA. AUTORIDADE COATORA. PAGAMENTO DE EXPURGOS INFLACIONÁRIOS E/OU JUROS MORATÓRIOS E COMPENSATÓRIOS SOBRE TÍTULOS DA DÍVIDA AGRÁRIA (TDA) CONCEDIDOS POR MEIO DE AÇÃO ORDINÁRIA. ILEGITIMIDADE PASSIVA DO MINISTRO DE ESTADO DA FAZENDA APÓS A PUBLICAÇÃO DA PORTARIA N. 141/2008 [11.7.08]. COMPETÊNCIA DO SECRETÁRIO DO TESOURO NACIONAL. RECURSO IMPROVIDO.

1. **A autoridade administrativa legítima para figurar no polo passivo da impetração é a competente para a prática do ato no momento do ajuizamento do writ**.

(...) (RMS 28.193, Rel. Min. Eros Grau, 2ª Turma, j. 11.05.2010, DJ 04.06.2010). (grifado pelo autor).

ADMINISTRATIVO. AÇÃO CIVIL PÚBLICA. PERDA DE CARGO DE PROMOTOR DE JUSTIÇA. ILÍCITO PENAL. ART. 316 DO CÓDIGO PENAL. ABSOLVIÇÃO POR AUSÊNCIA DE PROVAS. PROVAS EMPRESTADAS. POSSIBILIDADE OBSERVADO O CONTRADITÓRIO E A AMPLA DEFESA. NÃO VINCULAÇÃO DA ESFERA PENAL NA ESFERA ADMINISTRATIVA. PRECEDENTES DESTA CORTE E DO STF. RECURSO ESPECIAL IMPROVIDO. (...) 3. Se a absolvição ocorreu por ausência de provas, a administração não está vinculada à decisão proferida na esfera penal, porquanto a conduta pode ser considerada infração administrativa disciplinar, conforme a interativa jurisprudência desta Corte, no sentido de que, a sentença absolutória na esfera criminal somente repercute na esfera administrativa quando reconhecida a inexistência material do fato ou a negativa de sua autoria no âmbito criminal. Precedentes. 4. Como bem decidiu o Supremo Tribunal Federal, "há hipóteses em que os fundamentos da decisão absolutória na instância criminal não obstam a responsabilidade disciplinar na esfera administrativa, porquanto os resíduos podem veicular transgressões disciplinares de natureza grave, que ensejam o afastamento do servidor da função pública" (ARE 664930 AgR, Relator(a): Min. LUIZ FUX, Primeira Turma, julgado em 16/10/2012, Acórdão Eletrônico DJe-221 DIVULG 08-11-2012 PUBLIC 09-11-2012). 5. Demais disso, ao órgão do Ministério Público não é permitido presunção de que seja probo, há de ser peremptoriamente demonstrado que sua conduta é acima de tudo isenta de cometimento de atos ilícitos. 6. Recurso especial improvido. (REsp 1323123/SP, Rel. Ministro HUMBERTO MARTINS, SEGUNDA TURMA, julgado em 07/05/2013, DJe 16/05/2013).

▸ STJ

RECURSO ORDINÁRIO EM MANDADO DE SEGURANÇA. INDICAÇÃO ERRÔNEA DA AUTORIDADE COATORA. EXTINÇÃO DO PROCESSO.

1. **A autoridade coatora é aquela que ordena a prática do ato impugnado ou se abstém de realizá-lo**.

2. A jurisprudência desta Corte Superior de Justiça firmou entendimento no sentido de que, havendo erro na indicação da autoridade coatora, deve o juiz extinguir o processo sem julgamento do mérito, pela ausência de uma das condições da ação, sendo vedada a substituição do pólo passivo da relação processual.

3. Recurso improvido. (RMS 18.059, Rel. Min. Arnaldo Esteves Lima, 5ª Turma, j. 01.03.2005, DJ 11.04.2005). (grifado pelo autor).

MANDADO DE SEGURANÇA. PROCEDIMENTO ADMINISTRATIVO DISCIPLINAR. SERVIDOR EFETIVO CEDIDO. FASES. COMPETÊNCIA. CISÃO. POSSIBILIDADE. INSTAURAÇÃO E APURAÇÃO PELO ÓRGÃO CESSIONÁRIO. JULGAMENTO E EVENTUAL APLICAÇÃO DE SANÇÃO PELO ÓRGÃO CEDENTE. 1. A instauração de processo disciplinar contra servidor efetivo cedido deve dar-se, preferencialmente, no órgão em que tenha sido praticada a suposta irregularidade. Contudo, o julgamento e a eventual aplicação de sanção só podem ocorrer no órgão ao qual o servidor efetivo estiver vinculado. 2. Ordem concedida. (MS 21.991/DF, Rel. Ministro HUMBERTO MARTINS, Rel. p/ Acórdão Ministro JOÃO OTÁVIO DE NORONHA, CORTE ESPECIAL, julgado em 16/11/2016, DJe 03/03/2017).

ADMINISTRATIVO. SERVIDOR PÚBLICO FEDERAL. PROCESSO ADMINISTRATIVO DISCIPLINAR. DEMISSÃO. SUSPEIÇÃO DO SERVIDOR QUE DETERMINOU A INSTAURAÇÃO DO PROCEDIMENTO E APROVOU O RELATÓRIO FINAL. VÍCIO CONFIGURADO. SEGURANÇA CONCEDIDA. 1. A teor do art. 150 da Lei 8.112/90, a imparcialidade, o sigilo e a independência devem nortear os trabalhos da comissão que dirige o procedimento administrativo, assegurando ao investigado a materialização dos princípios constitucionais do contraditório e da ampla defesa.

2. O servidor que realizou as investigações em sindicância prévia e exarou juízo preliminar acerca da possível responsabilidade disciplinar do acusado, considerando presentes a autoria e materialidade de infração administrativa, está impedido de determinar, posteriormente, a instauração de processo administrativo disciplinar e de aprovar o relatório final. 3. Segurança concedida para anular o processo administrativo disciplinar a partir de sua instauração. (MS 15.107/DF, Rel. Ministro JORGE MUSSI, TERCEIRA SEÇÃO, julgado em 26/09/2012, DJe 09/10/2012)

MANDADO DE SEGURANÇA. SERVIDORA PÚBLICA. SINDICÂNCIA E PROCESSO ADMINISTRATIVO DISCIPLINAR. MEMBRO PARTICIPANTE DA SINDICÂNCIA E DA COMISSÃO DE INQUÉRITO NO PROCESSO ADMINISTRATIVO DISCIPLINAR. EMISSÃO DE JUÍZO DE VALOR. INEXISTÊNCIA DE IMPARCIALIDADE. ANULAÇÃO. SEGURANÇA CONCEDIDA. 1 - A Terceira Seção desta Corte já se manifestou no sentido de que não se verifica imparcialidade se o servidor integrante de Comissão Disciplinar também participou da Sindicância, ali emitindo juízo de valor pela instauração do Processo Administrativo Disciplinar. 2 - In casu, Paulo César Bastos Dias participou da comissão de sindicância, bem como foi integrante da Comissão de Inquérito no Processo Administrativo Disciplinar n. 23142002845/2000, que culminou na demissão da servidora. 3 - O servidor sindicante que realiza as investigações e exara juízo preliminar acerca de possível responsabilidade administrativa e determina a instauração do PAD não pode aprovar o relatório final produzido pela Comissão de Inquérito. Segurança concedida a fim de reconhecer a nulidade do Processo Administrativo Disciplinar n. 23142002871/9 e, consequentemente, do ato demissório exarado pelo Exmo. Sr. Ministro de Estado da Educação (Portaria n. 792 do MEC, de 22.02.2001), devendo ser ratificada a liminar para a devida reintegração da servidora nos quadros do Centro Federal de Educação Tecnológica da Bahia. (MS 7.758/DF, Rel. Ministro ERICSON MARANHO (DESEMBARGADOR CONVOCADO DO TJ/SP), TERCEIRA SEÇÃO, julgado em 22/04/2015, DJe 29/04/2015).

ADMINISTRATIVO. MANDADO DE SEGURANÇA. SERVIDOR PÚBLICO. POLICIAL RODOVIÁRIO FEDERAL. CASSAÇÃO DE APOSENTADORIA. COMISSÃO PROCESSANTE. LEI N 4.878/65. INAPLICABILIDADE. FUNÇÕES DA COMISSÃO. JULGAMENTO POR AUTORIDADE DIFERENTE. SUSPENSÃO DO PAD DURANTE PRAZO DE TRÂMITE DO PROCESSO PENAL. DESCABIMENTO. INDEPENDÊNCIA DAS INSTÂNCIAS. DEPOIMENTO PESSOAL. AUSÊNCIA. CULPA EXCLUSIVA DO SERVIDOR. PROSSEGUIMENTO DO PAD. LEGALIDADE. RELATÓRIO FINAL. INTIMAÇÃO. AUSÊNCIA DE PREVISÃO LEGAL. PROVAS. NULIDADE. INEXISTÊNCIA. PROPORCIONALIDADE E RAZOABILIDADE DA PENALIDADE. DESCABIMENTO. ATO VINCULADO. (...) No sistema de apuração de infrações disciplinares atribuídas a servidores públicos regidos pela Lei n. 8.112/90, a Comissão Processante não concentra as funções de acusar e julgar, merecendo destaque o fato de que a autoridade julgadora não está adstrita às conclusões da comissão, consoante o parágrafo único do art. 168 da Lei n. 8.112/90, 3. É pacífico na doutrina e na jurisprudência que as esferas administrativa e penal são independentes, sendo descabida a suspensão do processo administrativo durante o prazo de trâmite do processo penal. (...) 5. Não há respaldo legal para a pretensão de intimação acerca do relatório final da comissão, consoante a iterativa jurisprudência desta Corte. 6. Da leitura das informações prestadas pela autoridade impetrada, não se percebe nenhuma mácula nas provas obtidas, razão pela qual não há nulidade, como alega o impetrante. 7. Na esfera administrativa, o proveito econômico auferido pelo servidor é irrelevante para a aplicação da penalidade, pois o ato de demissão é vinculado, nos termos do art. 117, c/c o art. 132 da Lei n. 8.112/90, razão por que é despiciendo falar em razoabilidade ou proporcionalidade da pena. Segurança denegada. (MS 18.090/DF, Rel. Ministro HUMBERTO MARTINS, PRIMEIRA SEÇÃO, julgado em 08/05/2013, DJe 21/05/2013)

ADMINISTRATIVO. CONSTITUCIONAL. MANDADO DE SEGURANÇA. DEMISSÃO DE SERVIDOR PÚBLICO. PROCESSO ADMINISTRATIVO DISCIPLINAR. ATO DE IMPROBIDADE. INDEPENDÊNCIA ENTRE AS SANÇÕES DISCIPLINARES E AQUELAS PREVISTAS NA LEI 8.429/92. UTILIZAÇÃO DE PROVA EMPRESTADA. POSSIBILIDADE. OBSERVÂNCIA À AMPLA DEFESA E AO CONTRADITÓRIO. PROVAS SUFICIENTES. EVOLUÇÃO PATRIMONIAL INCOMPATÍVEL COM A RENDA AUFERIDA. ADEQUAÇÃO DA PENA. ART. 132, IV DA LEI 8.112/90. ORDEM DENEGADA. 1. À luz do disposto no art. 12 da Lei 8.429/90 e nos arts. 37, § 4º e 41 da CF/88, as sanções disciplinares previstas na Lei 8.112/90 são independentes em relação às penalidades previstas na LIA, daí porque não há necessidade de aguardar-se o trânsito em julgado da ação por improbidade administrativa para que seja editado o ato de demissão com base no art. 132, IV, do Estatuto do Servidor Público Federal. Precedente do STF: RMS 24.194/DF, Rel. Min. Luiz Fux, Primeira Turma, DJe 7/10/2011. 2. Inexiste vício na motivação da portaria inaugural do processo administrativo disciplinar, quando a autoridade competente explicita adequadamente as razões que ensejaram a instauração do feito. In casu, destacou-se a desproporcionalidade entre o patrimônio e a renda auferida pelo servidor público, assim como o fato de que essa evolução patrimonial decorreu de doações realizadas por pessoas aparentemente sem vínculo com o Auditor da Receita Federal. 3. De acordo com a jurisprudência pátria, é possível a utilização de prova emprestada no âmbito do processo administrativo disciplinar, desde que obedecidos os princípios do contraditório e da ampla defesa. 4. Na espécie, o servidor foi acompanhado durante todo o feito por defensor constituído, tendo sido regularmente notificado de cada fase processual, com oportunidade de requerer a produção de provas, contraditar os documentos juntados aos autos e pedir, por diversas vezes, dilação de prazos, sendo-lhe resguardado, em sua plenitude, o contraditório e o exercício do direito de defesa. 5. **Consoante o princípio do pas de nulitté sans grief, não se declara a nulidade sem a demonstração de efetivo prejuízo para a parte que a invoca. Logo, não havendo indícios de que as provas supostamente ilícitas embasaram o ato decisório e a aplicação da pena, deve-se afastar a pretensão anulatória.** 6. Não se cogita de indevida quebra do sigilo bancário quando a aferição da evolução patrimonial vale-se das informações contidas nas próprias declarações de bens e de renda prestadas anualmente pelo servidor à Administração, nos termos do art. 1º da Lei 8.730/93. 7. A conclusão do processo disciplinar não está atrelada ao encerramento do procedimento fiscal. Isso porque são procedimentos distintos, regidos por normativos próprios e com finalidades específicas. 8. Eventual decadência do poder de constituir o crédito tributário não atinge o procedimento disciplinar, cujo marco prescritivo é contado a partir da ciência pela Administração dos fatos examinados. 9. O ato impugnado está adequadamente fundamentado e ampara-se em vasto acervo probatório, não se cogitando de falta de proporcionalidade e razoabilidade da sanção, considerando-se a gravidade da conduta (enriquecimento ilícito), a sua incompatibilidade com as atividades desempenhadas pelo Auditor da Receita Federal e o fato de que a demissão, nessa hipótese, é providência expressamente reclamada pelo art. 132, IV, da Lei 8.112/90, ressalvadas as vias oridinárias. 10. Ordem denegada. (MS 15.848/DF, Rel. Ministro CASTRO MEIRA, PRIMEIRA SEÇÃO, julgado em 24/04/2013, DJe 16/08/2013 – grifado pelo autor).

CONSTITUCIONAL E ADMINISTRATIVO. RECURSO ORDINÁRIO EM MANDADO DE SEGURANÇA. PORTARIA DE INSTAURAÇÃO. NOTIFICAÇÃO INICIAL. DESCRIÇÃO PORMENORIZADA DOS FATOS. DESNECESSIDADE. AUSÊNCIA DA PORTARIA DE DESIGNAÇÃO DA AUTORIDADE PROCESSANTE. PRINCÍPIO PAS DE NULLITÉ SANS GRIEF. CERCEAMENTO DE DEFESA. INEXISTÊNCIA. PARTICIPAÇÃO DE MEMBROS DO MINISTÉRIO PÚBLICO NO CONSELHO DA POLÍCIA CIVIL DO ESTADO DO PARANÁ. RESPALDO CONSTITUCIONAL.

1. A portaria inaugural, bem como a notificação inicial, prescindem de minuciosa descrição dos fatos imputados, que se faz necessário apenas após a fase instrutória, onde são apurados os fatos, com a colheita das provas pertinentes.

2. Eventual nulidade no Processo Administrativo exige a respectiva comprovação do prejuízo sofrido, o que não restou configurado na espécie, sendo, pois, aplicável o princípio *pas de nullité sans grief*.

3. Não há falar em cerceamento de defesa pelo simples fato do patrono do Recorrente ter deixado de apresentar defesa prévia, se devidamente notificado para a realização do respectivo ato processual. Além do que, houve a participação do advogado em toda a instrução processual, apresentando inclusive as alegações finais.

4. **O relatório final do procedimento disciplinar não se reveste de nenhum conteúdo decisório, sendo mera peça informativa a servir de base para o posterior julgamento pela autoridade competente. Da decisão da autoridade competente que aplica a sanção é que é cabível o recurso administrativo, sendo certo, portanto, que não há falar, igualmente, em cerceamento de defesa.**

5. A participação de membros do Ministério Público na composição do Conselho da Polícia Civil, como disposto na Lei Complementar Estadual n.º 14/82 (art. 6.º, inciso IV), com a redação dada pela Lei Complementar Estadual n.º 98/2003, não afronta a Constituição Federal. Precedentes desta 5.ª Turma: RMS n.º 22.275/PR, Rel. Min. Arnaldo Esteves Lima, DJ de 19/05/2008 e RMS n.º 22.133/PR, Rel. Min. Felix Fischer, DJ de 23/03/2009. 6. A própria Carta Magna prevê o controle externo da atividade policial como uma das funções institucionais do Ministério Público (art. 129, inciso VII, CF). Além do mais, esta participação no Conselho de Polícia é compatível com a missão do Ministério Público de fiscalizar a legalidade e moralidade pública.

6. Recurso ordinário desprovido. (RMS 29.008, Rel. Min. Laurita Vaz, 5ª Turma, j. 29.09.2009, DJe 09/11/2009). (grifado pelo autor).

PRESCRIÇÃO. PAD. DEMISSÃO.

O prazo prescricional da pretensão punitiva da Administração Federal começa a ser contado da data em que se torna conhecido o fato desabonador (art. 142, § 1º, da Lei n. 8.112/1990), mas a instauração do processo administrativo disciplinar (PAD), mediante a publicação da respectiva portaria, interrompe a prescrição (§ 3º do mencionado artigo). Contudo, a contagem da prescrição volta a correr por inteiro após transcorridos 140 dias, prazo máximo para a conclusão do PAD. **A Lei n. 8.429/1992 (Lei de Improbidade Administrativa – LIA) não revogou, seja de forma tácita ou expressa, dispositivos da Lei n. 8.112/1990. Ela apenas definiu atos de improbidade administrativa e lhes cominou penas que podem ser aplicadas a agentes públicos ou não. Daí que permaneceu incólume a independência entre as esferas penal, civil e administrativa, conforme previsto pela própria LIA em seu art. 12. Assim, diante dessa independência, conclui-se que a Administração pode impor pena de demissão ao servidor nos casos de improbidade administrativa**. É certo, também, que a exordial do mandamus e as informações da autoridade tida por coatora delimitam a controvérsia no mandado de segurança, o que veda a posterior alteração do pedido ou seus fundamentos. Assim, a Seção, ao prosseguir o julgamento, denegou a segurança. O Min. Napoleão Nunes Maia Filho ressalvou seu entendimento de ser impossível à Administração aplicar pena de demissão por ato de improbidade. Precedentes citados: MS 10.220-DF, DJ 13/8/2007; MS 12.262-DF, DJ 6/8/2007; MS 10.987-DF, DJe 3/6/2008; MS 12.536-DF, DJe 26/9/2008; MS 7.253-DF, DJ 19/12/2002, e MS 4.196-DF, DJ 17/8/1998. MS 12.735-DF, Rel. Min. Og Fernandes, julgado em 9/6/2010. Noticiado no informativo 438/2010 do STJ. (grifado pelo autor).

QUESTÃO DE CONCURSO RELACIONADA

01. (FCC- Procurador do Estado- RR- 2006) "A prática de ato de improbidade administrativa pode gerar sanção independente nas instâncias administrativa, civil e criminal, sem prejuízo da sanção específica pela prática do ato." – assertiva correta.

6. (FCC – PROCURADOR DO ESTADO-AM – 2010)

Analise a competência da Justiça do Trabalho para as ações envolvendo:

a) as relações jurídicas dos servidores público civis com o Poder Público após a Emenda Constitucional nº 45/2004;

b) as ocupações de imóveis públicos decorrentes do movimento paredista por parte dos servidores públicos estatutários estaduais, adstrita à capital do Estado do Amazonas, após a Emenda Constitucional nº 45/2004.

RESPOSTA:

Com a Emenda Constitucional nº 45/2004, o artigo 114, I da Constituição Federal passou a prever a competência da Justiça do Trabalho para julgar as lides atinentes às relações de trabalho no âmbito da Administração Pública.

Surgiu uma grande controvérsia sobre essa alteração, pois muitos entendiam que a Justiça do Trabalho teria sido ampliada de modo a abarcar inclusive as lides envolvendo os servidores estatutários e a Administração Pública. Contudo, o entendimento que prevaleceu, inclusive adotado em decisão vinculante no Supremo Tribunal Federal, foi o de que se deve excluir da competência da Justiça do Trabalho as demandas que discutam relações de trabalho de servidores estatutários. Tais servidores abrangem, inclusive, de acordo com a jurisprudência dos Tribunais Superiores, os servidores temporários, contratados com base no artigo 37, IX da Constituição Federal. Desse modo, a Justiça do Trabalho só terá competência para julgas as relações de trabalho na Administração Pública quando se tratar de empregados públicos, que têm como regime jurídico a Consolidação das Leis do Trabalho.

Essa restrição da competência da Justiça do Trabalho deve ser aplicada inclusive quando o direito de greve for exercido por servidores estatutários. Ou seja, quando a relação jurídica deduzida em juízo disser respeito ao exercício do direito de greve por servidores estatutários, não incidirá o artigo 114, II da Constituição, pois o Supremo entende que nesse caso a competência é fixada não em razão do ato praticado (greve), mas sim em função da relação estatutária no âmbito da qual se exerce o direito de greve. Desse modo o Supremo Tribunal Federal entende que as demandas envolvendo as ocupações de imóveis públicos decorrentes de movimento grevista realizados por servidores estaduais devem ser julgadas pela Justiça Comum, de acordo com a interpretação conferida ao artigo 114, I da Constituição Federal. A súmula vinculante que determina a competência da Justiça do Trabalho para as ações possessórias relativas ao exercício do direito de greve só se aplica, quando o Poder Público estiver presente, em se tratando de empregados celetistas.

▶ Critério de correção da banca

a) A partir da EC nº 45/2004, compete a Justiça do Trabalho julgar as ações oriundas da "relação do trabalho", inclusive com a administração pública direta e indireta (art. 114, I, CF).

Ao analisar a extensão da expressão "relação de trabalho", o STF, em caráter liminar, acabou por entender que os funcionários estatutários possuem uma relação de natureza jurídica-administrativa (cunho estatutário), não estando abrangidos pelo art. 114, I, de modo que suas controvérsias são julgadas pela Justiça Comum.

Em decorrência do previsto no art. 114, I, as ações dos empregados públicos são de competência da Justiça do Trabalho.

Segundo o próprio STF, as ações dos servidores temporários (art. 37, IX, CF), sejam eles materialmente disciplinados pelos regimes da CLT, são de competência da Justiça Comum, diante da relação jurídica-administrativa temporária disciplinada por lei.

b) Apesar da competência constitucional da Justiça do Trabalho para ações que decorrem do exercício do direito de greve (art. 114, II, CF), inclusive para ações possessórias decorrentes do exercício desse direito (Súmula vinculante 23, STF), o STF, considerando a natureza jurídica administrativa da relação, ao disciplinar o exercício do direito a greve dos servidores estatuários (art. 37, VII, CF), definiu que as controvérsias envolvendo essa greve são de competência da Justiça Comum.

DOUTRINA TEMÁTICA

"**O regime trabalhista é aquele constituído das normas que regulam a relação jurídica entre o Estado e seu servidor trabalhista**. Como o regime é aquele aplicável genericamente às relações jurídicas entre empregadores e empregados no campo privado, encontra-se ele na Consolidação das Leis do Trabalho (Decreto-lei nº 5.542, de 1/5/1943). **As características desse regime se antagonizam com as do regime estatutário**. Primeiramente, o regime se caracteriza pelo princípio da unicidade normativa, porque o conjunto integral das normas reguladoras se encontra em um único diploma legal – a CLT. Significa que, tantas quantas sejam as pessoas federativas que adotem esse regime, todas elas deverão guiar-se pelas regras desse único diploma. Neste caso, o Estado figura como simples empregador, na mesma posição, por conseguinte, dos empregadores de modo geral. (...) **Na hipótese de litígios entre servidores trabalhistas e a União, Estados, Distrito Federal e Municípios, decorrentes da relação de trabalho, na qual figuram tais entes públicos como empregadores, o foro competente para soluciona-los é a Justiça do Trabalho, *ex vi* do art. 114, I, da CF, com a redação da E.C. 45/2004** (que, nessa parte, repetimos, alterou somente a apresentação, mas não o conteúdo). Como se trata de relação jurídica de natureza contratual, formalizada por contrato de trabalho, adequada é a justiça trabalhista para enfrentar e dirimir litígios que dela se originem." (CARVALHO FILHO, 2011, p. 548) (grifado pelo autor).

"A outro turno, a ampliação da competência da Justiça do Trabalho, desde a promulgação da Emenda Constitucional nº 45, de 2004, atrai o exame do interdito proibitório quando relacionado ao exercício do direito de greve das categorias profissionais. **Se antes o julgamento competia a Justiça Estadual, com a nova redação do art. 114, II, da Constituição Federal, qualquer ato de ameaça a posse dos bens do empregador e do direito de ir e vir de empregados e veículos no exercício do direito de greve será aferido pela Justiça do Trabalho**. Não é raro que os chamados 'piquetes' impedem o acesso do público às empresas e de trabalhadores que não tenham aderido à paralisação" (CHAVES E ROSENVALD, 2010, p. 134) (grifado pelo autor).

"(...) **o STF entendeu ainda que, mesmo diante da aplicação da norma típica dos empregados, a competência para a análise da greve de servidores públicos recai sobre a Justiça Comum**. (...) caso fosse considerada a natureza do ato praticado, o qual consiste na greve, a competência deveria recair sobre a Justiça do Trabalho, inclusive pela falta de distinção ou elemento excludente-restritivo no inciso II do art. 114. Porém, **como o critério determinante foi a**

natureza da relação jurídica, afastou-se a competência da Justiça do Trabalho para analisar a greve dos servidores estatutários." (NEIVA, 2012, p. 118-120) (grifado pelo autor).

"**Em caso de contratação sem concurso público, a Justiça Laboral é competente para apreciar e julgar o feito**, inclusive para declaração da nulidade e os seus efeitos relativos à indenização devida ao obreiro." (CAIRO JR, 2011, p. 135) (grifado pelo autor).

JURISPRUDÊNCIA TEMÁTICA

STF

Ementa: CONSTITUCIONAL. DIREITOS SOCIAIS. COMPETÊNCIA PARA O JULGAMENTO DA LEGALIDADE DE GREVE DE SERVIDORES PÚBLICOS CELETISTAS. JUSTIÇA COMUM. FIXAÇÃO DE TESE DE REPERCUSSÃO GERAL. 1. É competência da justiça comum, federal ou estadual, conforme o caso, o julgamento de dissídio de greve promovida por servidores públicos, na linha do precedente firmado no MI 670 (Rel. Min. MAURÍCIO CORRÊA, Rel. p/ acórdão Min. GILMAR MENDES, Tribunal Pleno, DJe de 30/10/2008). 2. As Guardas Municipais executam atividade de segurança pública (art. 144, § 8º, da CF), essencial ao atendimento de necessidades inadiáveis da comunidade (art. 9º, § 1º, CF), pelo que se submetem às restrições firmadas pelo Supremo Tribunal Federal no julgamento do ARE 654.432 (Rel. Min. EDSON FACHIN, redator para acórdão Min. ALEXANDRE DE MORAES, Tribunal Pleno, julgado em 5/4/2017). 3. A essencialidade das atividades desempenhadas pelos servidores públicos conduz à aplicação da regra de competência firmada pelo Supremo Tribunal Federal no MI 670, mesmo em se tratando de servidores contratados pelo Estado sob o regime celetista. 4. Negado provimento ao recurso extraordinário e fixada a seguinte tese de repercussão geral: "A Justiça Comum Federal ou Estadual é competente para julgar a abusividade de greve de servidores públicos celetistas da administração direta, autarquias e fundações de direito público". (RE 846854, Relator(a): Min. LUIZ FUX, Relator(a) p/ Acórdão: Min. ALEXANDRE DE MORAES, Tribunal Pleno, julgado em 01/08/2017, ACÓRDÃO ELETRÔNICO DJe-022 DIVULG 06-02-2018 PUBLIC 07-02-2018)

Ação direta. Competência. Justiça do Trabalho. Incompetência reconhecida. **Causas entre o Poder Público e seus servidores estatutários. Ações que não se reputam oriundas de relação de trabalho**. Conceito estrito desta relação. **Feitos da competência da Justiça Comum.** Interpretação do art. 114, inc. I, da CF, introduzido pela EC 45/2004. Precedentes. Liminar deferida para excluir outra interpretação. **O disposto no art. 114, I, da Constituição da República, não abrange as causas instauradas entre o Poder Público e servidor que lhe seja vinculado por relação jurídico-estatutária**. (ADI-MC 3.395, Rel. Min. Cezar Peluso, Tribunal Pleno, j. 05/04/2006, DJ 10-11-2006) (grifado pelo autor).

Reafirmada competência da Justiça comum em julgar causas entre Poder Público e servidores

Por seis votos a três, **o Plenário do Supremo Tribunal Federal (STF) reafirmou, nesta quarta-feira (24), jurisprudência firmada no sentido de que a relação de trabalho entre o Poder Público e seus servidores apresenta caráter jurídico-administrativo e, portanto, a competência para dirimir conflitos entre as duas partes é sempre da Justiça comum, e não da Justiça do Trabalho**.

A decisão foi tomada no julgamento de recurso (agravo regimental) interposto pelo governo do Amazonas contra decisão do relator do Conflito de Competência (CC) 7231, ministro Marco Aurélio. Ele determinou a devolução, ao Tribunal Superior do Trabalho (TST), de processo trabalhista iniciado na 6ª Vara do Trabalho de Manaus, que havia chegado àquela corte trabalhista por meio de recurso de revista. O TST havia declarado incompetência para julgar o caso, tendo em vista a jurisprudência da Suprema Corte. Cumprindo a determinação do ministro Marco Aurélio, a corte trabalhista encaminhou o processo ao juízo da 2ª Vara da Fazenda Pública de Manaus, mas também este declinou de sua competência. Assim, coube ao STF decidir a quem cabe julgar o processo. (Texto retirado da sessão "Notícias do STF", publicado em 24 de abril de 2013. Disponível em: http://www.stf.jus.br/portal/cms/verNoticiaDetalhe.asp?idConteudo=236886, acesso em: 16 de maio de 2013). (grifado pelo autor).

Súmula vinculante nº 23. A Justiça do Trabalho é competente para processar e julgar as ações possessórias ajuizadas em decorrência do exercício do direito de greve pelos trabalhadores da iniciativa privada.

Decisão: Vistos. Cuida-se de reclamação constitucional, com pedido de liminar, ajuizada pelo Sindicato dos Empregados Em Estabelecimentos Bancários de São Paulo, Osasco e Região em face do Juiz de Direito da 3ª Vara Cível da Comarca de São Paulo, cuja decisão teria desrespeitado a autoridade do Supremo Tribunal Federal e a eficácia da Súmula Vinculante nº 23. (...) Para melhor compreensão da matéria, transcrevo parte do voto da Ministra Cármen Lúcia, relatora para o acórdão, constante do julgamento do RE nº 579.648/MG (DJe de 6/3/09), paradigma de criação da Súmula Vinculante nº 23: 'Fiz um levantamento rápido da jurisprudência do Supremo, que, além dos casos citados pelo eminente Ministro Menezes Direito, sobressai básica e taxativamente no Conflito de Jurisdição n. 6.959, no qual, expressamente, o Ministro Sepúlveda Pertence, como disse o Ministro Menezes Direito, assenta que **o fundamental para se fixar a competência é que a relação jurídica tenha como suporte do pedido, vinculada com efeito à sua causa, relação empregatícia e, neste caso, o direito de greve**. Afirma ele: **Não obstante o conteúdo específico seja o instituto de Direito Civil não seria suficiente**. O eminente Ministro Menezes Direito - com a gentileza e honestidade que lhe são características - fez questão de fazer uma interpretação, que, no entanto, é diversa da que adoto, porque, no levantamento que fiz, rapidamente, entre os casos mais atuais da jurisprudência do Supremo Tribunal, desde o Recurso Extraordinário n. 78.174, de relatoria do Ministro Oswaldo Trigueiro, por exemplo, até os mais recentes, sempre o Supremo assentou jurisprudência segundo a qual **a fixação da competência da Justiça comum ou da Justiça especializada não se dá em função de serem os institutos invocados de Direito Civil.** Afirma o eminente Ministro Menezes Direito, entretanto, que esse interdito não seria uma das ações relativas ao exercício do direito de greve, previsto no inciso II do artigo 114, com a Emenda Constitucional n. 45. O ponto nodal desta questão, Ministro

Menezes, e que eu peço vênia a Vossa Excelência para discordar, é exatamente este: neste caso, tal como posto pelo nobre Advogado, trata-se de um piquete - ocupa-se ali exatamente de um ato relativo à greve. Logo, é ação que envolve o exercício de direito de greve e, portanto, inclui-se na previsão constitucional da competência da Justiça do Trabalho para cuidar dos feitos em que aquele direito seja o fundamento da questão posta a exame." (grifou-se). Dessa perspectiva, tem-se que esta Suprema Corte entendeu que, ainda que o objeto da lide diga respeito a instituto próprio do direito civil -no caso do RE nº 579.648/MG, o direito de posse de imóvel -, a competência para julgar a ação será da Justiça do Trabalho quando o exercício do direito de greve for "o fundamento da questão posta a exame"(...) **O presente caso se amolda ao precedente que deu origem à edição da Súmula Vinculante nº 23, uma vez que a decisão reclamada foi proferida em sede de interdito proibitório ajuizado com o objetivo de limitar o exercício do direito de greve, de modo que a atuação do Sindicato dos Empregados em Estabelecimentos Bancários de São Paulo, Osasco e Região e os movimento por ele propostos não impeçam o livre funcionamento das empresas interessadas e o acesso de colaboradores, clientes e usuários às suas dependências**. (...). 7. **O juízo da 13ª Vara Cível de Belém/PA não tem competência para apreciar e julgar o interdito proibitório proposto por Centrais Elétricas do Pará S/a -Celpa contra o Sindicato dos Trabalhadores nas Indústrias Urbanas do Estado do Pará-Stiupa, pois a causa de pedir da ação decorre de movimento grevista**. (...). Ante o exposto, julgo procedente a reclamação para cassar a decisão da 3ª Vara Cível -Foro Central da Capital de São Paulo, a qual deferiu a liminar nos autos do processo nº 583.00., bem como eventuais decisões posteriores, e fixar a competência da Justiça do Trabalho para processar e julgar a respectiva causa. Prejudicada a análise do agravo regimental interposto contra a decisão que indeferiu o pedido de liminar. Publique-se. Int. Brasília, 16 de abril de 2013. (Rcl 10411 SP, Rel. Min. Dias Toffoli, j. 16/04/2013) (grifado pelo autor).

Agravo regimental. Reclamação. Competência. Reclamação trabalhista. Justiça Comum. Justiça do Trabalho. ADI nº 3.395/DF. 1. **Nas petições iniciais das reclamações trabalhistas os reclamantes afirmam que as contratações pela administração pública ocorreram sem a realização de concurso público**, em manifesta irregularidade, tendo em vista o teor do artigo 37, II, da Constituição Federal, postulando, na Justiça do Trabalho, o recebimento de valores referentes aos depósitos de FGTS que não foram recolhidos pelo empregador, o recolhimento de contribuições previdenciárias e de verbas de indenização trabalhista, com apoio na CLT. **Esse cenário, em princípio, não está alcançado pelo que foi decidido na ADI nº 3.395-6/DF, restrita aos servidores estatutários e às relações de natureza jurídico-administrativa dos servidores públicos, mantida a competência da Justiça do Trabalho**. Ausente, assim, o fumus boni iuris. 2. O periculum in mora também não está caracterizado, sendo certo que o processamento das ações, por si só, não demonstra o perigo de dano. Não há notícia nos autos de que haja determinação de levantamento de dinheiro relativo ao direito reclamado. O posicionamento definitivo acerca da questão, contudo, somente ocorrerá no julgamento do mérito da reclamação, limitado o presente regimental aos requisitos da medida liminar. 3. Agravo regimental desprovido. (Rcl 5248 MC-AgR , Rel. Min. Menezes Direito, Tribunal Pleno, j. 22.11.2007, DJe 13/12/2007) (grifado pelo autor).

Contrato de Trabalho Temporário e Competência da Justiça Comum

O Tribunal, por maioria, negou provimento a agravo regimental interposto contra decisão que julgara procedente pedido formulado em reclamação e determinara a remessa dos autos de reclamação trabalhista ao Tribunal de Justiça do Estado de Minas Gerais. Na espécie, o Tribunal Regional do Trabalho da 3ª Região desprovera recurso ordinário do ora reclamante, para manter a competência da Justiça do Trabalho para o julgamento da ação. Alegava-se ofensa à autoridade da decisão proferida pelo Supremo na ADI 3395 MC/DF (DJU de 10.11.2006), que suspendera qualquer interpretação ao art. 114 da CF/88 que incluísse na competência da Justiça do Trabalho a apreciação de causas instauradas entre o Poder Público e seus servidores, tendo por base o vínculo de ordem estatutária ou jurídico-administrativo. Observou-se que, quando do julgamento da Rcl 5381/AM (DJE de 8.8.2008), o Tribunal firmara entendimento de que, **estando a contratação regulada por uma lei especial, estadual, que, por sua vez, submete a contratação aos termos do Estatuto dos Funcionários Públicos, verificar-se-ia a relação de caráter jurídico-administrativo prevista na ADI 3395/DF**. No entanto, posteriormente, fixara nova orientação no julgamento do RE 573202/AM (DJE de 5.12.2008), segundo a qual **a relação entre o servidor e o Estado é uma relação de direito administrativo, estando subordinada, em qualquer situação, à Justiça Comum**. O Min. Gilmar Mendes, Presidente, mesmo salientando não ser a hipótese dos presentes autos, alertou ser possível, numa reclamação apropriada, ponderar-se no sentido de se modularem os efeitos, a fim de evitar que os casos que já tiverem sentença voltem à estaca zero. Vencido o Min. Marco Aurélio, que assentava ser da Justiça do Trabalho a competência para o julgamento do feito, ante as causas de pedir e o pedido, e o Min. Carlos Britto, que adotava o entendimento firmado no julgamento da referida Rcl 5381/AM. Rcl 7109 AgR/MG, rel. Min. Menezes Direito, 2.4.2009, noticiada no informativo 541/2009 do STF. (grifado pelo autor).

▶ STJ

COMPETENCIA. BANCARIOS. INTERDITO PROIBITÓRIO.

A Seção decidiu que, em conformidade com o entendimento do Pretório Excelso, **compete à Justiça do Trabalho o julgamento de interdito proibitório para garantir o livre acesso de funcionários e clientes às agências bancárias, sob o risco de interdição, devido ao movimento grevista**. Precedente citado do STF: RE 579.648-MG, DJ 6/3/2008. AgRg no CC 101.574-SP, Rel. Min. Fernando Gonçalves, julgado em 25/3/2009, noticiado no informativo 388/2009 do STJ. (grifado pelo autor).

COMPETENCIA. CONCURSO. TEMPORARIO. CLT.

A jurisprudência do STJ entende que, **diante da necessidade temporária de excepcional interesse público (art. 37, IX, da CF/1988), havendo a contratação temporária regrada por lei especial, o vínculo que se estabelece entre o Poder Público e o servidor é de natureza estatutária, e não celetista, o que afasta a competência da Justiça trabalhista. Contudo, na específica hipótese, há menção, em lei municipal (estatuto dos servidores públicos do município em questão) e no próprio contrato de trabalho firmado, de que o regime jurídico aplicável a essa contratação é o disciplinado pela CLT, apesar da previsão de concurso público para preenchimento das vagas. Daí ser imperiosa a declaração**

da competência da Justiça do Trabalho para a solução da causa (pleiteiam-se quinquênios e licenças-prêmio). Esse entendimento foi acolhido pela maioria da Seção após o prosseguimento do julgamento, que fora interrompido por pedido de vista. Precedentes citados: CC 94.627-RS, DJe 3/6/2008, e RCDESP no CC 64.544-RJ, DJe 4/8/2008. CC 108.284-MG, Rel. Min. Maria Thereza de Assis Moura, julgado em 22/9/2010, noticiado no informativo 448/2010. (grifado pelo autor).

◉ QUESTÕES DE CONCURSO RELACIONADAS

01. (Cespe- Procurador Federal- 2007)"É da competência da justiça do trabalho o processamento e o julgamento das causas que envolvam pedido de condenação do ente público ao pagamento de indenização por danos morais e materiais decorrentes de acidente do trabalho sofrido por servidor público estatutário." - assertiva **errada.**

02. (Cespe Defensor Público Federal- 2007)"A justiça do trabalho é competente para julgar todas as controvérsias decorrentes das relações de trabalho, inclusive, de acordo com a jurisprudência, as resultantes da relação estatutária com o servidor público."- assertiva **errada.**

03. (Cespe- Procurador do Estado- ES- 2008)"As controvérsias entre os servidores públicos estatutários e as pessoas jurídicas de direito público sobre a aplicação do respectivo estatuto passaram para a competência da justiça do trabalho." - assertiva **errada.**

7. (FCC – PROCURADOR DO ESTADO – AM – 2010)

Suponha que, para dar cumprimento aos artigos 8º e 9º da Emenda Constitucional nº 41/2003, norma estadual tenha determinado a imediata redução dos vencimentos percebidos por servidores públicos ao limite imposto pelo Constituinte.

Diante desse quadro, que argumentos poderiam sustentar judicialmente os servidores que, sendo titulares de cargos públicos desde antes à Emenda Constitucional nº 41/2003, pretendessem afastar a redução de seus vencimentos e qual a defesa que poderia apresentar o Estado-membro envolvido?

Observação complementar: a redação original do inciso XI do artigo 37 da Constituição Federal de 1988 determinou que "a lei fixará o limite máximo e a relação de valores entre a maior e a menor remuneração dos servidores públicos, observado, como limites máximos e no âmbito dos respectivos poderes, os valores recebidos como remuneração, em espécie, a qualquer título, por membros do Congresso Nacional, Ministros de Estado e Ministros do Supremo Tribunal Federal e seus correspondentes no Estados, no Distrito Federal, Territórios e, nos Municípios, os valores percebidos como remuneração, em espécie, pelo Prefeito "

◉ RESPOSTA:

Os artigos 8º e 9º da Emenda Constitucional nº 41/2003 objetivam dar cumprimento imediato ao teto constitucional instituído na forma desta Emenda, conferindo à nova redação do artigo 37, XI, da Constituição Federal o caráter de norma de eficácia plena.

Diante desse cenário, os servidores públicos podem alegar que a referida Emenda Constitucional é materialmente incompatível com a Constituição da República por afronta seu artigo 5º, XXXVI, que prevê o direito adquirido como direto individual. Haveria, portanto, uma alteração do texto constitucional não permitida, uma vez que os direitos individuais são cláusulas pétreas (art. 60, § 4º, IV da CF/88). Seguindo esse raciocínio, defender-se-ia um direito adquirido à percepção de valores acima do limite imposto pelo teto constitucional, o que seria reforçado pela irredutibilidade de vencimentos (art. 37, XV da CF/88) e pela natureza alimentar das verbas salariais.

O Estado, por sua vez, tem fortes argumentos a seu favor, a saber: a) o teto constitucional já existia mesmo antes da Emenda Constitucional nº 41/2003, que apenas alterou o seu parâmetro e instituiu normas destinadas a conferir efetividade ao teto remuneratório; b) consequentemente, não há que se falar em direito adquirido, ainda mais tendo-se em vista o entendimento pacífico do Supremo Tribunal Federal de que não há direito adquirido à manutenção de regime jurídico; c) o artigo 17 do ADCT, obra do Constituinte Originário, já impôs a redução imediata das remunerações que fossem percebidas em montante superior ao teto, rechaçando, expressamente, a invocação de direito adquirido; d) a jurisprudência do Supremo Tribunal Federal vem cada vez mais dando efetividade à norma do teto constitucional, fazendo valer o princípio da moralidade administrativa, sendo ilegítimas as tentativas de burlar a vontade do constituinte de efetivar o limite máximo remuneratório.

Critério de correção da banca

O ponto principal da questão diz respeito aos limites ao Poder de Reforma Constitucional relativamente à imposição de teto salarial aos servidores públicos.

Diante da situação apresentada, os servidores públicos podem alegar que a Emenda Constitucional nº 41/03 é inconstitucional por violar o inciso IV do parágrafo 4º do artigo 60 da Constituição Federal.

Argumentariam que a referida Emenda, ao determinar a imediata redução dos vencimentos dos servidores, acabou por afastar o direito à irredutibilidade de vencimento (artigo 37, XV da Constituição Federal) e o direito adquirido à percepção dos vencimentos sem o teto constitucional. Sustentariam que ambos os direitos são direitos fundamentais e, assim, não poderiam ser afastados por Emenda Constitucional, destacando a natureza alimentar dos vencimentos. Poderiam, ainda, acrescentar que o teto salarial previsto pelo Constituinte originário no inciso XI do artigo 37 da Constituição Federal não chegou a ser concretizado por falta de norma regulamentadora, não podendo ser aplicado o artigo 17 do ADCT para impor teto salarial de modo diferente do previsto pelo Constituinte originário.

De outro lado, o Estado-membro poderia argumentar que não há direito adquirido à manutenção de regime jurídico de remuneração e que não houve retroatividade da nova norma constitucional, na medida em que deve ser aplicada para o futuro.

Além disso, o próprio texto original da Constituição Federal já impunha a instituição de teto salarial, que acabou por não ser concretizado por falta de norma de hierarquia inferior. Vale dizer, o Poder Constituinte Originário, inicial, limitado e incondicionado, já impôs a regra do "teto salarial" e ainda determinou, no artigo 17 do Ato das Disposições Constitucionais Transitórias, a imediata redução dos vencimentos recebidos em desacordo com a Constituição Federal, dizendo, expressamente, que não seria admitida a invocação de direito adquirido. Diante desse quadro, não haveria como se sustentar a inconstitucionalidade da Emenda Constitucional nº 41/03.

JURISPRUDÊNCIA TEMÁTICA

STF

"Servidor público. Gratificação por trabalho com raio- x. Redução de seu percentual. Direito adquirido. Inexistência. **Pacificou-se, nesta Suprema Corte, o entendimento de que descabe alegar direito adquirido a regime jurídico**, bem como de que não há infringência ao princípio da irredutibilidade de vencimentos quando preservado o valor nominal dos vencimentos dos servidores, ao ensejo de redução no valor de parcela percebida pelos funcionários. Na hipótese em comento, não se verificou decréscimo no montante percebido pelos agravantes, a demonstrar a observância da regra do art. 37, XV, da Constituição." (RE 403.922-AgR, Rel. Min. Ellen Gracie, julgamento em 30-8-2005, Segunda Turma, DJE de 30-9-2005.) (grifado pelo autor).

"Cargos de assistente jurídico e de procurador do Estado do Pará. Inexistência de relação de paridade. Equiparação ou vinculação de vencimentos. Impossibilidade. Inaplicabilidade da garantia da irredutibilidade de vencimentos pela ordem constitucional anterior. Impossibilidade da invocação de direito adquirido contra disposição normativa inscrita na CF (...). **Não há direito adquirido contra disposição normativa inscrita no texto da Constituição, eis que situações inconstitucionais, por desprovidas de validade jurídica, não podem justificar o reconhecimento de quaisquer direitos**." (RE 172.082, Rel. Min. Celso de Mello, julgamento em 12-12-1995, Primeira Turma, DJE de 13-2-2009.) (grifado pelo autor).

"**A administração pública, observados os limites ditados pela CF, atua de modo discricionário ao instituir o regime jurídico de seus agentes e ao elaborar novos planos de carreira, não podendo o servidor a ela estatutariamente vinculado invocar direito adquirido** para reivindicar enquadramento diverso daquele determinado pelo Poder Público, com funda- mento em norma de caráter legal." (RE 116.683, Rel. Min. Celso de Mello, julgamento em 11-6-1991, Primeira Turma, DJ de 13-3-1992.) (grifado pelo autor).

"Observância do limite remuneratório dos servidores públicos estabelecido pelo art. 37, XI, da CR, com redação dada pela EC 41/2003. **O STF pacificou o entendimento de que a percepção de proventos ou remuneração por servidores públicos acima do limite estabelecido no art. 37, XI, da CR, enseja lesão à ordem pública**. (...)." (SS 2.542-AgR, Rel. Min. Presidente Gilmar Mendes, julgamento em 12-6-2008, Plenário, DJE de 17-10-2008.) (grifado pelo autor).

8. (FEPESE – PROCURADOR DO MUNICÍPIO DE FLORIANÓPOLIS – 2010)

O diretor de uma determinada Secretaria do Município de Florianópolis foi indiciado em processo administrativo disciplinar, porquanto havia suspeita de que ele fosse responsável por vícios em processo seletivo para o cargo de professor substituto, bem como tivesse impedido a execução de uma ordem judicial. O Ministério Público estadual, cientificado dos fatos, ajuizou ação penal contra o referido diretor, por entender que suas condutas eram censuradas pela legislação penal. Após a deflagração da ação penal, o presidente da comissão de processante suspendeu o processo administrativo disciplinar a fim de aguardar o posicionamento do juízo criminal. Sobreveio, então, a sentença criminal, a qual absolveu o acusado sob o argumento de não existir prova de ter o réu concorrido para a infração penal. A sentença transitou em julgado sem recurso das partes. Nesse panorama, você, Procurador do Município, foi consultado pelo presidente da comissão processante sobre as providências que deveriam ser tomadas nos autos do processo administrativo disciplinar.

Justifique sua resposta.

RESPOSTA:

A providência a ser adotada diante da sentença de absolvição no processo penal por falta de provas é prosseguir no andamento do processo administrativo disciplinar.

É sabido que uma mesma conduta pode ensejar a responsabilização civil, criminal e administrativa, sendo que a regra para essa hipótese é a independência das instâncias. Isso significa que a mesma conduta pode ser tida como ilícita no processo civil, mas não no processo administrativo ou penal, e vice-versa, pois o resultado em uma esfera não deve ser necessariamente o mesmo nas outras esferas.

Haverá, contudo, interferência de uma instância na outra quando no processo penal se provar a inexistência do fato ou que o réu não concorreu para a infração (artigo 386, I e IV, do Código de Processo Penal). Se a absolvição no processo penal se der por um desses fundamentos, a conclusão no processo civil e administrativo não poderá ser outra que não a absolvição do acusado. Tal se dá pelo fato de que o processo penal é o mais rico em dilação probatória, o que impede que uma condenação civil ou administrativa possa resistir a um reconhecimento de inexistência do fato ou de negativa de autoria no juízo criminal.

Nesse diapasão se encontra o artigo 66 do Código de Processo Penal, segundo o qual não obstante a sentença absolutória no juízo criminal, a ação civil poderá ser proposta quando não tiver sido, categoricamente, reconhecida a inexistência material do fato. Cite-se também, com a mesma ideia, o artigo 126 da Lei 8.112/90, apesar de se referir à esfera federal. Essa independência de instâncias relativizada é expressa até no Código Civil, cujo artigo 935 reza que a responsabilidade civil é independente da criminal, não se podendo questionar mais sobre a existência do fato, ou sobre quem seja o seu autor, quando estas questões se acharem decididas no juízo criminal. O processo administrativo só poderá prosseguir após uma absolvição criminal por negativa de autoria ou inexistência do fato se houver falta administrativa residual não compreendida na coisa julgada criminal, de acordo com o entendimento sumulado do Supremo Tribunal Federal.

Coerente com a afirmação acima é a constatação de que se a sentença penal absolutória se fundamentar na mera inexistência de prova de ter o réu concorrido para a infração penal (art. 386, V, do CPP), não se impede que o acusado seja condenado no processo civil ou administrativo.

Pelas razões acima expostas, deve a comissão processante continuar a instrução do processo administrativo disciplinar, observando-se a regra da independência das esferas civil, administrativa e penal.

Atenção!!!! Apesar de a questão tratar de servidor municipal, é interessante destacar os dispositivos do Estatuto dos Servidores Públicos Civis na órbita federal que tratam do tema, até porque costumam ser reproduzidos nos estatutos estaduais e municipais:

Lei 8.112/90.

art. 121: O servidor responde civil, penal e administrativamente pelo exercício irregular suas atribuições.

art. 122: A responsabilidade civil decorre de ato omissivo ou comissivo, doloso ou culposo, que resulte em prejuízo ao erário ou a terceiros.

art. 123: A responsabilidade penal abrange os crimes e contravenções imputadas ao servidor, nessa qualidade.

art. 124: A responsabilidade civil-administrativa resulta do ato omissivo ou comissivo praticado no desempenho do cargo ou função.

art. 125: As sanções civis, penais e administrativas poderão cumular-se, sendo independentes entre si.

art. 126: A responsabilidade administrativa do servidor será afastada no caso de absolvição criminal que negue a existência do fato ou sua autoria.

Art. 126-A. Nenhum servidor poderá ser responsabilizado civil, penal ou administrativamente por dar ciência à autoridade superior ou, quando houver suspeita de envolvimento desta, a outra autoridade competente para apuração de informação concernente à prática de crimes ou improbidade de que tenha conhecimento, ainda que em decorrência do exercício de cargo, emprego ou função pública.

◉ DOUTRINA TEMÁTICA

"(...) nem todos os ilícitos configuram infrações penais, mas apenas os que atentam contra valores fundamentais para a manutenção e o progresso do ser humano e da sociedade. Em resumo, **todo ilícito penal será também ilícito perante os demais ramos do Direito, mas a recíproca não é verdadeira**." (MASSON, 2010, p. 35) (grifado pelo autor).

"(...) **as hipóteses de reconhecimento de inexistência do fato ou de negativa de autoria fazem coisa julgada na esfera cível, impedindo que o suposto ofendido ou o Estado (para o caso de agente funcionário público) tome providências contra o réu através de ação indenizatória ou de providência disciplinar respectivamente.**

Quando a absolvição ocorrer em face de insuficiência de provas ('não haver prova da existência do fato', ou 'não existir prova de ter o réu concorrido para a infração penal' ou 'não existir prova suficiente para a condenação') ou de reconhecimento de atipicidade ('não constituir o fato infração penal') o resultado no âmbito criminal não faz coisa julgada na esfera cível ou administrativa. (...) **em caso de se verificar que o julgamento se lastreou em hipótese que se assimile à insuficiência de provas ou à inexistência de provas, não ficam o Estado ou o ofendido impedidos de recorrerem às vias cíveis**." (TÁVORA E ALENCAR, 2010, p. 673) (grifado pelo autor).

◉ JURISPRUDÊNCIA TEMÁTICA

SÚMULA 18 do STF: Pela falta residual, não compreendida na absolvição pelo juízo criminal, é admissível a punição administrativa do servidor público.

ADMINISTRATIVO. MANDADO DE SEGURANÇA. SERVIDOR PÚBLICO. POLICIAL RODOVIÁRIO FEDERAL. CASSAÇÃO DE APOSENTADORIA. COMISSÃO PROCESSANTE. LEI N 4.878/65. INAPLICABILIDADE. FUNÇÕES DA COMISSÃO. JULGAMENTO POR AUTORIDADE DIFERENTE. SUSPENSÃO DO PAD DURANTE PRAZO DE TRÂMITE DO PROCESSO PENAL. DESCABIMENTO. INDEPENDÊNCIA DAS INSTÂNCIAS. DEPOIMENTO PESSOAL. AUSÊNCIA. CULPA EXCLUSIVA DO SERVIDOR. PROSSEGUIMENTO DO PAD. LEGALIDADE. RELATÓRIO FINAL. INTIMAÇÃO. AUSÊNCIA DE PREVISÃO LEGAL. PROVAS. NULIDADE. INEXISTÊNCIA. PROPORCIONALIDADE E RAZOABILIDADE DA PENALIDADE. DESCABIMENTO. ATO VINCULADO. 1. A jurisprudência desta Corte é pacífica no sentido de que não se aplica a Lei n. 4.878/65 a Policiais Rodoviários Federais, mas, tão somente a integrantes das carreiras do Departamento de Polícia Federal. 2. No sistema de apuração de infrações disciplinares atribuídas a servidores públicos regidos pela Lei n. 8.112/90, a Comissão Processante não concentra as funções de acusar e julgar, merecendo destaque o fato de que a autoridade julgadora não está adstrita às conclusões da comissão, consoante o parágrafo único do art. 168 da Lei n. 8.112/90, 3. É pacífico na doutrina e na jurisprudência que as esferas administrativa e penal são independentes, sendo descabida a suspensão do processo administrativo durante o prazo de trâmite do processo penal. 4. A Comissão Processante diligenciou no sentido de colher o depoimento pessoal do impetrante, o qual somente não se realizou pelo seu não comparecimento, por duas vezes, sendo que na segunda, o depoimento havia sido marcado para Teixeira de Freitas/BA, conforme solicitação do próprio impetrante, o qual, todavia, não compareceu à audiência. Assim, correto o procedimento da Comissão em dar seguimento ao processo administrativo, haja vista que não poderia ficar aguardando indefinidamente pela disposição do impetrante em prestar o seu depoimento. 5. Não há respaldo legal para a pretensão de intimação acerca do relatório final da comissão, consoante a iterativa jurisprudência desta Corte. 6. Da leitura das informações prestadas pela autoridade impetrada, não se percebe nenhuma mácula nas provas obtidas, razão pela qual não há nulidade, como alega o impetrante. 7. Na esfera administrativa, o proveito econômico auferido pelo servidor é irrelevante para a aplicação da penalidade, pois o ato de demissão é vinculado, nos termos do art. 117, c/c o art. 132 da Lei n. 8.112/90, razão por que é despiciendo falar em razoabilidade ou proporcionalidade da pena. Segurança denegada. (MS 18.090/DF, Rel. Ministro HUMBERTO MARTINS, PRIMEIRA SEÇÃO, julgado em 08/05/2013, DJe 21/05/2013).

ADMINISTRATIVO. AÇÃO CIVIL PÚBLICA. PERDA DE CARGO DE PROMOTOR DE JUSTIÇA. ILÍCITO PENAL. ART. 316 DO CÓDIGO PENAL. ABSOLVIÇÃO POR AUSÊNCIA DE PROVAS. PROVAS EMPRESTADAS. POSSIBILIDADE OBSERVADO O CONTRADITÓRIO E A AMPLA DEFESA. NÃO VINCULAÇÃO DA ESFERA PENAL NA ESFERA ADMINISTRATIVA. PRECEDENTES DESTA CORTE E DO STF. RECURSO ESPECIAL IMPROVIDO. 1. Cinge-se a controvérsia dos autos a possibilidade de decretação de perda de cargo de promotor público, prática de concussão - art. 316 do Código Penal, em caso de absolvição da prática do crime por ausência de provas. 2. Não encontra guarida a alegação de que fere o princípio da inocência a utilização de provas emprestadas, uma vez que a jurisprudência desta Corte é assente no sentido de que "observada a exigência constitucional de contraditório e ampla defesa não resta vedada a utilização da prova emprestada" (REsp 930.596/ES, Rel. Min. Luiz Fux, Primeira Turma). 3. Se a absolvição ocorreu por ausência de provas, a administração não está vinculada à decisão proferida na esfera penal, porquanto a conduta pode ser considerada infração administrativa disciplinar, conforme a interativa jurisprudência desta Corte, no sentido de que, a sentença absolutória na esfera criminal somente repercute na esfera administrativa quando reconhecida a inexistência material do fato ou a negativa de sua autoria no âmbito criminal. Precedentes. 4. Como bem decidiu o Supremo Tribunal Federal, "há hipóteses em que os fundamentos da decisão absolutória na instância criminal não obstam a responsabilidade disciplinar na esfera administrativa, porquanto os resíduos podem veicular transgressões disciplinares de natureza grave, que ensejam o afastamento do servidor da função pública" (ARE 664930 AgR, Relator(a): Min. LUIZ FUX, Primeira Turma, julgado em 16/10/2012, Acórdão Eletrônico DJe-221 DIVULG 08-11-2012 PUBLIC 09-11-2012). 5. Demais disso, ao órgão do Ministério Público não é permitido presunção de que seja probo, há de ser peremptoriamente demonstrado que sua conduta é acima de tudo isenta de cometimento de atos ilícitos. 6. Recurso especial improvido. (REsp 1323123/SP, Rel. Ministro HUMBERTO MARTINS, SEGUNDA TURMA, julgado em 07/05/2013, DJe 16/05/2013)

PAD. DEMISSÃO. ESFERA PENAL. ABSOLVIÇÃO. AUSÊNCIA. PROVAS.

Na hipótese dos autos, o impetrante busca que seja declarada a nulidade de processo administrativo disciplinar (PAD) que culminou em sua demissão do serviço público, sustentando, entre outros temas, que as conclusões da comissão processante são contrárias às provas dos autos, uma vez que ocorreu sua absolvição na esfera penal. A Turma reiterou que **as esferas criminais e administrativas são independentes, estando a Administração vinculada apenas à decisão do juízo criminal que negar a existência do fato ou a autoria do crime. *In casu*, o impetrante foi absolvido na esfera criminal por insuficiência de provas, razão pela qual a sentença penal não tem repercussão na esfera administrativa.** Assim, a Turma, prosseguindo o julgamento, por maioria, negou provimento ao recurso, contudo reservou à parte as vias ordinárias. Precedentes citados: REsp 1.226.694-SP, DJe 20/9/2011; REsp 1.028.436-SP, DJe 3/11/2010; REsp 879.734-RS, DJe 18/10/2010, e RMS 10.496-SP, DJe 9/10/2006. RMS 32.641-DF, Rel. originário Min. Napoleão Nunes Maia Filho, Rel. para acórdão Min. Benedito Gonçalves, julgado em 8/11/2011. Noticiado no informativo 487/2011 do STJ. (grifado pelo autor).

PAD. ABSOLVIÇÃO PENAL.

Cinge-se a controvérsia à possibilidade de condenar servidor público na área administrativa, por infração disciplinar, após sua absolvição criminal pela imputação do mesmo fato. **O entendimento do STJ é que, afastada a responsabilidade criminal do servidor por inexistência daquele fato ou de sua autoria, fica arredada também a responsabilidade administrativa, exceto se verificada falta disciplinar residual sancionável (outra irregularidade que constitua infração administrativa) não abarcada pela sentença penal absolutória** (Súm. n. 18-STF). No entanto, a Turma não conheceu do recurso em face do óbice da Súm. n. 7-STJ. Precedentes citados: REsp 1.199.083-SP, DJe 8/9/2010; MS 13.599-DF, DJe 28/5/2010, e Rcl 611-DF, DJ 4/2/2002. REsp 1.012.647-RJ, Rel. Min. Luiz Fux, julgado em 23/11/2010. Noticiado no informativo 457/2010 do STJ. (grifado pelo autor).

QUESTÕES DE CONCURSO RELACIONADAS

01. (VUNESP – TJSP - Juiz de Direito – 2017) "Ao processo administrativo disciplinar são asseguradas todas as garantias do processo penal, inclusive a defesa técnica, não se aplicando nesse aspecto a restrição sumulada pelo Supremo Tribunal Federal." – assertiva incorreta.

02. (CESPE – DPE-AC – Defensor Público – 2017) "A absolvição criminal fundada na inocorrência de crime impede a imposição de penalidade em sede do procedimento administrativo disciplinar." – assertiva incorreta.

03. (Cespe- Juiz de Direito- SE- 2008) "A absolvição criminal só afastará a persecução no âmbito da administração no caso de ficar provada na ação penal a inexistência do fato ou a negativa de autoria." - assertiva correta.

04. (FCC Defensor Público- SP- 2007) "Pela falta residual, não compreendida na absolvição pelo juízo criminal, é admissível a punição administrativa do servidor público." - assertiva correta.

05. (FCC Defensor Público-SP- 2007) "A responsabilidade administrativa do servidor denunciado por ilícito penal será afastada no caso de absolvição criminal que negue a existência do fato ou da sua autoria." - assertiva correta.

06. (FCC Defensor Público-SP- 2007) "A administração pública não necessita aguardar a conclusão do processo criminal, para iniciar e concluir o procedimento administrativo-disciplinar, aplicando a pena que a lei autorizar." - assertiva correta.

9. (CESPE – PROCURADOR DO BANCO CENTRAL – 2009)

A administração pública abriu sindicância a fim de apurar se Henrique, servidor público, teria praticado crime contra a administração. A sindicância, concluída no prazo legal, resultou na instauração de processo disciplinar contra o servidor. Os autos da sindicância integraram o processo disciplinar, como peça informativa da instrução. Durante o processo, foram assegurados o contraditório e a ampla defesa a Henrique. A administração, ao final, com base em prova emprestada, licitamente obtida por meio de interceptação telefônica, e nos depoimentos colhidos durante a instrução do processo disciplinar, considerou que a infração estava capitulada como ilícito penal, encaminhou cópia dos autos ao Ministério Público e aplicou, de forma motivada, pena de demissão ao servidor.

Considerando a situação hipotética apresentada acima, responda, de forma fundamentada, aos questionamentos a seguir.

- No decorrer da sindicância, era prescindível o exercício do direito de defesa do servidor?
- De acordo com orientação do Supremo Tribunal Federal, há obstáculo jurídico para a utilização da citada prova emprestada no processo administrativo disciplinar?

RESPOSTA:

Sim, no decorrer da sindicância, era prescindível o exercício do direito de defesa do servidor. A referida sindicância destinou-se apenas à colheita de informações, não se prestando ao fim de punir o servidor, e por isso não se justifica a obediência aos princípios do contraditório e da ampla defesa nessa fase meramente preparatória.

No processo administrativo disciplinar resultante da sindicância, contudo, deve ser garantido ao servidor o seu direito constitucional de defesa, podendo ele atacar fundamentadamente a exposição dos fatos contida na sindicância.

A jurisprudência do Supremo Tribunal Federal é pacífica em admitir a utilização da interceptação telefônica feita no processo penal como prova emprestada no processo administrativo disciplinar.

Para isso, é necessário que a interceptação telefônica tenha sido produzida com obediência às normas legais e constitucionais, e ainda que o contraditório no processo administrativo seja fielmente observado, oportunizando-se ao servidor a insurgência contra a prova transportada. O Superior Tribunal de Justiça exige ainda que haja a autorização do juízo criminal que produziu a interceptação telefônica para que seja possível o seu traslado para a instância administrativa. Respeitados esses requisitos, a prova emprestada será lícita.

DOUTRINA TEMÁTICA

"É através da **sindicância** que se colhem os indícios sobre: a) a existência da infração funcional; b) de sua autoria; e c) do elemento subjetivo com que se conduziu o responsável. **Reveste-se de caráter inquisitório, porque é processo não litigioso; como conseqüência, não incide o princípio da ampla defesa e do contraditório. Caracteriza-se por ser procedimento preparatório, porque objetiva a instauração de um processo principal, quando for o caso**, obviamente. Por esse motivo, o princípio da publicidade é aqui atenuado, porque o papel da Administração é o de proceder a mera apuração preliminar, sem fazer qualquer acusação a ninguém. (...) O termo sindicância indica apenas a denominação usualmente dada a esse tipo especial de processo preparatório. Lamentavelmente, para aumentar a confusão, nem sempre os processos preliminares e preparatórios são denominados de sindicância, e, o que é pior, há alguns casos em que processos denominados de sindicância não têm a natureza clássica desse procedimento preparatório. Como enfrentar essa dúvida? Do modo mais simples possível, ou seja, dando maior relevo ao aspecto da natureza do processo, e não ao de sua denominação. Quer dizer: mesmo que o processo seja denominado de sindicância, deverá ser tratado como processo disciplinar principal no caso de ter o mesmo objeto atribuído a esta categoria de processos." (CARVALHO FILHO, 2011, p. 907-908). (grifado pelo autor).

JURISPRUDÊNCIA TEMÁTICA

STF

Sindicância: Natureza Inquisitorial

Tendo em vista que **a sindicância, enquanto medida preparatória para o processo administrativo, não observa o princípio da ampla defesa**, o Tribunal indeferiu mandado de segurança em que se pretendia a anulação da pena de demissão imposta a servidor público, sob a alegação de ausência do direito ao contraditório durante o inquérito administrativo. Entendeu-se não caracterizado o cerceamento de defesa em face da demonstração nos autos de que o impetrante efetivamente teve assegurada sua participação no processo disciplinar, no qual foram observados os princípios da ampla defesa e do contraditório. Precedente citado: MS 22.789-RJ (DJU de 25.6.99). MS 23.261-RJ, rel. Ministra Ellen Gracie, 18.2.2002. Noticiado no informativo 257/2002 do STF. (grifado pelo autor).

PROVA EMPRESTADA.

Penal. Interceptação telefônica. Documentos. Autorização judicial e produção para fim de investigação criminal. Suspeita de delitos cometidos por autoridades e agentes públicos. Dados obtidos em inquérito policial. Uso em procedimento administrativo disciplinar, contra outros servidores, cujos eventuais ilícitos administrativos teriam despontado à colheita dessa prova. Admissibilidade. Resposta afirmativa a questão de ordem. Inteligência do art. 5º, inc. XII, da CF, e do art. 1º da Lei federal nº 9.296/96. Precedentes. Voto vencido. **Dados obtidos em interceptação de comunicações telefônicas, judicialmente autorizadas para produção de prova em investigação criminal ou em instrução processual penal, bem como documentos colhidos na mesma investigação, podem ser usados em procedimento administrativo disciplinar, contra a mesma ou as mesmas pessoas em relação às quais foram colhidos, ou contra outros servidores cujos supostos ilícitos teriam despontado à colheita dessas provas**. (Pet 3.683, Rel. Min. Cezar Peluso, Pleno, j. 13.08.2008, DJ 20.02.2009). (grifado pelo autor).

Compartilhamento de Dados Sigilosos e Procedimento Administrativo Disciplinar
O Tribunal, resolvendo questão de ordem suscitada, pelo Min. Carlos Britto, em inquérito instaurado contra Deputado Federal, do qual relator, deferiu, por maioria, o requerimento de remessa de cópias dos autos, com a cláusula de sigilo, ao Presidente do Conselho de Ética e Decoro Parlamentar da Câmara dos Deputados. Na espécie, o Presidente do referido Conselho solicitara o compartilhamento das informações constantes dos autos do inquérito para subsidiar procedimento administrativo disciplinar movido contra o parlamentar naquela Casa Legislativa. Na linha de precedentes da Corte, entendeu-se que **os elementos informativos de uma investigação criminal, ou as provas colhidas no bojo de instrução processual penal, desde que obtidos mediante interceptação telefônica devidamente autorizada por juiz competente, como no caso, podem ser compartilhados para fins de instruir procedimento administrativo disciplinar**. Vencidos os Ministros Marco Aurélio e Joaquim Barbosa, que indeferiam o pedido, ao fundamento de que os dados sigilosos obtidos só poderiam ser utilizados para fins de persecução criminal, nos termos do que disposto no art. 5º, XII, da CF. Precedentes citados: Inq 2424 QO/RJ (DJU de 24.8.2007); Inq 2424 Seg. QO/RJ (DJU de 24.8.2007); AP 470 ED/MG (acórdão pendente de publicação). Inq 2725 QO/SP, rel. Min. Carlos Britto, 25.6.2008. (Inq-2725). Informativo 512 do STF. (grifado pelo autor).

▶ STJ

ADMINISTRATIVO. PROCESSUAL CIVIL. POLICIAL CIVIL ESTADUAL. DELITO ADMINISTRATIVO TAMBÉM APURADO COMO CRIME DE CONCUSSÃO. ALEGAÇÕES DE NULIDADE DO PROCESSO DISCIPLINAR. PROVAS EMPRESTADAS. CABIMENTO. EXCESSO DE PRAZO. AUSÊNCIA DE DEMONSTRAÇÃO DE DANOS. PENALIDADE DE DEMISSÃO. INCIDÊNCIA DA NORMA APLICÁVEL COM RELAÇÃO AOS FATOS APURADOS. INEXISTÊNCIA DE VIOLAÇÃO DA PROPORCIONALIDADE E DA RAZOABILIDADE. AUSÊNCIA DE DIREITO LÍQUIDO E CERTO. 1. Cuida-se de recurso ordinário interposto contra acórdão que denegou a segurança em pleito mandamental em prol da anulação de processo administrativo disciplinar que resultou na demissão dos recorrentes, policiais civis estaduais. 2. Descreve-se nos autos que os policiais civis foram indiciados por participar em concussão contra lojista; as alegações de nulidade estão cingidas ao empréstimo de provas, ao excesso de prazo e à dissociação das penalidades e das provas, bem como à inaplicabilidade da Lei Estadual para fundamentar a penalidade.

3. Há sintonia entre as partes do processo penal e os fatos que deram origem aos dois processos, assim como existem outras provas nos autos do PAD a corroborar as provas emprestadas. As referidas provas foram transladadas por meio da devida autorização do juízo criminal e submetidas ao contraditório, tendo havido direito de defesa. A Primeira Seção do STJ tem aceitado o empréstimo de provas, desde que haja atenção ao devido processo legal e ao contraditório. Precedentes: MS 17.472/DF, Rel. Min. Arnaldo Esteves Lima, Primeira Seção, DJe 22.6.2012; MS 15.787/DF, Rel. Min. Benedito Gonçalves, Primeira Seção, DJe 6.8.2012; e MS 16.122/DF, Rel. Min. Castro Meira, Primeira Seção, DJe 24.5.2011. 4. É pacífica a jurisprudência no sentido de que o extrapolar do prazo - em processos administrativos disciplinares - não enseja por si só nulidade ao feito. O excesso de prazo só tem o condão de macular o processo administrativo se sua duração se reverter em evidenciado prejuízo, ao sabor do brocardo "pas de nulité sans grief". Precedentes: MS 16.815/DF, Rel. Min. Cesar Asfor Rocha, Primeira Seção, DJe 18.4.2012; e MS 15.810/DF, Rel. Min. Humberto Martins, Primeira Seção, DJe 30.3.2012. 5. Ademais, no caso em tela, nota-se que, próximo ao fim do prazo, os recorrentes demandaram a oitiva de mais testemunhas de defesa (apenso 14: fls. 46-49, e-STJ), o que fez com que a autoridade viesse a deferir pedido de dilação temporal, e fica evidente que a dilação ocorreu para ampliar o direito de defesa dos recorrentes. 6. O relatório final da comissão consubstancia que os recorrentes incorreram em delitos administrativos que, nos termos do diploma legal aplicável, Lei Estadual n. 6.425/1972, enseja a aplicação da pena demissional. Não há evidência de desproporção ou de violação da razoabilidade na punição, tão somente a incidência da norma legal cabível. Recurso ordinário improvido. (RMS 33.628/PE, Rel. Ministro HUMBERTO MARTINS, SEGUNDA TURMA, julgado em 02/04/2013, DJe 12/04/2013).

ADMINISTRATIVO. PROCESSO DISCIPLINAR. PENA DE DEMISSÃO. NULIDADES DE ORDEM FORMAL AFASTADAS. DESPROPORCIONALIDADE DA SANÇÃO. OCORRÊNCIA. PRECEDENTE ESPECÍFICO. "1. A autoridade administrativa, ciente da prática de qualquer irregularidade no serviço público, deve, de ofício, por mandamento legal, determinar a apuração dos fatos imediatamente, assegurada ao acusado a ampla defesa. Inteligência do art. 143 da Lei n. 8.112/90.

2. **A sindicância, que visa apurar a ocorrência de infrações administrativas, sem estar dirigida, desde logo, à aplicação de sanção, prescinde da observância dos princípios do contraditório e da ampla defesa, por se tratar de procedimento inquisitorial, prévio à acusação e anterior ao processo administrativo disciplinar, ainda sem a presença obrigatória de acusados**.

3. A jurisprudência desta Corte Superior é pacífica em afirmar que o excesso de prazo para conclusão do processo administrativo disciplinar não conduz à nulidade deste.

4. O mandado de segurança somente se viabiliza quando o alegado direito líquido e certo, que se visa proteger, vier comprovado de plano, aferindo-se sua existência apenas com as provas trazidas com a impetração, nos limites do procedimento sumário, característico dos remédios constitucionais.

5. A autoridade julgadora pode acatar o parecer de sua Consultoria Jurídica, servindo aquele como elemento integrante do ato demissionário, sem que isso vicie o procedimento administrativo. 6. A punição administrativa há de se nortear,

porém, segundo o princípio da proporcionalidade, não se ajustando à espécie a pena de demissão, ante a insignificância da conduta do agente, consideradas as peculiaridades verificadas." (MS nº 10.827/DF, Relator o Ministro Hélio Quaglia Barbosa, DJU de 6/2/2006). 7. Ordem parcialmente concedida. (MS 10.828, Rel. Min. Paulo Gallotti, 3ª Seção, DJ 02.10.2006). (grifado pelo autor).

DIREITO ADMINISTRATIVO. PROCESSO ADMINISTRATIVO DISCIPLINAR (PAD). UTILIZAÇÃO DE INTERCEPTAÇÃO TELEFÔNICA.

É possível utilizar, em processo administrativo disciplinar, na qualidade de "prova emprestada", a interceptação telefônica produzida em ação penal, desde que devidamente autorizada pelo juízo criminal e com observância às diretrizes da Lei n. 9.296/1996. Precedentes citados: MS 13.099-DF, DJe 22/3/2012; MS 15.823-DF, DJe 18/8/2011; MS 14.598-DF, DJe 11/10/2011; MS 15.786-DF, DJe 11/5/2011, e AgRg na APn 536-BA, DJ 9/10/2007. MS 14.140-DF, Rel. Min. Laurita Vaz, julgado em 26/9/2012. Noticiado no informativo 505/2012 do STJ. (grifado pelo autor).

QUESTÕES DE CONCURSO RELACIONADAS

01. (CESPE – DPE-AC – Defensor Público – 2017) "É aceita a utilização de prova emprestada no procedimento administrativo disciplinar em curso, desde que autorizada pelo juiz criminal e respeitados o contraditório e a ampla defesa." – assertiva correta.

02. (CESPE- Advogado da União- 2008) "Considere que, após realização de interceptação telefônica judicialmente autorizada para apurar crime contra a administração pública imputado ao servidor público Mário, a autoridade policial tenha identificado, na fase de inquérito, provas de ilícitos administrativos praticados por outros servidores. Nessa situação hipotética, considerando-se que a interceptação telefônica tenha sido autorizada judicialmente apenas em relação ao servidor Mário, as provas obtidas contra os outros servidores não poderão ser usadas em procedimento administrativo disciplinar." – assertiva **errada**.

03. (Cespe- Defensor Público Federal- 2010) "Dados obtidos em interceptação de comunicações telefônicas e em escutas ambientais, judicialmente autorizadas para produção de prova em investigação criminal ou em instrução processual penal, podem ser usados em procedimento administrativo disciplinar, contra a mesma ou as mesmas pessoas em relação às quais foram colhidos, ou contra outros servidores cujos supostos ilícitos teriam despontado à colheita dessa prova." - assertiva correta.

10. (CESPE – JUIZ DE DIREITO – TO – 2008)

Responda, de forma fundamentada, ao seguinte questionamento: qual a diferença entre estágio probatório e estabilidade e o prazo estabelecido, em um e outro caso, para os servidores públicos federais?

RESPOSTA:

O estágio probatório é um requisito exigido para a aquisição da estabilidade. Enquanto o primeiro pode ser conceituado como um período de avaliação do desempenho das atribuições do servidor, necessário nos cargos efetivos, a estabilidade é o direito de permanecer no serviço público, salvo em casos excepcionais, após a avaliação positiva no estágio probatório.

A estabilidade é uma garantia para o desempenho das atribuições do cargo de forma independente, uma vez que o servidor estável é menos vulnerável a pressões ou ingerências no exercício de suas funções. O estágio probatório surge como um teste em que o servidor comprova que merece essa prerrogativa e que realmente a usará com vistas ao interesse público e ao melhor exercício da função pública, e não como um privilégio pessoal.

No texto original da Constituição de 1988, o prazo para a aquisição da estabilidade era de 24 meses. Com o advento da Emenda Constitucional 19/98, que alterou o artigo 41 da Constituição, passou a ser três anos. Apesar de ter havido uma grande controvérsia a respeito da alteração ou não do prazo de duração do estágio probatório a doutrina e a jurisprudência atual entendem de forma dominante que o estágio probatório também teve sua duração ampliada para três anos. Essa corrente que predominou argumenta que esses dois institutos possuem uma relação de interdependência, de modo que um (o estágio probatório) é requisito e pressuposto do outro (estabilidade).

◉ DOUTRINA TEMÁTICA

"**Estabilidade é o direito outorgado ao servidor estatutário, nomeado em virtude de concurso público, de permanecer no serviço público após três anos de efetivo exercício**, como passou a determinar a EC nº 19/98, que alterou o art. 41 da CF, pelo qual anteriormente era exigido o prazo de apenas dois anos. (...) O direito só é conferido ao servidor estatutário, não o sendo ao servidor trabalhista. (...) A estabilidade não é estendida aos titulares de cargos em comissão de livre nomeação e exoneração, sendo incompatível com a transitoriedade de exercício que caracteriza esse tipo de cargos. Por outro lado, quando se fala em estabilidade, o referencial é para os cargos efetivos, porque a garantia de permanência para cargos vitalícios tem nomenclatura própria – vitaliciedade." (CARVALHO FILHO, 2011, p. 611). (grifado pelo autor)

"**Considera-se estágio probatório um período de prova para o servidor, de teste, em que o candidato vai ser avaliado quanto às suas aptidões para o exercício do cargo**. Também denominado em algumas carreiras de estágio confirmatório, visa verificar a observância dos deveres, proibição e impedimentos, a eficiência e disciplina e a assiduidade do servidor. Caso o servidor não preencha os requisitos, será exonerado por inabilitação em estágio probatório." (MARINELA, 2013, p. 717). (grifado pelo autor).

"Orientando a aplicação das regras para os servidores do âmbito federal, a Advocacia Geral da União emitiu Parecer, AC nº 17, publicado em 16.07.2004, reconhecendo que, quando o constituinte reformador decidiu dilatar o período para a aquisição da estabilidade, o seu objetivo também foi ampliar o período de prova do servidor para três anos (...) Pactuando de orientação semelhante, o Tribunal Superior do Trabalho (...) O Conselho Nacional de Justiça, analisando o Pedido de Providências nº 822, decisão publicada no dia 10.09.2008, reconheceu que o prazo do estágio probatório no Brasil, hoje, é de três anos." (MARINELA, 2013, p. 720 e 721)

JURISPRUDÊNCIA TEMÁTICA

STF

EMENTA. Ação direta de inconstitucionalidade. Artigos 1º e 2º da Lei nº 6.697 do Estado do Rio Grande do Norte. Permanência no cargo de servidores contratados por prazo determinado e sem a realização de certame público. Vício de iniciativa. Violação do princípio do concurso público (art. 37, II, CF/88). Ação julgada procedente. 1. Os arts. 1º e 2º da Lei nº 6.697 do Estado do Rio Grande do Norte asseguraram a permanência dos servidores da Fundação Universidade Regional do Rio Grande do Norte admitidos em caráter temporário entre o período de 8 de janeiro de 1987 a 17 de junho de 1993 sem a prévia aprovação em concurso público, tornando ainda sem efeitos os atos de direção da universidade que, de qualquer forma, importassem em exclusão desses servidores do quadro de pessoal. 2. A proposição legislativa decorreu de iniciativa parlamentar, tendo sido usurpada a prerrogativa conferida constitucionalmente ao chefe do Poder Executivo quanto às matérias afetas ao regime jurídico dos servidores públicos (art. 61, § 1º, inciso II, alíneas c, da CF/88). Precedentes. 3. Ofensa, ainda, ao princípio do concurso público (art. 37, II, CF/88), haja vista a estabilização de servidores contratados apenas temporariamente. O art. 19 do ADCT concedeu estabilidade excepcional somente aos servidores que, ao tempo da promulgação do texto, estavam em exercício há mais de cinco anos. Precedentes. 4. Modulação dos efeitos da declaração de inconstitucionalidade, nos termos do art. 27 da Lei nº 9.868/99, para dar efeitos prospectivos à decisão, de modo a somente produzir efeitos a partir de doze meses, contados da data da publicação da ata de julgamento, tempo hábil para a realização de concurso público, a nomeação e a posse de novos servidores, evitando-se, assim, prejuízo à prestação do serviço público de ensino superior na Universidade Regional do Rio Grande do Norte (URRN). Ademais, de forma semelhante ao que realizado por esta Corte na ADI nº 4.876/MG, ficam ressalvados dos efeitos desta decisão os servidores que já estejam aposentados e aqueles que, até a data de publicação da ata deste julgamento, tenham preenchido os requisitos para a aposentadoria, exclusivamente para efeitos de aposentadoria. 5. Ação direta julgada procedente.

(ADI 1241, Relator(a): Min. DIAS TOFFOLI, Tribunal Pleno, julgado em 22/09/2016, ACÓRDÃO ELETRÔNICO DJe-170 DIVULG 02-08-2017 PUBLIC 03-08-2017).

EMENTA: Agravo Regimental em Suspensão de Tutela Antecipada. 2. Estágio confirmatório de dois anos para Advogados da União de acordo com o artigo 22 da Lei Complementar n.º 73/1993. 3. **Vinculação entre o instituto da estabilidade, definida no art. 41 da Constituição Federal, e o instituto do estágio probatório. 4. Aplicação de prazo comum de três anos a ambos os institutos**. 5. Agravo Regimental desprovido. (STA 269 DO Agr/DF DO STF, PLENO, j. 04.02.2010) (grifado pelo autor).

Ementa: EMPRESA BRASILEIRA DE CORREIOS E TELÉGRAFOS – ECT. DEMISSÃO IMOTIVADA DE SEUS EMPREGADOS. IMPOSSIBILIDADE. NECESSIDADE DE MOTIVAÇÃO DA DISPENSA. RE PARCIALMENTE PROVIDO. I - **Os empregados públicos não fazem jus à estabilidade prevista no art. 41 da CF, salvo aqueles admitidos em período anterior ao advento da EC nº 19/1998.** Precedentes. II - **Em atenção, no entanto, aos princípios da impessoalidade e isonomia, que regem a admissão por concurso público, a dispensa do empregado de empresas públicas e sociedades de economia mista que prestam serviços públicos deve ser motivada, assegurando-se, assim, que tais princípios, observados no momento daquela admissão, sejam também respeitados por ocasião da dispensa.** III – A motivação do ato de dispensa, assim, visa a resguardar o empregado de uma possível quebra do postulado da impessoalidade por parte do agente estatal investido do poder de demitir. IV - Recurso extraordinário parcialmente provido para afastar a aplicação, ao caso, do art. 41 da CF, exigindo-se, entretanto, a motivação para legitimar a rescisão unilateral do contrato de trabalho.

(RE 589998, Relator(a): Min. RICARDO LEWANDOWSKI, Tribunal Pleno, julgado em 20/03/2013, ACÓRDÃO ELETRÔNICO REPERCUSSÃO GERAL - MÉRITO DJe-179 DIVULG 11-09-2013 PUBLIC 12-09-2013 – grifado pelo autor).

STJ

ESTÁGIO PROBATÓRIO. ALTERAÇÃO. PRAZO.

Em mandado de segurança, discute-se o prazo a ser considerado para inclusão de procurador federal em listas de promoção e progressão na carreira: se o prazo para o estágio probatório de dois anos nos termos do art. 20 da Lei n. 8.112/1990 – reproduzido no art. 22 da LC n. 73/1993 (Lei Orgânica da Advocacia-Geral da União) e em outros estatutos de servidores públicos – ou o prazo de aquisição de estabilidade no serviço público, de três anos, conforme disposto no art. 41 da CF/1988 (com a redação dada pela EC n. 19/1998). Para o Min. Relator, **o prazo de estágio probatório dos servidores públicos deve observar a alteração promovida pela EC n. 19/1998, que aumentou para três anos o prazo para aquisição da estabilidade no serviço público, visto que, apesar de esses institutos jurídicos (estágio probatório e estabilidade) serem distintos entre si, de fato, não há como dissociá-los, ambos estão pragmaticamente ligados**. Observa que a finalidade do estágio é fornecer subsídios para a estabilização ou não do servidor público. Assim, **não faz sentido que o servidor público seja considerado apto para o cargo num estágio probatório de dois anos e apenas, após três anos do efetivo exercício vir a ser estabilizado no mesmo cargo**. Destaca que segundo a doutrina **quando a EC n. 19/1998 diz que os servidores são estáveis após três anos, esse prazo só pode ser de estágio probatório**. Ademais, no antigo entendimento, haveria também a circunstância de que, a partir do segundo ano, o servidor perderia o direito à recondução (art. 29, I, da Lei n. 8.112/1990). Sendo assim, **o estágio probatório é o período compreendido entre o início do exercício do cargo e a aquisição de estabilidade no serviço público, que se dá após três anos. Aponta ser também essa a opinião do STF, que considerou ser a nova ordem constitucional do citado art. 41 imediatamente aplicável.**

Ressalta que havendo autorização legal, o servidor público pode avançar na carreira independentemente de se encontrar em estágio probatório. No caso dos autos, há a Portaria n. 468/2005 da Procuradoria-Geral Federal que restringiu a elaboração e edição de listas de promoção e progressão aos procuradores federais que houvessem findado o estágio probatório entre 1º de julho de 2000 a 30 de junho de 2002. De modo que, no momento da elaboração das listas, como o impetrante não concluiu o requisito no lapso temporal do efetivo exercício para conclusão do período do estado probatório, não pode figurar nas listas de promoção e progressão funcional. Com esse entendimento, a Seção mudou seu posicionamento quanto ao estágio probatório e denegou o MS. MS 12.523, Rel. Min. Felix Fischer, julgado em 22/4/2009, noticiado no informativo 391/2009 do STJ. (grifado pelo autor).

QUESTÃO DE CONCURSO RELACIONADA

01. (Cespe- IBRAM 2009) "O atual entendimento do STJ é no sentido de que o estágio probatório compreende o período entre o exercício do cargo e a aquisição de estabilidade no serviço público, que, após o advento da Emenda Constitucional nº 19/98, tem a duração de três anos." - assertiva correta.

11. (CESPE – PROCURADOR DO ESTADO – CE – 2004)

Em 2003, depois de realizado concurso público, por ocasião da contratação de consultor jurídico integrante do quadro de empregados de determinada empresa pública do estado, declarou o interessado perceber proventos de aposentadoria no cargo de procurador do estado. Considerando a hipótese acima e o regime constitucional a que se submete a administração pública, redija um texto dissertativo que justifique a possibilidade ou impossibilidade da referida contratação.

RESPOSTA:

Além da vedação da acumulação remunerada de cargos públicos, a Constituição Federal veda também a percepção simultânea de proventos de aposentadoria do Regime Próprio de Previdência Social com a remuneração de cargo, emprego ou função, ressalvados os cargos acumuláveis na forma da Constituição, os cargos eletivos e os cargos em comissão declarados em lei de livre nomeação e exoneração (CF, art. 37, § 10).

Essa vedação não existia no texto original da Constituição de 1988, tendo sido introduzida pela Emenda Constitucional nº 20/98. Para regular as situações constituídas antes da promulgação da Emenda, esta trouxe, no seu artigo 11, uma regra que preserva as acumulações anteriores. O referido dispositivo preceituou que a vedação do artigo 37 § 10 da Constituição não se aplica aos servidores que até a publicação da Emenda tenham ingressado novamente no serviço público, sendo-lhes contudo proibida a percepção de mais de uma aposentadoria pelo Regime Próprio.

Aplicando o regime constitucional em vigor ao caso do enunciado, constata-se que o interessado não tem direito à acumulação dos proventos de aposentadoria do cargo de procurador do estado com a remuneração do emprego de consultor jurídico da empresa pública, pois não se trata de mandato eletivo, nem cargo em comissão de livre nomeação e exoneração (pois a admissão se deu por concurso). Também não se trata se situação permissiva da acumulação remunerada de cargos, empregos e funções públicas (CF, art. 37, XVI).

Espanca-se qualquer possibilidade da acumulação dos proventos de aposentadoria com o emprego público de consultor jurídico ao se atentar para o fato de que a situação também não se enquadra na regra prevista no artigo 11, pois o aposentado retornou ao serviço público em 2003, após portanto a publicação da Emenda Constitucional nº 20/98.

DOUTRINA TEMÁTICA

"Com pouca diferença, o Constituinte retornou ao sistema da Constituição de 1967, com a Emenda 1/69, ou seja, a regra é a da vedação de auferir conjuntamente proventos e vencimentos, excepcionando-se os casos que a norma expressamente menciona: cargos acumuláveis na atividade, cargos eletivos e cargos em comissão. (...) Ocorre que entre a promulgação da vigente Constituição, em 1988, até o advento da E.C. 20/98, ficou ausente a vedação expressa contida na Constituição (...) **firmou-se a jurisprudência em ordem a considerar que, se o servidor aposentado retornou à atividade, tendo-se aposentado novamente sob o manto da CF de 1988, em sua versão original (antes, pois, do art. 37, § 10, introduzido pela EC 20/98), faz jus à acumulação de proventos**." (CARVALHO FILHO, 2011, p. 648). (grifado pelo autor).

JURISPRUDÊNCIA TEMÁTICA

TETO CONSTITUCIONAL – ACUMULAÇÃO DE CARGOS – ALCANCE. Nas situações jurídicas em que a Constituição Federal autoriza a acumulação de cargos, o teto remuneratório é considerado em relação à remuneração de cada um deles, e não ao somatório do que recebido. (RE 612975, Relator(a): Min. MARCO AURÉLIO, Tribunal Pleno, julgado em 27/04/2017, ACÓRDÃO ELETRÔNICO DJe-203 DIVULG 06-09-2017 PUBLIC 08-09-2017).

ADMINISTRATIVO E CONSTITUCIONAL. RECURSO ORDINÁRIO EM MANDADO DE SEGURANÇA. SERVIDOR PÚBLICO APOSENTADO. CUMULAÇÃO DE CARGOS PERMITIDA CONSTITUCIONALMENTE. MÉDICO. ART. 17, § 2º, DO ADCT. TETO REMUNERATÓRIO. INAPLICABILIDADE 1. Cuida-se, originariamente, de Mandado de Segurança impetrado por Márcia Silva com objetivo de assegurar o pagamento integral da remuneração a que tem direito, relativamente a cada um dos vínculos que mantém com a Administração (dois cargos de médico exercidos na Secretaria de Estado da Saúde do Espírito Santo). 2. A partir da vigência da Emenda Constitucional 41/2003, todos os vencimentos percebidos por servidores públicos, inclusive os proventos e pensões, estão sujeitos aos limites estatuídos no art. 37, XI, da Constituição. 3. Por outro lado, a EC 41/2003 restabeleceu a vigência do art. 17 do ADCT que, embora em seu o caput afaste a invocação do direito adquirido ao recebimento de verbas remuneratórias contrárias à Constituição, os respectivos §§ 1º e 2º trazem exceção ao assegurar expressamente o exercício cumulativo de dois cargos ou empregos privativos de profissionais de saúde. 4. Assim, a acumulação de proventos de servidor aposentado em decorrência do exercício cumulado de dois cargos de médico, legalmente exercidos, nos termos autorizados pela Constituição, não se submete ao teto constitucional, devendo os cargos ser considerados isoladamente para esse fim. 5. Recurso Ordinário provido. (RMS 38.682/ES, Rel. Ministro HERMAN BENJAMIN, SEGUNDA TURMA, julgado em 18/10/2012, DJe 05/11/2012)

"No presente caso, o que se pretende é acumular proventos de uma aposentadoria no cargo de professor, com duas remunerações, também referentes ao cargo de professor, nos quais ingressou antes da publicação da EC 20/1998. É correto concluir que **a permissão constante do art. 11 da EC 20/1998 deve ser interpretada de forma restritiva. Trata -se de possibilidade de acumulação de um provento de aposentadoria com a remuneração de um cargo na ativa, no qual se tenha ingressado antes da publicação da referida emenda, ainda que inacumuláveis os cargos. Com efeito, nessas condições, é vedada, em qualquer hipótese, a acumulação tríplice de remunerações, sejam proventos ou vencimentos, bem como a percepção de mais de uma aposentadoria**." (RE 328.109 - AgR, voto do Rel. Min. Gilmar Mendes, julgamento em 22-2-2011, Segunda Turma, DJE de 11-3-2011.) (grifado pelo autor).

"As recorrentes pretendem continuar recebendo, cumulativamente, os proventos de aposentadoria com os vencimentos do cargo da ativa. Alegam que foram beneficiadas pela exceção criada no art. 11 da EC 20/1998. **A EC 20/1998 vedou a percepção simultânea de proventos de aposentadoria com a remuneração de cargo, emprego ou função pública, ressalvados os cargos acumuláveis na forma desta Constituição. Por outro lado, reconheceu o direito daqueles servidores aposentados que, até a data da promulgação dessa emenda, retornaram à atividade**. Não é o caso das recorrentes. Elas não ingressaram novamente no serviço público, mas ocuparam indevidamente dois cargos públicos em atividade. Embora não recebessem os vencimentos de um deles, pois gozaram de sucessivas licenças para tratar de interesse particular, tal circunstância não as torna beneficiárias da referida regra transitória. O gozo de licença não descaracteriza o vínculo jurídico do servidor com a administração." (RE 382.389, Rel. Min. Ellen Gracie, julgamento em 14-2-2006, Segunda Turma, DJ de 17-3-2006.) No mesmo sentido: RE 295.014-AgR, Rel. Min. Gilmar Mendes, julgamento em 15-2-2011, Segunda Turma, DJE de 1º-3-2011. (grifado pelo autor).

"**Servidora aposentada que reingressou no serviço público, acumulando proventos com vencimentos até a sua aposentadoria, quando passou a receber dois proventos**. Conforme assentado pelo Plenário no julgamento do RE 163.204, mesmo antes da citada emenda constitucional, já era proibida a acumulação de cargos públicos. Pouco importava se o servidor estava na ativa ou aposentado nesses cargos, salvo as exceções previstas na própria Constituição. Entendimento que se tornou expresso com a EC 20/1998, que preservou a situação daqueles servidores que retornaram ao serviço público antes da sua promulgação, nos termos do art. 11. **A pretensão ora deduzida, dupla acumulação de proventos, foi expressamente vedada no citado art. 11, além de não ter sido aceita pela jurisprudência desta Corte, sob a égide da CF/1988.**" (RE 463.028, Rel. Min. Ellen Gracie, julgamento em 14-2-2006, Segunda Turma, DJ de 10-3-2006.) No mesmo sentido: RE 584.388, Rel. Min. Ricardo Lewandowski, julgamento em 31-8-2011, Plenário, DJE de 27-8-2011, com repercussão geral. (grifado pelo autor).

EC 20/98 e Acumulação de Cargos com Proventos

A Turma, por maioria, deu provimento a recurso ordinário em mandado de segurança interposto contra ato do Ministro de Estado da Educação que, com base em processo administrativo, considerara ilícita a acumulação de dois cargos públicos com provento de aposentadoria e demitira servidora de um dos cargos. Tratava-se, na espécie, de servidora pública aposentada que, antes do advento da EC 20/98, retornara ao serviço público por meio de concurso e exercia dois cargos: um de professora com outro técnico. Rejeitou-se a alegada prescrição administrativa, porquanto a demissão da recorrente do cargo técnico ocorrera aproximadamente três anos após o conhecimento da suposta irregularidade por parte da Administração. No tocante à tríplice acumulação, a Turma, tendo em conta a possibilidade de acumulação remunerada dos dois cargos exercidos (CF, art. 37, XVI), **aplicou a orientação firmada pelo STF no sentido de que o art. 11 da EC 20/98 resguardou o direito dos servidores inativos que, até a data da sua publicação, em virtude de aprovação em concurso, reingressaram no serviço público**. Vencido o Min. Joaquim Barbosa que negava provimento ao recurso por entender que houve violação ao texto constitucional ao se permitir que, uma vez aposentada, a recorrente viesse a exercer dois novos cargos (EC 20/98, art. 11: "A vedação prevista no art. 37, §10, da Constituição Federal, não se aplica aos membros de poder e aos inativos, servidores e militares, que, até a publicação desta Emenda, tenham ingressado novamente no serviço público por concurso público de provas ou de provas e títulos, e pelas demais formas previstas na Constituição Federal, sendo-lhes proibida a percepção de mais de uma aposentadoria pelo regime de previdência a que se refere o art. 40 da Constituição Federal, aplicando-se-lhes, em qualquer hipótese, o limite de que trata o § 11 deste mesmo artigo."). RMS 24737/DF, rel. Min. Carlos Britto, 1º.6.2004. (grifado pelo autor).

▶ STJ

ACUMULAÇÃO. APOSENTADORIAS. EC N. 20/1988

Tratou-se de mandado de segurança preventivo no qual a impetrante buscava anular o ato administrativo que determinara prazo para o exercício de opção por uma das aposentadorias que percebia. No caso, a impetrante aposentou-se pela primeira vez no cargo de secretária-executiva de uma universidade federal em 1979 e, pela segunda vez, como analista em ciência e tecnologia do CNPQ, instituição vinculada ao Ministério de Ciência e Tecnologia, em 1995. Segundo a Seção, entre outras questões, **o servidor que se tornou inativo e retornou ao serviço público no período de vigência da CF/1988 (art. 99, § 4º), tendo-se aposentado novamente, agora sob a vigência da redação originária do art.**

37 da CF/1988, ou seja, antes da EC n. 20/1998, tem direito à acumulação dos proventos. Assim, a Seção concedeu a segurança para reconhecer à impetrante o direito de acumular as aposentadorias. Precedentes citados do STF: MS 24.952-DF, DJ 3/2/2006; AgRg no RE 593.027-DF, DJe 4/8/2010; do STJ: MS 12.518-DF, DJe 5/5/2008. (MS 14.220-DF, Rel. Min. Jorge Mussi, julgado em 10/11/2010). (grifado pelo autor).

12. (QUESTÃO ELABORADA PELOS AUTORES)

A respeito do processo administrativo disciplinar, responda:

a) É possível a sua tramitação em cidade diversa daquela em que o servidor está lotado?

b) Para a instalação de processo administrativo disciplinar é obrigatória a indicação de todos os ilícitos imputados ao servidor?

c) O processo administrativo disciplinar pode abarcar fatos não abrangidos pela sindicância preparatória? Existe ilegalidade na ampliação da acusação a servidor público se durante o processo administrativo forem apurados fatos novos?

d) Admite-se que uma interceptação telefônica autorizada pelo juiz de um processo penal seja utilizada em processo administrativo? Caso a resposta seja negativa, haveria no caso violação ao devido processo legal e ao contraditório? Caso a resposta seja positiva, quais os requisitos para tal utilização?

RESPOSTA:

a) O processo administrativo disciplinar visa apurar a responsabilidade de servidor acusado de ilícito funcional. Para isso, deve ser instruído na localidade em que se permita uma melhor apuração dos fatos e das provas necessárias ao deslinde da acusação imputada ao servidor. Com essa orientação, o Superior Tribunal de Justiça entende ser legal a instrução do processo administrativo disciplinar em cidade diversa da lotação do servidor acusado, considerando-se a maior eficiência de uma apuração dos fatos no local onde ocorreram as supostas irregularidades funcionais.

b) A portaria de instauração do processo administrativo disciplinar se dá em momento no qual a Administração não possui elementos informativos suficientes para concluir cabalmente quais as infrações perpetradas pelo acusado. Isso porque nesse momento inaugural do procedimento, o que se busca conferir é publicidade à constituição da comissão processante, não se exigindo ainda um relatório minucioso dos fatos imputados ao servidor. Outro não é o entendimento do Superior Tribunal de Justiça, para o qual só na fase de indiciamento, após a instrução e a produção de provas, é que a comissão processante deve definir todos os ilícitos supostamente cometidos pelo servidor acusado.

c) Antes da instauração do processo administrativo disciplinar, é comum a abertura de uma sindicância, que pode ser um procedimento preparatório, em que não há o rigor formal presente no primeiro, destinando-se ao mero levantamento de informações que possam embasar uma posterior abertura de processo administrativo disciplinar. Exatamente por conta dessa finalidade da sindicância preparatória, ela é dispensável quando já houver elementos suficientes para a instrução do processo disciplinar. Dessa forma, é possível, como já decidiu o Superior Tribunal de Justiça, que o processo administrativo disciplinar abranja outros fatos, além daqueles apurados na sindicância. Se esta é dispensável, não se justifica que o processo a ela posterior fique limitado aos fatos nela presentes. O Supremo Tribunal Federal segue a mesma razão de decidir, entendendo que não há ilegalidade na ampliação da acusação a servidor público, se durante o processo administrativo forem apurados fatos novos que constituam infração disciplinar, devendo se observar rigorosamente, contudo, o contraditório e a ampla defesa.

d) A interceptação telefônica como meio de prova no processo criminal é permitida pela Constituição desde que autorizada pelo juiz e para fins de investigação criminal. A legislação infraconstitucional impõe uma série de requisitos para sua validade. A jurisprudência do Supremo Tribunal Federal já autorizou a utilização desse meio de prova no processo administrativo como prova emprestada, desde que se observe o contraditório. Não há no caso violação ao devido processo legal, contudo o Superior Tribunal de Justiça tem entendido que para seja possível a utilização de interceptação telefônica como prova emprestada no processo administrativo é necessária a autorização do juiz criminal que autorizou a interceptação.

JURISPRUDÊNCIA TEMÁTICA

STF

Interceptação Telefônica e Transferência de Dados - 1

O Tribunal, por maioria, resolveu questão de ordem suscitada em inquérito - em que se imputa, a magistrados e outros, a suposta prática de diversos crimes apurados na denominada "Operação Furacão" -, pela autorização, sob dever de resguardo do sigilo, de envio, ao Superior Tribunal de Justiça e ao Conselho Nacional de Justiça, de cópias do acervo probatório coligido nesse inquérito, bem como, se eventualmente requerido, ao Tribunal Regional Federal do Rio de Janeiro e ao Tribunal Regional do Trabalho de Campinas. Na espécie, o STJ e o CNJ pleiteavam cópia desse inquérito, recoberto pelo sigilo legal, sobre dados de interceptações telefônicas autorizadas, para o efeito de juízo sobre a instauração, ou não, de processo administrativo destinado a apurar infrações disciplinares imputáveis a magistrados sujeitos ao seu controle administrativo. Inq 2424 QO/RJ, rel. Min. Cezar Peluso, 25.4.2007. (INQ-2424) Informativo 467 do STF.

nterceptação Telefônica e Transferência de Dados - 2

Inicialmente, afirmou-se que, na interpretação das normas contidas no art. 5°, XII, da CF e no art. 1º da Lei 9.296/96, devem ser discernidos, à luz dos valores nelas ponderados e tutelados, dois âmbitos semânticos: o da produção da prova, inerente aos resultados documentais da interceptação, e o do seu uso processual em sentido lato. Relativamente ao primeiro, ressaltou-se que a restrição constitucional tem por escopo a preservação da intimidade como bem jurídico privado, essencial à dignidade da pessoa, até o limite em que esse valor, surgindo como óbice à repressão criminal, cede à manifesta superioridade do interesse público na apuração e punição de crime grave enquanto o mais conspícuo dos atentados às condições fundamentais da subsistência da vida social. No que se refere ao segundo, **asseverou-se caber ao intérprete questionar a existência, ou não, de algum interesse público transcendente que, ligando-se a conseqüências de outra qualificação jurídico-normativa do mesmo ato ilícito objeto da investigação criminal, deva prevalecer, mais uma vez, na esfera ou na instância não penal competente, sobre a garantia de uma intimidade já devassada, para o efeito de aplicar ao autor daquele ato, por conta de sua simultânea ilicitude de outra ordem, a sanção legal não penal que lhe convém ou corresponde, a título de resposta estratégica do ordenamento, à violação de norma jurídica diversa**. Inq 2424 QO/RJ, rel. Min. Cezar Peluso, 25.4.2007. (INQ-2424) Informativo 467 do STF. (grifado pelo autor).

Interceptação Telefônica e Transferência de Dados - 3

Tendo isso em conta**, embora salientando não ser possível encontrar, como tese de alcance absoluto, esse interesse legitimante nos objetos dos processos meramente civis em que haja disputa sobre bens ou interesses jurídicos privados e disponíveis, considerou-se não afrontar à Constituição Federal ou à lei o entendimento de que a prova decorrente de interceptação lícita, autorizada e realizada em procedimento criminal, inquérito ou processo-crime, contra certa pessoa, na condição de suspeito, indiciado ou réu, possa ser-lhe oposta, na esfera própria, pelo mesmo Estado, encarnado por órgão administrativo ou judiciário a que esteja o agente submisso, como prova do mesmo ato visto sob a qualificação jurídica de ilícito administrativo ou disciplinar**. Aduziu-se que outra interpretação do art. 5º, XII, da CF, e do art. 1º da Lei 9.296/96 equivaleria a impedir que o mesmo Estado, que já conhece o fato na sua expressão histórica correspondente à figura criminosa e, como tal, já licitamente apurado na esfera penal, invocasse sua prova oriunda da interceptação para, sob as garantias do devido processo legal, no procedimento próprio, aplicar ao agente a sanção cabível à gravidade do eventual ilícito administrativo, em tutela de relevante interesse público e restauração da integridade do ordenamento jurídico. Vencido o Min. Marco Aurélio, que, ao fundamento de que a extensão da quebra do sigilo ofende o art. 5º, XII, da CF, negava a autorização apenas com relação aos elementos submetidos a sigilo. Inq 2424 QO/RJ, rel. Min. Cezar Peluso, 25.4.2007. (INQ-2424) Informativo 467 do STF. (grifado pelo autor).

Compartilhamento de Dados Sigilosos e Procedimento Administrativo Disciplinar

O Tribunal, resolvendo questão de ordem suscitada, pelo Min. Carlos Britto, em inquérito instaurado contra Deputado Federal, do qual relator, deferiu, por maioria, o requerimento de remessa de cópias dos autos, com a cláusula de sigilo, ao Presidente do Conselho de Ética e Decoro Parlamentar da Câmara dos Deputados. Na espécie, o Presidente do referido Conselho solicitara o compartilhamento das informações constantes dos autos do inquérito para subsidiar procedimento administrativo disciplinar movido contra o parlamentar naquela Casa Legislativa. Na linha de precedentes da Corte, entendeu-se que **os elementos informativos de uma investigação criminal, ou as provas colhidas no bojo de instrução processual penal, desde que obtidos mediante interceptação telefônica devidamente autorizada por juiz competente, como no caso, podem ser compartilhados para fins de instruir procedimento administrativo disciplinar**. Vencidos os Ministros Marco Aurélio e Joaquim Barbosa, que indeferiam o pedido, ao fundamento de que os dados sigilosos obtidos só poderiam ser utilizados para fins de persecução criminal, nos termos do que disposto no art. 5º, XII, da CF. Precedentes citados: Inq 2424 QO/RJ (DJU de 24.8.2007); Inq 2424 Seg. QO/RJ (DJU de 24.8.2007); AP 470 ED/MG (acórdão pendente de publicação). Inq 2725 QO/SP, rel. Min. Carlos Britto, 25.6.2008. (Inq-2725) Informativo 512 do STF. (grifado pelo autor).

▸ STJ

ADMINISTRATIVO. MANDADO DE SEGURANÇA. SERVIDOR PÚBLICO. TÉCNICO DA RECEITA FEDERAL. PROCESSO ADMINISTRATIVO DISCIPLINAR. DEMISSÃO. PRESCRIÇÃO DA PRETENSÃO PUNITIVA. NÃO CONFIGURAÇÃO. ART. 142 DA LEI 8.112/90. PRAZO QUINQUENAL. INTERRUPÇÃO. REINÍCIO DA CONTAGEM. PORTARIA INAUGURAL. PRESCINDIBILIDADE DA DESCRIÇÃO MINUCIOSA DA IMPUTAÇÃO. OBSERVÂNCIA DO CONTRADITÓRIO E DA AMPLA DEFESA. DISPENSABILIDADE NO PROCEDIMENTO PRELIMINAR. ALEGAÇÃO DE NULIDADE QUE EXIGE A DEMONSTRAÇÃO DE EVENTUAL PREJUÍZO. PRODUÇÃO DE PROVAS. VIA INADEQUADA AO REEXAME. INCURSÃO NO ART. 117, IX, DA LEI N. 8.112/90. DEMISSÃO. VINCULAÇÃO. AUSÊNCIA DE DIREITO LÍQUIDO E CERTO. 1. O termo inicial do lustro prescricional para a apuração do cometimento de infração disciplinar é a data do conhecimento do fato pela autoridade competente para instaurar o Processo Administrativo Disciplinar. A contagem da prescrição interrompe-se tanto com a abertura de sindicância quanto com a instauração de processo disciplinar. Após o decurso de 140 dias (prazo máximo conferido pela Lei n. 8.122/90 para conclusão e julgamento do PAD), o prazo prescricional recomeça a correr integralmente. 2. No que toca à sindicância, firmou-se nesta Corte Superior entendimento no sentido de que, diante de seu caráter meramente investigatório (inquisitorial) ou preparatório de um processo administrativo disciplinar (PAD), é dizer, aquela que visa a apurar a ocorrência de infrações administrativas sem estar dirigida, desde logo, à aplicação de sanção ao servidor público, é dispensável a observância das garantias do contraditório e da ampla defesa, sendo prescindível a presença obrigatória do investigado (MS 20.647/DF, Rel. Ministro Herman Benjamin, Primeira Seção, DJe 19/12/2016). 3. A Portaria de instauração do Processo Administrativo Disciplinar dispensa a descrição minuciosa da imputação, exigida tão somente após a instrução do feito, na fase de indiciamento, o que é capaz de viabilizar o exercício do contraditório e da ampla defesa. Precedentes. 4. O STJ entende que as irregularidades apontadas no processo disciplinar devem afetar as garantias do devido processo legal para justificarem a anulação deste, dependendo, portanto, da efetiva demonstração de prejuízos à defesa do servidor, segundo o princípio da instrumentalidade das formas (pas de nullité sans grief). 5. A ação mandamental não constitui via adequada para o reexame das provas produzidas em processo administrativo disciplinar, tampouco à revisão do juízo de valor que a autoridade administrativa faz sobre elas, ressalvada a avaliação do grau de proporcionalidade da pena aplicada (MS 13.771/DF, Rel. Ministro Rogerio Schietti Cruz,

Terceira Seção, DJe 02/06/2015). 6. Conforme a jurisprudência desta Corte Superior, uma vez incurso o servidor público no art. 117, IX, da Lei n. 8.112/90, não resta à autoridade competente para a aplicação da penalidade no âmbito administrativo qualquer juízo de discricionariedade a autorizar pena diversa da demissão. 7. Ordem denegada. (RO nos EDcl nos EDcl no MS 11.493/DF, Rel. Ministro NEFI CORDEIRO, TERCEIRA SEÇÃO, julgado em 25/10/2017, DJe 06/11/2017)

MANDADO DE SEGURANÇA. ADMINISTRATIVO. SERVIDOR PÚBLICO. DEMISSÃO. OFENSA AO DEVIDO PROCESSO LEGAL. NÃO OCORRÊNCIA. AUSÊNCIA DE VIOLAÇÃO DO ARTIGO 144, PARÁGRAFO ÚNICO, DA LEI Nº 8.112/90. OBSERVÂNCIA DA DEVIDA MOTIVAÇÃO DO ATO DE DEMISSÃO.

1. **Não incorre em nulidade a instauração de processo administrativo disciplinar com o fim de apurar novas infrações além daquelas objeto de exame inicial na sindicância prévia, procedimento dispensável quando houver elementos suficientes para a abertura do processo disciplinar**. 2. Tendo sido averiguada a possível prática, pelo impetrante, de diversas irregularidades funcionais, não incorre em nulidade a instauração de processo administrativo disciplinar a fim de apurá-las. 3. Observância, na espécie, de devida motivação do ato de demissão do servidor público, que apontou provas suficientes da prática de infrações previstas na lei. 4. Segurança denegada. (MS 12.935. Rel. Min. Maria Thereza de Assis de Moura, 3ª Seção, j. 24.11.2010. DJe 10/12/2010). (grifado pelo autor).

MANDADO DE SEGURANÇA. ADMINISTRATIVO. PROCESSO ADMINISTRATIVO-DISCIPLINAR. SERVIDOR PÚBLICO FEDERAL. DEMISSÃO. APLICAÇÃO DA SÚMULAVINCULANTE Nº 5/STF. NÃO OBRIGATORIEDADE DE DEFESA TÉCNICA POR ADVOGADO. AMPLA DEFESA DEVIDAMENTE OBSERVADA NO CASO. NULIDADE DAPORTARIA INAUGURAL. NÃO-OCORRÊNCIA.

1. Nos termos da Súmula Vinculante nº 5/STF, a falta de defesa técnica por advogado no processo administrativo não ofende a Constituição Federal, desde que seja concedida a oportunidade de ser efetivado o contraditório e a ampla defesa, como no caso. 2. O impetrante, além de ter sido devidamente interrogado uma vez no curso no processo administrativo disciplinar, foi notificado outras duas vezes para prestar novo depoimento, com o fito de prestar outros esclarecimentos que entendesse pertinentes, mas não compareceu aos atos designados. Sendo assim, resta claro que a Comissão Processante observou todos os ditames legais que norteiam o PAD, oportunizando ao impetrante, durante o curso de todo o procedimento administrativo, o exercício de sua ampla defesa. 3. De acordo com a jurisprudência consolidada desta Corte, **apenas quando do indiciamento do servidor, posteriormente à fase instrutória do processo administrativo disciplinar, deve haver a descrição detalhada dos fatos a serem apurados, desnecessária na portaria inaugural do processo disciplinar**. Consoante jurisprudência firmada por esta Seção, o excesso de prazo para conclusão do processo administrativo disciplinar não é causa de sua nulidade quando não demonstrado prejuízo à defesa do servidor. Precedentes. 4. Segurança denegada. (MS 12.457, Rel. Min. Maria Thereza de Assis de Moura, 3ª Seção, j. 24.11.2010, DJe 08/02/2011). (grifado pelo autor).

PAD. SINDICÂNCIA. PORTARIA INAUGURAL. NULIDADE. PREJUÍZO.

A Seção reafirmou que **a sindicância de que trata o art. 143 da Lei n. 8.112/1990 é mero procedimento preparatório do processo administrativo disciplinar**

(PAD) e, por isso, mostra-se dispensável quando já existirem elementos suficientes a embasar a instauração daquele processo. Também reafirmou que a portaria inaugural tem como seu principal objetivo dar início ao processo por conferir publicidade à constituição da comissão processante, que não exige uma exposição detalhada dos fatos imputados ao servidor, o que somente se faz indispensável quando da fase de indiciamento (arts. 151 e 161 dessa mesma lei). Quanto à eventual nulidade do processo, a Seção firmou novamente que há que se provar o prejuízo sofrido (pás de nullité sans grief) e que não é devida, em sede de mandamus, a apreciação da justiça da pena sugerida na conclusão do processo, porquanto se cuida de mérito administrativo pendente de apreciação pela autoridade tida por coatora. Precedentes citados: MS 10.160-DF, DJ 11/12/2006; MS 9.212-DF, DJ 1º/6/2005; MS 7.069-DF, DJ 12/3/2001; RMS 20.481-MT, DJ 11/9/2006, e MS 6.799-DF, DJ 19/6/2000. MS 8.030-DF, Rel. Min. Laurita Vaz, julgado em 13/6/2007. Noticiado no informativo 323/2007 do STJ. (grifado pelo autor).

MANDADO DE SEGURANÇA. PROCESSO DISCIPLINAR. CONCESSÃO IRREGULAR DE BENEFÍCIOS PREVIDENCIÁRIOS. IMPROBIDADE ADMINISTRATIVA. PENA DE DEMISSÃO. NULIDADE DA PORTARIA INAUGURAL. AUSÊNCIA DE INDICAÇÃO MINUCIOSA DOS FATOS INVESTIGADOS E CAPITULAÇÃO. DESNECESSIDADE. PRECEDENTES. ART. 161 DA LEI 8.112/90. FORMAÇÃO DE CONJUNTO PROBATÓRIO SUFICIENTE. RESPEITO AOS PRINCÍPIOS DO CONTRADITÓRIO E AMPLA DEFESA. PROPORCIONALIDADE DA SANÇÃO. ORDEM DENEGADA.

1. Em face dos princípios da proporcionalidade, dignidade da pessoa humana e culpabilidade, típicos do regime jurídico disciplinar, **não há juízo de discricionariedade no ato administrativo que impõe sanção a Servidor Público, razão pela qual o controle jurisdicional é amplo, de modo a conferir garantia aos servidores públicos contra eventual arbítrio, não se limitando, portanto, somente aos aspectos formais**. Precedentes. 2. Releva anotar que o art. 20 da Lei 8.429/92 implantou a exigência de decisão judicial para a aplicação da pena de demissão do servidor por ato de improbidade administrativa, assim eliminando a potestade da Administração de aplicá-la; esse ponto de vista, contudo, não tem prevalecido na jurisprudência dos Tribunais, daí permanecer a simples ressalva do ponto-de-vista do Relator. 3. **Somente após o início da instrução probatória, a Comissão será capaz de produzir um relato circunstanciado das condutas supostamente praticadas pelos Servidores indiciados, capitulando as infrações porventura cometidas; precisamente por isso, não se exige que a Portaria instauradora do Processo Disciplinar contenha a minuciosa descrição dos fatos que serão apurados pela Comissão Processante, exigível apenas quando do indiciamento do Servidor.** Precedentes desta Corte. 4**. O ato de indiciamento que contém a precisa e correta descrição dos fatos imputados ao Servidor, não incorre em ilegalidade alguma, ainda que ausente a capitulação da conduta, uma vez que a defesa é exercitada contra os fatos imputados e não contra a sua eventual tipificação jurídica**, como assente na jurisprudência dos Tribunais, sem minimizar a importância dessa definição, para não deixá-la *ab libitum* da Comissão Processante. 5. É indelével que o Processo Administrativo que resultou na pena de demissão do impetrante não se lastreou em provas evasivas ou critérios destituídos de valor; teve seu início com apuração de irregularidades denunciadas à auditoria da Autarquia e os fatos foram devidamente corroborados com a prova testemunhal e documental. 6. A Súmula

Vinculante 5/STF comporta leitura que leve à conclusão de que a defesa técnica, no PAD, continua exigível, embora não tenha de ser feita indispensavelmente por Advogado, podendo ser exercida por quem possua conhecimento suficiente para deduzi-la com eficácia. 7. Ordem denegada. (MS 13.518, Rel, Min. Napoleão Nunes Maia Filho, 3ª Seção, j. 05.12.2008, DJe 19/12/2008). (grifado pelo autor).

DIREITO ADMINISTRATIVO. PROCESSO ADMINISTRATIVO DISCIPLINAR (PAD). UTILIZAÇÃO DE INTERCEPTAÇÃO TELEFÔNICA.

É possível utilizar, em processo administrativo disciplinar, na qualidade de "prova emprestada", a interceptação telefônica produzida em ação penal, desde que devidamente autorizada pelo juízo criminal e com observância às diretrizes da Lei n. 9.296/1996. Precedentes citados: MS 13.099-DF, DJe 22/3/2012; MS 15.823-DF, DJe 18/8/2011; MS 14.598-DF, DJe 11/10/2011; MS 15.786-DF, DJe 11/5/2011, e AgRg na APn 536-BA, DJ 9/10/2007. MS 14.140-DF, Rel. Min. Laurita Vaz, julgado em 26/9/2012. Noticiado no informativo 505/2012 do STJ. (grifado pelo autor).

QUESTÕES DE CONCURSO RELACIONADAS

01. (Cespe- Defensor Público Federal- 2010) "Dados obtidos em interceptação de comunicações telefônicas e em escutas ambientais, judicialmente autorizadas para produção de prova em investigação criminal ou em instrução processual penal, podem ser usados em procedimento administrativo disciplinar, contra a mesma ou as mesmas pessoas em relação às quais foram colhidos, ou contra outros servidores cujos supostos ilícitos teriam despontado à colheita dessa prova." - assertiva correta.

02. (Cespe- Cartório- DF- 2008) "Os elementos informativos de uma investigação criminal, ou as provas colhidas no bojo da instrução processual penal, desde que obtidos mediante interceptação telefônica devidamente autorizada pelo juiz competente, podem ser compartilhados para fins de instruir procedimento administrativo disciplinar." - assertiva correta.

13. (QUESTÃO ELABORADA PELOS AUTORES – INÉDITA)

A greve no serviço público sempre ensejou diversos debates, haja vista se tratar de exceção ao princípio da continuidade dos serviços públicos. Sobre o tema, responda fundamentadamente.

a) É possível a todos os servidores públicos exercer plenamente o direito de greve?

b) Na hipótese de movimento paredista por servidores públicos, há possibilidade de desconto pelos dias não trabalhados?

RESPOSTA:

a) De acordo com o texto constitucional, bem como a atual jurisprudência do Supremo Tribunal Federal, verifica-se que nem todos os servidores públicos podem gozar do direito de greve, conforme se demonstra a seguir.

A greve de servidores públicos, ainda que represente exceção ao princípio da continuidade dos serviços públicos, caracteriza-se como direito de índole constitucional, nos moldes do art. 37, VII da CRFB/88.

O STF já declarou que esse dispositivo constitui norma de eficácia limitada, dependendo de norma regulamentadora, e, enquanto não editada, aplica-se aos servidores públicos a lei geral de greve do setor privado (Lei 7783/89 e Lei 7701/88).

Ressalva-se que a própria Constituição excepciona esse direito aos servidores militares, dispondo ser vedado o direito de sindicalização e greve na carreira militar, de acordo com o art. 142, §3º, IV c/c art. 42, §1º.

Ocorre que, além dos servidores de carreira militar, o Pretório Excelso decidiu que nenhum servidor público que trabalhe diretamente na área da segurança pública pode deflagrar movimento grevista, inclusive policiais civis.

Segundo entendeu o STF, diante da relevância das funções exercidas pelas carreias policiais, essa categoria diferencia-se das demais atividades essenciais, como saúde e educação, porquanto não pode ser exercida pela iniciativa privada, sendo atividade exclusiva de Estado.

Por essas peculiaridades, ponderou o Supremo, que não é possível compatibilizar que as carreiras voltadas para a segurança pública deflagrem movimento paredista, pois colocaria em risco toda a coletividade, a ordem pública e a paz social, sendo legítimo relativizar o direito de greve de uma categoria pela prevalência do interesse público e social.

b) Em regra, o Poder Público deve proceder ao desconto dos dias de paralisação decorrentes do exercício do direito de greve pelos servidores públicos. Os dias em que o trabalhador fica afastado do serviço com o objetivo de participar do movimento grevista são considerados pelo art. 7º da Lei 7783/89 como períodos de suspensão do contrato de trabalho. Desse modo, é cediço que a suspensão do contrato caracteriza-se por ser hipótese em que não há prestação do serviço, não havendo, ademais, pagamento de salários, diferentemente das hipóteses de interrupção.

Segundo assentou o Supremo Tribunal Federal, a Administração Pública não só pode, como deve efetuar o desconto pelos dias de paralisação do servidor público, sob pena de violação ao princípio da legalidade e da indisponibilidade do interesse público, e, ainda, de se configurar enriquecimento sem causa dos servidores que deixaram de prestar serviços por algum tempo.

Ressalta-se que há uma exceção quanto a possibilidade de efetuar tais descontos salariais, qual seja, quando ficar demonstrado que a greve foi provocada por conduta ilícita do Poder Público, como por exemplo, atraso no pagamento dos salários.

Destaca-se, ainda, que segundo entendimento do Superior Tribunal de Justiça, a Administração Pública não poderá determinar que os descontos na remuneração do servidor público sejam realizados de uma só vez. Segundo a Corte Superior, não se mostra razoável a possibilidade de desconto em parcela única sobre a remuneração do servidor público dos dias parados e não compensados provenientes do exercício do direito de greve, haja vista se tratar de verba de caráter alimentar, configurando dano desproporcional ao servidor público.

DOUTRINA TEMÁTICA

"Em relação à possibilidade de realização de movimentos paredistas pelos agentes estatais, inicialmente, cumpre ressaltar que os servidores militares não têm direito de greve, nem de sindicalização, por expressa vedação constitucional. Com efeito, a proibição está expressa no art. 142, IV da Carta Magna e se aplica aos que prestam serviços às forças armadas, como exército, marinha e aeronáutica, mas também se estende aos militares dos estados, incluindo a polícia militar e o corpo de bombeiros.

Nestas corporações, deve-se atentar para o respeito à hierarquia e à disciplina e o movimento grevista pode prejudicar as relações travadas, indispensáveis à garantia de manutenção da segurança da sociedade.

Por sua vez, em relação aos servidores públicos civis, o direito de greve está garantido pelo art. 37, VII da Constituição Federal e será exercido nos limites definidos em lei específica. Ressalte-se que, ao tratar de lei específica, o texto constitucional se refere à edição de lei ordinária para tratar do tema, definindo os contornos e forma de exercício deste direito pelos servidores públicos civis, não sendo matéria afeta à lei complementar." (CARVALHO, 2017, p. 834)

"Em 2016, afinal, nossa Corte Suprema decidiu, com repercussão geral, que a administração pública deve efetuar, ela mesma, sem necessidade de autorização judicial, o desconto da remuneração dos dias de paralisação por motivo de greve de seus servidores. Foram excepcionadas, tão somente, as situações em que a greve haja sido provocada por uma conduta ilícita do Poder Público (ele tenha concorrido, mediante comportamento recriminável, para a deflagração do movimento paredista). O desconto da remuneração pode ser evitado, caso os servidores e a administração pública entrem em acordo para a compensação dos dias parados."(ALEXANDRINHO, 2017, p. 360-361)

JURISPRUDÊNCIA TEMÁTICA

DIREITO CONSTITUCIONAL - DIREITO DE GREVE. Direito de greve e carreiras de segurança pública. O exercício do direito de greve, sob qualquer forma ou modalidade, é vedado aos policiais civis e a todos os servidores públicos que atuem diretamente na área de segurança pública. É obrigatória a participação do Poder Público em mediação instaurada pelos órgãos classistas das carreiras de segurança pública, nos termos do art. 165 do Código de Processo Civil (CPC), para vocalização dos interesses da categoria. Com base nessas orientações, o Plenário, por maioria, deu provimento a recurso extraordinário com agravo interposto contra acórdão que concluiu pela impossibilidade de extensão aos policiais civis da vedação do direito à greve dos policiais militares. Prevaleceu o voto do ministro Alexandre de Moraes. Para ele, a interpretação teleológica dos arts. 9º, 37, VII, e 144 da Constituição Federal (CF) veda a possibilidade do exercício de greve a todas as carreiras policiais previstas no citado art. 144. Não seria necessário, ademais, utilizar de analogia com o art. 142, § 3º, IV, da CF, relativamente à situação dos policiais militares. Esclareceu que a Constituição tratou das carreiras policiais de forma diferenciada ao deixá-las de fora do capítulo específico dos servidores públicos. Segundo o ministro, as carreiras policiais são carreiras de Estado sem paralelo na atividade privada, visto que constituem o braço armado do Estado para a segurança pública, assim como as Forças Armadas são o braço armado para a segurança nacional. Diversamente do que ocorre com a educação e a saúde — que são essenciais para o Estado, mas têm paralelo na iniciativa privada —, não há possibilidade de exercício de segurança pública seja ostensiva pela Polícia Militar, seja de polícia judiciária pela Polícia Civil e pela Polícia Federal, na União. Em outras palavras, não há possibilidade de nenhum outro órgão da iniciativa privada suprir essa atividade, que, por si só, é importantíssima e, se paralisada, afeta ainda o exercício do Ministério Público e do próprio Poder Judiciário. Por isso, considerou que a segurança pública, privativa do Estado, deve ser tratada de maneira diferenciada tanto para o bônus quanto para o ônus. Observou, no ponto, que uma pessoa que opta pela carreira policial sabe que ingressa num regime diferenciado, de hierarquia e disciplina, típico dos ramos policiais. É um trabalho diferenciado, por escala, com aposentadoria especial, diverso das demais atividades do serviço público. Os policiais andam armados 24 horas por dia e têm a obrigação legal de intervenção e realização de toda e qualquer prisão em flagrante delito. Devem cuidar ainda da própria segurança e de sua família, porque estão mais sujeitos à vingança da criminalidade organizada do que qualquer outra autoridade pública. Justamente em razão dessas peculiaridades, o ministro registrou a impossibilidade de os policiais participarem desarmados de reuniões, manifestações ou passeatas. Frisou que, ao analisar os anais da Constituinte relativamente ao art. 144 da CF e às carreiras policiais, verificou uma dupla finalidade nas discussões constituintes: a) atender aos reclamos sociais para uma melhor segurança pública, tendo em vista que no Brasil ocorrem cerca de 58 mil mortes violentas por ano, sendo 52 mil homicídios dolosos; e b) reduzir a possibilidade de intervenção das Forças Armadas em questões internas, a fim de evitar eventuais retornos autoritários à democracia. As carreiras policiais, que representam o braço armado do Estado, são responsáveis por garantir a segurança pública e a democracia. Portanto, não se pode permitir que realizem greve. Entretanto, segundo o ministro, tem-se verificado a necessidade, cada vez maior, da garantia de lei e ordem, ou seja, de utilização das Forças Armadas em defesa da segurança pública, situação que a Constituição buscou evitar com o equacionamento e com a colocação de carreiras policiais como carreiras de Estado permanentes ao exercício democrático. Ponderou não se tratar, no caso, de um conflito entre o direito de greve e o princípio da continuidade do serviço público ou da prestação de serviço público. Há um embate entre o direito de greve, de um lado, e o direito de toda a sociedade à garantia da segurança pública, à garantia da ordem pública e da paz social, de outro. Quanto a esse aspecto das carreiras policiais, deve ser valorada, no atual conflito, de forma muito mais intensa, a questão da segurança pública, da ordem pública e da paz social. Afinal, eventuais movimentos grevistas de carreiras policiais podem levar à ruptura da segurança pública, o que é tão grave a ponto de permitir a decretação do estado de defesa (CF, art. 136) e, se o estado de defesa, em noventa dias, não responder ao anseio necessário à manutenção e à reintegração da ordem, a decretação do estado de sítio (CF, art. 137, I). Portanto, a prevalência do interesse público e do interesse social na manutenção da ordem pública, da segurança pública, da paz social sobre o interesse de determinadas categorias de servidores públicos — o gênero servidores públicos; a espécie carreiras policiais — deve excluir a possibilidade do exercício do direito de greve por parte das carreiras policiais, dada a sua incompatibilidade com a interpretação teleológica do texto constitucional, em especial dos arts. 9º, § 1º; e 37, VII da CF. Ademais, para o ministro, é viável conciliar as previsões constitucionais sem aniquilar o direito de greve dos servidores públicos. Frisou que a CF prevê a possibilidade de greve do gênero servidores públicos. E, mesmo assim, a lei pode estabelecer restrições e limites, sejam parciais ou, para determinadas carreiras que são espécies dos servidores públicos, totais. Não se está, dessa forma, a aniquilar o direito de greve dos servidores públicos, mas a afirmar que, dentro dessa razoabilidade que a própria Constituição trouxe, não é possível o exercício do direito de greve por determinadas carreiras, como as policiais. Concluiu que, apesar de se referir à greve "lato sensu" da atividade privada, o art. 9º da CF aplica-se também na interpretação do art. 37, VII, da CF. A manutenção da segurança pública e a defesa da vida, da incolumidade física, do patrimônio de toda a sociedade, da atividade de polícia judiciária, a alavancar a atividade do Ministério Público e da própria Justiça criminal, são, "prima facie", necessidades inadiáveis da comunidade (CF, art. 9º, § 1º). Da mesma forma, o art. 37, VII, da CF prevê termos e limites ao exercício de greve. Ao compatibilizar o art. 144 da CF às razões já ditas, para colocação de um artigo específico para carreiras policiais — como braço armado do Estado —, percebe-se que a própria Constituição já traz, quanto às carreiras policiais, a relatividade do exercício do direito de greve dos servidores públicos. A CF garante o direito de greve ao gênero servidores públicos, com limites e nos termos que a lei estabelecer, e, em relação à espécie carreiras policiais, não possibilita esse exercício, sob pena de total desrespeito ao atendimento das necessidades inadiáveis da comunidade. O ministro Roberto Barroso acrescentou que, apesar de os policiais civis não poderem exercer o direito de greve, é indispensável que essa categoria — que, no interesse público, sofre a restrição de um direito fundamental — possa vocalizar as suas reivindicações de alguma forma. De "lege ferenda", afirmou ser perfeitamente possível que, ao mesmo passo em que se veda o direito de greve a policiais civis, seja estabelecida uma vinculação a outra categoria para que eles se beneficiem de reivindicações de categorias afins, que não sejam, entretanto, nem de segurança pública nem portem armas. De "lege lata", à luz do direito vigente neste momento, reputou que a alternativa está contida no art. 165 do CPC. Vencidos os ministros Edson Fachin (relator), Rosa Weber e Marco Aurélio, que negavam provimento ao recurso. ARE 654432/GO, rel. orig. Min. Edson Fachin, red. p/ o ac. Min. Alexandre de Moraes, julgamento em 5.4.2017. (ARE-654432)

EMENTA Recurso extraordinário. Repercussão geral reconhecida. Questão de ordem. Formulação de pedido de desistência da ação no recurso extraordinário em que reconhecida a repercussão geral da matéria. Impossibilidade. Mandado de segurança. Servidores públicos civis e direito de greve. Descontos dos dias parados em razão do movimento grevista. Possibilidade. Reafirmação da jurisprudência do Supremo Tribunal Federal. Recurso do qual se conhece em parte, relativamente à qual é provido. 1. O Tribunal, por maioria, resolveu questão de ordem no sentido de não se admitir a desistência do mandado de segurança, firmando a tese da impossibilidade de desistência de qualquer recurso ou mesmo de ação após o reconhecimento de repercussão geral da questão constitucional. 2. A deflagração de greve por servidor público civil corresponde à suspensão do trabalho e, ainda que a greve não seja abusiva, como regra, a remuneração dos dias de paralisação não deve ser paga. 3. O desconto somente não se realizará se a greve tiver sido provocada por atraso no pagamento aos servidores públicos civis ou por outras situações excepcionais que justifiquem o afastamento da premissa da suspensão da relação funcional ou de trabalho, tais como aquelas em que o ente da administração ou o empregador tenha contribuído, mediante conduta recriminável, para que a greve ocorresse ou em que haja negociação sobre a compensação dos dias parados ou mesmo o parcelamento dos descontos. 4. Fixada a seguinte tese de repercussão geral: "A administração pública deve proceder ao desconto dos dias de paralisação decorrentes do exercício do direito de greve pelos servidores públicos, em virtude da suspensão do vínculo funcional que dela decorre, permitida a compensação em caso de acordo. O desconto será, contudo, incabível se ficar demonstrado que a greve foi provocada por conduta ilícita do Poder Público". 5. Recurso extraordinário provido na parte de que a Corte conhece. (RE 693456, Relator(a): Min. DIAS TOFFOLI, Tribunal Pleno, julgado em 27/10/2016, PROCESSO ELETRÔNICO DJe-238 DIVULG 18-10-2017 PUBLIC 19-10-2017)

14. (QUESTÃO ELABORADA PELOS AUTORES – INÉDITA)

Considere a hipótese de um servidor público que ocupe dois cargos remunerados de professor junto a Administração Pública de determinado ente da federação, cuja jornada total de trabalho, considerando ambos os cargos, seja de 56 horas semanais.

Nesse contexto, com base na legislação de regência e na atual jurisprudência:

a) Esclareça se a referida acumulação de cargos é lícita.

b) Discorra sobre a aplicação do teto remuneratório dos servidores públicos no caso de acumulação de cargos públicos.

RESPOSTA:

a) A acumulação de cargos em comento configura-se lícita, pois atende aos preceitos constitucionais, bem como ao atual entendimento dos tribunais superiores.

De início, cumpre destacar que a acumulação de cargos é, em regra, vedada pelo ordenamento jurídico pátrio, sendo excepcionalmente admitida, nas hipóteses expressamente previstas no art. 37, XVI, "a", "b" e "c" da CRFB/88. Dentre os cargos acumuláveis, há disposição expressa para a hipótese de dois cargos de professor, por exemplo.

Nesse contexto, ressalta-se que, a Carta da República ainda condiciona a acumulação de cargos à compatibilidade de horários, em qualquer caso. Desse modo, o Superior Tribunal de Justiça firmou entendimento de que, quando a soma semanal da jornada de trabalho ultrapassar o total de 60 horas, considera-se não haver compatibilidade de horários para efeito de acumulação de cargos, tornando-a ilícita.

De acordo com a Corte Superior, deve-se atentar para a integridade física e psíquica do servidor, de modo que a jornada exaustiva de trabalho é prejudicial à saúde do agente, prejudicando seu desempenho e violando, até mesmo, o princípio da eficiência.

b) A EC 41/03 instituiu o chamado teto remuneratório para os ocupantes de cargos, empregos ou funções públicas, estipulando limitação no valor da remuneração de servidores públicos, que não pode exceder, no âmbito federal, ao subsídio de Ministros do Supremo Tribunal Federal, visando impedir a exorbitância de salários no âmbito da administração pública, nos moldes do art. 37, XI da CRFB/88.

Em recente decisão plenária, a Suprema Corte modificou seu entendimento sobre a regra constitucional do teto remuneratório, de forma que, a partir da nova interpretação dada ao art. 37, XI, a submissão ao teto deve ser observada considerando cada cargo isoladamente, nas hipóteses, em que se permite a acumulação de cargos públicos, de modo que o somatório das remunerações de ambos os cargos pode exceder o valor estipulado como limite.

O STF ainda consignou que a submissão ao teto, nessas hipóteses, acarretaria em desestímulo para que servidores capacitados exercessem mais de um cargo público, mesmo que permitido pelo ordenamento, haja vista a possibilidade de sofrer corte de remuneração para se adequar à limitação constitucional, o que afronta, em última análise o princípio da eficiência nas atividades públicas.

Por fim, a limitação do teto à soma da remuneração de dois cargos acumuláveis ensejaria enriquecimento sem causa do Poder Público, uma vez que viabilizaria a retribuição pecuniária inferior ao que se tem como plausível.

DOUTRINA TEMÁTICA

"A Constituição admite a acumulação remunerada em algumas situações que expressamente menciona. Observe-se, porém, que, seja qual for a hipótese de permissividade, há de sempre estar presente o pressuposto da compatibilidade de horários. Sem esta, a acumulação é vedada, mesmo que os cargos e funções sejam em tese acumuláveis. Entretanto, a exigência constitucional é somente a de compatibilidade de horários, de modo que será vedado criar exigência não prevista, como é o caso do limite de horas semanais de trabalho. Não obstante, haverá ilegalidade se o somatório das jornadas ultrapassar os limites da possibilidade material e da razoabilidade, o que terá que ser verificado em cada caso." (CARVALHO FILHO, 2017, p. 700)

"Remuneração da atividade de magistério. Trata-se de orientação jurisprudencial e doutrinária que exclui da adequação ao teto de remuneração as remunerações pagas pelo exercício de cargos de professor, em acumulação com outro cargo público. Com efeito, determinados agentes públicos não teriam o interesse em difundir seu conhecimento, caso isso não lhe trouxesse qualquer vantagem pecuniária. Suponha, neste sentido, que um Ministro do Supremo Tribunal Federal, cuja remuneração já corresponde ao teto de pagamento, não poderia ser remunerado caso acumulasse sua função com o cargo público de professor. Sendo assim, a remuneração pelo exercício do cargo de professor não será computada para fins de adequação ao teto remuneratório" (CARVALHO, 2017, p. 858)

JURISPRUDÊNCIA TEMÁTICA

DIREITO ADMINISTRATIVO. INADMISSIBILIDADE DE ACUMULAÇÃO DE CARGOS PÚBLICOS CUJAS JORNADAS SOMEM MAIS DE SESSENTA HORAS SEMANAIS. É vedada a acumulação de um cargo de professor com outro técnico ou científico quando a jornada de trabalho semanal ultrapassar o limite máximo de sessenta horas semanais. A Primeira Seção do STJ reconheceu a impossibilidade de cumulação de cargos de profissionais da área de saúde quando a jornada de trabalho superar sessenta horas semanais. Isso porque, apesar de a CF permitir a acumulação de dois cargos públicos privativos de profissionais de saúde, deve haver, além da compatibilidade de horários, observância ao princípio constitucional da eficiência, o que significa que o servidor deve gozar de boas condições físicas e mentais para exercer suas atribuições (MS 19.300-DF, DJe 18/12/2014). Nessa ordem de ideias, não é possível a acumulação de dois cargos públicos quando a jornada de trabalho semanal ultrapassar o limite máximo de sessenta horas. (REsp 1.565.429-SE, Rel. Min. Herman Benjamin, julgado em 24/11/2015, DJe 4/2/2016. Info 576)

DIREITO ADMINISTRATIVO. ACUMULAÇÃO LÍCITA DE CARGOS PÚBLICOS. É possível a acumulação de um cargo público de professor com outro de intérprete e tradutor da Língua Brasileira de Sinais (LIBRAS). Nos termos da CF, a inacumulabilidade de cargo público emerge como regra, cujas exceções são expressamente estabelecidas no corpo da própria Carta Magna (art. 37, XVI). Na exceção prevista na alínea "b" do inciso XVI do art. 37 da CF ("a de um cargo de professor com outro técnico ou científico"), o conceito de "cargo técnico ou científico" não remete, essencialmente, a um cargo de nível superior, mas à atividade desenvolvida, em atenção ao nível de especificação, capacidade e técnica necessários para o correto exercício do trabalho (RMS 42.392-AC, Segunda Turma, DJe 19/3/2015; RMS 28.644-AP, Quinta Turma; DJe 19/12/2011; e RMS 20.033-RS, Quinta Turma, DJ 12/3/2007). Cumpre destacar, de partida, que a legislação brasileira reconhece a Língua Brasileira de Sinais (LIBRAS) como um sistema linguístico de comunicação, cuja formação profissional deve ser fomentada pelo Poder Público para viabilizar a comunicação com a pessoa portadora de deficiência e, consequentemente, promover sua inclusão nas esferas sociais (Leis n. 10.098/2000 e n. 10.436/2002 e Dec. n. 5.626/2005). Nesse contexto, as disposições do Dec. n. 5.626/2005 somam-se aos preceitos da Lei n. 12.319/2010 (que regulamenta a profissão de Tradutor e Intérprete da LIBRAS) para evidenciar que o exercício da profissão de tradutor e intérprete da LIBRAS exige conhecimentos técnicos e específicos relativos a um sistema linguístico próprio, totalmente diferente da Língua Portuguesa, mas a esta associada para fins de viabilizar a comunicação com pessoas portadoras de deficiência, conduzindo à inexistência de vedação para cumulação do cargo de professor com o de tradutor e intérprete da LIBRAS, dada a natureza técnica do cargo. REsp 1.569.547-RN, Rel. Min. Humberto Martins, julgado em 15/12/2015, DJe 2/2/2016. Info. 575)

DIREITO ADMINISTRATIVO. ACUMULAÇÃO DE APOSENTADORIA DE EMPREGO PÚBLICO COM REMUNERAÇÃO DE CARGO TEMPORÁRIO. É possível a cumulação de proventos de aposentadoria de emprego público com remuneração proveniente de exercício de cargo temporário. Preceitua o art. 118, § 3º, da Lei 8.112/1990 que se considera "acumulação proibida a percepção de vencimento de cargo ou emprego público efetivo com proventos da inatividade, salvo quando os cargos de que decorram essas remunerações forem acumuláveis na atividade". Com efeito, da simples leitura do comando normativo infere-se que a vedação nele contida diz respeito apenas à acumulação de proventos de aposentadoria com remuneração de cargo ou emprego público efetivo, categorias nas quais não se insere a função pública exercida por força de contratação temporária, preenchida via processo seletivo simplificado. Do mesmo modo, o art. 6º da Lei 8.745/1993 - diploma normativo que regulamenta o art. 37, IX, da CF - dispõe que "É proibida a contratação, nos termos desta Lei, de servidores da Administração direta ou indireta da União, dos Estados, do Distrito Federal e dos Municípios, bem como de empregados ou servidores de suas subsidiárias e controladas". Ademais, ainda que assim não fosse, a aposentadoria se deu pelo Regime Geral de Previdência Social - RGPS, não se lhe aplicando, portanto, o disposto no § 10 do art. 37 da CF, segundo o qual "É vedada a percepção simultânea de proventos de aposentadoria decorrentes do art. 40 ou dos arts. 42 e 142 com a remuneração de cargo, emprego ou função pública, ressalvados os cargos acumuláveis na forma desta Constituição, os cargos eletivos e os cargos em comissão declarados em lei de livre nomeação e exoneração", dispositivo constitucional ao qual não se pode atribuir interpretação extensiva em prejuízo do empregado público aposentado pelo RGPS, disciplinado pelo artigo 201 da CF. (REsp 1.298.503-DF, Rel. Min. Humberto Martins, julgado em 7/4/2015, DJe 13/4/2015. Inf. 559)

DIREITO ADMINISTRATIVO E CONSTITUCIONAL. ACUMULAÇÃO DE DOIS PROVENTOS DE APOSENTADORIA PELO RPPS. RETORNO AO SERVIÇO PÚBLICO ANTERIOR À EC N. 20/1998. Ressalvadas as hipóteses de acumulação de cargo público expressamente previstas na CF, não é possível, após a EC n. 20/1998, cumular mais de uma aposentadoria à conta do regime previdenciário do art. 40 da CF, ainda que o ingresso no cargo em que se deu a segunda aposentadoria tenha ocorrido antes da referida Emenda. O art. 11 da EC n. 20/1998 preservou a situação dos servidores inativos que reingressaram no serviço público antes de sua promulgação, de forma a permitir a percepção tanto dos proventos da aposentadoria como dos vencimentos do novo cargo público. Entretanto, o servidor nessa situação, a partir do momento em que se aposenta novamente, não pode acumular as duas aposentadorias, por expressa vedação constitucional, não havendo que se falar em violação a ato jurídico perfeito nem a direito adquirido. Precedentes citados do STF: (AgRg no MS 28.711-DF, DJ 21/9/2012, e RE 584.388-SC, DJ 27/9/2011; e do STJ: AgRg no RMS 15.686-PR, DJe 18/4/2012, e RMS 13.835-PR, DJe 12/5/2008. RMS 32.756-PE, Rel. Min. Castro Meira, julgado em 27/11/2012.)

CAPÍTULO 10
CONTROLE DA ADMINISTRAÇÃO PÚBLICA

QUESTÕES

1. (CESPE – PROCURADOR DO ESTADO – PB – 2008)

Maria, então servidora do estado da Paraíba, requereu a sua aposentadoria no regime próprio de previdência social, o que lhe foi concedido, e passou a receber os respectivos proventos. Quando do registro dessa aposentadoria pelo Tribunal de Contas do Estado (TCE), 4 anos depois, verificou-se indevido o recebimento de certa parcela remuneratória, motivo pelo qual o TCE determinou o imediato cancelamento e restituição dessa parcela, por meio de desconto nos proventos futuros da servidora aposentada. Recebida a decisão do TCE, o secretário de Estado da Administração consultou a Procuradoria do Estado para que esta o informasse da (im)possibilidade de imediato cancelamento ou desconto da referida parcela nos proventos de Maria.

Considerando a situação hipotética acima, redija, na qualidade de procurador do estado da Paraíba, um pronunciamento (não é necessária a elaboração de parecer) acerca da informação solicitada pelo secretário de Estado da Administração, com os argumentos jurídicos constitucionais pertinentes, abordando os seguintes aspectos:

- legalidade do desconto imediato;
- relação com a Súmula vinculante nº 3 do STF, que dispensa o contraditório e a ampla defesa para a análise do ato de aposentadoria;
- parcelas recebidas de boa-fé pelos servidores públicos.

ESPAÇO EM BRANCO PARA RESPOSTA (30 LINHAS)

1

2

2. (CESPE – JUIZ DE DIREITO – TO – 2007)

Responda, fundamentadamente, ao seguinte questionamento: viola o princípio da autonomia universitária a competência do Tribunal de Contas da União para fiscalizar as contas das universidades públicas federais?

◉ ESPAÇO EM BRANCO PARA RESPOSTA (30 LINHAS)

3. (QUESTÃO ELABORADA PELOS AUTORES)

O mandado de segurança representa uma ação constitucional que visa tutelar direito líquido e certo que foi violado ou está na iminência de o ser, por ato de autoridade pública ou de agente de pessoa jurídica no exercício de atribuições do Poder Público. Essa ação tornou-se um dos meios mais eficazes de controle judicial da Administração Pública.

A respeito do mandado de segurança, responda:

a) Há litispendência caso o particular ajuíze mandado de segurança e ação ordinária que tenha como réu a mesma pessoa jurídica de direito público a que pertença a autoridade coatora do mandado de segurança?

b) Caso o autor da ação cometa um equívoco na indicação da autoridade coatora, será possível a emenda à petição inicial?

c) Cabe assistência em mandado de segurança?

d) O Estado pode ser autor de um mandado de segurança?

ESPAÇO EM BRANCO PARA RESPOSTA (30 LINHAS)

QUESTÕES COMENTADAS

1. (CESPE – PROCURADOR DO ESTADO – PB – 2008)

Maria, então servidora do estado da Paraíba, requereu a sua aposentadoria no regime próprio de previdência social, o que lhe foi concedido, e passou a receber os respectivos proventos. Quando do registro dessa aposentadoria pelo Tribunal de Contas do Estado (TCE), 4 anos depois, verificou-se indevido o recebimento de certa parcela remuneratória, motivo pelo qual o TCE determinou o imediato cancelamento e restituição dessa parcela, por meio de desconto nos proventos futuros da servidora aposentada. Recebida a decisão do TCE, o secretário de Estado da Administração consultou a Procuradoria do Estado para que esta o informasse da (im)possibilidade de imediato cancelamento ou desconto da referida parcela nos proventos de Maria.

Considerando a situação hipotética acima, redija, na qualidade de procurador do estado da Paraíba, um pronunciamento (não é necessária a elaboração de parecer) acerca da informação solicitada pelo secretário de Estado da Administração, com os argumentos jurídicos constitucionais pertinentes, abordando os seguintes aspectos:

- legalidade do desconto imediato;
- relação com a Súmula vinculante nº 3 do STF, que dispensa o contraditório e a ampla defesa para a análise do ato de aposentadoria;
- parcelas recebidas de boa-fé pelos servidores públicos.

RESPOSTA:

A ilegalidade na concessão de parcela remuneratória autoriza o seu desconto imediato, tendo tal ato efeitos prospectivos. Isso significa que, para adequar a concessão da aposentadoria à legislação aplicável, não se faz necessário a observância de um prévio procedimento administrativo em que se assegure o contraditório e a ampla defesa.

Esse entendimento foi consagrado na súmula vinculante número três do Supremo Tribunal Federal, sob o fundamento de que a aposentadoria só se aperfeiçoa após a última manifestação de vontade necessária (nesse caso registro no Tribunal de Contas), sendo assim um ato complexo, que exige mais de uma manifestação de vontade para a sua formação. Segundo o Supremo, a apreciação da legalidade do ato de concessão inicial de aposentadoria, reforma e pensão, feita pelo Tribunal de Contas, não exige a garantia do contraditório e da ampla defesa.

Ressalva-se a situação em que a apreciação pelo Tribunal de Contas demorar mais de cinco anos, contados do ato de concessão inicial. Nessa hipótese, o Supremo tempera sua própria súmula vinculante, exigindo que o contraditório e a ampla defesa sejam garantidos ao interessado, tendo em vista o peso do princípio da segurança jurídica. Como no caso sob análise o registro da aposentadoria deu-se quatro anos após sua concessão, aplica-se perfeitamente a súmula vinculante número três do Supremo.

As parcelas recebidas de boa-fé pelos servidores públicos não devem ser restituídas, uma vez que possuem caráter alimentar. Corroborando esse entendimento, existe entendimento doutrinário e jurisprudencial afirmando que no caso de anulação de ato ampliativo de direitos, a declaração de nulidade não retroage para prejudicar o beneficiário de boa-fé.

Caso se comprove a má-fé do servidor, todavia, torna-se imperioso o ressarcimento do erário, independentemente da natureza alimentar da remuneração, pois a jurisprudência não protege o servidor que tem ciência do erro no pagamento e aproveita-se silenciosamente da falha da Administração.

DOUTRINA TEMÁTICA

"Registra-se que, caso as importâncias indevidamente percebidas pelo servidor ativo, inativo ou pensionista decorram de mero erro material da Administração, de nítido conhecimento do beneficiário – por exemplo, erro do departamento responsável pela folha de pagamento que continua a pagar gratificação vinculada à função cujo exercício já cessou -, o dever de restituir, em regra, existirá. Nessa situação, aplicar-se-á, na esfera federal, o art. 46 da Lei nº 8.112/90, que regula a restituição de valores indevidamente recebidos pelos servidores públicos federais." (CUNHA E CARVALHO, 2012, p. 300)

"(...) nos atos unilaterais restritivos da esfera jurídica dos administrados, se eram inválidos, todas as razões concorrem para que sua fulminação produza efeitos *ex tunc*, exonerando por inteiro quem fora indevidamente agravado pelo Poder Público das conseqüências onerosas. Pelo contrário, **nos atos unilaterais ampliativos da esfera jurídica do administrado, se este não concorreu para o vício do ato, estando de boa-fé, sua fulminação só deve produzir efeitos *ex nunc*, ou seja, depois de pronunciada**." (MELLO 2011, p. 484). (grifado pelo autor).

"(...) é possível que, diante das circunstâncias do caso, o intérprete possa ser levado a concluir que o ato é inválido, por ter seus efeitos cassados a partir de então, com efeitos *ex nunc*. Em outras palavras, em face do princípio da boa-fé, muito embora se declare a invalidade do ato administrativo, o conteúdo do ato administrativo invalidador será *ex nunc*, em função da natureza ampliativa de direitos do ato inválido, protegendo-se os que se relacionaram com a Administração e auferiram direitos do ato." (SOUZA, 2012, p. 235; in: REVISTA DA AGU Nº 32).

JURISPRUDÊNCIA TEMÁTICA

SÚMULA 106 DO TCU

"O julgamento, pela ilegalidade, das concessões de reforma, aposentadoria e pensão, não implica por si só a obrigatoriedade da reposição das importâncias já recebidas de boa-fé, até a data do conhecimento da decisão pelo órgão competente."

SÚMULA 249 DO TCU

"É dispensada a reposição de importâncias indevidamente percebidas, de boa-fé, por servidores ativos e inativos, e pensionistas, em virtude de erro escusável de interpretação de lei por parte do órgão/entidade, ou por parte de autoridade legalmente investida em função de orientação e supervisão, à vista da presunção de legalidade do ato administrativo e do caráter alimentar das parcelas salariais."

SÚMULA 256 DO TCU

"Não se exige a observância do contraditório e da ampla defesa na apreciação da legalidade de ato de concessão inicial de aposentadoria, reforma e pensão e de ato de alteração posterior concessivo de melhoria que altere os fundamentos legais do ato inicial já registrado pelo TCU."

STF

Agravo regimental em mandado de segurança. Concessão inicial de pensão julgada ilegal pelo Tribunal de Contas da União. Inaplicabilidade da decadência prevista no art. 54 da Lei 9.784/99. Ausência de comprovação do exame de legalidade pelo TCU da concessão da aposentadoria do servidor falecido. Não ocorrência de violação do princípio da segurança jurídica. Agravo regimental não provido.

1. Esta Suprema Corte possui jurisprudência pacífica no sentido de que **o Tribunal de Contas da União, no exercício da competência de controle externo da legalidade do ato de concessão inicial de aposentadorias, reformas e pensões (art. 71, inciso III, CF/88), não se submete ao prazo decadencial da Lei nº 9.784/99, iniciando-se o prazo quinquenal somente após a publicação do registro na imprensa oficial.**

2. Ainda que pudesse subsistir a argumentação da impetrante de que o exame de legalidade realizado pela Corte de Contas recaiu sobre situação consolidada desde 1996, relativa à aposentadoria de seu falecido marido, não foram apresentados fatos e provas concretos de que o cálculo da aposentadoria concedida ao marido da recorrente tivesse sido considerado legal pelo TCU.

3. Submetida que está a administração pública ao princípio da legalidade, havendo previsão normativa, não há óbice a que o Tribunal de Contas da União

- na qualidade de órgão auxiliar do controle externo exercido pelo Congresso Nacional e no exercício da competência que lhe foi conferida pelo art. 71, III, da Constituição Federal - aprecie a correspondência do ato de concessão inicial de pensão com o regime legal vigente na data em que veio a óbito o instituidor do benefício. Precedentes.

4. A presumida boa-fé estende-se apenas até o julgamento da legalidade pelo órgão responsável. Violação do princípio da segurança jurídica não configurada, tendo em vista que a pensão foi instituída em 2005 e, logo em 2008, foi considerada ilegal, tendo sido negado o seu registro.

5. Agravo regimental não provido. (MS 30.830 AgR, Rel. Min. Dias Toffoli, noticiado no informativo 691/2012 do STF, Seção Transcrições). (grifado pelo autor).

MANDADO DE SEGURANÇA. SECRETÁRIO DE RECURSOS HUMANOS DO MINISTÉRIO DO PLANEJAMENTO, ORÇAMENTO E GESTÃO. ILEGITIMIDADE PASSIVA. ATO DO TRIBUNAL DE CONTAS DA UNIÃO. COMPETÊNCIA DO STF. PENSÕES CIVIL E MILITAR. MILITAR REFORMADO SOB A CF DE 1967. CUMULATIVIDADE. PRINCÍPIO DA SEGURANÇA JURÍDICA. GARANTIAS DO CONTRÁRIO E DA AMPLA DEFESA.

1. O Secretário de Recursos Humanos do Ministério do Planejamento, Orçamento e Gestão é parte ilegítima para figurar no pólo passivo da ação mandamental, dado que é mero executor da decisão emanada do Tribunal de Contas da União.

2. No julgamento do MS nº 25.113/DF, Rel. Min. Eros Grau, o Tribunal decidiu que, "reformado o militar instituidor da pensão sob a Constituição de 1967 e aposentado como servidor civil na vigência da Constituição de 1988, antes da edição da EC 20/98, não há falar-se em acumulação de proventos do art. 40 da CB/88, vedada pelo art. 11 da EC n. 20/98, mas a percepção de provento civil cumulado com provento militar , situação não abarcada pela proibição d (art. 40 CB/88) a emenda".(art. 42 CB/88) Precedentes citados: MS nº 25.090/DF, MS nº 24.997/DF e MS nº 24.742/DF. Tal acumulação, no entanto, deve observar o teto previsto no inciso XI do art. 37 da Constituição Federal.

3. A inércia da Corte de Contas, por sete anos, consolidou de forma positiva a expectativa da viúva, no tocante ao recebimento de verba de caráter alimentar. Este aspecto temporal diz intimamente com o princípio da segurança jurídica, projeção objetiva do princípio da dignidade da pessoa humana e elemento conceitual do Estado de Direito.

4. O prazo de cinco anos é de ser aplicado aos processos de contas que tenham por objeto o exame de legalidade dos atos concessivos de aposentadorias, reformas e pensões. Transcorrido in albis o interregno qüinqüenal, é de se convocar os particulares para participar do processo de seu interesse, a fim de desfrutar das garantias do contraditório e da ampla defesa (inciso LV do art. 5º).

5. Segurança concedida. (MS 24.448, Rel. Min. Carlos Britto, Pleno, j. 27.09.2007, DJ 14.11.2007).

MANDADO DE SEGURANÇA. CONSTITUCIONAL. COMPETÊNCIA. TRIBUNAL DE CONTAS DA UNIÃO. ART. 71, III, DA CONSTITUIÇÃO DO BRASIL. FISCALIZAÇÃO DE EMPRESAS PÚBLICAS E SOCIEDADES DE ECONOMIA MISTA. POSSIBILIDADE. IRRELEVÂNCIA DO FATO DE TEREM OU NÃO SIDO CRIADAS POR LEI. ART. 37, XIX, DA CONSTITUIÇÃO DO BRASIL. ASCENSÃO FUNCIONAL ANULADA PELO TCU APÓS DEZ ANOS. ATO COMPLEXO. INEXISTÊNCIA. DECADÊNCIA ADMINISTRATIVA. ART. 54 DA LEI N. 9.784/99. OFENSA AO PRINCÍPIO DA SEGURANÇA JURÍDICA E DA BOA-FÉ. SEGURANÇA CONCEDIDA.

1. As empresas públicas e as sociedades de economia mista, entidades integrantes da administração indireta, estão sujeitas à fiscalização do Tribunal de Contas, não obstante a aplicação do regime jurídico celetista aos seus funcionários. Precedente [MS n. 25.092, Relator o Ministro CARLOS VELLOSO, DJ de 17.3.06].

2. A circunstância de a sociedade de economia mista não ter sido criada por lei não afasta a competência do Tribunal de Contas. São sociedades de economia mista, inclusive para os efeitos do art. 37, XIX, da CB/88, aquelas --- anônimas ou não --- sob o controle da União, dos Estados-membros, do Distrito Federal ou dos Municípios, independentemente da circunstância de terem sido criadas por lei. Precedente [MS n. 24.249, de que fui Relator, DJ de 3.6.05].

3. Não consubstancia ato administrativo complexo a anulação, pelo TCU, de atos relativos à administração de pessoal após dez anos da aprovação das contas da sociedade de economia mista pela mesma Corte de Contas.

4. A Administração decai do direito de anular atos administrativos de que decorram efeitos favoráveis aos destinatários após cinco anos, contados da data em que foram praticados [art. 54 da Lei n. 9.784/99]. Precedente [MS n. 26.353, Relator o Ministro MARÇO AURÉLIO, DJ de 6.3.08]

5. **A anulação tardia de ato administrativo, após a consolidação de situação de fato e de direito, ofende o princípio da segurança jurídica**. Precedentes [RE n. 85.179, Relator o Ministro BILAC PINTO, RTJ 83/921 (1978) e MS n. 22.357, Relator o Ministro GILMAR MENDES, DJ 5.11.04]. Ordem concedida. (MS 26.617, Rel. Min. Eros Grau, Pleno, j. 20.05.2009, DJe 06.11.2009). (grifado pelo autor).

ADMINISTRATIVO. AGRAVO REGIMENTAL EM AGRAVO DE INSTRUMENTO. NULIDADE DE ATO ADMINISTRATIVO. SÚMULA STF 473. PRINCÍPIOS DA SEGURANÇA JURÍDICA E DA BOA FÉ. RESSARCIMENTO AO ERÁRIO DE VALORES RECEBIDOS A MAIOR. HORAS EXTRAS. DESNECESSIDADE. PRESCRIÇÃO. MATÉRIA PRECLUSA.

1. A Administração pode, a qualquer tempo, rever seus atos eivados de erro ou ilegalidade (Súmula STF 473), porém o reconhecimento da ilegalidade do ato que majorou o percentual das horas extras incorporadas aos proventos não determina, automaticamente, a restituição ao erário dos valores recebidos, uma vez comprovada a boa-fé da impetrante, ora agravada. Precedentes.

2. **Encontra-se preclusa a questão envolvendo o não- reconhecimento de prescrição do ressarcimento em relação às parcelas pretendidas e que são posteriores ao qüinqüênio que antecederam à propositura da ação**.

3. Agravo regimental improvido. (AI 490.551 AgR, Rel. Min, Ellen Gracie, 2ª Turma, j. 17.08.2010, DJ 03.09.2010). (grifado pelo autor).

STJ

O termo inicial do prazo decadencial de cinco anos para que a Administração Pública anule ato administrativo referente à concessão de aposentadoria, previsto no art. 54 da Lei n. 9.784/1999, é a data da homologação da concessão pelo Tribunal de Contas. A concessão de aposentadoria tem natureza jurídica de ato administrativo complexo que somente se perfaz com a manifestação do Tribunal de Contas acerca da legalidade do ato. Precedentes citados: AgRg no REsp 1.284.915-SC, DJe 10/4/2012; REsp 1.264.053-RS, DJe 16/3/2012; AgRg no REsp 1.259.775-SC, DJe 16/2/2012, e AgRg no REsp 1.257.666-PR, DJe 5/9/2011. EREsp 1.240.168-SC, Rel. Min. João Otávio de Noronha, julgados em 7/11/2012. Noticiado no informativo 508/2012 do STJ. (grifado pelo autor).

EMBARGOS DE DIVERGÊNCIA EM RECURSO ESPECIAL. DIREITO ADMINISTRATIVO. REPOSIÇÃO AO ERÁRIO DE VALORES PAGOS INDEVIDAMENTE E RECEBIDOS PELO SERVIDOR DE BOA-FÉ. INCABIMENTO.

1. É indevida a reposição ao erário pelo servidor de boa-fé dos valores pagos indevidamente pela Administração Pública em virtude de inadequadas interpretação e aplicação da lei.

2. "Não cabem embargos de divergência, quando a jurisprudência do Tribunal se firmou no mesmo sentido do acórdão embargado." (Súmula do STJ, Enunciado nº 168).

3. Embargos de divergência não conhecidos. (EREsp 711.995, Rel. Min. Hamilton Carvalhido, 3ª Seção, j. 26.03.2008, DJe 07/08/2008). (grifado pelo autor).

ADMINISTRATIVO. SERVIDOR PÚBLICO. VALORES RECEBIDOS INDEVIDAMENTEPOR FORÇA DE DECISÃO JUDICIAL NÃO DEFINITIVA. REFORMA DA DECISÃO EMRECURSO ESPECIAL. CRITÉRIOS PARA IDENTIFICAÇÃO DA BOA-FÉ OBJETIVA. INEXISTÊNCIA DE COMPORTAMENTO AMPARADO PELO DIREITO NO CASO CONCRETO. POSSIBILIDADE DE RESTITUIÇÃO DOS VALORES ART. 46 DA LEI N.8.112/90. NÃO APLICABILIDADE DA SÚMULA 7/STJ.

1. O art. 46 da Lei n. 8.112/90 prevê a possibilidade de restituição dos valores pagos indevidamente aos servidores públicos. Trata-se de disposição legal expressa, não declarada inconstitucional e, portanto, plenamente válida.

2. Esta regra, contudo, tem sido interpretada pela jurisprudência com alguns temperamentos, mormente em decorrência de princípios gerais do direito, como a boa-fé. A aplicação desse postulado, por vezes, tem impedido que valores pagos indevidamente sejam devolvidos.

3. A boa-fé não deve ser aferida no real estado anímico do sujeito, mas sim naquilo que ele exterioriza. Em bom vernáculo, para concluir se o agente estava ou não de boa-fé, torna-se necessário analisar se o seu comportamento foi leal, ético, ou se havia justificativa amparada no direito. Busca-se, segundo a doutrina, a chamada boa-fé objetiva.

4. Na análise de casos similares, o Superior Tribunal de Justiça tem considerado, ainda que implicitamente, um elemento fático como decisivo na identificação da boa-fé do servidor. Trata-se da legítima confiança ou justificada expectativa, que o beneficiário adquire, de que valores recebidos são legais e de que integraram em definitivo o seu patrimônio.

5. É por esse motivo que, segundo esta Corte Superior, **os valores recebidos indevidamente, em razão de erro cometido pela Administração Pública ou em decorrência de decisão judicial transitada em julgado e posteriormente reformada em ação rescisória, não devem ser restituídos ao erário. Em ambas as situações, eventual utilização dos recursos por parte dos servidores para a satisfação das necessidades materiais e alimentares é plenamente justificada**. Objetivamente, a fruição do que foi recebido indevidamente está acobertada pela boa-fé, que, por sua vez, é consequência da legítima confiança de que os valores integraram em definitivo o patrimônio do beneficiário.

6. Situação diferente - e por isso a jurisprudência do STJ permite a restituição - ocorre quando os valores são pagos aos servidores em decorrência de decisão judicial de característica precária ou não definitiva. Aqui não há presunção de definitividade e, se houve confiança neste sentido, esta não era legítima, ou seja, não era amparada pelo direito.

7. Se não havia razão para que o servidor confiasse que os recursos recebidos integraram em definitivo o seu patrimônio, qualquer ato de disposição desses valores, ainda que para fins alimentares, salvo situações emergenciais e excepcionais, não pode estar acobertado pela boa-fé, já que, é princípio basilar, tanto na ética quanto no direito, ninguém pode dispor do que não possui.

8. No caso dos autos, os valores que foram pagos aos servidores não são decorrência de erro de cálculo efetuado pela administração, mas sim de decisão judicial que ainda não havia transitado em julgado, e que foi posteriormente reformada. Ademais, em nenhum momento houve concordância da administração com a quantia que foi paga, o que demonstra que sempre houve controvérsia a respeito da titularidade.

9. Se os agravantes utilizaram desses valores, sem possuir a legítima confiança de que lhes pertenciam, não há como identificar a boa-fé objetiva nessa conduta. Portanto, sendo a decisão judicial final desfavorável aos servidores, a devolução do que foi pago indevidamente se faz possível, nos termos do art. 46 da Lei n.8.112/90.10. Vale ressaltar que concluir pela ausência de boa-fé objetiva dos agravantes não implica em violação da Súmula 7/STJ, pois em nenhum momento se negou ou alterou os fatos que foram consignados pela instância ordinária, eles apenas sofreram uma nova qualificação jurídica. Agravo regimental improvido. (AgRg no REsp 1.263.480, Rel. Min. Humberto Martins, 2ª Turma, j. 01.09.2011, DJe 09/09/2011). (grifado pelo autor).

PROCESSUAL CIVIL. ADMINISTRATIVO. AGRAVO REGIMENTAL NO RECURSO ESPECIAL. SERVIDOR PÚBLICO. DIFERENÇAS SALARIAIS RECEBIDAS POR FORÇA DE SENTENÇA TRANSITADA EM JULGADO. POSTERIOR DESCONSTITUIÇÃO DA DECISÃO EM AÇÃO RESCISÓRIA. DEVOLUÇÃO DAS VERBAS. IMPOSSIBILIDADE. PRESUNÇÃO DE BOA-FÉ. SEGURANÇA JURÍDICA. AGRAVO REGIMENTAL IMPROVIDO.

1. O Superior Tribunal de Justiça, revendo seu posicionamento, firmou o entendimento no sentido de que, **nos casos em que o pagamento indevido foi efetivado em favor de servidor público, em decorrência de interpretação equivocada ou de má aplicação da lei por parte da Administração e havendo o beneficiado recebido os valores de boa-fé, mostra-se indevido o desconto de tais valores**.

2. Hipótese que deve ser estendida aos casos em que o pagamento indevido deveu-se por força de decisão judicial transitada em julgado, posteriormente desconstituída em ação rescisória. Aplicação do princípio da segurança nas relações jurídicas.

3. Agravo regimental improvido. (AgRg no REsp 679.479, Rel. Min. Arnaldo Esteves Lima, 5ª Turma, j. 01.03.2007, DJ 19/03/2007). (grifado pelo autor).

SERVIDOR PÚBLICO. RECEBIMENTO INDEVIDO. RESTITUIÇÃO.

É pacífico o entendimento deste Superior Tribunal de que, diante da boa-fé no recebimento de valores pelo servidor público, é incabível a restituição do pagamento em decorrência de errônea interpretação ou má aplicação da lei pela Administração. Todavia, quando ela anula atos que produzem efeitos na esfera de interesses individuais, é necessária a prévia instauração de processo administrativo a fim de garantir a ampla defesa e o contraditório (art. 5º, LV, da CF/1988 e art. 2º da Lei n. 9.784/1999). No caso dos autos, antes que os valores fossem pagos (gratificação de substituição), a Administração comunicou a existência de erro na geração da folha de pagamento e a necessidade de restituição da quantia paga a maior. Dessa forma, os servidores não foram surpreendidos. Portanto, não há que falar em boa-fé no recebimento da verba em questão, tendo em vista que o erro foi constatado e comunicado pela Administração antes que o pagamento fosse efetivado e os valores passassem a integrar o patrimônio dos servidores. Ademais, a decisão de efetuar descontos nos meses seguintes foi adotada com o objetivo de evitar atrasos no pagamento do pessoal em decorrência de confecção de nova folha de pagamento. Assim, a Turma negou provimento ao recurso por entender que, na espécie, não houve ilegalidade no ato da Administração. Precedentes citados: AgRg no Ag 756.226-RS, DJ 14/8/2006; REsp 751.408-DF, DJ 7/11/2005, e RMS 19.980-RS, DJ 7/11/2005. RMS 33.034-RS, Rel. Min. Arnaldo Esteves Lima, julgado em 15/2/2011. Noticiado no informativo 463/2011 do STJ. (grifado pelo autor).

QUESTÕES DE CONCURSO RELACIONADAS

01. (Cespe- Procurador do Estado- AL- 2008) "Afasta-se a exigência da garantia do contraditório e da ampla defesa nos casos em que o TCU, no exercício do controle externo, aprecia a legalidade da concessão de aposentadoria ou pensão, uma vez que, em se tratando de ato complexo, só após a aprovação do TCU se constitui definitivamente o ato administrativo." – assertiva correta.

02. (Cespe- Procurador de Contas- ES- 2009) "Considere que determinado servidor tenha se aposentado no serviço público e que, sete anos depois, o TCU tenha negado o registro dessa aposentadoria. Nessa situação, conforme entendimento do STF, de acordo com o princípio da segurança jurídica, deveria esse servidor ser convocado para participar do processo administrativo em tela diante da garantia do contraditório e da ampla defesa." – assertiva correta.

03. (Cespe- Defensor Público -PI- 2009) "Segundo o STF, em caso de ato administrativo ilegal ampliativo de direito que beneficia terceiro de boa-fé, a declaração de nulidade deve ter efeitos *ex nunc*." – assertiva correta.

2. (CESPE – JUIZ DE DIREITO – TO – 2007)

Responda, fundamentadamente, ao seguinte questionamento: viola o princípio da autonomia universitária a competência do Tribunal de Contas da União para fiscalizar as contas das universidades públicas federais?

RESPOSTA:

Não, a competência do Tribunal de Contas da União para fiscalizar as contas das universidades públicas federais não viola o princípio da autonomia universitária.

Tal autonomia compreende não só a faculdade de determinar por si própria os projetos de ensino, pesquisa e extensão, respeitando-se os limites traçados pela legislação (autonomia didática), mas também a capacidade de gerir sua estrutura administrativa, seu pessoal e seu patrimônio (autonomia administrativa e patrimonial).

Essa autonomia universitária, contudo, não é incompatível com o controle administrativo e financeiro realizados pelo Tribunal de Contas da União. A competência da Corte de Contas para auxiliar o Congresso Nacional na fiscalização contábil, financeira, orçamentária, operacional e patrimonial da União e das entidades da administração direta e indireta abrange as universidades federais, que podem ser instituídas na forma de autarquias ou fundações públicas, sempre fazendo parte da administração indireta da União.

O fato de esses entes da administração indireta possuírem uma autonomia especial não as imuniza do controle externo, previsto constitucionalmente como uma das formas de manifestação do sistema de freios e contrapesos que marca o atual modelo da separação dos poderes (ou funções).

Desse modo, apesar de o artigo 207 da Constituição Federal ser claro ao conferir às universidades autonomia didático-científica, administrativa e de gestão financeira e patrimonial, esse dispositivo constitucional não deve ser interpretado como uma norma que limita o controle externo quanto à legalidade, legitimidade, economicidade, aplicação das subvenções e renúncia de receitas.

Na verdade, essa norma, ao densificar o princípio da autonomia universitária, deve ser aplicada em harmonia com a competência do Tribunal de Contas da União para fiscalizar as contas das entidades de administração indireta federais, não sendo outro o entendimento pacificado dos Tribunais Superiores.

JURISPRUDÊNCIA TEMÁTICA

STF

AGRAVO REGIMENTAL. RECURSO ORDINÁRIO EM MANDADO DE SEGURANÇA. CONSTITUCIONAL. ADMINISTRATIVO. AUTONOMIA UNIVERSITÁRIA. ART. 207,

DA CB/88. LIMITAÇÕES. IMPOSSIBILIDADE DE A AUTONOMIA SOBREPOR-SE À CONSTITUIÇÃO E ÀS LEIS. VINCULAÇÃO AO MINISTÉRIO DA EDUCAÇÃO QUE ENSEJA O CONTROLE DOS ATOS ADMINISTRATIVOS DAS UNIVERSIDADES PÚBLICAS FEDERAIS [ARTS. 19 E 25, I, DO DECRETO-LEI N. 200/67]. SUSPENSÃO DE VANTAGEM INCORPORADA AOS VENCIMENTOS DO SERVIDOR POR FORÇA DE COISA JULGADA. IMPOSSIBILIDADE. AUMENTO DE VENCIMENTOS OU DEFERIMENTO DE VANTAGEM A SERVIDORES PÚBLICOS SEM LEI ESPECÍFICA NEM PREVISÃO ORÇAMENTÁRIA [ART. 37, X E 169, § 1º, I E II, DA CB/88]. IMPOSSIBILIDADE. EXTENSÃO ADMINISTRATIVA DE DECISÃO JUDICIAL. ATO QUE DETERMINA REEXAME DA DECISÃO EM OBSERVÂNCIA AOS PRECEITOS LEGAIS VIGENTES. LEGALIDADE [ARTS. 1º E 2º DO DECRETO N. 73.529/74, VIGENTES À ÉPOCA DOS FATOS].

1. **As Universidades Públicas são dotadas de autonomia suficiente para gerir seu pessoal, bem como o próprio patrimônio financeiro. O exercício desta autonomia não pode, contudo, sobrepor-se ao quanto dispõem a Constituição e as leis** [art. 207, da CB/88]. Precedentes [RE n. 83.962, Relator o Ministro SOARES MUÑOZ, DJ 17.04.1979 e MC-ADI n. 1.599, Relator o Ministro MAURÍCIO CORRÊA, DJ 18.05.2001].

2. **As Universidades Públicas federais, entidades da Administração Indireta, são constituídas sob a forma de autarquias ou fundações públicas. Seus atos, além de sofrerem a fiscalização do TCU, submetem-se ao controle interno exercido pelo Ministério da Educação**.

3. Embora as Universidades Públicas federais não se encontrem subordinadas ao MEC, determinada relação jurídica as vincula ao Ministério, o que enseja o controle interno de alguns de seus atos [arts. 19 e 25, I, do Decreto-lei n. 200/67].

4. Os órgãos da Administração Pública não podem determinar a suspensão do pagamento de vantagem incorporada aos vencimentos de servidores quando protegido pelos efeitos da coisa julgada, ainda que contrária à jurisprudência. Precedentes [MS 23.758, Relator MOREIRA ALVES, DJ 13.06.2003 e MS 23.665, Relator MAURÍCIO CORREA, DJ 20.09.2002].

5. Não é possível deferir vantagem ou aumento de vencimentos a servidores públicos sem lei específica, nem previsão orçamentária [art. 37, X e 169, § 1º, I e II, da CF/88].

6. **Não há ilegalidade nem violação da autonomia financeira e administrativa garantida pelo art. 207 da Constituição no ato do Ministro da Educação que, em observância aos preceitos legais, determina o reexame de decisão, de determinada Universidade, que concedeu extensão administrativa de decisão judicial** [arts. 1º e 2º do Decreto n. 73.529/74, vigente à época].

7. Agravo regimental a que se nega provimento. (RMS 22.047, Rel. Min. Eros Grau, 1ª Turma, j. 21.02.2006, DJ 31.01.2006.) (grifado pelo autor).

"O princípio da autonomia das universidades (CF, art. 207) não é irrestrito, mesmo porque não cuida de soberania ou independência, de forma que **as universidades devem ser submetidas a diversas outras normas gerais previstas na Constituição, como as que regem o orçamento (art. 165, § 5º, I), a despesa com pessoal (art. 169), a submissão dos seus servidores ao regime jurídico**

único (art. 39), bem como às que tratam do controle e da fiscalização." (ADI 1.599-MC, Rel. Min. Maurício Corrêa, julgamento em 26-2-1998, Plenário, DJ de 18-5-2001.) No mesmo sentido: RE 561.398-AgR, Rel. Min. Joaquim Barbosa, julgamento em 23-6-2009, Segunda Turma, DJE de 7-8-2009; RE 585.554-AgR, Rel. Min. Joaquim Barbosa, julgamento em 16-6-2009, Segunda Turma, DJE de 1º-7-2009. (grifado pelo autor).

STJ

ADMINISTRATIVO. MANDADO DE SEGURANÇA. PROCESSO ADMINISTRATIVO DISCIPLINAR (PAD). COMISSAO PERMANENTE. MEMBROS DESIGNADOS PELO MINISTRO DO ESTADO DA EDUCAÇAO. LEGITIMIDADE. COMPETÊNCIA DELEGADA.

1. Discute-se no presente *mandamus* a suposta incompetência do Ministro de Estado da Educação para constituir comissão de Processo Administrativo Disciplinar contra servidor de Universidade Pública Federal.

2. A Lei n. 8.112, de 1990, em seu art. 141, inciso I, declara ser da competência do Presidente da República a aplicação da penalidade de demissão de servidor; competência essa, contudo, delegável, como previsto no art. 84, incisos IV e VI, e parágrafo único, da Constituição da República, e nos arts. 11 e 12 do Decreto-lei n. 200/67. Para essa finalidade foi editado o Decreto n. 3.035/1999.

3. Nas hipóteses de demissão e cassação de aposentadoria ou disponibilidade de servidores, a competência para julgar processos administrativos disciplinares e aplicar penalidades poderá ser subdelegada pelo Ministro de Estado da Educação aos dirigentes das instituições federais de ensino vinculadas àquele Ministério (art. 1º, § 3º, do Decreto n. 3.035/1999).

4. Todavia, tal subdelegação não pode ser considerada como uma excludente de competência do Ministro de Estado da Educação. Se uma determinada competência pode ser delegada, automaticamente, esta poderá ser avocada, porquanto são dois institutos jurídicos conexos e de "mão dupla", em decorrência da própria disposição do princípio da hierarquia que estrutura a Administração Pública.

5. A competência do Ministro de Estado da Educação para a instauração de PAD resulta não só do Decreto n. 3.669/2000, mas também do Decreto n. 3.035/1999, uma vez que são dois regramentos normativos que não se colidem, pois o art. 1º daquele Decreto determina a delegação de competência do Ministro de Estado da Educação, mas sem prejuízo do disposto no Decreto n. 3.035/1999.

6. Desse modo, considerando que, por delegação de competência, cabe ao Ministro de Estado da Educação julgar processos administrativos disciplinares e aplicar penalidades contra servidores públicos, há que se concluir que também possui competência para instaurar o próprio PAD, não havendo, portanto, qualquer vício de incompetência na portaria ora atacada.

7. Não há nulidade por incompetência da autoridade para aplicar a penalidade, tendo em vista que o ato foi praticado no exercício de poder delegado expressamente pelo Presidente da República, nos termos do Decreto n. 3.035/99. Precedentes: MS 8.834/DF, Rel. Min. Gilson Dipp, Terceira Seção, DJ 28.4.2003; MS 8.374/DF, Rel. Min. Felix Fischer, Terceira Seção, DJ 11.11.2002.

8. Ademais, no caso dos autos, a determinação para apuração da responsabilidade pelo Ministro de Estado da Educação se deu em razão do Relatório de Demandas Especiais da Secretaria de Controle Interno (Processo Assim, nos termos do art. 143, §3º, da Lei n. 8.112/1990, cabe à autoridade que tiver ciência de irregularidade a apuração imediata dos fatos, que "poderá ser promovida por autoridade de órgão ou entidade diverso daquele em que tenha ocorrido a irregularidade, mediante competência específica para tal finalidade, delegada em caráter permanente ou temporário pelo Presidente da República [...] ".

9. À luz do princípio da autonomia universitária de que trata o art. 207 da Constituição da República, não há que se confundir a noção de autonomia com a de total independência da instituição de ensino, sendo forçoso concluir que a universidade não se tornou, em razão do referido princípio, ente absoluto, dotado da mais completa soberania. Segurança denegada. (MS 15.165, Rel. Min. Humberto Martins, 1ª Seção, j. 08.02.2012, DJe 05.03.2012). (grifado pelo autor).

3. (QUESTÃO ELABORADA PELOS AUTORES)

O mandado de segurança representa uma ação constitucional que visa tutelar direito líquido e certo que foi violado ou está na iminência de o ser, por ato de autoridade pública ou de agente de pessoa jurídica no exercício de atribuições do Poder Público. Essa ação tornou-se um dos meios mais eficazes de controle judicial da Administração Pública.

A respeito do mandado de segurança, responda:

a) Há litispendência caso o particular ajuíze mandado de segurança e ação ordinária que tenha como réu a mesma pessoa jurídica de direito público a que pertença a autoridade coatora do mandado de segurança?

b) Caso o autor da ação cometa um equívoco na indicação da autoridade coatora, será possível a emenda à petição inicial?

c) Cabe assistência em mandado de segurança?

d) O Estado pode ser autor de um mandado de segurança?

RESPOSTA:

a) Apesar de haver uma grande controvérsia a respeito de quem figura no polo passivo do mandado de segurança, se autoridade coatora ou pessoa jurídica de direito público, o Superior Tribunal de Justiça entende que a autoridade coatora não é ré no mandado de segurança, mas sim a pessoa jurídica. Nessa linha de raciocínio, a Corte Superior entende que mesmo que o polo passivo do mandado de segurança seja ocupado por agente público indicado como autoridade coatora e o polo passivo da ação ordinária seja ocupado pela pessoa jurídica de direito público a que pertença a autoridade coatora, haverá litispendência, desde que se cumulem mais dois requisitos: a identidade de pedido e de causa de pedir.

b) O tratamento do polo passivo do mandado de segurança é feito de forma atécnica e carente de coerência, pois o Superior Tribunal de Justiça, ao mesmo tempo que não admite a autoridade coatora como ré do mandado de segurança, autoriza a extinção do processo por ilegitimidade passiva quando da indicação errônea da autoridade coatora. Ou seja, não é possível a emenda à petição inicial do mandado de segurança em caso de indicação errônea da autoridade coatora, o que acarreta a grave consequência da extinção do processo, salvo se presentes requisitos especiais, definidos pela teoria da encampação. Registre-se porém a existência de entendimento da Corte Superior que permite a correção de autoridade coatora quando a que deveria ser indicada pertencer à mesma pessoa jurídica.

c) A assistência é tida de forma pacífica pela doutrina como uma modalidade de intervenção de terceiros, apesar de não ser tratada como tal pelo Código de Processo Civil. Esse instituto permite uma maior discussão sobre a relação jurídica deduzida em juízo, pois possibilita que um terceiro, não presente no processo quando de sua formação, nele ingresse trazendo novos argumentos e novas provas sobre os quais deverá haver manifestação da parte contrária do assistido (artigo 121 do Código de Processo Civil de 2015). Justamente por esse motivo Leonardo Carneiro da Cunha entende que a assistência não é cabível no mandado de segurança, uma vez que ensejaria uma imprópria ordinarização do processo. No mesmo sentido, o Superior Tribunal de Justiça sustenta que a assistência não se harmoniza com o rito célere do mandado de segurança.

d) Sim, o Estado também pode ser autor de mandado de segurança, desde que presentes os requisitos especiais dessa ação. Não há qualquer restrição para que uma pessoa jurídica de direito público ajuíze um mandado de segurança, uma vez que o Estado também é titular de direitos. Até mesmo os órgãos públicos, apesar de não possuírem personalidade jurídica, possuem personalidade judiciária para impetrar mandado de segurança na defesa de suas prerrogativas institucionais.

◉ DOUTRINA TEMÁTICA

"Assim, **a orientação que prevalece denota que a indicação errônea da autoridade apontada como coatora no mandado de segurança é causa de extinção do processo de mandado de segurança, não se permitindo a correção do polo passivo**; é defeso ao juiz ou tribunal determinar que o impetrante retifique o engano em que incorreu.

A bem da verdade, o entendimento do Superior Tribunal de Justiça e, de resto, o dos demais tribunais soam bastante contraditórios, na medida em que expressam, de um lado, não ser possível o litisconsórcio passivo entre a autoridade e a pessoa jurídica da qual ela faz parte, exatamente porque a legitimidade passiva pertine a tal pessoa jurídica, e não àquela autoridade. De outro lado, o STJ e os demais tribunais entendem que a indicação errônea da autoridade acarreta a imediata extinção do processo sem resolução do mérito." (CARNEIRO DA CUNHA, 2011, p. 510). (grifado pelo autor).

"**Apesar de considerar que a autoridade coatora não é ré no mandado de segurança, paradoxalmente o Superior Tribunal de Justiça entende que o equívoco em sua indicação leva o processo à extinção por ilegitimidade passiva**. Flexibilizando esse entendimento, existe posicionamento no próprio Superior Tribunal de Justiça que entende viável a correção da irregularidade quanto à indicação errônea da autoridade coatora, por meio de emenda da petição inicial, sempre que o sujeito apontado como autoridade coatora e o que deveria ter sido apontado pertençam à mesma pessoa jurídica. (...) ainda que inadmitida a emenda à petição inicial, o Superior Tribunal de Justiça vem flexibilizando seu entendimento pela extinção do processo, ao admitir a indicação errônea da autoridade coatora por meio da teoria da encampação." (NEVES, 2011, p. 136-137). (grifado pelo autor).

"Em relação à consequência da indicação errônea da autoridade coatora, doutrina e jurisprudência seguem caminhos distintos. Na doutrina, entende-se majoritariamente que deve prevalecer a indicação correta da pessoa jurídica de direito público que integra a relação jurídica processual - ainda que a autoridade coatora apontada esteja equivocada. (...) A extinção do processo sem resolução está limitada às hipóteses em que o impetrante indica autoridade coatora pertencente aos quadros funcionais de pessoa jurídica diversa (...) A jurisprudência do Superior Tribunal de Justiça, porém, segue entendimento diverso." (MELO BARROS, 2011, p. 242)

"(...) o mandado de segurança, além de permitir ao jurisdicionado a impugnação de ilegalidades praticadas pelo Poder Público, é também forma de autocontrole da administração pública (controle interno)." (SODRÉ, in: AÇÕES CONSTITUCIONAIS, 2011, p. 113)

"Temos que, nas hipóteses em que a modificação da autoridade impetrada venha a gerar, como consequência, a alteração da parte ré, na medida em que a autoridade indevidamente indicada encontra-se vinculada a pessoa jurídica diversa daquela em nome da qual atua o correto agente coator, o processo deve ser extinto sem exame de mérito. Contudo, nos casos em que a alteração da autoridade impetrada não modifique o pólo passivo da impetração, julgamos que a correção da irregularidade, porque fundada em interesse público e lastreada em economia e aproveitamento de atos processuais, deve ser levada a cabo *ex officio* pelo magistrado." (SODRÉ, in: AÇÕES CONSTITUCIONAIS, 2011, p. 119)

◉ JURISPRUDÊNCIA TEMÁTICA

Atenção!!!! Como se percebe dos julgados a seguir, existem decisões do Superior Tribunal de Justiça, notadamente relatadas por Luiz Fux, que admitem a correção do polo passivo do mandado de segurança. Contudo, o entendimento adotado em outras decisões é em sentido oposto.

PROCESSUAL CIVIL. RECURSO ORDINÁRIO EM MANDADO DE SEGURANÇA. AÇÃO ORDINÁRIA. LITISPENDÊNCIA CARACTERIZADA. PARTES E PEDIDOS IDÊNTICOS.

1. Este recurso foi interposto na ação de mandado de segurança impetrado com o escopo de anular edital elaborado pelo Distrito Federal para viabilizar a alienação de imóvel funcional ocupado pelo ora recorrente, o qual se calca em

suposta direito adquirido e nas disposições contidas na Lei Distrital nº 128/90 e no Decreto-Lei nº 768/69 para defender a necessidade de venda direta do apartamento, sem qualquer procedimento licitatório.

2. Acolhendo a preliminar de litispendência suscitada nas informações prestadas pela autoridade tida por coatora, o Tribunal

de Justiça do Distrito Federal e Territórios extinguiu o mandamus sem resolução do mérito. 3. A razão de ser do instituto da litispendência é impedir a existência de duas demandas envolvendo as mesmas partes e almejando um idêntico resultado.

4. **A jurisprudência do Superior Tribunal de Justiça cristalizou-se no sentido de que a litispendência não é descaracterizada pela circunstância de que o polo passivo do mandado de segurança é ocupado pela autoridade indicada como coatora, enquanto figura como réu da ação ordinária a própria pessoa jurídica de direito público a cujos quadros pertence o impetrado no writ**. Precedentes: Resp 866.841/RJ, Rel. Min. Eliana Calmon, DJe 07.11.08; RMS 11.905/PI, Rel. Min. Humberto Martins, DJU 23.08.07; AgREsp 932.363/RJ, Rel. Min. José Delgado, DJU 30.08.07.

5. Não pairam dúvidas de que o pedido formulado no mandado de segurança insere-se à perfeição no pedido deduzido na ação ordinária, isto é, ambos os feitos perseguem a sustação do procedimento licitatório e a venda direta do imóvel funcional aos atuais ocupantes com lastro na Lei Distrital nº 128/90 e no Decreto-Lei nº 768/69.

6. Isso se torna ainda mais evidente quando se constata que a confecção do edital impugnado no mandamus decorreu justamente da sentença proferida na ação ordinária, a qual, ao rejeitar o pleito do ora recorrente, cassou a liminar anteriormente deferida em medida cautelar e que vedava o Distrito Federal de praticar atos tendentes a submeter o imóvel funcional ao procedimento licitatório.

7. Recurso ordinário não provido. (RMS 29.729, Rel. Min. Castro Meira, 2ª Turma, j. 09.02.2010, DJe 24/02/2010). (grifado pelo autor).

PROCESSUAL CIVIL. PRELIMINAR. MANDADO DE SEGURANÇA. LEGITIMIDADE RECURSAL.

1. **No mandado de segurança, a legitimação passiva é da pessoa jurídica de direito público a que se vincula a autoridade apontada como coatora, já que os efeitos da sentença se operam em relação à pessoa jurídica de direito público, e não à autoridade**.

2. No caso, não há dúvida quanto à ilegitimidade passiva ad causam dos recorrentes, pois o mandamus objetiva a anulação do Decreto Legislativo 130/2003, da Câmara Municipal de Comendador Levy Gasparian, que extinguiu o mandato parlamentar do impetrante, ora recorrido. Assim, é evidente que a legitimidade para estar em juízo não deve ser atribuída às autoridades apontadas como coatoras, sobretudo porque na data da interposição do recurso especial os recorrentes já não mais exerciam os cargos de Presidente da Câmara e de Presidente da Comissão Processante do inquérito que culminou com o Decreto Legislativo.

3. Preliminar acolhida.

4. Recurso especial não conhecido. (REsp 846. 581, Rel. Min. Castro Meira, 2ª Turma, j. 19.08.2008, DJe 11/09/2008). (grifado pelo autor).

TRIBUTÁRIO E PROCESSUAL CIVIL. ICMS. SUBSTITUIÇÃO TRIBUTÁRIA PARA FRENTE. FATO GERADOR PRESUMIDO. VENDA REALIZADA A PREÇO MENOR DO QUE O UTILIZADO COMO BASE DE CÁLCULO. RECURSO ORDINÁRIO EM MANDADO DE SEGURANÇA. SECRETÁRIO DE ESTADO DA FAZENDA DO RIO DE JANEIRO. ILEGITIMIDADE PASSIVA. EXTINÇÃO DO FEITO.

1. A impetrante objetiva ver reconhecido seu direito de aplicar aos cinco últimos exercícios as disposições da Lei Estadual nº 3.889/02 - que permitiria a restituição, ainda que sob a forma de compensação, de crédito de ICMS porventura decorrente de mercadoria comercializada em valor inferior ao presumido para a operação sujeita ao regime de substituição tributária.

2. A pretensão está à margem da competência atribuída ao Secretário da Fazenda Estadual, pois, segundo a legislação estadual aplicável, não é ele quem lança ou cobra os tributos estaduais, assim como também não é o responsável por autorizar a compensação tributária almejada.

3. Também não cabe invocar a **Teoria da Encampação**. A Primeira Seção, ao apreciar o MS nº 10.484/DF, em 24.08.05, traçou os requisitos mínimos para a sua aplicação. Ficou esclarecido, na oportunidade, que **a tese somente incide se: (a) houver vínculo hierárquico entre a autoridade erroneamente apontada e aquela que efetivamente praticou o ato ilegal; (b) a extensão da legitimidade não modificar regra constitucional de competência; (c) for razoável a dúvida quanto à legitimação passiva na impetração; e (d) houver a autoridade impetrada defendido a legalidade do ato impugnado, ingressando no mérito da ação de segurança**.

4. A dúvida fundada que legitima tal teoria ocorre quando o mandado de segurança é impetrado, por exemplo, contra o delegado da receita estadual, embora a legislação de regência atribua a um diretor de arrecadação a responsabilidade pelo controle da receita tributária no Estado. Não é o caso dos autos, pois a indicação do Secretário da Fazenda Estadual como legitimado passivo para o mandamus configura erro inescusável, não havendo espaço para a encampação do ato coator.

5. Ainda que assim não fosse, há um outro fator que impede a adoção da teoria, qual seja, o fato de que o Secretário de Estado tem foro especial por prerrogativa de função, de modo que aceitar a encampação do ato importaria, em última análise, na modificação de regra de competência fixada na Constituição do Estado.

6. Assim, estão ausentes dois dos requisitos necessários à aplicação válida da Teoria da Encampação: (a) inexistência de modificação de regra constitucional de competência e (b) dúvida razoável quanto à legitimação passiva na impetração.

7. Preliminar de ilegitimidade passiva da autoridade coatora acolhida.

8. Extinção do mandado de segurança sem resolução de mérito, nos termos do art. 267, IV e VI, do CPC. (RMS 20.471, Rel. Min. Castro Meira, 2ª Turma, j. 04.06.2009, DJe 17/06/2009). (grifado pelo autor).

DIREITO PROCESSUAL CIVIL. INDICAÇÃO EQUIVOCADA DA AUTORIDADE COATORA EM INICIAL DE MS. **Nos casos de equívoco facilmente perceptível na indicação da autoridade coatora, o juiz competente para julgar o mandado de segurança pode autorizar a emenda da petição inicial ou determinar a notificação, para prestar informações, da autoridade adequada – aquela de fato responsável pelo ato impugnado –, desde que seja possível identificá-la pela simples leitura da petição inicial e exame da documentação anexada**. De fato, nem sempre é fácil para o impetrante identificar a autoridade responsável pela concretização do ato que entende violador de seu direito líquido e certo. A nova Lei do Mandado de Segurança (Lei 12.016/2009), entretanto, trouxe importante dispositivo em seu art. 6º, § 3º, que muito contribuiu para a solução do problema, permitindo ao julgador, pela análise do ato impugnado na exordial, identificar corretamente o impetrado, não ficando restrito à eventual literalidade de equivocada indicação. Precedente citado: AgRg no RMS 32.184-PI, Segunda Turma, Dje 29/5/2012. RMS 45.495-SP, Rel. Min. Raul Araújo, julgado em 26/8/2014 (Noticiado no informativo nº 551 do STJ, grifado pelo autor).

PROCESSUAL CIVIL. CONSTITUCIONAL. AGRAVO REGIMENTAL EM AGRAVO DE INSTRUMENTO. MANDADO DE SEGURANÇA. ERRÔNEA INDICAÇÃO DA AUTORIDADE COATORA. SUPOSTA ILEGITIMIDADE PASSIVA AD CAUSAM. DEFICIÊNCIA SANÁVEL. CORREÇÃO JUDICIAL DE OFÍCIO. POSSIBILIDADE. PRINCÍPIOS DA EFETIVIDADE E ECONOMIA PROCESSUAL.

1. **A essência constitucional do Mandado de Segurança, como singular garantia, admite que o juiz, nas hipóteses de indicação errônea da autoridade impetrada, permita sua correção através de emenda à inicial ou, se não restar configurado erro grosseiro, proceder a pequenas correções de ofício, a fim de que o writ cumpra efetivamente seu escopo maior**.

2. Destarte, considerando a finalidade precípua do mandado de segurança que é a proteção de direito líquido e certo, que se mostre configurado de plano, bem como da garantia individual perante o Estado, sua finalidade assume vital importância, o que significa dizer que as questões de forma não devem, em princípio, inviabilizar a questão de fundo grav tante sobre ato abusivo da autoridade. Conseqüentemente, **o Juiz ao deparar-se, em sede de mandado de segurança, com a errônea indicação da autoridade coatora, deve determinar a emenda da inicial ou, na hipótese de erro escusável, corrigi-lo de ofício, e não extinguir o processo sem julgamento do mérito**.

3. **A errônea indicação da autoridade coatora não implica ilegitimidade ad causam passiva se aquela pertence à mesma pessoa jurídica de direito público; porquanto, nesse caso não se altera a polarização processual, o que preserva a condição da ação.** 4. Deveras, **a estrutura complexa dos órgãos administrativos, como sói ocorrer com os fazendários, pode gerar dificuldade, por parte do administrado, na identificação da autoridade coatora**, revelando, a priori, aparência de propositura correta.

5. A nulidade processual que deve conduzir à nulificação do processo com a sua extinção sem resolução do mérito, deve ser deveras significativa de modo a sacrificar os fins de justiça do processo. É que o processo é instrumento de realização de justiça e não um fim em si mesmo, por isso que não se justifica,

em prol da questão meramente formal, sacrificar a questão de fundo e deixar ao desabrigo da coisa julgada o litígio, fator de abalo da paz e da ordem social.

6. O princípio se exacerba no campo dos remédios heróicos de defesa dos direitos fundamentais, como soe ser o Mandado de Segurança, no qual a parte veicula lesão perpetrada por autoridade pública, que a engendra calcada na premissa da presunção de legitimidade de seus atos.

7. Consectariamente, a análise de questões formais, notadamente a vexata quaestio referente à pertinência subjetiva passiva da ação, com a descoberta da autoridade coatora no complexo administrativo, não deve obstar a perquirição do abuso da autoridade que caracteriza esse remédio extremo.

8. Deveras, **a teoria da encampação e a condescendência com a aparência de correta propositura (error comunis facit ius) adotadas pela jurisprudência do E. Superior Tribunal de Justiça denotam a necessária flexibilização da aferição dessa condição da ação, no afã de enfrentar e conjurar o ato abusivo da autoridade**. (...). (AgRg no Ag 1076626, Rel. Min. Luiz Fux, 1ª Turma, j. 21.05.2009, DJe 29/06/2009). (grifado pelo autor).

RECURSO ORDINÁRIO. MANDADO DE SEGURANÇA. APOSENTADORIA. REGISTRO. RECUSA DO TRIBUNAL DE CONTAS ESTADUAL. DECISÃO IMPOSITIVA E VINCULANTE PRESIDENTE DO TRIBUNAL DE JUSTIÇA DO ESTADO DO RIO DE JANEIRO. ILEGITIMIDADE PASSIVA AD CAUSAM. PRECEDENTES.

1. No caso em apreço, o Presidente do Tribunal de Justiça do Rio de Janeiro limitou-se a cumprir decisão emanada do Tribunal de Contas Estadual que recusou o registro dos atos de aposentadoria da recorrente. Sendo assim, não possui legitimidade para figurar no polo passivo do mandado de segurança.

2. "A decisão do Tribunal de Contas que julga a legalidade de ato administrativo, dentro de suas atribuições constitucionais, tem eficácia imediata e possui caráter impositivo e vinculante para toda Administração, atribuindo-lhe, dessa forma, legitimidade para figurar no pólo passivo de eventual Mandado de Segurança impetrado contra referido ato. Precedentes." (RMS 24.217/PA, Rel. Ministro NAPOLEÃO NUNES MAIA FILHO, QUINTA TURMA, julgado em 16/10/2008, DJe 10/11/2008)

3. Recurso em mandado de segurança conhecido e, de ofício, extinto sem resolução de mérito. (RMS 27.666, Rel. Min. Og Fernandes, 6ª Turma, j. 06.08.2009, DJe 07/12/2009).

RECURSO ESPECIAL. PROCESSUAL CIVIL E TRIBUTÁRIO. MANDADO DE SEGURANÇA. ICMS. ENERGIA ELÉTRICA. DEMANDA RESERVADA DE POTÊNCIA. AUTORIDADES APONTADAS COMO COATORAS (GOVERNADOR DO ESTADO E CONCESSIONÁRIA DE ENERGIA ELÉTRICA). ILEGITIMIDADE PASSIVA AD CAUSAM. TEORIA DA ENCAMPAÇÃO. INAPLICABILIDADE. AMPLIAÇÃO INDEVIDA DA COMPETÊNCIA ORIGINÁRIA DO TRIBUNAL DE JUSTIÇA. EXTINÇÃO DO PROCESSO SEM "RESOLUÇÃO" DO MÉRITO.

1. **O Governador do Estado é parte ilegítima para figurar no pólo passivo do mandado de segurança, no qual se pretende a declaração de inexigibilidade do ICMS sobre a demanda reservada de energia elétrica, por configurar autoridade estranha à cobrança e arrecadação do tributo estadual** (Precedentes do STJ: RMS

21.748/MT, Rel. Ministra Eliana Calmon, Segunda Turma, julgado em 09.06.2009, DJe 01.07.2009; e REsp 804.249/MT, Rel. Ministra Eliana Calmon, Rel. p/ Acórdão Ministro Castro Meira, Segunda Turma, julgado em 19.05.2009, DJe 01.07.2009).

2. In casu, cuida-se de mandado de segurança impetrado por empresa consumidora de energia elétrica, perante o Tribunal de Justiça Estadual, contra suposto ato abusivo do Governador do Estado do Mato Grosso e do Presidente das Centrais Elétricas Matogrossenses - CEMAT, objetivando a declaração da inexigibilidade de ICMS sobre a "demanda reservada de potência".

3. A teoria da encampação é aplicável ao mandado de segurança tão-somente quando preenchidos os seguintes requisitos (i) existência de vínculo hierárquico entre a autoridade que prestou informações e a que ordenou a prática do ato impugnado; (ii) ausência de modificação de competência estabelecida na Constituição Federal; e (iii) manifestação a respeito do mérito nas informações prestadas (Precedente da Primeira Seção: MS 12.779/DF, Rel. Ministro Castro Meira, Primeira Seção, julgado em 13.02.2008, DJe 03.03.2008).

4. A doutrina abalizada nos revela que: "Coator é a autoridade superior que pratica ou ordena concretamente e especificamente a execução ou inexecução do ato impugnado e responde pelas suas consequências administrativas; executor é o agente subordinado que cumpre a ordem por dever hierárquico, sem se responsabilizar por ela. Exemplificando: numa imposição fiscal ilegal, atacável por mandado de segurança, o coator não é nem o Ministro ou o Secretário da Fazenda que expede instruções para a arrecadação de tributos, nem o funcionário subalterno que cientifica o contribuinte da exigência tributária; o coator é o chefe do serviço que arrecada o tributo e impõe sanções fiscais respectivas, usando o seu poder de decisão" (Hely Lopes Meirelles, in "Mandado de Segurança, Ação Popular, ...", 28ª ed., atualizada por Arnoldo Wald e Gilmar Ferreira Mendes, Malheiros Editores, São Paulo, 2005, pág. 63)

5. Destarte, a teoria da encampação é inaplicável no caso concreto. Isto porque, malgrado o Governador do Estado de Mato Grosso tenha defendido o mérito do ato, sua indicação como autoridade coatora implica em alteração na competência jurisdicional, uma vez que cabe originariamente ao Tribunal de Justiça Estadual o julgamento de mandado de segurança contra ato do Governador do Estado, prerrogativa de foro não extensível ao servidor responsável pela arrecadação do ICMS cobrado sobre a demanda reservada de potência. (...). (REsp 818.473, Rel. Min. Luiz Fux, 1ª Turma, j. 14.10.2010, DJe 17/12/2010). (grifado pelo autor).

MS. TRANSPORTE INTERESTADUAL. LITISCONSÓRCIO.

A recorrente pretende demonstrar sua condição de litisconsorte passiva necessária e, subsidiariamente, ser admitida como assistente litisconsorcial por considerar patente seu interesse jurídico em que seja mantida intacta a decisão administrativa que lhe foi favorável e, conseqüentemente, desfavorável à recorrida. Inicialmente, esclareceu o Min. Relator que litisconsorte é parte, e não terceiro, na relação processual. Assim, para legitimar-se como litisconsorte é indispensável, antes de mais nada, legitimar-se como parte. Em nosso sistema, salvo nos casos em que a lei admite a legitimação extraordinária por substituição processual, só é parte legítima para a causa quem, em tese, figure como parte na relação de direito material nela deduzida. A assistência litisconsorcial supõe, conforme o art.

54 do CPC, a existência de uma relação jurídica material entre o assistente e o adversário do assistido que pode ser afetada pela sentença de mérito. No caso concreto, a sociedade empresarial não figura na relação de direito material objeto da demanda, sendo que a relação jurídica que mantém com a Administração não será afetada qualquer que seja o resultado da causa. Por fim, concluiu o Min. Relator, a recorrente não ostenta posição jurídica que a habilite a figurar como assistente litisconsorcial ou mesmo como assistente simples. Ela não mantém qualquer vínculo jurídico com a impetrante e a relação jurídica que ela ostenta em face da impetrada é autônoma e independente da que está posta em questão no mandado de segurança. Seu interesse é simplesmente econômico. Ademais, **segundo a jurisprudência predominante deste Superior Tribunal, não cabe assistência em mandado de segurança, instituto que não se harmoniza com o rito célere dessa ação**. Precedentes citados: REsp 617.258-RJ, DJ 7/12/2006; REsp 763.019-RJ, DJ 20/9/2007; RMS 18.996-MG, DJ 20/3/2006; AgRg no MS 7.307-DF, DJ 25/3/2002; AgRg no MS 5.690-DF, DJ 24/9/2001; MS 5.602-DF, DJ 26/10/1998, e AgRg no MS 7.205-DF, DJ 16/4/2001. REsp 1.065.574-RJ, Rel. Min. Teori Albino Zavascki, julgado em 2/10/2008. Informativo 370 do STJ. (grifado pelo autor).

PROCESSUAL CIVIL. MANDADO DE SEGURANÇA. ERRÔNEA INDICAÇÃO DA AUTORIDADE COATORA. MODIFICAÇÃO DE COMPETÊNCIA ABSOLUTA. EMENDA À INICIAL. IMPOSSIBILIDADE.

1. O STJ tem jurisprudência no sentido de que, **havendo erro na indicação da autoridade coatora, deve o juiz extinguir o processo sem julgamento de mérito**, conforme preceitua o art. 267, VI, do Código de Processo Civil, **sendo vedada a substituição do pólo passivo**. 2. **Descabe substituir de ofício a autoridade coatora por outra não sujeita à sua jurisdição originária**. Da mesma forma, inviável a determinação, pelo Tribunal, de emenda à inicial ou a adoção da "teoria da encampação", o que tornaria indevida a modificação ampliativa de competência absoluta fixada na Constituição.

3. No caso, a incorreta formação do pólo passivo modifica a própria competência do TJDF para julgar o mérito da impetração, porquanto ajuizada em seu Conselho Especial. Contudo, a ação deve ser processada e julgada por Juízo de uma das Varas da Fazenda Pública do Distrito Federal, nos termos do art. 31 da Lei Orgânica do DF.

4. Recurso Especial provido. (REsp 1.190.165, Rel. Min. Herman Benjamim, 2ª Turma, j. 15.06.2010, DJe 01/07/2010). (grifado pelo autor).

PROCESSUAL CIVIL E TRIBUTÁRIO. VÍCIO DE OMISSÃO. ALEGAÇÃO EM AGRAVO REGIMENTAL. VIOLAÇÃO AO PRINCÍPIO DA UNICIDADE RECURSAL. AGRAVO REGIMENTAL DA FAZENDA NACIONAL. JUÍZO DE RETRATAÇÃO. MANDADO DE SEGURANÇA. INDICAÇÃO ERRÔNEA DA AUTORIDADE COATORA. INFORMAÇÕES PRESTADAS SEM ENCAMPAÇÃO DO ATO TIDO COMO COATOR. CARÊNCIA DA AÇÃO. EXTINÇÃO DO PROCESSO SEM RESOLUÇÃO DO MÉRITO.

1. A via apropriada para questionar a existência de omissão, contradição ou obscuridade em decisão monocrática é a dos embargos de declaração, dirigido ao relator, e não a do agravo regimental. As finalidades dos recursos são diversas e a Segunda Turma não vem permitindo nestes casos a mescla de espécies recursais distintas, em atenção ao princípio da unicidade recursal.

2. Em relação ao mérito do recurso da Fazenda Nacional, entendo por reformar a decisão agravada. A teoria da encampação do ato coator necessita do preenchimento de três requisitos, quais sejam, i- existência de vínculo hierárquico entre a autoridade que prestou informações e a que ordenou a prática do ato impugnado; ii- ausência de modificação de competência estabelecida na Constituição Federal; e, iii- manifestação a respeito do mérito nas informações prestadas.

3. A indicação errônea da autoridade coatora ocorreu em relação a sujeito de jurisdição de outro município. Dessa forma, **como não estão presentes os requisitos necessários para a implementação da teoria da encampação, não há como ser sanado o erro da indicação da autoridade coatora.**

4. É pacifica a jurisprudência desta Corte no sentido de que **a ilegitimidade passiva da autoridade indicada como coatora ocasiona a carência da ação e a consequente extinção processual sem resolução do mérito**.

5. Agravo regimental da Dasa Destilaria de Álcool Serra dos Aimorés S/A não conhecido e agravo regimental da Fazenda Nacional provido para negar seguimento ao recurso especial anteriormente interposto. (AgRg no REsp 1.162.688, Rel. Min. Mauro Campbell Marques, j. 22.06.2010, DJe 06/08/2010). (grifado pelo autor).

PROCESSUAL CIVIL. CONTRIBUIÇÃO PREVIDENCIÁRIA INCIDENTE SOBRE A REMUNERAÇÃO PAGA A VEREADORES. AÇÃO ORDINÁRIA INIBITÓRIA DE COBRANÇA PROPOSTA CONTRA A UNIÃO E O INSS. ILEGITIMIDADE ATIVA DA CÂMARA DE VEREADORES.

1. **A Câmara de Vereadores não possui personalidade jurídica, mas apenas personalidade judiciária, de modo que somente pode demandar em juízo para defender os seus direitos institucionais, entendidos esses como sendo os relacionados ao funcionamento, autonomia e independência do órgão**.

2. Para se aferir a legitimação ativa dos órgãos legislativos, é necessário qualificar a pretensão em análise para se concluir se está, ou não, relacionada a interesses e prerrogativas institucionais.

3. No caso, a Câmara de Vereadores do Município de Lagoa do Piauí/PI ajuizou ação ordinária inibitória com pedido de tutela antecipada contra a Fazenda Nacional e o INSS, objetivando afastar a incidência da contribuição previdenciária sobre os vencimentos pagos aos próprios vereadores.

4. Não se trata, portanto, de defesa de prerrogativa institucional, mas de pretensão de cunho patrimonial.

5. Recurso especial provido. (REsp 1.164.017, Rel. Min. Castro Meira, 1ª Seção). (grifado pelo autor).

CAPÍTULO 11

INTERVENÇÃO DO ESTADO NA PROPRIEDADE

QUESTÕES

1. (PGE RS – PROCURADOR DO ESTADO – RS – 2012)

Um Prefeito Municipal edita decreto de declaração de utilidade pública para fins de desapropriação de um terreno baldio do proprietário X, com a finalidade de construção de um estádio municipal de esportes, com base no art. 5º, "n", do Decreto-lei nº 3.365/41. Concluída amigavelmente a desapropriação, o Poder Executivo Municipal decide, depois, construir um novo cemitério municipal no terreno desapropriado. O ex-proprietário X entende, todavia, que a decisão de construir o cemitério é ilegal, uma vez que o terreno foi desapropriado para a construção de um estádio municipal de esportes, e impugna administrativamente a decisão respectiva, pretendendo, também, em face da ilegalidade, a devolução de seu imóvel. Mediante quais argumentos jurídicos poderia a procuradoria do Município sustentar a licitude da decisão impugnada?

ESPAÇO EM BRANCO PARA RESPOSTA (30 LINHAS)

1

2

3

4

5

2. (FCC – PROCURADOR DO ESTADO – MT – 2011)

O proprietário de imóvel rural tem direito de ser indenizado pela existência, em sua propriedade, de área de preservação permanente descrita no artigo 4º da Lei nº 12.651/2012 (Código Florestal)? Com relação à existência em sua propriedade de área de preservação permanente descrita no artigo 3º do mesmo diploma legal, há direito à indenização? Fundamente sua resposta (Adaptada pelo autor).

ESPAÇO EM BRANCO PARA RESPOSTA (30 LINHAS)

3. (CESPE – PROCURADOR DO ESTADO – AL – 2008)

O Estado tem o poder de intervir na propriedade. As formas de se realizar essa intervenção podem ser divididas em dois grupos: as que retiram algumas das faculdades relativas ao domínio do bem (intervenções restritivas) e as que geram a transferência da propriedade do particular para o Estado (intervenções supressivas). O Estatuto da Cidade (Lei n.º 10.257/2001) prevê tanto intervenções restritivas como supressivas.

Com relação ao tema acima apresentado, discorra acerca da intervenção do Estado na propriedade privada, abordando, necessariamente, os seguintes aspectos:

- fundamento(s) constitucional(is) que autoriza(m) a intervenção do Estado na propriedade;
- princípio da hierarquia federativa (ou ordem hierárquica) na realização da intervenção;
- aparente incompatibilidade entre o art. 8.º da Lei n.º 10.257/2001 e o art. 5.º, XXIV, da Constituição Federal de 1988;
- intervenções restritivas e supressivas constantes da Lei n.º 10.257/2001, identificando em quais situações e a forma como tais intervenções ocorrem;
- relação entre o direito de preempção previsto no Estatuto da Cidade e o previsto nos artigos de 513 a 520 do Código Civil de 2002.

ESPAÇO EM BRANCO PARA RESPOSTA (30 LINHAS)

4. (QUESTÃO ELABORADA PELOS AUTORES – INÉDITA)

Tendo em vista situações específicas ocorridas na desapropriação, responda aos itens abaixo, com fundamento na legislação aplicável, doutrina e jurisprudência.

a) Conceitue direito de extensão, desapropriação por zona, tredestinação e retrocessão.

b) Diferencie desapropriação privada de desapropriação indireta.

c) Responda se é possível a desistência da desapropriação.

ESPAÇO EM BRANCO PARA RESPOSTA (30 LINHAS)

QUESTÕES COMENTADAS

1. (PGE RS – PROCURADOR DO ESTADO – RS – 2012)

Um Prefeito Municipal edita decreto de declaração de utilidade pública para fins de desapropriação de um terreno baldio do proprietário X, com a finalidade de construção de um estádio municipal de esportes, com base no art. 5º, "n", do Decreto-lei nº 3.365/41. Concluída amigavelmente a desapropriação, o Poder Executivo Municipal decide, depois, construir um novo cemitério municipal no terreno desapropriado. O ex-proprietário X entende, todavia, que a decisão de construir o cemitério é ilegal, uma vez que o terreno foi desapropriado para a construção de um estádio municipal de esportes, e impugna administrativamente a decisão respectiva, pretendendo, também, em face da ilegalidade, a devolução de seu imóvel. Mediante quais argumentos jurídicos poderia a procuradoria do Município sustentar a licitude da decisão impugnada?

RESPOSTA:

A procuradoria do Município pode sustentar a licitude da decisão impugnada argumentando que o terreno desapropriado continua servindo à finalidade pública, apesar da alteração da destinação específica mencionada no decreto.

Para fins de licitude da desapropriação, pouco importa a finalidade específica do bem expropriado, desde que se mantenha a destinação pública. Tem-se no caso uma tredestinação lícita, que configura uma exceção à teoria dos motivos determinantes.

Não há, desse modo, desvio de finalidade, que representa uma atuação do administrador viciada por não atender ao interesse coletivo. Ou seja, ainda que alterado o motivo da desapropriação, haverá uma tredestinação lícita se o objeto da desapropriação continuar atendendo ao interesse público, uma vez que a construção de cemitérios é uma comodidade pública de competência da municipalidade. Tredestinação ilícita haveria se não fosse dado ao bem qualquer uso de utilidade pública.

Não se justifica, diante do exposto, a devolução do imóvel, pois para jurisprudência, só haveria esse direito real (retrocessão), se o bem não fosse utilizado para qualquer outra finalidade pública. Além disso, alguns doutrinadores entendem que a retrocessão sequer enseja o direito à devolução do bem, pois não seria um direito real, e sim pessoal, diante do artigo 519 do Código Civil, que assegura, nesses casos, apenas o direito de preferência, pelo preço atual da coisa.

▶ Critério de correção da banca

1. Desenvolvimento dos conceitos teórico-jurídicos básicos envolvidos na questão proposta:

1.1. Conceito expresso de desvio de finalidade (e sua conexão com a dicotomia tredestinação lícita e ilícita, e teoria dos motivos determinantes) – 20 pontos.

1.2. Conceito expresso de retrocessão (direito real/possibilidade de devolução do bem em caso de tredestinação) – 20 pontos.

2. Desenvolvimento das consequências jurídicas relacionadas a esses conceitos em face da legislação vigente:

2.1. A construção de cemitérios constitui matéria de interesse local/municipal – 10 pontos.

2.2. Inexistência in casu de desvio de finalidade ou tredestinação "ilícita" (caso concreto subsumível a outras hipóteses legais: art. 5º, "m", Decreto-lei 3.365/41), conforme art. 519 do Código Civil, recepcionando anterior orientação jurisprudencial (cf. STF e STJ: "tredestinação lícita") e art. 5º, § 3º, Decreto-lei 3.365/41, a contrario sensu – 30 pontos.

2.3. Inexistência de direito à devolução do bem desapropriado, seja de início por inexistência de desvio de finalidade ou tredestinação "ilícita", seja sobretudo por não-vigência da retrocessão para o caso na legislação vigente - garantia apenas de direitos pessoais no caso de desvio de finalidade "típico" (art. 519 do Código Civil c/c art. 35, Decreto-lei 3.365/41) – 20 pontos.

◉ DOUTRINA TEMÁTICA

"(...) encontra-se uma situação excepcional no caso de desapropriação, em que se admite a possibilidade de mudança do motivo alegado, quando ficarem mantidas as razões de interesse público. Assim, é possível alterar um interesse público para outro, caracterizando-se o instituto denominado tredestinação lícita, atualmente autorizado pelo art. 519 do novo Código Civil, não representando violação à teoria dos motivos determinantes. Contudo, se o novo motivo declarado não representar um interesse público, configura-se uma ilicitude e o ato será ilegal por vício no motivo. É o caso, por exemplo, de uma desapropriação que, quando da decretação, tinha como motivo a construção de uma instituição de ensino e, posteriormente, o administrador decidiu construir um posto de assistência médica. Mesmo com essa mudança o motivo continuou revestido de razões de interesse público. A mudança é, portanto, lícita e o ato mantém-se válido." (MARINELA, 2013, p. 285). (grifado pelo autor).

"A estrutura da retrocessão é de singela percepção. O Poder Público procede à desapropriação e ultima o respectivo processo, pagando a devida indenização. Introduzido o bem no patrimônio público, o expropriante não concretiza a destinação do bem na forma como se havia manifestado anteriormente, inclusive através de expressa referência a essa destinação no decreto expropriatório. (...) mesmo havendo desistência da desapropriação e até mesmo alienado o bem a terceiro, só caberia ao ex-proprietário o direito indenizatório, mas não o de reaver o bem, ou, o que é a mesma coisa, não o direito à retrocessão. O argumento mais poderoso dessa corrente está na própria posição do art. 519 do Código Civil. Situa-se o dispositivo no capítulo relativo à preempção ou preferência, matéria típica do direito obrigacional, que se resolve em perdas e danos, numa evidente demonstração de que disciplinam direitos pessoais." (CARVALHO FILHO, 2011, p. 812-813)

JURISPRUDÊNCIA TEMÁTICA

STJ

RETROCESSÃO. DESVIO. FINALIDADE. BEM DESAPROPRIADO. PRAZO PRESCRICIONAL.

A Turma deu provimento ao recurso e reiterou entendimento segundo o qual a **ação de retrocessão é de natureza real**, portanto aplicável o art. 177 do CC/1916, não o prazo qüinqüenal de que trata o Dec. n. 20.910/1932. Precedentes citados do STF: RE 99.571-ES, DJ 2/12/1983, e RE 104.591-RS, DJ 16/5/1986; do STJ: REsp 623.511-RS, DJ 6/6/2005; REsp 570.483-MG, DJ 30/6/2004, e REsp 412.634-RJ, DJ 9/6/2003. REsp 868.655-MG, Rel. Min. Eliana Calmon, julgado em 6/3/2007. Noticiado no informativo 312/2007 do STJ. (grifado pelo autor).

AGRAVO REGIMENTAL EM AGRAVO DE INSTRUMENTO. PROCESSUAL CIVIL. ADMINISTRATIVO. RETROCESSÃO - DESVIO DE FINALIDADE PÚBLICA DE BEM DESAPROPRIADO - DECRETO EXPROPRIATÓRIO. CRIAÇÃO DO TERMINAL RODOVIÁRIO DE CAMPO GRANDE. NÃO EFETIVAÇÃO. BENS DESTINADOS AO ATENDIMENTO DE FINALIDADE PÚBLICA DIVERSA. TREDESTINAÇÃO LÍCITA. INEXISTÊNCIA DE DIREITO À RETROCESSÃO OU À PERDAS E DANOS. IMPOSIÇÃO DE MULTA. ART. 557, § 2º, DO CPC. AUSENTE O INEQUÍVOCO CARÁTER PROTELATÓRIO DO AGRAVO REGIMENTAL. EXCLUSÃO DA MULTA.

1. **A retrocessão é o instituto por meio do qual ao expropriado é lícito pleitear as conseqüências pelo fato de o imóvel não ter sido utilizado para os fins declarados no decreto expropriatório. Nessas hipóteses, a lei permite que a parte, que foi despojada do seu direito de propriedade, possa reivindicá-lo e, diante da impossibilidade de fazê-lo (ad impossibilia nemo tenetur), venha postular em juízo a reparação pelas perdas e danos sofridos**.

2. **A retrocessão constitui-se direito real do ex-proprietário de reaver o bem expropriado, mas não preposto a finalidade pública** (Celso Antônio Bandeira de Mello, Curso de Direito Administrativo, 17ª edição, pg. 784).

3. Precedentes: RESP n.º 623.511/RJ, Primeira Turma, deste relator, DJ de 06.06.2005) RESP nº 570.483/MG, Segunda Turma, Rel. Min. Franciulli Netto, DJ de 30.06.2004).

4. Outrossim, **o Supremo Tribunal Federal também assentou a natureza real da retrocessão**: "DESAPROPRIAÇÃO - Retrocessão - Prescrição - Direito de

natureza real - Aplicação do prazo previsto no art. 177 do CC e não do quinquenal do De. 20.910/32 - Termo inicial - Fluência a partir da data da transferência do imóvel ao domínio particular, e não da desistência pelo Poder expropriante." (STF, ERE 104.591/RS, Rel. Min. Djaci Falcão, DJU 10/04/87) 5. Consagrado no Código Civil, o direito de vindicar a coisa, ou as conseqüentes perdas e danos, forçoso concluir que a lei civil considera esse direito real, tendo em vista que é um sucedâneo do direito à reivindicação em razão da subtração da propriedade e do desvio de finalidade na ação expropriatória.

6. O Supremo Tribunal Federal concluiu que: "Desapropriação. Retrocessão. Alienação do imóvel. Responsabilidade solidária. Perdas e danos. Código Civil, art. 1150 - Transitado em julgado o reconhecimento da impossibilidade de retrocessão do imóvel por já incorporado ao patrimônio público e cedido a terceiros, razoável é o entendimento, em consonância com doutrina e jurisprudência, do cabimento de perdas e danos ao expropriados - Recursos extraordinários não conhecidos." (STF - RE nº 99.571/ES, Rel. Min. Rafael Mayer, DJU de 02/12/83).

7. É cediço na doutrina que o Poder Público não deve desapropriar imóveis sem lhes destinar qualquer finalidade pública ou interesse social, exigência constitucional para legitimar a desapropriação. Com efeito, "não pode haver expropriação por interesse privado de pessoa física ou organização particular" (Hely Lopes Meirelles, Direito Administrativo Brasileiro, p. 576).

8. In casu, o Tribunal a quo com ampla cognição de matéria fático-probatória, cujo reexame é vedado ao E. STJ a teor do disposto na Súmula n.º 07/STJ, assentou que, muito embora não cumprida a destinação prevista no decreto expropriatório - criação do Terminal Rodoviário de Campo Grande -, não houve desvio de finalidade haja vista que o interesse público permaneceu resguardado com cessão da área expropriada para fins de criação de uma Unidade Pantaneira de Arte e Cultura Regional.

9. Consectariamente, **em não tendo havido o desvio de finalidade, uma vez que, muito embora não efetivada a criação do Terminal Rodoviário de Campo Grande, conforme constante do decreto expropriatório, a área desapropriada for utilizada para o atingimento de outra finalidade pública, não há vício algum que enseje ao particular ação de retrocessão, ou, sequer, o direito a perdas e danos.**

10. Precedentes que trataram de matéria idêntica à versada nos presentes autos: RESP n.º 800.108/SP, Rel. Min. Teori Albino Zavascki, DJ de 20.03.2006; RESP n.º 710.065/SP, Rel. Min. José Delgado, DJ de 06.06.2005; RESP n. 847092/SP, Rel. Min. Denise Arruda, DJ. 18.09.2006.

11. A utilização dos recursos previstos em lei não caracteriza, por si só, a litigância de má-fé, sendo necessária a demonstração do dolo em obstar o trâmite regular do processo, carreando prejuízos para a parte adversa. Precedentes desta Corte: REsp 357.157/RJ, 2ª Turma, DJ 13/09/2004; ERESP 210.636/RS, 1ª Seção, DJ 12/03/2003; RESP 418.342/PB, DJ 05/08/2002.

12. Agravo regimental desprovido. (AgRg nos EDcl no Ag 1069903/MS, Rel. Ministro LUIZ FUX, 1ª Turma, j. 03/09/2009, DJe 06/10/2009) . (grifado pelo autor).

DIREITO ADMINISTRATIVO - RECURSO ESPECIAL - RETROCESSÃO - DESVIO DE FINALIDADE PÚBLICA DE BEM DESAPROPRIADO - DECRETO EXPROPRIATÓRIO.

CRIAÇÃO DE PARQUE ECOLÓGICO. NÃO EFETIVAÇÃO. BENS DESTINADOS AO ATENDIMENTO DE FINALIDADE PÚBLICA DIVERSA. TREDESTINAÇÃO LÍCITA. INEXISTÊNCIA DE DIREITO À RETROCESSÃO OU À PERDAS E DANOS.

1. A retrocessão é o instituto por meio do qual ao expropriado é lícito pleitear as conseqüências pelo fato de o imóvel não ter sido utilizado para os fins declarados no decreto expropriatório. Nessas hipóteses, a lei permite que a parte, que foi despojada do seu direito de propriedade, possa reivindicá-lo e, diante da impossibilidade de fazê-lo (ad impossibilia nemo tenetur), venha postular em juízo a reparação pelas perdas e danos sofridos.

2. **A retrocessão constitui-se direito real do ex-proprietário de reaver o bem expropriado, mas não preposto a finalidade pública** (Celso Antônio Bandeira de Mello, Curso de Direito Administrativo, 17ª edição, pg. 784).

3. Precedentes: RESP n.º 623.511/RJ, Primeira Turma, deste relator, DJ de 06.06.2005) RESP nº 570.483/MG, Segunda Turma, Rel. Min. Franciulli Netto, DJ de 30.06.2004).

4. Outrossim, **o Supremo Tribunal Federal também assentou a natureza real da retrocessão**: "DESAPROPRIAÇÃO - Retrocessão - Prescrição - Direito de natureza real - Aplicação do prazo previsto no art. 177 do CC e não do quinquenal do De. 20.910/32 - Termo inicial - Fluência a partir da data da transferência do imóvel ao domíinio particular, e não da desistência pelo Poder expropriante." (STF, ERE 104.591/RS, Rel. Min. Djaci Falcão, DJU 10/04/87)

5. Consagrado no Código Civil, o direito de vindicar a coisa, ou as conseqüentes perdas e danos, forçoso concluir que a lei civil considera esse direito real, tendo em vista que é um sucedâneo do direito à reivindicação em razão da subtração da propriedade e do desvio de finalidade na ação expropriatória.

6. O Supremo Tribunal Federal concluiu que: "Desapropriação. Retrocessão. Alienação do imóvel. Responsabilidade solidária. Perdas e danos. Código Civil, art. 1150 - Transitado em julgado o reconhecimento da impossibilidade de retrocessão do imóvel por já incorporado ao patrimônio público e cedido a terceiros, razoável é o entendimento, em consonância com doutrina e jurisprudência, do cabimento de perdas e danos ao expropriados - Recursos extraordinários não conhecidos."(STF - RE nº 99.571/ES, Rel. Min. Rafael Mayer, DJU de 02/12/83).

7. É cediço na doutrina que **o Poder Público não deve desapropriar imóveis sem lhes destinar qualquer finalidade pública ou interesse social, exigência constitucional para legitimar a desapropriação. Com efeito, "não pode haver expropriação por interesse privado de pessoa física ou organização particular"** (Hely Lopes Meirelles, Direito Administrativo Brasileiro, p. 576).

8. O e. STJ através da pena do Exmº Sr. Ministro Humberto Gomes de Barros no julgamento do REsp 412.634/RJ, afirmou que a obrigação de retroceder "homenageia a moralidade administrativa, pois evita que o Administrador -abusando da desapropriação -locuplete-se ilicitamente às custas do proprietário. Não fosse o dever de retroceder, o saudável instituto da desapropriação pode servir de instrumentos a perseguições políticas e, ainda ao enriquecimento particular dos eventuais detentores do Poder" (EDREsp 412.634/RJ, Rel. Min. Francisco Falcão, DJ de 09.06.2003).

9. In casu, o Tribunal a quo com ampla cognição de matéria fático-probatória, cujo reexame é vedado ao E. STJ a teor do disposto na Súmula n.º 07/STJ, assentou que, muito embora não cumprida a destinação prevista no decreto expropriatório

- criação de Parque Ecológico -, não houve desvio de finalidade haja vista que o interesse público permaneceu resguardado com cessão da área expropriada para fins de criação de um Centro de Pesquisas Ambientais, um Polo Industrial Metal Mecânico e um Terminal Intermodal de Cargas Rodoviário e Estacionamento.

10. Consectariamente, em não tendo havido o desvio de finalidade, uma vez que, muito embora não efetivada a criação de Parque Ecológico, conforme constante do decreto expropriatório, a área desapropriada for utilizada para o atingimento de outra finalidade pública, não há vício algum que enseje ao particular ação de retrocessão, ou, sequer, o direito a perdas e danos.

11. Precedentes que trataram de matéria idêntica à versada nos presentes autos: RESP n.º 800.108/SP, Rel. Min. Teori Albino Zavascki, DJ de 20.03.2006; RESP n.º 710.065/SP, Rel. Min. José Delgado, DJ de 06.06.2005; RESP n. 847092/SP, Rel. Min. Denise Arruda, DJ. 18.09.2006.

12. Inexistente o direito à retrocessão uma vez que inocorreu desvio de finalidade do ato, os expropriados não fazem jus, da mesma forma, à percepção de indenização por perdas e danos.

13. **Não há falar em retrocessão se ao bem expropriado for dada destinação que atende ao interesse público, ainda que diversa da inicialmente prevista no decreto expropriatório.**

14. Recurso especial improvido. (REsp 868.120, Rel. Min. Luiz Fux, 1ª Turma, j. 26.11.2007, DJ 21.02.2008). (grifado pelo autor).

PROCESSUAL CIVIL. ADMINISTRATIVO. RETROCESSÃO. OMISSÃO. AUSÊNCIA DE FUNDAMENTAÇÃO. NÃO-CONHECIMENTO. DESAPROPRIAÇÃO PARA IMPLANTAÇÃO DA NOVA CAPITAL FEDERAL (BRASÍLIA). DECRETO EXPROPRIATÓRIO. CADUCIDADE DE 2 ANOS. ART. 3º DA LEI 4.132/1962. INEXISTÊNCIA DE PREQUESTIONAMENTO. INAPLICABILIDADE AO CASO. TREDESTINAÇÃO. NÃO-OCORRÊNCIA. REEXAME. SÚMULA 7/STJ.

1. Inviável a análise da alegada omissão (art. 535 do CPC), se o recorrente restringe-se a indicar os dispositivos legais que deveriam ter sido apreciados, sem fundamentar sua pretensão ou apontar a relevância para o deslinde da demanda. Ademais, não há omissão se o Tribunal de origem soluciona a lide, fundamentando adequadamente o acórdão.

2. O TJ-DF não se manifestou, sequer implicitamente, quanto ao prazo de dois anos para caducidade do decreto expropriatório, previsto no art. 3º da Lei 4.132/1962, incidindo o disposto na Súmula 211/STJ.

3. Mesmo que assim não fosse, é notório que as desapropriações realizadas para implantação na nova Capital Federal (Brasília) não foram realizadas por interesse social em sentido estrito (reforma agrária etc.), não se submetendo, assim, à Lei 4.132/1962.

4. **A retrocessão (pretendida pelo recorrente) é o direito de o particular exigir a devolução de seu imóvel expropriado. Essa pretensão somente é válida em caso de tredestinação ilícita, quando o expropriante deixa de dar ao bem destinação que atenda ao interesse público.**

5. O simples fato de atribuir ao imóvel finalidade não prevista no momento da desapropriação não configura, necessariamente, tredestinação ilícita.

6. **Caso a área seja destinada a outro fim que atenda ao interesse público, ocorre simples tredestinação lícita, não surgindo o direito à retrocessão.**

7. Ainda que houvesse tredestinação ilícita (o que não ocorreu no caso em análise) e incorporação do imóvel ao patrimônio público, seria inviável a retrocessão, resolvendo-se tudo em perdas e danos (desde que comprovados), nos termos do art. 35 do DL 3.365/1941.

8. Na hipótese dos autos, a ocupação do imóvel por particulares não caracteriza tredestinação. Isso porque o parcelamento e a distribuição de lotes eram alguns dos objetivos que motivaram as desapropriações relativas à construção da nova Capital federal.

9. Verificar se a destinação dada ao imóvel foi outra que não aquela apontada pelo TJ-DF (e, portanto, a existência de tredestinação) demandaria reexame fático-probatório, vedado, como regra, nos termos da Súmula 7/STJ.

10. Ademais, é notório que a nova Capital Federal foi efetivamente implantada no Planalto Central, abarcando o imóvel em discussão (fato incontroverso), atingindo-se a finalidade pública precípua da desapropriação.

11. Por qualquer prisma, é inviável a pretendida retrocessão.

12. Recurso Especial parcialmente conhecido e, nessa parte, não provido. (REsp 530.403, Rel. Min. Herman Benjamin, 2ª Turma, j. 13.05.2008, DJe 13.03.2009). (grifado pelo autor).

PROCESSUAL CIVIL E ADMINISTRATIVO -VIOLAÇÃO DO ART. 535 DO CPC NÃO CARACTERIZADA - RETROCESSÃO - NÃO-CARACTERIZAÇÃO -TREDESTINAÇÃO LÍCITA.

1. Não ocorre ofensa ao art. 535, II, do CPC, se o Tribunal de origem decide, fundamentadamente, as questões essenciais ao julgamento da lide.

2. O desvio de finalidade que leva à retrocessão não é o simples descumprimento dos objetivos que justificaram a desapropriação. **Para que o expropriado tenha direito à devolução do imóvel, ou seja indenizado, é necessário que o Poder Público dê ao bem destinação que não atenda ao interesse público (tredestinação ilícita)**. Precedentes do STJ. (grifado pelo autor).

3. Recurso especial não provido. (REsp 1.025.801, Rel. Min. Eliana Calmon, 2ª Turma, j. 20.08.2009, DJe 08.09.2009)

QUESTÕES DE CONCURSO RELACIONADAS

01. (Cespe- Juiz de Direito- AL- 2008) "Tredestinação é a obrigação que tem o expropriante de oferecer ao expropriado o bem, sempre que a este for dada destinação diversa da indicada no ato expropriatório." – assertiva **errada**.

02. (ESAF- Procurador do Distrito Federal- 2007) "A figura da tredestinação, no âmbito da desapropriação, pressupõe em todas as hipóteses um caráter de ilicitude que envolve conceitualmente um desvio de finalidade." – assertiva **errada**.

03. (Cespe- Defensor Público Federal- 2010) "Considere a seguinte situação hipotética. Autoridade municipal competente desapropriou área pertencente a João, para a construção de um hospital público, após o processo de desapropriação, verificou-se ser mais necessário construir, naquela área, uma escola pública, visto que o interesse da população local já está sendo atendido por hospital construído na cidade. Nessa situação, João tem direito de exigir de volta o imóvel e pleitear indenização por perdas e danos." – assertiva **errada**.

04. (Cespe- Procurador Federal- 2010) "A União desapropriou um imóvel para fins de reforma agrária, mas, depois da desapropriação, resolveu utilizar esse imóvel para instalar uma universidade pública rural. Nessa situação, houve tredestinação lícita, de forma que o antigo proprietário não poderá pedir a devolução do imóvel." – assertiva correta.

2. (FCC – PROCURADOR DO ESTADO – MT – 2011)

O proprietário de imóvel rural tem direito de ser indenizado pela existência, em sua propriedade, de área de preservação permanente descrita no artigo 4º da Lei nº 12.651/2012 (Código Florestal)? Com relação à existência em sua propriedade de área de preservação permanente descrita no artigo 3º do mesmo diploma legal, há direito à indenização? Fundamente sua resposta (Adaptada pelo autor).

RESPOSTA:

Em relação à área de preservação permanente do art. 4º da Lei nº 12.651/2012 é certo que não há direito de indenização do particular, pois se trata de limitação administrativa, uma vez que tais áreas são instituídas por lei. O caráter geral e abstrato impede que se caracterize o direito à indenização.

Isso porque o dever de preservação do meio ambiente não é apenas do Poder Público, mas de toda coletividade (CF/88, art. 225, "caput"). Com essa ideia é que o constituinte agasalhou a função social da propriedade, princípio constitucional, e também a função social ambiental, que, segundo Romeu Thomé, está previsto no art. 1.228, § 1º do CC/02.

As áreas do art. 6º da Lei nº 12.651/2012 não são instituídas pela lei, pois dependem de ato do Poder Público. Como exemplo desses atos tem-se os decretos do Poder Executivo.

Pode-se argumentar que, por serem esses atos do Poder Público atos de efeito concreto, surge o direito à indenização para o proprietário, para que não haja uma privatização dos prejuízos. No entanto, também defensável o entendimento doutrinário que não distingue, para efeitos de indenização, as áreas do art. 2º das do art. 3º. Fundamenta-se tal corrente no pressuposto de que, conforme exposto acima, a preservação do meio ambiente é dever de todos, não havendo que se falar em indenização por conta da instituição de espaços territoriais especialmente protegidos. Nesse sentido, as lições de Romeu Thomé.

Atenção!!!! a resposta acima foi exatamente a formulada pelo autor quando candidato no referido concurso, tendo sido avaliada com a nota máxima.

Critério de correção da banca

A área de preservação permanente descrita no artigo 4º da Lei nº 12.651/2012, **Código Florestal, é uma limitação administrativa ao direito**

de propriedade, porquanto decorre de norma geral e abstrata dirigida a propriedades indeterminadas. Em sendo uma limitação administrativa, que não esvazia o direito de propriedade, não gera ao proprietário o direito de ser indenizado, uma vez que o direito de propriedade deve ser exercido em consonância com o Princípio da Função Social da Propriedade, positivado em nossa Constituição Federal e no Código Civil.

Situação diversa ocorre em relação à área de preservação permanente prevista no artigo 6º da Lei nº 12.651/2012 **(Código Florestal). Isso porque, neste caso, a limitação é imposta por ato do Poder Público especificamente a determina propriedade, ou mesmo a grupo determinado de propriedades, dentro de parâmetros estabelecidos pelo artigo em questão. Desta forma, por ser uma limitação específica e concreta imposta a um ou alguns particulares determinados, surge o direito a indenização para que se mantenha a igualdade com os demais proprietários de imóveis não atingidos pelo ato, diante do ônus por ele gerado.**

DOUTRINA TEMÁTICA

"(...) No que tange ao direito à indenização, por se tratar de condição inerente ao exercício do direito de propriedade, não há que se falar em indenização, vez que a limitação administrativa representa carga geral imposta a todas as propriedades, é ato geral, não instituindo uma restrição em um determinado patrimônio. Sendo assim, atinge toda uma categoria de bens, não tendo a definição individualizada dos prejuízos. As normas genéricas, obviamente, não visam a uma determinada restrição nesta ou naquela propriedade, abrangem quantidade indeterminada de propriedades. Assim, podem contrariar interesses dos proprietários, mas não podem comprometer direitos subjetivos, o que não se indeniza. Entretanto, em algumas circunstâncias, reconhece-se o direito à indenização quando a limitação reduzir o valor econômico do bem, contanto que não retire ou impeça o exercício da propriedade, nem esvazie completamente seu valor econômico, somente causando-lhe prejuízos. (...) Todavia, essa possibilidade exige que a restrição seja instituída após a aquisição da propriedade." (MARINELA, 2013, p. 889-890).

3. (CESPE – PROCURADOR DO ESTADO – AL – 2008)

O Estado tem o poder de intervir na propriedade. As formas de se realizar essa intervenção podem ser divididas em dois grupos: as que retiram algumas das faculdades relativas ao domínio do bem (intervenções restritivas) e as que geram a transferência da propriedade do particular para o Estado (intervenções supressivas). O Estatuto da Cidade (Lei n.º 10.257/2001) prevê tanto intervenções restritivas como supressivas.

Com relação ao tema acima apresentado, discorra acerca da intervenção do Estado na propriedade privada, abordando, necessariamente, os seguintes aspectos:

- fundamento(s) constitucional(is) que autoriza(m) a intervenção do Estado na propriedade;
- princípio da hierarquia federativa (ou ordem hierárquica) na realização da intervenção;
- aparente incompatibilidade entre o art. 8.º da Lei n.º 10.257/2001 e o art. 5.º, XXIV, da Constituição Federal de 1988;
- intervenções restritivas e supressivas constantes da Lei n.º 10.257/2001, identificando em quais situações e a forma como tais intervenções ocorrem;
- relação entre o direito de preempção previsto no Estatuto da Cidade e o previsto nos artigos de 513 a 520 do Código Civil de 2002.

RESPOSTA:

A intervenção do Estado na propriedade é uma clara manifestação da supremacia do interesse público. Fundamenta-se em diversos dispositivos constitucionais, tais como: art. 5º, XXIII e art. 170, III (função social da propriedade); art. 5º, XXIV (desapropriação); art. 5º, XXV (requisição); art. 182 (política urbana); e art. 216, §1º (tombamento). Tais intervenções podem dividir-se em restritivas, quando apenas limitam, restringem e condicionam o direito de propriedade, ou supressivas, quando aniquilam o direito de propriedade. A desapropriação é a única hipótese de limitação supressiva da propriedade. Todas as outras (limitações administrativas, tombamento, requisição, ocupação temporária e servidão administrativa) são restritivas.

O princípio da hierarquia, no campo da intervenção do Estado na propriedade, é claramente percebido na desapropriação, diante da regra do artigo 2º, § 2º do Decreto-lei nº 3.365/41 (que dispõe sobre a desapropriação por utilidade pública). De acordo com esse dispositivo, os bens dos Estados, Distrito Federal e Municípios poderão ser desapropriados pela União, da mesma forma que os bens dos Municípios podem ser desapropriados pelos Estados, desde que, em qualquer caso, haja autorização legislativa. Tal preceito é criticado por impor uma hierarquia entre os entes federativos, fragilizando os entes menores e permitindo uma opressão do ente mais poderoso. Segundo alguns doutrinadores, esta regra, que foi editada sob a égide da Constituição "Polaca" de 1937, não foi recepcionada pela Constituição de 1988, que acolheu uma relação harmônica entre os entes da federação, inclusive estatuindo como uma cláusula pétrea a forma federativa de Estado. Já em relação às outras formas de intervenção do Estado, não se encontram regras paralelas nas respectivas normas de regência. Em relação ao tombamento, aliás, a doutrina majoritária entende que é permitido a um Município tombar um bem da União.

A Constituição Federal, no seu artigo 5º, XXIV, determina que a desapropriação dar-se-á mediante justa e prévia indenização em dinheiro, ressalvados os casos previstos na própria Constituição. Já o artigo 8º do Estatuto da Cidade estabelece que a desapropriação-sanção (efetivada pelo Município em face do proprietário que descumpre o Plano Diretor) ocorre mediante pagamento em títulos da dívida pública. A incompatibilidade é aparente, pois o Estatuto da Cidade, ao prever o pagamento de indenização por títulos da dívida pública, está autorizado pelo artigo 182, § 4º, III da Constituição Federal, que excetua a indenização em dinheiro nesse específico caso, sendo uma exceção autorizada pelo artigo 5º, XXIV do texto constitucional. Exatamente o mesmo fundamento autoriza que a indenização na desapropriação-sanção efetivada pelo Município assegure o valor real e não o justo valor.

O Estatuto da Cidade prevê como intervenção supressiva a desapropriação urbanística, que se dá com o pagamento de títulos da dívida pública. As outras intervenções previstas no Estatuto são restritivas, a saber: IPTU progressivo no tempo, direito de preempção municipal, outorga onerosa do direito de construir, parcelamento, utilização e edificação compulsórios (art. 4º da Lei 10.257/01).

No que tange à distinção entre a preempção prevista no artigo 513 do Código Civil (CC) e a prevista no Estatuto da Cidade, a primeira ocorre entre particulares, sendo uma cláusula especial à compra e venda, decorrendo, portanto da vontade das partes. Já a preempção regulada pelo Estatuto da Cidade visa resguardar o interesse público, e não depende de estipulação contratual, mas sim de lei municipal, baseada no plano diretor, que delimitará a área sobre a qual o Município terá preferência na aquisição de imóveis (artigo 25 do Estatuto da Cidade).

◉ DOUTRINA TEMÁTICA

"**O fundamento político da desapropriação é a supremacia do interesse coletivo sobre o individual, quando incompatíveis. O fundamento jurídico teórico consiste na tradução dentro do ordenamento normativo dos princípios políticos acolhidos no sistema**. Corresponde à idéia do domínio eminente de que dispõe o Estado sobre todos os bens existentes em seu território. O fundamento normativo constitucional encontra-se nos arts. 5º, XXIV, 182, § 4º, III, e 184 e parágrafos do Texto Magno brasileiro." (MELLO, 2011, p. 878). (grifado pelo autor).

"**Desapropriação-sanção**. Esta modalidade de aquisição compulsória da propriedade difere daquela prevista no art. 5º, XXIV, CRFB e especificamente prevista para imóvel urbano no art. 182, § 3º, CRFB. (a perda da propriedade se dá em virtude do descumprimento de obrigações urbanísticas pelo proprietário e não porque o Poder Público vê no imóvel interesse social ou utilidade pública. Por tal razão a doutrina chama esta espécie de desapropriação de desapropriação-sanção. (...) **apenas os entes municipais poderão promover esta desapropriação, desde que o plano diretor preveja as áreas onde a sanção poderá ser imposta**. Por outro lado, a desapropriação ordinária pode ser executada pelos três entes da federação e seus delegados, devidamente autorizados para tanto. Ademais, o que será indenizado nesta hipótese é o valor real do imóvel e não seu justo valor." (LOUSADA CARDOSO, 2010, p. 100). (grifado pelo autor).

"**A preempção é uma restrição ao poder de dispor do proprietário, consistente numa preferência estabelecida pela lei, em favor do Poder Público Municipal**. É uma obrigação de fazer a ser observada pelo proprietário do imóvel que deve notificar o Ente Municipal caso pretenda alienar onerosamente seu bem.(...) Por envolver o interesse municipal em bem ordenar a ocupação do espaço urbano, a preferência aqui estudada prevalece sobre outras prelações privadas, como a do locatário em relação ao bem alugado e a do condômino sobre a coisa comum." (LOUSADA CARDOSO, p. 118-119). (grifado pelo autor).

JURISPRUDÊNCIA TEMÁTICA

STF

EMENTA: DIREITO AMBIENTAL. CRIAÇÃO DE RESERVA EXTRATIVISTA. PROCEDIMENTO DE INSTITUIÇÃO DESSA UNIDADE DE USO SUSTENTÁVEL. NECESSIDADE DE REALIZAÇÃO DE CONSULTA PÚBLICA (LEI Nº 9.985/2000, ART. 22, §§ 2º E 3º, C/C O DECRETO Nº 4.340/2002, ART. 5º, "CAPUT"). PRECEDENTE DO STF. **INSTITUIÇÃO, PELA UNIÃO FEDERAL, DE RESERVA EXTRATIVISTA EM ÁREA QUE COMPREENDE TERRAS PÚBLICAS PERTENCENTES A UM ESTADO-MEMBRO DA FEDERAÇÃO.** EXISTÊNCIA DE POTENCIAL CONFLITO FEDERATIVO. INSTAURAÇÃO DA COMPETÊNCIA ORIGINÁRIA DO SUPREMO TRIBUNAL FEDERAL, COMO TRIBUNAL DA FEDERAÇÃO. PRECEDENTES. **A QUESTÃO DA DESAPROPRIAÇÃO, PELA UNIÃO FEDERAL, DE BENS INTEGRANTES DO DOMÍNIO PÚBLICO ESTADUAL. POSSIBILIDADE DO ATO EXPROPRIATÓRIO, SUJEITO, NO ENTANTO, QUANTO À SUA EFETIVAÇÃO, À PRÉVIA AUTORIZAÇÃO LEGISLATIVA DO CONGRESSO NACIONAL (DL Nº 3.365/41, ART. 2º, § 2º).** CONTROLE POLÍTICO, PELO PODER LEGISLATIVO DA UNIÃO, DO ATO EXCEPCIONAL DE EXPROPRIAÇÃO FEDERAL DE BENS INTEGRANTES DO PATRIMÔNIO IMOBILIÁRIO ESTADUAL. DOUTRINA. NECESSIDADE DE OBSERVÂNCIA DO REGULAR PROCEDIMENTO EXPROPRIATÓRIO, INCLUSIVE COM O RECONHECIMENTO DO DEVER DA UNIÃO FEDERAL DE INDENIZAR O ESTADO-MEMBRO. PRECEDENTES DO STF. CONFLITO ENTRE A UNIÃO FEDERAL E AS DEMAIS UNIDADES FEDERADAS, QUANDO NO EXERCÍCIO, EM TEMA AMBIENTAL, DE SUA COMPETÊNCIA MATERIAL COMUM. CRITÉRIOS DE SUPERAÇÃO DESSE CONFLITO: CRITÉRIO DA PREPONDERÂNCIA DO INTERESSE E CRITÉRIO DA COLABORAÇÃO ENTRE AS PESSOAS POLÍTICAS. RECONHECIMENTO, NA ESPÉCIE, EM JUÍZO DE DELIBAÇÃO, DO CARÁTER MAIS ABRANGENTE DO INTERESSE DA UNIÃO FEDERAL. INOCORRÊNCIA, AINDA, DE SITUAÇÃO DE IRREVERSIBILIDADE DECORRENTE DA CONSULTA PÚBLICA CONVOCADA PELO IBAMA. MEDIDA LIMINAR INDEFERIDA. (Ação Cautelar Inominada 1.255, noticiada no informativo 432/2006 do STF, seção Transcrições). (grifado pelo autor).

QUESTÕES DE CONCURSO RELACIONADAS

01. (ESAF- Procurador do Distrito Federal- 2007) "Os bens públicos podem ser desapropriados." - assertiva correta.

02. (ESAF- Procurador do Distrito Federal- 2007) "Decorridos cinco anos de cobrança do IPTU progressivo sem que o proprietário tenha cumprido a obrigação de parcelamento, edificação ou utilização, o Município poderá proceder à desapropriação do imóvel, com pagamento em títulos da dívida pública, aprovados previamente pelo Senado Federal e resgatados no prazo de dez anos, em prestações anuais, assegurado o valor da indenização e os juros de seis por cento ao ano." - assertiva correta.

03. (Cespe- Juiz de Direito- BA- 2006) "Para a desapropriação de bem público, deve-se observar, por um lado, a regra segundo a qual apenas as pessoas políticas de maior extensão podem expropriar os bens de menor extensão (de onde se conclui que os bens federais são sempre imunes a desapropriação) e, por outro, a necessidade de haver autorização legislativa expedida pelo ente expropriante." - assertiva correta.

04. (FGV- Juiz de Direito- MS- 2008) "As desapropriações de imóveis urbanos serão feitas com prévia e justa indenização. No entanto, caso o imóvel não esteja cumprindo sua função social, poderá o Poder Público Municipal, após a aplicação de outras medidas previstas na Constituição Federal, desapropriar o imóvel com pagamento de mediante títulos da dívida pública de emissão prévia, aprovada pelo Senado Federal, comprazo de resgate de até 10 anos, em parcelas anuais, iguais e sucessivas, assegurados o valor real da indenização e os juros legais." - assertiva correta.

05. (Cespe- Juiz de Direito- PI- 2007) "O direito de preempção municipal tem natureza jurídica de limitação administrativa." - assertiva correta.

06. (MP MG- Promotor de Justiça- MG- 2003) "O direito de preempção é previsto em favor do Município e incide sobre alienação onerosa entre particulares." - assertiva correta.

4. (QUESTÃO ELABORADA PELOS AUTORES – INÉDITA)

Tendo em vista situações específicas ocorridas na desapropriação, responda aos itens abaixo, com fundamento na legislação aplicável, doutrina e jurisprudência.

a) Conceitue direito de extensão, desapropriação por zona, tredestinação e retrocessão.

b) Diferencie desapropriação privada de desapropriação indireta.

c) Responda se é possível a desistência da desapropriação.

RESPOSTA:

O direito de extensão na desapropriação é o que assiste ao particular de exigir que se inclua no processo expropriatório a parte restante do bem desapropriado que se tornou inutilizável. Assim, verifica-se em situações nas quais o interesse do Poder Público em desapropriar recai apenas sobre parte de um imóvel determinado. Deste modo, nos casos em que demonstrado que a área remanescente se tornou inútil ao particular, posto que, se considerada de forma isolada é tida como inaproveitável, o proprietário terá direito à desapropriação sobre a totalidade da área, com a respectiva indenização. O direito de extensão é amplamente aceito pela doutrina e tem previsão legal no art. 4º, da Lei Complementar 76/93, que trata sobre o procedimento da desapropriação especial rural, e no art. 19 da Lei 4.504/64 (Estatuto da Terra).

No que toca à desapropriação por zona, trata-se de situação em que o Poder Público tem necessidade de desapropriar áreas contíguas aos terrenos expropriados para fins de realização de obras públicas, sendo prevista no art. 4° do Decreto-lei 3365/41. A desapropriação por zona pode ocorrer quando o a Administração Pública, motivadamente, determinar que há necessidade de posterior extensão da obra, bem como, quando o Estado entender que haverá uma supervalorização dos terrenos vizinhos à obra, casos em que o Poder Público poderá vender os bens já valorizados, empregando os recursos obtidos nas despesas efetuadas com a realização da referida obra pública. (Não obstante as críticas quanto a última hipótese, o STF considera legítima a desapropriação por zona quando há uma valorização extraordinária de determinados imóveis contíguos às obras, devendo, contudo, se utilizar da tributação por contribuição de melhoria quando se tratar de valorização ordinária.)

Ademais, destaca-se que, a desapropriação, para atender ao princípio da legalidade, deve ter finalidade pública expressa no ato declaratório expedido pela Administração. Ocorre a tredestinação quando há desvio de finalidade do ato de desapropriação. Ressalta-se que nas hipóteses em que há alteração na finalidade específica da expropriação, mantendo-se, contudo, a finalidade genérica do interesse público, a tredestinação será considerada lícita, como por exemplo, no caso em que no decreto expropriatório consta como finalidade do ato a construção de uma escola pública, e o Poder Público, após efetivar a expropriação do bem, motivado pelo interesse público, constrói um hospital público.

Por sua vez, nos casos em que, efetivada a desapropriação, o ente público deixa de dar ao terreno qualquer destinação pública, desvinculando o bem do interesse público ou coletivo, ocorre a tredestinação ilícita. Destaca-se que a tredestinação, quando ilícita, enseja ao particular o direito à retrocessão do bem expropriado.

Por conseguinte, o direito de retrocessão, apesar da natureza jurídica controversa, tem se firmado na jurisprudência dos tribunais superiores, como direito de natureza real, ou pelo menos, como uma das prerrogativas do direito real de propriedade, embora o Código Civil o trate com direito pessoal, nos moldes do art. 519. De toda sorte, a retrocessão consubstancia o direito do particular, proprietário do imóvel expropriado, ao qual não foi dado qualquer destinação pública, o poder de reivindicá-lo ou, diante da impossibilidade da retomada do bem, postular em juízo a reparação pelas perdas e danos sofridos.

Por fim, ressalta-se que, por força do art. 35 do DL 3365/41, se os bens expropriados, forem incorporados à Fazenda Pública, recebendo qualquer finalidade pública, não podem ser objeto de reivindicação, ainda que fundada em nulidade do processo de desapropriação. Qualquer ação, nesse caso, resolve-se em perdas e danos

A desapropriação privada, configura-se instituto criado pelo Código Civil de 2002, em seu art. 1228, §4º e, portanto, não constitui modalidade de intervenção do Estado na propriedade, sendo regulada pelo direito privado. Trata-se de transferência compulsória do bem privado entre particulares, em que o proprietário pode ser privado do seu imóvel, quando consistir em extensa área, estando na posse ininterrupta e de boa-fé por considerável número de pessoas, por mais de 5 anos, e estas houverem realizado obras e serviços de grande interesse social e econômico, a serem observados pelo juiz.

A desapropriação indireta, constitui, a rigor, verdadeiro esbulho do Poder Público na propriedade privada, uma vez que, a Administração Pública não observa o procedimento formal de desapropriação de imóveis particulares, configurando apossamento irregular do bem. Ocorre que, apesar da conduta irregular do ente público, o particular não poderá reivindicar o referido imóvel, caso este já tenha se incorporado ao patrimônio público, conforme dispõe o art. 35 do Decreto-lei 3365/41. Entende-se, nesses casos, que o imóvel foi afetado a destinação pública, cabendo ao particular apenas pleitear o pagamento de indenização, uma vez que, a reversão da situação pode ensejar prejuízos à coletividade.

Segundo o posicionamento do Superior Tribunal de Justiça, é possível que haja desistência da desapropriação pelo ente expropriante, ainda que após o trânsito em julgado da decisão, desde que ainda não tenha havido o pagamento integral do preço, e o imóvel não tenho sido alterado de forma substancial que impeça sua utilização pelo expropriado.

Assim sendo, entende-se que a consumação da desapropriação, que ocorre com transferência do bem, depende do pagamento integral da indenização devida. Por isso, enquanto não pago o valor, pode haver a desistência por parte do Poder Público. Ademais, a desistência somente poderá efetivar-se caso seja possível devolver o bem expropriado com suas características essenciais preservadas.

O Tribunal Superior consignou que constitui ônus do expropriado comprovar o impedimento do direito de desistência do ente expropriante, uma vez que, a regra é a possibilidade do ente público abdicar da expropriação do bem, outrora considerado útil ao interesse coletivo.

As desapropriações feitas pelo Estado fundamentam-se na utilidade ou necessidade pública, ou no interesse social, conforme dispõe o art. 5º, XXIV, da CRFB/88. Portanto, vai de encontro ao interesse público obrigar o Estado a permanecer com um bem, caso este deixe de atender às finalidades constitucionais da desapropriação.

◉ DOUTRINA TEMÁTICA

"4.10.1. Desapropriação privada

Trata-se de instituto que deve ser analisado à luz do direito privado, não configurando uma forma de intervenção do Estado na propriedade privada. Com efeito, dispõe o Código Civil, em seu art. 1228, §4º que se admite a desapropriação de bens privados, quando se tratar de imóvel de extensa área, na posse ininterrupta e de boa-fé, por mais de cinco anos, de considerável número de pessoas, desde que elas tenham realizado, isoladamente ou em conjunto, obras e serviços de relevante interesse social e econômico.

Deverá ser proposta ação expropriatória, na qual o magistrado definirá o valor indenizatório justo, valendo a sentença como justo título para fins de registro no Cartório de Registros do Imóvel, o que enseja a transferência da propriedade.

(...)

4.10.2. Desapropriação indireta

A desapropriação indireta ocorre nas situações em que o Estado invade o bem privado sem respeitar os procedimentos administrativos e judiciais inerentes à desapropriação. Com efeito, configura verdadeiro esbulho, de forma irregular e ilícita. Também é conhecida pela doutrina com a designação de apossamento administrativo." (CARVALHO, 2017, p. 1029-1030)

"2.6.9. Desapropriação por zona

Ocorre a assim chamada "desapropriação por zona" (ou "desapropriação extensiva") quando o poder público expropria uma extensão de área maior do que a estritamente necessária para a realização de uma obra ou serviço, com a inclusão de áreas adjacentes que ficam reservadas para uma das finalidades seguintes: a) ulterior continuação no desenvolvimento da obra ou do serviço (...) b) para serem alienadas depois que, em decorrência da obra ou do serviço, ocorrer a sua valorização.

(...)

2.6.10. Direito de extensão

Direito de extensão é o direito do expropriado de exigir que a desapropriação e a respectiva indenização alcancem a totalidade do bem, quando o remanescente resultar esvaziado de seu conteúdo econômico.

(...)

2.6.11. Tredestinação

Ocorre a tredestinação quando o Poder Público expropriante dá ao bem desapropriado uma destinação diferente daquela que estava prevista no decreto expropriatório. (...) Se a alienação do bem ocorreu mediante negócio jurídico bilateral (desapropriação amigável), não terá o particular direito a qualquer indenização no caso de o Poder Público ter destinado o bem a fim diverso do que pretendia.

(...)

2.6.12 Retrocessão

A retrocessão encontra-se disciplinada no art. 519 do Código Civil nos seguintes termos:

Art. 519. Se a coisa expropriada para fins de necessidade ou utilidade pública, ou por interesse social, não tiver o destino para que se desapropriou, ou não for utilizada em obras ou serviços públicos, caberá ao expropriado direito de preferência, pelo preço atual da coisa." (ALEXANDRINO, 2017, p. 1151-1154)

JURISPRUDÊNCIA TEMÁTICA

ADMINISTRATIVO. (...) 5. A jurisprudência do STJ consolidou-se no sentido de que é possível a desistência da desapropriação, a qualquer tempo, mesmo após o trânsito em julgado, desde que ainda não tenha havido o pagamento integral do preço e o imóvel possa ser devolvido sem alteração substancial que impeça que seja utilizado como antes. Entendimento fixado a partir do REsp 38.966/SP, Rel. Min. Antônio de Pádua Ribeiro, Segunda Turma, julgado em 21/2/1994.A DESISTÊNCIA É DIREITO DO EXPROPRIANTE E A IMPOSSIBILIDADE É FATO IMPEDITIVO DO SEU EXERCÍCIO - QUESTÃO JURÍDICA - NÃO INCIDÊNCIA DA SÚMULA 7/STJ 6. A alegada violação ao art. 267, VIII, do CPC/1973 é passível de conhecimento, não havendo óbice trazido pela Súmula 7/STJ. O problema se resolve por uma questão de direito, pertinente ao ônus da prova.7. O acórdão recorrido imputou indevidamente à desapropriante o ônus de provar que o imóvel de cuja expropriação pretende desistir não foi afetado fisicamente ou em sua finalidade econômica.8. Se a desapropriação se faz por utilidade pública ou interesse social, uma vez que o imóvel já não se mostre indispensável para o atingimento dessas finalidades, deve ser, em regra, possível a desistência da desapropriação, com a ressalva do direito do atingido à ação de perdas e danos. Essa desistência só não será possível se já tiver sido pago integralmente o preço, pois nessa hipótese já terá se consolidado a transferência da propriedade do expropriado para o expropriante, ou se tiverem sido feitas alterações de tal monta no imóvel que impeçam que ele possa ser utilizado como antes.9. A regra é a possibilidade de desistência da desapropriação. Contra essa, pode ser alegado fato impeditivo do direito de desistência, consistente na impossibilidade de o imóvel ser devolvido como recebido ou com danos de pouca monta.10. Por ser fato impeditivo do direito de o expropriante desistir da desapropriação, é ônus do expropriado provar sua existência, por aplicação da regra que vinha consagrada no art. 333, II, do CPC/1973, hoje repetida no art. 373 do CPC/2015. 14. A homologação da desistência da desapropriação 021.00.000013-3 foi feita nos autos do Agravo 020.02.007781-0, que recebeu a ementa: "AGRAVO DE INSTRUMENTO - AÇÃO DE DESAPROPRIAÇÃO - INDEFERIMENTO DO PEDIDO DE DESISTÊNCIA DA AÇÃO - DESAPROPRIAÇÃO DO IMÓVEL QUE DEIXOU DE SER ÚTIL E NECESSÁRIA - PREVALÊNCIA DO INTERESSE PÚBLICO SOBRE O PARTICULAR - RECURSO PROVIDO. Desaparecendo o interesse público em desapropriar certa área, em virtude da limitação da cota de operação e com o não-alcance do mesmo imóvel pelas águas da represa, deve ser deferido o pedido de desistência da ação, já que não se pode obrigar a agravante a adquirir um bem imóvel com dinheiro público e, tampouco, condená-la a pagar indenização por algo que não precisa nem deve integrar seu patrimônio, visto que prevalece o interesse coletivo sobre o particular". 15. E do voto consta a observação: "... é de se estranhar o presente caso, já que diverso dos outros casos de desapropriação que chegam ao Poder Judiciário, neste o expropriado quer seja o bem adquirido pelo expropriante. Se a agravada valoriza tanto o bem e dele retira um quantum monetário que lhe interessa, através de exploração de minerais, deveria então estar sendo a favor da desistência" .OBRIGAR O PODER PÚBLICO A FICAR COM BEM DE QUE NÃO PRECISA VIOLA A CONSTITUIÇÃO 16. A Constituição, no seu art. 5º, XXIV, estabelece que "a lei estabelecerá o procedimento para desapropriação por necessidade ou utilidade pública, ou por interesse social". Obrigar o poder público a ficar com um bem de que não precisa certamente não atende nenhuma dessas finalidades, mas apenas o interesse particular do expropriado que, aparentemente, acredita que jamais conseguirá obter com a venda de cascalho e produtos do gênero o valor bilionário arbitrado como indenização. CONCLUSÃO 19. Como a regra é a possibilidade de desistência da desapropriação, o desistente não tem de provar nada para desistir, cabendo ao expropriado requerer as perdas e danos a que tiver direito por ação própria. Pretendendo o réu, porém, impedir a desistência, poderá alegar que não há condição de o bem ser devolvido no estado em que recebido ou com danos de pouca monta, mas é seu o ônus da prova. (REsp 1368773/MS, Rel. Ministro OG FERNANDES, Rel. p/ Acórdão Ministro HERMAN BENJAMIN, SEGUNDA TURMA, julgado em 06/12/2016, DJe 02/02/2017)

REFERÊNCIAS BIBLIOGRÁFICAS

ALEXANDRINO, Marcelo. Direito Administrativo Descomplicado – 25. Ed. rev. e atual. – Rio de Janeiro: Forense; São Paulo: MÉTODO, 2017.

ALENCAR, Rosmar Rodrigues; TAVORA, Nestor. *Curso de Direito Processual Penal.* 4ª ed. rev., atual., ampl. Salvador: Editora JusPodivm. 2010.

ANDRADE, Flavia Cristina Moura de; PAVIONE, Lucas dos Santos. *Improbidade Administrativa: Lei nº 8.429/1992.* Coleção Leis Especiais para Concursos, vol. 23. 2ª ed. rev., atual., ampl. Salvador: Editora Juspodivm, 2011.

BARROS, Gustavo Mello. *Poder Público em Juízo para Concursos.* Salvador: Editora JusPodivm, 2011.

CAIRO JUNIOR, José. *Curso de Direito Processual do Trabalho.* 4ª edição rev., atual., ampl. Salvador: Editora JusPodivm, 2011.

CARDOSO, Fernanda Lousada. *Direito Urbanístico.* Coleção Leis Especiais para Concursos, vol. 19. 2ª ed. rev., atual., ampl. Salvador: Editora JusPodivm, 2010.

MATHEUS, Carvalho Manual de Direito Administrativo. 4º Ed. rev., atual e ampl. Salvador: Editorajuspodivm, 2017.

CARVALHO, Thiago Mesquita Teles de; CUNHA, Bruno Santos. *Súmulas do TCU organizadas por assunto, anotadas e comentadas.* Salvador: Editora JusPodivm, 2012.

CARVALHO FILHO, José dos Santos. Manual de Direito Administrativo. 24ª edição, rev., atual., ampl. Editora Lumen Juris, 2011.

CHAGAS, Cibely Pelegrino. A Administração em Defesa de seus Agentes: exame da legitimidade. *Revista da AGU.* Brasília. Ano XI, n. 32, abr./ jun. 2012.

CUNHA, Leonardo José Carneiro da. *A Fazenda Pública em Juízo.* 9ª edição, rev., atual. São Paulo: Dialética, 2011.

DI PIETRO, Maria Sylvia Zanella. *Direito Administrativo.* 27ª edição, rev., atual., ampl. Editora Atlas, 2014.

FARIAS, Cristiano Chaves de; ROSENVALD, Nelson. *Direitos Reais.* 6ª edição. Rio de Janeiro: Lumen Juris, 2010.

FIGUEIREDO, Leonardo Vizeu. *Direito Econômico para Concursos.* Salvador: Editora JusPodivm, 2011.

LIMA, Ana Carolina de Alexandria Fernandes Lima. *Agências Reguladoras: Lei nº 9.986/2000.* Coleção Leis Especiais para Concursos, vol. 26. Salvador: Editora JusPodivm, 2010.

MARINELA, Fernanda. *Direito Administrativo.* 7ª ed. rev., ampl., atual. Niterói: Impetus, 2013.

MASSON, Cléber Rogério. *Direito Penal Esquematizado – Parte geral – vol. 1.* 3ª ed. rev., atual., ampl. São Paulo: Editora Método, 2010.

MELLO, Celso Antônio Bandeira de. *Curso de Direito Administrativo.* 28ª edição. São Paulo: Malheiros Editores, 2011.

NEIVA, Rogério. *Direito e Processo do Trabalho aplicados à Administração Pública e à Fazenda Pública.* São Paulo: Editora Método, 2012.

NEVES, Daniel Amorim Assumpção. *Ações Constitucionais.* São Paulo: Editora Método, 2011.

NEVES, Daniel Amorim Assumpção & OLIVEIRA, Rafael Carvalho Rezende. *Manual de Improbidade Administrativa.* Direito Material e Processual. 2ª edição. São Paulo, Editora Método, 2014.

SODRÉ, Eduardo. Mandado de Segurança Individual. *Ações Constitucionais.* 5ª ed. rev., atual., ampl. Salvador: Editora Juspodivm, 2011.

SOUZA, Márcio Luís Dutra de. O Princípio da Boa-Fé na Administração Pública e sua Repercussão na Invalidação Administrativa. *Revista da AGU.* Brasília. Ano XI, n. 32, abr./ jun. 2012.

TORRES, Ronny Charles Lopes de. *Leis de Licitações Públicas Comentadas.* 4ª ed. rev., atual., ampl. Salvador: Editora JusPodivm, 2011.
